走心时代国学丛书

陈永 注解

传习录素解

中山大学出版社
·广州·

版权所有　翻印必究

图书在版编目（CIP）数据

传习录素解/陈永注解. —广州：中山大学出版社，2017.3
（走心时代国学丛书）
ISBN 978-7-306-05916-1

Ⅰ. ①传… Ⅱ. ①陈… Ⅲ. ①心学—中国—明代 ②《传习录》研究
Ⅳ. ①B248.25

中国版本图书馆 CIP 数据核字（2016）第 289814 号

出 版 人：徐　劲
策划编辑：钟永源
责任编辑：钟永源
封面设计：曾　斌
责任校对：杨文泉
责任技编：何雅涛
出版发行：中山大学出版社
电　　话：编辑部 020-84111996，84113349，84111997，84110779
　　　　　发行部 020-84111998，84111981，84111160
地　　址：广州市新港西路 135 号
邮　　编：510275　　传　真：020-84036565
网　　址：http://www.zsup.com.cn　　E-mail：zdcbs@mail.sysu.edu.cn
印　刷　者：佛山市浩文彩色印刷有限公司
规　　格：787mm×1092mm　1/16　28.75 印张　580 千字
版次印次：2017 年 3 月第 1 版　2017 年 11 月第 2 次印刷
定　　价：87.00 元

如发现本书因印装质量影响阅读，请与出版社发行部联系调换

出版导读

说"心学",要数王阳明,他以"心学"而在中国哲学和文化史上独树一帜,他的哲学主体是"心本体论"。也就是说,你所见、所闻、所感、所想,你脑子里的全部,就构成了你的全部世界,除此以外,对你来说,不存在另外一个什么世界;或者是说,另外一个所谓的客观世界对你来说不存在任何意义。

2011年5月,习近平视察贵州时,在贵州大学中国文化书院讲话时也谈及王阳明。他说他很景仰龙场悟道的王阳明先生,贵州的文化传人对王阳明先生的学习,更应该有深刻的心得,我们的古代优秀文化值得自豪,要把文化变成一种内生的源泉动力,作为我们的营养,像古代圣贤那样格物穷理、知行合一、经世致用。

2014年全国"两会"期间,习近平参加贵州代表团讨论时说到,体现一个国家综合实力最核心的、最高层的,还是文化软实力,这事关一个民族精气神的凝聚,我们要坚持道路自信、理论自信、制度自信,最根本的还有一个文化自信,只要把我们的优秀文化传承好,核心价值观建设好,就一定能把我们的国家建设成为社会主义强国。王阳明曾在贵州参学悟道,贵州在弘扬传统文化方面有独特优势,希望继续深入探索、深入挖掘,创造出新的经验。

王阳明"心学"不是简单地强调人的意识的作用,不是单就精神的方面强调人对周围事物的关系,而是强调人与客观事物、精神与物质的相互关系及作用,强调精神对物质、精神现象转化为物质变化的完整的过程和统一，是从精神到物质、主观到客观、主观和客观相统一运动的完整体系。

他的"心学"体系就在"无善无恶心之体、有善有恶意之动、知善知恶是良知、为善去恶是格物"这"四句教"中得以体现。

无善无恶心之体

善与恶本来是一对道德范畴，在没有认识之前，是无法界定善恶的，这句话的意思也就是说，心作为一客观存在的主体，本来无善恶可言，是一本来空灵清净之物，就心体本来而言，是没有善恶的。还有一层意思，就是说心一定要保持本真，不能有善恶之偏，如果有善恶之偏，心体就会失去本色，丧失了它的本来面目。

有善有恶意之动

意是指意念，意念就是心动。善恶是与人的意念同时出现的。一是说心本无善恶，善恶是由于心动产生的，人只要有意念心就动，心动就不可能是中性的，心动产生意念，意念不是向善就是向恶。二是指人的心中一旦有"善"或"恶"，心就不再平静了，就会有"动"。这是因为"善"和"恶"都是有"意"的，心一有"意"，就有所指，就将产生欲望。所以，人只要心动，只要一有意欲，就必然相伴而出现善或恶。意动是知也是行。从这里也可引申出，只要有知有行就必然会出现善恶，非善即恶，非恶即善。

知善知恶是良知

当善恶已经存在的时候，分清善恶就非常重要。如果能分清孰善孰恶，这就是良知；如果不分孰善孰恶，就是没有良知，这里提出两个概念，一是知，就是要有判断力，能分出有善有恶，何善何恶，而不能善恶不分。二是良知，这是一个判断的标准问题。良知的观念原出于《孟子》，孟子说："人之所不学而能者，其良能也。所不虑而知者，其良知也。孩提之童无不爱其亲者，及其长也，无不知敬其兄也。"只有把善作善，把恶当恶，才叫良知。如果只"知"，而没有"良知"，虽然能分清善恶之别，但有可能会把"善"当"恶"，或者把"恶"当"善"。只有良知，才能以"善"为善，以"恶"为恶。

如果说"有善有恶意之动"是纯粹理性的话，"知善知恶是良知"不但强调纯粹理性，而且还强调实践理性，也就是具有道德的含义。因此，"知"只是客观的、纯粹的认识问题，而"良知"就有了道德的、社会的含义，有了价值取向的问题。王阳明继承了孟子的思想，他说："心自然会知，见父自然知孝，见兄自然知悌，见孺子入井自然知恻隐，此便是良知，不假外求。"

良知作为先天原则，不仅表现为"知是知非"或"知善知恶"，还表现为"好善好恶"，既是道德理性原则，又是道德情感原则，良知不仅指示我们何者为是何者为非，而且使我们"好"所是而"恶"所非，它是道德意识与道德情感的统一。一个人的价值观受他的环境影响，因此，良知不是天生的，这就提出了"致良知"的问题。

为善去恶是格物

格物在这里的涵义非常丰富，指人类的各个方面的活动。如果概括地说，就是改造客观世界，就是人生实践的目的。为善去恶就是人类改造客观世界的目的和标准。阳明先生在这里用了格物这样一个内涵抽象模糊而内容非常丰富的词，给后人留下了想象空间。可以说，"格物"二字可涵盖人类的一切行为，人类对自己、对他人、对社会的一切活动都可以"为善去恶"为标准。

从"知善知恶是良知"到"为善去恶是格物"，通过"致良知"达到"知行合一"的境界。"致良知"和"知行合一"是阳明思想的精粹和核心，这是认识和实践的统一。

阳明的"四句教"，从逻辑上是一个从认识到实践的过程。从"心"到"物"，从"无"到"有"，从"知"到"行"，从主观到客观，再到"知行合一"，达到物我同体的境界。尤其需要指出的是，"知行合一"的过程，并不是自发就能实现，而是需要一个"致"的"工夫"。程颢说："涵养须用敬，为学则在致知，""致"的过程，既是一个认知的过程，也是一个磨练修习的过程，因此需要下艰苦的"工夫"。"工夫"在阳明心学中是一个十分重要的范畴，是一个不可或缺的环节和过程，没有"工夫"的过程，就无法从"知"到"良知"，从"良知"到"知行合一"。

把在实践中磨练和静思中体悟作为"学问"的范畴，这是阳明为学治学的一个特点，也为中国学术开辟了一个新的境界。这种思维方式和哲学理念对三百年后王夫之的"经世致用"、"在事中磨练"的治学思想的提出有很大的启迪作用，从而使中国传统学术走出了宋明理学空谈道论的窘境。

作者陈永，清华大学研究生毕业。他对古圣先贤留给我们每一位炎黄子孙的瑰宝情有独钟，在工作实践中对阳明"心学"有所感悟，有独到的见解。走心时代国学丛书——《当量子理论遇上阳明心学》《传习录素解》是陈永先生十年磨一剑的处女作，两本书共有80多万字，述说了王阳明"心学"的哲学思想核心要领，体现了阳明思想的终极关怀和基本宗旨。他——手中拿到了打开传统文化宝库的金钥匙。

如，对《当量子理论遇上阳明心学》而言，陈永先生把自然科学与阳明"心学"联系起来，融为一体，敢想、敢干，创造性地提出破解大统一理论需要有两个条件：第一是得道的人，如同阳明先生那样，只有得道了，才能在更高的层面去格物，去看清楚量子理论和相对论其实并无矛盾；第二是精通物理学的人，用阳明的"心本体论"去诠释量子纠缠、标准粒子模型等难题。这种敢于创新的有益尝试，他不仅仅是抛砖引玉，更是用"心学"去研究量子力学这一新颖的题材，弥补了中国传统哲学只研究客观世界而忽视人们的主观能动作用这一空白。这一创举，把阳明"心学"与自然科学有机地结合，它必将对后世东西方人文思想的变革与发展产生巨大的影响。

我们特意撰写"出版导读"，从舆论导向牢记习近平总书记提出的坚持道路自信、理论自信、制度自信，最根本的还有一个文化自信。牢记"勿忘昨天的苦难辉煌，无愧今天的使命担当，不负明天的伟大梦想"，习总书记的谆谆教导，我们铭记在心里，为早日复兴中华，实现"中国梦"的伟大理想而努力奋斗。

中山大学出版社
2016 年 12 月 13 日

目录

序言 …………………………………………………… 1

上 卷

第一章　门人徐爱录 …………………………………… 2
1. 徐爱前序 ………………………………………… 2
2. 新民还是亲民 …………………………………… 4
3. 知止而后有定 …………………………………… 6
4. 只求诸心 ………………………………………… 7
5. 至善只是纯天理 ………………………………… 10
6. 知行合一 ………………………………………… 11
7. 格物致知 ………………………………………… 14
8. 什么是格物 ……………………………………… 18
9. 什么是知 ………………………………………… 19
10. 博文和约礼 …………………………………… 20
11. 道心和人心 …………………………………… 22
12. 文中子和韩愈 ………………………………… 22
13. 三代之治 ……………………………………… 29
14. 春秋亦经 ……………………………………… 29
15. 五经亦史 ……………………………………… 30
16. 徐爱后序 ……………………………………… 31

第二章　门人陆澄录 …………………………………… 34
1. 主一之功 ………………………………………… 34
2. 问立志 …………………………………………… 34
3. 因病而药 ………………………………………… 35
4. 相下得益 ………………………………………… 35
5. 好名之病 ………………………………………… 36
6. 著述乱正学 ……………………………………… 37
7. 应变不穷 ………………………………………… 37
8. 义理无定在 ……………………………………… 38
9. 遇事不同 ………………………………………… 39

10. 上达工夫 ……………………………………………… 40
11. 持志如心痛 …………………………………………… 41
12. 知行不分 ……………………………………………… 42
13. 曾点言志 ……………………………………………… 43
14. 宁静存心 ……………………………………………… 43
15. 孔门言志 ……………………………………………… 45
16. 知识不长进 …………………………………………… 46
17. 看书不能明 …………………………………………… 47
18. 心外无理 ……………………………………………… 48
19. 心与理 ………………………………………………… 48
20. 心即是理 ……………………………………………… 49
21. 什么是精一 …………………………………………… 49
22. 省察和存养 …………………………………………… 50
23. 陆九渊功夫 …………………………………………… 50
24. 仁义礼智 ……………………………………………… 51
25. 为学工夫 ……………………………………………… 52
26. 有人夜怕鬼 …………………………………………… 53
27. 定为心之本体 ………………………………………… 54
28. 学庸同异 ……………………………………………… 54
29. 名正言顺 ……………………………………………… 55
30. 正宜用功 ……………………………………………… 56
31. 未发之中 ……………………………………………… 57
32. 《易》之辞 …………………………………………… 57
33. 不说夜气 ……………………………………………… 58
34. 操存舍亡 ……………………………………………… 58
35. 诱人入道 ……………………………………………… 59
36. 蓍龟是易 ……………………………………………… 61
37. 武王未尽善 …………………………………………… 61
38. 执中犹执一 …………………………………………… 62
39. 常存善念 ……………………………………………… 62
40. 收敛为主 ……………………………………………… 63
41. 文中子如何 …………………………………………… 64
42. 元代大儒 ……………………………………………… 64
43. 问精气神 ……………………………………………… 65
44. 自是中和 ……………………………………………… 65

45. 哭则不歌	66
46. 如何克己	66
47. 问《律吕新书》	66
48. 心如明镜	67
49. 问道之精粗	68
50. 近时少疑问	69
51. 知与克己	69
52. 道一而已	70
53. 名物度数	71
54. 有源之水	72
55. 太古气象	73
56. 心要逐物	73
57. 善念恶念	74
58. 闲思杂虑	74
59. 问志至气次	75
60. 圣人之道	76
61. 伊川和延平	76
62. 天下大本	77
63. 中字之义	78
64. 颜子没而圣学亡	79
65. 身之主为心	80
66. 思之何益	80
67. 心之不存	81
68. 孟子不动心	81
69. 万象森然	82
70. 心外无物	83
71. 义袭而取	84
72. 只在吾心	84
73. 正其不正	85
74. 必有事焉	85
75. 格物功夫	86
76. 只是明明德	86
77. 还须说亲民	87
78. 至善者性	87
79. 定静安虑	88

80. 墨氏兼爱 ·············· 88
81. 当理而无私心 ·············· 89

第三章　门人薛侃录 ·············· 91

1. 持志如心痛 ·············· 91
2. 专于涵养 ·············· 91
3. 坐论功夫 ·············· 92
4. 朋友观书 ·············· 93
5. 同谓之圣 ·············· 94
6. 反有未审 ·············· 96
7. 去花间草 ·············· 97
8. 舟之有舵 ·············· 101
9. 为学以亲故 ·············· 102
10. 无事亦忙 ·············· 102
11. 为学大病 ·············· 104
12. 薛侃多悔 ·············· 105
13. 以精金喻圣 ·············· 105
14. 体用一源 ·············· 107
15. 上智下愚 ·············· 107
16. 子夏门人问交 ·············· 108
17. 效先觉之所为 ·············· 108
18. 一贯工夫 ·············· 109
19. 子贡和颜回 ·············· 110
20. 颜子之中 ·············· 110
21. 删其繁枝 ·············· 111
22. 不足和有余 ·············· 112
23. 居敬和穷理 ·············· 112
24. 知如何是心之本体 ·············· 114
25. 正心之功 ·············· 115
26. 戒惧和慎独 ·············· 116
27. 大公之心 ·············· 117
28. 己私难克 ·············· 119
29. 贵目贱心 ·············· 122
30. 错用气力 ·············· 122
31. 须你自吃 ·············· 123

32. 死生之道 ………………………………… 124
  33. 修道之教 ………………………………… 125
  34. 万世常行之道 …………………………… 128
  35. 画蛇添足 ………………………………… 129

中　卷

第四章　钱德洪序 ……………………………… 132

第五章　答顾东桥书 …………………………… 134
  1. 务外遗内 ………………………………… 134
  2. 立说太高 ………………………………… 134
  3. 知行并进 ………………………………… 136
  4. 专求本心 ………………………………… 141
  5. 尽心知性 ………………………………… 143
  6. 心理合一 ………………………………… 149
  7. 学行合一 ………………………………… 151
  8. 于道未合 ………………………………… 154
  9. 非有格物 ………………………………… 159
  10. 孰不知之 ……………………………… 160
  11. 多闻多见 ……………………………… 165
  12. 拔本塞源 ……………………………… 167
  13. 易知易从 ……………………………… 172
  14. 万古一日 ……………………………… 176

第六章　答周道通书 …………………………… 181
  1. 只是立志 ………………………………… 181
  2. 何思何虑 ………………………………… 183
  3. 圣人气象 ………………………………… 185
  4. 事上磨练 ………………………………… 186
  5. 致知之说 ………………………………… 188
  6. 动气之病 ………………………………… 188
  7. 气即是性 ………………………………… 190

第七章　答陆原静书 …………………………… 193
  1. 至诚无息 ………………………………… 193

2. 无起无不起 195
3. 精一之论 196
4. 不言而喻 197
5. 知无不良 198
6. 体用一原 200
7. 心转法华 201
8. 尝试于心 207
9. 良知照心 208
10. 非妄非照 208
11. 病根常在 211
12. 将迎意必 214
13. 常提念头 217
14. 良知自明 219
15. 性一而已 220
16. 骑驴觅驴 224
17. 学务无情 226

第八章　答欧阳崇一 229
1. 欠此一问 229
2. 思则得之 232
3. 分为两事 234
4. 背觉合诈 239

第九章　答罗整庵少宰书 244
1. 孔门之学 244
2. 轻于叛孔 246
3. 内外之道 248
4. 朱子九条 251
5. 天下之公 254
6. 不待辨说 258

第十章　答聂文蔚 260
1. 信与不信 260
2. 天地之心 261
3. 人各有心 263

4. 赖天之灵 ·················· 264
　5. 东家丘者 ·················· 266
　6. 一人信之 ·················· 268
　7. 会稽山水 ·················· 269
　8. 康庄大道 ·················· 270
　9. 勿忘勿助 ·················· 272
　10. 万世无弊 ················· 274
　11. 搀和兼搭 ················· 276
　12. 因药发病 ················· 278
　13. 孝悌而已 ················· 280
　14. 良知之用 ················· 282
　15. 文义之习 ················· 283
　16. 纤翳潜伏 ················· 285

第十一章　启蒙之道 ············ 287
　1. 训蒙大意 ·················· 287
　2. 教约 ······················ 290

下　卷

第十二章　门人陈九川录 ········ 294
　1. 物字未明 ·················· 294
　2. 戒惧之念 ·················· 298
　3. 声色在前 ·················· 299
　4. 觉有内外 ·················· 300
　5. 陆子之学 ·················· 301
　6. 有个诀窍 ·················· 302
　7. 原是圣人 ·················· 303
　8. 圣传之秘 ·················· 305
　9. 泄露天机 ·················· 306
　10. 指摘处少 ················· 307
　11. 只要解心 ················· 308
　12. 悬空讲学 ················· 310
　13. 何为圣学 ················· 311
　14. 伤食之病 ················· 312
　15. 众人生知 ················· 312

第十三章　门人黄直录 ··· 314
　　1. 昭昭之天 ··· 314
　　2. 圣人之志 ··· 315
　　3. 分限所及 ··· 316
　　4. 立言宗旨 ··· 316
　　5. 不必尽知 ··· 317
　　6. 善恶一物 ··· 318
　　7. 一诚而已 ··· 320
　　8. 问修道说 ··· 321
　　9. 毫厘差处 ··· 322
　　10. 矜持直率 ··· 324
　　11. 作文作诗 ··· 324
　　12. 文公格物 ··· 325
　　13. 有所忿懥 ··· 326
　　14. 吾儒着相 ··· 327

第十四章　门人黄修易录 ··· 329
　　1. 添燃一灯 ··· 329
　　2. 打得光明 ··· 329
　　3. 根本学问 ··· 330
　　4. 有志于道 ··· 331
　　5. 此学不明 ··· 332
　　6. 生之谓性 ··· 334
　　7. 不可助长 ··· 335
　　8. 天植灵根 ··· 337
　　9. 动气责人 ··· 337
　　10. 与人为善 ··· 338
　　11. 天不容伪 ··· 339

第十五章　门人黄省曾录 ··· 340
　　1. 无适无莫 ··· 340
　　2. 一了百当 ··· 341
　　3. 道心人心 ··· 341
　　4. 资质不同 ··· 342

5. 书不记得 …… 343
6. 逝者如斯 …… 343
7. 志士仁人 …… 344
8. 不免毁谤 …… 345
9. 山中静坐 …… 346
10. 曾点言志 …… 346
11. 志亦好博 …… 348
12. 是未立志 …… 348
13. 造化精灵 …… 349
14. 静坐有见 …… 350
15. 心事合一 …… 351
16. 道即是教 …… 352
17. 见得真时 …… 353
18. 昼夜之道 …… 354
19. 本体障碍 …… 356
20. 可治天下 …… 358
21. 是谓异端 …… 358
22. 不动心 …… 359
23. 告子病源 …… 360
24. 草木瓦石 …… 361
25. 花与汝心 …… 362
26. 说个厚薄 …… 363
27. 此心无体 …… 365
28. 生死念头 …… 366
29. 医人方子 …… 366
30. 麈尾提起 …… 367
31. 至诚前知 …… 369
32. 聪明睿知 …… 370
33. 将迎不同 …… 372
34. 克己复礼 …… 373
35. 巧力圣智 …… 374
36. 先天后天 …… 376
37. 是非规矩 …… 377
38. 这点明处 …… 378
39. 觉即蔽去 …… 379

40. 有甚功夫 …… 380
41. 于哀哭时 …… 381
42. 看理不同 …… 382
43. 父子讼狱 …… 383
44. 空空而已 …… 384
45. 不去责人 …… 385
46. 凤凰之音 …… 386
47. 学问点化 …… 389
48. 根上用功 …… 389
49. 过上用功 …… 390
50. 今人吃饭 …… 390
51. 琴瑟简编 …… 390
52. 善与人同 …… 391
53. 有过不及 …… 391
54. 上下相安 …… 392
55. 苏秦张仪 …… 392
56. 未发已发 …… 393
57. 古人论性 …… 394
58. 说理愈难 …… 395
59. 不为无见 …… 396
60. 人一日间 …… 396
61. 圣人血脉 …… 397
62. 锻炼人处 …… 398
63. 秉烛夜坐 …… 399
64. 讲破此意 …… 400

第十六章 钱德洪序 …… 403
苟同此志 …… 403

第十七章 门人黄以方录 …… 405
1. 博学于文 …… 405
2. 学而不思 …… 406
3. 皆为尧舜 …… 406
4. 格竹子 …… 409
5. 童子功夫 …… 411

6. 知之匪艰 ……………………………………………… 411
7. 如何二得 ……………………………………………… 412
8. 什么是心 ……………………………………………… 414
9. 格物之事 ……………………………………………… 415
10. 问尊德性 ……………………………………………… 415
11. 皆是说性 ……………………………………………… 417
12. 声色货利 ……………………………………………… 417
13. 日日是此 ……………………………………………… 418
14. 久久成熟 ……………………………………………… 418
15. 鸢飞鱼跃 ……………………………………………… 420
16. 一块死肉 ……………………………………………… 421
17. 自会妥帖 ……………………………………………… 421
18. 立命功夫 ……………………………………………… 422
19. 性相近 ………………………………………………… 422
20. 眼中沙子 ……………………………………………… 423
21. 心物同体 ……………………………………………… 424
22. 实相幻相 ……………………………………………… 425
23. 若有忧色 ……………………………………………… 427
24. 只一傲字 ……………………………………………… 428
25. 良知即《易》 ………………………………………… 428
26. 非助我者 ……………………………………………… 429
27. 中过状元 ……………………………………………… 430

第十八章　钱德洪跋
钱德洪跋 ……………………………………………………… 432

后记 ……………………………………………………………… 435

序　言

　　王阳明心学为传统文化的精髓。王阳明的《传习录》，虽然总体的篇幅并不长，可是内容已经涵盖了阳明心学的精髓。徐爱得到王阳明先生的赏识，是王阳明先生的妹夫和弟子。可惜徐爱不幸早逝，所录的内容篇幅也不算太多。幸好另外两个弟子补录了许多内容。

　　《传习录》上卷的内容由弟子薛侃在1516年的时候，将他自己以及徐爱、陆澄所收集的论学的语录编辑在一起，作为一卷进行刊行。书名定为《传习录》。《传习录》这个名字还是比较有来头的，从《论语》中来，曾子曰："吾日三省吾身，为人谋而不忠乎？与朋友交而不信乎？传不习乎？"阳明先生得到了孔子圣人的真传，那么，弟子们传承阳明先生的学说，难道不也是要经常、要时时温习不忘恩师的教诲吗？

　　《传习录》中卷由王阳明另外一个弟子南大吉编集，主要是收录了阳明先生的论学书信。这些书信都是阳明先生的亲笔手书，这样就更加直接了。弟子们记录还有点担心能不能完全领会阳明先生的要旨，书信就原汁原味多了。当然，弟子论学记录更加有利于学子的理解和领悟，要不然许多经书也不会以一问一答的方式出现。许多老师都是述而不著的。上卷和中卷刊行的时候阳明先生还在世，如此还可以给予审定，也不用担心其内容的错漏。

　　《传习录》下卷是在阳明先生去世以后，由弟子钱德洪向所有的门人弟子广泛地征集遗著和语录而形成的。钱德洪在赴京考试的途中听到王老师病故的消息，就放弃考试，直接去江西奔丧。由此可见师徒情深，比科举前途还重要。

　　阳明先生在贵州龙场得道后，一下子就继承了真正的孔孟之道，尧舜之道，正学正统的道统。他为了验证自己的所得，想找四书五经来验证，可是随身并没有带这些书。他凭着记忆来进行解读，发现能够很圆融完美地解释四书五经。

　　阳明先生立功立德立言，名望很高，特别是这部《传习录》对世人影响很大。阳明先生为心学的集大成者，精通儒释道。官至两广总督和南京兵部尚书等职务，培养的弟子众多，可以说是比较全面。位高权重而又能够全身而退，得到善终，可谓是很难得的。也许大家对阳明先生在贵州龙场悟道感兴趣吧？悟道是不是很神奇的呢？我们一起去看看吧，满足一下好奇心。

上　卷

第一章　门人徐爱录

1. 徐爱前序

【原文】 先生于大学格物诸说，悉以旧本为正，盖先儒所谓误本者也。爱始闻而骇，既而疑，已而殚精竭思。参互错综，以质于先生，然后知先生之说，若水之寒，若火之热，断断乎百世以俟圣人而不惑者也。先生明睿天授，然和乐坦易，不事边幅。人见其少时豪迈不羁，又尝泛滥于词章，出入二氏之学。骤闻是说，皆目以为立异好奇，漫不省究。不知先生居夷三载，处困养静，取精一之功固已超入圣域，粹然大中至正之归矣。

爱朝夕炙门下，但见先生之道，即之若易，而仰之愈高。见之若粗，而探之愈精。就之若近，而造之愈益无穷。十余年来，竟未能窥其藩篱。世之君子，或与先生仅交一面，或犹未闻其謦欬，或先怀忽易愤激之心，而遽欲于立谈之间，传闻之说，臆断悬度。如之何其可得也？从游之士，闻先生之教，往往得一而遗二。见其牝牡骊黄，而弃其所谓千里者。故爱备录平日之所闻，私以示夫同志，相与考正之。庶无负先生之教云。门人徐爱书。

【注释】 王阳明的门人弟子徐爱记录了自己从师的体会。

徐爱说道："王阳明先生对于大学格物致知这些教法，都是以原来古本旧本为正宗。而许多有名的大儒以为那些旧本也许都是有误的。徐爱我一开始听先生这么讲的时候，我都觉得很惊讶，怎么会是这样呢？王阳明先生似乎比较崇古，而许多儒者刚好相反。这不得不让后学的人觉得惊讶。"四书五经都是载道的文字，在阳明先生没有悟道之前也许感觉和徐爱一样的。可是，阳明先生在贵州龙场悟道了之后，就知道古圣先贤给我们留下的都是好东西，古本根本都没有什么错误的。

徐爱又说道："甚至连被尊崇的朱熹，也许王阳明先生都有不同的看法。徐爱我除了惊讶，也充满了疑惑，我殚精竭虑的在想，怎么会是这样的呢？我不断地参学，聆听先生的教诲，来验证先生的说法是否正确。"阳明先生的慧根相当了得，在很小的时候就有志向做圣贤。可是直到 36 岁的时候，在贵州龙场得道了。徐爱带着疑问和惊讶跟着老师学习。正所谓大疑有大悟，小疑有小悟。能够在如此明师身边学习，真是徐爱的福分。孔子曾经说过，朝闻道，夕死可矣。如果能够在早晨得道了，晚上死了都值得了。由此可见圣人孔子对道是多么地看重，看得比自己的性命还重要。

徐爱又说道："后来我终于知道了，先生的学说，如同水会寒，而火会热，这是亘古不变的真理，几千年来历代的圣人都因为得此而不惑的。这也许就是所谓的得道吧，也就是传说中的道吧。"徐爱看来在老师的精心指点下，精进努力，进步很大，终于有所领悟了。此心与古圣先贤的心相应，心心相印的。这就是真正的孔孟之道，这就是真正的尧舜之道。

徐爱又说道："先生的睿智似乎来自于上天，然而却很平易近人不事边幅。也许有人看到他年轻的时候豪迈不羁，不拘常理，以前还在玩弄词章，一开始还是学朱熹的学说。许多人也许误解了先生，以为先生为了名利，故意搞个奇特的学说，不屑于参学的，也许是轻视了。"《道德经》中有说，上士闻道，很勤勉地去修行；中士闻道，半信半疑；下士闻道，就会大笑了。在别人对阳明心学感到可笑的时候，千万不可如此，要很恭敬地去学习。

徐爱又说道："殊不知先生在蛮夷之地贵州龙场呆了三年。处于逆境之中不断地精深专一参悟而得道了，已进入圣人之域了，这也是大中至正的归处了。"阳明先生由于弹劾朝中宦官，被贬到了贵州龙场。在那里有一天晚上突然顿悟而得道了。他不禁手舞足蹈起来了，原来圣人所说的自性之中都是有的，都在于自心之中。后来他在四书五经里面都找到了验证，并对经典进行了近乎完美的解释。

徐爱又说道："徐爱我还是满虔诚的，朝夕在先生门下求道做学问。在我看来先生之道，接受起来似乎很容易，可是仰望还是看不到头，如同日月。看似很粗糙，可是如果深究进去呢，却很精微而奇妙。看似离我们很近，很容易就可以达到了，可是要想达到还真的不是那么容易的事情。"大道至简，看似很简单，但是又不简单的。

徐爱又说道："徐爱我求道做学问十多年来，竟然还没有能够窥见其藩篱，连门都还没有进去呢，更何谈登堂入室了。世上的所谓君子，也许跟先生仅仅见过一面，或者还没有听到先生所讲的要义，也许还没见到就先有了许多的成见了，这些人也许都是比较亏的哦。如果先有了成见就无法接受这么高明的学说了，不要听别人怎么传闻，不要在那里臆断的，还是要亲自来参究，就有自己的答案了。如果带着这种态度，如何能够得到心学的要义呢？"如果要想得到心学的要义，必须要谦虚地放下之前所学的。心学是教会我们智慧，而不是教会我们知识的。

徐爱又说道："跟着先生游学的人，听了先生的学说，往往只得到了一而丢失了更多的。马的好坏不在于雌雄、黑色或黄色，不要因为这些表面的东西而放弃了千里马的。先生之道就是千里马的，可千万不要错过的。"阳明先生所讲的心学，可以通兵法、治国安邦之道的。玄可以通医，医可以通玄。如果通心学，也可以通医学的。可以说如果能够通心学，是可以成为国家的栋梁之才的。

徐爱又说道："正是因为即使跟在身边都无法完全领悟先生的教法，所以徐爱我把平日所听到的记录下来，大家可以跟我一起来进行考证和参究的。这样做的话，也不会辜负了先生那么辛苦无私的教诲。以下是徐爱我记录的内容。"徐爱同学很认真，有大爱之心，帮我们留下了阳明先生教学的内容，让我们也能够有机会学习。

2. 新民还是亲民

【原文】爱问："'在亲民'，朱子谓当作新民。后章'作新民'之文似亦有据。先生以为宜从旧本作'亲民'，亦有所据否"？先生曰："'作新民'之'新'，是自新之民，与'在新民'之'新'不同。此岂足为据？'作'字却与'亲'字相对。然非'亲'字义。下面治国平天下处，皆于'新'字无发明。如云'君子贤其贤而亲其亲。小人乐其乐而利其利'。'如保赤子'。'民之所好好之。民之所恶恶之。此之谓民之父母'之类"。皆是'亲'字意。'亲民'犹孟子'亲亲仁民'之谓。亲之即仁之也。百姓不亲，舜使契为司徒，敬敷五教，所以亲之也。尧典'克明峻德'便是'明明德'。'以亲九族'，至'平章协和'，便是'亲民'，便是'明明德于天下'。又如孔子言'修己以安百姓'。'修己'便是'明明德'。'安百姓'便是'亲民'。说亲民便是兼教养意，说新民便觉偏了"。

【注解】这一段是关于四书五经之中的《大学》的论述。《大学》据说是曾子所作，而曾子是孔子的得意门生。古本《大学》第一句话是："大学之道，在明明德，在亲民，在止于至善。"我们现在有许多所大学，可是待到读完了《大学》之后，感觉这部才是真正的大学。如果能够把第一句话搞明白，就可以明白整部传习录了。我们来看看阳明先生和弟子徐爱怎么谈论《大学》的吧。

徐爱问："在《大学》里，最前面那一句，'在亲民'朱熹却解释为：在新民。在《大学》这篇文章内，后面有一句：汤之《盘铭》曰：'苟日新，日日新，又日新。'《康诰》曰：'作新民。'这个似乎是朱熹解释的依据所在。

可是先生您却认为应该遵从古本旧本'在亲民',不该作改动。您是否也有什么根据呢?要不就不能令别人信服的。"后面跟着几个都是新字,所以朱熹认为也许搞错了,开头应该是新字,而没有从文章的根本大意来领悟的。在这里先解释一下《大学》的第一句话吧。大学之道是大人之学的。所谓的大人并不是说官职有多大的,而要看是否有大心的。大心就是以天地万物为一体的心。如果能够以天地万物为一体,那么又如何忍心伤害一草一木呢?如何忍心伤害自己的手足呢?如何忍心去伤害百姓呢?大学之道在于首先要发明自己本有的明德,不仅仅是发明自己本有的明德,还要去亲民,去发明百姓本有的明德。

王阳明先生回答道:"《康诰》说'作新民',是说作自新的百姓。作新民和在新民还是不同的。而朱熹把开头就改为了在新民。《大学》原文后面那句话作新民,的确是做自新的百姓,每天都有所自新,每天都有所进步的,不断地学习经典,求道做学问,这样才是做新民的。怎么能仅仅看到两处字面有点类似就把这个作为证据呢?"朱熹也许看不太懂,就以为是古人搞错了,或者记录传承过程中错。我们作为学子要非常谨慎的,如果不太清楚,不要自以为别人错了,就改了,这样就误导后来的学子了。古代的文字是载道的文字,朱熹还没有得道,自然是领悟不到的。看不懂不要紧,随便改动就不好了。随便改动后,如果被奉为至理名言就更麻烦了。这第一段文字引用这么多,怕把读者给吓跑了。各位读者不要跑,好戏在后头,一开始看有点累,可是中间有许多通俗易懂的生动的教法。这里尽量地切短一些,方便理解。有时候新的就是旧的,有时候旧的就是新的。为什么这么说呢?我们谈道的时候,通常都喜欢用镜子来比喻此心。镜子生锈、覆盖满污渍了,要照东西就变形了,就好比心被私欲所覆盖。作新民就是每天都要打磨这个镜子,使得恢复到原本的面貌,就可以照天照地了。生锈的镜子是现在的镜子,是新的镜子;可是还不如以前旧的镜子那么光亮。这个心也是如此的,现在堆满了灰尘,我们要恢复本来的面貌的。每天都要新一点,每天都磨掉一点锈迹,所以说要日新,日新,日日新。好了,我们接着往下看。

先生又说道:"一开始如果按照朱熹那样改的话,就讲到了新民。可是接下来的文字直到治国平天下,却没有对新有什么发明和解释,这似乎是不太恰当的。接下来所说的如:'君子贤其贤而亲其亲。小人乐其乐而利其利'。'如保赤子'。'民之所好好之。民之所恶恶之。此之谓民之父母'。这些文字都说的有亲民的意思。"

先生又说道:"'亲民'犹如孟子所说的'亲亲仁民'的说法。亲民就是以仁待民。百姓不能够做到相亲和睦,舜帝就任命契为司徒,教百姓五教:父义、母慈、兄友、弟恭和子孝,于是百姓就相亲相爱了。"如果百姓都能够发明每个人本有的明德，也就能够相亲相爱了。

先生又说道："尧典中所说的'克明俊德，以亲九族。九族既睦，平章百姓。百姓昭明，协和万邦'，克明俊德也就是说的明明德。后面紧接着的文字都说的是亲民，也就是说'明明德于天下'。《大学》这篇文章应该写在尧典之后。也是发明尧典的内容，开头与尧典还是很对应的。先是明明德，然后说的是亲民的事情。前面是说的尧典里面的依据。"

先生又说道："孔子所说也有依据的，比如'修己以安百姓'。'修己'就是'明明德'。'安百姓'说的就是'亲民'。亲民说的是既要教百姓，也要养百姓。使得百姓休养生息，富足以后，还要教百姓习礼仪。可是，如果按照朱熹说的，解释为新民就觉得偏了"。如果光顾着发明自己的明德，而不顾百姓；如果光顾着修身养性，管自己，而不管百姓，如此就有所缺憾了。所以说要止于至善，要不偏不倚。如果光顾自己，躲到深山老林里面去求静，而不在事情上磨练，而不顾百姓，也不行；如果不顾自己，自己修行都没有做好，如何能够去恩泽百姓呢？所以要止于至善。

王阳明先生对学生的解答已经说完了，理由还是很充分的。大学之道，在明明德，在亲民。按照古本这样是对的，不要随便像朱熹那样看不懂就改动的。

为了方便理解王阳明先生所说的话，对第一句还是进行解释一下吧。

明明德，就是发明君子本有的明德。这个明德是每个人都有的，只是被物欲所遮蔽了。大学为培养大人之学，有大心才能称之为大人，并不是说做官了就是大人的。大学之道，在于发明君子本有的明德，在于养民教民的，使得天下安定。

如果只是追求明德，只是完善自己，这并非大学之道，还要心怀天下，心怀百姓的，还要去发明百姓本有的明德。这跟修身齐家治国平天下，这个是比较连贯的，并不是说只要修身就可以了，还要平天下的。

3. 知止而后有定

【原文】爱问："'知止而后有定'，朱子以为'事事物物皆有定理'，似与先生之说相戾"。先生曰："于事事物物上求至善，却是义外也。至善是心之本体。只是'明明德'到'至精至一'处便是。然亦未尝离却事物。本注所谓'尽夫天理之极，而无一毫人欲之私'者得之。"

【注解】徐爱问："'知止而后有定'这一句朱熹的理解也是不同的，朱熹以为'事事物物皆有定理'，这跟先生您所说的有很大的不同哦。"

王阳明先生回答道:"在事事物物上来求至善,这个就走偏了,也失去了心学的要义了。"朱熹所说事事物物上皆有定理,这本来也没有错,只是如果要把事事物物都去求至善,这做功夫的方向就错了。如果把一物的理弄清楚了,还要去弄明白另外一物的理,如此疲于奔命如同夸父追日的。

先生又说道:"至善这个是心的本体的,不在于事事物物。只要发明每个人本有的明德到了至精至一的境界就是了。"这里阳明先生讲到了止于至善的。至善就是到家了,恢复了每个人心里本有的良知了。每个人都本有明德的,发明到了一定程度就可以得道至善了。

先生又说道:"然而也千万不要误解了可以离开天地万物的,这个过程中丝毫也没有能够离开天地万物的。这部注解之中所说的'尽夫天理之极,而无一毫人欲之私'者,如果这样做就得道了。"里面引用的那句话说的是:如果发明本有的明德到了极致,也就能够窥尽天理了,如此也就没有了丝毫的私欲。如果没有了丝毫的物欲所遮蔽,事物一来,此心如同明镜,物来则应,物去不留。如此就可以得到心学的要义了。苏东坡有一首诗,讲的是琴和手指的故事。如果认为乐曲是从手指发出来的,为什么不在手指上来听乐曲呢?如果认为乐曲是琴自己发出来的,为什么把古琴放在盒子里却又没有能够鸣呢?心类似于手指,而古琴类似于外物的实相,而琴声对应于万事万物,也是如梦如幻的。如果没有心也不可以,如果没有外物实相也不可以的。心和物为一个整体来的,心和物互为阴阳。

王阳明一开始可被朱熹害得好苦,听了朱熹说格物致知,以为一件件事物格,就可以致知了,就可以得道了,就可以做圣贤了。可是王阳明跟同学一起格竹子,格了几天几夜,结果什么都没有格出来,反而病倒了。事事物物如此之多,如何能够格得完呢?世间的书本浩如烟海,如何能够一本本把它读完呢?何时才能够做到致知呢?朱熹教的刚好反了,教人向物,而王阳明先生教人向心。应该做的是格心而不是格物,这个格物也许应该理解的是革除物欲,做到了明明德,也就能够对事事物物的定理明了了。大道的形迹存在于事事物物之中,正所谓一花一世界,一叶一菩提。然而,对于普通人来说,要想发明本心,靠看一朵花,看一片叶子,靠看竹子来领悟大道,这个还是蛮难的。当然,也有一些高人参禅睹桃花悟道,这并不是说光看花就可以的,他是做了许多修行的功夫,突然看到花有所顿悟而悟道的。

4. 只求诸心

【原文】爱问:"至善只求诸心。恐于天下事理,有不能尽"。先生曰:"心即理也。天下又有心外之事,心外之理乎"?爱曰:"如事父之孝,事君之忠，交友之信，治民之仁，其间有许多理在。恐亦不可不察"。先生叹曰："此说之蔽久矣。岂一语所能悟？今姑就所问者言之。且如事父，不成去父上求个孝的理。事君，不成去君上求个忠的理交友治民，不成去友上民上求个信与仁的理。都只在此心。心即理也。此心无私欲之蔽，即是天理。不须外面添一分。以此纯乎天理之心，发之事父便是孝。发之事君便是忠。发之交友治民便是信与仁。只在此心去人欲存天理上用功便是"。爱曰："闻先生如此说，爱已觉有省悟处。但旧说缠于胸中，尚有未脱然者。如事父一事，其间温清定省之类，有许多节目。不知亦须讲求否"？先生曰："如何不讲求？只是有个头脑。只是就此心去人欲存天理上讲求。就如求冬温，也只是要尽此心之孝，恐怕有一毫人欲间杂。讲求夏清，也只是要尽此心之孝，恐怕有一毫人欲间杂。只是讲求得此心。此心若无人欲，纯是天理，是个诚于孝亲的心，冬时自然思量父母的寒，便自要求个温的道理。夏时自然思量父母的热，便自要求个清的道理。这都是那诚孝的心发出来的条件。却是须有这诚孝的心，然后有这条件发出来。譬之树木，这诚孝的心便便是根。许多条件便枝叶。须先有根，然后有枝叶。不是先寻了枝叶，然后去种根。《礼记》言'孝子之有深爱者，必有和气。有和气者，必有愉色。有愉色者，必有婉容'。须是有个深爱做根，便自然如此"。

【注解】 徐爱问道："先生您说：要追求至善只求于心，恐怕天下事理这么多，很难能够包容得了吧。"徐爱同学对于此心存在这个疑问也很正常。天下事物那么多，这么小小的一个心如何能够装载得了呢？经典中经常用镜子来做比方。镜子小不小呢？可是却可以照天照地，照天地万物。也经常用月亮来做比方的，月亮虽然只是一个，可是在所有的江河之中都有一个倒影，正所谓千江有水千江月。

先生回答道："心就是理了，并不是有两个东西。天下究竟有没有心外的事物，心外的理存在呢？"我们可能对于阳明先生关于山中之花的故事比较熟悉的。比较习惯于批判山中之花为唯心主义，然而是不是真的如此呢？是不是我们误解了阳明先生呢？哈佛大学著名教授杜维明曾经说过，21世纪是王阳明的世纪。王阳明先生的心学是优秀的中华传统文化的精髓。关于山中之花后面的章节会有详细的论述。请大家不要误解了阳明先生的心外无物。山中之花如果阳明先生不看的话，是没有任何的颜色的。说白了，花是由于光线反射到了眼睛，在头脑之中出现的影像而已。只有看花的时候，花的颜色一下子才鲜明起来。花的名字也只是存在于人的头脑中而已。如果离开了心，花只能是一物而已，没有名字，没有颜色，甚至没有大小形状。如此就可以称之为心外无物了，心外无花了。并不是绝对的无，而还是有一物存在的。

徐爱又问道:"比如说许多这样的事理:侍奉父母的孝顺、侍奉君主的忠诚、交友的诚信、治理百姓的仁爱,其间都存在着许多的理,恐怕先生不可不察吧?难道此心都能够包容得了吗?"

先生感叹道:"这样的学说遮蔽世人的智慧已经很久了。岂是一句话就能够让你悟道的呢?既然你这么问了,我就按照你的提问来解释一下。"世儒不知孔孟之道的真谛,不断地贻误后学罢了,阳明先生发此感慨。

先生又说道:"你说侍奉父母,难不成要去父母那里求个孝的理吗?侍奉君主,难不成又跑去君主那里求个忠诚的理吗?交友治理百姓,难不成去朋友和百姓那里求个诚信和仁爱的理吗?"

先生又说道:"不要跑去这些事物那里找理了,都只在此心而已。心即是理,理即是心。如果此心没有私欲遮蔽,就是天理了,不需要从外面添加一分什么。"

先生又说道:"心即是天理了。这个纯朴的天理之心,发出来在侍奉父母就是孝,发出来侍奉君主就是忠诚了。发出来交友治理百姓就是诚信和仁爱。只在此心上做功夫就是了,去除私欲,私欲去尽仅存天理了,这样用功就对了。"此心对应于侍奉父母,就有孝这一事物;手指对应于琴的实相,就有了琴曲这一事物;心对应于外物实相,就有了外物这一事物。这里说心即是理,理即是心,心外无理。正如佛即是心,心即是佛。道即是心,心即是道。

徐爱听了之后又问道:"听了先生这么说,徐爱我已经感觉到好像有所省悟了。但是旧说还是缠缚在胸中,似乎还有没有能够解脱的地方。"我们所学的知识,也许正是束缚我们的东西。我们的习惯,也许正是束缚我们的东西。我们都听说过作茧自缚的故事,蚕吐出来丝线,不知不觉就把自己捆在里面了。我们平时所说的话,心里所想,行为所做,这些事情都会有形无形地束缚住我们,如同细细的丝线一样。有形的丝线还容易解脱,无形的束缚是很难的。只有依照经典和圣人所教去积德行善,才能逐步的解开胸中的束缚。

徐爱又问道:"如侍奉父母的孝道这个事情,具体来说有冬天温被,夏天扇席,晚上侍候睡定,早晨前往请安这些事情,有许多的细节和道理的,不知道是否能够都在此心上讲求呢?这么细的东西,在心上都有吗?"

先生回答道:"如何不能讲求呢?只要在此心上去除人的私欲,在此心上存天理,如此讲求就可以了。就比如说冬温这个事,也仅仅是为了尽此心之孝,恐怕有一丝一毫的私欲夹杂其间。讲求夏清,也只是要尽此心的孝罢了,恐怕有一丝一毫的私欲夹杂。只是讲求得此心就可以了。此心如果能做到无私欲,纯是天理,本真就是一个至诚孝顺的心了。"

先生又说道:"冬天的时候,天气寒冷,自然就思量父母是不是受寒了,也就会想着给父母求个温的道理。夏天的时候,天气炎热,自然就思量着父母是不是受热了，便要求个凉快的道理。这都是那颗诚孝的心发出来的。"

先生又说道："可要小心了，要先有这个诚孝的心，才能够发出来这些。我们拿树木来打个比方吧，这诚孝的心就是树根，许多发出来的就是枝叶。需要先有树根，然后有枝叶。不是先寻求了枝叶，然后再去种根，这样就反过来了。"

先生又说道："《礼记》上说道：孝子有深爱，是由于心有和气的缘故。内有和气的人，必然外有愉悦之色。有愉悦之色的人，必然有美好的仪容。须知有个深爱作为树根，才能够由内而外如此的。"

此心为根本，可以发出侍奉父母的孝顺，可以发出侍奉君主的忠诚等。温清定省这个词可能要解释一下才方便理解，这个词是冬温夏清、昏定晨省的简称。说的是冬天温被，夏天扇席，晚上侍候睡定，早晨前往请安，表示孝顺侍奉父母无微不至。

凡是为人子女，需要做到符合礼，就要冬温而夏清，昏定晨省。由此可见古人的家风是很好的，这也是现代教育所缺失的呀。

5. 至善只是纯天理

【原文】郑朝朔问："至善亦须有从事物上求者？"先生曰："至善只是此心纯乎天理之极便是。更于事物上怎生求？且试说几件看"。朝朔曰："且如事亲，如何而为温清之节，如何而为奉养之宜，须求个是当，方是至善。所以有学问思辨之功"。先生曰："若只是温清之节，奉养之宜，可一日二日讲之而尽。用得甚学问思辨？惟于温清时，也只要此心纯乎天理之极。奉养时，也只要此心纯乎天理之极。此则非有学问思辨之功，将不免于毫厘千里之缪。所以虽在圣人，犹加精一之训。若只是那些仪节求得是当，便谓至善，即如今扮戏子，扮得许多温清奉养得仪节是当，亦可谓之至善矣"。爱于是日又有省。

【注解】郑朝朔问道："依我看来至善还是需要从事物上来讲求才行的。"看这位同学还真是认真，老师都说了要在心上去求就可以了。可是这位同学有疑问还是问阳明先生。

先生回答道："至善只是此心去除了私欲，仅存天理到了极点就是了。在事物上怎么求得来呢？你说要在事物上讲求，那你可以试着说几件来给我看看吧？"阳明先生还是很好耐心的，反问学生，然后针对学生的疑问进行解惑。

朝朔同学听了先生这么说，他可就不客气了，他问道："比如说侍奉父母双亲来讲，如何做到温清这样的礼节呢？也就是说如何做到冬天温被，夏天把席子给扇凉了这样的知冷知暖的礼节。如何奉养父母才是合适的呢？这些都需要求个稳当的做法，这样才是至善的。所以还是有学问思辨的功夫可以去做的。"

先生回答道："你如果说的是温清这样的礼节，奉养得宜，可以一天两天就可以讲完的了，还用得着什么学问思辨呢？在温清的时候，也只要此心纯净，存天理就足够了。奉养父母的时候，也只要此心存天理就足够了。"去除了私欲，自然有大爱，不得不去爱自己的父母，不得不去想这些事情。不会想着自己父母有多少遗产留给自己，这是每个人的本心该有的。

先生又说道："这并不是什么学问思辨的功夫哦。如果你这么理解的话，也许差之毫厘谬以千里的。"凡人和圣人也许就是分毫之间，咫尺也许就分隔天涯了。也许西方极乐世界也就在顿悟之间了。所以这些侍奉父母的礼节，看似简单，对于圣人来讲，里面还是有细微的道理的。

先生又说道："如果只是求得表面的礼节做得恰当，这种就是至善了。也就如同演戏的戏子一样，如果扮演的做到温清奉养礼节得当，这也可以称之为至善。这个至善未免也就太过于简单了吧？太过于浮于表面了吧？"徐爱我听了先生说的话，似乎又有些醒悟了。

6. 知行合一

【原文】 爱因未会先生知行合一之训，与宗贤、惟贤往复辩论，未能决。以问于先生。先生曰："试举看"。爱曰："如今人尽有知得父当孝，兄当弟者，却不能孝，不能弟。便是知与行分明是两件"。先生曰："此已被私欲隔断，不是知行的本体了。未有知而不行者。知而不行，只是未知。圣人教人知行，正是安复那本体。不是着你只恁的便罢。故大学指个真知行与人看，说'如好好色'，'如恶恶臭'。见好色属知，好好色属行。只见那好色时，已自好了。不是见了后，又立个心去好。闻恶臭属知，恶恶臭属行。只闻那恶臭时，已自恶了。不是闻了后，别立个心去恶。如鼻塞人虽见恶臭在前，鼻中不曾闻得，便亦不甚恶。亦只是不曾知臭。就如称某人知孝，某人知弟。必是其人已曾行孝行弟，方可称他知孝知弟。不成只是晓得说些孝弟的话，便可称为知孝弟。又如知痛，必已自痛了，方知痛。知寒，必已自寒了。知饥，必已自饥了。知行如何分得开？此便是知行的本体，不曾有私意隔断的。圣人教人，必要是如此，方可谓之知。不然，只是不曾知。此却是何等紧切着实的功夫。如今苦苦定要说知行做两个，是什么意？某要说做一个，是什么意？若不知立言宗旨。只管说一个两个，亦有甚用"？爱曰："古人说知行做两个，亦是要人见个分晓一行做知的功夫，一行做行的功夫，即功夫始有下落"。先生曰"此却失了古人宗旨也。某尝说知是行的主意。行是知的功夫。知是行之始。

行是知之成。若会得时，只说一个知，已自有行在。只说一个行，已自有知在。古人所以既说一个知，又说一个行者，只为世间有一种人，懵懵懂懂的任意去做，全不解思惟省察。也只是个冥行妄作。所以必说个知，方才行得是。又有一种人，茫茫荡荡，悬空去思一索。全不肯着实躬行。也只是个揣摸影响。所以必说一个行，方才知得真。此是古人不得已，补偏救弊的说话。若见得这个意时，即一言而足。今人却就将知行分作两件去做。以为必先知了，然后能行。我如今且去讲习讨论做知的功夫。待知得真了，方去做行的功夫。故遂终身不行，亦遂终身不知。此不是小病痛，其来已非一日矣。某今说个知行合一，正是对病的药。又不是某凿空杜撰。知行本体，原是如此。今若知得宗旨时，即说两个亦不妨。亦只是一个。若不会宗旨，便说一个，亦济得甚事？只是闲说话"。

【注解】 各位可要睁大眼睛看这一段了，这一段王阳明先生有关于知行合一的讲法，这可是精髓所在了。

徐爱我由于没有能够领会先生所讲的知行合一的教诲，所以与宗贤、惟贤两位兄弟反复地辩论，还是没有能够得到一个满意的答案。所以，我们只好来找先生请教一下了。

先生就问道："你们都讨论些什么呀，试着说来我听听，还有什么不明白的呢？"我们似乎可以看到了阳明先生的音容笑貌了，感觉很亲切吧。

徐爱说道："如今世人都知对待父母应该要孝顺，对待兄弟应该要孝悌，可是从实际行动来看呢，却还是有许多的人不孝顺，不孝悌。老师你看看这不是知和行分明是两个事情来的吗？怎么能够说是一个事情呢？"徐爱问得很好，明明很多人都是知道孝顺父母，知道孝悌兄弟，可是却在行动上面还没有去做好的。

先生回答道："你们这么问的话，已经被私欲所隔断了，这不是知行的本体。心为知行的本体。没有真知了不去行的。知了没有行，那只能说明没有真知的。圣人教世人知行，正是为了使得世人知心的本体，恢复每个人的本真而已。并不只是这么当做学术探讨一下的。"

先生又说道："所以《大学》里指明真知真行给世人看到的。比如里面有说到'如喜欢美好的外相'，'如厌恶脏臭的东西'。见了好色，知道这个是好色，这个属于知；而喜欢好色属于行。可是只要见了知道这个是好色的同时，已经马上喜欢上了。并不是见了知道这是好色以后，又立个心去喜欢，知道和喜欢这是同时的哦。"阳明先生的眼睛看到山中之花的同时，花的颜色马上就鲜艳起来了。看花和花的颜色呈现，这个是同时产生的。

先生又说道："闻到就知道恶臭属于知，厌恶恶臭属于行。只要闻到知道恶臭，同时已经就自然而然的厌恶了。并不是闻到恶臭之后，别立个心去厌恶。比如说鼻塞的人虽然闻见了恶臭在鼻前，可是鼻子塞住了，不能够闻到，便不知厌恶恶臭了，也只是由于不曾知恶臭。"鼻子塞了也是由于没有知，知延迟了。如果真知了，马上就厌恶恶臭了。

先生又说道："就比如说称某人知孝顺，某人知孝悌。必定是这个人曾经行过孝顺，行过孝悌了。如此方可以称他知孝顺，知孝悌。难不成只是晓得说了些孝悌的话，便可称为孝悌了。必定已经行过了。"

先生又说道："又比如说知痛，必已经自痛了，方能知痛。知寒冷，必定已经受寒了。知饥饿，必定已经忍受饥饿了。如此看来，举了这么多的例子，知和行如何能够分得开呢？这便是知行的本体，不曾有什么私意隔断和遮蔽的。"我们说得道，就好像是如人饮水冷暖自知那样的。只有自己才能够清楚的。

先生又说道："圣人教导世人，必然如此，方可以称之为知。不然的话，只是不曾有真知的。这是何等紧切实在的功夫。"如果只是停留在纸面上的知，那个不是真知，需要去实际的印证。

先生又说道："如今苦苦定要说知行要分为两个，这是什么意思呢？有的人又非得说是一个，这又是什么意思呢？如果不知道圣人立言的宗旨，只顾着在那里争一个还是两个，这个有什么用呢？"也许也不是一个，也不是两个。弟子们都在为知行是两个东西，还是一个东西而争论不休，而全然不顾圣人立言的宗旨。

徐爱听了之后说道："古人说知行有两个，也只是要世人能够分晓一边要做知的功夫，另外一边做行的功夫。如此功夫才能有落脚的地方呀。"

先生听了说道："你如此说也许失去了古人的宗旨了。我之前曾经说知是行的主意，行是知的功夫。知是行的开始，行为知的成果。如果能够会得古人的宗旨，只要说一个知，已经自有行在其间了。只说了一个行，已经自有知在了。"

先生又说道："古人之所以既说一个知，又说一个行，只是为了因材施教罢了。只是由于世间有那么一种人，懵懵懂懂的任意去做，全然不知思维省察。这种人只是知道行，而不知道知，不知道思维，也只能说是冥行妄作罢了。所以这才必然说个知，方才行得对的。"圣人教法都是因材施教，对症下药罢了。比如修行的人，只顾在那里枯坐。如此行走在前面了，而知没有跟上来的。

先生又说道："又有另外一种人，这种人天马行空地去思索一番，全然不肯着实躬行。这种人只是知，而不去行。这也没有什么真知的，也只是妄想罢了。所以必然说一个行，这样的知方才是真。"我们在看这一段的时候，也须反省自己，在知上面有什么不足，在行方面有什么不足的。

先生又说道："这只是古人不得已而为之，只是补偏救弊的说法罢了。如果能够会得此意，一句话就可以得道了，一言足矣。可是现在的人却把知行分为两样东西去做。以为必然先要知了，然后才能行。世人这么认为只有知了才能行，那么先要努力去讨论知，努力做知的功夫。等到我知了，这才去做行的功夫。如此想法，终身都没有能够行，也就终身都没有真知。这并非学人小的病痛哦。这已绝非一日了，已经很久了。"先生对学子在这里给予恳切的教诲。我们看到这里要注意反省自己了。

先生又说道："我现在说知行合一，正是对病的药而已。这绝对不是我凭空去杜撰的。知行本体，原来如此的。如果已经会得古人宗旨，如果你说两个也无妨，你说一个也无妨。如果不能会得古人宗旨，只是在那里争一个对，还是两个对，岂不是无济于事呢？只不过是在说闲话而已，没有什么真学问，真功夫的。"对于求道做学问而言，如果什么都不做，什么都不行，巴望着一下子就知了，可能也是很难的。如果知了，就会促进行，又不断地有新知。知和行实在不好分开的。比如走一条山间小道，一边行一边知，随着行远，知也远。如果始终在路开始的时候，在那里想，也很难想象出有什么真知的。如果只顾着走，也没有能够看路边的风景，也没有什么知，如同盲人，搞不好会走错路了。

7. 格物致知

【原文】爱问："昨闻先生止至善之教，已觉功夫有用力处。但与宋子格物之训思之终不能合"。先生曰："格物是止至善之功。既知至善，即知格物矣"。爱曰"昨以先生之教，推之格物之说，似亦见得大略。但朱子之训，其于书之'精一'，《论语》之'博约'，《孟子》之'尽心知性'，皆有所证据。以是未能释然"。先生曰："子夏笃信圣人。曾子反求诸已。笃信固亦是，然不如反求之切。今既不得于心，安可狃于旧闻，不求是当？就如朱子亦尊信程子。至其不得于心处，亦何尝苟从？精一博约尽心，本自与吾说吻合，但未之思耳。朱子格物之训，未免牵合附会。非其本旨。精是一之功，博是约之功。曰仁既明知行合一之说，此可一言而喻。尽心知性知天，是生知安行事。存心养性事天，是学知利行事。'夭寿不贰，修身以俟'，是困知勉行事。朱子错训格物。只为倒看了此意，以尽心知性为物格知至，要初学便去做生知安行事。如何做得"？爱问："尽心知性，何以为生知安行"？先生曰："性是心之体。天是性之原。尽心即是尽性。'惟天下至诚为能尽其性，知天地之化育'，存心者，心有未尽也。知天如知州知县之知，是自己分上事。己与天为二事天如子之事父，臣之事君。须是恭敬奉承，然后能无失。尚与天为二。此便是圣贤之别。至于夭寿不贰其心，乃是敢学者一心为善。不可以穷通夭寿之故，便把为善的心变动了。只去修身以俟命，见得穷通寿夭，有个命在。我亦不必以此动心。事天虽与天为二，已自见得个天在面前。俟命，便是未曾见面，在此等候相似。此便是初学立心之始，有个困勉的意在。今却倒做了，所以使学者无下手处"。爱曰："昨闻先生之教。亦影影见得功夫须是如此。今闻此说，益无可疑。爱昨晓思，格物的'物'字，即是'事'字。皆从心上说"。先生曰："然。身之主宰便是心。心之所发便是意。意之本体便是知。意之所在便是物。如意在于事亲，即事亲便是一物。意在于事君，即事君便是一物。意在于仁民爱物，即仁民爱物便是一物。意在于视听言动，即视听言动便是一物。所以某说无心外之理，无心外之物。《中庸》言'不诚无物'，《大学》'明明德'之功，只是个诚意。诚意之功，只是个格物。"

【注解】徐爱问道："昨天听了先生止于至善的教法，已经感觉到了功夫有用力处了，但是您所教的和宋代的朱熹等人所说的格物的教诲差别很大呀，并不能很好的吻合。"

先生回答道："格物是止于至善的功用，既然知至善为如何，也就知格物了。"格物可以说是格除物欲，减少了物欲，就能够有真知；格物也可以说是格心，把心格正，把心的物欲革除，万事万物之理也就都知道了。格物的功夫可以说是在事上去磨炼的。面对外物，始终保持不动心，不心生喜爱，也不心生厌恶。

徐爱听了又问道："昨天听了先生的教法，推想到朱熹等人关于格物的说法，似乎也能够见得个大概。可是朱熹的教诲，似乎在《尚书》中的'精一'，《论语》中的'博约'，《孟子》中的'尽心知性'，都有相应的证据，所以我还是没有能够释然，还是有疑惑的，朱熹的是不是也有道理呢？"徐爱同学一下子把三部书问出来了，我们一会看看阳明先生怎么回答。精一是功夫，也就是精深和专一。我们常用生锈的铜镜来比喻世人的心。如果要打磨这个铜镜，就需要精深和专一的功夫。如果这里磨磨，那里磨磨，也许都看不到镜子的亮光。假如集中在某个位置磨，不断地深入，专一地去做。也许就可以到达镜子光亮的表面了。看到这一点光亮可是不简单的，这个就是明心见性。如果看到了亮光，就会很有信心，深信不疑了。我们先看看阳明先生怎么说吧。

先生回答道："子夏笃信圣人之言，曾子就不同，曾子反求诸己。笃信固然也是对的，子夏所笃信的是真圣人，并不是邪师，然而不如反求诸己来的恳切。"每个人的心都本有明德，只要反求诸己，发明自己的明德就可以了。

先生又说道："现在既然不能够会得于心，自己内心还有疑惑，怎么还可以被以前所听说的事情所束缚呢？还不赶紧向曾子学习呢，反求诸己。师父领进门，修行还是得靠个人的。就比如说朱熹尊崇二程，可是他也许在程颐、程颢那里没有能够完全会得于心，他何尝就是苟从的呢？"朱熹对于《大学》没有能够完全会得于心，所以就改动了古本的《大学》。

先生又说道："精一博约尽心，这几本书里面所说的，本来都是跟我的学说很吻合的，你只是没有思量得到要领罢了。朱熹格物的教诲，未免有些牵强附会了，并非得到了古人的要旨。"

先生又说道："精是一的功用，博是约的功用。怎么讲呢？其实这两句话说的是一个意思来的。一就是够俭约了吧，原来是八万四千，现在归于一，这个够俭约了。可是不要小看俭约的一哦，这个俭约里面含有万法，含有广博的万事万物来的。比如说止于至善，尽心了、知本性了，找到本体了，就可以开启智慧的法门。如果俭约到了一，此心就能够精微，知晓万事万物的道理了。"

先生又说道："可是朱熹就刚好相反过来了，以为先博学，然后才能够知晓，这个就刚好相反了。大道至简，越简单，就越能知晓万事万物之理。如果能够知晓我所讲的知行合一的学说，就可以一言而喻了，并不复杂的。"现代科学也刚好相反了，分科越来越细，以为研究的越细就越知晓。从小看大看不尽，从大看小看不明，这可是庄子说的。

先生又说道："对于勤于求道的人也许有以下三种因缘。第一种人生而知之，生来就得道的，有很高的天分。可以尽心、知自性、知天命。能够安贫乐道。"这类人孔子也曾经提到过的，这种人尽心、知自性、知天命；如果知自性了，就能够知天了；这种人已经达于道了，就安于道；这种人也许应该称之为圣人。

先生又说道："第二种人是学而知道的。这种人学习圣贤，学习经典而得道。存心为存私心，刻意去事天。养性为修身养性。事天也就是以善事天。这种人也许只能称之为贤人。"当然贤人如果通过修学而得道，也可以步入圣人之列。

先生又说道："第三种人遇见了困境而得道。不管是夭还是寿，都一心向善不为所动。这种人也许遇见了极其艰难的处境，而促使他去觉悟了。"张仲景遇见自己家族里面大多数人都死于伤寒，哀民生之多艰，而作《伤寒》；阳明先生被贬到了贵州龙场这个地方，遭遇了人生的低谷和困顿而得道。当然，阳明先生可以说是生而知之的了，年轻的时候就悟性非凡。

先生又说道："朱熹却错误地教世人格物先，然后才能够致知，才能有真知，这刚好就搞反了。朱熹倒着来看这个意思了，教别人说先格物，然后才能做到尽心知性，要初学的人去做格物的事情先，做生而知之的事情，如何能够做得到呢？"

徐爱听了以后问道："为什么说尽心知自性，就可以称之为生而知之的呢？"

先生回答道："性为心的体所在。心灯发出来的光亮可以照耀天地万物。上天为性的本原。上天赋予人自性，上天与人相应。尽心也就是使得本心尽览无余了，不会被物欲尘垢所遮蔽了。如果能够明心见性就得道了。自性之中具足一切智慧的。如果能够做到天下至诚，就能够尽心的本性，如此就能够知天地的造化。"虽然徐爱只是问了第一种人，可是王阳明接着来解释后来的两种。

先生又说道："对于第二种人存心事天。之所以说存心，是心还有未尽之处。如果存有私心，还刻意去做，还是受束缚的。"

先生又说道："我们说事天，首先要知天。知天就好比知州知县这样的知，这是自己分内之事。如果存私心，就把自己和上天给一分为二了。本来天人合一的。知天和知州知县分开了。事天应该如子侍奉父母，臣下侍奉君主。这个应该是一致的。都需要恭敬奉承，然后才能够无有失礼。如果不能做到天人合一，不能与天契合，一分为二，这就是圣和贤的区别了。"

先生又说道："第三种人因困境而悟道，不会轻易地因为穷通夭寿而轻易改变向善的心。这种人只是去修身养性，虽然见到穷通寿夭，不同的福祸境遇，但是安心立命，还是不会因为这样而轻易改变初心。虽然事天而与天分开为二，可是已经在道理上知道有个天命了，这也许是理证，并非实际的证悟。虽然没有能够见性见道，见天命，可是还是在勤勉地去修学，似乎在等待着那一刻见性的到来。这也许就是初学立心发心的开始，有个勤勉求道修行的意思在这里。这种人一心向善地去做，这个也是反求诸己的，这总比单纯去格物要强。可是，朱熹却教学人倒着来了，使得学人无处下手了。"

徐爱听了以后说道："昨天听先生的教法，也隐约感觉到做功夫应该如此的。现在听了你这番教法，更加没有什么可怀疑的了。我昨天在思考，格物这个'物'字，是不是就是'事'字呢？对于心来说，事和物是一而不是二。"

先生回答道："是的，你这么想没有错的。心为身的主宰。心发出来就是意了。意的本体就是知了。"意在于对于物的关注，这个"意"怎么理解呢？上面是音字，下面为心，也是心的音，心的影像而已。打个比方来说吧，天上的月亮是心，而月亮发出来就对应着意了，落在大大小小的江河湖泊里面就有了许多的月亮。正所谓千江有水千江月。这个意就是这些一个个水中的月亮。

先生接着说道："如果意在于侍奉双亲那里，那么侍奉双亲就是一物来的。如果意在于侍奉君主，那么侍奉君主就是一物来的。如果意在仁民爱物，那么仁民爱物就是一物来的。如果意在视听说话动作，那么视听说话动作就是一物来的。所以，我说没有心外的理存在，也没有心外的物存在。"

　　先生又说道："《中庸》中说：不诚无物。真实无妄谓之诚，言行有征谓之信。"这个诚信可是比较有深度的，并不只是讲究信用这么简单。如何做到真实无妄，这是很难的修行过程。佛家有讲妄想，不真实。修行到至诚这个是至关重要的。这个至诚内则成己，外则成物。如果没有至诚，如何成物？比如这个心如同一面镜子，如果至诚，这面镜子才可以照天照地；如果不诚，这面镜子上面都是锈迹，如何能够有物的影像呢？所以说不诚就无物。如果至诚了，如同镜子，物来则应，物去不留。

　　先生又说道："《大学》中所讲明明德，也只是一个诚意。诚意的功用，也只是个格物。"仁民爱物说的是对待百姓仁爱，进而扩展到了对待万物都有仁爱。这里王阳明对格物有个深刻的阐释。心也许真如佛家所说，如同虚空，如同明镜。如果归于至诚，才能映出万物。意在于花，就有花这一物；意在于叶，就有叶这一物。把好恶去除，不带有一丝一毫的私心，这个就是格物。如果带有好恶评判，这就不是格物。如同放电影一样，光影产生许多事物。在面对外事外物的过程中，不会夹杂一丝半点的私欲，如此就可以说是在事上磨炼，如此就是格物的功夫了。

　　也许还是比较难以理解，那我们来看看真相到底如何。我们习惯说光明和黑暗，白天和黑夜，那真相是不是如此的呢？光波在宇宙间寂寞地穿行了亿万年，如果没有人眼去接收，这只是光波，只是能量和波动而已。不是光明，也不是黑暗。人眼接收了，人心反应出来，接收到了光波就是光明，接收不到就是黑暗。不同的波长还会呈现出五颜六色。没有人眼接收，花朵在地球上寂寞的花开花落亿万年。有没有白天和黑夜存在呢？有没有时间这个事物存在呢？由于日月双轮的运转，日月星辰万物的变化，使得世人有了时间的错觉，也就有了时间这个东西。也就是说，意在时间，就有了时间；意在空间就有了空间；意在颜色，也就有了颜色。面对外事外物，此心如果不动，这个就是格物了。如果被外事外物牵着走，如此就不是格物功夫了。如果不至诚，则就无物了。这感觉跟唯物主义是很不一样的吧？也许这个才是真的唯物主义。

8. 什么是格物

　　【原文】先生又曰："'格物'如《孟子》'大人格君心'之'格'。是去其心之不正，以全其本体之正。但意念所在，即要去其不正，以全其正。即无时无处不是存天理。即是穷理。天理即是明德。穷理即是明明德"。

【注解】先生又说道："我在这里再说说格物吧，看你们好像还不是很清楚的。就比如说孟子也有相应的说法。孟子有说到大人格君心，这里也有一个格字的。这里的大人并不是泛指当官的哦，并不是当了很大的官就能称之为大人了，必须要有大心，必须如孔孟圣人那样才能称之为大人的。大心是仁爱天地万物之心。大人格君主的心，使得君主的心归于正，归于寡欲，这个可以称之为格心。如果君主的心正了，一国也就归于定了。这个格心是去除心不正的东西，以恢复心本来就有的正，本来就有的良知。"对于一身而言，心为主宰，心为一身的君主。

先生又说道："如果处于至诚，意在于任何一事物，就去其不正，以恢复其正。如此意在于一切事物，一切事物反应于心也都为正。无时无处不是存有天理了，这也就是穷理了。天理也就是明德，也就是本有的明德。穷理就是要发明本有的明德。"发明了自己本有的明德，就可以穷天下万事万物之理了，就不要那么辛苦地一个一个事物去研究了。比方说看到金子，如果有私欲，可能就会很想占有，还会心猿意马地去想到如何占有，甚至不择手段。如果格心归于正了。意在金子那里，就有一物为金子，甚至心里连这个金子的词语都没有，这只是一个东西，只是一种物的直觉。如此就不会产生贪欲了。如此一来意在万事万物，都无有私欲。

孟子虽然说大人格君主的心，对于个人来说何尝不是如此呢？每个人的心为君主，五官为百官。对于一个人来说，如同一个国家的。心定则身体康泰；君定则邦国安定。

9. 什么是知

【原文】又曰："知是心之本体，心自然会知：见父自然知孝，见兄自然知弟，见孺子入井，自然知恻隐。此便是良知。不假外求。若良知之发，更无私意障碍。即所谓'充其恻隐之心。而仁不可胜用矣'。然在常人不能无私意障碍。所以须用致知格物之功，胜私复理。即心之良知更无障碍，得以充塞流行。便是致其知。知致则意诚"。

【注解】先生又说道："知是心的本体"。知是心本来就有的良知。如果恢复了本心，恢复了真心，物欲就无法遮蔽自性，自性具有一切智慧，这个智慧就会带来所有的知。也就能够知天地万物之理，也就能够做到穷理了。有点不可思议吧，不待学富五车，有了良知自然就可以知晓了，就有了化繁为简的大智慧了。

先生又说道："心自然就会知。见到父母自然就知孝，见到兄弟自然就知孝悌，见到小孩子掉到井里，自然就会有了恻隐之心。这就是每个人本有的良知。不必要向外去求索。如果从良知而发，就没有私欲所障碍了。即所谓'充其恻隐之心。而仁不可胜用矣'。"只要去扩充恻隐之心，使得恻隐之心到了极致，如此也就近于仁了。

先生又说道："然而对于常人来说，很难做到无私欲障碍，所以必须要通过致知格物的功夫，来胜过私欲，恢复人心的天理。如果心的良知没有障碍，就会自然充塞流行，如同镜子照天照地。这样才能算是致其知，这个知开启了内在的智慧。如果开启了内在的智慧，意就至诚了。"正如前面说到"意"字，这个意上面是音，下面为心，正所谓心之音，心之影。心如明镜，意在一朵花，则有一物为花；意在一片叶子，则有一物为叶子。此意不夹杂一丝私欲，这个意被称之为诚。甚至连花这个词在心里都不复存在了。试想想，我们心里用普通话在想这是花，多美；古人心里用的是古人的话；西方人所用的是西方人的话，这些话语也千变万化。如果意诚，连言语和文字也一并去掉了。

10. 博文和约礼

【原文】爱问："先生以博文为约礼功夫。深思之未能得略。请开示。"先生曰："礼字即是理字。理之发见，可见者谓之文；文之隐微，不可见者谓之理。只是一物。约礼只是要此心纯是一个天理。要此心纯是天理，须就理之发见处用功。如发见于事亲时，就在事亲上学存此天理。发见于事君时，就在事君上学存此天理。发见于处富贵贫贱时，就在处富贵贫贱上学存此天理。发见于处患难夷狄时，就在处患难夷狄上学存此天理。至于作止语默，无处不然。随他发见处，即就那上面学个存天理。这便是博学之于文，便是约礼的功夫。博文即是惟精。约礼即是惟一。"

【注解】徐爱问道："先生你讲博文为约礼的功夫，可是我经过深思，考虑来考虑去，却还没有能够得到其要领的。请先生明示可以吗？"

先生回答道："'礼'字说白了就是'理'字。"阳明先生这么说，如醍醐灌顶的，令人茅塞顿开的。礼是天地万事万物的秩序和规则，甚至于法律法令也是含于礼中。先生这么一说，就好理解理了。礼和理可以说是对于事物的限制的。如果没有约束，就没有绝对的自由。如果没有河堤的限制，也就没有河流的存在。如果没有地球轨道，地球也就不能称之为地球，可能飞离了太阳。

先生又说道："理展示出来，可见的称之为文；如果比较隐微不可见的称之为理。可是本来就是一物来的，并不是有两物。这些文字还真的有些拗口的。文理本来是一体，本来是一物的，并非一物为文，一物为理。"比如现在的高考文理分科，文理本来对于培养一个完整的人来说，都是需要的。如果过早的完全分开，对于培养人才也许也不是很好的。比如牛顿在苹果树下，苹果掉下来。这个可见的过程，称之为文。对于这个过程当中隐含的不可见的理，不可见的规律，这个可以称之为理。

先生又说道："约礼只是要使得此心纯是一个天理。大道至简，使得简约到了没有私欲，仅存天理了。如果要此心纯是天理，那就要在理的显现这里用功了。因为也许无法看见隐微的理，只能针对显现的文上面来看。这些文上面可以探究到看不见的理。"

先生又说道："如果显现在侍奉双亲时，就在侍奉双亲上学存此天理。"比如天气寒冷，自然就会想到父母是不是会冻着，所以想着给父母添衣，给父母温被。父母跟孩子血脉相连，不需要刻意的去做表面的礼数，而是自发地就去做的。没有一丝一毫的私欲，不会想着以后给自己留多少遗产。留得多了就照顾好点，留得少就照顾不好。也不会想着父母小时候对自己好不好，不好的话就对他们也差点。舜侍奉双亲就仅存天理了，完全不介意之前父亲和继母对自己如何，不计前嫌地对其孝顺。

先生又说道："如果显现在侍奉君主时，就在侍奉君主上学存此天理。如果显现处于富贵贫贱时，就在处富贵贫贱上学存此天理。如果显现处于患难夷狄时，就在处患难夷狄上学存此天理。"阳明先生这也是说自己呢。他曾经被贬到了贵州龙场这个地方。他所处的就是患难夷狄了，即使处于这样的境地，也不怨天尤人，一如既往地向善求道做圣贤，一如既往地去求此天理。也许阳明先生没有到龙场来，也不一定有因缘这么快悟道的。

先生又说道："如果显现在行住坐卧，走路静止说话沉默，一言一行都可以在这些上面来学存此天理。不管是显现在什么事物上，都可以在它上面学存天理。"行住坐卧，无一不是禅，无一不是道，无一不存天理的。对于自己的每一个动作明明白白，清清楚楚，这属于动中禅。佛陀教导自己的弟子的时候，叫大家吃饭的时候要安静地吃，好好地品味米饭的味道。也许我们吃了一辈子的饭，都没有真正知道纯米饭的味道是如何。可以试试看，吃饭的时候专心吃饭，而不是一边吃饭一边聊天，一边看电视看手机。脑袋瓜里面也没有私心杂念，就仔细地品尝一下米饭的味道。不加以评判是好吃，还是不好吃，没有爱憎分别。也许吃饭的时候也处于静定之中，如此也许就接近于存天理了。

先生又说道："这就是对于文要去博学，这也是约礼的功夫所在的。要去每一件事物上面观得其天理所在。如果带着私欲，带着头脑里的束缚，固定的一个判断来看事物，就无法看到事物的实相了。如此观尽天下事物，这个才能称之为博学。对于天下事物可显现的部分，也就是对于文，都能够有所知，这才能称之为博学。并不是机械地记得那些死的知识就是博学的。博文就是要以至诚之心看到每个事物的精华所在，看到每一个事物的精微和玄妙所在，看到每一个事物的天理所在。这些文相当于就是大道的行迹，由于大道无形无相，不可见，也只能是通过看这些文，感受大道。看透了每一个事物都出于心，都是心的显现，这就归于简约了，将天下之理归于简约，归于一，这就够简单了。"一花一世界，一叶一菩提，每一件事物上面都存有天理。关于这个一可以有许多文章做的，比如一指禅，所以一是不简单的，但也是很简单的。

11. 道心和人心

【原文】爱问："'道心常为一身之主，而人心每听命'。以先生精一之训推之，此语似有弊"先生曰："然。心一也。未杂于人谓之道心。杂以人伪谓之人心。人心之得其正者即道心。道心之失其正者即人心。初非有二心也。程子谓人心即人欲，道心即天理。语若分析，而意实得之。今日'道心为主，而人心听命'，是二心也。天理人欲不并立。安有天理为主，人欲又从而听命者"？

【注解】徐爱问道："朱熹在《中庸》注解中说道：'道心常为一身之主，而人心每听命'。可是以先生您教给我们的学说来考虑，这句话好像有些问题的，似乎有些不对。特别是老师跟我们说的关于精一的教诲。"

先生回答道："是的，你的想法是对的。心为一的，并不会有两个心。这个心呀，没有夹杂有人的私欲，就可以称之为道心。如果夹杂了人的私欲和虚伪，这就称之为人心。人心如果能够恢复其正气就称之为道心。道心如果失去其正气就称之为人心。一开始并非就有二心的。"

先生又说道："宋理学家两程所说的人心即人欲，道心即天理。"从所说的这句话来看，话是没有错的。

先生又说道："现在朱熹却说：'道心为主，而人心听命'，这是有二心了，这就不对了。天理和人欲并无并立存在而为二，怎么会有天理为主，而人欲听从其命令呢？"朱熹自己搞不明白，这样的确误人子弟哦。

12. 文中子和韩愈

【原文】爱问文中子韩退之。先生曰："退之文人之雄耳。文中子儒也。后人徒以文词之故，推尊退之。其实退之去文中子远甚。"爱问何以有拟经之失。先生曰："拟经恐未可尽非。且说后世儒者著述之意与拟经如何？"爱曰：

"世儒著述，近名之意不无。然期以明道。拟经纯若为名。"先生曰："著述以明道，亦何所效法？"曰："孔子删述六经，以明道也。"先生曰："然则拟经独非效法孔子乎？"爱曰："著述即于道有所发明。拟经似徒拟其迹。恐于道无补。"先生曰："子以明道者使其反朴还淳，而见诸行事之实乎？抑将美其言辞，而徒以夸世也？天下之大乱，由虚文胜而实行衰也。使道明于天下，则六经不必述。删述六经，孔子不得已也。自伏羲画卦，至于文王周公。其间言易，如连山归藏之属。纷纷籍籍，不知其几。易道大乱。孔子以天下好文之风日盛，知其说之将无纪极，于是取文王周公之说而赞之。以为惟此为得其宗。于是纷纷之说尽废。而天下之言易者始一。书诗礼乐春秋皆然。书自《典》、《谟》以后，诗自《二南》以降，如《九丘》《八索》，一切淫哇逸荡之词，盖不知其几千百篇。《礼》《乐》之名物度数，至是亦不可胜穷。孔子皆删削而述正之，然后其说始废。如《书》《诗》《礼》《乐》中，孔子何尝加一语？今之《礼记》诸说，皆后儒附会而成。已非孔子之旧。至于春秋，虽称孔子作之，其实皆鲁史旧文。所谓笔者，笔其旧。所谓削者，削其繁。是有减无增。孔子述六经，惧繁文之乱天下。惟简之而不得。使天下务去其文，以求其实。非以文教之也。春秋以后，繁文益盛，天下益乱。始皇焚书得罪，是出于私意，又不合焚六经。若当时志在明道，其诸反经叛理之说，悉取而焚之，亦正暗合删述之意。自秦汉以降，文又日盛。若欲尽去之，断不能去。只宜取法孔子。录其近是者而表章之。则其诸悖之说，亦宜渐渐自废。不知文中子当时拟经之意如何。某切深有取于其事。以为圣人复起，不能易也。天下所以不治，只因文盛实衰。入出己见。新奇相高，以眩俗取誉。徒以乱天下之聪明，涂天下之耳目。使天下靡然争务修饰文词，以求知于世。而不复知有敦本尚实，反朴还淳之行。是皆著述者有以启之。"爱曰："著述亦有不可缺者。如春秋一经，若无左传，恐亦难晓。"先生曰："春秋必待传而后明，是歇后谜语矣。圣人何苦为此艰深隐晦之词？左传多是鲁史旧文。若春秋须此而后明，孔子何必削之？"爱曰："伊川亦云，'传是案，经是断'。如书弑某君，伐某国。若不明其事，恐亦难断。"先生曰："川此言，恐亦是相沿世儒之说。未得圣人作经之意。如书弑君，即弑君便是罪。何必更问其弑君之详。征伐当自天子出。书伐国，即伐国便是罪。何必更问其伐国之详？圣人述六经，只是要正人心。只是要存天理，去人欲。于存天理去人欲之事，则尝言之。或因人请问，各随分量而说。亦不肯多道。恐人专求之言语。故曰'予欲无言'。若是一切纵人欲灭天理的事，又安肯详以示人？是长乱导奸也。故孟子云，'仲尼之门，无道桓文之事者。是以后世无传焉'。此便是孔门家法。世儒只讲得一个伯者的学问。所以要知得许多阴谋诡计。纯是一片功利的心。与圣人作经的意思正相反。如何思量得通"？因叹曰，"此非达天德。者未易与言此也"。

又曰:"孔子云,'吾犹及史之阙文也'。孟子云,'尽信书,不如无书。吾于武成取二三策而已'。孔子删书,于唐虞夏四五百年间,不过数篇。岂更无一事,而所述止此?圣人之意可知矣。圣人只是要删去繁文,后儒只要添上。"爱曰:"圣人作经,只是要去人欲,存天理。如五伯以下事,圣人不欲详以示人。则诚然矣。至如尧舜以前事,如何略不少见?"先生曰:"羲、黄之世,其事阔疏,传之者鲜矣。此亦可以想见,其时全是淳庞朴素,略无文采的气象。此便是太古之治。非后世可及。"爱曰:"如三坟之类,亦有传者。孔子何以删之"?先生曰,"纵有传者,亦于世变渐非所宜。风气益开,文采日胜。至于周末,虽欲变以夏商之俗,已不可挽。况唐虞乎?又况羲黄之世乎?然其治不同,其道则一。孔子于尧舜,则祖述之。于文武,则宪章之。文武之法,即是尧舜之道。但因时致治。其设施政令,已自不同。即夏商事业,施之于周,已有不合。故周公思兼三王。其有不合,仰而思之,夜以继日。况太古之治,岂复能行?斯固圣人之所可略也。"又曰:"专事无为,不能如三王之因时致治,而必欲行以太古之俗,即是佛老的学术。因时致治,不能如三王之一本于道,而以功利之心行之,即是伯者以下事业。后世儒者许多讲来讲去,只是讲得个伯术。"

【注解】徐爱问文中子、韩退之这两个人如何呀?这个韩退之也就是韩愈。先生说道:"韩退之为文人的翘楚,而文中子为大儒。后人只是喜欢文辞的优美浮华,所以推崇韩退之。其实韩退之比文中子还是差很远的。"阳明先生说得很深刻的。文中子的学生中有魏徵、李靖、房玄龄和杜如晦等,这些可都是唐朝的栋梁之才。从韩退之排斥佛教看来,他没有能够契入佛理,如何能够和阳明的心学相通呢?

徐爱听了先生这么赞许文中子,就问为什么文中子还有拟经的过失呢?什么是拟经呢?学者仿经典来写,称之为拟经。文中子干了这个事情,仿孔子整理的经典来著述。

先生说道:"文中子虽然做了拟经这个事情,可是不可全然否定的。也许应该可惜了,文中子的拟经大多没有流传下来的。你以为拟经是过失,那你们看看后世儒者著述的内容跟文中子的拟经比如何呢?"

徐爱说道:"世上的儒者著述,也许为了名利,这也不可否认的。可是起码他们所写的都是为了明道而已。虽然有私心,可是还是做了正事的。可是拟经似乎就纯是为了名利。"也难怪徐爱会这么想的,由于这些经典都是很有知名度的,作者也是很有名的,儒者拟经很容易被别人认为纯为了出名。

先生听了徐爱这么说就问道:"你说著述为了明道,他们这么做是在效法什么吗?是不是效法前人的什么做法吗?"

徐爱回答道:"也许是效法孔子的吧,孔子删述六经,也是为了明道的。"

先生又问道:"你只是说其他儒者著述是效法孔子,可是比如说文中子拟经难道不是在效法孔子的做法吗?"看阳明先生和弟子的对话,阳明先生还是循循善诱的,通过不断地询问来启发徐爱。

徐爱说道:"其他儒者对于著述、对于道有所发明,可是拟经似乎只是照葫芦画瓢罢了,只是形似没有神似。恐怕做这个对于道没有什么作用吧。所以我也不看好文中子的拟经,似乎没有什么作用的。"这下阳明先生知道徐爱的疑惑了,接下来阳明先生要好好地给弟子们讲讲了。赶紧搬个小凳子来听阳明先生给我们是怎么说的吧。

先生说道:"你觉得明道的人应该返璞归真才是吧,可是你看到他们有没有这样做了呢?有没有这样的事实呢?也许你看到的只是他们修饰美丽的言辞,以博得名利于世上罢了吧?天下之所以大乱,就是由于文饰过于风行了,这是过了的,而实际的大道衰落了。文风也是如此,美丽的辞藻而没有实际的载道文字。假使道发明于天下,推行于天下,则六经就不必删述了。删述六经,这是孔子不得已而为之的。如果不删述的话,慢慢地正道湮没在世间,世人都不知道哪个是正的经典,哪个是浮华的了。"

先生又说道:"自从伏羲画八卦以来,到了周文王推演周易,再到了周公。这期间说易经的,如连山易和归藏易。再到了后来就出现了很多各种各样的版本,不知道有多少了。易道大乱,邪师横行,使得世人不知道哪个才是真正的易道了。"

先生又说道:"孔子感觉到天下好文饰,浮华的文风日益盛行,考虑到也许世人很难知道哪个才是正宗了,于是孔子取了文王周公关于道的学说而赞扬它。推崇这个为正宗,为道统所系。其他纷纭复杂的各种学说就废止了。孔子这么做了之后,天下说易的人才归于了正统,归于了一。"

先生又说道:"《书》《诗》《礼》《乐》《春秋》这几部经典也都是如此的。《书》自从《典》《谟》以后,《诗》自从《二南》以后,自从《九丘》《八索》以后,有许多淫荡的言词,也不知道有几千百篇之多。《礼》《乐》里面也有许多不符合道统的东西,也是不可胜数。孔子对这些都进行删减而述其正。其他的过于文饰的东西,不正的东西都废止了。如《书》《诗》《礼》《乐》里面,孔子何尝添加过自己一句话呢?如果不是孔子这样删定,不断地出来这些杂草,也许就已经把真正的道统给湮没了。"

先生又说道:"现在《礼记》里面的许多说法,都是后儒自作聪明,牵强附会给加上去的,并不是孔子昔日所删述的原本了。"

先生又说道:"对于《春秋》而言,虽然说是孔子所作,可是都是鲁国的历史中记载的旧文。孔子也只是按照以前的人所写的来记录,也只是削减避免过于繁复，留下真正的载道的文字罢了。孔子所作是有减而无增的。"

先生又说道："孔子删述六经，就是惧怕繁文扰乱天下。惧怕世人要找简化的载道文字来学习而得不到。孔子这样做也是倡导一种求道做学问的学风，使得天下务必去掉过多的文饰，而求实道。并不是教学人文章辞赋的。"

先生又说道："春秋以后，繁文浮华的文风越加盛行，天下就越加混乱。秦始皇焚书坑儒，得罪于天下，但是出于私意，并没有一起把六经都给焚烧掉的，官方还留有备份的。秦始皇所做的事情，假设当时志在于明道，而把离经叛道的各种学说，都一起焚烧殆尽，这就刚好暗合孔子删述的本意了。正所谓有可能是无心插柳反做了好事的。"

先生又说道："从秦汉以来，浮华文饰的风气又盛行了。如果想要统统的去掉，可能很难做到了。只能是效法孔子，把最为经典的给记录下来而推广。这样做了以后，各种悖逆的学说，也就会慢慢地废除了。比如说使得大家知道什么是道，什么是载道的文字，就不会受其他的邪说误导了。"

先生又说道："我不知道文中子当时拟经的本意如何，也许是效法孔子在删述经典的。也许文中子如同孔子一样，圣人复起的，为了天下明道而删述经典的。天下之所以不能够大治，只是因为文饰过于浮华，而没有务实于道的。只是在凭着自己的一己管窥之见，争相发出各种奇妙高论，无非是沽名钓誉罢了。这只不过是在乱天下人心，堵住了天下人都耳目罢了。"

先生又说道："正是因为天下都争着去修饰文词，以为华美的辞藻就好，想知名于天下。有了这种风气而不再知道原本还有淳朴尚实的载道经典，就不知道返璞归真的可贵了。这也许是许多著述者开的这个不好的头的。相反，文中子也许所作的跟孔子一样，想维系道统的纯正的。"文中子融合儒释道为一炉，实在是集大成者。阳明先生何尝不是如此呢？阳明先生一出，所讲心学为儒释道的精髓所在，其他浮华的文辞也就被世人放在一边了。文中子、阳明先生实在是不世出的圣人呀。

徐爱听了估计还是比较赞同老师关于文中子拟经的评价了，可是还是想坚持著述者有其内在价值，接着问道："我认为著述还是不可或缺的了。比如《春秋》一经，如果没有《左传》的诠释，恐怕很难知晓。"孔子删定《春秋》经后，比较简约，左丘明写了《左传》进行诠释。

先生说道："《春秋》经必然需要等待有了《左传》以后才能明白吗？我想未必吧。你这么想也许是把《春秋》当做歇后谜语一样吧。圣人孔子何苦写这么艰深隐晦的书呢？《左传》大多都是鲁国历史的旧文。如果《春秋》一经须要鲁国历史的旧文才能明了，何苦孔子多此一举呢？为什么孔子会删减旧文而成《春秋》一经呢？"由此可见孔子的《春秋》为了使得世人更加明了，《左传》又返回来把孔子删除的东西添加回来了。左丘明干这个活还好，如果其他一些载道的文字，在并没有会得其要旨情况下来写，只会把原来很好的经文给糟蹋了。

徐爱问道："伊川先生曾经说过：《左传》中记录的事情比较详细，如同案件，而《春秋》经如同是断案的，比较简单明了就只有一个结论。《春秋》经写得好简单，比如说弑杀某个君主，讨伐某个邦国。如此的记载，如果不明其具体案件的事情缘由，恐怕很难能够断的清楚的。"这个伊川先生可是个了不起的人物，就是宋代的邵康节，他可以说是两程亦师亦友的关系。

先生说道："伊川先生这句话这么说，恐怕还是沿袭了世儒的说法的。也许没有会得圣人孔子做经的本意。如写了弑君，弑君便是大罪了。何必还要问弑君详细的经过呢？征伐应当由周天子来发出，而写着征伐他国，征伐他国这就是大罪的。何必还要写征伐他国的详细经过呢？"

先生又说道："圣人删述六经，只是为了正人心的。只是要存天理，去人欲的。对于存天理，去除人的私欲这样的事情，圣人孔子就会尽力去多说的。其他的内容，除非是弟子们求问，才随机进行教诲的，也不肯多说的。恐怕别人专门求他的言语了。所以孔子说：我不想多说什么了。如果是一切纵容人的私欲，灭绝天理的事情，又怎么肯详细地告诉世人呢？如果说了太多这些丑恶的东西，也许会扰乱世人的心，也许有许多小人就会效法的。也许会助长混乱和导致奸邪丛生的。"

先生又说道："所以孟子说：仲尼的门下，一般来说都不说齐桓公和晋文公他们的事情的，这样做后世弟子们就没有多少这些传承的。这便是孔门家法。"

先生又说道："可是世儒却都在讲如何称霸于天下的学问，使得知晓许多阴谋诡计，这都是一片功利之心。世儒和圣人所作的经典刚好相反。世儒如何能够明白孔子圣人的良苦用心呢？"邵康节实在是一代圣人来的，丝毫不在孔子、阳明先生之下。

阳明先生说到这里感叹道："这个除非已经达于道，达于天德的圣贤，不能轻易明了这个事情的。"阳明先生是就邵康节说这句话而言的，想必并不是说邵康节先生不达于天德的。

先生又说道："孔子说：我还曾经赶上过史官，宁可在文字上留下空白，也不愿意随便妄记的情况。孟子说：如果机械地相信《尚书》中所说，还不如没有书的。"

先生又说道："对于《尚书》中《武成》这一篇，我只是取其中两三个地方可取之处而已。孔子删《书》，在唐虞夏四五百年这么长的时间里，仅存留了数篇而已。难道这几百年没有多少事情吗？可是孔子的删述仅至此而已。圣人孔子的本意可想而知了。圣人孔子只是要删除去繁文，可是后世的儒者却画蛇添足一样又加上去了。"唐虞夏每个字代表着一个朝代的，唐为尧帝，虞为舜帝，夏为夏朝的。我们扪心自问一下，是不是该感觉到汗颜呢？也许唯恐世人不知道我们的博学而引经据典，非得把来龙去脉给写清楚。真正清楚的孔子却保持了沉默，不愿意多说什么了。

徐爱听了以后，可不能放弃这么好的请教的机会，继续问道："圣人作经典，只是为了要去除人的私欲，存天理。如五霸以下的事情，圣人不想详细告诉世人的。这也是很明显的事情了，我也能够理解了。可是尧舜那时候的事情，这是圣明的先王的，怎么那时候的记录也是很省略的呢？为什么不多记录详细一点，让后人去效法学习呢？"

先生回答道："伏羲、黄帝那时候的事情，比较阔疏，没有那么多的事情，传下来的也很少。从这里也可以想到，那时比较淳朴的，没有多少文采，这是那时候的文风气象。这就是太古之治，非后世可以比及的。那时候可是太古的大治的。"那时候也许是帝王比较寡欲，比较少骚扰百姓，也没有多少事情记载。这也和那个时候的文风有关的，不喜欢记录太多的浮华。

徐爱问道："如三坟这样的经典，也有相应的传，可是孔子为什么也跟着一起删述了呢？"这三坟可是了不得的，分别是伏羲、神农和黄帝的书，据说是记载大道的书。伏羲有《易经》、神农有《本草经》，而黄帝有《内经》《阴符经》等。

先生回答道："纵使古代圣王有传留于世，可是现在的情况变化很大了，那时候的许多做法已经不太适合了。风气越来越开放了，文采也更加的风行了。到了周朝的末年，虽然想变到夏朝和商朝那时的风俗，已经很难挽回了。更何况想要恢复到唐尧虞舜那时的风俗呢？更何况还想恢复到伏羲、黄帝那时候的风气呢？虽然不同时代的治理方法有所不同，可是其道并没有什么太大的分别，还是归于道统的。孔子对于尧舜就以为宗祖，效法尧舜之道；对于周文王和周武王，则效法他的典章制度。其实文武之法度，也是符合尧舜之道的。只是因为当时的形势已经不同了，所以他们设置的政令，也会有所不同的。即使是夏朝和商朝的法度，应用于周朝，已经有些不合时宜了。所以周公思量兼学三王之道。有些不合的地方，仰望天空而思虑，夜以继日地在思索治国之道。何况周公如此合乎道，如此努力，还是不能够恢复太古之治，后世如何能够恢复得了呢？这也许是圣人孔子省略掉了先王记述的一些内容吧。也许记了也作用不大的。"如果是载道的文字，不管是在哪个朝代都不会过时的，只是有些具体的治国办法，政令就有些过时的。

先生又说道："治理国家有两种偏颇的，这两者都不太可取的。如果专门无为而治，却不能像夏商周三朝圣王那样按照当时的具体情况进行治理，而一味想推行太古的风俗，这也许就是佛、老的主张了。如果仅仅是根据实际情况而治理，不知道同时取法于三王之道，只是用功利心在推行治国之策，这也就是五霸以下所做的事情了。后世儒者许多人讲来讲去，无非就是讲了个称霸之术。"阳明先生这么说，也许治国应当两者兼取的。内有佛、黄老之术，外有三王的法度，不可偏废的。比如对于个人来说，内修道德，外修自律和礼法。文武兼修才可以的，阴阳不可偏废的。

13. 三代之治

【原文】又曰："唐虞以上之治，后世不可复也。略之可也。三代以下之治，后世不可法也。削之可也。惟三代之治可行。然而世之论三代者，不明其本，而徒事其末。则亦不可复矣"。

【注解】先生又说道："唐尧、虞舜以上的治国之策，后世也许无法恢复了吧。对于治国的策略记载可以省略些就可以了。"

先生又说道："夏商周三代以下的治世之策，也许也不可取法，也可以削减掉了。"

先生又说道："只有夏商周三代之治现在还可行。然而，世上论夏商周三代的，不能明白其根本，而只是抓到了些细枝末节的。这也是为什么很难去恢复的缘故吧。"也许尧舜以上的就过于简单了，崇尚无为之治，不太适合如今的情形；夏商周以下的又过于复杂了，大多都是推崇功利之治，而忽略了尧舜之道。只有夏商周这三代的做法值得去取法，然而又缺少贤才。

当然也不仅仅是夏商周可以取法的，文景之治等有些帝王的做法还是不错的。也许文景之治也是取法于夏商周的。

14. 春秋亦经

【原文】爱曰："先儒论六经，以《春秋》为史。史专记事。恐与《五经》事体终或稍异"。先生曰："以事言谓之史。以道言谓之经。事即道。道即事。《春秋》亦经。五经亦史。《易》是包牺氏之史。《书》是尧舜以下史。《礼》《乐》是三代史。其事同。其道同。安有所谓异？"

【注解】徐爱问道："先儒在评论六经的时候，有些说春秋是记载历史。历史专门是记录事情的。恐怕记载历史的跟其他五经的体例和宗旨还是有些不同的吧。"记录历史的怎么能够称之为经呢？这个也许大家要去读一下才知道的。

先生说道："如果记事为主称之为史。如果讲道为主称之为经。可是事即是道，道即是事，不曾分开的。从这个角度来讲，春秋也是经，五经也是史。《易经》是伏羲的历史，《尚书》也是尧舜以后的历史。《礼》《乐》也是夏商周三代的历史。它们所讲的事也相同的，讲的道也是相同的，怎么有多少太大差异呢？"

比如佛经里面虽然说是经书，也是讲法传道的。可是如果仔细看看佛经，就会发现，里面记录下了佛陀的教化的过程。里面还有佛陀跟弟子们生活的场景的。佛经本身也是记录了历史的。载道需要依赖于文字，依赖于具体的事情以明道，依赖于具体的事情做比喻方便理解的。

15. 五经亦史

【原文】又曰："五经亦只是史。史以明善恶，示训戒。善可为训者，时存其迹以示法。恶可为戒者，存其戒而削其事，以杜奸。"爱曰："存其迹以示法，亦是存天理之本然。削其事以杜奸，亦是遏人欲于将萌否"？先生曰："圣人作经，固无非是此意。然又不必泥着文句"。爱又问："恶可为戒者，存其戒而削其事，以杜奸。何独于诗而不删郑卫？先儒谓'恶者可以惩创人之逸志'。然否"？先生曰："诗非孔门之旧本矣。孔子云：'放郑声，郑声淫'。又曰：'恶郑声之乱雅乐也'。'郑卫之音，亡国之音也'。此是孔门家法。孔子所定三百篇，皆所谓雅乐。皆可奏之郊庙，奏之乡党。皆所以资畅和平，涵泳德性。移风易俗，安得有此？是长淫导奸矣。此必秦火之后，世儒附会，以足三百篇之数。盖淫泆之词，世俗多所喜传。如今闾巷皆然。恶者可以惩创人之逸志。是求其说而不得，从而为之辞。"

【注解】先生又说道："五经虽然说是经，同时也是历史来的。历史的作用是明善恶，明示训诫。善事可以教化，所以保存其事迹令世人效法。恶事可以引以为戒，所以只是保留一些戒条而删去了具体作恶事的经过，以防止奸邪再生。"恶事不要记得太清楚，也许会扰乱人心的。本来世人想法比较简单一些，可是在历史里面看到还可以这么做，教坏了世人的。只是也要记录这些戒条，作为教训的。

徐爱问道："保存行善的事迹给世人效法，这也是存本然的天理。削减恶事的具体经过以杜绝奸邪再生，这是不是使得人欲在萌生之前就被遏制住了呢？"徐爱小脑袋瓜里满是存天理，去人欲，所以这么问了一句。

先生回答道："圣人写作经典，无非就是这个意思的，去恶扬善的。然而，不必拘泥于文句的。"

徐爱又问道："恶可以引以为戒的，保存戒条而删去详细的经过，以杜绝奸邪之事复发。你刚才这么说，但是为什么《诗经》中唯独没有删除郑卫的部分呢？先儒朱熹注解诗经中提到：恶者可以惩创人之逸志，他说诗经，好的部分可以引人向善，而不好的部分（如郑卫）则可以惩戒人心中之恶，使得人不走邪路。他这种说法对吗？"

先生回答道："这部《诗经》已经不是孔门的旧本了。孔子说：要禁绝郑国音乐，因为郑国音乐为靡靡之音。孔子还说：厌恶郑国的音乐扰乱了纯正的雅乐。郑国和卫国的音乐，这是亡国之音。这就是孔门的家法。孔子所删定的三百篇，都是所谓的雅乐。都可以在乡村、郊庙演奏的。并有助于陶冶性情、涵养德行、移风易俗，怎么还会保存郑卫之音呢？这是在助长淫邪，引导别人去做奸邪之事。"

先生又说道："想必这必定是秦始皇焚书坑儒的时候，把相应的篇章给烧掉了，有所缺憾。世儒为了凑数，牵强附会加上去的，凑足了三百篇这个数目。大概是淫逸的诗词世俗大多喜欢传播吧，所以如今搞得街头巷尾都知道了。朱熹说：恶者可以惩创人的逸志。朱熹也许是想解释一下，可是又解释不清楚，反而为邪恶辩解了吧。"

16. 徐爱后序

【原文】（徐爱跋）爱因旧说汩没，始闻先生之教，实是骇愕不定，无入头处。其后闻之既久，渐知反身实践。然后始信先生之学，为孔门嫡传。舍是皆傍蹊小径，断港绝河矣。如说格物是诚意的工夫。明善是诚身的工夫。穷理是尽性的工夫。道问学是尊德性的工夫。博文是约礼的工夫。惟精是惟一的工夫。诸如此类，始皆落落难合。其后思之既久，不觉手舞足蹈。

【注解】（徐爱后序）前面徐爱问学于先生，这一段话是结束语。徐爱我因以前的先贤的旧说埋没了，后世儒者不知真谛，刚开始听先生的教法，我实在是惊愕不已的，感觉无从下手。

可是后来听得多了，也听得久了之后，逐渐就知道怎么样反求诸己去躬行实践了。这才开始相信了先生之学。的确为孔门的嫡传学说的。如果舍弃如此学说，大概都是旁门小道、歪门邪说吧。

如先生说格物是诚意的功夫。明善是诚身的功夫。穷理是尽性的功夫。道问学是尊德性的功夫。博文是约礼的功夫。惟精是惟一的功夫。诸如此类的教法，刚开始很难想得明白。可是后来想得久了，慢慢地有所领悟就不禁手舞足蹈起来了。对先生的教法，徐爱总结了六点，这六点也都是阳明先生的原话来

的,并非徐爱同学自己想出来的,看陆澄同学的记录就可以看到了,具体如下:

(1) 格物是诚意的功夫。之前也具体讨论过格物、诚意。我们一起回想一下的。此心为根本,意为心之音。意在于花,就有一物;意在于叶,就有一物。如同放电影的过程,电影屏幕上的事物,我们以为是真实的。就如同我们生活的这个世界的事物,我们以为就是实相。也许不是的呢?如果能够做到格物,对于事物没有夹杂一丝一毫的私欲,不受物的扰乱了,这就能做到诚意了。也就是说格物是诚意的功夫。格物也可以说是革除物欲。孟子说:格君心,就是要革除君主心里的物欲,使得归于正道,国家就会安定了。一人如同一国。心为一身的君主,格君心也如同格每个人的心的。

(2) 明善是诚身的功夫。发明本有的明德,发明每个人本有的善心。几千年来,世人在争论性本善还是性本恶。对于阳明先生来说,他得道了,就没有什么好争论的了。古往今来的圣人都如此教导我们,人的本性无善无恶,不是刻意地去为善的伪善,也不是刻意去作恶。这个本性自然就有大智慧,自然就能知晓天下的道理,自然就有大爱。如果明了本性,对世人,对世间万物不得不去爱了,并不是私欲的爱,而是一种大爱。发明了这个本善,就可以做到诚意修身了。

(3) 穷理是尽性的功夫。如果能够发明本有的明德,使得此心存天理,就可以穷天地万物之理了。如果能够穷天地万物之理,就可以说是尽性了。之前有说到性为心的本体。性如同心灯的中心部分,发出去的亮光,天地万物无所不照。如果无所不照就无所不知了,天地万物之理也就穷尽了的。所以,说穷理是尽性的功夫。

(4) 道问学是尊德性的功夫。《中庸》中提到:君子尊德性而道问学。如果不问学于道,不明道,就不知道德性的尊贵的。所以,说道问学是尊德性的功夫。这个道问学就是功夫了,就是达到道的途径了。阳明先生生活的年代,朱熹的理学盛行于世,一开始阳明先生严格按照朱熹的教法去做去学。曾经几天几夜格竹子,可是还没有致知,自己就已经病倒了。直到被贬到了贵州龙场那里才顿悟了自性。阳明先生是通过不断地求道做学问而得道的。

(5) 博文是约礼的功夫。什么是文?什么是理?这个之前都有所探讨。礼即是理,理即是礼。对于事物可见的理,称之为文。对于隐微难见不可见的部分称之为理。文理为一而不是二的,合起来为一体的。比如经典文字这个是可见的部分,可以称之为文。博文也可以说是多读经典文字的,这就可以归于简约。也就是说博文是约礼的功夫的。当然并不是主张去博学许多的知识的,如此并不能说是博文。当然这个博文不仅限于文字,还有许多可见的部分。比如看到日月不断地轮转变化,这个是可见的部分。背后不可见的规律还有万有引力定律等。理如果离开可见的文，不复存在。文如果没有理，没有内在的约束，也就不复存在了。可以说文理是一体的，文理互为阴阳。

（6）惟精是惟一的功夫。惟精和惟一都是功夫来的。求道要精深和专一。如果没有专一，也就无法精深。我们经常用生锈的铜镜来比方世人的心。如果要得道，就要把锈迹磨去。如果不专一打磨一个地方，就很难较快地深入见到镜子的本来亮光。如果先集中力量朝一个地方去努力，也许很快就可以打通一个缺口的，见到了一丝亮光。不要小瞧这一点亮光，这个就是明心见性了，这个就是得道了。由于见到了亮光，就会信心百倍，就不会迷失方向了。如果没有精深，也不是专一。所以说，惟精是惟一的功夫。

第二章　门人陆澄录

1. 主一之功

【原文】陆澄问:"主一之功,如读书,则一心在读书上。接客,则一心在接客上。可以为主一乎"?先生曰:"好色则一心在好色上。好货则一心在好货上。可以为主一乎?是所谓逐物。非主一也。主一是专主一个天理"。

【注解】陆澄问道:"主一的功夫,如读书的时候,一心就在读书上。迎来送往的时候,一心就在待客上。这样可以算作主一了吧?"

先生听了反问他一下,让他自己反思,然后自己再给出答案。先生反问道:"如果好色就一心都在好色上,好货财就一心在货财上。这样难道也可以是主一的功夫吗?这个只不过是所谓的心随物转罢了。不能算是主一的功夫的。主一是专主一个天理,没有物欲的。"

注意了这里阳明先生教我们主一的功夫了。列举的这几个主一的例子,实则都没有主一的。

读书可以有妄想,要看读的什么书,随着书里面写的内容不断地有妄想。待客可以有许多妄想,比如跟客人聊天,内心还会想着各种事情。好色和好货更不用说了,虽然说是做一件事情,可是心并没有能够主一。如果做什么事情的时候,内心都处于静定状态,仅存天理,没有物欲的妄想,如此可以说是主一了。比如,专念阿弥陀佛,如此渐入静定可以称之为主一的。

2. 问立志

【原文】问立志。先生曰:"只念念要存天理,即是立志。能不忘乎此,久则自然心中凝聚。犹道家所谓结圣胎也。此天理之念常存。驯至于美大圣神,亦只从此一念存养扩充去耳"。

【注解】这个门人可真是够会问的，可都是问的这些做功夫的事情。这次他问阳明先生立志的问题。

先生回答道："只要念念中存乎天理，即是立志了。如果能够念念不忘天理，久了自然就会在心中凝聚。这就像道家所谓的结圣胎。这就使得天理之念能够常存于胸。别看这一念很小，可是要驾驭得好，修到美大圣神的境界，也只是由这一念存于天理而养浩然之正气扩充去而已。"

美、大、圣、神这个是从孟子中来的，总之就是比较高的境界了。阳明先生如此说，似乎一点都不虚。不管是道家还是佛家，只要把念头管好了，也就不简单了。这念头虽小，却可以四两拨千斤的。念一声阿弥陀佛，即是无上甚深禅的。

3. 因病而药

【原文】"日间工夫，觉纷扰则静坐。觉懒看书则且看书，是亦因病而药。"

【注解】先生说道："每天做功夫，如果觉得纷扰不能安静就静坐。如果觉得懒得看书就权且去看看书吧。这个也是对病下药的。"

也许有些人会觉得有疑问的，怎么懒得看书还去看书呢？是不是注解反了呢？从这一句来看，这么解是对的。

如果心里面纷扰，妄想纷飞，这是安静不了，就去静坐，让心安静下来。当然这个静坐不是枯坐的，坐在那里，妄想还继续纷飞。还在想着名利，还在想着许多的事情，这个不算是静坐。

静坐需要制心一处，也就是前面说的主一的功夫。把心安放在佛号上也可以，这样纷扰的念头就会慢慢地安静下来了。并不是说念头纷扰，很烦恼就不去静坐；并不是说懒得看书，心烦意乱就不去读书。这个是有针对性地对病下药。

4. 相下得益

【原文】"处朋友，务相下则得益。相上则损。"

【注解】先生说道："与朋友相处，务必要谦下相待，如此的互相得益。如果彼此攀比，则互相受损的。"

不仅是朋友之间相处如此，邦国外交也是如此。《道德经》中还特地提到这个的，两国邦交，大国宜下。大国是想小国归附，而小国是想依附大国保全自己，侍奉大国的。

权位高的反而更应该谦下地放下架子。朋友之间也是如此，越是身居高位，越是家财万贯，越是学富五车的，越应该把架子放低来交友。如果由于富贵而骄，就会引来祸害了。福祸互为阴阳，福祸是可以互相转换的。有祸患伏在富贵之中，有富贵依着祸患的。

5. 好名之病

【原文】孟源有自是好名之病。先生屡责之。一日警责方已。一友自陈日来工夫请正。源从傍曰："此方是寻着源旧时家当"。先生曰"尔病又发"。源色变，议拟欲有所辨。先生曰："尔病又发"。因喻之曰："此是汝一生大病根。譬如方丈地内，种此一大树。雨露之滋，土脉之力，只滋养得这个大根。四傍纵要种些嘉谷，上面被此树叶遮覆，下面被此树根盘结，如何生长得成？须用伐去此树，纤根勿留，方可种植嘉种。不然，任汝耕耘培壅，只是滋养得此根"。

【注解】孟源同学有自以为是，爱慕虚名的老毛病。先生屡次批评他，还是没有改正过来。有一天刚刚警告训责完。一位朋友自己陈述近日来求道做功夫的情况，有些疑问想请先生指正。

孟源同学可真是不安分，心直口快在旁边说道："你这也叫功夫呀，只不过是我孟源原先的旧家当而已，很久以前我都全部遇见过了。"

先生说道："你这个毛病可又犯了呀。"

孟源听了老师这么批评，还是害怕了，脸色刷的一下都变了，正想去辩解。

先生又说道："你的病又犯了。"

先生接下来打了个比方道："这是你这一生最大的病根了。比如说一块一丈见方的地里，种了一棵自以为是的大树。雨露的滋养，土地的肥沃，只能滋养得了这个大根。"

先生又说道："四旁如果要想种一些好的谷物，上面被树叶覆盖着根本都看不见阳光，下面被树根盘结，根本都吸取不要什么营养，没有什么生长的空间。好的谷物如何能够生长的了呢？需要把这棵树砍掉，连须根都不要留，这样才能够种植优良的谷物。如果不然，任由你多么的努力耕耘培育，只能是助长此根的。"阳明先生因材施教，做的这个比方蛮生动。

6. 著述乱正学

【原文】 问:"后世著述之多,恐亦有乱正学"。先生曰:"人心天理浑然。圣贤笔之书,如写真传神。不过示人以形状大略,使之因此而讨求其真耳;其精神意气言笑动止,固有所不能传也。后世著述,是又将圣人所画,摹仿誊写,而妄自分析加增,以逞其技,其失真愈远矣"。

【注解】 问道:"后世著述这么多,恐怕也会扰乱正道学说吧。"

先生回答道:"人心天理浑然成为一体。圣贤写成经典传世,只是为了把自己的实证给写下来。也许感觉无法完全用文字和语言描述出来,只是尽可能的描摹清楚,写真传神罢了。只不过指示给世人有个大概的形状,使得世人能够循着经典去探求其真相罢了。圣人见到了实相,如同见到了一个人,要把这个人给描写清楚还是不容易的。圣人只是描写其要点,可是精气神,音容笑貌,行为举止这些也许无法完全形容出来。"

先生又说道:"后世著述,按照圣人所画的画像,又进行模仿描摹,不仅仅如此,还妄自分析进行加减,以显示其技艺的高深,这样失真就更加严重了。"

一句道听途说的话,如果经过许多人的口,也许许多人会妄自加减,这样就完全都变了。圣人的经典也是如此,原汁原味地还能保存其真。可是不断有人著述,有人又根据这个著述进行著述,就很难知道圣人本来讲的是什么。如果得道的人比如文中子和孔子这样的圣人来著述可能还好,如果根本没有得道,就看不懂经典的本意,又要勉为其难的去著述就麻烦了。

比如朱熹根据圣人所写的,有自己的理解和描摹,描摹错了,后人在朱熹基础上搞的都偏了。

7. 应变不穷

【原文】 问:"圣人应变不穷,莫亦是预先讲求否?"先生曰:"如何讲求得许多?圣人之心如明镜,只是一个明,则随感而应,无物不照。未有已往之形尚在,未照之形先具者。若后世所讲,却是如此,是以与圣人之学大背。周公制礼作乐以示天下,皆圣人所能为。尧舜何不尽为之,而待于周公?孔子删述六经以诏万世,亦圣人所能为。周公何不先为之,而有待于孔子?是知圣人遇此时,方有此事。只怕镜不明,不怕物来不能照。讲求事变,亦是照时事,然学者却须先有个明的工夫。学者惟患此心之未能明,不患事变之不能尽"。

曰："然则所谓'冲漠无朕而万象森然已具者'，其言如何？"曰："是说本自好，只不善看，亦便有病痛。"

【注解】问道："圣人能够应变无穷，圆融通达，难道是预先都准备好所有的应变的东西吗？怎么这么厉害呢？似乎无所不知，无所不晓。"

先生回答道："如何能够预先讲求得了那么多呢？也完全没有必要。圣人的心如同明镜一般，只是一个明字，物来则应物去不留。对外感受到什么就回应什么，无物不照。并没有以往的物形保存在里面，还没有照的物形是不会先在里面预先准备好的。若如后人所讲，圣人对什么都预先准备好了，预先讲求了，这和圣人之教是大相径庭的。辜负了圣人的教诲了。"

先生又说道："周公制定礼乐以示天下，这是以前的圣人所能做的事情，尧舜为什么不把它都做完了呢，还要等待周公来做吗？孔子删述六经以诏高万世。这个也是孔子之前的圣人能够做的，周公怎么不先去做了呢？难道还要等待孔子来做吗？应该要知道圣人会针对当时的实际情况，有不同的做法，时势和做事的方法是匹配的。"

先生又说道："我们应该担心的是镜子不够明亮，而不要担心物来了不能照。只要担心我们的心不够明净，而不要担心自己没有智慧。世儒讲求对时势有所应变，这个其实也跟镜子照东西类似的，学者应当先要有个明的功夫。如果心明了，就能够随时应变了。也就是说尧舜放在周朝，他们的心如明镜，也可以针对当时而做出应变的。学者只要担忧此心没有能够发明，而不要担心事情变化而不能完全应对。"

又问道："然而程颐说的：'冲漠无朕而万象森然已具者'，这句话说的对吗？"

先生回答道："他这么说本来是很好的，只是比较容易让人费解，也就有了问题了。"程颐说的这句话也许是说，大道太虚而无有形迹，可是似乎又有万物万象已然在其中了。道生一，一即太极。太极生两仪。两仪即阴阳，而万物负阴而抱阳。

8. 义理无定在

【原文】"义理无定在，无穷尽。吾与子言，不可以少有所得，而遂谓止此也。再言之十年，二十年，五十年，未有止也"。他日又曰："圣如尧舜。然尧舜之上，善无尽。恶如桀纣，然桀纣之下，恶无尽。使桀纣未死，恶宁止此乎？使善有尽时，文王何以'望道而未之见'？"

【注解】先生说道："大道的义理无有定数。"要想给大道固定的描述来形容，也不好怎么形容哦。可想而知了，佛家用空来形容，道家用无来形容，可是连空和无也都不能执着。不能执着空和无，也不能执着于有。不是绝对的有，也不是绝对的无。我们往往被固定的思维模式所束缚，比如以前西方的地球中心说，太阳等都绕着地球转动的。地球中心说已经被哥白尼打破了，可是自我中心这个观念更是难以打破的。如果打破了我的执着，打破了以自我为中心，就能够得道了。

先生说道："义理也是无穷尽的，无法完全描述完。我跟你说了一些，可是你不可以以为就是这些了，就此就停止了。也许我再说十年、二十年、五十年，还是说不完的。"世间有八万四千法门，如何能够说的完呢？佛陀说法四十九年，说法无数。然而，虽然阳明先生说义理无穷，说也说不完，可是这一切又了不可得。也难怪，佛陀会说我法妙难思。慈悲世人受苦，所以才出来说法的。可是后来佛陀说，自己未曾说一法。

有一天，阳明先生又说道："即使圣人如尧舜这样的，然而尧舜之上，善也是无穷尽的。"尧舜已经是很贤善的君主了，善还是无止境的。所以圣人还在不断地反省自己，越做越好的。

先生又说道："即使恶如桀纣，然而桀纣之下，恶也是无穷尽的。假如桀纣没有死，他们所作的恶难道就止于这些了吗？假如善有穷尽，周文王为什么说'望道而未之见'？"

周文王对待百姓，如同他们受了伤一样，总是同情抚慰；已经见了道却像没有看见一样，总是不断求道。圣贤修道什么是究竟，也许到了涅槃，无上正等正觉，大彻大悟了才是究竟的。修行还是有个最后的境界，然而，大彻大悟之后，就会明白无穷的义理，有无上的智慧。这个也是至善的境界了，可是有了这些还要普度众生，为善还是没有穷尽。

9. 遇事不同

【原文】问："静时亦觉意思好，才遇事便不同，如何？"先生曰："是徒知静养而不用克己工夫也。如此临事，便要倾倒。人须在事上磨，方立得住；方能静亦定、动亦定"。

【注解】问道："我在安静的时候觉得自己的想法都很好，可是遇见事情了就不是那么回事了，这是怎么回事呢？"

先生回答道："你也许只是知道静中涵养而不知道做克己的功夫的。如此真遇见事情了，就扛不住了。人需要在事上去磨砺自己，这样方能站得稳；如此才能在安静的时候也能够有定力；遇事在动中也能够有定力的。"

这个是修行求道做学问的人普遍的困扰。比如躲在深山老林，在寺庙里面还是好好的，比较安静也没有什么烦恼。可是到了社会上面了，遇见了许多烦恼和棘手的事情了，就很难能够静心了。

也许应该多学学阳明先生的知行合一。既能够知道，而且还能去做得比较好。人还是需要在具体的事情上进行磨砺的。比如要有定力，在闹市里也能够入定，那是真定的。

10. 上达工夫

【原文】问"上达工夫"。先生曰："后儒教人才涉精微，便谓上达未当学，且说下学，是分下学、上达为二也。夫目可得见，耳可得闻，口可得言，心可得思者，皆下学也；目不可得见，耳不可得闻，口不可得言，心不可得思者，上达也。如木之栽培灌溉，是下学也；至于日夜之所息，条达畅茂，乃是上达，人安能预其力哉？故凡可用功可告语者皆下学，上达只在下学里。凡圣人所说，虽极精微，俱是下学。学者只从下学里用功，自然上达去。不必别寻个上达的工夫"。

【注解】问阳明先生什么是"上达工夫"。正所谓形而上谓之道，形而下谓之器。上达于道，而下为器。这个问题也不简单的，也就是如何上达于道的功夫，这个同学还真是挺上进的。

先生回答道："后儒教学子，初步涉及精妙处，就说上达于道之学不应该去学，还是好好学好形而下的学问吧。这是人为的分为形而下的学问、上达于道的学问。本来是一个学问，却人为的一分为二了。"

先生又说道："眼睛可以看得见，耳朵可以听得到，嘴巴可以说出来，心可以想得到的，这些都可以称之为形而下的学问。"

先生又说道："眼睛看不见的，耳朵听不到的，嘴巴说不出来的，心里想也觉得不可思议的，这样的学问为上达于道。"

先生又说道："打个比方来说吧。比如树木栽培灌溉，这个是下学；至于树木昼夜生长，枝繁叶茂，这个是上达，人怎么能够在上达上面加于干预呢？所以凡是可以用功的，可以说出来的都是下学。上达于道的学问也包含了形而下的学问了。"

先生又说道："大道虚无，只好借助语言和文字来载道，而语言文字也是属于下学。我们可以通过研读载道的经典文字，来上达于道。凡是圣人所说的话，虽然极其精微，可是都是下学的。学者只要从下学里面用功，自然就可以上达于道去了。不必另外在寻找一个上达于道的功夫。"

圣人所说的话，比如佛陀所说的，记录为佛经了。佛经是非常精妙的，可以指导我们解脱之道。然而就算是经典，这些也只是语言文字。六祖曾经说过：法尚应舍，何况非法？佛法本来是医治世道人心的良药，如果执着于药而为病，这也是不可取的。对于佛法的执着，这个也是不可取的。如果已经过了河，就不必背着船走路了。

11. 持志如心痛

【原文】先生曰："持志如心痛。一心在痛上，岂有工夫说闲话、管闲事。"问："'惟精惟一'是如何用功"？先生曰："惟一是惟精主意，惟精是惟一功夫，非惟精之外复有惟一也。'精'字从'米'，姑以米譬之：要得此米纯然洁白，便是惟一意；然非加舂、簸、筛、拣惟精之工，则不能纯然洁白也。舂、簸、筛、拣是惟精之功，然亦不过要此米到纯然洁白而已。博学、审问、慎思、明辨、笃行者，皆所以为惟精而求惟一也。他如博文者即约礼之功；格物致知者，即诚意之功；道问学即尊德性之功；明善即诚身之功：无二说也"。

【注解】孔子圣人要弟子为君子儒，而非小人儒。君子儒有志于道，而小人儒为了功名。

先生说道："持志于道如同心痛。如果心痛了，其他的都没有心情去顾及了，一心只在痛上了，哪里还有什么功夫去说闲话，管闲事呢？"阳明先生这个比方说得好的，这也就是前面提的主一的功夫的，专心于一处，无事不办的。

问道："'惟精惟一'是怎么做功夫的呢？"

先生说道："惟一是惟精主意，惟精是惟一功夫，并不是惟精之外还有一个叫惟一的东西。"我们要打磨一面生锈的铜镜，要有一个惟一的主意，要不这里打磨一下，那里打磨一下，进展也不会很快的。所以说惟一是惟精主意，这个是主意，是选择法门。打磨镜子要在一个地方不断地努力，功夫做到精深，所以说惟精是惟一功夫。如果不专一也不能精深。

先生说道："'精'字有个'米'字偏旁，这里姑且以米来譬喻吧：如果要得到大米的纯净洁白，这就是惟一意。"惟一就是专一的要得到这个洁白的大米了，不想着其他的了。

先生又说道："然而如果不是增加舂、簸、筛、拣这些惟精的功夫，就不能得到纯净洁白的大米的。舂、簸、筛、拣这是惟精的功夫，我们不是为了要前面的功夫，我们是要求到纯净洁白而已。"舂、簸、筛、拣这些惟精的功夫，也都是精深的功夫的，只是不同的功夫套路罢了，都是要精深的。

先生又说道："博学、审问、慎思、明辨、笃行，这些都是惟精的功夫，如同加工大米的那些功夫一样，这些也都只是为了求惟一。也就是求于道，有志于道的。也就是为了此心的洁白纯净的，为了发明此心的。"做学问的这个功夫，也就是精深的功夫。如果没有专一地做学问，也不能够精深的。

先生又说道："如果发明了本有的明德，就可以照天照地了。这里说的惟一是惟精主意，也就是说惟一是惟精想要的东西，目标专一。惟精是惟一功夫，对于求道而言，惟一就是得道，而惟精就是精进求道的精深功夫。"

先生又说道："其他的还有博文即约礼的功夫；格物致知为诚意的功夫；道问学为尊德性的功夫；明善为诚身的功夫：这些也类似于惟精和惟一的关系。"

12. 知行不分

【原文】"知者行之始。行者知之成。圣学只一个功夫。知行不可分作两事。"

【注解】关于"知行合一"，之前徐爱同学记录的比较清楚。知和行也不能完全分开来讲的。如果会得其要义，也就是说如阳明先生那样得道了。

只要说一个知已自有行在，只要说一个行已自有知在。古人之所以既说了知又说行，只是为了破除世人的偏颇，对症下药罢了。

世间有这么一种人，懵懵懂懂的任意去做，全然不觉知而妄作，所以，必先说个知，方才行得好。比如，修行求道，如果不知方向，可是还是按照圣贤教的、按照经典教的老老实实去行善做功夫，这样总有一天会知的。当然如果知了，去修行去做，就更加的好。

又有另外一种人，光是悬空去思索，而不去躬行修行的，只是在揣摩，所以必要说一个行，这样才能促进其知。

打个比方，知行如同在走路，大道上面风景秀美，小道也有别样的景致。在开始的时候，也许并不知道路上会有什么，经历什么，终点在哪里，有没有终点。开始的时候就在那里浮想联翩，这只是在空想而不是真知，没有行动。边行、边知的越多，见到的也越多，悟得越多，行完了知也完了。这好比修道的道路，也好比人生的道路。

阳明先生说道："知是行的开始，知能促成行。如果不知，也许就没有那么坚定地去行。如果是明心见性了，得道了更好了，更加的坚定，不会有怀疑了。圣学只是一个功夫,而不是有两个功夫的,知行不能分开两个事情来看的。"

13. 曾点言志

【原文】漆雕开曰:"吾斯之未能信。"夫子说之。子路使子羔为费宰。子曰:"贼夫人之子。"曾点言志,夫子许之。圣人之意可见矣。

【注解】这句话应该是阳明先生引用孔子圣人说的话来教弟子的。这句话涵盖了《论语》里面的三段话了。

漆雕开是孔子的弟子,有人要推荐他去做官,可是他却说,老师给我讲的东西,我信心还没有很坚定的,还没有学好,现在不愿意去做官的。孔子听了很开心。对于孔子来说,弟子们不要怕没有官做,就怕自己的道行不行,就怕自己没有学好。

子路让子羔去做费邑的长官,孔子就不太高兴了,还没有学好就去做官。子路还狡辩说,可以去为政的过程中学习的,孔子就狠狠地批评了他,这是害人子弟的。

孔子曾经跟自己的几个弟子一起海阔天空的谈论志向的问题,其中还包括了曾参的父亲曾点。曾点说了自己的志向,孔子赞许他的。

阳明先生最后说道,根据圣人孔子的这几个例子,可以看出圣人的意思了。圣人的意思是要求道做学问,要求君子儒,也就是有志于道。孔子教自己的弟子不要着急去为政,只要学好了,就根本不怕没有官做。如果只是去跟一些恶人为虎作伥,那还不如不做官呢。

14. 宁静存心

【原文】问:"宁静存心时,可为未发之中否?"先生曰:"今人存心,只定得气。当其宁静时,亦只是气宁静、不可以为未发之中。"曰:"未便是中,莫亦是求中功夫?"曰:"只要去人欲、存天理,方是功夫。静时念念去人欲、存天理,动时念念去人欲、存天理,不管宁静不宁静。若靠那宁静,不惟渐有喜静厌动之弊,中间许多病痛,只有潜伏在,终不能绝去,遇事依旧滋长。以循理为主,何尝不宁静?以宁静为主,未必能循理。"

【注解】问道:"《中庸》上说:喜怒哀乐之未发谓之中,发而皆中节谓之和。宁心静气的时候,是否可以称之为未发之中呢?"

先生回答道："现在的人宁心，只是为了静气，把气定下来。当看到他们宁心静气的时候，也只是气宁静，还不能妄称之为未发之中。"阳明先生这么说，由此可见这个未发之中还是比较难达到的哦。人的气血如同苏打水一样，动则生阳气，动起来气就冒出来，气就足了。

问道："未发就是中，莫不是未发是求中的功夫呢？"

先生回答道："只要是去人的私欲、存天理的，这方才是功夫。宁静的时候念念去人私欲、存天理；动起来的时候也念念去人欲、存天理，不管宁静还是不宁静，这样的都是求中的功夫。"看来这里的宁静是指身不动，而不是心不动。佛家有动中禅，就是在动中修禅，不一定要宁静的。行住坐卧，都在定中，这样才是真的宁静。只是表面的宁静，而内心波澜起伏，这个不能称之为宁静的。不管怎么动还是静，念念都在定中，这样就是求中的功夫了。

先生又说道："如果一味喜欢宁静，就会渐渐养成喜爱静而厌恶动的弊病了。"有些人喜欢打坐，打坐的时候妄想纷飞，还是安静不下来，可是还是坚持让自己去打坐。这个精神是很可贵的。可是不要只是枯坐，而是心也要在静定中。"外离相即禅，内不乱即定"，并不是傻坐在那里就是定的。

先生又说道："如果只是一味喜欢静，中间许多病痛，只是潜伏在那里的，还没有解决的，最终还不能绝去。还不能去掉累劫以来的习气。一遇见什么事情，也不能静定了，就乱了。如果一味喜欢静，躲在寺庙还是什么地方，这也够安静了，可是遇见事情的时候，依旧妄想纷飞，心烦意乱了。这个不能算是真功夫的。如果以遵循天理为主，何尝不在宁静当中。如果只是喜欢宁静为主，不喜欢动，未必能够遵循天理的。"宁静不宁静，关键在于心。如果心能够在静定之中，不管是怎么动，都是宁静的，都是未发之中的。比如武术之中的站桩，这是个基本功来的。如果光学拳脚功夫，而不学内功，到老一场空的。站桩并不是在那里不动才称之为站桩的，太极拳行云流水，那样也是动中的站桩的。形意拳那么简单的站桩招式，对练习内功是比较好的。

结尾的时候也许我们可以解释一下《中庸》上面的话的。《中庸》上说：喜怒哀乐还没有发出来可以称之为中；如果已经发出来了，可是能够合乎法度就称之为和。这个中起码应该是处于静定之中吧。对于佛家净土宗来说，念念阿弥陀佛，就没有功夫再想其他的事情了。念到久了，连这一句阿弥陀佛也没有了，这就是静定了。

一缕太阳光，如果未经过三棱镜发散，就不会有七色。如果经过三棱镜发散，就会分出七色来了。如果七色比较协调，就美不胜收了，就形成了七色彩虹了。如果不协调，就不美了。一根竹管，如果没有开孔，可以作为定音器。可以称为胎藏，蕴含着五音的。开孔了就散发出五音了。如果协调，就会是雅正的音乐的。如果不协调就是噪音的。如果把许多不同长短的不开孔的竹管并排在一起，可以作为乐器，古代称之为比竹。如果把不同音调的人并排放在一起，就是合唱了。一颗心没有面对外事外物，处于静定状态，这个可以称之为未发之中。如果面对外事外物而动心了，这个就是发出来了，发出七情六欲了。如果发出来和谐，情绪适度，就比较愉悦。如果不和谐，情绪就不健康了，就不能称之为和的。人进化出来五色皮肤，比如黄色、白色、黑色等。如果世人比较和谐，就不会有战争和纷争了。世界和而不同，并不是要求全部相同的。如果是全部相同，则是大不同了。所以，西方人的价值观不可强加给东方人，东方人的价值观也不可强加给西方人的。

15. 孔门言志

【原文】问："孔门言志：由、求任政事，公西赤任礼乐。多少实用。及曾皙说来，却似耍的事。圣人却许他，是意何如"？曰："三子是有意必，有意必便偏着一边。能此未必能彼。曾点这意思却无意必。便是'素其位而行，不愿乎其外'。'素夷狄行乎夷狄。素患难行乎患难，无入而不自得'矣。三子所谓'汝器也'。曾点便有不器意。然三子之才，各卓然成章，非若世之空言无实者，故夫子亦皆许之"。

【注解】上上段阳明先生有讲到孔门言志的部分。这里就具体来点评一下吧。

问道："在《论语》里面有孔门言志。仲由、冉求志向是去做政事而公西赤是去做礼乐。他们这三个人的志向多少还是有些实用的。可是等到曾参的父亲曾点说的时候，好像是玩耍的事情。圣人却赞许了他，为什么孔子圣人会这么做呢？还是有些不理解的。"

先生回答道："这三个同学呀，有个一定要怎么样的意思在里面的，非得要怎么样。如果这样执着于一边的话，就必然会偏向了另外一边了。往往能够如此而不能顾及彼的。"很难说清楚什么是志向、什么是欲望和什么是理想。理想和欲望也许是一回事来的。比如如果树立挣大钱的理想，也许这是欲望来的而不是理想。如果此理想根深蒂固，也许会走偏了。也许应当有志于道，做好了自己该做的事情，就会有福报了。佛家有分别心之说，喜欢非此即彼，非黑即白。也许实际情况并不是简单的如此的呢？也可能是非黑、非白呢？还有红色许多种颜色呢？黑白类似于八卦里面的乾坤卦，而且还有其他卦呢。黑和白之间有无数个层次，我们习惯性的思维，也就是这种二元对立的思维，许多时候就会让我们很难去跳出来。

先生又说道："曾点跟其他三位同学就不同了，他没有个什么必须要怎么做的想法。也就有点类似《中庸》里说的：'君子安住在当下所处的位置去做事情，没有什么非分之想。''当下在夷狄就安心的在夷狄，做应做的事情；当下处于患难就接受患难，去做应做的事情；君子无论处于什么状态下，都是悠然自得的。'"孔子弟子们现在所处的位置就是求道做学问的。虽然孔子圣人问志向，可是当下还是要安住在当下的位置，去做安贫乐道的事情。学好了，时机到了，自然有为政和礼乐的事情做的。

也许都应该活在当下吧。活在当下可不是那么简单的事情。喝水要知道水的味道是什么的，往往我们喝水的时候，脑袋瓜里面还不知道在想什么。也许我们一辈子都未曾专心地去喝过水，不知道水的味道。活在当下，念念都存天理，去人欲。只要去做好当下的事情就好了，这个是个线头，能够理出纷乱的头绪。比如安于当下求道，找到了道统，就可以从各种纷繁的学说中找到了头绪。阳明先生悟道了，找到了道统，这样就能够一下子理顺了古往今来的各种学说了，能够去伪存真了。比如我们头脑很多烦心事，可是专心去做一件事情，专心去念佛，专心去打坐静定，慢慢地做好了，烦心事也一扫而空了。

先生又说道："这三个同学就是所谓'汝器也'，这个是孔子对子贡的评价，这三个同学也是如此的。而曾点就有不器意思。然而，这三个同学的德才，也都各有千秋，他们都并非空谈而没有实干的，所以孔子也都赞许鼓励他们了。"形而上者谓之道，形而下者谓之器。三个同学为器之才，可以为政有用。不器这个是更高层次的赞许了，这个是往得道的方向走了。

16. 知识不长进

【原文】问："知识不长进如何？"先生曰："为学须有本原，须从本原上用力，渐渐盈科而进。仙家说婴儿，亦善譬。婴儿在母腹时，只是纯气，有何知识？出胎后方始能啼，既而后能笑，又既而后能认识其父母兄弟，又既而后能立能行、能持能负，卒乃天下之事无不可能：皆是精气日足，则筋力日强，聪明日开，不是出胎日便讲求推寻得来。故须有个本原。圣人到位天地，育万物，也只从喜怒哀乐未发之中上养来。后儒不明格物之说，见圣人无不知无不能，便欲于初下手时讲求得尽，岂有此理？"又曰："立志用功，如种树然。方其根芽，犹未有干；及其有干，尚未有枝；枝而后叶，叶而后花实。初种根时，只管栽培灌溉，勿作枝想，勿作叶想，勿作花想，勿作实想。悬想何益！但不忘栽培之功，怕没有枝叶花实？"

【注解】问道："先生您说知识老不长进该怎么办呢？"
先生回答道："为学需要立足于本原，要从本原上来用力，不能使蛮劲的，逐渐就会越来越好了。仙家说修行需要回归婴儿，这也是很好的比喻了。《道德经》中说：专气致柔，能像婴儿那样吗？婴儿在母亲的肚子里面的时候，只是单纯一气，有什么知识呢？出生以后才开始能啼哭，接着能够笑，再后来能够认识父母兄弟，再后来又能够站立能够行走、能够抓东西能够背东西。最终天下的事情，几乎没有不能做的了。这都是由于精气日益充足，筋骨力量就日益增强，聪明才智也日益增长。这些可不是刚出生就能够讲求做得到的。所以也需要有个本原。"

接下来这一句是不是有点不太通顺呢，可能记录错了一个字了，还是凑合解释了。先生接着说道："天地各安其位，万物便生长繁育了，圣人也只是从喜怒哀乐未发的中养来。这个中还是很养人的，包括圣人。这个中也许就是静定吧，也就是禅定吧。后儒不能明白格物的真正含义，看到圣人能够做到无所不知，无所不能，就想在刚开始的时候就跟学生讲的彻彻底底，可是怎么能够完全讲的明白呢？"未发之中之前有详细讲过了。此心在静定中涵养，就能出凡入圣了。

先生又说道："立志求道做功夫，如同种树。一开始有根芽，还没有树干；等到有了树干了，还没有树枝；有了树枝了，才有了树叶，有了树叶了，才有了花朵和果实。一开始种子发芽，长根的时候，只管栽培灌溉就可以了。不要想着树枝，不要想着树叶，不要想着花朵，也不要想着果实。这么想又有什么益处呢？只是不要忘记了栽培的功夫就可以了，只要不断地努力做功夫，还怕没有枝叶、花朵和果实吗？"

在种子的时候，无法想象出来之后是什么样子的。还在婴儿的时候，也是无法想象长大了是什么样子的。知识没有长进不要紧的，只要忙着知识的本原就可以了。这个本原就是每个人的自性，如果得道了，明心见性了，就会打开这个本原，打开这个每个人都有的宝藏了。我们要去追千里马，也许很难去追到的。可是假如我们不管什么，只是低头种植千里马爱吃的草，千里马就会自己来了。

17. 看书不能明

【原文】问："看书不能明如何"？先生曰："此只是在文义上穿求，故不明。如此，又不如为旧时学问，他到看得多解得去。只是他为学虽极解得明晓，亦终身无得。须于心体上用功，凡明不得，行不去，须反在自心上体当即可通。盖《四书》《五经》不过说这心体，这心体即所谓道。心体明即是道明，更无二：此是为学头脑处。"

【注解】问道："看书可是不能明怎么办呢？"这个同学真是谦虚，也会帮我们问问题的。

先生回答道："这是由于只是在文义上求索罢了，所以不能明。说白了，就是被语言文字所束缚了，要摆脱束缚，也就是离语言和文字相的。这样还不如去多学一下以前旧的学问，以前古圣先贤留下来的经典。这些都是载道的文字，经常看经常背诵，看得多了，解得过去了，这样也许就好了。可是，如果只是停留在为学上面，即使注解再明白，也只是停留在文字上的，终身也许都没有突破而得道的。需要在心体上面做功夫的。凡是不能明，行也不能坚定，就需要反求诸己，在自心体上做功夫，如果如此也许就能够通了。"

先生又说道："《四书》《五经》无非是说这个心体的，也就是说无非是讲道的。这个心体即是道。心体如果明即是道明，再没有别的了。这可是为学求道的紧要处。"

虽然以前许多人批判《四书》《五经》，也许以前古代的确对世人的思想有所禁锢的，那也不能怪这些书，而是怪这些人没有真正读懂的。这些书还真是好东西。

18. 心外无理

【原文】"虚灵不昧，众理具而万事出。心外无理，心外无事。"

【注解】先生说道："这个心体呀，虚灵而明亮，具备一切众理，而万法唯心造，万事从此出。心外没有别的理在，心外没有别的事在。"

这句话虽然短，可是却是精髓所在了。先生这个教法跟禅宗教法很像，教外别传直指人心。

自性中有万法，自性中有一切智慧。心即是佛，心即是道。心外无法，莫向外求。也许有人会怀疑，心如何能够这么神奇呢？不仅仅是四书五经说来说去说的是这个心，佛祖在《楞严经》中"七处征心"也是谈心，《心经》也都说的这个心的。

19. 心与理

【原文】或问："晦庵先生曰：'人之所以为学者，心与理而已'。此语如何"？曰："心即性，性即理。下一'与'字，恐未免为二。此在学者善观之。"

【注解】 问道:"晦庵也就是朱熹先生曾说道:人求道做学问,无非是要把心和理弄通而已。这句话说的对不对呢?"

先生回答道:"心即是性,性即是理。这里却多加了一个'与'字,恐怕未免违背了不二法门了吧。这里学者仔细揣摩体会下吧。"朱熹同学恐怕没有悟道吧,之前可害苦阳明同学去格竹子了。

20. 心即是理

【原文】 或曰:"人皆有是心。心即理,何以有为善,有为不善?"先生曰:"恶人之心,失其本体。"

【注解】 问道:"每个人都有这个心。你说心即是理,可是为什么还是有些人行善,有些人作恶呢?"

先生回答道:"每个人都有此心没有错的,可是恶人的心,已经失去本心了,迷失了本性了。"

恶人的心被物欲所遮蔽了。六祖说:"前念迷即是众生,后念悟即是佛。"恶人只是迷失了本心了而已。善人和恶人的心本来也是一样的,只是恶人被物欲所熏蒸,迷失了本心而已。

不管是善人还是恶人,本心都有明德的。恶人发明了自己本有的明德,也能出凡入圣的。善人如果作恶多端了,本有的明德也会被遮蔽更厚的。

也许许多人都看过葫芦兄弟这个动画片,里面的妖怪抓住了没有出生的紫葫芦,放在毒药上面熏蒸,就迷住了小葫芦兄弟的心智了。出生以后喊妖怪为爹妈了。恶人认贼为父,何尝不是如此呢?

21. 什么是精一

【原文】 问:"'析之有以极其精而不乱,然后合之有以尽其大而无余',此言如何?"先生曰:"恐亦未尽。此理岂容分析?又何须凑合得?圣人说'精一',自是尽。"

【注解】 问道:"朱熹先生在《大学或问》中说:'析之有以极其精而不乱,然后合之有以尽其大而无余',这句话对不对呢?"

先生回答道:"恐怕这句话还没有能够尽于道的。此天理岂能容得有什么分析?又怎么可以凑合而得呢?圣人说:'精一',这个已经尽于道了。"

圣人讲:惟精和惟一,这个精一已经把道理都已经说完了。精一就是精深专一地去做功夫。我们修道就是要摆脱习气的束缚。打个比方吧。比如，鸡蛋中的小鸡，被困在蛋壳里面了。假如它要想摆脱束缚出来，如果小嘴巴在一个地方精深专一地雕琢，就会有所突破。可是如果在这里试试，那里试试，就很难选中一点突破的。修行法门有八万四千，如果今天试试一门，明天试试另一门，如此就很难有大的进步。如果精深专一于一门，比如净土法门，就会有大的进步了。

22. 省察和存养

【原文】"省察是有事时存养，存养是无事时省察。"

【注解】省察是在有事的时候才用的，一日三省吾身，有这种精神去反省自己。反省忏悔自己。忏悔为忏其前面所做的，悔是杜绝后面不要再去做坏事。人往往被私欲所遮蔽，很难知晓自己。也许我们看别人的缺点和不足很容易看到，可是自己却看不清自己。知人者易，自知者明。这种省察，也是对此心的一种存养，也是去除物欲，避免事物的纷纷扰扰，搞乱了此心。明代袁崇焕被处死前临终遗言："一生事业总成空，半世功名在梦中。死后不愁无勇将，忠魂依旧守辽东。"袁崇焕很有才华，军事天赋也很强，可是比较刚愎自用，他如果能够省察自己的缺点，也许不会走到这一步的。也能更好地为国家效力的。

存养是无事的时候用的，心中无事，涵养内心，去除私欲。这个也可以说是一种省察和觉察的。虽然是无事，可是也许念念都有私欲，念念都有恶念，需要存养处于静定。这个也是无事的时候的一种省察，其实并非无事，此心一动，即使无事也是有事了。无事的时候省察自己的念头，省察自己的过去心，未来心和现在心。

阳明先生这里把省察和存养放在一起，也类似于知行合一的。省察和存养也是合一的。省察的时候，也是存养；存养的时候，也有省察。

23. 陆九渊功夫

【原文】澄尝问象山在人情事变上做工夫之说。先生曰："除了人情事变，则无事矣。喜怒哀乐非人情乎？自视听言动以至富贵贫贱患难死生，皆事变也。事变亦只在人情里。其要只在致中和。致中和只在谨独。"

【注解】陆澄同学曾经问阳明先生，陆九渊在人情事变上做功夫的学说如何。这个同学可还真是会问，陆九渊和朱熹有个很著名的鹅湖之辩，以陆九渊胜利而告终。可以说陆九渊和王阳明也是英雄所见略同的。

阳明先生回答道："除了人情事变之外，也好像没有什么其他事情了吧。喜怒哀乐难道不是人情吗？从眼睛所看到的、耳朵所听到的、嘴巴所说的和行动所做的，这些日常的事情到富贵贫贱患难生死这些大事，无非是事变而已。"

先生又说道："然而这些事变也只是含在了人情里面了。世事洞察皆学问，人情练达即文章。这些关键只在致中和，而致中和的关键又在于谨言慎行，慎独。"

《中庸》里讲：致中和；喜怒哀乐之未发谓之中。这个中起码也需要在静定之中了。如果能够持守静定，一念不起，人情事变也会顺了。喜怒哀乐发出来，也能够适度与和谐，如此就可以称之为和了。要做到致中和，就需要谨慎慎行，特别是要慎独的。孔子去给老子问礼。老子给孔子的临别赠言，要孔子不要在背后议论别人是非，要隐恶扬善。

24. 仁义礼智

【原文】 澄问："仁义礼智之名，因已发而有"。曰："然"。他日澄曰："恻隐羞恶辞让是非，是性之表德邪"？曰："仁义礼智也是表德。性一而已。自其形体也，谓之天。主宰也，谓之帝。流行也，谓之命。赋于人也，谓之性。主于身也，谓之心。心之发也，遇父便谓之孝，遇君便谓之忠。自此以往，名至于无穷，只一性而已。犹人一而已。对父谓之子，对子谓之父。自此以往，至于无穷，只一人而已。人只要在性上用功。看得一性字分明，即万理灿然"。

【注解】 陆澄问道："仁义礼智的名称，也是由于从一己之身发出来而有的吗？"这个同学很好奇，既然万法唯心造，什么事物都是从这个心出。阳明先生既然说心外无事，那这几个名称也应该是吧。

先生回答道："是的，你说的没错。"

又有一天陆澄问道："恻隐之心，羞恶辞让是非，这些是不是性的表德呢？"性为心之体，而延伸出来仁义礼智信，这些都是枝枝叶叶的。恻隐之心，羞恶辞让是非，这些是表而不是体的。

先生回答道："仁义礼智这个也是表德的，并不只是你说的恻隐羞恶是非的。无非是一性所发出而已。心性为体，为根，而这些发出来的都是枝枝叶叶。"

先生又说道："正如前面所说的，如果要枝叶繁茂，不要管那么多枝叶的事情，只要专心在培植根部就可以了。根部为学问的本原。"

先生又说道："性在于天为天性，天性的形体，称之为天。天与人相应，赋予人自性。"

先生又说道："上天为宇宙和人生的主宰，所以称之为帝。"心为一身的主宰。上天与自性相应，天人合一，上天为宇宙和人生的主宰。

先生又说道："流布于天地万物，称之为命。天性赋予人之上，称之为性。主宰人的一身的，称之为心。自性为心的本体。"

先生又说道："心发出来，遇见父母就有了孝，遇见君主就有了忠。自此开始，一发不可收拾，以至于有了无穷的事物，无穷的名称。只不过是由一性而已。"

先生又说道："就好比说，不管对于什么样身份的，也无非是一人而已。对于父亲来说称之为子，对于孩子来说称之为父亲。从这里说开来，以至于无穷，也无非是一人而已。上至帝王，下至平民，无非都是人。人只要在性上做功夫，看得一性字分明，所有的理也都明了了。"

25. 为学工夫

【原文】一日论为学工夫。先生曰："教人为学不可执一偏。初学时心猿意马，拴缚不定。其所思虑多是人欲一边。故且教之静坐息思虑。久之，俟其心意稍定。只悬空静守，如槁木死灰，亦无用。须教他省察克治。省察克治之功，则无时而可间。如去盗贼，须有个扫除廓清之意。无事时，将好色好货好名等私，逐一追究搜寻出来。定要拔去病根，永不复起，方始为快。常如猫之捕鼠。一眼看着，一耳听着。才有一念萌动，即与克去。斩钉截铁，不可姑容与他方便。不可窝藏。不可放他出路。方是真实用功。方能扫除廓清。到得无私可克，自有端拱时在。虽曰'何思何虑'，非初学时事。初学必须思省察克治。即是思诚。只思一个天理。到得天理纯全，便是何思何虑矣"。

【注解】有一天先生论为学的功夫。先生说道："教人为学不可以偏执一边的。一开始做学问的时候，心猿意马，怎么拴也拴不住。初学所思虑的大多都是人的私欲这一类。针对这种情况，姑且教他们静坐使得思虑稍微安息些。"

先生又说道："久了以后心意稍微能够定了，不会太心猿意马了。这时候如果还是继续教他们去坐的话。也许如此静守，如同枯槁的木头，如同死灰一样，也没有什么作用的。这时候就需要教他省察的功夫了。"

先生又说道："前面专门提到省察和存养这两样的。省察克治的功夫，这个功夫就不要分什么有事无事了，无时无刻都要省察自己，省察念头。如同要去剿灭盗贼，就需要扫除盗贼所依赖的生存环境。"

先生又说道："无事的时候，就把好色好货好名等私欲，逐一追究搜寻出来。这些私欲定要拔去病根，使得永不复起，方始为快。经常如同猫抓捕鼠那样，保持高度的警觉去省察。一眼看着，一耳听着。刚有一念萌动，就去掉它。使得恶念不起。斩钉截铁，不可姑息养奸，给恶念和恶行方便。不可窝藏私欲恶行，不可放他出路，这才是真实用功的。"省察去除恶念，还是必须要顺着心性而为的。有时也许越想安静越安静不了，越想去除杂念，杂念反而越多的。也许大家都有这种体会的。心性如同野草一样。如果用石头去压是压不住的，越压就越冒出来的。心性如同水牛一样，要想压着牛喝水还是很难的，只有顺着它的脾气，待到渴了自然就低头喝水了。心性如同驴一样，越用皮鞭抽它越不动的，必须要顺着毛来捋。

先生又说道："如此省察做功夫，方才能够扫除学问的障碍的，扫除私欲的生存环境的。这样省察做功夫到了没有私欲可去克治了，自然就会到了形貌端正而德行很盛的程度了。"

先生又说道："虽然我们说'何思何虑'，但是这个并不是初学时候该去做的功夫，该想的事情。初学还是很难做到无思无虑的，也就是静定的。初学仍然必须要去考虑省察克治自己的恶行和恶念的。这也就是所谓的思诚。思上面一个田，下面一个心字，心田里只有一个天理存在。等到了纯是天理，如此便没有什么思虑了，也就做到无思无虑了"

26. 有人夜怕鬼

【原文】澄问："有人夜怕鬼者奈何"？先生曰："只是平日不能集义而心有所慊，故怕。若素行合于神明，何怕之有"？子莘曰："正直之鬼不须怕。恐邪鬼不管人善恶，故未免怕"。先生曰："岂有邪鬼能迷正人乎？只此一怕即是心邪。故有迷之者。非鬼迷也，心自迷耳。如人好色，即是色鬼迷。好货，即是货鬼迷。怒所不当怒，是怒鬼迷。惧所不当惧，是惧鬼迷也"。

【注解】陆澄同学问道："有人夜里怕鬼，这是为什么呀？"这陆同学这么问，也许他夜里怕鬼不好意思就这么问吧。

先生回答道："只是因为平日里不能够做一些符合道义的事情，所以心里面就怕鬼。俗话说：不做亏心事，不怕鬼敲门。如果平时一言一行都能够合乎神明，有什么好怕的呢？"

子莘同学说道:"正直的鬼无须害怕的。恐怕邪恶的鬼就没有那么好惹了,这样的鬼不管人的善恶,所以未免还是怕的。"这个同学是个好人,他怕那些坏的鬼,不分好人恶人就去抓了。子莘为阳明先生很早就收的弟子,福建莆田人,官做到了御史。前面徐爱同学也是比较早的学生,还是阳明先生的妹夫来的。

先生回答道:"岂有邪鬼能够迷得了正人的呢?这一个怕就是心邪了,所以才会被迷惑的。并不是真的有鬼迷,而是心自己迷了。如果有人好色,就是被色鬼所迷了。如果有人好财货,就是被财货鬼所迷了。如果有人对不应该发怒的事情发怒了,就是被怒鬼所迷了。惧怕所不当惧怕的,就是被惧怕鬼所迷了。"

27. 定为心之本体

【原文】定者心之本体。天理也。动静所遇之时也。

【注解】静定为心的本体,也是天理的。心有动有静,只是随着外境所遇有所变化罢了。物来则应,物去不留。就如同镜子一样,物体来了照一下,这个是动。物体去了,就又恢复了宁静。

这句话虽然很短,可是一语道破天机。古往今来有许多圣人教化,无不教人静定的。《道德经》上说:夫物芸芸,各归其根。静定为躁动的根。

在静定之中,就是之前所说的未发之中。净土修行的法门就是通过念佛号,进入静定。静中有动,动中有静。静极生动,动极生静。比如在禅定中,在静定中,一念不生,看似静了,可是不断地发生着变化,不断地打开自性之门。虽然是静,可是在发生潜移默化的变化。物理学家说最高速度为光速,物体运动到了极致,就跑不动了,而且质量无穷大。

28. 学庸同异

【原文】澄问学庸同异。先生曰:"子思括大学一书之义为中庸首章。"

【注解】陆澄同学问阳明先生《大学》和《中庸》有什么相同的地方,又有什么不同的地方呢?

先生回答道:"子思概括《大学》这本书的要义作为《中庸》的第一章。"子思是孔子的孙子,为孔鲤所生。曾参也就是曾子作《大学》,传道于子思,而子思的门人传道于孟子。至于《大学》《中庸》这两本书如何,还是参照另外的专门注解吧。

29. 名正言顺

【原文】问:"孔子正名,先儒说上告天子,下告方伯,废辄立郢。此意如何"?先生曰:"恐难如此。岂有一人致敬尽礼,待我而为政,我就先去废他,岂人情天理?孔子既肯与辄为政,必已是他能倾心委国而听。圣人盛德至诚,必已感化卫辄,使知无父之不可以为人,必将痛哭奔走,往迎其父。父子之爱本于天性,辄能悔痛真切如此,蒯聩岂不感动底豫?蒯聩既还,辄乃致国请戮。聩已见化于子,又有夫子至诚调和其间,当亦决不肯受,仍以命辄。群臣百姓又必欲得辄为君。辄乃自暴其罪恶,请于天子,告于方伯诸侯,而必欲致国于父。聩与群臣百姓,亦皆表辄悔悟仁孝之美,请于天子,告于方伯诸侯,必欲得辄而为之君。于是集命于辄,使之复君卫国。辄不得已,乃如后世上皇故事。率群臣百姓尊聩为太公,备物致养,而始退复其位焉。则君君臣臣父父子子,名正言顺,一举而可为政于天下矣。孔子正名或是如此"。

【注解】陆澄同学问道:"孔子在卫国的时候,要为卫国君主正名,做到名正言顺。先儒说上告周天子,下告各方诸侯,废除辄而另立公子郢。这样就名正言顺了,老师您看这样做如何呢?"

卫灵公的儿子蒯聩对南子看不下去了,刺杀南子计划失败后,逃到国外去了。卫灵公去世,南子要立公子郢,公子郢为卫灵公的幼子,公子郢没有接受,而是拥立太子蒯聩的儿子辄为国君。这个公子郢还是蛮厚道的吧。

先生回答道:"恐怕这样难以做到名正言顺吧。岂有能够一个人致敬就能够完成所有的礼了呢?如果我来为政,我就要先去废除这样的礼的,这岂能符合人情天理呢?孔子既然能够肯与辄为政,成为君臣的关系。辄必然是能够信任孔子的,能够听进孔子的劝谏的。圣人孔子盛德至诚,必然已经感化了卫辄了。必然可以使得他能够知道没有父亲,不知孝道,不可以为人,更不能为君了。必然将痛苦而奔走,去迎接自己的父亲回国的。"

先生又说道:"父子之间的爱本来就是天性来的,卫辄能真切的悔痛,作为父亲的蒯聩岂不感激涕零呢?哪有父亲不爱自己的儿子的呢?蒯聩既然回来了,卫辄就该诚心把国家交还给自己的父亲,负荆请罪等待父亲降罪给自己,也许这是死罪的了。蒯聩已经被自己儿子的诚意所感化了,又有孔子圣人至诚的调和,必定决不肯接受,仍然请儿子卫辄为君主。"

先生又说道:"群臣百姓也必定要卫辄为君。卫辄应当自暴其罪恶,请示周天子,告于各方诸侯,而一定要把卫国交还给自己的父亲。蒯聩和群臣百姓,也都表示卫辄已经幡然悔悟了,已经知道了仁孝的美德,请示于周天子,告各方诸侯，还是一定要让卫辄继续做卫国的君主。"

先生又说道："于是这样谦虚来谦虚去，天命归于卫辄，还是他继续做卫国的君主了。卫辄不得已而做了君主，于是率群臣百姓尊蒯聩为太公，把自己的父亲给供起来了，这也能够尽孝道。君君臣臣父父子子，这样就可以名正言顺了，一举而可为政于天下了。孔子正名或许应该这样做才对吧。"

30. 正宜用功

【原文】澄在鸿胪寺仓居。忽家信至，言儿病危。澄心甚忧闷不能堪。先生曰："此时正宜用功。若此时放过，闲时讲学何用？人正要在此时磨炼。父之爱子，自是至情。然天理亦自有个中和处。过即是私意。人于此处多认做天理当忧，则一向忧苦，不知已，是'有所忧患，不得其正'。大抵七情所感，多只是过，少不及者。才过便非心之本体。必须调停适中始得。就如父母之丧。人子岂不欲一哭便死，方快于心？然却曰'毁不灭性'。非圣人强制之也。天理本体，自有分限。不可过也。人但要识得心体，自然增减分毫不得"。

【注解】陆澄同学在鸿胪寺的时候，忽然收到了一封家书，信里面说儿子病危了。陆澄看了信之后忧闷不堪。先生对弟子真好，一方面是宽慰弟子，另外也是教弟子功夫的。

先生说道："这时候正当用功的。如果此时放过这个机会的话，闲暇无事的时候讲学有什么用处？讲得再好真正面对事情的时候就手忙脚乱了。人正应该在这个时候磨炼自己的心性。"

先生又说道："父亲爱自己的儿子，这个是至情来的。然而，天理也当有个中和的程度。如果过了，也就是私意了。人往往遇见这样的事情，就认为天理应当要人忧苦的，一遇见这样的事情就忧苦了，不知道停止。这样有所忧患，是不得其至中至正的。"

先生又说道："大抵人的七情所感，大多都是过的，很少有不及的。如果过了，就已经不是心的本体了。必须要调适适中方能不失去本心。比如说父母失去了，作为孩子岂不是痛不欲生，恨不得一哭死去了，这样方能快其心。子欲养而亲不待，这样的痛苦是很难去承受的。平时健在的时候，也许不觉得什么，有时还会跟父母发发牢骚，可是一旦去世了，会很痛苦的。"

先生又说道："然而《孝经》上说：居丧的时候，不可过于悲痛，而失去心的本性的。这个并不是圣人强制这么做的，而是天理本然如此，天理自然有个分限，什么都是适中。不可以过分的悲伤。人只要识别得这个心性，这个心体，自然适中了，不会有分毫的增减的。"子夏的儿子失去了，子夏把眼睛都给哭瞎了，这也是过了。

31. 未发之中

【原文】"不可谓未发之中常人俱有。盖体用一源。有是体，即有是用。有未发之中，即有发而皆中节之和。今人未能有发而皆中节之和。须知是他未发之中亦未能全得。"

【注解】先生说道："不可以说常人都具有未发之中。喜怒哀乐之未发谓之中。这个未发之中并不是常人就有了。当然，常人通过修行做功夫还是可以做到的。"未发之中并不是说一定要身体的安静，即使打太极拳在动，但是心如如不动，如此也可以说是未发之中。如果枯坐在那里，看似不动，可是妄想纷飞，如此也不是未发之中。

先生又说道："对许多事情，都可以说是体用一源的。比如说这个心在定中就如同被遮住了的蜡烛；如果不遮住就发出光了，这个就是用了。发出来的光可以说是心的智慧的。"

先生又说道："有未发之中，也就有了发而都比较适度的和。合在一起称之为中和。未发之前为体，已经发了为用。现在世人连适度的和都没有，也就知道他们没有未发之中了。这个要求更高的，更难达到的。"

32.《易》之辞

【原文】"《易》之辞是'初九，潜龙勿用'六字；《易》之象是初画；《易》之变是值其画；《易》之占是用其辞。"

【注解】先生说道："《易》经中乾卦的初九爻辞是'初九，潜龙勿用'六字；其卦象是初九爻；哪个爻变动就代表着哪方面有变化，如果初九爻变动，对应着这方面就有了变化，变卦而产生了新卦；往往用卦辞和爻辞来进行占卜。"

八卦可以说是宇宙和人生的模型。卦象代表着天地万物，其中有阴阳的变化。

33. 不说夜气

【原文】 "夜气,是就常人说。学者能用功,则日间有事无事,皆是此气翕聚发生处。圣人则不消说夜气。"

【注解】 先生说道:"夜气,也就是说人在夜里会产生清明和善的心气或者精神状态,这个是针对常人来说的。对于学者来说可以修行做功夫,那么不管是白天还是夜间,不管是有事还是无事,都是可以凝聚此气的。圣人就不用说这个夜气了,不必要等夜晚的。"

我们也许都有这个经验的,特别是要写一些东西,有些人也许在夜里很安静的时候,头脑就更加清明,思路更加清晰了。

34. 操存舍亡

【原文】 澄问'操存舍亡'章,曰:"'出入无时,莫知其乡'。此虽就常人心说。学者亦须是知得心之本体亦元是如此。则操存功夫,始没病痛。不可便谓出为亡,入为存。若论本体,元是无出无入的。若论出入,则其思虑运用是出。然主宰常昭昭在此,何出之有?既无所出,何入之有?程子所谓腔子,亦只是天理而已。虽终日应酬,而不出天理,即是在腔子里。若出天理,斯谓之放,斯谓之亡"。又曰"出入亦只是动静。动静无端。岂有乡邪?"

【注解】 陆澄问老师关于《孟子》中"操存舍亡"章节。

孔子说:"操则存,舍则亡,出入无时,莫知其乡"。下面看看阳明先生如何解释孔子的话。

先生回答道:"'出入无时,莫知其乡',这虽然是针对常人的心来说的,可是学者也应该要知道,心的本体也是如此的。所以需要有操持此心的功夫,如此才没有病痛。不可以随便那么说,出就是亡,而入就是存。这么说也不是很贴切的。"

孟子引用孔子这一句话的前面还说了一些事情的,联系前后文也许方便理解的。前面说了些什么事情呢?孟子打了个比方,看到一座山的树木凋零,光秃秃的,人们以为这座山本来就是这样的。其实不然的,以前也曾经有过高大茂密的树林,只是人们习惯的来这里砍伐造成的。虽然大山也在日夜滋养着树木长出新苗和嫩枝叶,可是马上就被放牧的牛羊给糟蹋了。

孔子这句话的意思应该是说,对于人心而言,还是要去操持,要去管的,这样就会存其本心了；如果不去操持，就会失去本心了；如果任凭人心妄动，出入无常，不断地攀缘，都不知道方向在哪里了，心的故乡在哪里了，不知道初心在哪里了。

先生又说道："人的本心，本来是无出无入的。如果非得要说有什么出入，那么思虑运用这个就是出了，也就是心智出了，这个是应用的。然而，心的主宰昭昭发明如此，哪有什么出呢？这个心如同一面镜子，物来则应，物去不留。哪有什么出入可言。"

先生又说道："既然没有什么出，还有什么入呢？宋明理学的两程所谓的腔子，也只不过说的天理而已。人的身体总是不想有什么束缚的，都是想着出樊笼之外的；心也是如此，总是想跑出来的，如果不去操持，不去管，也就不断地攀缘了，管不住了，所以心要操持管好在腔子里；念头也不出总持法门，念念都在静定之中。如此也是天理的。"

先生又说道："此心如同镜子，不管有事无事，终日应酬，还是符合天理的，也就是在腔子里。随时随地都是如此，不管动静都在腔子里，都在静定之中。如果不符合天理，也就所谓的放了，也就是亡了。"放心也不是什么好事的，心猿意马，如果随便就放心，不去操持的话，心田会长满杂草了。

先生又说道："此心出入也只不过是动静的，动静无常，如果放任此心不断攀缘，就会迷失了方向了，找不到初心了。此心如同镜子一样，物来则应，此为动；物去不留，此为静。"

35. 诱人入道

【原文】王嘉秀问："佛以出离生死诱人入道。仙以长生久视诱人入道。其心亦不是要人做不好。究其极至，亦是见得圣人上一截，然非入道正路。如今仕者有由科，有由贡，有由传奉，一般做到大官，毕竟非入仕正路，君子不由也。仙、佛到极处，与儒者略同。但有了上一截，遗了下一截，终不似圣人之全；然其上一截同者，不可诬也。后世儒者又只得圣人下一截，分裂失真，流而为记诵词章，功利训诂，亦卒不免为异端。是四家者终身劳苦，于身心无分毫益。视彼仙、佛之徒，清心寡欲，超然于世累之外者，反若有所不及矣。今学者不必先排仙佛，且当笃志为圣人之学。圣人之学明，则仙、佛自泯。不然，则此之所学，恐彼或有不屑，而反欲其俯就，不亦难乎？鄙见如此，先生以为何如？"先生曰："所论大略亦是。但谓上一截，下一截，亦是人见偏了如此。若论圣人大中至正之道，彻上彻下，只是一贯，更有甚上一截，下一截？'一阴一阳之谓道'，但仁者见之便谓之仁，知者见之便谓之智，百姓又日用而不知，故君子之道鲜矣。仁智岂可不谓之道？但见得偏了，便有弊病"。

【注解】 王嘉秀同学也是阳明先生的学生，这个同学喜欢佛道，他所问也是与此相关的。

王嘉秀问道："佛教以出离生死，解脱生死引诱人求道入道。道教仙家以长生不老引诱人求道入道。其用意出发点并不是要人不好的，相反的也是希望帮助世人解脱痛苦的。可是从根本上来说，现在的这些宗教也只是看到了圣人的上一截功夫，然而还没有入于正道的。"

这里说的上一截也就是上达于道之学；下一截也就是前面说的下学，也就是说治国平天下之学。圣人原本并不是想创立宗教。比如佛陀在世也许并不想创立什么宗教，而是圆满的宇宙和人生的教育来的。老子离开函谷关，连经书都不想留下的，只是慈悲世人所以留下了五千字的真言，也许没想过创立什么宗教的。也许后人有许多都误解了圣人的本意了。这里所说的佛教和道教仙家，只是说现世的宗教的，也许有许多人并不能够契入得到圣人的真传的。

这位同学接着又说道："如今出仕的人，有通过科举的、也有通过举荐的，也有继承前辈爵位的，一样都做到了大官的。毕竟这些都不是入仕的正道来的，所以君子是不会这么去做的。仙、佛到了极处，和儒家也是略有相同的。"

这位同学又说道："可是仙佛似乎只是有了上一截，而没有下一截，似乎没有圣人能够全备。圣人既能上达于道，又能下用于治世之学的。然而，上一截论道论性命之学，本来也都是相同的，这个似乎是不可否定的。后世儒者只是抓住了圣人的下一截功夫，割裂来看，这样就失真了。只是沦落为记诵词章，追求浮华的文风，沽名钓誉，这样不免会沦为异端了。失去了圣人教化的根本了。"

这位同学又说道："儒释道等四家的人也许失去了圣人原本的教旨，终身劳苦，可是对身心无分毫益处。试看看那些修仙、修佛的人，清心寡欲，超然于世俗红尘之外，反而似乎还有什么做得不够似的。"如果果真能够清心寡欲，持心静定修行，这样也是不错的。当然，如果能够上达于道，而下能经世济用那就更好了。再说了仙佛也都是为了解脱众生的，不是光为了自己成佛成仙的。

这位同学又说道："现在的学者不必一看到仙佛就排斥，应当不要那么着急排斥先，对于不了解的东西。只需要发愿笃志去修学圣人之学就可以了。圣人之学明了，自然就知道仙佛的奥妙了，对于仙佛的迷信也就泯灭了。"实际上仙家佛家也都是属于正道的，也是教世人要信正道的，而不是迷信的。只是世人迷仙佛，而非仙佛迷世人的。

这位同学又说道："不然的话，儒生们所学的东西，恐怕修仙修佛的人也许是会不屑的，而还要让他们俯首去接受，这不是很难的事情吗？这是学生我的浅陋见解的,先生以为如何呢?"本身修仙修佛的人有志于道的,他们也许都比儒者高明的,如何能够得到他们的信服呢?

先生回答道:"你所说的大概也是对的。但所说的上一截,下一截,这样的说法也是人的偏见而已。"

先生又说道:"如果说圣人大中至正之道,是彻上彻下的,只是一贯而通的,也是一体的,何分上下呢?更还有什么上一截,下一截呢?这也是分别对应于上达和下学的。"

先生又说道:"'一阴一阳之谓道',阴阳可以称之为道的。对于道,仁者见了就看到了仁;智者见了就看到了智慧的。百姓每天日用当中都会用得到,也离不开,可是却不知的。所以君子遵循的正道现在知道的人是很少的了。仁智难道不也是道吗?如果见解偏了,也就有了弊病了。"仁爱为大爱,有大心,有爱天地万物之心。如此如何不能称之为道呢?

36. 蓍龟是易

【原文】"蓍固是易,龟亦是易。"

【注解】先生说道:"用蓍草占卜固然是易经,用龟甲占卜也是易经的。"古代常用蓍草和龟甲进行占卜。

37. 武王未尽善

【原文】问:"孔子谓武王未尽善,恐亦有不满意"。先生曰:"在武王自合如此"。曰:"使文王未没,毕竟如何?"曰:"文王在时,天下三分已有其二。若到武王伐商之时,文王若在,或者不致兴兵,必然这一分亦来归了。文王只善处纣,使不得纵恶而已。"

【注解】陆澄同学问道:"孔子说周武王未能达到尽善,恐怕孔子对周武王有些不满意的看法吧。"

先生回答道:"可是对于周武王来说正应当如此做的,以武力去伐纣。"
又问道:"假使文王没有死的话,会怎么做呢?"
先生回答道:"周文王在世的时候,天下三分之二都在自己手里了,可是却没有去武力讨伐纣王。假如周武王伐商的时候,周文王还在世的话,或者不至于兴兵了,必然剩下这三分之一也会归于文王了。文王只要妥善地处理纣王,使得他不再作恶就可以了。"

38. 执中犹执一

【原文】 惟乾问孟子言"执中无权犹执一",先生曰:"中只有天理,只是易,随时变易,如何执得?须是因时制宜,难预先定一个规矩在。如后世儒者要将道理一一说得无罅漏,立定个格式,此正是执一"。

【注解】 阳明先生的学生惟乾问孟子说的话:"执中无权犹执一",这句话怎么解呢?

先生回答道:"这个中只是天理,就是易,就是随时变易,一切都在变化之中,如何执着呢?对中的执着,也是一种执着和束缚的。比如,我们说的中庸,如果对中执着了,也是一种执着。我们说非左即右,不能执着于左,也不能执着于右,可是也不能执着于中的。需要因时制宜,难以预先就设定一个规矩在的。如后世儒者要将道理异议说的没有什么纰漏,说得很完美,也立定了个一定的格式,这正是对于一的执着的。"

阳明先生讲完了,我们在来解释一下孟子说的话:"执中无权犹执一"。也就是说如果执着于中不知道权变,也跟执着于一差不多的。我们也许执着于一定的概念,比如说主客的概念,这个是相对的,并不是说什么时候都为主,而其他的都为客的。

以前我们执着地认为所有的星球都围绕着地球转,可是后来就摆脱了这种地心说。也许我们固执的以自我为主,以别人为客,需要打破这个根深蒂固的自我执着。

万事万物不断地发生变化,可以称之为易,也许内在的阴阳有所消长,而发生变化的。比如宇宙的衍生变化,事先也不是预定了个规矩的,而是伴随着物质的诞生同时产生了规矩。

霍金说也许宇宙诞生之前就有一族定律在制约着宇宙。也许宇宙和定律是同时诞生的,就如同鸡和蛋是同时诞生的一样。万物都有限制,没有限制的自由也许是不存在的。没有河堤的河流也是不存在的。河堤也就对应着限制。地球围绕着太阳转,如果没有什么限制,就飞入茫茫的宇宙了,也就不会有现在这样的地球了。

39. 常存善念

【原文】 唐诩问:"立志是常存个善念,要为善去恶否?"曰:"善念存时,即是天理。此念即善,更思何善?此念非恶,更去何恶?此念如树之根芽,立志者长立此善念而已。'从心所欲，不逾矩'，只是志到熟处"。

【注解】阳明先生的弟子唐诩问："立志是不是要常存有个善念，要去做善事，要去掉恶的东西呢？"

先生回答道："心存善念的时候，如此便是天理的。此念是善，更还要思量什么善呢？此念不恶，更要去什么恶呢？此心念如同树的根和芽，立志的人只要立此善念就可以了。"

先生又说道："孔子说的，'从心所欲，不逾矩'，只是志到了纯熟的程度了。"孔子说，'从心所欲，不逾矩'。此心已经是很自由了，可是不会逾越什么规矩，完全就不感觉到有什么束缚和限制。刘邦入关中，约法三章。如果不会触犯法令，可以简化法令的，法令如同虚设的。没有无限制的自由。河流如果没有河堤的限制，河流将不复存在。孔子能够做到从心所欲，又感觉到心无比的自由，又不会逾越规矩，这个是很难得的了。地球很自然的围绕着太阳转，丝毫不会觉得太阳规矩束缚的难受。宇宙万物受道的束缚，似乎又看不到任何的束缚，可是道又无处不在。

宇宙诞生的同时，随之有一定的限制，也就是有定律定理限制。心诞生的同时，随之也有一定的限制，也就是规矩的限制的，也就是天理的限制的。

心有什么规矩呢？我们可以感受一下心性。我们有什么情绪念头，比如对于失眠，越想睡越睡不着。如果能够随顺接受这种状态，顺其自然，不知不觉的也就睡着了。念头如同野草一样，如果用石头去压，总会冒出来的。只要随顺心性，冒出来就冒出来，不刻意去压制，只是把念头放在一句阿弥陀佛上面，慢慢地就会进入静定的。孔子已经到了不逾越心的规矩，而能够随顺心性。

40. 收敛为主

【原文】"精神，道德，言动，大率收敛为主，发散是不得已。天地人物皆然。"

【注解】先生说道："不管是精神、道德还是言行，大概都是要以收敛为主，以静定为主，发散是不得已而为之的。天地人物都是如此的。"

《道德经》上说：道生一，一生二，二生三，三生万物。世间天地万物的生长过程都是发散的，但发散就伴随着气数不断地耗散，总会有终了的一天。

比如社稷也是有一定的气数的。树木的种子是属于收敛的状态，充满着生机。生长的过程，不断地生出枝枝叶叶，属于发散的状态，总有枝叶枯槁的一天。气球如果一直吹也会爆炸的。人的功业也是如此，如果发展到了位极人臣的地步，如果德不配位就比较危险了的。当然如果如周文王、尧舜那样的德行，百姓就乐推而不厌的。自然的规律如此，我们要想有生机，就要收敛自己的精神，使得精神内敛，持守未发之中，处于静定之中，如此方能长久。

41. 文中子如何

【原文】问："文中子是如何人？"先生曰："文中子庶几具体而微，惜其蚤死"。问："如何却有续经之非？"曰："续经亦未可尽非"。请问，良久曰："更觉良工心独苦"。

【注解】问道："文中子这个人怎么样呀？"
先生回答道："文中子几乎通晓了微妙的大道了，可惜很早就去世了。"
又问道："可是怎么还会有续经这样的非议呢？"
先生回答道："续经也未必都不对的。"
陆澄同学继续问为什么。阳明先生过了好一会才回答道："我更能体会到良工心独苦这句话了。"阳明先生赞文中子是良工的，得道高人，可是世人有多少能够理解他的良苦用心呢？又有多少人能够体会阳明先生的苦心呢？
文中子在隋朝被排挤，怀才不遇，于是辞官归隐，花了九年的时间续述《六经》，以等待后世王道之兴。
他有点类似于刘伯温，刘伯温对元朝失去信心，归隐青田而作《郁离子》留待后世。文中子为得道高人，续经也是为了不失去道统的。文中子王通为著名诗人王勃的祖父，更培养出了李靖、房玄龄和魏徵等许多名臣。

42. 元代大儒

【原文】"许鲁斋谓儒者以治生为先之说，亦误人。"

【注解】许鲁斋为元代大儒，在北方大力弘扬程朱理学，他曾经说过：学者治生最为先务。
阳明先生说道："许鲁斋说儒者应该要以治生为先这样的说法，也是误人子弟的。"
我们来看看许鲁斋先生的前后文是怎么说的："为学的人应该以治生最为先务。如果生理都无法自足，温暖都无法解决，那么对为学之道也是有所妨碍的。那些走偏僻小道，不择手段的人，以及做官贪图利益的人，大概也是由于生理无法得到满足所致吧。士子大多以务农为生。商、贾虽然为末流，可是士人也可以去做的。如果去做商人而仍然坚持道义，或者困苦的时候去做一些经营的事情，也没有什么不可以的。"

许鲁斋先生这么说也有部分道理的，阳明先生所批评的只是说以治生为首务。孔子也曾经批评子夏的，要求君子儒而不是小人儒。君子儒首要是求道，而小人儒首要是治生的。

43. 问精气神

【原文】问仙家元气，元神，元精。先生曰："只是一件，流行为气，凝聚为精，妙用为神"。

【注解】问阳明先生仙家，也就是道家的元气、元神、元精都是说的什么。

先生回答道："精、气、神这三者实则是一件事情来的，流行在经络之中的为气，凝聚起来而成精，而能有妙用即为神。"

道家和中医都讲精、气、神，凝神而聚气，聚气而成精。如果心猿意马，神驰不知道收敛，就不利于修行，不利于身心健康了。

44. 自是中和

【原文】"喜怒哀乐，本体自是中和的。才自家着些意思，便过不及，便是私。"

【注解】"喜、怒、哀、乐，本来也都是中和的。只是自己人为的添加了一些别的意念，也就有了过或者不及了，这些也都是私欲在作怪的。"

中医有许多通过七情来治病的。喜伤心，怒伤肝，悲伤肺等。

春秋战国的时候宋国有一个名医文挚，为了给齐王治病，激怒了齐王被烹煮死了。

文挚给齐王看病，跟太子说："齐王是由于思虑过度，肝气郁结而得病的。脾主思，而肝主木。木克土，需要激怒齐王就可以把病治好了。可是，这样齐王就会把我给杀了。"

太子和王后劝说文挚放心去治病，他们会力保的。可是，后来虽然两人极力劝谏也不能挽救一代名医的性命。

45. 哭则不歌

【原文】问："哭则不歌"，先生曰："圣人心体自然如此"。

【注解】问孔子"哭则不歌"。在论语中记载了，孔子参加丧礼，哭过了之后，当天就不弹琴唱歌了。

先生回答道："圣人心体本来就是如此的。"

圣人哭过了，悲哀也是适度的，不会过于悲伤。不会像子夏那样因为儿子死了，哭得眼睛都瞎了。孔子的儿子孔鲤也比较早就去世了，孔子也是比较哀伤的，可是不会像子夏那样的。圣人不会过度的悲伤，也不会马上又转到另外一个极端的，欢乐的去歌唱，这个圣人自然是不会去做的。圣人的心体是中和的。

46. 如何克己

【原文】"克己须要扫除廓清，一毫不存方是。有一毫在，则众恶相引而来。"

【注解】先生说道："克除自己的私欲务必要彻底清除，一丝一毫都不能存留才是。如果有一点私念在，许多罪恶就会接踵而来了。"

战胜敌人容易，战胜自己就难了。所以君子贵在能克己。私欲是会不断地滋生的，如同恶的种子一样，不断的生长，一开始不注意没有及时清理，等到事情大了可就麻烦了。勿以善小而不为，勿以恶小而为之。沙子虽然很细小，可是只要有一粒在眼睛里，就越揉越痛了。

47. 问《律吕新书》

【原文】问《律吕新书》，先生曰："学者当务为急。算得此数熟，亦恐未有用。必须心中先具礼乐之本方可。且如其书说，多用管以候气。然至冬至那一刻时，管灰之飞，或有先后，须臾之间，焉知那管正值冬至之刻？须自心中先晓得冬至之刻始得；此便有不通处。学者须先从礼乐本原上用功"。

【注解】问《律吕新书》这本书有什么看法呢？这本书是宋代蔡元定的作品，他也是朱熹的弟子兼好友来的，这部书讲的是音律之道。

阳明先生说道："学者当务之急，即使把律吕的数算的很熟，恐怕也没有太大的用处。必须要心中先具有了礼乐的根本方可以的。"

先生又说道："比如说，书里面有说到用律管来测量节气。说里面讲到把芦苇管内的薄膜烧成灰放入律管内，等到冬至那一刻的时候，阴极生阳。这一刻一阳生，与黄钟管相应，里面的灰就自然飞动起来了。"

先生又说道："然而误差的事情还是比较难解决的。到了冬至那一刻的时候，律管里的灰飞起来了，也许会有先有后，相差一点点，也许就在须臾之间，怎么知道那就正是冬至的时刻呢？再怎么样精确的测量也都是有误差的。"

先生又说道："首先须在自己心中先晓得冬至的时刻，这样才行的。此处就是个说不通的问题，所以学者须不要从礼乐的本原上用功的，这个本原就是道。"对于冬至的时刻，离不开自心。离开心来谈时间，是没有任何意义的。离开心来谈空间也是没有任何意义的。在接近光速飞行的宇宙飞船上的时钟会变慢。时间离不开观测者。

唐代的时候在光孝寺有著名的风动还是幡动，仁者心动的论辩。此心也许就是礼乐的本原的。《金刚经》上说，过去心不可得，现在心不可得，未来心不可得。如何能够得到精确的冬至那一刻呢？时间也许只是人类认识的一种错觉罢了，时间本来也没有这样的一个东西，只是天地万物的变化，使得有了时间的概念。

48. 心如明镜

【原文】 曰仁云："心犹镜也。圣人心如明镜。常人心如昏镜。近世格物之说，如以镜照物，照上用功，不知镜尚昏在，何能照？先生之格物，如磨镜而使之明，磨上用功，明了后亦未尝废照"。

【注解】 徐爱字曰仁。陆澄同学记录下了徐爱说的话。徐爱为阳明先生最为得意的门生，他曾经被阳明先生比做颜回。孔子最喜欢颜回，可想而知阳明先生对徐爱的器重了。

徐爱说道："心就像镜子一样。圣人的心如同明镜，而常人的心如同昏暗的镜子，上面堆满污垢和灰尘。近世的格物的学说，如同以镜子照物体，在照上用功，这样也是徒劳的。不知道镜子尚比较昏暗，如何能够照得了呢？"

徐爱又说道："先生的格物之说，就像磨镜子使得其明亮，在磨上用功，也就是在心上用功，明了后未尝废掉照的功夫的。"磨亮了镜子以后，物来则应，物去不留的。

49. 问道之精粗

【原文】问道之精粗。先生曰:"道无精粗。人之所见有精粗。如这一间房,人初进来,只见一个大规模如此;处久便柱壁之类,一一看得明白;再久,如柱上有些文藻,细细都看出来:然只是一间房"。

【注解】问道是精是粗呢?

先生回答道:"大道没有精细,也没有粗大之分。人的眼睛所见是有精细和粗大的。比如有一间房,人刚开始进来的时候,只是见了一个大概的模样。等到处久了,就可以看到了柱子墙壁结构是如何的了,这些都能够看得明白了;再处久一些,柱子上所写的和画的东西,都能够看出来了。然而,也同样都是这一间房子的。"

阳明先生用房子来对大道打个比方,方便理解大道的。形而上者谓之道,形而下者谓之器。我们往往容易区分为形而上和形而下,然而,本来也是一个整体的,只是方便理解这么说罢了。

宇宙和人生的实相只有一个,房子也只有一间,并不是两间的。盲人摸象是古代印度的故事。宇宙和人生就如同这头大象一样。大象这个名字还是很特别的哦,大道看不见,正所谓大道无形,大象无形,只能通过外相来看得清楚。大象这个动物比较大,名字就取大象吧。然而,这个故事里,大象代指宇宙和人生的表象。有的盲人说大象像柱子,有的说像墙壁。其实谁都对,而谁都不对,大家只是知道了这个世界的局部罢了。

世人的眼光看外事外物有粗有细,大道可没有这么分的。我们可以做个小实验,用纸筒卷起来一头大一头小。从小的这边看大的那边,可以看得比较完整,可是却看得没有那么精细。从大的看小的那边,可以看得精细,可是看不到整体。

朱熹的格物致知就是把这个世界分成一个个的事物来格,看到了细的而看不到整体的大道。西方的科学思维也是如此,分科越来越细,也许离大道就越来越远的。对于局部的精细范围来说,欧几里得几何是适用的;然而,要到了粗大的范围,大尺度需要用黎曼几何了。广义相对论就是用曲面几何的。

阳明先生12岁的时候写了一首诗句:"山近月远觉月小,便道此山大于月。若有人眼大如天,当见山高月更阔。"我们可以理解大小粗细这个是相对的。

50. 近时少疑问

【原文】 先生曰:"诸公近见时少疑问,何也?人不用功,莫不自以为己知,为学只循而行之是矣。殊不知私欲日生,如地上尘,一日不扫,便又有一层。着实用功,便见道无终穷,愈探愈深,必使精白无一毫不彻方可。"

【注解】 先生说道:"诸位近日来提问都比较少了,这是为什么呢?人如果不用功,一般来说以为自己已经知道了,以为为学只是循着自己知道的去做就可以了。"阳明先生感到也许如此修学有点问题的。似乎一点疑问都没有了,如此并不是好现象的。以为自己什么都懂了,可是,阳明先生知道大家还没有到那个程度的。

先生又说道:"殊不知私欲每天都有升起,一天不扫,如同灰尘一样,又覆盖了一层的。要着实去用功修行做学问的,便可以看到,原来道没有止境,没有终穷。越来越深入,必须要使得心纯洁清白,没有一丝私欲方可。"

做功夫如同磨镜,要把镜子上的灰尘全部都打扫干净,把污垢都打磨干净,全部都看到的是精白纯净,这样才可以的。阳明先生对自己的弟子劝学的,要弟子们继续精进的修行,不可止步不前的。

51. 知与克己

【原文】 问:"知至然后可以言诚意。今天理人欲,知之未尽,如何用得克己工夫?"先生曰:"人若真实切己用功不已,则于此心天理之精微日见一日,私欲之细微亦日见一日。若不用克己工夫,终日只是说话而已,天理终不自见,私欲亦终不自见。如人走路一般。走得一段,方认得一段;走到岐路处,有疑便问,问了又走,方渐能到得欲到之处。今人于已知之天理不肯存,已知之人欲不肯去,且只管愁不能尽知。只管闲讲,何益之有?且待克得自己无私可克,方愁不能尽知,亦未迟在。"

【注解】 问道:"《大学》里面说到,知至而后意诚。只有知了然后才可以言诚意的。可是现在我天理人欲都没有能够知得尽,如何用得着克己的功夫呢?"这个同学问的很好,以为知行有个先后顺序的,以为只有知了才能谈得到诚意的功夫。

先生回答道:"人如果真实地在那里用功不已,那么,此心天理的精微都可以一天比一天清楚,对于私欲的细微也可以一天比一天看得清楚。"

先生又说道:"正所谓日新日新日日新。如果不用克己修行的功夫,终日只是在那里说闲话而已，天理始终也没有能够在自心显现，私欲始终也不能自己看得清楚。"

先生又说道："打个比方给你吧。比如人走路一样，走了一段，才能够认得一段。走路就如同行，认路如同知。走到歧路的时候，有疑问了就要及时地问，问了以后又要继续走的。只有这样不断地走，方能走到想去的地方。"这里也呼应前面那一段话的，在歧路了大家都不知道问；或者根本都没有继续往前走，看不到歧路的，这个是很严重的问题。

先生又说道："现在的人已经知了天理可是不肯存天理，已经知人欲还是留恋不肯去除，只是在那里发愁说不能尽知天理人欲。只管在那里闲讲，有什么益处呢？"知道了要去除人欲，就要具体去做的。

先生又说道："要去做功夫的，等到克除自己的私欲，使得没有任何私欲可以克除了，到这时候才去发愁不能够尽知，这样还不算迟的。不要早早就以不能尽知为借口，而不去做克己的功夫。"

前面注解的部分章节有用到了走路这个比方，在这里看到先生也有用这个例子的，不过先生说这个例子要精当得多，禁不住有点感慨这么巧合。

52. 道一而已

【原文】问："道一而已。古人论道往往不同，求之亦有要乎？"先生曰："道无方体。不可执着。却拘滞于文义上求道，远矣。如今人只说天。其实何尝见天？谓日月风雷即天，不可。谓人物草木不是天，亦不可。道即是天，若识得时，何莫而非道？人但各以其一隅之见认定，以为道止如此，所以不同。若解向里寻求，见得自己心体，即无时无处不是此道。亘古亘今，无终无始，更有甚同异？心即道，道即天，知心则知道、知天。"又曰："诸君要实见此道，须从自己心上体认，不假外求始得。"

【注解】问道："孟子曾说，夫道，一而已矣。道即为一。这个道在古代和现代是不是只有同一个呢？古人论道似乎跟现在往往有所不同的，那什么是求道的要点呢？"道即为一，这句话还是有许多可以讲的。比如禅宗讲一指禅。

先生说道："大道无方无体，也就是说在上下六合之内找不到，也无实际的形体，不可以执着。如果只是拘泥于语言和文字上来求道，也许就离道很远了。经典中有文字，这些文字也是载道的文字，但是不可被文字所束缚。要于文字而离文字的。"

先生又说道："如今的人只喜欢说天，然而，其实何尝见过天呢？如果把日月风雷当做天，不可以的。如果说人物草木不是天，这么说也不对。道即是天，如果识得此道，何事何物不是道呢？"一花一世界，一叶一菩提。花草人物也是天来的。

先生又说道："世人只是知道以自己的一己之见来认定，以狭小的一隅之见来看的，以为道只不过如此而已，所以有所不同。就如同盲人摸象，各执己见而已。如果不向外求，而是向里来求，见得自己的心体，即知无时无地不是此道。此道亘古不变，无始无终，更还有什么异同呢？心即是道，道即是天。如果知心就可以知道，也就知天了。"

先生又说道："诸位如果要实见此道，须要从自己心上来体认的，不可向外驰求的。"

53. 名物度数

【原文】问："名物度数，亦须先讲求否？"先生曰："人只要成就自家心体，则用在其中。如养得心体，果有未发之中，自然有发而中节之和，自然无施不可。苟无是心，虽预先讲得世上许多名物度数，与己原不相干，只是装缀。临时自行不去。亦不是将名物度数全然不理。只要知所先后，则近道"。又曰："人要随才成就，才是其所能为。如夔之乐，稷之种，是他资性合下便如此。成就之者，亦只是要他心体纯乎天理。其运用处，皆从天理上发来，然后谓之才。到得纯乎天理处，亦能不器，使夔、稷易艺而为，当亦能之。"又曰："如'素富贵行乎富贵。素患难行乎患难'，皆是不器：此惟养得心体正者能之"。

【注解】问道："名物度数，这些是不是也要预先去掌握呢？如果一味地去修心，这些是不是还要预先去学习呢？即使得道了，这些也要重新去学习的吧？不可能自己什么都懂吧？"

什么是名物度数呢？鸟兽草木之物这些都有名字，可以称为名物；仪式礼节刑政等规范制度可以称之为度数。这位同学还是有些疑惑的，一天求道修心呀，到时候这些东西得去学，怕耽误了哦。

先生回答道："人只要成就了自家的心体，见到了自性，则其功用就在其中了。"这句话可以说给了这位同学定心丸了。如果见道了，名物度数这些就很容易弄通了。

先生又说道："如果养的此心体，如果能够真的有未发之中，自然也有了发以后的适度的和，自然就无所不可为了。如果没有能够见到心体，虽然预先去讲求了世间许多的名物度数，这些东西都是和自己没有什么相干的，只是临时的装饰点缀，没有去掉罢了。"

比如，我们拼命地去学了许多的东西，可是没有见性后的那种智慧和悟性，还不能真正的掌握。如果得道了，见性了，许多东西就无师自通了。

先生又说道："可是也不是绝对的哦，并不是说把名物度数这些事情全然不理的。只是要分清主次，不可以这些为主。也要分清先后，先求道，再求这些。如果能够知道先后的关系，这样也就近于道了。"如果反过来，一开始就忙活这些名物度数的东西，就是舍近求远了。方向也搞错了，比如阳明先生一开始格竹子，就是先忙活外在的东西。

先生又说道："人要随顺自己的天赋来造就自己，这样才能更好地有所作为。比如夔对音乐，稷对种植很有天赋。这是由于他们的天赋和他们所作的事情比较吻合，这样就造就了他们。成就了他们的，也只不过是要他们心体仅存天理。他们所运用作为的，也都是从天理发出来的，然后被称之为才。到了只有单纯的天理在了，也就能够做到不器了。假如夔、稷改变所从事的事情，他们应当也能够去做到的。"做到不器，已经是得道了，一通百通了，再换去做别的事情，也可以做得好的，由于已经圆融通达了。比如，说阳明先生得道后，讲学可以，打仗可以，做官也可以。

先生又说道："什么是不器呢？比如说如果处在富贵中，就做富贵该做的事情。如果处于患难之中，那就做患难中该做的事情。能够很好地安住在那种状态，安贫乐道随遇而安，这样也可以说是不器的。能够做到这样的，也许只有养得心体纯正的人才能做到的。"不器，那就是符合于道的。不器是不落于形而下，不拘泥于形而下的器。

54. 有源之水

【原文】"与其为数顷无源之塘水，不若为数尺有源之井水，生意不穷。"时先生在塘边坐，傍有井，故以之喻学云。

【注解】阳明先生跟弟子们在池塘边坐着，旁边有井，这时候有难得的教化因缘了，就以此为比方说道："与其守着这数顷宽的无源的死水塘水，不如有了数尺有源的井水，如此就源源不断地涌现出来甘泉了，生生不息。"

如果没有得道，没有见性，只是在那些死的知识里面打转。也许感觉学富五车了，也有数顷之宽广的学问，可是如此跟道比起来，还算是井底之蛙了。

如果能够深挖至自性之井，深挖本心之井，这样智慧之门就打了，源源不断的智慧就会涌现出来了。

前面先生用走路的例子来比喻，劝诫弟子们还要继续地精进修行求道做学问的。如果稍微有所感悟，就停滞不前了，守着这数顷池塘，不继续深挖深探，岂不可惜了吗？

55. 太古气象

【原文】问："世道日降，太古时气象，如何复见得？"先生曰"一日便是一元。人平旦时起坐，未与物接，此心清明景象，便如在伏羲时游一般。"

【注解】问道："世道日渐衰落如此，太古时期淳朴的气象，如何能够又见到呢？"

先生回答道："一天就是一元。人在清晨起来的时候，还没有去面对事情的时候，此心是清明宁静的景象，这时候就如同穿越到了伏羲的年代去神游一般了。"

世道虽然日渐衰落，可是大道丝毫始终没有远离我们，只是世人日用而不知罢了。一花一世界，一叶一菩提。一朵花是个小宇宙，一片叶子是个小宇宙，人的身体也是个小宇宙。

一天也是个完整的单元。正午的时候温度最高也对应着夏季。一天也可以类似于春夏秋冬之分。阳气的升腾，阴气的滋生变化，在一天之中也会有所体现的。

一天之中清晨就如同太古时期那样清明。一天之中的傍晚，已经忙完了一天了，复杂的人和事在脑袋中打转，也许身心疲惫了，这个也许就是对应着现在的社会了。一天是周而复始的变化，也许社会也是周而复始的变化的。只要我们能够时时刻刻去持中安守静定，也就能够处于太古的淳朴气象之中了。

56. 心要逐物

【原文】问："心要逐物，如何则可？"先生曰："人君端拱清穆，六卿分职，天下乃治。心统五官，亦要如此。今眼要视时，心便逐在色上。耳要听时，心便逐在声上，若人君要选官时，便自去坐在吏部。要调军时，便自去坐在兵部。如此，岂惟失却君体？六卿亦皆不得其职。"

【注解】问道："心要追逐外物，如何才可以管好心呢？"

先生回答道："打个比方来说吧。比如说君主端正肃穆而坐，六卿官员各司其职，天下乃可以治理。心就如同君主，五官如同六卿官员。心统摄五官，君主统摄六卿，也是要如此。"

先生又说道:"现在眼睛要看东西的时候,心就要追逐在色上。耳朵要听东西的时候,心就要追逐在声上。这就好比君主如果要任选官吏的时候,就亲自跑过去坐在吏部那里指挥。如果君主要调兵遣将的时候,就亲自跑过去兵部那里坐着。这样做不是很荒谬的事情吗?岂止是失去君主该做的事情呢?如果这么做了六卿也都不能够得其职的。"

这个比方也够生动的了。前面也有用类似的比方,可是不如先生讲得这么生动深刻的。君主不能占有官员的位置,官员更不能占有君主的位置。君有君道,臣有臣道。不只是占有,连靠近也许都存在问题。比如明代的时候,清军有一次打到了北京周边。袁崇焕带兵赶回来勤王,没有主动去进攻后金军。也许袁崇焕打着如意算盘,想等待后金军攻打北京城的这个时机,利用城池的优势力挫敌军。这个战略是对的。可是袁崇焕没有考虑到这里是京城,是君主待的位置,很容易让崇祯皇帝起疑心的。最后虽然后金军退了,可是袁崇焕却被定了死罪了。历史上的例子数不胜数,功高盖主的官员大多也没有多少好的下场。

57. 善念恶念

【原文】"善念发而知之,而充之。恶念发而知之,而遏之。知众充与遏者,志也,天聪明也。圣人只有此。学者当存此。"

【注解】先生说道:"善念生发了,觉知了以后,就要充实它。恶念生发了,觉知了以后,就要遏制它。"

先生又说道:"之所以知道充实善念,遏制恶念,是因为有求道之志,这是上天赋予的聪明的。这里的聪明是耳聪目明的,只有心清明了,耳朵才能灵敏,眼睛才能明亮,不被物欲所遮蔽。圣人是如此的,学者有志于道也应当如此。"

58. 闲思杂虑

【原文】澄曰:"好色、好利、好名等心,固是私欲。如闲思杂虑,如何亦谓之私欲?"先生曰:"毕竟从好色、好利、好名等根上起,自寻其根便见。如汝心中,决知是无有做劫盗的思虑,何也?以汝元无是心也。汝若于货色名利等心,一切皆如不做劫盗之心一般,都消灭了,光光只是心之本体。看有甚闲思虑?此便是寂然不动,便是未发之中,便是廓然大公。自然感而遂通,自然发而中节,自然物来顺应。"

【注解】 陆澄说道:"好色、好利和好名等心,这些都很好理解,必然是私欲来的。可是,闲思杂虑、胡思乱想、妄想纷飞、这些妄为,如何也要称之为私欲吧?"

先生回答道:"闲思杂虑这些妄想,深挖下去,毕竟也都是从好色、好利、好名等根上发起的,如果自寻其根便见到了。比如你要挖做盗贼的根,也许怎么挖都挖不出来的,这是为什么呢?因为你的心本来就没有做盗贼的这个私欲的。可是其他方面未必就不能挖出来了,比如好色、好利和好名这些,即使是再廉洁的人,再忠诚的人,也许都无法完全逃离得了。"

先生又说道:"也许是为了忠诚的好名声,这个也是私欲的。为了成全忠孝的美名,这个也是私欲的。你要做的,对于货色名利等心,一切都像不做劫盗之心那样,都消灭了,只是留下心之本体。没有一丝一毫的私欲,这样就可以了。"

先生又说道:"如果消灭了,也许就没有什么闲思虑了。这便是寂然不动,这便是未发之中了,这就是无私的大公了。如此这般,就能够与天道相应,自然就能做到发出来而能适度,自然能够做到物来则应,物去不留的。"

59. 问志至气次

【原文】 问志至气次,先生曰,"'志之所至,气亦至焉'之谓。非极至次贰之谓。持其志则养气在其中。无暴其气则亦持其志矣。孟子救告子之偏,故如此夹持说"。

【注解】 问孟子关于"志至气次"的说法。为了在注解中不出现过多的文言文,方便理解,就不引用孟子的原话了,有兴趣的读者可以去搜索一下就可以了。

先生说道:"'志之所至,气亦至焉'这样的说法,并不是有个先后的两个东西在里面的。做学问的人有志于道。只要持其志,守其中,养气自然就在里面了。"正如知行合一,知和行都是并行合一的。志和气也是并行合一的。

先生又说道:"无时无刻不在静定中,这就是持其志。经络中的气就不断地积累,很充沛。如果没有随便暴散人的气,也就需要持其志了,也就需要静定了。如果心思散乱,气机必然会散乱了。孟子这么说是为了救告子之偏的。"

60. 圣人之道

【原文】问:"先儒曰:'圣人之道,必降而自卑;贤人之言,则引而自高'。如何?"先生曰:"不然,如此,却乃伪也。圣人如天,无往而非天,三光之上天也,九地之下亦天也,天何尝有降而自卑?此所谓大而化之也。贤人如山岳,守其高而已。然百仞者不能引而为千仞,千仞者不能引而为万仞:是贤人未尝引而自高也,引而自高则伪矣。"

【注解】问道:"先儒二程曾说过:'圣人之道,必降而自卑;贤人之言,则引而自高',这句话先生怎么看呢?"也许还是要看二程完整的怎么说的。

二程说道:"圣人教化世人,需要俯就世人,因材施教,唯恐世人以为高远而不可攀。圣人说的话,必然会降低一点,用世人容易理解的语言来说的,也用了许多的比喻。如果不这样,就会比较疏远了,不利于教化。"

二程又说道:"贤人说的话,必然会拔高一点,这样还是要使得世人尊道的。如果世人不知道的尊贵,不能恭敬对待,也不利于教化的。"由此看二程所说的还是蛮有道理的。我想阳明先生并非反对的,而是借用这个话来把心学要领给学生讲清楚的。

阳明先生说道:"不是这样的,如果这么说就不对了。圣人如天,天即是道。不管哪里都是天,不管哪里都是道。三光日月星之上也是天,九地之下也是天,天何尝会降低自己而让自己处于底下的位置呢?这就是所谓的圣人大而化之了。圣人为大人,有大心,感化世人。"

先生说的也是。现在科学发达了,我们更容易知道,日月星是天,地球也是天,整个宇宙都是天。天即是道。道即是天。在日用之中细小之处也可以见天。一片叶子可以见天,一朵花也可以见天。

先生又说道:"贤人如同山岳,只是守其高而已。然而,百仞的不能引而为千仞,千仞的不能引而为万仞。所以说贤人未尝有引而自高的,引而自高就是装出来的了。"当然,贤人也可以不断地修行而成为圣人。不仅是贤人,凡人通过修行也可以出凡入圣。

61. 伊川和延平

【原文】问:"伊川谓'不当于喜怒哀乐未发之前求中',延平却教学者看未发之前气象。何如?"先生曰:"皆是也。伊川恐人于未发前讨个中,把中做一物看。如吾向所谓认气定时做中,故令只于涵养省察上用功。延平恐人未便有下手处，故令人时时刻刻求未发前气象。使人正目而视惟此，倾耳而听惟此。即是'戒慎不睹，恐惧不闻'的工夫。皆古人不得已诱人之言也。"

【注解】问道："伊川先生，也就是邵康节先生说：不应当于喜怒哀乐未发之前去求中。延平先生却教弟子们看未发之前的气象是什么。为什么两个人的教法有不同呢？对不对呢？"

延平和朱熹等并称为闽学四贤，朱熹曾经拜延平为师。延平教弟子们静坐澄心，以验证喜怒哀乐未发之前气象怎么样。

先生回答道："他们两个这么说都是对的。伊川先生怕人执着于中，想在未发之前找中，把中当做具体的一物来看。比如以前我就曾经以为气宁静就是中了，所以只是在涵养和省察上面下功夫的。"人安静，气就会归于宁静。可是人安静了，心未必安静的。心处于静定，而身处于行住坐卧，也可以称之为中。不偏不倚可以称之为中。不执着中，不执着于左，不执着于右，此为真中。

先生又说道："延平只是恐怕弟子们不知道如何下手，所以令弟子们时时刻刻去觉知，观看未发之前的气象的。使得弟子们正目去观看一念未发之前如何，用心去倾听一念未发之前的心声如何。"

先生又说道："这也就是《中庸》里戒慎不睹，恐惧不闻的工夫了。也就是说不要以为别人看不到就不谨小慎微；不要以为别人听不到就没有警惕注意。延平叫弟子们闲坐反省和觉知自己的所思所想，谨小慎微的对待起来的恶念。这些说法都是古人不得已来用来接引、诱人入道的方式罢了。"

62. 天下大本

【原文】澄问："喜、怒、哀、乐之中和，其全体常人固不能有，如一件小事当喜怒者，平时无有喜怒之心，至其临时，亦能中节，亦可谓之中和乎？"先生曰："在一时一事，固亦可谓之中和。然未可谓之大本、达道。人性皆善，中、和是人人原有的，岂可谓无？但常人之心既有所昏蔽，则其本体虽亦时时发见，终是暂明暂灭，非其全体大用矣。无所不中，然后谓之大本；无所不和，然后谓之达道。惟天下之至诚，然后能立天下之大本。"

【注解】陆澄同学问道："喜、怒、哀、乐的中和，我想常人要全部都做得很好，也许就很难的了，可是对于具体的某一件小事来说，平时能够比较淡泊，没有喜怒变化之心，到了遇见具体的小事的时候，还是能够做到适度的，这样是不是也可以称之为中和呢？"

先生回答道："对于具体的一时一事，固然也可以称之为中和的。然而，不可称之为大本，也不能说就已经上达于道了。人的本性皆善，中、和原本也是人人就有的，岂可说全无呢？"心未发出来七情六欲之前，可以称之为中。心发出来七情六欲，可是还能够适度，比较愉悦，可以称之为和的。

先生又说道："但常人的心既然被物欲所遮蔽，则心体虽然时时也能显现出来，终究只是有时暂明暂灭罢了。心体如同蜡烛，如同明灯，被东西所遮蔽，有时候透过一点光，有时候完全遮蔽。心体没有能够完全显露出来，并不是全体的大用的。"

先生又说道："如果心无遮蔽，可以照天照地。没有什么不是中，然后称之为大本。没有什么不是和的，然后可以称之为上达于道了。只有天下的至诚之心，然后才可以立天下的大本。"

63. 中字之义

【原文】曰："澄于中字之义尚未明。"曰："此须自心体认出来，非言语所能喻。中只是天理。"曰："何者为天理？"曰："去得人欲，便识天理。"曰："天理何以谓之中？"曰："无所偏倚。"曰："无所偏倚是何等气象？"曰："如明镜然，全体莹彻，略无纤尘染著。"曰："偏倚是有所染著，如著在好色、好利、好名等项上，方见得偏倚。若未发时，美色、名、利皆未相著，何以便知其有所偏倚？"曰："虽未相著，然平日好色、好利、好名之心原未尝无，既未尝无，即谓之有，即谓之有，则亦不可谓无偏倚。譬之病疟之人，虽有时不发，而病根原不曾除，则亦不得谓之无病之人矣。须是平日好色、好利、好名等项一应私心扫除荡涤，无复纤毫留滞，而此心全然廓然，纯是天理，方可谓之喜、怒、哀、乐未发之中，方是天下之大本。"

【注解】陆澄问道："弟子我对于'中'字的含义还是弄不清楚的，怎么办呢？"

先生回答道："这个是需要从自心自性中去体认出来的，并不是言语所能及的，也很难比喻的清楚。中，可以说只是天理。"

又问道："什么是天理呢？"

先生回答道："如果能够去掉了人的私欲，就能够识得天理了。"

又问道："天理为什么可以称之为中呢？"

先生回答道："因为天理也是无所偏倚的。正所谓不偏不倚谓之中。"

又问道："无所偏倚是什么样的气象呢？"

先生回答道："如同明镜一般，全体都是晶莹透彻的，没有丝毫的污垢和灰尘遮蔽的，可以照天照地。物来则应，物去不留的。"

又问道:"偏倚是心有所染著,如染著在好色、好利、好名等这些事情上面,这样很容易就知道是偏倚了。可是在还没有发出来的时候,美色、名、利都没有染著,怎么就知道也有所偏倚了呢?"

先生回答道:"虽然心体没有染著具体的事物,然而,平日里好色、好利、好名之心原来未尝就没有的。我们可以自己扪心自问一下的。既然未尝无,也就是有了,既然称之为有,那就不可称之为无偏倚了。比如说得了疟疾的人,虽然有时不发作的,可是病根还没有彻底除掉的,也不能称之为无病的人的。"

先生又说道:"需要把平日里的那些好色、好利、好名等这些私心杂念都一起全部扫荡清除,没有留下一丝一毫的私欲。此心如明镜般明亮了,此心的全体也显露出来了,纯是天理了。如此方可以称之为喜、怒、哀、乐未发之中,这才是天下的大本的。"

64. 颜子没而圣学亡

【原文】 问:"'颜子没而圣学亡',此语不能无疑。"先生曰:"见圣道之全者惟颜子。观喟然一叹可见。其谓'夫子循循然善诱人,博我以文,约我以礼。',是见破后如此说。博文、约礼如何是善诱人?学者须思之。道之全体,圣人亦难以语人,须是学者自修自悟。颜子'虽欲从之,末由也已',即文王'望道未见'意。望道未见,乃是真见。颜子没,而圣学之正派遂不尽传矣。"

【注解】 问道:"先生您说过'颜子没而圣学亡',怎么会说颜回死了而孔子圣人之学就失传了呢?这种说法我不能不心存怀疑的。"颜回是孔子最得意的门生了,可惜年纪轻轻32岁就去世了。颜回在很年轻的时候就能跟孔子讨论易经,孔子到老了对易经爱不释手,由此可见颜回的水平了。

先生回答道:"能够见到孔子圣道全貌的人也许只有颜回一个了。从颜回对孔子的慨然一叹中可以看出来的。颜回曾经感叹说,老师孔子循循善诱,使得弟子们博学经典,受到了很好的熏陶,以礼约束弟子们的言行,这些都是看破孔子之道以后所说的话的。"

先生又说道:"博文和约礼怎么说是善诱人呢?学者需要思量它的。道的全体,圣人也很难用语言来告诉世人的。圣人是想说,可是说出来了怕世人会误解的。需要学者自己修自己来悟的。如人饮水冷暖自知的。颜回感叹地说,虽然想去达到孔子的圣人之道,可是就像天阶一样,却找不到路的。颜回这么说是很谦虚的说法的。颜回这么说,也跟文王说的类似,文王很谦虚地说似乎还没有看到道一样。颜回和文王都很谦虚，要不断地精进求道修道的。"

先生又说道："求道修道无止境的，也许只有到了心体全部显现，不留一丝物欲痕迹之时，这时候才是到家了。望道而未见，这才是真见的。由于大道无形无迹，这个未见也许就是看到了空，这个空又不是绝对的空。颜回去世了，孔子圣学的正宗嫡传也许就不能够全部传承下来了。"这里注解的时候，为了方便读者的理解，并没有完全按照原文来注解的。而是把一些话外之音也写在里面了。

65. 身之主为心

【原文】 问："身之主为心，心之灵明是知，知之发动是意，意之所著为物。是如此否？"先生曰："亦是。"

【注解】 之前阳明先生曾经讲过类似的内容。身之主宰便是心。心之所发便是意。意之本体便是知。意之所在便是物。如意在于事亲，即事亲便是一物。意在于事君，即事君便是一物。意在于仁民爱物，即仁民爱物便是一物。意在于视听言动，即视听言动便是一物。所以阳明先生才说无心外之理，无心外之物。

可是并不是说心外什么都没有的。这个又执着于一边了。阳明先生关于山中之花的论断非常出名的。山中之花，如果阳明先生不去看它，还是有一物的，可是这一物没有颜色，没有大小，没有名字。颜色、大小和名字，这些都只是在人的心中罢了。打个比方吧，似乎是游戏中的场景，主人公走到哪里，哪里的景色才被虚拟出来的。我们的现实世界是不是也是很类似的呢？和游戏唯一的不同之处在于，现实世界也会有许多物，可是却没有颜色、大小和名字等外相。

陆澄同学也许没有听全，或者听了又有些感悟，不敢确认，跟先生确认一下的。陆澄同学问道："一身的主宰是心，心的灵明就能知，知的发动就是意了，意会粘着物上，这样说对吗？"

先生回答道："你这么说也算是对的吧。"也许阳明先生跟他说肯定了，避免他老在那里纠缠这些文字吧。怎么听先生回答的比较勉强的，加了一个也字。还是多一些把功夫花在实际的修行上面去。

66. 思之何益

【原文】 "只存得此心常见在便是学。过去未来事，思之何益？徒放心耳。"

【注解】先生说道:"只要常存此纯天理之心,这样就是学了。如果时时刻刻都在静定之中,这样不仅是学,还在做功夫了,也是存天理的。过去未来的事情,思量有什么益处呢?只不过放心在那些事物上,心猿意马罢了。"

"放心"这个词在这里可有些不同哦。不是我们日常生活里说的放心哦。放心是把心给放野了的,不去操持此心的,不让此心在静定之中的。这里说的放心是把心放在过去的事情、未来的事情上面。让心跟着事物在流转。《金刚经》中说:过去心不可得,现在心不可得,未来心不可得。思虑过去和未来的事情,没有半点益处的,只会增加焦虑罢了。过去的事情已经过去了,未来的事情还没有到来,这都是虚妄来的。甚至现在的事情,也是稍纵即逝的。

67. 心之不存

【原文】"言语无序,亦足以见心之不存。"

【注解】先生说道:"言语说的没有条理,也足以见心没有存于天理的。"如果言语没有条理,也许说话的时候并没有完全地把自己的注意力放在当下的。时时刻刻把注意力放在当下,这也是存天理的。

如果思绪比较乱,正在说话,还在想着过去和未来,也许就词不达意了。这个是常规的理解,或者阳明先生还有另外一层意思的,在这里也一并说了吧。比如前面那几句关于知、意和心等的一些言语说法。阳明先生之前说过了一下,弟子们有些记住了,有些没记住,甚至有些顺序都给搞乱了。先生在这里也许说的是,不要执着于语言和文字,语言和文字并不存心的,要离开语言文字去找心的。

68. 孟子不动心

【原文】尚谦问孟子之不动心与告子异。先生曰:"告子是硬把捉著此心,要他不动;孟子却是集义到自然不动。"又曰:"心之本体,原自不动。心之本体即是性,性即是理。性元不动,理元不动。集义是复其心之本体。"

【注解】广东揭阳人尚谦,也是阳明先生的弟子。他问孟子的不动心和告子的有什么不同呢?

先生回答道:"告子是硬要捉住此心,想控制它,要它不动。而孟子却是集合许多符合道义的言行,使得心性自然不动。"

先生又说道:"心的本体,本来就不动的。心的本体即是自性,自性即是天理。自性之中具足一切。自性本来不动,天理本来也不动。集合道义于一心,存天理于一心,这是恢复心的本体,恢复心的本性罢了。"

孟子集合道义的过程,这个也是如同打磨镜子的过程,使得心如明镜。心性不能强制控制的,比如打坐的时候要控制念头不起来,这个是很难去压制的。妄念如同野草一般,用石头压住它,可是又会冒出来的。要控制压制念头,如同要用力按牛喝水,这是勉为其难了。只需要顺着心性就可以了。在念佛号的时候,有杂念不要紧,又可以把注意力拉回来放在佛号上面,慢慢地就可以入静定了。

69. 万象森然

【原文】"万象森然时,亦冲漠无朕;冲漠无朕,即万象森然。冲漠无朕者,'一'之父;万象森然者,'精'之母。'一'中有'精','精'中有'一'"

【注解】前面的章节有提过程颐说的这句话:"冲漠无朕而万象森然已具者"。程颐说的这句话也许是说,大道太虚而无有形迹,可是似乎又有万物万象已然在其中了。道生一,一即太极。太极生两仪。两仪即阴阳,而万物负阴而抱阳。

这里陆澄同学也记录了先生相关的讲话。先生说道:"万象森然时,也是冲漠无朕的;冲漠无朕时,即万象森然。"这句话我们先解释一下。此心如同明镜,似乎镜子里面有万事万物的影像,可是这些影像又是太虚和无有形迹的。要去找到实在的这些万事万物,似乎也是镜中花,水中月。

《金刚经》上说一切有为法,如梦幻泡影,如露亦如电,应作如是观。难道真的是如此吗?可是虽然看似太虚和无有形迹,可是在这虚空之中又能看到万事万物的踪迹。有又似无,无又似有。

先生又说道:"冲漠无朕,这个没有形迹的太虚,是'一'的父,也就是说衍生出一,也就是说道生一。这个太虚的就是道了,这个就是天理了。"

先生又说道:"万象森然,是说似乎有万事万物的影像在其中了,这个是'精'的母。"《道德经》中说:"有名,万物之母。"万象森然,可是还没生发万物。此中含有生发万物之精,精可以生发万物,如此可以说是万物之母的。我们讲人有精气神,难道女的就没有精气神了吗?也不是的,也需要有的。阴中有阳,阳中有阴的。

先生又说道："一中有精，精中有一。阴中有阳，阳中有阴。"从修行做功夫的角度来讲吧。之前说过精一。这个一可以说是专一，专一求道，就比如白大米代表着我们要求的道。而精，可以说是精深，是加工大米做工夫的过程。这个加工过程中，大米不断地变化，不断地变白，可是还是那个大米。加工过程的精中有一；白大米一中呢，也有了加工的成果和痕迹。这个白大米如同人的自性，如同明镜。禅宗有著名的公案麻三斤也是如此的道理，可以从中进行参悟的。

70. 心外无物

【原文】"心外无物。如吾心发一念孝亲，即孝亲便是物。"

【注解】先生说道："心外无物。如果我心发出一念是孝敬双亲，即孝敬双亲就是一物。"

这是不是很唯心呢？也许有些人就会批判了。可是也许是误解了阳明先生呢？阳明先生说心外无物，并不是说真的心外没有任何东西的。心本来也无内无外，如何有内外之分呢？宇宙也本无内无外。内外只是我们认知的错觉罢了。有无也本来是人心之中的错觉罢了。

我们来看看有名的公案吧，阳明关于山中之花的论述。如果不去看那朵花，那朵花是没有什么颜色的。可是如果去看的时候，颜色就马上鲜明起来了的。这朵花的秘密，已经涵盖了宇宙人生的实相。佛陀有拈花微笑，这个是禅宗的开始。禅宗有睹桃花而悟道的有名公案。爱因斯坦不止一次地对月亮感到好奇。他曾经问，如果不看那个月亮，月亮果真不存在吗？山中之花的秘密是打开量子力学的金钥匙，可以解决当今物理学世纪之谜：量子纠缠。跨越千年，跨越古今中外，圣哲们在进行对话的。

最近科学家发现了2亿年前的古老的花化石。几亿年前的花是很寂寞的吧？没有人的眼睛去看它，也许也就没有五光十色，也没有那么的美丽。说白了，眼睛接收到了光波，就以为是光明。接收不到，就以为是黑暗。不同的光波频率，在眼睛里接收到了，由于此心感受而成不同的颜色。可是世界的实相是不是有颜色的呢？没有颜色的花朵是美的吗？没有此心，会有五颜六色的花朵吗？如果没有被称为花的那个一物，也不会呈现出花的美丽。心和物是一元的，谁都离不开谁，离开谁也就不完整了。

71. 义袭而取

【原文】先生曰:"今为吾所谓格物之学者,尚多流于口耳。况为口耳之学者,能反于此乎?天理人欲,其精微必时时用力省察克治,方日渐有见。如今一说话之间,虽只讲天理,不知心中倏忽之间,已有多少私欲。盖有窃发而不知者,虽用力察之尚不易见,况徒口讲而可得尽知乎?今只管讲天理来顿放著不循,讲人欲来顿放著不去,岂格物致知之学?后世之学,其极至只做得个'义袭而取'的工夫。"

【注解】先生说道:"现在学习我所说的格物之学的人,大多还只是流于口耳而已,只是在表面而已,只是停留在私欲和物欲而已,只是停留在物之上而已。"

先生又说道:"我所说的格物之学跟世俗所讲的刚好相反的。那些为口耳之学的学者,能够反求诸己吗?能够迷途知返吗?天理人欲,其道理极其精微,需要时时用力去省察,克治私欲人欲,才能使得天理日渐显现出来。"

先生又说道:"可是现在的世人,如今谈吐之间,高谈阔论之间,虽然只是讲天理,可是不知心中突然之间,就已经有了许多的私欲了。私欲的升起也许是悄无声息的,潜移默化的,也许很难去察觉的。虽然用力去省察,也未必就能够马上能够发觉。更何况只是嘴巴在那里讲,如何能够觉知人欲,克治私欲,使得天理显现呢?"

先生又说道:"现在的人只管在那里讲天理,可是讲了就讲了,还是放着没有能够去遵循的。所言所行也都没有能够按照天理去做的。也讲了许多人欲,也许讲的唾沫横飞,深恶痛绝,可是还是放不下的。"

先生又说道:"这样的岂是格物致知之学呢?后世之学,到了极致也只不过是个'义袭而取'的功夫罢了。""义袭而取"这个词是由孟子来的,孟子说浩然之气需要集合道义而生,而不是凭着一时的义气做,就可以得到的。

72. 只在吾心

【原文】问:"'知止'者,知至善只在吾心,元不在外也,而后志定。"曰:"然。"

【注解】问道:"《大学》里面说知止而后定。这里说的知止,是不是说知至善只在每个人的心,并不在外,心外无物,心外无理。知道了至善只在此心，就不会外求了，求道之志就能够安定下来了？"

先生回答道："是这样的。"文中子还有专门的学问止学。

73. 正其不正

【原文】 问格物。先生曰："格者，正也，正其不正以归于正也。"

【注解】 问阳明先生什么是格物。

先生回答道："格者，是正。修正其所不正，使得归于正。"

阳明先生似乎还只是回答了格哦，还没有回答格物整个词的。后续还有几句连续说的格物。按照阳明先生对格的理解，格物也许应该是纠正对物之偏。

也许世人对物有所偏爱，需要进行纠正，也就是纠正物欲了。阳明先生主张要在事上去磨炼的。如果面对外事外物，有了物欲，就要去格除，使得此心不为外事外物所动。如此可以称之为格物的。纠正物欲，也可以说纠正心对物的贪恋，纠正心之偏了。人心本来是至中至正的，只是被物欲所影响就偏了。

74. 必有事焉

【原文】 问："格物于动处用功否？"先生曰："格物无间动静，静亦物也。孟子谓'必有事焉'，是动静皆有事。"

【注解】 问道："格物是不是要在动处做功夫呢？"

先生回答道："格物不用分什么动静的。静也是物的。意在于花，花是一物。这个花不管动静也都是一物的。"

先生又说道："孟子说：必有事焉，说明动静都是事的。"孟子必有事这句话是什么意思呢？真道需要在世间来求的，这个世间的事纷纷扰扰，不能说等哪一天没遇见这么多麻烦事了，就可以修道得道了。人无远虑必有近忧，总是有事的，也就是说必有事的。

这些事物也正是考验我们的，也正是增进我们修行的缘分和机会的。也不要等着说，有一天我心情特别好了，再去好好地做事。刚好要反过来，专心地去做事，这个过程心情慢慢地就会好了。必须要在事上去磨炼自己的心性。

格物也是如此，要想着不受世间的事物干扰了，就得道了。这也许是不可能的，即使躲在了深山老林里面，躲到了寺庙里面，想要没有事，也是很难的。虽然躲避了，可是脑袋瓜里面还是在想着许多事的。不管动静都有事的。关键是要格物，把物欲纠正了，心安静了，也就闲来无事了。

75. 格物功夫

【原文】"工夫难处,全在'格物致知'上。此即诚意之事,意既诚,大段心亦自正,身亦自修。但正心、修身工夫亦各有用力处。修身是已发边,正心是未发边。心正则中,身修则和。"

【注解】先生说道:"做功夫的要点难处,全在'格物致知'上的。这也是诚意的事。意在于利,就有被称之为利的一物。可是如果是诚意,虽然面对利益,也没有私欲。这才能称之为诚意的。"

先生又说道:"意已经诚了,心大多也是自正了,身也是自修了。但是正心、修身的功夫各有各的用力处的。修身是发而中节之和,而正心是未发之中。心正就是中了,身修就是和了。"

修身是管好自己的言行,这个是表面,更根本的是要管好自己的内心。正心是喜怒哀乐未发之中。正心可以说静定了,可以称之为中了。如果能做好格物致知的功夫,也就是说虽然面对外物,而其心能正,其身能正,也就能够有真知了。

76. 只是明明德

【原文】"自格物致知至平天下,只是一个明明德。虽亲民亦明德事也。明德是此心之德,即是仁。仁者以天地万物为一体。使有一物失所,便是吾仁有未尽处。"

【注解】先生说道:"从格物致知说到治国平天下,虽然说了这么多,只不过是一个明明德为最关键的。"阳明先生有一本《大学问》,对大学之道有很深入的阐释。这里阳明先生一语道破天机了,明明德最为关键的。如果能够做到发明自己本有的明德,就会有爱天地万物的大心,就不得不去亲民了,去仁爱百姓,去发明世人的明德,使得明德于天下。

先生又说道:"如果能够发明每个人本有的明德,发明每个人本有的自性和本心,这些也许都不难办到的。虽然亲民、感化和教化百姓也是明德的事。可是根本的还是归于此心的。"

先生又说道:"外在做的许多事情虽然也是明德的事,可是此心才是根本,此道才是根本,天理才是根本的。"

先生又说道:"明德也是明此心之德,也就是仁。仁者是以天地万物为一体的。无缘大慈，同体大悲。天地万物本来一体。世间百姓，不分肤色，不分种族，本来都是兄弟姐妹，亲如一家的。"

先生又说道："假使有一物失其所，也许就是我的仁还没有能够达到吧；假使有一个百姓没有能够得到安乐，便是君主的仁德还没有能够完善吧。"这里没有逐字逐句的进行翻译，主要是为了方便理解的。

古代的皇帝，如果百姓受到了什么灾难，也许就会下罪己诏。说是自己的德行不够，使得上天降罪在百姓的头上。商汤当君主以后，发生了大旱。他曾在柴火堆上虔诚的为百姓求雨。如果有什么罪过就降落在他自己一个人头上，不要惩罚百姓。

77. 还须说亲民

【原文】"只说明明德而不说亲民，便似老佛。"

【注解】先生说道："如果只是说明明德，不说亲民的话，就像是老佛了。"大学之道，还要止于至善，不偏不倚的。如果单单发明自己的明德，不顾百姓，如此并不是儒门正宗的。如果连自己的明德都发明不了，就根本帮不了别人了，这样也不行。

这个明明德可不简单，就是发明每个人本有的明德，发明每个人本有的本心。本心有许多的比方，有些打比方为明月，被乌云遮蔽了，这个乌云就好比是物欲。有些打比方为明镜，被污垢和灰尘所遮蔽了，生锈了，需要不断地打磨，就能够恢复本来的面目。

如果只是追求自心的解脱，而不关心百姓疾苦，不关心国家安危，这大概只是像老佛里的自了汉吧。可是，这也许是对老佛的误解了哦。老佛并不是只是关心自我解脱哦，还要帮世间所有的众生都得解脱，都能得到安乐和智慧，这个也是亲民的哦。

对于儒家来说，是很积极入世的。不仅要发明自己本有的明德，还要治国平天下，还要感化教化百姓。这里学子也许容易误解平天下的含义，也许会豪情万丈，认为扫平天下。可不是这样的，如此就堕入了春秋五霸的霸术之中了。平天下是慈悲世人之心，但愿天下太平的。佛老正宗何尝不是如此呢？

78. 至善者性

【原文】"至善者性。性元无一毫之恶，故曰至善。止之，是复其本然而已。"

【注解】 先生说道:"每个人的自性本来都是至善的。性本来没有一丝一毫之恶,所以称之为至善。止于至善,这个止,是恢复其本然而已,恢复其本来的面目。"每个人的自性如同明镜,本来都是很光明的。止于至善,就是说恢复镜子本来的明亮而已。

79. 定静安虑

【原文】 问:"知至善即吾性,吾性具吾心,吾心乃至善所止之地,则不为向时之纷然外求,而志定矣。定则不扰,不扰而静;静而不妄动则安;安则一心一意只在此处。千思万想,务求必得此至善,是能虑而得矣。如此说是否?"先生曰:"大略亦是。"

【注解】 陆澄问道:"知道了至善也就是自性,自性即是自心。自心乃是至善所止的地方,就不会像以往那样向外求的,这样求道的志向就比较坚定了。知道是自心自性了,比较坚定有信心了。志向定了以后就不会再纷纷扰扰了,不扰动就会静了;静了不妄动就是安了。安就会一心一意在做此心的功夫了。千思万想,务必所求的都是至善,这个思虑就能够有得了。我这么说对不对呢?"先生回答道:"大概就是这样吧。"这个陆澄同学讲的还挺好的,阳明先生的回答也很简略,也许是怕弟子在这些拗口的文字上迷惑了,所以,弟子们说得差不多还是给予肯定的。

80. 墨氏兼爱

【原文】 问:"程子云:'仁者以天地万物为一体。'何墨氏兼爱,反不得谓之仁?"先生曰:"此亦甚难言,须是诸君自体认出来始得。仁是造化生生不息之理,虽弥漫周遍,无处不是,然其流行发生,亦只有个渐,所以生生不息。如冬至一阳生,必自一阳生,而后渐渐至于六阳。若无一阳之生,岂有六阳?阴亦然,惟有渐,所以便有个发端处,惟其有个发端处,所以生。惟其生,所以不息。譬之木,其始抽芽,便是木之生意发端处。抽芽然后发干,发干然后生枝生叶,然后是生生不息。若无芽,何以有干有枝叶?能抽芽,必是下面有个根在,有根方生,无根便死。无根何从抽芽?父子、兄弟之爱,便是人心生意发端处,如木之抽芽。自此而仁民,而爱物,便是发干生枝生叶。墨氏兼爱无差等,将自家父子、兄弟与途人一般看,便自没了发端处。不抽芽,便知得他无根,便不是生生不息,安得谓之仁?孝弟为仁之本,却是仁理从里面发生出来。"

【注解】陆澄问道:"程颢先生说:'仁者以天地万物为一体。'为何墨子兼爱的说法,反而不能称之为仁呢?"这里看看阳明先生对于墨家是怎么说的。先生回答道:"你问这个问题呀,还是很难用语言来回答清楚的,还是需要各位自己体认出来方能真正得到的。这个是需要修行做功夫,自己领悟的。仁是造化生生不息之理,虽然弥漫周遍,天地万物无所不在,无处不是,然而流行发生起来,也只是逐渐变化的,所以生生不息。比如说冬至阴极而生阳,一阳生,必从一阳生开始,而后逐渐地变到六阳。如果没有一阳生,岂能有六阳呢?阴生生不息的变化也是如此,也是逐渐地变化的,所以边有个发端处,正是因为其有个发端处,所以生。正是因为不断地生,所以不息止。比如说树木,刚开始抽芽的时候,这就是树木的生意发端处。抽芽以后就有了树干,有了树干以后就有了枝叶,然后是生生不息。若没有芽,何以有树干和枝叶呢?能够抽芽,必定是下面有个根在的,有根方能生,无根就是死了。如果无根怎么能够抽芽呢?父子、兄弟之爱,这些便是人心生意发端的地方,就如同树木抽芽的地方。由此种天然的爱,推而广之,就可以仁爱百姓,仁爱事物,这就是长树干和枝叶的。墨子的兼爱对天底下所有人都没有差别对待,将自家的父子、兄弟和路人一般看待,这就没有了发端抽芽的地方了。如果不抽芽,也就知道他没有根了,便不是生生不息了,安得称之为仁呢?孝悌为仁爱之本,仁就是从孝悌里面生发出来的。"

对于世人而言,如果对自己的父母都不孝顺,对子女都不慈爱,如何能够对君主忠诚呢?这可是根本的,正所谓百善孝为先的。万事万物这种逐渐的变化,阴阳消长,生生不息的,可以用易经八卦来描述的。如果得道了就可以觉察到这些微妙的变化。正是因为万事万物都有个发端抽芽的地方,所以,面对一些兆头,还是要充分的重视。对于恶事,虽然小,还是及时地遏制住,不要去做的;对于善事,不要以为小,还是去做的。

81. 当理而无私心

【原文】问:"延平云:'当理而无私心'。当理与无私心,如何分别"?先生曰:"心即理也。无私心,即是当理。未当理,便是私心。若析心与理言之,恐亦未善"。又问:"释氏于世间一切情欲之私,都不染着。似无私心。但外弃人伦。却是未当理"。曰:"亦只是一统事。都只是成就他一个私己的心"。

【注解】陆澄问道:"延平说过:'当理而无私心'。这里当理与无私心,怎么区别呢?"延平是朱熹的老师。延平这句话说的是应当遵循天理而没有私心。阳明先生回答道："心即是理。没有私心，也就是说当理了。未能当理，便是有私心了。如果把心和理分开来说，恐怕就不太好了。心即是理，如何分开得了呢？"

又问道："释氏也就是佛家对于世间一切情欲私欲，都不去染着。这样似乎没有私心了。但是却放弃了人伦，这似乎是不当理吧？"这的确也是比较难以理解，好好的天伦之乐不去享受，不去好好孝顺父母，慈爱孩子，跑去出家了，这个是不是没有什么道理呢？大家也许都有这个疑问的。阳明先生回答道："这也是一档子事的，都只是成就了他自己的私心而已。"

阳明先生说，也许只是为了成就自己解脱了苦海，可是没有兼顾到自己的家人。

我想阳明先生得道了，并不是不懂佛教的核心要义的，他这么说也是鼓励弟子们除了要明明德之外，还是要去亲民的，还是要兼顾人伦，做些对百姓国家有益的事情。在这里我也替所有出家修行的人说句公道话吧，出家人有自己爱家人的方式。也许许多人难以理解。比如李叔同出家修行了，把过来找他的日本老婆拒之门外了。佛陀当年身为太子，放下了权力、地位、金钱和美女等去修行了。当年追随修行的上至国王，下至平民。难道这些人都不够聪明吗？恰恰相反，这些人都是有智慧的人。人生来一件大事就是能够觉悟的。如果人人都能够觉悟，这个世界上就不会有战争了，就不会有纷争了，这是多么美好的世界啊。人来到这个世界，一辈子几十年，转瞬即逝的。糊里糊涂地来，糊里糊涂地走。孔子圣人当年发出感叹，朝闻道，夕死可矣。大家看看这个道对于孔子来说是多么的重要，那么出家修行求道，这也是无可厚非的。当然，求道也不一定要出家的，在家出家都可以修行。

第三章　门人薛侃录

1. 持志如心痛

【原文】 侃问："持志如心痛。一心在痛上，安有工夫说闲话，管闲事？"先生曰："初学工夫如此用亦好，但要使知'出入无时，莫知其乡'。心之神明原是如此，工夫方有着落。若只死死守着，恐于工夫上又发病。"

【注解】 之前已经讲过的，这里薛侃又拿出来问道："持守求道之志如同心痛一样。一心只是在痛上，哪有什么功夫说闲话，管闲事呢？这句话怎么样呀？"佛家净土宗一心念一句佛号，慢慢就可以入定了。制心一处，无事不办的。

先生回答道："初学如此做功夫也是好的。但是要使得学子知'出入无时，莫知其乡'。"这句话之前也出现过的。如果能够操持此心，管好此心，那么就能够使得此心存天理，否则就是去了天理的。此心出入无时，也许攀缘着就不知道其本来的故乡在何处了。所以，要使得学子知晓心不断地攀缘，还知道本心，本来的故乡在的。

先生又说道："心的神明原来是如此的，做功夫方有着落的。不知道原乡在哪里，不知道至善是什么，那就瞎忙活了。如果只是死死守着，一心只是在痛上，这个又是一种对功夫的执着，这个也是一种功夫病了。"本来佛陀说法就是为了普渡众生的，如果执着于佛法，反而又增加了一种病了。薛侃，字尚谦，前面别的同学有记录过他说的话。这位同学是广东揭阳人。

2. 专于涵养

【原文】 侃问："专涵养而不务讲求，将认欲作理。则如之何"？先生曰："人须是知学。讲求亦只是涵养。不讲求，只是涵养之志不切"。曰："何谓知学"？曰："且道为何而学？学个甚"？曰："尝闻先生教。学是学存天理。心之本体，即是天理。体认天理，只要自心地无私意"。曰："如此则只须克去私意便是。又愁甚理欲不明"？曰："正恐这些私意认不真"？曰："总是志未切。志切，目视耳听皆在此。安有认不真的道理？是非之心，人皆有之。不假外求。讲求亦只是体当自心所见。不成去心外别有个见"。

【注解】薛侃问道："如果只是专门关心德行方面的涵养，而不去讲求学问上的事情，还把人欲认作了天理，该怎么办呀？"有些人认为人天生就有私欲的，把这个作为人的本性，也把这个作为天理了。正所谓人不为己，天诛地灭。把人的私欲作为天理了，而把这个还当作理所当然的事情。

先生回答道："人应该要知学，要讲究做学问的事情。讲究做学问，这个也是在涵养德行的。不讲求做学问，只是涵养德行的志向不切而已。"做学问学习经典，如同在聆听圣人的教诲的。经典有载道的文字的。讲求做学问也是增进德行的。读书也是洗心的过程。

又问道："什么是知学呢？"

先生反问道："你且说说看，道为什么要学呢？学个什么呢？"

薛侃回答道："曾经听闻先生教诲。讲求学问是学存天理。心的本体，即是天理。体认天理，只要自我的心地无有私意就可以了。"

先生回答道："既然你能够有这样的认识，那就如此去克除私欲就可以了呀。又发愁有什么理不能明的呢？"

薛侃问道："老师您说让我克除这些私欲，可是我又有点担心对这些私欲认得不够准确，也许找不到这些私欲的根源，该怎么办呢？"

先生回答道："这也许是你的借口吧。总是求道的志向没有够真切罢了。如果志向真切，眼睛看的，耳朵听的，都在这些上面了。哪里还有认得不够真，不够准的道理呢？是非之心，每个人都是有的，不必向外求了，也不必对外找什么借口的。你要找是非之心，要找私欲这个太容易了。讲求做学问修道，也只是体认自心所见罢了，难不成在心外见到个别的什么吗？"心外无理，心外无道的。心即是理，心即是道。

3. 坐论功夫

【原文】先生问在坐之友："比来工夫何似？"一友举虚明意思。先生曰："此是说光景。"一友叙今昔异同。先生曰："此是说效验。"二友惘然，请是。先生曰："吾辈今日用功，只是要为善之心真切。此心真切，见善即迁，有过即改，方是真切工夫。如此则人欲日消，天理日明。若只管求光景，说效验，却是助长外驰病痛，不是工夫。"

【注解】 先生问在座的好友："近来做功夫怎么样呀？"一位好友说能够做到内心虚明。先生回答道："这也只不过是光景罢了。"这位朋友说的时候，也许还想炫耀一下自己的，被先生浇了冷水了。先生也许并不是傲慢的，而是针对性地教的。如果能够做到内心虚明，一直都在这种状态也是不简单了。如果能够处于静定之中，定就能生慧。可是，也许这位朋友还没有做到静定呢？而如果只是执着于这种舒服的状态，而不是追求得道，不是追求先生在龙场悟道的那种顿悟，不是打开自性智慧宝库，也许还不是真功夫的。

另外一位好友说今昔有什么不同。先生回答道："这只不过是对比检验做功夫的前后效果罢了。"这两位好友都觉得有些茫然不解了，请教于阳明先生。

先生回答道："我辈今日用功做功夫，只是要为善的心真切就可以了。如果此心真切，见善就会迁改，有过就会改了，这方才是真切的功夫。如此则人的私欲日渐消散，天理日渐明朗。如果只是求光景，求一些表面的功夫，说一些做功夫的效果，这也许会助长对外驰求的毛病了，这可不是真的功夫。真的功夫需要向内求即可。"

4. 朋友观书

【原文】 朋友观书，多有摘议晦庵者。先生曰："是有心求异，即不是。吾说与晦庵时有不同者，为入门下手处有毫厘千里之分，不得不辩。然吾之心与晦庵之心未尝异也。若其余文义解得明当处，如何动得一字？"

【注解】 朋友看书的时候，多有针对晦庵，也就是朱熹先生的书有所指责。阳明先生以前被朱熹先生的格物害苦了，现在得道了，必定是比朱熹高一层了。门人推崇心学，而对朱熹诸多非议的，也许就会全盘否定朱熹所有的东西的。正所谓文人相轻，门人弟子有这种门户之见了。阳明先生倒是比较豁达大度和客观的。先生发话说道："如果抱有这种非得要找朱熹先生不是的心态，这种就是不对的了。我说的与晦庵先生是有不同的，只是入门的时候下手处有很大的差别。说是很大的差别，可是也只是毫厘之差，但不要小瞧这个毫厘之差的，往往是差之毫厘，谬以千里的。这些关键的地方不可不辨明的。可是，我的心和晦庵先生的心未尝有什么不同。如果晦庵其余文义解得比较正确和恰当，我如何能够动得一个字呢？"阳明先生并不是为了驳倒名人朱熹而后快的，还是比较谦虚的对待朱熹的。阳明先生说的初下手处的区别，这可是关键哦。

5. 同谓之圣

【原文】希渊问："圣人可学而至，然伯夷、伊尹于孔子才力终不同，其同谓之圣者安在？"先生曰："圣人之所以为圣，只是其心纯乎天理而无人欲之杂。犹精金之所以为精，但以其成色足而无铜铅之杂也。人到纯乎天理方是圣，金到足色方是精。然圣人之才力，亦有大小不同，犹金之分两有轻重。尧、舜犹万镒，文王、孔子犹九千镒，禹、汤、武王犹七八千镒，伯夷、伊尹犹四五千镒。才力不同，而纯乎天理则同，皆可谓之圣人。犹分两虽不同，而足色则同，皆可谓之精金。以五千镒者而入于万镒之中，其足色同也。以夷、尹而厕之尧、孔之间，其纯乎天理同也。盖所以为精金者，在足色，而不在分两。所以为圣者，在纯乎天理，而不在才力也。故虽凡人，而肯为学，使此心纯乎天理，则亦可为圣人。犹一两之金，比之万镒，分两虽悬绝，而其到足色处，可以无愧。故曰'人皆可以为尧舜'者以此。学者学圣人，不过是去人欲而存天理耳。犹炼金而求其足色，金之成色所争不多，则锻炼之工省，而功易成。成色愈下，则锻炼愈难。人之气质清浊粹驳，有中人以上、中人以下，其于道有生知安行、学知利行，其下者必须人一己百、人十己千，及其成功则一。后世不知作圣之本是纯乎天理，欲专去知识才能上求圣人，以为圣人无所不知，无所不能，我须是将圣人许多知识才能逐一理会始得。故不务去天理上着工夫。徒弊精竭力，从册子上钻研，名物上考索，形迹上比拟。知识愈广而人欲愈滋，才力愈多而天理愈蔽。正如见人有万镒精金，不务锻炼成色，求无愧于彼之精纯，而乃妄希分两，务同彼之万镒，锡、铅、铜、铁杂然而投，分两愈增而成色愈下，既其梢末，无复有金矣。"时曰仁在旁，曰："先生此喻，足以破世儒支离之惑，大有功于后学。"先生又曰："吾辈用功，只求日减，不求日增。减得一分人欲，便是复得一分天理，何等轻快脱洒，何等简易！"

【注解】来自浙江山阳的弟子希渊问道："人可以通过求道修学做学问而成为圣贤的，然而伯夷、伊尹跟孔子相比，天生的才华和努力也许有所不同，可是为什么都可以同被称为圣人呢？"阳明先生从小就有志向要做圣贤的，他可是做到了。伯夷叔齐这两兄弟是商朝诸侯国君的儿子，孤竹君死后，他们两个都互相谦让而不肯当君主。后来商朝灭亡后，不肯吃周朝的粮食而饿死在首阳山。

先生回答道："圣人之所以称之为圣人，只是其心纯是天理而没有丝毫的私欲夹杂其间了。打个比方来说吧，纯金之所以为精，就是因为它的成色足而很少有铜铅这样的杂质在里面了。人到了纯是天理方才是圣人的，金到了足色方是精的。然而,圣人的才力也是有所不同的,也有大小不同,就好像金也会有分两轻重的不同一样的。尧、舜就像万镒,文王、孔子就像九千镒,禹、汤、武王就像七八千镒,伯夷、伊尹就像四五千镒。"阳明先生这样打比方还是比较生动贴切的,可是对这些圣人之间的轻重进行划分,我可是不敢苟同的。伊尹放在了后面了,可是这个商代贤相为得道高人来的,还留下了伊尹《汤液经》。这部医书可以说是仲景《伤寒论》的前身来的。伯夷得不得道就不得而知了。这里既然是讲道行,还是以此心此道来论吧。

先生又说道:"才力虽然有所不同,教化的方式有所不同,可是纯乎天理还是相同的。"这些圣人此心未必都纯乎天理了。又说道:"比如说分量虽然不同,可是足色则都是相同的,皆可以称之为精金了。以五千镒的黄金放入万镒黄金之中,足色还是相同的。把伯夷、伊尹放到尧帝、孔子中间,他们也是纯乎天理的,也都是相同的。大概之所以称之为精金的,在于足色,并不在于分量的。所以说作为圣人,只在于是否纯乎天理,而不在于才力大小的。所以说即使是凡人,只要肯去求道做学问,使得此心纯是天理,去掉私欲,这也等同是圣人了。比如虽然是一两这么少的金子,跟万镒的金子相比,自然是分量悬殊,不可比拟,而其足色来说,可以当之无愧的。所以说,人人都可以为尧舜的,也就是这个道理的。学者学习圣人,不过是去除人的私欲而仅存天理罢了。讲求学问的过程,做功夫的过程就如同提炼金子的过程的,只要求足色。学者不求金子有多少,而只是在那里求成色多少,别人也不跟你争,你在那里弄一两金子有谁要争呢?如果要堆积许多的金子,可能会有人争的。这样不断地反复锻炼,也相对来说容易成功的。金子本来的成色越差,锻炼提高成色就越困难的。人的气质清浊有所不同的,有不同的根器。有中等根器以上的人;有中等根器以下的人。对于道,有些人事生而知之的;有些人是学了才知的,才去修行的。对于资质低下的人,别人努力一分,自己就要努力百分;别人努力十分,自己就要努力千分了,虽然资质有所不同,可是最后成功了,也都是一样的。比如金子,虽然一开始有很多杂质,要费力去提纯;有些本身就很少杂质,稍微提纯一下就可以了,可是最后的结果还是一样的成色。"这一大段的,先生说着也累了中途停顿一下,下面再接着说。

又说道:"后世的人不知做圣人的根本是要纯乎天理,去除私欲,而只是专门在知识才能上求作圣人。世人误以为圣人无所不知,无所不能,我需要将圣人许多的知识,许多的才能逐一去理会了才能有所得。所以就不在天理上下功夫,不在此心上下功夫。只是在那里殚精竭虑地去做无用功的,从书本册子上不断地去专研,学了许多的死的知识,以为学富五车就可以了。在名物上考索,比如先生我之前要格物,在那里折腾竹子半天的。在圣人的行迹上去比拟,去模仿的,这些都是舍本逐末了。"比如圣人孙武好厉害呀,似乎在兵家来说无所不能了，战无不胜了。他之所以能够这样，世人也许光考虑他的谋略了，而不知道孙武为什么能够这样。纯乎天理了，自性中就有了智慧，用在兵家上就有了兵法；用在学问上就有了学问。"

又说道："知识越多而人的私欲越滋生，才力越多而天理越加被蒙蔽的。比如佛法是医治人的私欲的良药，如果把佛法当做知识去记，也许会执着于药了。比如看到别人有万镒精金，好多足色的金子。羡慕之余并不是去锻炼成色，耕好自己的一亩三分地，涵养好自心自性，而是妄图希望得到更多的金子。也要有别人那么多，有万镒的金子。所以就不管三七二十一，把许多含有杂质的金砂也一起放进来了，不管是有锡、铅、铜、铁这些杂质，也一起放进来。虽然分量是越来越重了，可是成色就越来越差了。如果加的杂质越来越多，也就看不到金子在哪里了，全部都稀释了哦。"

当时徐爱字曰仁在旁边听的，徐爱听了说道："先生说这个比方呀，非常的生动，足以破除世间儒者支离的困惑，大有功于后学的。对后来的学者很有帮助的。"先生又说道："我辈用功求道做学问，只求日减的，不求每天都增加知识。减少了一分人的私欲，也就复得一分天理。这样何等轻快洒脱呢？何等简易呢。"正如老子在《道德经》中说的，此道是很容易的，可是世人莫能知，莫能行。只是由于人的私欲遮蔽罢了。为学希望每天学识都有所增加，可是为道就希望日损的了。损之又损，直到人的私欲去除殆尽了，就纯是天理了。

6. 反有未审

【原文】 士德问曰："格物之说，如先生所教，明白简易，人人见得。文公聪明绝世，于此反有未审，何也？"先生曰："文公精神气魄大，是他早年合下便要继往开来，故一向只就考索著述上用功。若先切己自修，自然不暇及此。到得德盛后，果忧道之不明。如孔子退修六籍，删繁就简，开示来学，亦大段不费甚考索。文公早岁便著许多书，晚年方悔，是倒做了。"士德曰："晚年之悔，如谓'向来定本之误'，又谓'虽读得书，何益于吾事'，又谓'此与守旧籍，泥言语，全无交涉'，是他到此方悔从前用功之错，方去切己自修矣。"曰："然。此是文公不可及处。他力量大，一悔便转。可惜不久即去世，平日许多错处，皆不及改正。"

【注解】 士德也是阳明先生的弟子。士德问道："格物的学说，像先生这么教法，明白简易，人人容易见得。可是文公朱熹聪明绝世，可是对此反而没有能够料到，这是为什么呢？"虽然阳明先生直指人心讲心学，听讲的弟子看似已经懂了，可是不可以小看，这个是要实证的。先生回答道："文公朱熹精神气魄比较大，是由于他早年也许就定下了志向，要继往开来的，所以一向都是在考据、求索和著述了许多书。如果一开始就能够先把精力放在自己修行上面，自然就不会如此失误了。到了后来，德行也日渐增加了，果然有所幡然悔悟，担忧自己对道没有明了。"许多学者做学问特别重视考据，引经据典，必定要找到出处在哪里，谁说的。假如不这么做似乎就不严谨了似的。可是引来引去，假如所引述的本来就是不对的，以讹传讹，如同在这个基础上盖的房子如何能够牢固呢？所以，我在写注解的时候，尽量简化许多的引用，也方便看。

先生又说道："比如孔子退而修六部经典，删繁就简。把许多没有必要的，繁琐的东西都删掉了，留下了载道的文字就可以了。孔子这么做的话，是开示后来的学子。孔子也不会费太多的功夫去考索。圣人孔子已经得道，自然能够契入经典，不必过多地去考据了。文公朱熹早年就写了许多的书，晚年方才后悔了，这样做功夫是颠倒了的。应该是要先存天理，然后再讲学著述就可以了，否则这样是误人子弟的。"士德说道："晚年文公朱熹比较后悔的，比如他说以前所写的许多书定本都有纰漏的，还说了虽然读了那么多书，可是对我求道的事又有何益处呢？还说了这只不过是在执守着旧的典籍罢了，拘泥于语言文字的，全然不能够融会贯通。这说明了他到此方才后悔从前用功用错地方了。这才去真切地自修求道的。"先生回答道："是的，这是文公朱熹不可及的地方了。他力量大，一后悔就能够扭转过来了。可惜他不久就去世了，平日许多错漏的地方，都没有来得及改正。"如此，我们在看朱熹的作品的时候，还是要考虑考虑的。不可以尽信，但是也不可妄自指责，全盘否定。

7. 去花间草

【原文】侃去花间草，因曰："天地间何善难培，恶难去？"先生曰："未培未去耳。"少间，曰："此等看善恶，皆从躯壳起念，便会错。"侃未达。曰："天地生意，花草一般。何曾有善恶之分？子欲观花，则以花为善，以草为恶。如欲用草时，复以草为善矣。此等善恶，皆由汝心好恶所生，故知是错。"曰："然则无善无恶乎？"曰："无善无恶者理之静，有善有恶者气之动。不动于气，即无善无恶，是至善。"曰："佛氏亦无善无恶，何以异？"曰："佛氏着在无善无恶上，便一切都不管，不可以治天下。圣人无善无恶，只是'无有作好'，'无有作恶'，不动于气。然'遵王之道，会其有极'，便自一循天理，便有个裁成辅相。"曰："草即非恶，即草不宜去矣？"曰："如此却是佛、老意见。草若有碍，何妨汝去？"曰："如此又是作好作恶。"曰："不作好恶,非是全无好恶,却是无知觉的人。谓之不作者,只是好恶一循于理,不去又着一分意思。如此,即是不曾好恶一般。"曰:"去草如何是一循于理,不着意思?"曰:"草有妨碍,理亦宜去,去之而已。偶未即去,亦不累心。若着了一分意思,即心体便有贻累,便有许多动气处。"曰:"然则善恶全不在物。"曰:"只在汝心,循理便是善,动气便是恶。"曰:"毕竟物无善恶。"曰:"在心如此,在物亦然。世儒惟不如此,舍心逐物,将格物之学错看了,终日驰求于外,只做得个'义袭而取',终身'行不著,习不察'。"曰:"如好好色,如恶恶臭,则如何?"曰:"此正是一循于理,是天理合如此,本无私意作好作恶。"曰:"如好好色,如恶恶臭,安得非意?"曰:"却是诚意,不是私意。诚意只是循天理。虽是循天理,亦着不得一分意。故有所忿懥好乐,则不得其正。须是廓然大公,方是心之本体。知此,即知未发之中。"伯生曰:"先生云:'草有妨碍,理亦宜去。'缘何又是躯壳起念?"曰:"此须汝心自体当。汝要去草,是什么心?周茂叔窗前草不除,是什么心?"

【注解】 薛侃在除去花丛里的杂草,似乎有所感悟,就顺便问道:"天地之间为什么善难以栽培而恶难以去掉呢?"言下之意,你看看,这个花代表着善了,怎么这么难栽培,这么娇嫩;而那些杂草呀,不用栽培都可以长一堆,而且很难除去。阳明先生听了以后说道:"没有栽培,也没有去除的。"过了一小会,又说道:"如此看待善恶,都只是从躯壳起念去看的,只是由于有私欲,有分别心去看的,一看就错了。"薛侃听了以后,还不能领悟阳明先生说的话。阳明先生似乎看出弟子没有能够明白了,又说道:"前面有讲了天地有生生不息之意了。阴阳不断地消长而生育天地万物的。天道并没有偏爱花还是偏爱草,对于两者是一样对待的。何曾有善恶之分呢?你喜欢花,因为花漂亮,就以花为善,以草为恶。假如你突然发现,这些花是罂粟花,而那些草是珍贵无比的仙草,那你就又想用草,以草为善了。这样的善恶分别,都是由你的心好恶所生的,所以应是错的。"薛侃听了以后问道:"那听老师您这么说,难道是无善无恶吗?"阳明先生回答道:"天理本然是湛然寂静的,也是无善无恶的;气机一动,即有善有恶了;气机不动,就无善无恶了,这是至善了。"

薛侃又问道:"佛家也说无善无恶,这与佛家的说法有什么区别吗?"先生回答道:"佛家只是修行解脱自己达到无善无恶了,达到存天理了,也教世人如何解脱。可是对于其他的世事也许就一切不管了,不可以用来治理天下的。"阳明先生作为融合儒释道三家的圣人,我想应该对佛家的教义有深刻的体悟的,这里阳明先生这么说,我想并没有贬低佛家的意思。佛家着眼于个人修行圆满,还要普度世间所有的众生。对于医治世道人心来说,的确是天下的大医来的。佛家和黄老不去刻意治理天下，而天下可以大治的，无为而治。先生又说道："佛家是那样，而儒家的圣人也是存天理，去除人的私欲，做到无善无恶。只是不刻意去做好，也不刻意去作恶，只是不动气罢了。然而，圣人却能够遵从王道，持守中道，如此就能够遵循天理，顺承天命来治理国家了。这样也就有了安身立命的辅助，无为而天下大治了。"圣人如同北斗七星一样，只要德行高远，臣下和百姓就会如同众星捧月一样围绕在周围了。这句话里面引用的几句，是从箕子所写的《洪范》里面引用来的。这是箕子向周武王讲述的治国大法。

  薛侃又问道："草既然是非恶的，那草就不宜去了吗？"先生回答道："如此可能是佛家、黄老的看法了吧。草如果有所妨碍，你去掉又有何妨呢？"看着阳明先生对佛老的看法，也许有点偏颇，不敢苟同了。其实儒释道本是一家的，作为心学应当是融会贯通三家之言了。对于佛家来说，如果有恶行，心里有杂草，也是要去掉的。比如，放下屠刀立地成佛，也要立马改正的了。也许阳明先生有别的一层意思。比如，阳明先生在军事上面也是很有天赋的，也曾为了社稷的长治久安，为了百姓安居乐业，还是有了一些杀戮行为的。比如，镇压了许多造反派。对于这些造反的行为，这也是作恶的，这些杂草还是要坚决除掉的。对于胆敢欺负阳明先生的人，似乎都没有什么好的下场。对于朝堂之上的奸佞小人，这一类杂草，阳明先生也是坚决除之而后快的。的确，对于佛家来讲，这些造反的人即使作恶，也是不忍刀兵相向的。在这方面看来，阳明先生说佛老的确也不为过的。薛侃听了以后说道："先生你说可以去掉杂草，这样不是又有所好恶了吗？还去做了呢。"先生回答道："不做好恶，并非是全没有好恶的，如果那样是没有知觉的人了呀。比如说即使是佛家，对于犯戒的行为，也都知道是不好的，也是不要去做。所说的不做好恶，只是好恶循着天理的，不去人为地增加一分，也不去人为地减少一分罢了。如此，就好像不曾有好恶一样的了。比如做了坏事，本身就是坏事，不会根据自己个人的偏好，个人的私欲去增加一分憎恨。也不会由于个人的私欲，对恶事有所偏袒。天理本该如何就如何的。"薛侃听了以后又问道："去除杂草怎么会是循着天理呢？怎么样做才是不增加一丝私欲，也不减少一丝私欲呢？"难道是拿着锄头，愣头愣脑的，啥都没想就去把杂草给除掉就可以了吗？我想薛侃兄弟也是充满着疑问的。

  先生回答道："杂草有了妨碍，顺着天理应当去除，只是去掉就可以了。比如朝堂之上出了奸佞小人，除掉罢了，或者不受重用，或者也有其用处知道防备着用就可以了。中医里面有些药物，虽然也是有毒，可是有时还是能够治疗大病的，比如附子。小人有时也有小人的用处的。相应地，杂草也有杂草的用处。对于杂草，偶尔没有能够去掉，也不会觉得很累心。如果增加了一分人的私欲，心体就会增加负累了，也就有了许多动气的地方了。除不掉杂草，心里就不痛快，非要除之而后快。"有时也许有种强迫思维了，非得要去除掉，否则就不能安静的。比如对于疾病，如果非得要把疾病去掉，那也许一时半刻还好不了，也要带着疾病，正常地生活着，如此也许就能够慢慢地康复了。对于癌症的治疗，现在医学界也是在反思的。癌细胞本来正常人身上都有的，如果有了一点癌细胞，非得要赶尽杀绝，除之而后快。癌细胞杀掉了，正常的细胞也一样受到了伤害。

　　薛侃听了以后似乎有所明白了，说道："然而善恶并不是全在物上吧。你说循着理去掉恶的，可是有可能对这个人来讲这个物是善的，对另外一个人来讲，这个物是恶的呢。"先生回答道："对的，善恶只在你的心。遵循天理就是善，动气有为就是恶了。夹杂私欲了就是恶了。"薛侃说道："我理解了，毕竟物并没有什么善恶的。比如前面说的，假如这些草是药草，神农看到了也许就会觉得很珍贵了，那些花根本都不能入他法眼的。假如杨贵妃看到了牡丹花，也许就会喜欢得不得了了。"

　　先生听了以后说道："对于物没有什么善恶，对于心也是如此的。世儒只是不能如此体悟，舍弃了本心去追逐外物，将格物之学给错看了。这些人终日驰求于外，只是去做了一些符合道义的事情，希望马上能够得到收获，这样是很难的。大道须臾也没有离开世人左右的，这些人终生都说要求道，可是言行却不考虑怎么样符合于道，对什么也都习以为常了，也不去想想什么是道，怎么样才能够得道的。"为了方便理解，也不用那么多引用了，不出现那么多文言文了，直接就这么解释在里面了。

　　薛侃又问道："比如说对于好看的东西就喜欢去看，对于恶臭的东西就感觉厌恶，这样是不是有好恶之心呢，先生您怎么看呢？"先生回答道："这样正是循着天理的了。天理应当如此，并没有增加一丝私欲，也没有减少一丝私欲的。这就不是做好做恶了。"比如小和尚下山看到一个美女，好看多看几眼，这个也是天理的。爱美之心人皆有之的。可是如果是增加了一丝私欲的话，认为这个是犯戒哦，这是不该犯戒，刻意地在内心要忘却，刻意不去看。这个就不是循着天理了。如果想入非非了，这更不是循着天理了。眼睛看到好看的就喜欢多看几眼，鼻子闻到恶臭的了就捂住鼻子，这本是天理的。薛侃听了以后还是有疑问，继续问道："比如说对于好看的东西就喜欢去看，对于恶臭的东西就感觉厌恶，这怎么会没有添加了私欲之意呢？我还是不怎么明白的。"

　　先生回答道："的确是诚意的，并不是私意的。诚意只是循着天理的，也不能有一分私意的，所以只要有一丝的忿恨好乐，就不能够得其正了。比如闻到了恶臭的味道了，以私欲来对待，也许会自我安慰说好香呀。这样也是不循着天理了。需要是大公无私，这才是心的本体。如果能知此，即知未发之中了。"前面讨论了那么多未发之中了。这个中不仅仅是静定的，无所不是中，不偏不倚，可以称之为中。另外一个弟子伯生也在场，这时候插一句问道："先生您刚才说：草有妨碍了，循天理也应当去掉的。为何这个也是因为私欲而起念的。"这个弟子看来还是蛮用心的，你不是说不用私心吗？可是你却说这个草妨碍了，应当去掉，这不是也有好恶了吗？看看阳明先生怎么回答。先生回答道："这是需要你用心去体悟才可以的。你要去掉杂草，这个是什么心呢？周敦颐也就是周茂叔绿满窗前草不除，这个是什么心呢？"阳明先生来个反问，让弟子们好好去参悟的。这个周敦颐窗台长满草了，都没有去除。别人就问他为什么不除，他却说跟自己的意思一般，这个是什么心呢？我们来试着参悟一下的。绿草爬满窗台，就如同周敦颐用心在观察自己的念头起落一样。不要刻意去除妄念，在那里静静地观察，觉知念头的起落，观察念头起了又灭了。心性就如同野草的，野草如果用石头来压住，还会从另外的地方冒出来的。念头也是如此，如果刻意地去压制，这个也不符合天理了。任由花开花落，云卷云舒。周敦颐要想静定也是很容易的了，比如窗台上的绿草要想去掉也是很容易的事情。这个去掉杂草的心，也是循着天理的，只是要去掉而已，并不会加一分好恶。

8. 舟之有舵

【原文】 先生谓学者曰："为学须得个头脑工夫，方有着落。纵未能无间，如舟之有舵，一提便醒。不然，虽从事于学，只做个'义袭而取'，只是行不著，习不察，非大本达道也。"又曰："见得时，横说竖说皆是。若于此处通，彼处不通，只是未见得。"

【注解】 先生对弟子们说道："为学需要得到要领的，要得到关键的功夫，这样方能有个着落。纵使未能得到无间道，也就是不被物欲所间隔，也要做到抓住行舟之舵，抓住舵就好办了，能够指引方向。做学问也是如此，不能如无头苍蝇一样的，抓住了关键，一提就能够醒悟的。不然，虽然从事于学，只是能够做到了期望通过一时义气的行为而得道。只是做到了对自己的行为对求道有无帮助，并习以为常了，不能够及时的省察自己，这样并非大本的，并不能上达于道的。"求道可不是意气用事的，比如不要期望舍生取义，为了国家牺牲自己，如此就能得道，可不是那么简单的事情。先生又说道："如果能够见道了，横说竖说都是的。如果在此处通了，在彼处还没有通，这只能说是还没有见道的。"阳明先生也给我们印证有无得道的，如果得道了，如人饮水冷暖自知的。见道了就能够圆融通达了，横说竖说怎么说都可以了。见道了就可以一通百通了。

9. 为学以亲故

【原文】 或问："为学以亲故，不免业举之累。"先生曰："以亲之故而业举为累于学，则治田以养其亲者，亦有累于学乎？先正云：'惟患夺志'，但恐为学之志不真切耳。"

【注解】 有人问道："我很想跟您学这个学说，可是由于父母亲给我压力，还是要我去参加科举考试，要有功名的，不免有所拖累，我该怎么办呢？"我们也许曾经也有同样的顾虑的。比如对国学很感兴趣，有些家长甚至把小孩送入私塾去学习传统文化，完全跟现代的学校脱钩了。是什么给予这些家长勇气的呢？也许正是我们文化的自信心所在吧。传统文化是培养人的，是通识教育。比如，如果阳明先生的心学学好了，一通百通了。再去学什么，做什么不是事半功倍了吗？

阳明先生回答道："你说由于父母亲的原因而参加科举考试，这样拖累了学习我的学说，那么，比如说种田来养活你的双亲，这样也会拖累学习了吗？先贤程颐曾经有说过的：对于科举的事情，不要担心妨碍求道做学问，只是担心志向被夺去，志向不够坚定真切罢了。"学好了阳明先生的学问，去搞个什么功名也应该不是什么难事的。

10. 无事亦忙

【原文】 崇一问："寻常意思多忙，有事固忙，无事亦忙，何也？"先生曰："天地气机，元无一息之停。然有个主宰，故不先不后，不急不缓，虽千变万化，而主宰常定，人得此而生。若主宰定时，与天运一般不息，虽酬酢万变，常是从容自在，所谓'天君泰然，百体从令。'若无主宰，便只是这气奔放，如何不忙？"

【注解】 江西的弟子崇一问道："平时人的脑袋瓜里面老是停不下来，好像很忙的样子，有事情的话固然是忙，没有事情也忙，这是怎么回事呢？"正所谓人无远虑必有近忧，老在那里想东想西的。我们内心总在自言自语的说话思虑着。似乎没有一个按钮，一按下就可以暂停的，一切就安静了。这个弟子也是比较有前途的，后来他做到了礼部尚书的职位。在西方，有个科学家经历了中风，左脑中风了，左脑就进入静定了。左脑主宰语言和文字，左脑中风就停止工作了，就再也听不到内心的这种喃喃自语了，一切都安静了，进入了静定了。看来也许是左脑搞的鬼哦。

这里且看看阳明先生怎么回答的，他回答道："天地气机，本来就没有一息的停息。阴阳消长生生不息，不断地变化的。然而似乎是有个主宰的，可是这个主宰又不是某个神的主宰。"就比如说蛀虫在木头里面吃，到了一定的程度劈开来看看，似乎这个虫子懂得很多东西似的，顺着虫子吃过木头的痕迹一看，好像是写着什么字的，还是画了什么。正所谓如虫御木，偶尔成文。好像有所主宰，可是又找不到的。

先生又说道："似乎有个主宰，所以能够不先不后，不急不缓，虽然千变万化，而主宰似乎也没有什么变化的，人要靠这个冥冥之中的主宰而生存的。"人类对大自然的敬畏由来已久，以为有个神在主宰着这个世界的。也许心即是神，心即是道，心即是佛的。对于社稷或者个人的命运而言，似乎都是冥冥之中句注定了。对于这个问题，佛家所说的因缘可以解释得很好了。对于社稷来说也是有生有灭的，也是有一定的气数的，有其内在的生生不息的变化规律，这个是内因。还有一些外缘的，这个外缘是有些不确定的因素，这些外缘的发生也是比较无常的，可是有可能会改变历史的。明代李成梁当初如果在努尔哈赤比较弱小的时候就把他消灭掉了，也许就不会有后来的清军入关了。似乎天命是不可违的了？可是有个家喻户晓的故事，也就是袁了凡，本来算命先生说了寿命多长，命中无子，做官做到什么程度。一切似乎都是很准的，所以一开始了凡先生信命了，坐在那里发呆了，既然已经什么都有定数了还瞎忙活干什么呢？后来有个禅师给他开解了，说命运是可以改变的，只要坚持做满3000件善事。他就坚持不断地做善事，做一件就记录一件。后来果然命运发生了很大的变数。由此可见，因缘如同阴阳相搏，不是东风压倒西风，就是西风压倒东风了。有可能阴盛阳衰，也有可能阳盛阴衰的，这个都不是什么定数的。

先生又说道："如果主宰定的时候，和天运一般运转不息，虽然对外应酬的事物有千变万化，也能够保持从容自在，以不变应万变。心为天君，天君如果泰然自若，常处于静定，全身都会听令的，各司其职，身体就健康了。从来还没有见过精神枯槁，而疾病不侵害的人。也就是说心为一身的主宰，如果心定了，一切就好了。如果没有心这个主宰，只是让私欲肆无忌惮，气机也是奔放乱动了，如何不忙呢？"阳明先生教弟子要管好自己的心，这样就不会妄想纷飞了，也不会有事无事就瞎忙活了。如果能够让自己的心处于静定的话，就无事了。

11. 为学大病

【原文】先生曰:"为学大病在好名。"侃曰:"从前岁,自谓此病已轻。此来精察,乃知全未。岂必务外为人?只闻誉而喜,闻毁而闷,即是此病发来。"曰:"最是。名与实对,务实之心重一分,则务名之心轻一分。全是务实之心,即全无务名之心。若务实之心如饥之求食、渴之求饮,安得更有工夫好名?"又曰:"'疾没世而名不称','称'字去声读,亦'声闻过情,君子耻之'之意。实不称名,生犹可补,没则无及矣。'四十五十而无闻',是不闻道,非无声闻也。孔子云:'是闻也,非达也。'安肯以此望人?"

【注解】先生说道:"为学最大的毛病在于好名。"阳明先生一语中的,我们为学的人是不是该深刻反思一下自己呢。

薛侃说道:"从前年开始,我自己感觉我这个病好像已经变轻了一些了。可是最近自己仔细省察,这才知道这个毛病还完全没有去掉。岂止是对外做出不好名的样子就算是不好名了?只要听到赞誉之声就很开心,听到毁誉之声就觉得郁闷了,这个也是此病在发作的。"

先生说道:"就是的,你说的对。名要符合于实的,务实的心重一分,那么务名之心就会轻一分了。如果全是务实之心,即全没有了务名之心了。这么看来务名和务实似乎互为阴阳的,阴阳消长的。如果务实之心像饥饿了要找吃的、口渴了要找喝的,如果这样如饥似渴的,哪还有什么闲工夫去好名呢?"

先生又说道:"孔子说,君子担心去世了,可是名不能跟实相称的。这个'称'字是去声读法。并不是说担心终其一生而名声不够被人称扬,死了以后名声都不能够被人称道,不能够成名。不是这么理解的,那就误解了孔子圣人的意思了。也就是说如果在外面的名声胜过才情,胜过了实在,这是君子的耻辱的。如果着实不能够与名望相称,还在活着的时候,还可以去弥补的,可是死去了就来不及了。"就像朱熹先生晚年就很后悔的,也许担心误人子弟了。可是已经晚了,弥补的时间不够了,留下了终生的遗憾了。有许多人也许一开始写作的时候信心满满的,可是后来有了更高的领悟之后,把前面的书稿付诸一炬的,免得误人子弟。如,康有为的恩师临终前将一生的著述付之一炬。

先生又说道:"孔子说,'四十五十而无闻',这里是说四五十岁了还不闻道的,并不是说没有名声的。孔子是耻于虚名的。子路曾经问过孔子,是不是在邦国、在私邑都有名望,这就是达了。可是孔子说这不是达的,这只是名声而已。上达于道,这样才能称之为达。君子应该要务实地求于道,务实地去做学问的,安肯把所有的希望都寄托在别人的身上呢?求道做学问,做到什么程度自己心里最清楚了。难道别人说一声好，就好了吗？说一声不好就不好了吗？把自己的命运寄托在别人的身上，难道这样很牢靠吗？"

12. 薛侃多悔

【原文】侃多悔。先生曰："悔悟是去病之药，然以改之为贵。若留滞于中，则又因药发病。"

【注解】薛侃经常悔过。先生说道："悔悟是去病很好的药，然而要以改过为贵的。光悔悟而下次丝毫没有改变，这样的悔悟也是没有太大的用处。如果经常处于悔悟之中，经常懊悔自责，长久滞留心中不去，这样也许反而会因为这个良药而生病的。"药是用来治病的，如果执着于药，也许会因为药而又徒增新病了。薛侃同学是个好同学，经常地反省自己，悔过自己，可是万事还是要适度的。如果机械地理解了三省吾身，那么反而因为这个而生病了。

13. 以精金喻圣

【原文】德章曰："闻先生以精金喻圣，以分两喻圣人之分量，以锻炼喻学者之工夫，最为深切。惟谓尧、舜为万镒，孔子为九千镒，疑未安。"先生曰："此又是躯壳上起念，故替圣人争分两。若不从躯壳上起念，即尧、舜万镒不为多，孔子九千镒不为少。尧、舜万镒，只是孔子的；孔子九千镒，只是尧、舜的，原无彼我。所以谓之圣，只论'精一'，不论多寡。只要此心纯乎天理处同，便同谓之圣。若是力量气魄，如何尽同得？后儒只在分两上较量，所以流入功利。若除去了比较分两的心，各人尽着自己力量精神，只在此心纯天理上用功，即人人自有，个个圆成，便能大以成大，小以成小，不假外慕，无不具足。此便是实实落落，明善诚身的事。后儒不明圣学，不知就自己心地良知良能上体认扩充，却去求知其所不知，求能其所不能，一味只是希高慕大，不知自己是桀、纣心地，动辄要做尧、舜事业，如何做得？终年碌碌，至于老死，竟不知成就了个什么，可哀也已！"

【注解】弟子德章问道："听了先生所说的精金来比喻圣人，以分两来比喻圣人的分量，以锻炼来比喻学者所做的功夫，最为贴切了。可是听您说尧、舜为万镒，而孔子为九千镒，我还是有些疑问，久久不能安心的。"为什么尧舜是万镒，而孔子就是九千镒呢？在学生心里，孔子的地位是很崇高的。

先生回答道："这又是只是在躯壳上面去起心动念了，来替圣人争分量了。是不是觉得有点不公平还是怎么呢？如果从躯壳上去起念，那么尧舜万镒也不算多的，孔子九千镒也不算少了。请注意了，尧舜万镒，其中也有孔子的份；孔子九千镒，也有尧舜的份，本来是没有彼此的，不分你我的。天地万物本来一体，既然如此，世间所有的人也都是一体的，不管是凡还是圣。无缘大慈，同体大悲。只是有个我的执着在里面，所以有这个分别心了。孔子的心和尧舜的心也并没有什么不同，都是存天理的了，都是去了人的私欲了。既然人人皆可为尧舜，孔子的修为，此心已与尧舜无异了。"当然话说回来了，相比来说，佛陀私欲已经去尽了，而尧舜和孔子未必就去尽了的。

　　先生又说道："所以说称之为圣，只是论精一的，也就是此心是否纯天理了。前面有个比方，精一比喻白大米，这个白大米也可以作为此心的比喻的。如果能够做到心如明镜，也就是大米已经加工好了。只看这个米是不是加工好了，而不论是有多少。只看这个金子的成色是不是够了，并不是看分量有多少的。只要此心纯是天理，便可以同称之为圣人的。如果拿力量气魄来比拟，那怎么可能完全相同呢？也没有什么可比性的。后儒只是在分量上来较量，所以不免就流入了功利之中了。如果除去了分量的心，各人都只是尽着自己的力量精神，只在此心纯天理上做功夫。如此就能够人人自有，人人能够修行圆满，便能够大有大成，小有小成。这样就不需要外求了，也不需要羡慕于外了。个个人都无不具足了。尧舜这样的帝王修行也是圆满自己，有大成，能够治理国家；世间百姓修行也能圆满自己，能够达到道了，安贫乐道，也不亦乐乎的，这样也是小有小成的。如果得道了，还能够给人讲解只言片语，也是功德无量了。"

　　先生又说道："以上所说的就是实实在在的能够落实的功夫，也是能够发明本有的明德，发明本有的善心，而使得身心都至诚的事情了。后儒不明圣学，不知道在自己心地良知上下功夫的，不知自心就有良知良能的，只需要在上面体认扩充就可以了。却整日的对外驰求，去求他们所不能知道的，去求他们不能做到的。这样对外求也许很难求得到的。一味只是追求些高大上的东西，而不会在此心上下功夫的。殊不知如果自己是桀纣的心地，动辄就要做尧舜的事业，怎么样做得了呢？还有个德要配位的问题呢？假如德行不够，即使放在尧舜的位置上面，还是做不好的。如果德行够了，自然就有了福报了。终年忙忙碌碌，以至于老死了，竟然不知成就了个什么东西了，可真是可悲呀。"一辈子几十年很快的，忙忙碌碌到头来两手空空而去，还是稀里糊涂地走着，这样多可怜呀。所以要去做一件大事，也就是求道的。

14. 体用一源

【原文】侃问:"先儒以心之静为体,心之动为用,如何?"先生曰:"心不可以动静为体用。动静,时也。即体而言,用在体;即用而言,体在用。是谓'体用一源'。若说静可以见其体,动可以见其用,却不妨。"

【注解】薛侃问道:"先儒有说以心的静定为体,而心的发动为用,这句话对吗?"先生回答道:"心不可以以动静来论体用的。动静在于时,在于对外展示的方式不同而已。对于在体而言,用也在体中了。对于在用而言,体已经在用之中了。这就是所谓的体用一源了,并不是有什么区分。如果说在静定中可见其本体,动起来可以见其用,这么说倒是无妨的。"

阳明先生这么说,跟六祖对于定慧的阐述还是很类似的。即慧之时定在慧,即定之时慧在定。各位学道的人,不能说定为体,而慧为用,先定发慧,先慧发定,各有分别,如果以此来看,法有二相,就不能圆融了。打个比方吧。蜡烛还没点燃的时候,这时候类似于定;也类似于静;蜡烛点燃以后,发出光来,这时候类似于慧;也类似于动。可是蜡烛和光并不是分开来看的。蜡烛点燃了变成光,也就是能量,本来也都是一体的。再比如爱因斯坦的质能方程,质量减少了,就变成能量了,质量和能量本来也是一体的。心为一身之主,五官各司其职,不能说五官是五官,而心是心,这样分开来看,他们可都是一个整体的,组成起来才能成为一个完整的人。

15. 上智下愚

【原文】问:"上智下愚,如何不可移?"先生曰:"不是不可移,只是不肯移。"

【注解】薛侃问道:"孔子说,有两种人不移,第一种是上等智慧的人,上等根器的人;第二种是下等根器的人,也就是愚昧的人。为什么这两种极端的人不可移其秉性呢?"先生回答道:"不是不可以移动其秉性,只是不肯移罢了。"对于修行很高的人来说,已经不退转了,世间污浊的事情已经很难移动其秉性了。这些人已经见道了,起码已经找到了信心,是很难去改变他的。对于下等根器的人,内心被物欲遮蔽比较严实,冥顽不化,很难去教化和改变的。正所谓佛渡有缘人,不可以强求的,这一类就是不能强求的。即使是愚人,只要志向坚定,肯去改变,肯下功夫去修行。能够以十年磨一剑的毅力去做，能够以铁棒磨成针的功夫去做，能够以愚公移山精神去做，就没有不能成就的了。

16. 子夏门人问交

【原文】问"子夏门人问交"章。先生曰："子夏是言小子之交，子张是言成人之交。若善用之，亦俱是。"

【注解】薛侃问道："《论语》里面，子夏门人问如何交朋友这一章该怎么去理解好呢？"先生回答道："子夏说的是小子之间的交往，而子张说的是成人的交往。如果善于运用的话，也都没有错的。"子夏的弟子问子张怎么样去交朋友。子张先问子夏怎么教他们的。子夏是这么教的：如果值得交往就交往，如果不值得就拒绝。正所谓近朱者赤近墨者黑，如果对于不好的朋友，那就算了。这样是小子的交往方式，是存有私欲的。子张则就不同了，子张说如果我是大贤之人，就能够容纳得了众人的，也能够容纳得了有缺点的人了；如果我不是大贤的人，也许都会被别人拒绝了，轮不到拒绝别人了。这个成人并不只是说长大成人的，如果年龄是长大了，可是心还没有大心，没有大爱，不能存天理，去除私欲，如此也算不得成人的。小子也是如此，即使是年龄很大了，可是心里不能存天理，私欲很旺盛，也只能称之为小子的。阳明先生说，这两种方式，也都无可厚非，各有各的用处。

17. 效先觉之所为

【原文】子仁问："'学而时习之，不亦说乎？'先儒以学为效先觉之所为，如何？"先生曰："学是学去人欲、存天理。从事于去人欲、存天理，则自正诸先觉，考诸古训，自下许多问辨思索存省克治工夫。然不过欲去此心之人欲、存吾心之天理耳。若曰'效先觉之所为'，则只说得学中一件事，亦似专求诸外了。'时习'者，'坐如尸'，非专习坐也，坐时习此心也。'立如斋'，非专习立也，立时习此心也。'说'是'理义之说我心'之'说'。人心本自说理义，如目本说色，耳本说声。惟为人欲所蔽所累，始有不说。今人欲日去，则理义日洽浃，安得不说？"

【注解】江苏弟子子仁问道："孔子圣人说'学而时习之，不亦说乎？'，而先儒朱熹说为学应当效法先觉的做法，这样的说法怎么看呢？"朱熹说后觉应当效法先觉的所为，毕竟觉有先后的。比如我们应该效法先觉孔子的所为。

看阳明先生怎么解的，先生说道："学是学怎么样去人欲、存天理。如果以去人欲、存天理为学，就会以先觉的心为准绳，以先觉为印证，来正自己的思想和行为。关键还是心的，继承一种道统，以心印心的。考证古训，从古人载道的文字中去修学。自己会自觉地去下许多问辨、思索、存省和克治的功夫的。然而说了这么多，只不过要去此心中人的私欲、存自心的天理罢了。如果说效法先觉的所谓，那么只是说了学中的一件事而已，似乎也是专求于外了。如果只是机械地去模仿和效法是没有什么意义的。比如看到孔子周游列国，难道我们也去效法孔子去周游列国不成吗？这只是学会了圣人的表层而已，而且每个时代都有所不同的。比如说的时习之，并不是坐如尸，并非专门练习端坐的，如同枯木那样坐是没有太大意义的，这是要坐时修习此心的。'立如斋'，并不是要你专门去练习站立的，而是要通过站立来练习此心的。前面孔子那句话里面的'说'是理义悦我心的悦字的。人心本来自己就会对理义感到愉悦的，如眼睛本来就喜欢看到美色，耳朵本来就喜欢听到悦耳的声音。只是被人的私欲所蒙蔽了，所以才有所不悦。现在人的私欲日渐去除了，那么对理义也就日渐欣悦了，怎么能够不悦呢？也就是说，为学的时候，平时也会不断地修习，每天都修习的过程中，人的私欲也日渐减少了，天理也日渐增加了。天理增加了一分，愉悦就自然增加了一分，也就会欣悦了。"

18. 一贯工夫

【原文】 国英问："曾子三省虽切，恐是未闻一贯时工夫。"先生曰："一贯是夫子见曾子未得用功之要，故告之。学者果能忠恕上用功，岂不是一贯？'一'如树之根本、'贯'如树之枝叶。未种根，何枝叶之可得？体用一源，体未立，用安从生？谓'曾子于其用处，盖已随事精察而力行之，但未知其体之一'。此恐未尽。"

【注解】 福建莆田的弟子国英问道："曾子一日三省其身虽然求学真切，恐怕是还没有听到孔子的一以贯之的功夫吧？"如果知道更高级的一以贯之的功夫，那就不用这么每天都反省自己了。薛侃同学也许就是被曾子同学害苦了的，整天喜欢悔悟。如果悔悟过头了也是不太好的。

先生回答道："一以贯之是孔子见曾子未曾得到用功之要义，所以才告诉他的。学者如果能够真的在忠恕上用真功夫，岂不是也是一以贯之吗？"孔子跟曾子说一以贯之，孔子走后，曾子对其他门人说，孔子说的这个一，不过忠恕而已。当然这个是曾子说的了，以为自己老师是这么说的。曾子这么说也不为过的，忠恕离道也不会太远的了，这是下学上达于道的方便途径吧，可能讲忠恕好接受一点。也许这个一在孔子心里是道吧？以道贯之，对什么都是圆融贯通的了。这个就不得而知了。

　　先生又说道："一如同树木的根本，贯如同树木的枝叶。如果没有种根，怎么会有枝叶呢？体用本来是一源的，体如果还没有确立，用怎么能够生出来呢？按照前面的说法，也就是说忠恕为根本，忠恕离道也不会太远，虽然不是树根，也是靠近树根了，也就能够长出来枝枝叶叶了。更深一层，可以说天理为根本，去掉人的私欲就可以长出枝叶了。也就能够对什么学问都一以贯之了。朱熹先生说：曾子在于用处，能够对事情深刻省察而能够身体力行，可是对于其体还是不能知多少的。朱熹对曾子如此评价的，只知用而不知体的。恐怕朱熹先生这么评价曾子并不完全对吧。"阳明先生引用朱熹先生的话，这里曾子明明都已经跟孔子圣人心心相通了，可是朱熹还认为曾子不行，那到底是朱熹不行，还是曾子不行，明眼人都看得出来了。阳明先生并没有要贬低朱熹先生的意思，只是针对学问真知而言的，来不得半点客气的。对就是对，不对就是不对，免得误人子弟，还要贻误后学的。

19. 子贡和颜回

　　【原文】黄诚甫问："汝与回也，孰愈"章。先生曰："子贡多学而识，在闻见上用功，颜子在心地上用功，故圣人问以启之。而子贡所对又只在知见上，故圣人叹惜之，非许之也。"

　　【注解】浙江宁波弟子黄诚甫问道："《论语》里面，孔子问，子贡和颜回哪个更优秀"这一章的内容怎么理解。先生回答道："子贡多学而广闻，知识见闻很多，在博闻强记上面做功夫的；而颜回在心地上用功的，耕好自己的一亩三分地，所以圣人问子贡以启发他的。虽然子贡说了，颜回听了一就知道十，而自己听了一只能知道二。这么应对，孔子对子贡的回答还是不满意的，还只是落在了知见上面了。子贡以为还是知道得越多越好。所以圣人孔子叹息的，并不是嘉许他的。"孔子最后叹息说，连自己也都不如颜回呀，这个也的确不是孔子谦虚的说法。颜回那么年轻就能够跟孔子谈周易，可谓是青出于蓝而胜于蓝了。

20. 颜子之中

　　【原文】"颜子不迁怒，不贰过，亦是有未发之中始能。"

【注解】先生说道:"《论语》中记录,颜回不随便迁怒于人,同样的错误不会犯第二次,做到这些也是需要有未发之中的那种中和才能做到的。"阳明先生给颜回给予了充分的肯定。薛侃同学很容易去悔悟,可是,也许都难以做到同样的错误不再犯第二次吧。不知道先生是不是也是说给薛侃同学听的。关键是要改正错误,并不是悔悟得如何的。每次犯错后都痛哭流涕的,可是还是重犯,那也是没有什么用处的。

21. 删其繁枝

【原文】"种树者必培其根,种德者必养其心。欲树之长,必于始生时删其繁枝。欲德之盛,必于始学时去夫外好。如外好诗文,则精神日渐漏泄在诗文上去。凡百外好皆然。"又曰:"我此论学,是无中生有的工夫。诸公须要信得及,只是立志。学者一念为善之志。如树之种,但勿助勿忘,只管培植将去,自然日夜滋长,生气日完,枝叶日茂。树初生时,便抽繁枝,亦须刊落,然后根干能大。初学时亦然。故立志贵专一。"

【注解】先生说道:"种树必须要栽培树木的根部,种德修行德行必须要涵养其心。这个心就如同树根一样的。在种树的时候,如果想树木长得好,一开始的时候就要删除掉多余的繁枝,太多繁枝树木也生长不好的。如果想德行越来越胜,必于一开始为学的时候,就把许多的繁枝,也就是对外驰求的东西给去掉。比如对外好诗文,那么精神日渐就会漏泄在诗文上面去了。凡是其他百种对外驰求的爱好也是如此的。"我们如果要想涵养德行,就要把不必要的繁枝去掉。比如爱好虚名,应把追求虚名去掉。

先生又说道:"我所说的学问,是无中生有的功夫来的。诸位首先要相信,只要坚定立志去求就可以了。学者需要树立一念为善之志向,需要树立求道的志向的。犹如树木的种子,只管去培植就可以了,不要想着长大了会怎么样,也不要刻意去增加一分私欲,不要刻意去减少一分私欲的。不要完全忘掉了培植树木,也不要想着树木长得快,拔苗助长的。树木自然就会日夜滋长的,生生不息日渐完善了,枝叶日渐茂盛了。树木刚开始生长的时候,便会长出繁枝来的,就需要修剪掉的,然后树根和树干才能长大的。初学的时候也是如此,所以立志求道贵在专一的。"阳明先生的比喻还是比较精当的。一开始的时候繁枝有很多,如果没有减掉,也许就步入歧途了,也许就会长歪了,主干也会受到影响了。

22. 不足和有余

【原文】因论先生之门，某人在涵养上用功，某人在识见上用功。先生曰："专涵养者，日见其不足；专识见者，日见其有余。日不足者，日有余矣。日有余者，日不足矣。"

【注解】大家在一起谈论先生的诸位门生，说某某人在涵养上用功，某人在见闻多识上用功。先生听了别人对自己弟子的评论就说道："专于涵养此心的人，日渐见到其有许多的不足；而专于见闻多识的人，日渐见到自己似乎什么都懂了，已经学富五车了的。其实恰好相反的，日渐不足的人，恰恰是有进步了，也就是说日渐德行日盛了，天理增加了，人的私欲减少了。而那些日渐有余的人，只是知见有余了，私欲有余了，而天理减少了，也就是不足了。"为学就要逐渐地增加学识，而为道刚好相反了，为道要日损，损之又损，这个损是损私欲的，可是却增加了天理了。苏格拉底知道自己的无知，可是许多所谓的聪明人却不知道，不知道自己的不足之处。那还是苏格拉底更加有智慧吧？

23. 居敬和穷理

【原文】梁日孚问："居敬、穷理是两事，先生以为一事，何如？"先生曰："天地间只有此一事，安有两事？若论万殊，礼仪三百，威仪三千，又何止两？公且道居敬是如何？穷理是如何？"曰："居敬是存养工夫，穷理是穷事物之理。"曰："存养个甚？"曰："是存养此心之天理。"曰："如此，亦只是穷理矣。"曰："且道如何穷事物之理？"曰："如事亲便要穷孝之理，事君便要穷忠之理。"曰："忠与孝之理，在君、亲身上，在自己心上？若在自己心上，亦只是穷此心之理矣。且道如何是敬？"曰："只是主一。""如何是主一？"曰："如读书，便一心在读书上，接事便一心在接事上。"曰："如此，则饮酒便一心在饮酒上，好色便一心在好色上，却是逐物，成甚居敬功夫？"日孚请问。曰："一者，天理。主一是一心在天理上。若只知主一，不知一即是理，有事时便是逐物，无事时便是着空。惟其有事无事，一心皆在天理上用功，所以居敬亦即是穷理。就穷理专一处说，便谓之居敬，就居敬精密处说，便谓之穷理。却不是居敬了，别有个心穷理，穷理时别有个心居敬。名虽不同，功夫只是一事。就如《易》言'敬以直内，义以方外。'敬即是无事时义，义即是有事时敬，两句合说一件。如孔子言'修己以敬'，即不须言义，孟子言'集义'，即不须言敬。会得时，横说竖说，工夫总是一般。若泥文逐句，不识本领，即支离决裂，工夫都无下落。"问："穷理何以即是尽性？"曰："心之体，性也，性即理也。穷仁之理，真要仁极仁；穷义之理，真要义极义。仁、义只是吾性，故穷理即是尽性。如孟子说'充其恻隐之心，至仁不可胜用'，这便是穷理工夫。"日孚曰："先儒谓'一草一木亦皆有理，不可不察'，何如？"先生曰："夫我则不暇。公且先去理会自己性情，须能尽人之性，然后能尽物之性。"日孚悚然有悟。

【注解】广东南海的弟子梁日孚问道："居敬和穷理是两回事，可是先生却说是一回事，为什么呢？"先生回答道："天地间只有此一时事而已，怎么会有两事呢？无非是了却生死这一件人生大事，解脱生死这一大事的。如果说事物之间的千差万别的话，礼仪有三百，威仪有三千，何止是两件事呢？你且说说看，在你的眼里，居敬是怎么样，穷理又是怎么样？"

梁日孚回答道："居敬是存养此心的功夫，穷理是穷事物之理的功夫。"先生问道："存养个什么呢？"梁日孚回答道："是存养此心的天理的。"先生说道："既然你如此说，也只是穷理而已的。"存养此心的天理，去除人的私欲一分，存养的天理就会增加一分，也是在不断地增加天理，也是在穷理而已的。穷理有两个方向，一个方向是向外求，一物一物地去穷理，这种是很累人的，也似乎是无法完成的。另外一个方向是存养此心的，这种方式也能够穷理的，比如阳明先生就做到了。一开始阳明先生用第一种方式去做，首先是格竹子，可是病倒了，后来到了贵州龙场以后选择第二种方式就可以了。

先生又问道："你且说说看，如何穷事物之理呢？"梁日孚回答道："比如在事亲的时候便要穷孝之理，在事君的时候便要穷忠诚之理。"先生听了又问道："忠孝之理是在君主、双亲身上，还是在自己的心上呢？如果在自己的心上，也只是穷此心之理而已的。"

先生问道："你且说说什么是敬呢？"梁日孚回答道："只是主一的，这就是敬了。"且看看他们怎么讨论主一的，一会儿再说说我的看法。先生又问道："如何才是主一呢？"梁日孚回答道："比如读书的时候，便一心在读书上；待人接物的时候，便一心在待人接物上的。"先生听了反问道："如此看来，那么饮酒的时候一心就在饮酒上了，好色的时候便一心在好色上，这只不过是逐物罢了，这又是什么居敬的功夫呢？"这么一番反问，可把梁日孚给问懵了。

梁日孚请问阳明先生该怎么解释呢，不明白了。先生回答道："一即是天理的。主一是一心在天理上的。如果只知主一，不知一即是天理，有事的时候就追逐外物，无事的时候也便着空，被空所束缚。只有有事无事，一心皆在天理上用功，这样才能称之为主一。所以说居敬也即是穷理的。对于穷理专一的角度来讲，便称之为居敬；如果对于居敬来说，从精密精微的角度来说，也可以称之为穷理的。并不是居敬了，另外有个心穷理；穷理的时候，另外有个心居敬。比如居敬的时候，内心专一，处于静定。可是处于静定之中的这个心，也是无所不知无所不晓的。在穷理里，此心也在居敬当中，也在于静定中。"再比如说，行坐住卧，一切言行都处于静定中，如此主一，属于居敬；虽然属于居敬，可是天地万物之理无所不知无所不晓了，也就是穷理了的。

先生又说道："虽然居敬和穷理两个名字有所不同，可是功夫却只是一回事的。都只需要在此心上用功的。就如《易》上说：'敬以直内，义以方外。'敬即是无事时候的义，义即是有事时候的敬，两句合在一起说罢了，敬和义其实也是一件事情。如孔子说'修己以敬'，这只需要说一件事情敬就可以了，不需要说义的。孟子说'集义'，也只是需要说一件事情，说义就可以了，不需要说敬的。如果会得此意，得道了，明心见性了，横说竖说，功夫都是一样的。如果拘泥于文字，不识得真本领，即支离破碎，功夫就没有什么着落了。"

梁日孚问道："穷理为什么就是尽性呢？"先生回答道："心之体，即是性的，自性即天理的。穷仁的理的时候，可真要仁到了极仁的地步了。穷义的理的时候，真的义到了极义的地步了。仁义也只是自性而已，所以穷理即是尽性了。如孟子说的，不断地充实其恻隐之心，到了仁的地步了，就不可胜用了，这就是穷理的功夫了。"

梁日孚又问道："先儒程颐先生曾经说过'一草一木也都是理的，不可不察的，这句话怎么样理解呢？"一草一木都是理，这个是没错的，正所谓一花一世界，一草也是一世界了。先生回答道："我可没有这个闲暇功夫的，一草一木去格物。你且先去理会清楚自己的性情，须能够尽人之性的，然后就可以尽物之性了。"言下之意是说，你难道不知道我之前吃过这个亏吗？阳明先生可是对格物深信不疑的，跟同学一起格竹子几天几夜，最后累得病倒了。虽然一草一木都是理，可是如果要一草一木地去弄清楚其中的理，这可是费劲了。相反地，如果把此心弄清楚了，纯是天理了，自然就对一草一木的理清楚了。梁日孚听了以后幡然有悟的。

24. 知如何是心之本体

【原文】惟乾问："知如何是心之本体？"先生曰："知是理之灵处。就其主宰处说便谓之心，就其禀赋处说便谓之性。孩提之童，无不知爱其亲，无不知敬其兄。只是这个灵能不为私欲遮隔，充拓得尽，便完全是他本体，便与天地合德。自圣人以下，不能无蔽，故须格物以致其知。"

【注解】湖南武陵的弟子惟乾问道："为什么说知是心的本体呢？"这个弟子真是好，替我们问了这么好的问题，前面阳明先生曾经这么讲过，知为心之本体。可是为什么这么说呢？先生回答道："知是理的灵动地方。对于知来说，知的主宰处可以称之为心。也就是说心主宰了知。知的禀赋处可以称之为性，自性有禀赋，天生就能知。只是被物欲遮蔽了而已，否则自性的禀赋就是能知晓天下事的。孩提的儿童，无不知爱其双亲，无不知敬重其兄长的。只是这个灵能不被私欲所阻隔罢了。没有私欲阻隔间隔，可以称之为无间道。如果这个知充扩得尽，可以全部看到，全部都是知的本体，也就是心，便与天地合德了。如果不是圣人，就不能无遮蔽，所以需要格物才能致其知的。"我们再来打个比方吧。还是举天上的月亮。如果完全没有乌云遮蔽，整个月亮我们都可以看到，这个可以称之为全知了，这个全知的是心的本体。所以也可以说，知为心之本体。不过话又说回来了，阳明先生这么说法，的确有些拗口的，容易把学生搞晕了。也许是不是可以说，知为心之用好过了，心还是本体的。太多概念在这里转悠，不晕都难的。我们曾经看过电影《无间道》的，这个名字可是有来头的哦。

25. 正心之功

【原文】守衡问："《大学》工夫只是诚意，诚意工夫只是格物、修、齐、治、平。只诚意尽矣。又有正心之功，有所忿懥好乐则不得其正，何也？"先生曰："此要自思得之，知此则知未发之中矣。"守衡再三请。曰："为学工夫有浅深，初时若不着实用意去好善恶恶，如何能为善去恶？这着实用意便是诚意。然不知心之本体原无一物，一向着意去好善恶恶，便又多了这分意思，便不是廓然大公。《书》所谓'无有作好作恶'，方是本体。所以说有所忿懥好乐，则不得其正。正心只是诚意工夫里面，体当自家心体，常用鉴空衡平，这便是未发之中。"

【注解】守衡问道："《大学》里的功夫只是诚意，诚意的功夫只是格物、修身、齐家、治国和平天下。可以说诚意就可以囊括了。然而，还有个正心的功夫，如果有所愤恨，有所好乐就不能得心之正了，这是为什么？"我们也许也会有同样的疑问，怎么一下子搞这么多概念，会吃不消的。既有诚意的功夫，还要正心的功夫，说一个不就行了吗？搞那么多会把人给搞晕的。先生回答道："这个要自思自悟才能会得的，如果能够知此就可以知未发之中了。"

守衡再三恳请先生赐教的。这个弟子可谓是求知心切呀。先生回答道："为学的功夫有浅有深，初学的时候，如果不能真心实意地去好善厌恶的东西，如何能够为善去恶呢？这着实用意处便是诚意了。然而，要往更深一层做功夫，如果不知心的本体原来并无一物可得，如果一直都爱憎分明，着意去好善憎恶，这又多了一丝私欲了，这就不是大公的心了。《大学》中所说的，没有刻意地去做好，也不刻意去作恶，这样方是本体的。所以说有所忿恨好乐，就不得其正了。正心只是包含在了诚意的功夫里面了。用自心体认自家心体，经常使得他如同明净的镜子，如同称杆般公允平衡，这就是未发之中了。"先生说心体本来无有一物可得。六祖大师也曾经说过：菩提本无树，明镜亦非台，本来无一物，何处惹尘埃。

26. 戒惧和慎独

【原文】正之问："戒惧是己所不知时之工夫，慎独是己所独知时之工夫，此说如何？"先生曰："只是一个工夫，无事时固是独知，有事时亦是独知。人若不知于此独知之地用力，只在人所共知处用功，便是作伪，便是'见君子而后厌然'。此独知处便是诚的萌芽。此处不论善念恶念，更无虚假，一是百是，一错百错。正是王霸、义利、诚伪、善恶界头。于此一立立定，便是端木澄源，便是立诚。古人许多诚身的工夫，精神命脉，全体只在此处，真是莫见莫显，无时无处，无终无始，只是此个工夫。今若又分戒惧为己所不知，即工夫便支离，便有间断。既戒惧，即是知，己若不知，是谁戒惧？如此见解，便要流入断灭禅定。"曰："不论善念恶念，更无虚假，则独知之地，更无无念时邪？"曰："戒惧亦是念。戒惧之念，无时可息。若戒惧之心稍有不存，不是昏聩，便已流入恶念。自朝至暮，自少至老，若要无念，即是己不知，此除是昏睡，除是槁木死灰。"

【注解】江西弟子正之问道："戒惧是自己还没有真知时的功夫，慎独是自己有真知灼见时的功夫，这样的说法对不对呢？"先生回答道："这两者也只是一个功夫的，并不是两个功夫。无事的时候固然是独知，有事的时候也是独知的。人如果不知在这个独知的心地用力去做功夫，只是在人所共知的地方去用功，这是很虚伪的。这跟小人自己一个人独处的时候什么都敢干，可是见到君子以后又躲躲闪闪的，想掩盖自己的不善。都只是在做表面功夫的，别人看到的地方就尽量地去表现好。如果独知也要做得好，这个就是诚的萌芽了，这个是很好的。此处不论善念还是恶念，毫无虚假，一对百对，一错百错。正是王道还是霸道、义还是利、诚还是伪、善还是恶的分界点。在独知的时候，也能对自己的良知问心无愧的话，在这立稳脚跟了，就能够正本清源了，这就是立诚了。古人许多诚身的功夫，精神命脉全部都汇聚在这里了，也就是独知和慎独了。不隐不现，不可以隐藏自己的善行和恶行，也不可以显现自己的善行和恶行，毫无虚伪；无时无地；无始无终，没有丝毫的对自己的放松，一放松就容易退转犯错误的；古人也都只是这个功夫罢了。假如又把戒惧当成自己不知时的功夫，那这个功夫变得支离破碎了，功夫就有了间断了。其实慎独的时候，也就是由于有所戒惧，所以谨小慎微。既然戒惧，那就说明还是知了，正所谓无知者无畏，初生牛犊不怕虎。如果什么都不知道怎么会有畏惧呢？比如不知道前面是悬崖，飞奔过去没有畏惧，可是知道了就不同了。如果自己不知，是谁在戒惧呢？如此的见解，便要落入断灭禅定了。"什么是断灭禅定呢？这里阳明先生既然提了就简单解释一下，外离相即禅，内不乱即定，这个可是六祖说的，合称禅定。如果能够离相了，已经不被外在所迷惑，不被语言文字所束缚，不被知见所束缚，已经见道了；内不乱，处于静定之中，如此可以称之为禅定了。可是断灭禅定就不同了，如果是追求一种枯坐，枯定，只是内心不乱，这样也不是禅者的追求。禅定首先只是一种修行得道的功夫罢了，要启迪自性，存天理，去除人欲的。如果是那种断灭禅定，如同石头一样，只是不动，那又有什么意义呢？根本的还是要启迪自己的智慧，解脱自己了，还要去救渡世间的众生。阳明先生用断灭禅定的例子来批评这种功夫，也有些相似之处的。如果只是顾着独知慎独的功夫，而不能觉知周围的事物，把戒惧割裂开来看，也有点类似断灭禅定的。

　　正之又问道："不论善念恶念，毫无虚假，反正在独知的时候，面对自己的良知，是什么就是什么了，无须刻意隐瞒，也无须刻意去展示什么。可是在独知的时候，是不是没有无念的时候了呢？"先生回答道："戒惧也是念头的。戒惧的念头呀，无时可以停息的。比如做了什么恶事，做了什么亏心事，内心无比恐惧，这个恐惧就会有许多的念头在拷问着自己的内心。假若戒惧的心稍有不在的话，不是昏聩了，不是被吓晕了，就是已经流入了恶念。丝毫都不敢到害怕了，已经是死猪不怕开水烫了。从早到晚，从小到老，如果戒惧也都没有什么念头，也就是说自己完全不知道害怕了，这样除非是昏睡了，或者是形如枯槁，心如死灰了，已经完全死心了，不知道害怕了。"

27. 大公之心

　　【原文】志道问："荀子云：'养心莫善于诚'，先儒非之，何也？"先生曰："此亦未可便以为非。'诚'字有以工夫说者。诚是心之本体，求复其本体，便是思诚的工夫。明道说'以诚敬存之'，亦是此意。《大学》'欲正其心,先诚其意。'荀子之言固多病,然不可一例吹毛求疵。大凡看人言语,若先有个意见,便有过当处。'为富不仁'之言,孟子有取于阳虎,此便见圣贤大公之心。"

【注解】志道问道:"荀子说:'养心莫善于诚',也就是说诚是很好的养心功夫,可是先儒程颐却有不同意见,这是为什么呢?"

先生回答道:"这也并不能就说程颐说荀子说的不对,这也许是你误解了程颐先生的。不理解程颐说这句话的前后背景含义,也不能理解荀子说的话。诚字也有人说是做功夫的。可以说诚是心的本体,正如知也是心的本体一样,如果要想着复其本体,恢复本心,这就是思诚的功夫。应该说诚是心的本体,不是功夫,思诚是功夫的。就比如说道不是功夫,而求道就需要做功夫了。当然,道也是找到实相和真理的道路而已。可是连正道都找不到,如何顺利到达终点呢?诚是心的本体,对心的本体的描述,既然已经诚了,已经见了心的本体了,还需要养什么心呢。当然说是心的本体,似乎有个固定的物件,可是心也没有具体的东西,也许说是空,但是又不是绝对的空;也许说是有,又不是绝对的有,只能说是妙有了。思诚是养心的功夫,也许这么说就对了。由此可见,程颐先生说的也没有错,也没有非议荀子的话。明道先生,也就是程颐先生曾经说过:仁是浑然与万物同体,义礼知信,这些也都是仁的,如果能够识得此理,以诚敬对它也就可以了。道和仁也就像树根树干,而其他如枝叶的,根本还是要归于树根和树干的。程颐先生这么说,也是把诚看作心的本体。《大学》里面说:如果要正其心,就要先诚其意的。已经诚了,心就正了。荀子所说的话固然有许多偏颇的地方,然而不可一例吹毛求疵。大凡看别人的言语,如果先有了一个成见,也许就有了不恰当的理解。举个例子来说吧,'为富不仁'这样的话,孟子有取自阳虎的,虽然这个人不怎么样,可是他说的这句话还是有道理的,所以不计前嫌的引用了,由此可见圣贤的大公之心。"也就是说,即使是名人大家所讲的话,如果讲得对也就是对的,如果讲的有问题,也是要纠正的。即使是再恶的人,如果他说的话是有道理的,也是可取的。

我们还是具体来看看程颐先生怎么评价荀子这句话吧!孟子说过:养心莫善于寡欲,寡欲则心自然就诚。荀子说"养心莫善于诚",既然心已经诚了,又怎么养呢?如此自己不识得诚,怎么能懂得用诚来养心呢?程颐这句话也就是说,诚是心的本体,是目标的,怎么能够把目标当做功夫呢?也许可以说寡欲是养心的功夫,去除私欲也是养心的功夫。看阳明先生这么说,诚和知都是心的本体,也许应该说诚和知都是描述心的本体。

28. 己私难克

【原文】萧惠问："己私难克，奈何？"先生曰："将汝己私来替汝克。"又曰："人须有为己之心，方能克己，能克己，方能成己。"萧惠曰："惠亦颇有为己之心，不知缘何不能克己？"先生曰："且说汝有为己之心是如何？"惠良久曰："惠亦一心要做好人，便自谓颇有为己之心。今思之，看来亦只是为得个躯壳的己，不曾为个真己。"先生曰："真己何曾离着躯壳？恐汝连那躯壳的己也不曾为。且道汝所谓躯壳的己，岂不是耳、目、口、鼻、四肢？"惠曰："正是为此。目便要色，耳便要声，口便要味，四肢便要逸乐，所以不能克。"先生曰："美色令人目盲，美声令人耳聋，美味令人口爽，驰骋田猎令人发狂，这都是害汝耳、目、口、鼻、四肢的，岂得是为汝耳、目、口、鼻、四肢？若为着耳、目、口、鼻、四肢时，便须思量耳如何听，目如何视，口如何言，四肢如何动。必须非礼勿视、听、言、动，方才成得个耳、目、口、鼻、四肢，这个才是为著耳、目、口、鼻、四肢。汝今终日向外驰求，为名、为利，这都是为著躯壳外面的物事。汝若为着耳、目、口、鼻、四肢，要非礼勿视、听、言、动时，岂是汝之耳、目、口、鼻、四肢自能勿视、听、言、动，须由汝心。这视、听、言、动皆是汝心。汝心之视，发窍于目；汝心之听，发窍于耳；汝心之言，发窍于口；汝心之动，发窍于四肢。若无汝心，便无耳、目、口、鼻、四肢。所谓汝心，亦不专是那一团血肉。若是那一团血肉，如今已死的人，那一团血肉还在，缘何不能视、听、言、动？所谓汝心，却是那能视、听、言、动的，这个便是性，便是天理。有这个性，才能生这性之生理，便谓之仁。这性之生理发在目便会视，发在耳便会听，发在口便会言，发在四肢便会动，都只是那天理发生。以其主宰一身，故谓之心。这心之本体，原只是个天理，原无非礼。这个便是汝之真己，这个真己是躯壳的主宰。若无真己，便无躯壳。真是有之即生，无之即死。汝若真为那个躯壳的己，必须用着这个真己，便须常常保守着这个真己的本体。戒惧不睹，恐惧不闻，惟恐亏损了他一些。才有一毫非礼萌动，便如刀割，如针刺，忍耐不过，必须去了刀，拔了针。这才是有为己之心，方能克己。汝今正是认贼作子，缘何却说有为己之心不能克己？"

【注解】萧惠问道："自己的私欲很难克除，怎么办呢？"先生回答道："把你自己的私欲拿来我替你克除掉吧。"阳明先生这么回答怎么像禅宗二祖在雪地里和达摩祖师的对话呀，怎么看风格有些类似的。达摩祖师让二祖拿心来替他安。

阳明先生又说道："人需要有为己的心，方能够克己的，如果能够克除自己的私欲，方能够成就自己的。"听阳明先生这么说，也许会有疑问的，怎么是为自己呢？怎么都想着自己，不是很自私吗？怎么能够克己呢？且放下疑问，听听师徒怎么说的。

萧惠问道："萧惠我也颇有为己的心了，可是不知为何还是不能够克己？"看看这位同学一点都不懂得谦虚的。先生问道："你且说说看你的为己的心是怎么样的呢？"萧惠想了好久回答道："萧惠我一心要做个好人，所以说也是颇有为己之心的。现在想来，看来也只是为了这个躯壳的自己，为了这个臭皮囊而已，不曾为了个真的自己。"这位同学想了好久，不知道在想什么呢？也许自己为己的那些私欲都不敢说，就憋出来了这么一句，还是想做个好人的，这个同学也许不是很客观吧。

先生说道："真的自己何曾能够离开这个躯壳呢？恐怕你连这个躯壳的自己都不曾真正的为的。且说说你所谓躯壳的自己，岂不是耳、目、口、鼻和四肢呢？"各位注意了，阳明先生说真的自己离不开躯壳的，所以还是要爱惜这个躯壳。为了修道，并不是要对躯壳不好的。佛陀一开始修苦行六年，饿得都晕倒了，后来放弃了苦行，在菩提树下大彻大悟。我们修行离不开这个身体，正如修行离不开这个尘世一样。离世觅菩提，就如同寻找兔子的角一样。修行应该要做个快乐的修行人，充满法喜的修行人，当然并不是说物欲的快乐。萧惠回答道："正是如此，目便要色，耳便要声，口便要味，四肢便要逸乐，所以不能克除物欲的。"萧惠同学这下说了真话了，怎么管得住自己呢。

先生说道："《道德经》上说：美色容易让人目盲，美声容易让人耳聋，美味容易让人口爽，驰聘打猎容易让人发狂，这都是害你的耳、目、口、鼻、和四肢的，岂能说是为你的耳、目、口、鼻和四肢的呢？这些都是遮蔽你的心，心被蒙蔽了，也就感受不到什么了。如果是为着耳、目、口、鼻和四肢的时候，就需要思量耳如何听，目如何视，口如何言，四肢如何动的。必须要考虑非礼勿视、非礼勿听、非礼勿言、非礼勿动，才能够使得五官尽职尽责了，履行了耳、目、口、鼻、四肢的职能了，这个才是为了耳、目、口、鼻和四肢。"

先生又说道："你现在终日向外驰求，为名为利，这都是为了躯壳外面的事物的，并不是为了这个躯壳本身的。你如果为了耳、目、口、鼻和四肢着想，要非礼勿视、非礼勿听、非礼勿言、非礼勿动的时候，岂是你的耳、目、口、鼻和四肢自己擅自就能勿视、勿听、勿言、勿动不成。这些都需要你的心来控制的。这视、听、言和动这些都必须是你的心才能发生的作用。"切分一下，不要那么长了，看了不方便理解的。也让阳明先生停下有空喝口水的。

先生又说道："你的心要视，开窍在目的；你的心要听，开窍在耳的；你的心要说话，开窍在口的；你的心要身体行动，开窍在四肢的。你如果没有这个心，也就无耳、目、口、鼻和四肢的功能了。所谓你的心，也不专指那一团血肉，并不是那个心脏的。如果是那一团血肉，如今已死的人，那一团血肉还在，为什么不能视、听、言和动？所谓你的这个心，也就是说那个能视、听、言和动的，这个便是性，便是天理。"阳明先生绕来绕去又回到了老本行了，还是无非这个心了，无非这个自性了，无非这个天理了。大家可要小心，这个是精髓所在的。要不阳明先生也不会横说竖说的，都是要说这个东西的。如果单单的一双眼睛，也不能称之为眼睛了，需要有心的作用一起的。心开窍于目，这些在中医的典籍中经常可以看得到的。什么是心呢？这个血肉的心脏是不是心呢？这个血肉的大脑是不是心呢？一名女性接受心脏移植后，竟突然开始会说流利的外语；还有一名女孩移植了一名年轻词曲作家的心脏和肺脏后，竟突然爱好弹吉他，并开始写诗和谱曲。《楞严经》中有七处征心的典故，要找到确切的一个物件来说是心也不容易的。那什么是心呢？

先生又说道："有了这个自性，有了这个自心，有了这个天理，才能衍生出生机，也许类似于果仁的东西，能够不断地生生生不息，可以称之为仁。自性衍生出来了生生不息的生理，发在目就能视，发在耳就能听，发在口就能说话，发在四肢就能动，这些都只是天理发生作用的。由于自性主宰一身，所以称之为心的。这个心的本体，原来也只是个天理，归根结底原本也可以说是礼的。"各位注意了，前面阳明先生说过的，礼即理，理即礼。概念很多，功夫很多，横说竖说都是相通的，不要拘泥于文字了，还是要看看文字背后的东西吧。

先生又说道："这个自性、自心、天理，也就是你的真正的自己，这个真正的自己也是躯壳的主宰来的。这就是你未曾遇见过得的真正的自己，可是这个真正的自己时刻也未曾离开过你的左右。如果没有真正的自己，也就没有了躯壳了。说真的，一点都不假，有真正的自己就生，没有真正的自己就死了。你如果真的要为那个躯壳的自己，必须发挥这个真己的作用的，必须要常常保有守护着这个真正的自己。怎么样保全这个真正的自己呢？对于别人看不到的地方自己也保持着戒惧，不要以为别人看不见就乱来；对于别人听不到的，也要保持谨慎，不要在背后议论人的是非，扬人之恶的。在独知的情况下，也要极其小心的，唯恐亏损了自性一些的。"这样才是亏心的，让心吃亏这样才是真的吃亏的。如果平时外物吃亏一点，那不是吃亏，那个是减少了一分物欲，就多了一分天理。比如圣人教我们布施，布施钱财给穷人。钱财减少一分，物欲减少一分，天理就增长一分，智慧也就增长一分了。阳明先生可真是来劲了，不停地说，够详细的了。

先生又说道："如果有一丝一毫非礼之心的萌动，就如同刀割，如针刺一样难受。忍耐不下去了，必须要把刀去掉，把针拔出来的。如此才是有了为己之心的，如此方能克己。你现在正是认贼作子的，怎么却说有了为己之心而不能克己呢？"

29. 贵目贱心

【原文】有一学者病目，戚戚甚忧，先生曰："尔乃贵目贱心。"

【注解】有一个弟子眼睛得了病，很是愁苦的样子，似乎已经是不堪忍受了。先生看到了就说道："你是把眼睛看得比较重要，而把心给看得低贱了，不能够为心的，也不是真正的为己的。"这句话跟前面阳明先生的教诲还是很贴近的。刚刚说完眼睛不是真正的自己，这个躯壳，这个臭皮囊不是真正的自己，自性自心才是真正的自己。如果真正的为己，就不要有损于心。太过于悲伤，太过于愁苦，就会伤心的，也会反过来影响自己的眼睛。阳明先生很慈悲的教导自己的弟子，也是充满同情的。

30. 错用气力

【原文】萧惠好仙、释。先生警之曰："吾亦自幼笃志二氏，自谓既有所得，谓儒者为不足学。其后居夷三载，见得圣人之学若是其简易广大，始自叹悔，错用了三十年气力。大抵二氏之学，其妙与圣人只有毫厘之间。汝今所学，乃其土苴，辄自信自好若此，真鸱鸮窃腐鼠耳。"惠请问二氏之妙。先生曰："向汝说圣人之学简易广大，汝却不问我悟的，只问我悔的。"惠惭谢，请问圣人之学。先生曰："汝今只了人事问，待汝办个真要求为圣人的心，来与汝说。"惠再三请。先生曰："已与汝一句道尽，汝尚自不会！"

【注解】萧惠同学喜欢仙家也就是道家、释家也就是佛家。按理说并没有什么不好的。前面这位同学也有提问问题了。阳明先生就告诫他说道："我也是自幼笃信道家和佛家的，自己认为已经颇有所得了，认为儒家没有什么好学的了。可还真的有点看不起儒家的，认为这是很浅的功夫。可是后来我在夷地贵州那里住了3年时间，在那里也就是龙场那个地方，我悟道了，方才见到孔子圣人之学如此的简易而又博大，才开始后悔感叹，错用了30年的气力。大体而言，佛道两家的教法，其精妙的地方和儒家圣人之间只有毫厘的差别，也差不多的。你现在所学的，只不过是佛道里面的糟粕罢了，并不是学习其精华的。自己却丝毫不知道自己的不足，还特别的自信，就好比鸱鸮（猫头鹰一类的鸟）碰到了一只死老鼠那么高兴罢了。"萧惠请问佛家和道家的精妙之处在哪里。

阳明先生说道："跟你说过儒家圣人之学的简易博大，你却不问我悟到了什么，只问我有什么后悔的事情。"也难怪阳明先生生气了，教训这个弟子一点都不客气的。这个弟子有傲慢之气，不太谦逊。对阳明先生也许言语也不太尊重了，只是问老师以前有什么错事，有什么后悔的事情。孔子对子路这么勇猛的弟子教化说得也比较直接一些，这个也是对弟子好的。

萧惠感到很惭愧，感谢阳明先生的教诲，再请问儒家圣人之学精妙之处是什么？先生回答道："你今天只是在应付我的，还不是很迫切想要知道的，等到你很认真的要求得儒家圣人之心的时候，我再跟你说吧。"阳明先生嫌他诚意还是不够的，并不是很想知道的，这样对于做学问和修行都没有什么益处的。萧惠听了以后估计也是觉得很紧张了，老师说话这么重。萧惠再三向老师请教的，这下装也要装出诚意来了。

先生说道："已经跟你说了，其实一句话就已经全部都说明白了的，只是你还是不会罢了。"其实儒释道本为一家的，本来都是相通的。宋代道家全真派创始人王重阳、明代憨山大师等古圣先贤都是主张三教合一的。万法归宗，万教归一，都是殊途同归的。如此看来，也不可排斥佛道，也不可贬低儒家的。当然佛道要修学正信的佛道的，不可迷信的。如果修学正信的佛道，阳明先生也不至于错用了30年的功夫。

31. 须你自吃

【原文】刘观时问："未发之中是如何？"先生曰："汝但戒惧不睹，恐惧不闻，养得此心纯是天理，便自然见。"观时请略示气象。先生曰："哑子吃苦瓜，与你说不得，你要知此苦，还须你自吃。"时曰仁在旁，曰："如此才是真知，即是行矣。"一时在座诸友皆有省。

【注解】湖南武陵的弟子刘观时问道："什么是未发之中呢？"前面有反复讨论过这个问题了，看看阳明先生又有什么新的说法呢？先生回答道："你只要能够做到独知慎独，做到寡欲就可以养心了。别人看不到的时候也很谨慎；别人听不到的时候，也要谨慎敬畏，都不要去做恶事的。如此养心就可以达到此心仅存天理了。未发之中那种状态自然就会显现了。"弟子刘观时请老师略开示大概是怎么样的。先生回答道："如同哑巴吃苦瓜，跟你说不得，你要知道怎么苦法，是什么味道，还需要你自己去吃的。"有点类似于于玄奘法师说的：如人饮水冷暖自知的。这时徐爱刚好也在身边，他说道："如此才是真知的，也即是行的。"去尝尝苦瓜也是行的，行的同时也是知的，知道了苦瓜的苦味道。在座的诸位弟子和好友听了都有所省悟。

32. 死生之道

【原文】萧惠问死生之道。先生曰："知昼夜，即知死生。"问昼夜之道。曰："知昼则知夜。"曰："昼亦有所不知乎？"先生曰："汝能知昼？懵懵而兴，蠢蠢而食，行不著，习不察，终日昏昏，只是梦昼。惟息有养，瞬有存，此心惺惺明明，天理无一息间断，才是能知昼。这便是天德，便是通乎昼夜之道而知，便有什么死生？"

【注解】弟子萧惠问阳明先生什么是死生之道。这个弟子还是真不怕骂，之前先生已经很严厉的教训过了，这里还是很虔诚的来请教。这个生死之道，是人生一大事来的。先生说道："如果知道了白昼和黑夜，也就能够知死生了。"既然如此萧惠就问昼夜之道是什么了。先生回答道："知道白昼就知道黑夜。"阳明先生循循善诱，缩小了范围的。萧惠觉得很好奇问道："难道还有人不知道白昼吗？"3岁小孩都知道白昼和黑夜了。

先生回答道："你能够知道白昼吗？懵懵懂懂的起床，又稀里糊涂的吃饭。言行不知符合道义，习气也不知道有觉察。整天昏昏沉沉的，这如同在做白日梦的。"先生说了许多人不知白昼，这个不仅是说给萧惠听的。佛家说我们人生如同一大梦，难道是真的吗？听阳明先生这么说似乎还是真的哦。佛家还说了，如同梦中说梦。我们在白天说昨晚做了一个梦，这个是在梦中说梦的。有个庄周梦蝶的故事，不知道自己做梦梦见了蝴蝶，还是蝴蝶做梦梦见了自己。圣经里面有说，神说要有光，就有了光；后来就有了白昼和黑夜。难道真的有实实在在的白昼和黑夜吗？如果没有人的眼睛感受，没有此心的感受，有白昼和黑夜吗？时间也许都是人类认知的一种错觉。日月双轮不断的运转，使得有了白昼和黑夜的错觉。比如月亮会有圆有缺，古人不知道，可是现在我们就知道了，只不过是光影作用罢了。月亮始终都是圆圆的一个大球。地球上的诗人也许用这个实相作案例，就有了许多充满愁绪的诗句诞生了。也许人的死生也是如此呢，本来就是无死无生的呢？那面对生死，也许就不会有那么多的悲苦了。

先生又说道："要独知慎独的，正如张载所说的：闲暇的时候也要修养身心，特别是养心；瞬间也不可放松警惕的，不能放心外驰，免受不良恶习的影响。这样此心就能够清醒而明亮，天理没有一息的间断，如此才能称得上知道白昼的。这就是天德了，我们要发明的本有的明德就是这个了。如果通晓了此天德，昼夜之道，那还会不明白死生之道吗？"

33. 修道之教

【原文】 马子莘问："修道之教，旧说谓圣人品节吾性之固有，以为法于天下，若礼、乐、刑、政之属，此意如何？"先生曰："道即性即命。本是完完全全，增减不得，不假修饰的。何须要圣人品节？却是不完全的物件。礼、乐、刑、政是治天下之法，固亦可谓之教，但不是子思本旨。若如先儒之说，下面由教入道的，缘何舍了圣人礼、乐、刑、政之教，别说出一段戒慎恐惧工夫？却是圣人之教为虚设矣。"子莘请问。先生曰："子思性、道、教皆从本原上说。天命于人，则命便谓之性；率性而行，则性便称之为道；修道而学，则道便谓之教。率性是诚者事，所谓'自诚明谓之性'也。修道是诚之者事，所谓'自明诚，谓之教'也。圣人率性而行即是道。圣人以下未能率性，于道未免有过不及，故须修道。修道则贤知者不得而过，愚不肖者不得而不及，都要循着这个道，则道便是个教。此'教'字与'天道至教'、'风雨霜露，无非教也'之'教'同。'修道'字与'修道以仁'同。人能修道，然后能不违于道，以复其性之本体，则亦是圣人率性之道矣。下面'戒慎恐惧'便是修道的工夫，'中和'便是复其性之本体。如《易》所谓'穷理尽性以至于命'，'中和'、'位育'，便是尽性至命。"

【注解】 福建莆田的弟子马子莘问道："《中庸》上说修道谓之教，旧说朱熹先生对这句话的理解是圣人针对自性固有的东西进行品节，也就是说没有秩序的变得有秩序，没有高下的变得有高下了，还要有所节制，以此作为治理天下的标准，效法之后就有了礼、乐、刑、政这类事情，先生您看这么解释对不对呢？"我们来看看《中庸》上面完整的前后文吧，天命之谓性，率性之谓道，修道之谓教。这句话是比较费劲解释的了，如果要讲完就需要很长的篇幅。这里简要解释一下吧。天命赋予人的禀赋就称之为性，这个性字，左右两边拆开来看是生心，天命赋予人身这个躯壳，还生了这个心，这个心可以称之为性；圣人明心见性了，见道了，开悟了，就有了方向，就可以率性而行了，就不会迷失方向了，就不会偏离正道了，所以说率性所行称之为道；修道这个词很形象了吧，路找不到就要找，找到了也要修路的，这个修路就是修道了，比如说做善事作为资粮也是修道的，教别人修道这个就是教了，这个教里面有孝字，百善孝为先，修道最便捷的就是要孝顺了。好了，解释完了，下面看看阳明先生怎么回答弟子的提问吧，不然，就有点喧宾夺主的感觉了。

先生回答道："道即是性，道即是命的。本来道是完完全全的，增减丝毫不得的，不假修饰的，这些都是多余的。"正如《心经》中说的，不增不减，不垢不净。

先生又说道："道本来无须人为地去画蛇添足，何须要圣人去品节呢？这个是误解了圣人的意思了。如果品节了就是不完全的物件了。本来很完整的，被品节得不完整了。品节也是人为的了，去人为地变得有秩序，人为地去制约，这个就如同漏斗过滤一样，必定会漏掉些东西了。礼、乐、刑和政是治理天下的大法，也可以称之为教，但这并不是《中庸》作者子思的本旨。如果像朱熹先生的说法，下文说由教入道，为什么还要舍弃了圣人的礼、乐、刑、政这样的教化，另外还要说出一段戒慎恐惧的功夫呢？这不是把圣人之教当作虚设了吗？"礼、乐、刑、政这类也可以当作圣人之教，但是并不是教人入道之教的。所以才又说了另外的功夫，这个功夫就是慎独的功夫，不管别人看不看得见，听不听得见，都不能干坏事的。子莘同学请阳明先生能不能讲更详细点呢？

先生又说道："子思所说的性、道、教这些都是从本原上来说的。天命在于人，命便称之为性了，古人讲天人合一，天子也是顺承天命的；圣人已经明心见性了，已经开悟了，修行就有了方向了，就可以率性而行了，所率的自性便称之为道了，也就是说自性即是道，自心即是道；修道做学问，使此心变为诚，便称之为教。"

先生又说道："《中庸》说：自诚明谓之性；自明诚谓之教。什么是自诚明，而什么是自明诚呢？是不是有点拗口呢？还是很难解释的吧。张载先生曾说：'自明诚'，由穷理而尽性；'自诚明'，由尽性则穷理。自明诚是说，由明至诚，也就是说由穷理到尽性，这个是由形而下而上达于道，上达于形而上的过程。自诚明是说，由诚至明，也就是说由尽性到穷理，这个是由形而上的道至形而下的器的过程。程颐先生曾说：从外者学有所得，而得于内的，称之为明；自内得者，而兼得于外的，称之为诚。也就是说学习了外界的东西之后，而有了顿悟，由下至上的这种称之为明；相反的由上至下的，由内至外的，称之为诚。所谓的自诚明谓之性，是说由诚到明。率性也是诚者的事，不是明的事，由自性至外界，这个也是由诚开始的事。修道可以说是使心变诚的事，所谓的自明诚谓之教。"这里把张载、程颐的话也放在了阳明先生的说话里头，也是为了方便理解的。这里并没有完全按照阳明先生所说的一字一句地进行解释。请注意哦，这一段讲了很深刻的道理。比如现在西方的科学，分科很细的研究，这个就是由明至诚的过程，这是自明诚。而东方就没有分那么细了，是由诚至明的过程。可是东西方都是殊途同归的，最后都是到达了完整的实相。西方是由形而下到形而上；东方是由形而上到形而下的。只有形而上和形而下合起来，这样才能称之为完整的世界。形而上和形而下互为阴阳的。

先生又说道:"圣人率性而行即是道的。圣人以下水平的人未能率性,对道就难免有过或者不及了,所以必须要修道的。"之前感觉率性比较难解释的,这里阳明先生说的还是比较清楚的。这里说了明心见性多么的重要,开悟多么的重要。如果还没有明心见性,也许就会盲目地修炼了,方向都不能明朗。如果见性了,就能够率性而行的,就不会迷失方向了。对于圣人以下水平的人,还没有能够见性,就无法率性而行了,所以必须要修道的。

先生又说道:"对于贤者和智者也要修道的,就会使得不会聪明太过了;对于愚钝不肖的人修道,就不会不及的。总之,修道对不同的人都有好处的,都要循着这个道,就不会走偏了,过而不及都不好,要不偏不倚刚刚好。修道便是个教。"

先生又说道:"这个'教'字和'天道至教'、'风雨霜露,无非教也'的'教'是相同的。"这里阳明先生引经据典太多了,不得不再多费一些口舌了。天道至教出自《礼记》,是说阴阳消长之道,是极至之教的。天道可以说是天底下的至理,根本的实相。《礼记》里面孔子闲居的时候说道:"天有四时,春秋冬夏,风雨霜露,无非教也。……是则天地万物,皆是有道,有道则可以为教。"风雨霜露,这些都含有道的,有道都可以作为教化的。正所谓圣人无常师,可以以天地万物为师,以天地万物为教。本来不想引用任何经典,方便理解的,还是忍不住要引用一下,要不怕说不清楚。

先生又说道:"'修道'两个字和'修道以仁'的两个字也是相同的。"阳明先生又引用孔子的话了,要以仁来修道。前面也说过仁者有天地万物一体的心,如果有此大爱之心就可以修正自己了。

先生又说道:"人如果能够修道,然后能够不违背于正道。所谓的修道就是找到通往自性的正路。找到了正道不能够又走偏了的,不能够违背了。如果坚持修道,就可以恢复其自性本体的,这也是圣人率性之道的。圣人明心见性了,开悟了,如此才能够率性而行,否则方向就偏了。"

先生又说道:"《中庸》再往下讲'戒慎恐惧',这就是修道的功夫了。"戒慎恐惧,前面已经解释过了。在别人见不到的时候,也保持慎独;在别人不能听到的时候,也保持慎独的。

先生又说道:"'中和'这就是复其性的本体了。"把中和放到这么高的位置,说成了自性的本体了。还是比较难的,需要把人的私欲去除殆尽,仅存天理就可以了。

先生又说道:"如《易》中说的'穷理尽性以至于命','中和'、'位育',这就是尽性至命了。"阳明先生说了这么一通读着还是蛮辛苦的,一下引用了孔子的,一下又到了《易经》上去了,我们再坚持一下吧。中和、位育这两个词出自《中庸》,"喜怒哀乐之未发,谓之中……中也者,天下之大本也；和也者，天下之达道也。致中和，天地位焉、万物育焉。"这里就把后面这两个简单的合在一起说位育了，如果不看原文还是一头雾水的。看了原文也许还是一头雾水。到了中和的时候，天地各居其位，各司其职，不会该下雨不下雨，不会在那里动不动就地震的，风调雨顺了，万物就会生生不息的孕育无穷了。这句话说的是，穷究天下万物的至理，彻底洞明人的自性，如此到了中和，各司其职，各安其明，安贫乐道，如此就可以说是尽性至命了。

34. 万世常行之道

【原文】黄诚甫问："先儒以孔子告颜渊为邦之问，是立万世常行之道，如何？"先生曰："颜子具体圣人，其于为邦的大本大原都已完备。夫子平日知之已深，到此都不必言，只就制度文为上说。此等处亦不可忽略，须要是如此方尽善。又不可因自己本领是当了，便于防范上疏阔，须是要'放郑声，远佞人'。盖颜子是个克己向里、德上用心的人，孔子恐其外面末节或有疏略，故就他不足处帮补说。若在他人，须告以'为政在人，取人以身，修身以道，修道以仁'、'达道'、'九经'及'诚身'许多工夫，方始做得这个，方是万世常行之道。不然只去行了夏时，乘了殷辂，服了周冕，作了韶舞，天下便治得？后人但见颜子是孔门第一人，又问个为邦，便把做天大事看了。"

【注解】弟子黄诚甫问道："《论语》里面有孔子回答颜渊关乎治国的问题，先儒程朱认为这是立万世常行之道，先生您怎么看这个事情呢？"孔子教颜渊治国之道：按照夏朝的历法，乘坐殷朝很节俭的车马，穿戴周朝的衣冠，乐舞要用雅正的韶舞，放弃郑国那种靡靡之音，远离佞人，郑国音乐淫逸，佞人很危险。

先生回答道："颜回可是孔子最得意的弟子了，能够通《易经》了，连孔子都自叹不如的。颜回可以说是得道的圣人了，他对于治国的大本大原应该也都是相当清楚的了。孔子平日里对颜回了解得比较深入了，就因材施教之说，其他颜回知晓的东西都不必多说了，只是在典章制度外在的事情上面说的。孔子提醒颜渊这些治国的方略，也不可忽略的，如此方能够做到尽善尽美的。也不能因为颜渊你的本领已经很硬了，在防范上就有疏漏了，还是需要放弃郑国的靡靡之音，远离奸佞小人的。"孔子可谓是一番苦心，针对每个弟子讲的东西都是有所不同的。比如对于子路，一直担心他比较勇猛，这样会引来祸害了，所以多次提醒他。

先生又说道："大概颜渊是个克除自己私欲，一心向里修行，在德上用心的人。大家看这个颜渊，一箪食一瓢饮，身居在陋巷，很能够安贫乐道。孔子也许恐怕他在外面的细枝末节上有所疏漏，所以就针对他的不足处帮补提醒几句。如果对于其他人的话，也许就会说'为政在人，取人以身，修身以道，修道以仁'、'达道'、'九经'及'诚身'这些许多功夫了，只有做到了这个，才是万世常行之道。"里面引用的几个都是修身、修道的功夫，之前都有详细的解释，这里就不重复了。只是说说九经是什么的，应该是儒家的九部经典，在明代应该指的是《易》《书》《诗》《春秋》《礼记》《仪礼》《周礼》《论语》《孟子》吧。我们对比一下自己读了几部了呢？

先生又说道："不然只是去讲讲夏朝的历法，殷朝的车马工具，周朝的衣冠，雅正的乐舞邵舞，天下就可以治理得好了吗？也许后人只是见到颜渊是孔子的第一门人，又问了个治国安邦的事情，所以就把它当作天大的一个事情来看的。"阳明先生可不认为简单这么一讲就已经是立万世常行之道，这个是高推圣境的。本来孔子知晓颜渊的水平，就不必多说其他关键的本领了，只是说一些细枝末节弥补一下他的不足。先儒看到两大高手之间的对话，就以为是很了不起的了。当然这些也重要，但是并没有重要到那样夸张的地步。如此也误解了孔子圣人的本意，如果孔子知道了，也会跟朱熹说，喂，兄弟你省省了，不要太高抬了，我会不好意思的。

35. 画蛇添足

【原文】 蔡希渊问："文公《大学》新本，先格致而后诚意工夫，似与首章次第相合。若如先生从旧本之说，即诚意反在格致之前，于此尚未释然。"先生曰："《大学》工夫即是'明明德'，'明明德'只是个'诚意'，'诚意'的工夫只是'格物致知'。若以'诚意'为主，去用'格物致知'的工夫，即工夫始有下落。即为善去恶无非是'诚意'的事。如新本先去穷格事物之理，即茫茫荡荡，都无着落处，须用添个'敬'字，方才牵扯得向身心上来，然终是没根源。若须用添个'敬'字，缘何孔门倒将一个最紧要的字落了，直待千余年后要人来补出？正谓以'诚意'为主，即不须添'敬'字。所以举出个'诚意'来说，正是学问的大头脑处。于此不察，真所谓毫厘之差，千里之谬。大抵《中庸》工夫只是'诚身'，'诚身'之极，便是'至诚'。《大学》工夫只是'诚意'，'诚意'之极，便是'至善'。工夫总是一般。今说这里补个'敬'字，那里补个'诚'字，未免画蛇添足。"

【注解】 弟子蔡希渊问道："文公朱熹在《大学》新版中，将格物致知的功夫放在诚意功夫之前了，似乎他这么调整一下也跟首章的文意吻合的。可是先生您却还是遵照旧本的，也就是说诚意反而在格物致知的前面，我对这个还有些疑问的，不能释然的。"

　　先生回答道："《大学》的功夫就是'明明德'，也就是说发明每个人本有的明德。而'明明德'又只是个'诚意'就可以了，而'诚意'的功夫又只是'格物致知'就可以了。"前面有谈论引用的内容很多次了。诚和知为心的本体的。格物致知是说心应物容易著于物，需要正心的，也就是去除物欲的，如此去了人的私欲，仅存天理了，就能够得到真知的。

　　先生又说道："如果以诚意为主，去用格物致知的功夫，这样功夫才能有个着落的。即为善去恶无非是诚意的事情，这个诚意可是关键所在。如新版按照文公的说法，都没有做到诚意呢，就先去穷格万事万物之理，即茫茫荡荡，误打误撞，都没有着落的地方。这就需要添加个敬字了，方能牵扯到身心上来的，然而还是没有能够达到根源处的。如果需要添加个敬字，为什么孔门倒是将一个这么最紧要的字给落了呢？难道还要等到千余年以后的人来补不成？要知道古人写书是很严谨的，特别是孔子圣人这种经典。正所谓应以诚意为主，如此就不需要添加敬字了。所以举出个诚意来说，这正是学问的大头脑处，也就是最关键的地方了。如果对此还不能察觉，真可谓是差之毫厘谬以千里了。大体来说《中庸》的功夫只是'诚身'，'诚身'到了极点，便是至诚了。这个至诚也就是心的本体了。《大学》的功夫只是'诚意'，'诚意'到了极点，也就是至善了。不管是至诚还是至善，也是殊途同归的，功夫总是类似的。现在说在这里补个'敬'字，那里补个'诚'字，未免是画蛇添足了。"经典能够传下来可真是不易呀，对于不懂的人，首先会怀疑不信，以为是伪经。不懂就不懂了，还在那里自作主张的，这里加个字，那里加个字，如此传递下去，不断地增减，岂不是面目全非了吗？这可是贻害后学呀。这里说的没有诚意，可不是我们平时所理解的那种呀。没有诚意，打个比方来说吧，说这个心还没有能够把私欲的遮蔽去除干净呢，这个照天照地的镜子还没有打磨明净，怎么能够照得了什么好的景色？

中　巻

第四章　钱德洪序

【原文】德洪曰："昔南元善刻《传习录》于越，凡二册。下册摘录先师手书，凡八篇。其答徐成之二书，吾师自谓：'天下是朱非陆，论定既久，一旦反之为难。二书姑为调停两可之说，使人自思得之。'故元善录为下册之首者，意亦以是欤？今朱、陆之辩明于天下久矣。洪刻先师《文录》置二书于《外集》者，示未全也，故今不复录。其余指'知行之本体'，莫详于答人论学与答周道通、陆清伯、欧阳崇一四书；而谓'格物为学者用力日可见之地'，莫详于答罗整庵一书。平生冒天下之非诋推陷，万死一生，遑遑然不忘讲学，惟恐吾人不闻斯道，流于功利机智，以日堕于夷狄禽兽而不觉；其一体同物之心，谯终身，至于毙而后已：此孔、孟已来贤圣苦心，虽门人子弟未足以慰其情也。是情也，莫详于答聂文蔚之第一书。此皆仍元善所录之旧。而揭'必有事焉即致良知功夫，明白简切，使人言下即得入手'此又莫详于答文蔚之第二书；故增录之。元善当时汹汹，乃能以身明斯道，卒至遭奸被斥，油油然惟以此生得闻斯学为庆，而绝无有纤芥愤郁不平之气。斯录之刻，人见其有功于同志甚大，而不知其处时之甚艰也。今所去取，裁之时义则然，非忍有所加损于其间也。"

【注解】前面的序言有讲到《传习录》中卷是由阳明先生的弟子南元善、名大吉收集整理的。而弟子钱德洪收集整理了《传习录》下卷。这里这位同学还是很积极的，在中卷这里写了序言。这位南元善同学支持阳明学说还是比较辛苦的，由于支持王学被罢官了，后来回到陕西老家去讲学了。

钱德洪说道：之前南元善在浙江那边刻录《传习录》上下两册。下册摘录阳明先生的亲笔手书，总共是八篇。其中答复徐成之有两封信，在信中我的老师阳明先生自己说道："天下肯定朱熹而否定陆九渊，这种定论已经由来已久了，一旦要推翻这种定论还是很难的。这两封信姑且当做调和两家之说吧，使得学者自己思量得到自己的答案。"南元善同学就把这两封信收录作为下册的开头，其目的也是如此的吧？

钱德洪又说道：现在就不同了，朱熹和陆九渊学说之间的辩明已经大白于天下很久了。钱德洪鄙人刻录先师《文录》的时候，把这两封信放在《外集》中，就没有必要放在开头了，因为这两封信本来就是和稀泥两家学说的，启发天下人思考的，现在已经盖棺定论了，就没有放在开头的必要了。既然是调和两家学说，也没有说得太明，又没有说得全面，所以现再就不再复录于此了。

钱德洪又说道：其余阳明先生讲知行的本体，最详细莫过于在回复顾东桥、周道通、陆清伯、欧阳崇这四封信中了。各位同学注意了，如果要学习知行的，可以参阅这四封信。这里只是直接说了三个人的名字，而顾东桥的名字没有直接写，这是为了避免有辱了顾东桥名声之嫌，所以不直书其名。

钱德洪又说道：而论述学者所用的格物的日常功夫的，最详细的莫过于答罗整庵的那封信了。要想学真正的格物功夫，就读这封信。罗整庵同学是江西人，进士出身，做官做到了南京吏部尚书，后来辞官回家，潜心做学问去了。早年笃信佛学，后推崇儒学。

钱德洪又说道：阳明先生平生虽然冒着被天下所诋毁和陷害，九死一生的危险，但是仍然不忘讲学，唯恐世人不能听到真正的正道，只会流落于功名利禄和权谋算计之中，以至于一天天地堕落于野蛮人和野兽为伍都不自觉。而世人无法体会其天地万物一体的心，无法体会无缘大慈，同体大悲的心。

钱德洪又说道：先生一生都在为此而奔走呼号，直至他死去才停止的。大家都看到了，阳明先生去世后，在其精神的感召下，其弟子们也在不遗余力地去推行王学，直至今日仍不停息。这也许就是自孔孟以来，诸多圣贤同样的苦心吧。虽然有了许多的门人子弟，也未能足以宽慰他们这种情怀。这种情怀，最详细莫过于记录在答复聂文蔚的第一封信中了。这些仍然是按照南元善之前所刻录的来收集。

钱德洪又说道：而"必有事焉"就是"致良知"的功夫，这些论述明白简易而情真意切，使得学人听了之后就能够有下手的地方。在答复文蔚之的第二封信中记录得很详细，所以相对于南元善的旧本就进行了增录。

钱德洪又说道：南元善在当时天下对阳明先生群起而攻之的时候，还能有以身殉道的勇气，奋不顾身地去弘扬心学，最后被奸佞小人排斥，被罢官了。即使受到了这样的不公正对待，还是以此生能够得闻先生的学说而庆幸，丝毫没有一点愤恨郁闷不平之气。也许在南元善看来，他真正懂得了先生。难怪孔子会有朝闻道夕死可矣的感叹。难怪颜渊能够一箪食一瓢饮，居陋巷，能够安贫乐道而不改其乐。

钱德洪又说道：南元善刻录《传习录》，世人也许只是看见这么做对后来的同学们帮助很大，可是却不知道当时的处境是多么的艰辛。我钱德洪还是很清楚南元善学长所刻录的不容易，也很珍惜，并不是随便乱来的。现在有些保留了，有些增加了，有些去掉了，这只是根据现在的实际情况有所取舍的，并不是真的忍心刻意去那么做的。

第五章　答顾东桥书

1. 务外遗内

【原文】来书云:"近时学者,务外遗内,博而寡要。故先生特倡'诚意'一义,针砭膏肓,诚大惠也!"

吾子洞见时弊如此矣,亦将何以救之乎?然则鄙人之心,吾子固已一句道尽,复何言哉?复何言哉?若诚意之说,自是圣门教人用功第一义,但近世学者乃作第二义看,故稍与提掇紧要出来,非鄙人所能特倡也。

【注解】来信中写道:"近来的学者,都只是务求于外,而不注意修行于内,虽然博学广闻,可是却抓不住要领。所以先生特意提倡做学问要'诚意',正是针砭时弊,一语道破的,实在是大有功于天下,有大恩惠于世人的。"

先生回信:你洞见时弊到了如此的程度,还是很深刻的,你有什么办法去挽救吗?然而鄙人的心,你已经一句全部道尽了,我还有什么可以说的呢?还能说什么呢?可是我还是要强调一下诚意之说,这可是孔子圣门教人用功的第一要义,极其重要的。可是近世的学者却把它当作第二要义来看了,没有放在最重要的位置上。所以我在这里还是要稍微提出来,再次强调一下,本来圣学的教法就是如此,并不是鄙人所能特意提倡的。顾东桥是江苏人,官至南京刑部尚书。

2. 立说太高

【原文】来书云:"但恐立说太高,用功太捷。后生师傅,影响谬误,未免坠入佛氏明心见性,定慧顿悟之机,无怪闻者见疑。"

区区格致诚正之说,是就学者本心,日用事为间,体究践履,实地用功,是多少次第,多少积累在,正与空虚顿悟之说相反。闻者本无求为圣人之志,又未尝讲究其详，遂以见疑，亦无足怪。若吾子之高明，自当一语之下便了然矣。乃亦谓"立说太高，用功太捷"，何邪？

【注解】来信中说道："先生您的学说呀，唯恐立说太高了，高度太过于高了，可能难接地气，而且也许容易让人误解的。你所讲的，做起功夫来，收效也太快捷了吧。后来的师徒，也许会误解先生您的意思，也许会谬误相传，未免会堕入佛家明心见性，定慧顿悟这样的修行法门了，也难怪听了的人都会觉得怀疑的。"当时和后来都有许多人怀疑阳明的心学和禅很相近的。先看看阳明先生怎么回答吧，我们再来探讨。

先生回信道："我所说的学说，也都是传承儒家孔子圣人的学说，并不是我自己创造出来的。区区格物、致知、诚意和正心这样的学说，也都是针对学者的本心，在日常生活和学习中去修学，需要去实践和躬行，很实在去做功夫的。这些都需要多少的次第，多少的修行进步阶梯，还要经历多少的积累，这刚好和空虚顿悟那样的学说相反。"

先生又说道："听闻我学说的人，本来就没有求做圣贤那样的志向，立志没有那么真切，做功夫也不会那么努力了。又没有能够仔细地听，只是听了一半，不听一半。听了以后又不能去仔细地参究和研习，所以才会有这样的疑问，这并不足以为怪的。"

先生又说道："这些人自不必说了，可是像你这样高明的人，应当是一语道破的那种，一下就能够说得明白。怎么你也会说，立说太高，用功太捷，这样的话，这是为什么呢？"

我在写这本书的时候，特别留意阳明先生对于佛老的观点，也特地请教了历史学的专家。我怀疑阳明先生内心还是接受佛老的，要不有些地方还是引用《道德经》中的语句。早年阳明先生多少也受了佛老的熏陶。阳明先生既然已经得道了，明心见性了，就能够体悟儒释道本来是一家的。为什么在这里说的，还是对佛老这么排斥呢？

也许本身心学这样的学说，一开始跟朱熹的观点不同，在当时已经受到了极大的排斥，如果再加上佛老的帽子，也许更不被别人接受了。前面也看到了弟子由于支持心学而被罢官了。阳明先生是不是出于这个考虑呢？这就不得而知了。之所以说理学，这个名字也许也是为了避讳佛老的字眼。也许阳明先生还真的对佛老有点排斥，我们再往后看看吧。

但在这里先给佛老说句公道话吧。阳明先生这么说也许有失偏颇了。比如对于禅宗来讲有渐修有顿悟，可是并不是说禅宗就是虚空顿悟。如果没有平时的修行，没有宿世的积德行善，如何一下子就能够顿悟呢？对于上等根器的人，也是由于之前祖宗做了许多善事，积德行善感召所致的。怎么能一下子就顿悟了呢？也是积累到了一定程度，有了一定的机缘的。

　　玄奘法师翻译的《瑜伽师地论》就是讲如何从一个凡人一步步地修行提升乃至成佛的过程。不仅是儒家，佛家也是一步一个脚印修行的。道家也是如此的。换另外一个角度来讲，不管是儒释道，如果遇见明师，因材施教的效果也是不同的。如果跟着六祖学和跟着神秀学，也许就不一样了，六祖直指人心就会更加快捷一些了。如果跟着文中子学就会进步很快了。不同的老师快慢程度还是不同的。跟着阳明先生学和跟着其他人学还是不同的，要不为什么大家都这么推崇心学呢？

　　阳明先生早年笃信佛老，难道在他所说的一步步做功夫里面，没有佛老的功夫发生作用吗？也许阳明先生在贵州龙场悟道不是发生在寺庙里面，也不是在道观里面，难道那种悟道也就有很大的不同吗？也许只是修行的深浅层次不同而已吧。有时修行高的往下看可以看明白，修行低的往上看也许还看不明白吧。

　　不管是佛家的道，还是黄老的道，还是儒家的道，这个道字也是相同的吧？如果不同，为什么不用不同的字来形容呢？原始佛教经典写在贝叶上，所用的文字是梵文吧，那梵文所写的道字又是不同的吧？可是此道还是相同的吧？好了，先说到这里吧。

3. 知行并进

　　【原文】来书云："所喻知行并进，不宜分别前后，即《中庸》'尊德性而道问学'之功，交养互发，内外本末，一以贯之之道。然工夫次第，不能无先后之差。如知食乃食，知汤乃饮，知衣乃服，知路乃行，未有不见是物，先有是事。此亦毫厘倏忽之间，非谓有等今日知之，而明日乃行也。"

　　既云"交养互发，内外本末，一以贯之"，则知行并进之说无复可疑矣。又云"工夫次第，不能无先后之差"。无乃自相矛盾已乎？知食乃食等说，此尤明白易见。但吾子为近闻障蔽，自不察耳。夫人必有欲食之心，然后知食，欲食之心即是意，即是行之始矣。食味之美恶，必待入口而后知，岂有不待入口而已先知食味之美恶者邪？必有欲行之心，然后知路，欲行之心即是意，即是行之始矣。路歧之险夷，必待身亲履历而后知，岂有不待身亲履历而已先知路歧之险夷者邪？知汤乃饮，知衣乃服，以此例之，皆无可疑。若如吾子之喻，是乃所谓不见是物而先有是事者矣。吾子又谓"此亦毫厘倏忽之间，非谓截然有等今日知之，而明日乃行也"。是亦察之尚有未精。然就如吾子之说，则知行之为合一并进，亦自断无可疑矣。

【注解】来信中说道:"先生你所比喻的知和行要并行,不宜有前后的分别。《中庸》里的'尊德性'也许是知,而'道问学'是行,做功夫,这两者也是并行的,并没有先后之分。知行交叉互相促进的,内外本末之间也是互相促进的,可以说是一以贯之的,并不是分开来的。"

来信又说道:"前面你这么说我是理解的,可是我还是有些疑问。做功夫的次第,还是有先后的差别。比如要先知道是食物才去吃的,知道是汤才去喝汤,知道是衣服才去穿衣。这几个例子都是先知后行的。似乎还没有不见到具体的物,而先有行动的事了。"

来信又说道:"这是很细微的事情,也许很难去察觉的,仅仅是毫厘刹那之间的,并不是说的时间间隔那么长,不是说今天知道了,明天去行的,这样间隔比较长,大家比较容易接受。"

先生回信说道:"既然你已经说了,知行交叉互相促进,内外本末互相影响,是一以贯之的,这就说明你已经对知行并进的说法已经没有什么疑问了的。可是你又说功夫次第,不能没有先后的差别,你这么说不是自相矛盾吗?我以为你已经理解得很好了呢?"

先生又说道:"知道是食物才去吃等这些说法,是尤其明白易见的。但只是你被朱熹知先行后的学说所蒙蔽了,自己还没有觉察罢到。人必然要有想要吃的心,然后才知去吃的。这个想要吃的心即是意,也就是行的开始了。食物的味道是美味还是难吃,必然要等到入口之后才知道的,岂能不吃到嘴巴里,就已经先知道了食物的味道怎么样了呢?"

我们来讨论一下这个吃饭的事情,似乎也没有这么简单的哦,有点类似于先有鸡还是先有蛋的问题。比如米饭这个食物,我们看到了就知道是米饭,要先知道是米饭,所以去吃的。如果看到的是其他的,比如石块,就知道不是米饭,就不去吃了。似乎顾东桥这么说也是有道理的。可是似乎顾东桥没有想到这个知是需要很多行的。比如我们的祖宗要去尝试过许多的植物,知道这个米饭还是很好吃的,而且是剥去壳之后来吃更好,还要用火煮了更好吃。原来稻谷也许只是随便在野外长的,后来祖先偶尔尝试过了,知道比较好吃,就大片自己来种植了。如果没有第一个尝试稻谷的祖先的行动,如何能够知呢?如果没有第一个尝试吃螃蟹的先祖的行动,如何能够知螃蟹如此美味呢?

照这么说是先行后知了吗?可是这个螃蟹放进嘴巴的同时,这个是个行动,可是同时也知道是否可吃了呀。似乎又不分前后的哦。这个是宏观的时间大尺度的来看知行并无先后,而微观来看也是并无先后的。也就是吃的同时,也就知道了食物是什么味道了,能不能吃了。如此看来是无先无后的。这正如无善无恶,无生无灭,无生无死。看来吃饭还是比较复杂的一件事情了。

我们讨论了很长时间的先有鸡还是先有蛋的问题,约有千年了吧,似乎在这里也要有个了结了吧？现在的鸡并不是以前的鸡，现在的蛋也不是以前的蛋了，两者都是不断地并行进化前行的。正如知行并进合一。正如有无相生，难易相成。如果没有无，就没有有。如果没有难，就没有易；如果没有行，就没有知；如果没有知，就没有行。如果没有鸡，就没有蛋；如果没有蛋，也就没有鸡。不仅知行合一，鸡蛋也是合一的。

我们再往更高的要求去看看吃饭怎么吃吧。佛陀在世的时候，跟弟子们一起吃饭的时候，跟弟子们说要安静的，吃饭的时候不要说话，要用心地去品尝米饭的甘甜味道。我们吃了一辈子饭，是否真的知道米饭的味道呢？是否真的知道开水的味道呢？我们也许在吃饭的时候，脑袋瓜里面还在高速地旋转呢？也许是在应酬的饭桌上，哪里还有心思去品尝米饭的味道。修行的人念头都在当下那一刻的，这也是前面阳明先生说的主一的功夫，吃饭的时候就专心在吃饭上面了。专心一处，无事不办的。吃饭的时候也在静定之中，也在专注于吃饭上。好了，吃饭都讨论这么久了，现在也许该懂得吃饭了吧。

先生又说道："接着来看走路的例子吧。必然要有想行走的心，然后才知道路，想行走的心就是意，也就是行走的开始。路上是否有歧路，有没有危险，是崎岖坎坷还是平坦，这些都只有等到亲自去走了方会知晓，哪有不亲自去走就知道路况的呢？"

听阳明先生这么说，还是真不知道吃饭，这里又不懂走路了，我们从很小就跌跌撞撞学会走路了，难道还真的不懂走路不成。那我们接下来探讨一下走路吧。也许有人说要首先知道是路，才能去走。如果不知道是路，前面是悬崖，肯定不会傻到迈出去了。可是似乎不晓得我们的祖先遇见过多少这样的危险，才知道了悬崖的危险。也许有好些人在山里走，在打猎就掉到悬崖里面了，就死去了。这似乎又是先有行后有知了。可是第一个掉下悬崖的人，在掉下去的一刹那，不管他本人还是旁观的人已经同时知了，这个知和行，也是一致的了。看来走路也是知行合一，知行并进的了。

世界上本来也没有路，走的人多了就有了路。比如原来在荒野之间，到处都是一样的，没有什么路，还真是的哦。第一个人走的时候，对前面一无所知，不知道是崎岖还是平坦。站在路口的同时，也就知道路口的状况了。往前走一百米，也就知道了这一百米的状况了。看来是知行合一的哦。

《道德经》中说：足不出户而知天下事，走得越远，也许知道的就越少。这个又是怎么解释呢？是不是有矛盾呢？诸葛亮足不出户而知三分天下了。怎么圣人不行而知的呢？不是知行合一的吗？静极而动了，物极必反了。圣人的心静定到了极点，也就知晓了天地万物之理了。圣人看似身不动，可是心是动了，心已经行了万里路了，已经实现了蜕变了。把人的私欲去除殆尽了，仅存天理了。如此就能知晓天地万物之事了。圣人这个也是行的，这个是修行的。

并不是不行而知的。

在我们不知道路的情况下，走到了岔路口那里了，有个人坐在那里，跟我们说，应该这么走，不用那么走。如果这个人是善知识，是圣人，那我们就要乖乖地听他的话去走了。如果是恶人，那就算了。在不知道前路的情况下，找到明师来指点，这个是事半功倍的，不用什么都是自己亲自去行动才知。也许这样代价太大了，也许这样太晚了。所以，找不同的老师还是不同的，有些就会快捷许多，找六祖必定要比神秀快捷很多了；找阳明先生必定要比朱熹就要快捷多了。"杨朱哭歧路，墨子悲染丝"。杨朱在岔路口那里哭泣，就是怎么跟别人说别人还是照走错路，真是没有办法。菩萨在那里哭泣，怎么世人面对物欲都是如同飞蛾扑火一样，怎么劝说都不听的。

先生又说道："说完了走路，这又来说喝汤的例子吧。看看喝汤跟前面的例子类似，也没有什么可疑了吧。"前面我们也讲过，也许我们没有真正知道白开水的味道。我们在喝白开水的时候，头脑里没有任何私心杂念，品尝白开水的味道，也许别有一番滋味的，不信你可以试试看。有人说要先知道是汤，才能喝的。如果明明是毒药，知道不是汤，那必定不会去喝的。似乎是先知后行的哦。可是你怎么能够知道是毒药呢？也许我们的祖先经历过惨痛的代价，才能知道是毒药的。

我们中华文明中医药是很了不起的。神农尝百草，给我们还留下了《神农本草经》。神农在第一次品尝附子味道的时候，一开始先不知道它有毒的，品尝的同时也同时知道了，嘴巴麻麻的。也许有人会说，毒药也许是后发作的呢？先行动了吃进去了，后才知道的呢？毒药发作这个也是行动的，发作的同时也就知了，旁观的人也就知道了。虽然说附子有毒，可是可以治疗许多大病的哦，现在比较流行的中医火神派就是以擅长用附子而闻名的哦。

说到汤，不可不说伊尹这个煮汤的鼻祖，他是辅佐成汤的相国，他们两个可谓是天作之合了，商汤的名字是汤。正所谓治大国如煮汤了，正如治大国如烹小鲜。这个伊尹还有一部《汤液经》，仲景的《伤寒论》以它为基础的。大家看这个汤还是真的不那么简单吧。汤药可以治病，汤的道理可以治国。汤里有五味，和合而成美味的汤。如果单一的咸味也不好喝，需要各中味道和合。正如朝堂之上也需要各种各样的人。颜色需要有五色，雅乐需要有五音。君子和而不同，正如汤里的味道和而不同。这个汤也可以说许多的。大家看日常的每一件事情，似乎都没有那么简单的。大家有空再看看姜太公关于钓鱼的论述，或者邵康节的渔樵问答，这就知道钓鱼也不简单了。

前面说吃东西、走路、喝汤、钓鱼都不简单，那还有个例子是穿衣服，这个是那么简单的吗？先生也说穿衣也是这样的道理。并不是先知衣服可穿，然后才穿的。可是衣服本来原来都没有的，就像本来世界上没有路。一开始人类为了抵御寒冷和遮羞，用一些叶子、兽皮来做衣服。又发现一些可以做衣服的材料，比如用麻来做成布，用蚕丝来做成布。再用这些布来进行裁剪加工就可以成衣服了。

第一个把叶子当作遮羞布的人，一开始还不知道可以遮羞，遮住的同时自己知道了，别人同时也知道了。第一个用蚕丝织成布做成衣服的人，做成衣服的同时，也就知道了可以这么做衣服穿了，而且还很舒服。

我们再来说说这个做衣服的材料吧。麻三斤可以说是禅宗里面一个很著名的公案。那怎么参悟呢？也许应该是这个麻要经过系列的加工过程，比如浸泡、打磨等，才可以加工成麻布，进而加工成麻布衣服的。这个加工过程就如同前面阳明先生说的加工白米的过程，这个是惟精的过程，也是做功夫的过程。做功夫也是为了得到白米，得到做布的麻线。这个也许就代表着得道了。比如镜子生锈了，也需要打磨做功夫的。这个明镜就代表着心的。

这么看禅宗是不是跟心学有些相通呢？也许不仅仅是相通这么简单吧？阳明先生似乎真的不该那么排斥佛老吧？我们再来说说这个蚕丝，墨子悲染丝。墨子看到丝线放在黑色的染缸就变成黑色的，放在红色的染缸就变成红的。正所谓近朱者赤近墨者黑。我们的心是否如同丝线一样呢？放在物欲之中浸泡了，也就有了人的私欲了，如果私欲去尽了，仅存的就是天理了。

蚕不断地吐丝，这些丝线细到也许无法用肉眼完全能够看得清楚的，不断地吐丝把自己给捆起来了。有个成语说作茧自缚，说的是这个了。我们在笑蚕的时候，有没有想过自己也是如此的呢？也许人比蚕还要可怜的。不太相信吧？没关系，大致在这里说说。我们所说的造业，就是我们的身口意业，身体所行，嘴巴所说，心里所想，这些都在造业的。这些业如同丝线一样，也叫业丝，不断地把世人给束缚住了。有形的丝线也许还容易解开，无形的业丝更加难以解脱的。我们所说的解脱束缚，也就是解脱这些业丝的束缚。

说到衣服，我们就来说说素纱禅衣吧。辛追是刘邦曾经的妃子，汉文帝的亲生母亲。素纱禅衣是辛追去世之后在墓葬中所穿的衣服。这件衣服非常轻巧，至今还保存相当的完好。我们就如同被这么轻巧的业丝所束缚，还是无形的业丝所束缚。好了不扯远了，衣服说到这就好了。

先生又说道："照你这个比喻来看，你也是没有能够见到此物，未能知此，而先行进行比喻了。也就是说，你虽然说先知后行，可是你自己对于这个比喻来说，你也是未知先行了。你以为你已经知了，可是未有真知的，而直接行了。先行了还未知的，我讲了你应该知了吧。你却又说，这也是差在毫厘刹那之间的，并不是说等今日知道了，而明日再行的。你这种说法只是说明你察觉还没有到精妙处罢了。然则现在说来，按照你说的这些例子分析一下，你应该知道知行合一并进，应该能够自己有个明确的判断，没有什么疑问了吧。"

4. 专求本心

【原文】 来书云："真知即所以为行，不行不足谓之知。此为学者吃紧立教，俾务躬行则可。若真谓行即是知，恐其专求本心，遂遗物理，必有暗而不达之处，抑岂圣门知行并进之成法哉？"

知之真切笃实处即是行，行之明觉精察处即是知。知行工夫，本不可离。只为后世学者分作两截用功，失却知行本体，故有合一并进之说。真知即所以为行，不行不足谓之知。即如来书所云知食乃食等说可见，前已略言之矣。此虽吃紧救弊而发，然知行之体本来如是，非以己意抑扬其间，姑为是说，以苟一时之效者也。专求本心，遂遗物理，此盖失其本心者也。夫物理不外于吾心，外吾心而求物理，无物理矣。遗物理而求吾心，吾心又何物邪？心之体，性也，性即理也。故有孝亲之心，即有孝之理；无孝亲之心，即无孝之理矣。有忠君之心，即有忠君之理；无忠君之心，即无忠君之理矣。理岂外于吾心邪？晦庵谓"人之所以为学者，心与理而已。心虽主乎一身，而实管乎天下之理。理虽散在万事，而实不外乎一人之心。"是其一分一合之间，而未免已启学者心、理为二之弊。此后世所以有专求本心，遂遗物理之患。正由不知心即理耳。夫外心以求物理，是以有暗而不达之处。此告子义外之说，孟子所以谓之不知义也。心一而已，以其全体恻怛而言谓之仁，以其得宜而言谓之义，以其条理而言谓之理。不可外心以求仁，不可外心以求义，独可外心以求理乎？外心以求理，此知行之所以二也。求理于吾心，此圣门知行合一之教，吾子又何疑乎？

【注解】 来信中说道："如果有真知就能够去行，如果不行就不足以称之为有真知了。由此可见，似乎行更加重要的，因为只要有真知就必定会去行了。学者那就只需要抓紧立教，务必躬行就可以了。可是话又说回来了，如果真的说行就是知了，恐怕学者就会专门去修行，去专求本心，这样就会有所遗漏了。也许就会缺少真知了，遗漏万物之理了。专门求心而不去穷万物之理。这样就必有暗而不能达的地方了，这样岂是儒家圣门知行并进的成法呢？"

先生回信说道："知得真切笃实处也就是行了；行到了明察精察处也就是知了。"知行可以说互为阴阳，阴阳到了极致都变成对方了。知到了极点，就是行了。行到了极点，也就是知了。阴中有阳，阳中有阴的。知中有行，行中有知。千百年来，世人都在辩论，知难还是行难，看来应该可以在这里有个了断了吧。

先生又说道："知行的功夫，本来是合一并进的，并不是二的，本来是不可分离的。"就像现在我们说安全生产，如果没有安全哪里还有生产呢？如果没有生产活动，哪里还需要有安全这个事情呢？所以安全和生产不是两件事情，本来就是一件事情的。

先生又说道："只是后世学者分为两截用功了，已经失去知行的本体了，所以才会有合一并进的学说。你在信中说，如果有真知就能够去行，不行就不足以称之为有真知了。这个说法有点类似于一定要先有真知才能有行的。你这个说法有点类似前面说的必须知道是食物，才会去吃东西的，这样有关于衣食住行的说法。前面回信我已经大略说过了，就不再重复了。"阳明先生对顾东桥这句话是不同意的，但不再重复解释了。

先生又说道："我说了知行合一并进的学说，这虽然是为了抓紧去挽救时弊有感而发的，然而，知行的本体本来就是这样的，并不是以我一已私欲去有什么抑扬在里面的。我这么说，事实本来就是如此的，并不是为了针对时弊，一时这么说的。"

先生又说道："你在信中说专求本心，担心会遗漏了万物之理了。如果是这样的话，大概是失去本心了吧。如果失去本心了，才会遗漏万物之理的。如果不失去本心，已经去除了私欲，就必定存天理的，也就能够穷万物之理了。万物之理并不在自心之外，如果在自心之外去求物理，也就无物理可求了。也就是说心外无物，心外无理，心即是理。你所说的遗漏万物之理而专求自心，那自心又是什么物呢？"

先生又说道："心的本体，也就是自性的。自性也即是理的。所以说有孝顺双亲之心，也就有孝的理；无孝顺双亲的心，也就无孝的理。有忠君的心，也就有忠君的理；无忠君的心，也就无忠君的理。理岂能在自心之外单独存在呢？"

先生又说道："晦庵先生，也就是朱熹曾经说过：'人之所以为学的关键，仅心和理而已。心虽然看似只是主一身，而事实上是管着天下万物之理。理虽然散在万事万物之间，而实在不外乎在于人的自心。'虽然这个话听起来似乎还是有些道理，可是一分一合之间，已经把心和理有分有合了。如此这么一说，未免已经开启了后来学者心和理为二的弊病了。这就误导了世人了，后世现在有了疑虑，担心专求本心，会遗漏万物之理。这正是不知心即是理，心外无理，心外无物罢了。"由此看来，著述乱正学，我们不可以不慎重呀。如果耽误了别人，还不如一把火把它烧掉了。明代大儒陈白沙终生不想著述。

先生又说道："正是不知心即是理，就在心之外去求万物之理，这样才是真正的有了暗处，未达光明的地方。一灯能除万年暗，一智能除万年愚。心灯未达所以就暗了。这就是告子说的，义在心外的说法，孟子就认为他不知义的。"如果不知心，如何能够知义呢？

先生又说道："心只有一个的，因为心的全体是恻隐的，是同情弱者的，这样可以称之为仁。心的全体也是适宜于事理的，也就是说为了邦国或者别人，可以牺牲自己的利益，这个可以称之为义。心的全体而言也是有条理的，这个可以称之为理。"不管是用仁义，还是用理来形容，也都是说的这个心的。可是虽然说是心的全体，不要误解了以为这个心是个有形状的实物。心不是物，心不在外，也不在内。

先生又说道："不可在心外去求仁，不可在心外去求义，难道单独可以在心外求理了吗？"比如我们看一朵花，那么多姿多彩。可是这朵花本来是没有名字的，连这个花这个字也没有。这个只是我们的心赋予它的。颜色是不是花本来就是有的呢？难道也是心赋予的吗？我们知道不同的颜色代表着不同波长的光波。如果没有我们的眼睛去感受这朵花的颜色，那这朵花也是没有什么颜色可言的。非黑非白，非红非紫。那如果没有我们的眼睛和心去感受这朵花，那这朵花还会有婀娜多姿的身姿吗？正是因为眼睛感受到了光线，光线从花朵不同部位反射过来，深浅程度不同，也就有了尺寸、高矮和形状这样的外在的空间概念。有的中风病人，左脑停止了工作，内心就不再喃喃自语了，一切就都安静了。而且看周围的事物，也缺少了尺寸和形状的概念了，似乎万物一体了。花朵都没有高矮的尺寸了，或许相对论中说的高速运动的物体，会变短，这个或许是对的吧。这也是跟心学相通的。如果没有此心去感受，也许这朵花也就没有了这些外在的概念了。那我们可以这么说，如果没有此心，这朵花连名字都没有，颜色也没有，高矮形状也没有，那我们说这朵花是不是也没有多少意义了呢？但是也并不是说绝对没有。还是有一物，没有名字，没有颜色。如果没有这么一个东西，也不会有花。手指去弹琴，如果光有手指，而没有琴，也不会有雅乐。手指类似于心，而琴类似于那个东西，而花是雅乐。如此说来，应该说心外无花，心外还是有个东西的。

先生又说道："如果在心外求理，这也就是为什么知行之所以被割裂而二了。"像朱熹那样，把心和理当两个东西，心在内，而理在外。知对应于心，行对应于求理。这样心和理分开了，知和行也就分开了，而且是不可调和的，内外有别，完全不同方向。

先生又说道："如果反过来就好了，在自心中去求理。知也在于心，行求理于心。这就可以知行合一了。这就是儒家圣门知行合一的教法，你还有什么好怀疑的呢？"

5. 尽心知性

【原文】来书云："所释《大学》古本，谓致其本体之知，此固孟子尽心之旨。朱子亦以虚灵知觉为此心之量。然尽心由于知性，致知在于格物。"

尽心由于知性，致知在于格物，此语然矣。然而推本吾子之意，则其所以为是语者，尚有未明也。朱子以"尽心、知性、知天"为格物、知致，以"存心、养性、事天"为诚意、正心、修身，以"夭寿不二、修身以俟"为知至、仁尽、圣人之事。若鄙人之见，则与朱子正相反矣。夫"尽心、知性、知天"者，生知安行，圣人之事也；"存心、养性、事天"者，学知利行，贤人之事也；"夭寿不二、修身以俟"者，困知勉行，学者之事也。岂可专以"尽心知性"为知，"存心养性"为行乎？

吾子骤闻此言，必又以为大骇矣。然其间实无可疑者，一为吾子言之。夫心之体，性也；性之原，天也。能尽其心，是能尽其性矣。《中庸》云："惟天下至诚为能尽其性。"又云："知天地之化育，质诸鬼神而无疑，知天也。"此惟圣人而后能然。故曰：此生知安行，圣人之事也。存其心者，未能尽其心者也，故须加存之功；必存之既久，不待于存而自无不存，然后可以进而言尽。盖"知天"之"知"，如"知州"、"知县"之"知"，知州则一州之事皆己事也，知县则一县之事皆己事也，是与天为一者也。"事天"则如子之事父，臣之事君，犹与天为二也。天之所以命于我者，心也，性也，吾但存之而不敢失，养之而不敢害，如"父母全而生之，子全而归之"者也。故曰：此学知利行，贤人之事也。至于"夭寿不二"，则与存其心者又有间矣。存其心者虽未能尽其心，固已一心于为善，时有不存，则存之而已。今使之"夭寿不二"，是犹以夭寿二其心者也。犹以夭寿二其心，是其为善之心犹未能一也，存之尚有所未可，而何尽之可云乎？今且使之不以夭寿二其为善之心，若曰死生夭寿皆有定命，吾但一心于为善，修吾之身以俟天命而已，是其平日尚未知有天命也。事天虽与天为二，然已真知天命之所在，但惟恭敬奉承之而已耳。若俟之云者，则尚未能真知天命之所在，犹有所俟者也，故曰"所以立命"。立者"创立"之"立"，如"立德"、"立言"、"立功"、"立名"之类。凡言立者，皆是昔未尝有而今始建立之谓，孔子所谓"不知命，无以为君子"者也。故曰：此困知勉行，学者之事也。今以"尽心、知性、知天"为格物致知，使初学之士尚未能不二其心者，而遽责之以圣人之生知安行之事，如捕风捉影，茫然莫知所措其心，几何而不至于"率天下而路"也？今世致知格物之弊，亦居然可见矣。吾子所谓务外遗内，博而寡要者，无乃亦是过欤？此学问最紧要处，于此而差，将无往而不差矣。此鄙人之所以冒天下之非笑，忘其身之陷于罪戮，呶呶其言有不容已者也。

【注解】 来信中说道："先生您所解释的《大学》古本，其中说到，达到对心的本体的知，这固然也是孟子尽心的本旨。孟子有专门谈尽心的。朱熹先生也说虚灵知觉为此心的本体。然而，尽心由于知自性，致知由于格物。"

先生回信中说道："你在信中说到，尽心由于知性，致知在于格物，这句话还是蛮有道理的。"阳明先生还是比较客气的哦，一开始先给予别人肯定，然后再提不同的意见。这个友人这么好学，写了不少的信来，阳明先生回信还是蛮认真的哦。孟子也是这么说尽心的，尽心是由于能够知自性的。如果能够知自性，也就是明心见性了，就可以尽心了。如果知自性了，而自性是心的本体，知道了心的本体了，也就对心尽览无疑了，都看得见了。所以，称之为尽心。心如同天上的明月，如果遮蔽的乌云散尽了，就能够看得清这个明月了，也就能够尽心了。去除物欲就可以有真知了，去除人的私欲就可以存天理了。

先生又说道："然而我在琢磨推敲你的本意，之所以你说这些话，看来还是有没有明白的地方。"下面一下子来这么多引用的名词，也许看了会有点晕，没关系我们一个个来。本来不想去引用什么，可是这里还是引用一下吧，方便后面的解释。孟子曰："尽其心者，知其性也，知其性，则知天矣。存其心，养其性，所以事天也。殀寿不二，修身以俟之，所以立命也。"大家看看，这句话里面包含的内容很丰富的。我们先简单翻译一下吧，不一定逐字逐句地翻译。孟子说："如果能够尽心了，就能够知自性了，知自性了，就可以知天命了。什么是尽心呢？也就是要去除人的私欲，让心的本体不被物欲所遮蔽，全部使得本心尽览无余，可以称之为尽心了。以道存养自心，涵养自性，这样就可以顺应天道了。不管是寿是殀，寿命长短，命运坎坷还是顺利，都不改其心，坚持求道做学问修身养性，这就可以安身立命了。"孟子先描述了尽心的美好，知自性和知天命，知天道这个是每个做学问的人的终身理想来的。那如何求道呢？如何尽心呢？后面就说了要涵养自心和自性，不管遇见什么样的挫折，都要坚持去求道的。看原文似乎孟子也并没有把求道做学问的人分成三种人的意思，朱熹先生又要干些这样的事情了。

先生又说道："朱熹把'尽心、知性、知天'看作格物、致知，大家看看朱熹先生能通过一个个事物去格，能够做到尽心吗？他把'存心、养性、事天'看作诚意、正心、修身；把'殀寿不二、修身以俟'看作知至、仁尽，把这个当作是圣人的事。可是依鄙人的见解，刚好和朱熹相反的。"也许佛陀说的颠倒众生是对的吧，朱熹先生还没有得道所以也是颠倒着来的。如同在镜子中看这个世界一样，一切都是颠倒的。

先生又说道："'尽心、知性、知天'，这个是生而知之的，也就是说生下来就懂得的；也是安而行之的，安于本愿从容不迫地去行动。这个是圣人才能够这样的。"就像阳明先生从小就发愿要做圣贤，就会安而行之了。

先生又说道："'存心、养性、事天'，这个是学知利行的，也就是说不是生下来就懂的，这个虽然不能做到与天合一，可是也是知天命的了，都可以努力去学习圣人之道的。通过学习经典而对自己的所言所行有所帮助，有所提升的。这个是贤人的事情。"见贤思齐，也就能够成为贤人的。

先生又说道："'夭寿不二、修身以俟'，这个是困知勉行的，也就是说不管是夭折还是长寿，不管命运平坦还是坎坷，由于没有知天命，还是能够修身以等待天命，也就是听天由命了。一开始不是自愿去做的，而是迫于生计或者其他不得已的原因去做。可是，最后还是无心插柳柳成荫，还是得道了，这个是学者的事情了，这个应该说是大多数人的事情。"比如清代名医黄元御，一开始并不是想着学医的，被庸医害苦了，弄瞎了一只眼睛，无法参加科举考试了，就转而发奋攻读伤寒而得道了。这也很形象，遇见困难窘境而勤勉的去求道做学问，也是殊途同归的。阳明先生顺着朱熹这样来进行分类了，可是前面已经看了孟子的原文，似乎孟子并不是想分类的。

先生又说道："岂可以专门把尽心知性单独作为知，而把存心养性作为行呢？"不可以把知和行分开来看的。

先生又说道："你也许猛然之间听到这样的说法，必然又会惊骇不已的。然而我所说的这些，的确没有什么值得怀疑的。下面一一为你说吧。"

先生又说道："心的本体，也就是自性的；自性的本源，也就是天的。天赋予禀赋于人，这就是自性了。如果能够尽心，也就能够尽性了。"性为心的本体，尽心尽性就是使得物欲全部都去尽了，使得心性尽览无余了。

先生又说道："《中庸》中说道：'只有天下至诚才能尽其性的。'又说道：'如果能够知晓天地之所以化育万物的奥秘，被以鬼神这样的事情来质疑也毫不怀疑，不惊不怖，这样可以称之为知天了'。"先生引用经典来说什么才是尽性，什么才算是知天。之前阳明先生已经说过了，诚和知也是心的本体。其实心就只有一个，不管仁义还是理，都是描述心的本体。这个诚和知也是如此的。到了至诚了，心体全部揭露无遗了，也就可以说尽心了，尽性了。《金刚经》中说到，如果有人看到这部经典，能够不惊不怖，也是很稀有了的。如果能够契入这些经典，就能够面对鬼神这样的问题了，这可以称之为知天了。

先生又说道："这只有成为圣人后才能如此的。由此可见，尽心尽性和知天，这是圣人的事，当然，凡人通过精进修行可以出凡入圣的。所以说，生知安行，也就是生而知之的，能够安于本愿而行的人，这是圣人的事了。"

先生又说道："也许'知天'的知，正如'知州'、'知县'的知吧。知州就是以一州的事当作自己的事了，知县就是以一县的事当作自己的事情了。如果是知天，那不是要以天下的事当作自己的事情了吗？如果知天，自己就与天下为一了。"看看古人可真是用心良苦呀，给这些当官的人起的官名，都不忘提醒其本分的呀。作为知县，如果对一县的事情不能知，如何能够治理的好呢？如果不能以一县的事情当作自己的事，如何能够一心为民呢？如果要知县,首先要知人,如果要知人,就要知己。我们古代说九州,那知州就要以一州为己任了。当官也许在享受着别人尊称大人,可是并不是官越大就是大人哦。有大心的人才能称之为大人哦。起码要尽心知性,为国为民。达官贵人,这也并不是说位高权重富贵哦,要达于道,才能够称之为达哦。要以民为贵,而不是以己为贵的。这是说圣人的事,这一段跟圣人的事比较贴近一点,就调换一下顺序了,下面说贤人的事。

先生又说道:"虽然存心求道,可是还未能尽心的人,就需要增加存心的功夫了,存得越久,不用刻意去存就能够自觉地去存了,然后有进步了就可以尽心了。"这个存也有点类似积德那样,积德就像存钱一样的。德行日渐增长,人的私欲日渐减少,所存地天理日渐增加的。比如,袁了凡先生做一件善事就记录一下,做了3000件善事命运都有很大的改变了。

先生又说道:"'事天'如同子女侍奉父母,臣下侍奉君主的,似乎跟天有所不同的。但其实不然,天之所以命于我,赋予每个人的禀赋,也就是自心,自性的。上天赋予我的,存着不敢有失的,养着不敢有什么损害的。正如父母所赋予我们的,身体发肤受之父母,不敢丝毫有所损害的。父母给予我们完整的生命,我们也不能有丝毫的损失,要回报给父母的。举手投足,起心动念之间都不敢忘却父母的,不能够辱没自身,对身体有什么伤害,也不能够丧失父母赋予的良知本心,也不能够让父母为此感到羞耻,这可以称之为孝了。"

先生又说道:"天地为无形的父母,父母为有形的天地。父母为一家的天地。人侍奉天地当如侍奉父母,在富贵的时候,也不敢丝毫忘记父母,不敢忘却道义。在贫贱患难的时候,承受它不失去气节,不忘记孝顺父母。所以说,这是学知利行,也就是说学习经典而知道,有利于行的,这是贤人的事。"前面这几段都是说的贤人的事,说了存心,养性,事天。下面来说学者的事了。

先生又说道:"至于'夭寿不二',这个跟存心的人就又有了点距离了。存心的人虽然还未能尽心,可是却已经能够一心为善了,有时不能存善,不能存德,就存下来就可以了。"这个存字还是很形象的了,就像存钱。做一件善事,就存一分天理,减少一分私欲;做一件恶事,就存一分私欲,就减少一分天理。所以说要重积德,特别是积阴德,阴德就是别人不知道的情况下积累的,这个就是慎独功夫了。

先生又说道:"这里说'夭寿不二',也就是说世人很容易夭寿来二其心的。之前也说了侍奉天地如侍奉父母,这个是一样的,不是两样的。夭寿也是如此,夭折这个是不幸的了,长寿这个是幸运的了,不管命运如何,都能够矢志不渝地对待天地,对待天道,对待父母。不会因为富贵或者贫贱而改变初心。"这个二字在古代还是比较深刻的,我们平时现在也用,不过是骂人的话，更有甚者就是"二百五了"。如果我们说这个人很二，那他会生气的。我们就来说说这个二的由来，一可以说半天，这个二也许可以说一大堆了。佛家有个不二法门，无有善恶的分别心，讨厌这个，喜欢那个，这个就是二了。深挖下去我们的痛苦根源也是来自于这个二。伊甸园里面的禁果长在什么树上呢？大家有没有注意到呢？那棵树的名字叫知善恶树，为什么吃了禁果，知善恶了就有了原罪了呢？

先生又说道："如果夭寿还能二其心，这是由于为善的心还不能专一的，不能矢志不渝的。存心尚且还不能，如何能够谈得上尽心呢？现在先要使得学者不以夭寿改变其为善的心，不以富贵贫贱改变其心，我只要一心行善就可以了，修行完善此身其他的就听天由命了。这是由于平日里尚未能够知有天命的。前面第二种贤人，虽然说是侍奉天，虽然与天也为二，不能与天合一，可是毕竟已经知天命了，然已真知天命之所在。既然知天命了，侍奉天地就恭敬奉承天命了。这里说修身以俟之，也就是说修身以等待它。尚未能知天命在哪里，天命有没有，所以只有听天由命了。所以才说立命的。立是创立的立，如同立德、立言、立功、立名这类的。凡是说立的，都是未尝有而现在才开始建立才这么说的。孔子曾说：'不知命，无以为君子'，如果不知命，如何为君子呢？这个也是为学的人首先要去立命的。所以，说这类人是困知勉行，也就是说遇见夭寿的事，遇见困难挫折、富贵贫贱都不能改变矢志不渝地求道的心，都勤勉地修行做学问的，这个是学者的事了。"

先生又说道："现在的人都相信朱熹的说法，认为'尽心、知性、知天'必须要格物才能致知的，这样的说法使得初学的人一下子就糊涂了。一开始尚未能够做到不二其心，第三种求道做学问还不能做到，还不能够知天命，还在动摇求道的心的时候，以这么高的要求，还要求以圣人才能做到的事情，也就是生知安行这样的事情。这就是勉为其难了，求道做学问要一步一步来的，稳扎稳打，这样就会把初学误导了，也会把他们拒之门外的了。一个个的去格物，一本书一本书的去格，格到头发都白了，本来初学就要培养他的信心。否则让他们去碰到头破血流，失去信心，就会改变求道的心了，也就是二其心了。这就让后学者茫然不知所措，不知道下手处在哪里，只好去捕风捉影了。这样带坏了头，几乎就使得天下的人都疲于奔命的了，只能盲目地瞎撞了。当今世上对格物的错误理解这个弊病，也是显而易见的了。"

先生又说道："你前面信中所说务外遗内，博而寡要，这个也无非是过了吧。也是在向外求，务求广博而不能抓住求道的要点。我所说的向内求，所讲的心学，纠正格物这个事情，这是学问最紧要的地方，对于这个如果有所不理解，有点差错的话，就错得很离谱了。这个可是个岔路口，差之毫厘谬以千里的了。这就是为什么鄙人之所以会冒天下之大不韪去做这个事情了，不顾性命的危险，而在那里喋喋不休反复地说这个的缘故了。"由此可见阳明先生的良苦用心，圣人奔走呼号也是为了世人的。明明看到世人都疲于奔命，走错路了，可是怎么讲别人还不听，还会对阳明先生陷害排挤。这也是古往今来多少圣贤所做的事情呀。不管是东方，还是西方的圣人，都是如此的，耶稣为了唤醒世人，牺牲了自己。

6. 心理合一

【原文】 来书云："闻语学者，乃谓即物穷理之说亦是玩物丧志，又取其厌繁就约涵养本原数说标示学者，指为晚年定论，此亦恐非？"

朱子所谓格物云者，在即物而穷其理也。即物穷理是就事事物物上求其所谓定理者也。是以吾心而求理于事事物物之中，析心与之理为二矣。夫求理于事事物物者，如求孝之理于其亲之谓也。求孝之理于其亲，则孝之理其果在于吾之心邪？抑果在于亲之身邪？假而果在于亲之身，则亲没之后，吾心遂无孝之理欤？见孺子之入井，必有恻隐之理。是恻隐之理果在于孺子之身欤？抑在于吾心之良知欤？其或不可以从之于井欤？其或可以手而援之欤？是皆所谓理也。是果在于孺子身欤？抑果出于吾心之良知欤？以是例之，万事万物之理莫不皆然，是可以知析心与理为二之非矣。夫析心与理而为二，孟子之所深辟也。

务外遗内，博而寡要，吾子既已知之矣，是果何谓而然哉？谓之玩物丧志，尚犹以为不可欤？若鄙人所谓致知格物者，致吾心之良知于事事物物也。吾心之良知，即所谓天理也。致吾心良知之天理于事事物物，则事事物物皆得其理矣。致吾心之良知者，致知也。事事物物皆得其理者，格物也。是合心与理而为一者也。合心与理而为一，则凡区区前之所云，与朱子晚年之论，皆可以不言而喻矣。

【注解】 来信中说道："听先生跟求学的人说过，即物穷理之说也是在玩物丧志的。你又将朱熹晚年关于厌繁就约、涵养本原等书信汇编成集展示给学人，说是朱子晚年定论，这恐怕也不对吧？"关于晚年定论的书信我们在下卷可以详细探讨，这里就专门看阳明先生怎么讲吧。

先生回信说道："朱熹所谓的格物，也就是即物而穷其理的。你在信中提到这个，我就先说这个了。即物穷理也就是说在事事物物上求其所谓的定理。对一个个的事物上来求定理，对一本本书这样来格，这岂不是会累死呀。这是把自心放在事事物物之中去求理的，也就是把心和理一分为二了。求理于事事物物之中，就比如说求孝的理于双亲。如果我们求孝的理于双亲，那么孝的理是在自心还是在双亲的身上呢？假如孝的理果真在双亲身上，那么双亲去世之后，自心就没有孝的理了吗？再比如看到小孩子掉入井里面了，必然有恻隐的理。这个恻隐的理在小孩身上吗？还是在自心的良知里呢？或者不可以跟着跳到井里？或者可以伸手去援救他的？这些也都是所谓的理。这些理都在小孩子身上吗？还是全部都出于自心的良知呢？只是举了这两个例子来说明一下的，万事万物的理也都是如此的，由此可以知道把心和理一分为二，这个是不对的。把心和理一分为二，这个是告子心外求义的说法，正是孟子所反对的。"我们对某些事情也不能一分为二的，这个二是很容易犯的，所以要特别的注意的。这里不是骂人哦。比如唯物和唯心有许多的争论，这个也是二的，心物本来是一元的，心理本来也是一元的。我们来看看弹琴的例子，手指放在琴弦上弹就会有声音了。单单手指也不行，单单琴弦也是不能有美妙的乐音的。心和物浑然合一，这就可以了。苏东坡的诗句有说道："若言琴上有琴声，放在匣中何不鸣？若言声在指头上，何不于君指上听？"

　　先生又说道："你在来信中写到，务求于外而遗于内，虽然博学广闻可是却不能抓住求道的要点，你既然已经都知道这些都是世人的弊病了，为什么还有疑问呢？我说即物穷理，在万事万物之中去穷理，一个个事物去格，一本本书去啃，说这个是玩物丧志，你还认为我这么说不恰当吗？"犹太人有一本极其重要的经典叫《塔木德》，里面有一句话是这样的，只要把一本书念100遍，你就有能力读懂世界上的任何一本书。犹太人有许多都是很有智慧的，这也许和他们的教育和传承有关。当然，这里所说的一本书读百遍的，要找一本载道的书，不是随随便便的一本言情小说。一经通所有经通，如果知道自己，也就知道别人了，知道天底下所有的人了。知一经而知万经，知一心而知万心，知一书而知万书。朱熹告诉我们应一个个事物去穷理，把有限的生命放到无穷的格物事业中去，这个是让天下的人疲于奔命的，这个不是玩物丧志又是什么。这个物玩一下，格不通放下了，换另外一个的。依我来看，阳明先生这么说还是轻了，还算客气了。

　　先生又说道："鄙人我所说的致知格物，和别人的还是有所不同的，也许说是刚好相反的。我所说的致知格物，是说致自心本有的良知于事事物物之中。自心的良知，也就是所谓的天理了。致自心良知的天理于事事物物之中，那么，事事物物都能够得理了。致自心的良知，也就是致知了。事事物物都得其理，这就是格物了。这就把心和理合二为一了。如果能够把心和理合二为一，而不是一分为二，各执一词，那么前面所说的那些，还有朱熹晚年的谈论，这些都能够不言而喻了。"自心就如同明镜一样，照事事物物就可以得理了。如果没有事物，单有镜子，也不会有什么东西在镜子里面。如果单有事物，而没有镜子，或者这个镜子是不明净的，都是污垢，也无法显现物象的。

这个物的影响就好比是物理的。如果能够把格物致知给搞明白了，来信所说的都不是问题了。

7. 学行合一

【原文】 来书云："人之心体，本无不明，而气拘物蔽，鲜有不昏。非学、问、思、辨以明天下之理，则善恶之机，真妄之辨，不能自觉，任情恣意，其害有不可胜言者矣。"

此段大略似是而非，盖承沿旧说之弊，不可以不辨也。夫学、问、思、辨、行皆所以为学，未有学而不行者也。如言学孝，则必服劳奉养，躬身孝道，然后谓之学。岂徒悬空口耳讲说，而遂可以谓之学孝乎？学射则必张弓挟矢，引满中的。学书则必伸纸执笔，操觚染翰。尽天下之学，无有不行而可以言学者。则学之始，固已即是行矣。笃者，敦实笃厚之意。已行矣，而敦笃其行，不息其功之谓尔。盖学之不能以无疑，则有问，问即学也，即行也。又不能无疑，则有思，思即学也，即行也。又不能无疑，则有辨，辨即学也，即行也。辨既明矣，思既慎矣，问既审矣，学既能矣，又从而不息其功焉，斯之谓笃行。非谓学问思辨之后，而始措之于行也。是故以求能其事而言谓之学，以求解其惑而言谓之问，以求通其说而言谓之思，以求精其察而言谓之辨，以求履其实而言谓之行。盖析其功而言则有五，合其事而言则一而已。此区区心理合一之体，知行并进之功，所以异于后世之说者，正在于是。今吾子特举学、问、思、辨以穷天下之理，而不及笃行，是专以学、问、思、辨为知，而谓穷理为无行也已。天下岂有不行而学者邪？岂有不行而遂可谓之穷理者邪？明道云："只穷理，便尽性至命。"故必仁极仁而后谓之能穷仁之理，义极义而后谓之能穷义之理。仁极仁则尽仁之性矣，义极义则尽义之性矣。学至于穷理至矣，而尚未措之于行，天下宁有是邪？是故知不行之不可以为学，则知不行之不可以为穷理矣。知不行之不可以为穷理，则知知行之合一并进，而不可以分为两节事矣。夫万事万物之理，不外于吾心。而必曰穷天下之理，是殆以吾心之良知为未足，而必外求天下之广，以裨补增益之，是犹析心与理而为二也。夫学、问、思、辨、笃行之功，虽其困勉至于人一己百，而扩充之极，至于尽性知天，亦不过致吾心之良知而已。良知之外，岂复有加于毫末乎？今必曰穷天下之理，而不知反求诸其心，则凡所谓善恶之机，真妄之辨者，舍吾心之良知，亦将何所致其体察乎？吾子所谓气拘物蔽者，拘此蔽此而已。今欲去此之蔽，不知致力于此，而欲以外求，是犹目之不明者，不务服药调理以治其目，而徒怅怅然求明于其外。明岂可以自外而得哉？任情恣意之害，亦以不能精察天理于此心之良知而已。此诚毫厘千里之谬者，不容于不辨。吾子毋谓其论之太刻也。

【注解】 来信中说道:"人的心体,本来并不是不明的,只是由于各种习气拘束,物欲的遮蔽,鲜有不昏聩不明的。就必定需要博学、审问、慎思、明辨这样的功夫,才能明天下的理。不然的话,善恶的天机,真和妄的辨明,不能自己就觉察得了。如果不能够自觉,还不能通过做功夫以明理,就会纵情恣意妄为的,其危害之处就不可胜数了。"

先生回信说道:"这一段话呢,看着也似是而非的。大概也是沿袭旧说的吧,里面也有些弊病,不可不辨明的。"下面看看阳明先生怎么个辨明的,对这段怎么看。

先生又说道:"博学、审问、慎思、明辨和笃行这五者都可以称之为学的,没有光学而不行的。比如说学孝,就必定要服侍奉养父母,躬身孝道,然后才可以称之为学孝。岂能说只是空口白牙的说,带耳朵来听,这样就可以称之为学孝的。学射也必定要张弓搭箭,拉满弦命中靶子。如此才能称之为学箭的。学书法也必定要铺开纸张拿着毛笔,学书则必伸纸执笔,沾满墨水一笔一画的来写。遍观天下之学,没有不行而可以言学的。刚开始学的时候,就已经是行了。"阳明先生不仅是说知行合一,学行也是合一的。读万卷书行万里路。阳明先生特意加上了笃行,这也是在强调为学必须要笃行,做到学行合一的。这是阳明先生首先要辨明的。

先生又说道:"笃行的笃,就是忠贞不渝,踏踏实实,一心一意,坚持不懈,敦实笃厚的意思。一开始行的时候,就要敦笃其行的,不要停息其功夫的。如果做功夫半途而废,也许就功亏一篑了。"比如,前面我们说的存天理,那我们笃行去做功夫。一个行动,就存一分天理,存得多了,就都是天理了。修行求道做学问,也要拿出水滴石穿,十年磨一剑的精神。水每滴一次,也许只是改变一点点,可是坚持不懈下去,就可以把石头给滴穿了。宝剑每次磨一下,也许只能够蹭掉一点点,十年磨一剑就可以了。假如像朱熹先生那样格物,一个个地去格。水滴今天滴这里,明天滴那里;磨剑也是,今天磨这把,明天磨那把,也许永远都无法成功了。修行人每念一句佛号,就如同这一滴水滴,如同在磨刀石上磨一下,就会把心的灰尘去掉一些的。

先生又说道:"学习的时候不可能没有疑问的,有了疑问就审问,问即是学的,审问也是行的。学习也不可能没有疑问的,有了疑问就要慎思的,这个思考也是学,也是行的。不能没有疑问的,就要辨别清楚的,辨明即是学,也即是行的。分辨明白了,思考慎重了,问的详尽了,博学多能了,又能够不断地去做功夫不停息的,这样可以称之为笃行了。并不是有个什么先后的关系,并不是说博学审问慎思辨明之后,最后才开始去笃行的。实际上每个阶段都是学行并进的，学行合一的。"

先生又说道："所以说广泛地去学习，以求能够做成事，这样才能称之为博学的，这里面也既有学也有行了；要能够解除为学的困惑，解除疑问，这样才能称之为审问的；要能够融会贯通学说，这样才能称之为慎思了；要能够求得明察秋毫，对真伪正邪都是如此，可称之为辨明的；要能够确实地履行，脚踏实地的，如此可以称之为笃行了。虽然说按照功夫来说，有五种功夫的，可是合起来看，也是归于一的。这几样也都是知行合一的。这就是鄙人所说的，心和理是合一的，知行合一并进的功夫。我的学说跟后世有根本的不同的，也就是这里的。"阳明先生说了他的心学的要点，可要足够重视的哦。横说竖说，也都是说这个道理。

先生又说道："你特意列举了博学、审问、慎思、明辨这四个功夫以期能够穷天下的理，而不能言及笃行。难道是专以博学、审问、慎思、明辨为知，而称所谓的穷理是没有行了吗？天底下哪有不行而能够学的呢？岂有不行而能够穷理的呢？"不行就不能穷理的，针对自心，多行一步，就多一分天理的。如果要穷理，就要多行好多步的。直到尽心了，尽性了，行路也到了尽头了，也全部都是天理了。

先生又说道："明道先生，也就是程颐先生说：'只要说是穷理，就知道已经是尽性尽心至命了。'"这个有什么必然性吗？接下来听阳明先生怎么讲？

先生又说道："所以仁必然也是要到了极仁的程度，才能称之为穷了仁的理了。义也要到了极点之后才能称之为穷义的理了。如果仁到了极点，也就尽仁的性了；如果义到了极点也就尽义的性了。为学到了穷理的地步，而尚还没有付诸行，你们说说看天底下哪有这样的呢？所以就知道不行不可以称之为学的，也就知道了不行不可以称之为穷理了。"你站在路中间那里不走，你说你已经知道一路的风景了，这条路上有几个坑，这都是说瞎话的，你不行，怎么能穷此道之理呢？

先生又说道："所以就知道了，知行合一并进的，不可以分为两节事来看的。心和理不可以分开，知行并进合一也不可以分开的。万事万物的理，不在心外的，都在心内的。心外无理，心外无物的。如果说务必要穷天下的理，这也许是自心的良知还是不足的，如果能够发挥自己的良知良能是不会去这么做的。正是因为不能做到良知，不能有很好的知，随意才务必要去求天地之广的，要去广闻博学，去穷事事物物的理。要用事物之理来对良知有什么增益和补足。这样就如同把心和理一分为二的。"以为是良知不足，以万物之理来弥补，这个越补越不足的了。其实并不是良知不足，而是物欲多余了，遮蔽了本有的良知了，应该是要去除物欲。面对天底下那么多的事物，就如同前面说的玩物丧志的。反而不断地增加物欲，如此不是帮倒忙了吗？

先生又说道："即使是对于之前所说的困而勉行的那种资质的人来说，这种资质也可以说是比较平庸的了。当然未必都是平庸的了，只是遇见了巨大的挫折而促使他去觉悟的。前面两种生而安行，学而利行的人都是圣贤的资质。即使这么平庸资质的人来说，只要勤勉的去做，别人用一分功夫，自己做一百分功夫，积极地去做前面说的这五种功夫，扩充做到了极点，乃至于尽性知天了，也不过是致了自心的良知而已的。自心的污垢清扫干净了就有了良知良能了。镜子的污垢清除干净了，也就能够有良知良能了，也就能够如实地反应和感知周遭的世界了。良知之外，岂能增加一丝一毫的别的东西吗？难道是良知不足，就要到心外去求万事万物之理来弥补吗？这样是不对的。"

先生又说道："现在在这里说要穷天下的理，而却不知反求诸于自心。你在信中所说的善恶之天机，真妄的辨明，如果不是自心的良知，还有什么能够体察得清楚呢？"

先生又说道："你所说的习气拘束，物欲遮蔽，无非就是遮蔽了这个了，你不明白这个了而已的。"大家可要小心这句话了，阳明先生说到关键的地方了。也就是说不管是习气也好，物欲也好，所遮蔽的就是让大家看不明白上面那一句话的。不知道穷天下的理，在于反求诸于心，并不在于外的。自心的良知就能够体察清楚天下的理。

先生又说道："现在想去掉这个遮蔽，但是却不知道怎么用力的，不知道要用力于自心，要恢复自心的良知的。偏偏还是要在外面求的。打个比方吧，这就好比眼睛瞎了的人，不想着如何吃药调理治疗眼睛的疾病，反而还要昏头昏脑的，东张西望去在外面求明亮。光明岂可以从外面可以得到的呢？首先是要医治好自己的眼睛，要从内求的。"

先生又说道："纵情恣意妄为的害处，也是由于不能以此心的良知来精察天理的缘故。如果此心能够恢复良知，能够精察天理，也就不会这么做了。这实在是差之毫厘谬以千里的，不得不进行辨明的。我这么说实在是必须要说的，千万不要说我太过于言语刻薄了。"阳明先生所说，也许顾东桥先生听起来不太中听，可是却是苦口良药来的。

8. 于道未合

【原文】来书云："教人以致知、明德，而戒其即物穷理，诚使昏暗之士，深居端坐，不闻教告，遂能至于知致而德明乎？纵令静而有觉，稍悟本性，则亦定慧无用之见。果能知古今，达事变而致用于天下国家之实否乎？其曰：'知者意之体，物者意之用'，'格物如格君心之非之格'。语虽超悟，独得不踵陈见，抑恐于道未相吻合？"

区区论致知格物，正所以穷理，未尝戒人穷理，使之深居端坐而一无所事也。若谓即物穷理，如前所云务外而遗内者，则有所不可耳。昏暗之士，果能随事随物精察此心之天理，以致其本然之良知，则虽愚必明，虽柔必强。大本立而达道行，九经之属，可一以贯之而无遗矣。尚何患其无致用之实乎？彼顽空虚静之徒，正惟不能随事随物精察此心之天理，以致其本然之良知，而遗弃伦理，寂灭虚无以为常，是以要之不可以治家国天下。孰谓圣人穷理尽性之学，而亦有是弊哉？心者，身之主也，而心之虚灵明觉，即所谓本然之良知也。其虚灵明觉之良知应感而动者，谓之意。有知而后有意，无知则无意矣。知非意之体乎？意之所用，必有其物，物即事也。如意用于事亲，即事亲为一物，意用于治民，即治民为一物，意用于读书，即读书为一物，意用于听讼，即听讼为一物。凡意之所用，无有无物者。有是意即有是物，无是意即无是物矣。物非意之用乎？"格"字之义，有以"至"字训者，如"格于文祖"、"有苗来格"，是以"至"训者也。然"格于文祖"，必纯孝诚敬，幽明之间，无一不得其理，而后谓之"格"。有苗之顽，实以文德诞敷而后格，则亦兼有"正"字之义在其间，未可专以"至"字尽之也。如"格其非心"、"大臣格君心之非"之类，是则一皆"正其不正以归于正"之义，而不可以"至"字为训矣。且《大学》"格物"之训，又安知其不以"正"字为训，而必以"至"字为义乎？如以"至"字为义者，必曰"穷至事物之理"，而后其说始通，是其用功之要，全在一"穷"字，用力之地，全在一"理"字也。若上去一"穷"，下去一"理"字，而直曰"致知在至物"，其可通乎？夫"穷理尽性"，圣人之成训，见于《系辞》者也。苟格物之说而果即穷理之义，则圣人何不直曰"致知在穷理"，而必为此转折不完之语，以启后世之弊邪？盖《大学》"格物"之说，自与《系辞》"穷理"大旨虽同，而微有分辨。穷理者，兼格、致、诚、正而为功也。故言穷理，则格、致、诚、正之功皆在其中。言格物，则必兼举致知、诚意、正心，而后其功始备而密。今偏举格物而遂谓之穷理，止所以专以穷理属知，而谓格物未常有行。非惟不得格物之旨，并穷理之义而失之矣。此后世之学所以析知行为先后两截，日以支离决裂，而圣学益以残晦者，其端实始于此。吾子盖亦未免承沿积习，则见以为于道未相吻合，不为过矣。

【注解】来信中说道："先生您教别人致知、明德，可是却叫别人不要去即物穷理，如果去这么做有点类似于玩物丧志的。按照先生您的教法，难道真的可以让昏庸的人，只要深居简出，端正坐在那里，不去接触外界的教导和实践，就可以使得知致还有明德了吗？即使很安静地在那里呆着，稍微能够有所觉悟，有点悟到本性了，这也跟佛家的定慧那样无用的东西差不多吧？真的就能够知道古今，能够应付得了千变万化的事物吗？能够用在天下国家这些具体的事务之中吗？先生您所说的'知为意的体，物为意的用'，格物就如同'格君心之非'的格字。您这么说，虽然能够超凡脱俗，很有独到的见解，可是恐怕跟儒门之道还是不相吻合的吧？"格君心之非，之前也有解释过了，具体说的是君主的心有不正之处，有太多的物欲，就要去格除，使得君主的心归于正。心也是一身的君主来的。格物有点类似于这个意思，也就是说格物不是一个个事物去穷理，而是恰恰相反的，是要去除物欲，也就是格心了。看这位仁兄在来信中又在鄙视佛家的定慧功夫了，先不反驳他，先听听阳明先生怎么说，然后再补充一下个人的意见。

先生在回信中说道："我所教的致知格物的学说，正是要教别人穷理的，我未尝叫别人禁戒穷理的，也没有说要深居简出，只是端坐在那里一无所事的哦。如果像之前你在信里面说的即物穷理，只顾着向外求而遗漏了向内修，向内做功夫，这样就有所不可了。"阳明先生并不是刻意去迷惑大家的，并不是说了又不算不认账的。只是这个顾东桥还没有能够真正明白阳明先生的教法。阳明先生也是要让大家能够穷理，对天地万物之理都能够明白的，只是做功夫努力的方向不同罢了。朱熹是让大家去格物，一个个地去格，一本本书去啃。可是阳明先生却不是这样的。阳明先生也并没有说叫别人什么事都不干，傻坐在那里的哦。阳明先生所教的，正是要用在修身齐家治国平天下上面的。

先生又说道："资质昏庸的人，果真能够随事随物的向内体察此心的天理，能够恢复此心本有的良知，那么虽然原来很愚笨，但是必然会变得耳聪目明而有智慧，虽然柔弱的也能变的刚强。如果能存此心的天理，能够恢复本有的良知良能，这就是立起来了大大的根本了，这样就能上达于道，就能够有利于我们做事了，对于九经这样的经典，还有古往今来的教化，都是一通百通的，都可以一以贯之了，没有什么遗漏的了。"

先生又说道："前面说了根本立起来了，就能够一通百通了，难道还会担心没有什么实际的用处吗？"也许真的是很神奇和不可思议的，阳明先生在贵州龙场悟道了，得到了什么呢？怎么这个前后发生了很大的变化呢？应该说悟道之后更加厉害了。难道真的有那种一通百通的功夫吗？难道真的可以通九经吗？阳明先生不可能骗我们的，有疑问就放在心里吧，继续参悟。

先生又说道："那些只是顾着顽空虚静的人，正是由于不能随事随物的去体察此心的天理，不能致其本然就有的良知，所以就遗弃了本来应该有的伦理，把寂灭虚无当做真常之道的，所以要这个也不能拿来齐家治国平天下的。是谁说的圣人的穷理尽性的学说，也有这样的弊病呢？"一直不太相信阳明先生会排斥佛老，虽然阳明先生这么说了，还是把疑问放在肚子里面继续往下看看还有什么说法吧。也许阳明先生只是排斥那些只顾着顽空虚静、寂灭虚无的非真修行人吧。对于修行真正的佛法，弘扬真正的道法的修行人，应该是值得尊敬的。佛家除了要解脱自己，还要救世间所有的众生脱离苦海的。对于世间误解佛老不要人间伦理这一点，可还是要澄清一下的。佛陀证道之后，也想到了回来救渡自己的父母妻儿，教给自己父亲的是最便捷的念佛法门，也带自己的儿子罗睺罗在身边修行。佛陀也未尝不要伦理的，还教导世人要报答父母的养育之恩。古印度的阿育王本来好杀戮和征战，后来把佛教当作国教推行，放弃了杀戮，给百姓造福了。我们再来看看道家都有哪些人物，其中有黄帝、魏徵、诸葛亮、刘伯温等，哪一个不是很厉害的人物呢？古代文景之治就是尊黄老以治国的，给民以休养生息的时机了，为后来的汉武大帝攒够了资本。

先生又说道："心为一身之主，而心的虚灵明觉，也就是所谓的本然的良知。这个虚灵明觉的良知面对外物感应而动，就称之为意了。这个意字，上面是音，下面是心，可以说是心声，面对外物的回声的。有知而后才有意的，无知就无意了。如此看来难道知不是意之体吗？意发生作用，必然需要有物的，物即是事。如意用于侍奉双亲，即侍奉双亲为一物；意用于治民，即治民为一物；意用于读书，即读书为一物；意用于听诉讼，即听诉讼为一物。凡意发生作用，必须要有物的，没有物是不行的。有这个意即有这个物，无这个意即无这个物。心就如同镜子，这个意就如同镜子照的作用，如果没有照的作用，就没有物在镜子里面了。物难道不是意用的吗？"我一直在琢磨这个意是什么东西，这个物是什么东西？比如说一朵花，阳明说意用于花，花为一物。这朵花也许还有个名字，比如牡丹花，这个名字，还有这个花字都是虚妄的，也都是人取的。这朵花看着很美丽，然而五颜六色的，颜色本来也是不存在的。只是由于不同波长的光波反射被人眼吸收而反映出来的。亿万年前，没有人眼吸收，也就无花的颜色了，非黑非白，非红非紫。前面也讲过哈佛有个博士得了中风，左脑停止工作，周围物体的尺寸，形状都变得模糊，似乎万物是一体的。如果没有人的眼睛感受，这朵花也不知是什么形状，不知是什么尺寸的。如此这朵花还是花吗？也的确如果没有心的感应，花也不为花了，也就是说花如果无心就无物了，这也是为什么说心外无物了。这个意也许是心对应外物发生的作用。就比如弹琴，手指和琴弦触碰的这个事情称之为意。手指就好比心，琴弦就好比物的实相，而雅乐就好比是花了。

先生又说道："格字的意思，有的人解释为至字，也就是到了的意思。就比如《尚书》中说的，'格于文祖'、'有苗来格'，也是以至字来解释的。"阳明先生出口成章，引经据典，我们只好又来解释一下了。不过说实在对于古代的人来说，这实在不算什么，《四书》《五经》都是必读书目来的，不像我现在才去恶补的。什么是格于文祖呢？说的是舜帝归来以后，就去文祖也就是尧帝的庙祭祀。这个格是至，也就是到了的意思，说的是到了文祖的庙那里祭祀。那什么又是有苗来格呢？就是说的有苗人都来归附了。

　　先生又说道："然而'格于文祖'，必定要带着纯孝的心，毕恭毕敬地去的。不管是幽暗独处的时候，还是在大庭广众祭祀的时候，无一不得天理的。如此可以称之为格了，这个格跟我之前说的格物那个格也是类似的了。"尧帝从民间挑选培养了舜帝作为接班人，舜帝打小可是孝顺的楷模来的。舜帝对不义的亲人尚且能如此，对尧帝的大恩更是懂了。舜帝不会在人前装模作样的，是抱着至诚的心去祭祀的，此心不可不称之为正。

　　先生又说道："苗人顽钝不化，这可没有贬低苗人的意思。对于缺少中原教化的这些人来说，实在要以文德来感化的，然后他们才能到来的。修德以怀远。并不是靠武力的征伐的，用武力很难征服人心的。连少数民族都来了，可以说有了文德之正了。君主德行正了，国家也就正了，国泰民安了，从而也能够正苗人之心的，这个格字也有了正的意思在里面了。专门用一个至字还是很难全部说完的。"

　　先生又说道："如'格其非心'、'大臣格君心之非'这类，也都是纠正不正的言行和内心，使得归于正的意思。这两句更不应该用至字来解释了。"什么是格其非心呢？这个格可以说是正，就是本来有是非之心，偏了就要纠正它，这就是格其非心。大臣可以通过劝谏君主，使得纠正是非之心，纠正物欲之心，这就是后面那一句了。

　　先生又说道："《大学》中关于格物的教法，又怎么知道不能以正来解释呢？难道一定要用至字来解释吗？"大家看阳明先生横说竖说，绕来绕去都把这个格字绕到正字来解释了。

　　先生又说道："如果用至字来解释，必然说是穷至事物的理，这样说才能稍微通顺一点。这里做功夫的关键，全在一个穷字，用力的地方，就全在一个理字了。如果上面这一句，前面去掉一个穷字，后面去掉一个理字，也就是去掉穷理，那只剩下了'致知在至物'，这样还能说得通吗？"如果说致知在格物才能说得通的。

　　先生又说道："再说了'穷理尽性'，这是圣人的训则，可以参见《易经·系辞》。如果格物的说法本来跟穷理是一个意思，为什么圣人不直接说'致知在穷理'而去说致知在格物呢？而何必还要这样绕来绕去的，还使得后世学人误解呢？"这里阳明先生说格物和穷理是不同的。下面具体说说格物和穷理有什么不同。

　　先生又说道："既然这么说，《大学》格物的教法，自然与《易经·系辞》的穷理大旨虽然相同，可是还是略微有分别的。所谓穷理，已经兼有了格物、致知、诚意、正心的功夫了。需要做够了这些功夫才能够穷理的。所以说穷理、格物、致知、诚意、正心的功夫都在里面了。而如果单说格物，就必定已经兼有致知、诚意、正心在里面了，而后功夫才能齐备而严密的。"

先生又说道："现在的人偏偏只是单单拿格物来说，说它就是穷理了。前面也说了许多人认为格物和穷理的意思是相同的。这是把穷理当做知，而认为格物也没有行在里面的，格物也只有知的。这种看法非但不懂得格物的要旨，而连穷理是什么意思也不知道了。这就是为什么后世的学人把知和行分为前后两截，日渐支离破碎了，而儒门圣学变得残缺不全而隐晦难明，其罪魁祸首也就在于此的。不能把知行分开来看。你在这种氛围之中，未免也是沿袭积习的，以为跟儒门圣道不相吻合，你有这种看法也不为过的，也在情理之中了。"解读阳明先生的亲笔手书还是要费劲得多了。前面阳明先生的弟子们记录相对来说还容易理解一些的。也许弟子们作为旁观者更接近广大学人的水平吧。这也许为什么许多圣人述而不著的缘故吧，还是让弟子来记录更加接地气，更加容易理解的。

9. 非有格物

【原文】 来书云："谓致知之功，将如何为温凊，如何为奉养，即是诚意，非别有所谓格物，此亦恐非。"

此乃吾子自以己意揣度鄙见，而为是说，非鄙人之所以告吾子者矣。若果如吾子之言，宁复有可通乎？盖鄙人之见，则谓意欲温凊，意欲奉养者，所谓意也，而未可谓之诚意。必实行其温凊奉养之意，务求自慊而无自欺，然后谓之诚意。知如何而为温凊之节、知如何而为奉养之宜者，所谓知也，而未可谓之致知。必致其知如何为温凊之节者之知，而实以之温凊；致其知如何为奉养之宜者之知，而实以之奉养，然后谓之致知。

温凊之事，奉养之事，所谓物也，而未可谓之格物。必其于温凊之事也，一如其良知之所知当如何为温凊之节者而为之，无一毫之不尽；于奉养之事也，一如其良知之所知当如何为奉养之宜者而为之，无一毫之不尽，然后谓之格物。温凊之物格，然后知温凊之良知始致；奉养之物格，然后知奉养之良知始致。故曰"物格而后知至"。致其知温凊之良知，而后温凊之意始诚；致其知奉养之良知，而后奉养之意始诚。故曰"知至而后意诚"。此区区诚意、致知、格物之说盖如此。吾子更熟思之，将亦无可疑者矣。

【注解】 来信中说道："您所说的致知的功夫，举个如何孝顺父母的例子来说吧，就是知道如何照顾父母使得冬暖夏凉，如何奉养父母，这实际上也可以说是诚意的，哪里还需要有个什么格物呢？先生您这么说，恐怕不对吧？根本不需要另外还有个格物的。"

先生回信中说道："这是你以自己的一己之见在那里揣摩鄙人的教法，这是你自己这么认为的，并不是鄙人告诉你这样的哦。果真如你所说的，这样还能够解释得通吗？"

先生又说道："依照鄙人之见，所谓的意欲使得父母冬暖夏凉，意欲奉养父母，所谓单单一个意，不可以称之为诚意了。只是意想一下孝顺父母而没有实际行动或者心不诚的话，也不能称为诚意的。必定要实际去做的，实际去实现冬暖夏凉、奉养父母的想法，还要问心无愧而无自欺的，如此才可以称之为诚意的。"这里区分什么是意欲，什么是诚意。下面区分什么是知，什么是致知的。

先生又说道："知道如何做到冷暖有节，知道如何奉养父母恰得其宜，这只能说是知的，而未可称之为致知的。如果要致知，必然要做到知的东西，然后才可以称之为致知的。"下面来区分什么是物，什么是格物。由于顾东桥在信中说不需要有个格物，这里再说说格物的。

先生又说道："冬暖夏凉的事情，奉养父母的事情，这就是所谓的物，事即是物的，不能简单地说这就是格物了。对于为父母做到冬暖夏凉的事，必须要按照良知所知的那样去做，没有一丝一毫的保留；对于奉养父母的事，必须要按照良知所知的去做，没有一丝一毫的保留，能做到问心无愧，如此方能称之为格物的。"

先生又说道："孝顺父母冬暖夏凉的事物格了，然后才能知此物的良知已经致了，否则不能说已经致了。这个致字没有那么简单的。奉养父母的事物格了，然后才能知对此物的良知已经致了，所以说物格了而后方能知至。"

先生又说道："要使得其有了对冬暖夏凉的良知，而后对此事物的意方能诚；要使得其有了对奉养父母的良知，而后对此事物的意方能诚。所以说知至了而后方能意诚。"这两段听起来有点绕吧。我们回顾一下前面说的就不会觉得绕了。前面说了孝顺父母只要做到了这两件事，而且是问心无愧的，这个就是在做格物的功夫。如果这个物格了就可以致知了，就可以有智慧了，这个也是在减少私欲，而增加天理的功夫。正所谓百善孝为先，如果能够致知了，知天命了，其意更加诚了，就可以称之为诚意了。这个还是有先后的顺序的。

先生又说道："这就是我所说的区区诚意、致知、格物的学说，你可以更加深入地去思考，也会觉得没有什么可疑之处的了。就不会觉得格物是多余的了。"

10. 孰不知之

【原文】来书云："道之大端，易于明白，所谓良知良能，愚夫愚妇可与及者。至于节目时变之详，毫厘千里之缪，必待学而后知。今语孝于温清定省，孰不知之。至于舜之不告而娶，武之不葬而兴师，养志、养口、小杖、大杖、割股、庐墓等事，处常处变，过与不及之间，必须讨论是非，以为制事之本。然后心体无蔽，临事无失。"

　　道之大端易于明白，此语诚然。顾后之学者忽其易于明白者而弗由，而求其难于明白者以为学，此其所以"道在迩而求诸远，事在易而求诸难"也。孟子云："夫道若大路然，岂难知哉？人病不求耳。"良知良能，愚夫愚妇与圣人同。但惟圣人能致其良知，而愚夫愚妇不能致，此圣愚之所由分也。节目时变，圣人夫岂不知，但不专以此为学。而其所谓学者，正惟致其良知，以精审此心之天理，而与后世之学不同耳。吾子未暇良知之致，而汲汲焉顾是之忧，此正求其难于明白者以为学之弊也。夫良知之于节目时变，犹规矩尺度之于方圆长短也。节目时变之不可预定，犹方圆长短之不可胜穷也。故规矩诚立，则不可欺以方圆，而天下之方圆不可胜用矣；尺度诚陈，则不可欺以长短，而天下之长短不可胜用矣；良知诚致，则不可欺以节目时变，而天下之节目时变不可胜应矣。毫厘千里之缪，不于吾心良知一念之微而察之，亦将何所用其学乎？是不以规矩而欲定天下之方圆，不以尺度而欲尽天下之长短，吾见其乖张谬戾，日劳而无成也已。吾子谓语孝于温清定省，孰不知之。然而能致其知者鲜矣。若谓粗知温清定省之仪节，而遂谓之能致其知，则凡知君之当仁者，皆可谓之能致其仁之知，则天下孰非致知者邪？以是而言可以知致知之必在于行，而不行之不可以为致知也，明矣。知行合一之体，不益较然矣乎？夫舜之不告而娶，岂舜之前已有不告而娶者为之准则，故舜得以考之何典，问诸何人，而为此邪？抑亦求诸其心一念之良知，权轻重之宜，不得已而为此邪？武之不葬而兴师，岂武之前已有不葬而兴师者为之准则，故武得以考之何典，问诸何人，而为此邪？抑示求诸其心一念之良知，权轻重之宜，不得已而为此邪？使舜之心而非诚于为无后，武之心而非诚于为救民，则其不告而娶与不葬而兴师，乃不忠不孝之大者。而后之人不务致其良知，以精察义理于此心感应酬酢之间，顾欲悬空讨论此等变常之事，执之以为制事之本，以求临事之无失，其亦远矣。其余数端，皆可类推，则古人致知之学，从可知矣。

　　【注解】来信中说道："道的大旨易于明白的，并不难的，所谓的良知良能，愚夫愚妇也都可以达到的。可是面对具体一些似是而非的问题，又需要随机应变的时候，就有可能差之毫厘谬以千里了，这些必然需要学而后才能知的。可是你现在反反复复地说这个孝顺父母要做到冬暖夏凉，要早晨请安晚上伺候睡定，这个谁不知道呢？你要说说其他的差不多，比如说舜不告诉父母就娶了老婆；周武王不安葬自己的父亲周文王就兴兵伐纣；曾子关于养志、养口的故事；小杖就承受，大杖就逃走的故事；二十四孝中割股疗亲的故事，筑庐守墓等事情，应该墨守陈规还是应该随机应变，是过了还是不及，这些事情似乎有点似是而非。可是这些都不能含糊的，必须要讨论出个是非对错，作为行事的一个准绳。只有做到这样才能使得心体不被物欲所遮蔽，遇见事情才能够没有过失的。"这个顾东桥这么信心满满的，看阳明先生怎么敲醒他。

先生在回信中说道："道的大旨易于明白，这句话诚然是没有错的。可惜的是后来的学者对于易于明白的事情忽略了而不去做的，而在难以明白的事情上面去求。这也就是为什么说，大道在近处而在远处去求，事情本来很容易反而以为很难。"阳明先生一开始就反驳了信中第一句话了，还是顺着来反驳的。《道德经》中老子也说了，吾言甚易知，甚易行；天下莫能知，莫能行。古往今来的圣贤都把此道用最简易的文字给描述清楚了。老子也说了，此道是很容易知的，也很容易行的，可是天下的人都不能知，知此道的人很稀少，也不能去行。阳明先生再次提醒，我们做学问的人不可轻视了。怎么能说随便一个人都有良知良能呢？每个人都可以有良知良能，这是对的，但是都需要通过修行做功夫努力才可以达到的。不可以说随便一个人都能明白大道的大旨，这可就是妄言了。

先生又说道："孟子说：'大道就好比是大路的，岂是难以知道的呢？就怕世人不肯去寻求罢了。'"阳明先生引用孟子这句话说明大道本来是易于明白的，这是没错的。可是世人由于有物欲的遮蔽，即使这么大的大道还是看不到的。正所谓一叶障目不见泰山的。

先生又说道："良知良能，不管是愚夫愚妇，还是圣人原本都是相同的。但只是圣人能致其良知，而愚夫愚妇不能致罢了，这也是圣愚的不同之处的。"每个人的自性自心本来相同，每个人原本都有良知良能的。所不同的是凡人被物欲所遮蔽，就失去了本有的良知良能了。人人皆可为尧舜，人人皆可成佛道。

先生又说道："至于那些似是而非的问题，随机应变的事情，圣人岂能不知呢？但只是不专门去学这个罢了。儒门圣人之学跟世俗之学是不同的，所学正是为了致良知的，为了精审此心的天理，为了去除人的私欲，这个跟后世为学的人是有根本的不同。"这里先讲圣人之学。

先生又说道："你未曾有闲暇去努力致良知，而在那里很努力地去担忧那些似是而非的问题是否能够搞得清楚，这是把方向给搞反了。该着急的不着急，不该着急的就去瞎操心了。这正是前面所说的，不去用功在易于明白的地方，而去求艰难的事情，这就是当今为学的弊病了，这个是许多人都会有的。"

先生又说道："良知对应于世间变化的事物来说，就好比是规矩尺度对应于方圆长短的。世间变化的事物是不可预定的，是无常的，也是千变万化的，就好比是方圆长短也是变化无穷的。"这里打个比方方便理解。大大小小的圆和方形，这个是无穷无尽的。长短不一的线条也是无穷无尽的。就像这个世界的事物是无穷无尽的，一个个事物去格，如何能够忙得过来呢？

先生又说道："所以规矩一旦确立起来了，方圆就可以确定了，天下的方圆都可以适用了。尺度一旦确定下来，尺寸标准一定，长短就不会有什么争议了。比如说以前不同的国家，有不同的度量衡标准，这样就不能做到童叟无欺了，需要统一标准，确立尺度的。同样的道理，良知果真致了，面对事物的变化都可以应付自如了，天下所有事物的变化都可以适应了。正所谓差之毫厘谬以千里，我们做学问如果不以自心良知一念的精微之处觉察，怎么能够学得明白呢？所以说不以规矩而想定天下所有的方圆，不以尺度就想定量天下的长短，依我来看这些行为是乖张和荒谬的，终日碌碌无为，一事无成罢了。"规矩一旦定下来，方圆就可以搞定了；尺度一旦定下来，长短就可以搞定了；良知一旦恢复了，见到自性了，九经就可以一通百通了，事物就可以圆融通达了。

先生又说道："你说我之前说孝顺的知冷知暖早晨请安晚上伺候睡定这些事情，谁都知道。然而致其知的人就很稀有了。粗知和致其知还是有很大的不同。如果只是粗略地知道这些仪节是怎么做的，而就称之为能致其知，这就很荒谬了。就好比说，凡是知道想要成为君子就应当仁，只要知道就可以称之为仁了吗？能致其仁之知吗？如果这么容易，那全天下都是致知的了。从这里来看，致知必然要在于行的。如果不行就不可以称之为致知了，这个是很浅显的道理。知行本来是合一的，这不是更加明显了吗？"阳明先生不厌其烦地来提这个孝顺父母的例子，大家可不要认为简单的。之前我们有看过，讨论最平常的事情，衣食住行的事情也都不简单的，这个孝顺父母的事情能够简单吗？百善孝为先，如果能够真正地知道，真正地去行，而且是问心无愧地去做好，这就很不简单了。

先生又说道："舜不告诉父母就娶了媳妇了，难道舜之前已经有不告诉父母而娶媳妇的准则了吗？所以舜得以去考究哪部经典，问哪个人，就可以这么做了吗？还是只是拷问一下自己的良知，在于一念之间的，权衡轻重利弊，不得已而做出这个决定的呢？"尧把自己的两个女儿下嫁给舜，以考察他慎独的情况。舜的这两个老婆后来得知舜驾崩的时候，自沉湘江而死，就是著名的湘妃。舜的父亲和继母，还有他的同父异母弟弟都想加害他。娶这两个媳妇，不告诉父母是对的。如果告诉了，父母也会坚决反对的，不反对也会想方设法陷害的，这也是陷父母于不义的，所以，舜询问自己的良知就做了这个不得已的决定。

先生又说道:"周武王没有安葬自己的父亲周文王就兴兵伐纣了,难道武王之前就有不安葬父母而兴兵打仗的准则了吗?所以武王得以考据经典,问了哪个高人,才这么去做的吗?还是求于自心一念的良知,权衡轻重利弊,不得已而做这样的事情呢?"

先生又说道:"舜的心是赤诚的,他也许是怕不孝有三,无后为大,所以才不告诉父母就娶了媳妇的。如果告诉了父母,必然对方会想方设法加害的,也许就会无后了,也会陷父母于不义,而自己也不能顺利地完成传宗接代的任务了。武王的心也是赤诚的,为了救万民于水火之中。所以,他们才去做这样的事情。如果不是这样的赤诚之心,这样的行为就是很大的不忠不孝的了。而后人不务于致良知,面对事物而不想办法去用此心去精察义理,只顾着在那里凭空讨论这些变化的事物,想要把这些千变万化的事物作为做事情的准则和根本,还巴望着面对事情能够没有过失,这就偏差得太远了。其余的这几个事情,也都可以类推的。由此可见,古人致知的学问,应该要去好好学习的了。"其余的事情阳明先生就不再说了,这里简单提一下的。

曾子在修整瓜地时,不小心斩断了瓜的根。他的老爸怒了,举起大木棍就打曾子的背,曾子被打趴在地上。过了好一阵,起来退下到房里面抚琴而歌唱。这个曾子可是个大孝子,想让自己的老爸听到还可以弹琴和歌唱,料想身体没有大碍,心情也不会太差,不会太怨恨自己的父亲。这两父子可都是孔子有名的学生。孔子听了这个事以后就大怒道:"舜侍奉自己瞎了眼睛的父亲,当老爸拿着小棍子打的时候就在那里挨,用大的棍子就赶紧跑。如此使得父亲不会犯为父不慈的罪过,而舜也不失去做儿子的孝顺。现在曾参侍奉父亲的时候却不这样,还是在那里等着挨暴怒的父亲大棍的揍,即使朝死里打也不懂得逃避,这样如果被打死了就会陷父亲于不义,到底哪样做是不孝呢,这个是很明显的了。"这个小杖和大杖的问题,拷问良知就可以了,难道还真的要去效法什么准则吗?这个例子延伸来讲,臣子侍奉君主也是如此,不能是愚孝。在君主暴怒,被小人蒙蔽的情况下,不要去冒险了,这个是超大的棍子了,可能会被杀头的。如果是忠臣,委婉的劝谏让君主接受就好了。如果非得犯颜死谏,君主接受不了,还被杀了。君主还要承受昏君的罪名,好的意见没有接受得以推行,如此也未必就是好的。

关于结庐守孝的问题。在明代当权的大臣,如果回家丁忧,经过那么长的时间,也许就失去权力了。这个事情怎么样处理呢?如果不回去丁忧吧,就是对父母的不孝。如果回去吧,也许就失去权位了。何去何从呢?难道有一定的准则吗?只是考问自己的良知,权衡利弊决定就是了。也许远离了官场还远离了祸害了,又能孝顺父母,何乐而不为呢?

关于养口和养志的故事。曾子侍奉自己父亲的时候,每餐必定有酒有肉的。他父亲每次都问还有没有多余的给家人,每次即使已经没有了,曾子为了让父亲放心多吃就说还有的。可能曾子根本都没有得吃的。到了曾子被儿子曾元供养的时候,也是每顿都会有酒肉,曾子也是照样来问曾元,曾元就老老实实说了,没有多余的了,搞得曾子都不能安心吃的了。曾子侍奉父母这个是养志,而曾元侍奉父母只是在养父母的口腹而已。

11. 多闻多见

【原文】来书云:"谓《大学》格物之说,专求本心,犹可牵合。至于六经、四书所载多闻多见,前言往行,好古敏求,博学审问,温故知新,博学详说,好问好察,是皆明白求于事为之际,资于论说之间者。用功节目固不容紊矣。"

格物之义,前已详悉,牵合之疑,想已不俟复解矣。至于多闻多见,乃孔子因子张之务外好高,徒欲以多闻多见为学,而不能求诸其心,以阙疑殆,此其言行所以不免于尤悔,而所谓见闻者,适以资其务外好高而已。盖所以救子张多闻多见之病,而非以是教之为学也。夫子尝曰:"盖有不知而作之者,我无是也。"是犹孟子"是非之心,人皆有之"之义也。此言正所以明德性之良知非由于闻见耳。若曰"多闻择其善者而从之,多见而识之",则是专求诸见闻之末而已,落在第二义矣,故曰"知之次也。"夫以见闻之知为次,则所谓知之上者果安所指乎?是可以窥圣门致知用力之地矣。夫子谓子贡曰:"赐也,汝以予为多学而识之者欤?非也,予一以贯之。"使诚在于多学而识,则夫子胡乃谬为是说,以欺子贡者邪?一以贯之,非致其良知而何?《易》曰:"君子多识前言往行,以畜其德。"夫以畜其德为心,则凡多识前言往行者,孰非畜德之事。此正知行合一之功矣。好古敏求者,好古人之学,而敏求此之心理耳。心即理也。学者,学此心也。求者,求此心也。孟子云:"学问之道无他,求其放心而已矣。"非若后世广记博诵古人之言词,以为好古,而汲汲然惟以求功名利达之具于其外者也。博学审问,前言已尽。温故知新,朱子亦以温故属之尊德性矣。德性岂可以外求哉?惟夫知新必由于温故,而温故乃所以知新,则亦可以验知行之非两节矣。"博学而详说之"者,将可以反说约也。若无反约之云,则博学详说者,果何事邪?舜之好问好察,惟以用中而致其精一于道心耳。道心者,良知之谓也。君子之学,何尝离去事为而废论说。但其从事于事为论说者,要皆知行合一之功,正所以致其本心之良知,而非若世之徒事口耳谈说以为知者,分知行为两事,而果有节目先后之可言也。

【注解】来信中说道:"先生您说《大学》格物的说法,说是格物专求本心就可以了，这样还可以勉强能够说得通。可是六经、四书中说记载的多闻多见，前言往行，好古敏求，博学审问，温故知新，博学详说，好问好察，这些都在经书中写得很明白了，是要求于事的，在事上历练，在论说中去受教的。做功夫是要有条不紊的吧，不能乱的吧？"言下之意，顾东桥是说，如果不按照经书上来，功夫直接在心上去求，能求得来吗？这里引用了经书里面的说法，放在下面来一句句解释吧，这里就不多说了。

先生在回信中说道："格物的含义，前面已经详细的跟你说过了，至于还有点疑问，想必你自己参悟就可以了，不必在这里重复再解释了。"前面也反复说了，格物就是专求本心的，而不是一个个事物去格的，那就累死了。

先生又说道："至于多闻多见这个词从《论语》中来，可以具体去参见原文的。由于子张务于外而好高骛远，只是想以多闻多见为学，而不能求于本心。孔子就苦口婆心地教他怎么去为政，怎么去做官。对于弟子们来说，走仕途是为国效力的较好途径。孔子教子张说，听了什么有疑问的就保留着，谨慎地说出自己肯定的部分；看到了有疑问的也保留着，谨慎地去做自己肯定的，这样就少犯错误了，也就少后悔了。孔子这么教是由于子张的性格，他也许经常说错话和做错事，不免会后悔的。而所谓的见闻，只会助长子张更加地好高骛远。所以孔子这么说是为了医治子张多闻多见的病，并不是教他要去多闻多见的，你的理解刚好反了。"

先生又说道："孔子说道，'有些人不懂而凭空去做了，我不认为这样做是对的。要去多听听，选择好的去做；要多去看看，就懂得辨别了。可是多听多看这样所获得的，是次一等的知识，并不是真正的智慧。'孔子这里说的，'我无是也'，这个是字就好比是孟子说的'是非之心，人皆有之'中是字的含义。孔子这么说，正是说明了如果要明德性本有的良知，并不是由于听和看的。光凭多闻多见，这个是不能有效的致良知的。如果这样专求见闻，这个是本末倒置了的，落在了第二义上了，所以孔子说这是'知之次也'，也就是说只是知识而已，并不是真正的智慧。"

先生又说道："孔子已经说了见闻为次一等的知识，不是智慧。是落入第二义的了。知之上是指的什么呢？第一义是什么呢？由此可以窥见儒家圣门致知用力的地方了。孔子对子贡说道，'端木赐呀，你以为我是由于对外多学而懂得的吗？并不是这样的，我是一以贯之的'，如果孔子果真是由于多闻多见，多去学的，一本本地去啃书本而得来的智慧，孔子为什么会这么说呢？这么说会误导了子贡的，也会误导了世人的。一以贯之，如果不是致其良知而又是什么呢？"当然去读经典也是洗心的功夫，这个也是致良知的功夫。

先生又说道："《易》中说道，'君子要多去学习古圣先贤的言论和事迹，以积蓄自己的德行。'积蓄其德这个是为心的，可是多学习圣贤的言行，这难道不也是积蓄德行的事情吗？多学习就是行，而积蓄德行于心这就是知了，这正是知行合一的功夫了。"大家看阳明先生横说竖说又说到了他家的知行合一去了。

先生又说道："孔子说过，自己并不是生而知之的，而是好古，勤勉地去求学罢了。这里可别误解了孔子圣人的意思，孔子这里是求古圣先贤的心，并不是机械地学外在的东西，如此只能是东施效颦了。好古而敏求，好古人的学问，只不过是勤勉地求古人的此心此理罢了。心即是理。古人之学，这个学，仅是学此心罢了。孟子说过，学问之道其实也没有什么别的可说，只不过求得放心而已。这个放心是把心安下来罢了，也就是求得此心的。后世在那里死记硬背古人的言词，广闻博记，以为这样就是好古了，而为了功名利禄而不断地去追求，这都是求于外的。这个并不是圣人之学。"

先生又说道："博学审问，前面已经说得很详细了，这里就不再赘述了。温故知新，朱熹也把温故当作尊德性的。德性岂可以在外面求呢？并不是多听多看多记就可以得到的。知新必定由于温故，而温故就可以知新了。这也可以说明了知行并不是分成两节的。有时故旧的东西就是新的东西。就比如说镜子生锈了，这个是现状，如果不断地打磨恢复到以前的情况，以前的就是新的了。所以说旧的就是新的，新的就是旧的。日新日新，日日新，如果每一天都减少一点污垢，减少一分物欲，就可以增长一分天理，知就会增长，就可以知新了。这个知新，其实是知古的。博学而能够详细地了解，这是为了融会贯通，就反而可以归于简约了。如果不能反归于简约，不能融会贯通，博学详细了解又是为何呢？大道至简，博学审问就是为了融会贯通的。"

先生又说道："舜的好问好察，只是用守中的功夫，而能致良知，能够得到道心的。道心，也可以说是良知的。君子为学，就是要去掉有为和多为，也要废掉无谓的言说。君子为学，关键是知行合一的功夫，功夫到了就可以致本心的良知了。世人只是把谈说当做知，这个可不是真知的，要有真知就要做知行并进一的功夫，不能把知行分做两事来看，也不能把知行分前后来说。"

12. 拔本塞源

【原文】来书云："杨墨之为仁义，乡愿之乱忠信，尧、舜、子之之禅让，汤、武、楚项之放伐，周公、莽、操之摄辅，谩无印证，又焉适从？且于古今事变、礼乐名物，未尝考识，使国家欲兴明堂，建辟雍，制历律，草封禅，又将何所致其用乎？故《论语》曰'生而知之者，义理耳。若夫礼乐名物、古今事变，亦必待学而后有以验其行事之实'。此则可谓定论矣。"

所喻杨墨、乡愿、尧舜、子之、汤武、楚项、周公、莽操之辨，与前舜武之论，大略可以类推。古今事变之疑，前于良知之说，已有规矩尺度之喻，当亦无俟多赘矣。至于明堂、辟雍诸事，似尚未容于无言者。然其说甚长，姑就吾子之言而取正焉，则吾子之惑将亦可少释矣。夫明堂、辟雍之制，始见于吕氏之《月令》，汉儒之训疏，六经、四书之中，未尝详及也。岂吕氏、汉儒之知乃贤于三代之贤圣乎？齐宣之时，明堂尚有未毁，则幽厉之世，周之明堂皆无恙也。尧、舜茅茨土阶，明堂之制未必备，而不害其为治。幽、厉之明堂，固犹文、武、成、康之旧，而无救于其乱。何邪？岂非以不忍人之心，而行不忍人之政，则虽茅茨土阶，固亦明堂也；以幽、厉之心，而行幽、厉之政，则虽明堂，亦暴政所自出之地邪？武帝肇讲于汉，而武后盛作于唐，其治乱何如邪？天子之学曰辟雍，诸侯之学曰泮宫，皆象地形而为之名耳。然三代之学，其要皆所以明人伦，非以辟不辟、泮不泮为重轻也。孔子云："人而不仁，如礼何？人而不仁，如乐何？"制礼作乐，必具中和之德，声为律而身为度者，然后可以语此。若夫器数之末，乐工之事，祝史之守。故曾子曰："君子所贵乎道者三，笾豆之事则有司存也。"尧命羲和，"钦若昊天，历象日月星辰"，其重在于"敬授人时"也。舜"在璇玑玉衡"，其重在于"以齐七政"也。是皆汲汲然以仁民之心而行其养民之政。治历明时之本，固在于此也。羲和历数之学，皋契未必能之也，禹稷未必能之也，尧舜之知，而不偏物，虽尧舜亦未必能之也。然至于今循羲和之法而世修之，虽曲知小慧之人，星术浅陋之士，亦能推步占候，而无所忒。则是后世曲知小慧之人，反贤于禹稷尧舜者邪？封禅之说尤为不经，是乃后世佞人谀士所以求媚于其上，倡为夸侈，以荡君心而靡国费。盖欺天罔人无耻之大者，君子之所不道，司马相如之所以见讥于天下后世。吾子乃以是为儒者所宜学，殆亦未之思邪？夫圣人之所以为圣者，以其生而知之也。而释《论语》者曰："生而知之者，义理耳。若夫礼乐名物，古今事变，亦必待学而后有以验其行事之实。"夫礼乐名物之类，果有关于作圣之功也，而圣人亦必待学而后能知焉，则是圣人亦不可以谓之生知矣。谓圣人为生知者，专指义理而言，而不以礼乐名物之类。则是礼乐名物之类无关于作圣之功矣。圣人之所以谓之生知者，专指义理而不以礼乐名物之类，则是学而知之者。亦惟当学知此义理而已。困而知之者，亦惟当困知此义理而已。今学者之学圣人，于圣人之所能知者，未能学而知之，而顾汲汲焉求知圣人之所不能知者以为学，无乃失其所以希圣之方欤？凡此皆就吾子之所惑者而稍为之分释，未及乎拔本塞源之论也。

【注解】来信中说道："杨朱也会说仁义，乡愿也会装作忠信，尧舜和子之也都有禅让，成汤、周武王和楚国项羽也都有讨伐和流放，周公、王莽和曹操也都有摄政和辅佐，如果没有什么印证，就会使得世人无所适从，不知道哪个对哪个错了。况且对于古今的事物之变，礼乐名物方面的事情，如果不去考证，就没有什么标准可用了？要是国家想兴建明堂、建大学、定历律、举行封禅仪式，也没有什么依据了。所以朱熹的《论语集注》中说，'生而知之的，是义理，这是不用学的。对于礼乐名物、古今事务变化，这些必定是要去学的，然后在具体行事之中去验证的。'这似乎可以说是定论了吧。"看这位顾东桥同学还是很执着的，之前说了一大堆舜不告而娶妻之事情，这还不够，还继续问了这么多东西。看来还是想不通的，有疑惑的。其实也正常，阳明先生告诉他只要专求本心就可以，他就会觉得怀疑了，光求本心而不去具体考证许多事情，如何能够适应得了实际的情况呢？

先生在回信中写道："你在信中提到的杨朱和墨子、乡愿、尧舜、子之、汤武、楚国项羽、周公、王莽、曹操这些人的说法，和前面讨论的舜不告诉父母就娶了媳妇，周武王没有安葬父亲就讨伐纣王了。这些之前解释过了，大体上都可以说是类推的，不要重复再去解释了吧。"这里子之是战国时期燕国的相国，燕国君主曾经禅让君主之位给他了。乡愿指的是貌似恭谨忠厚，实则是同流合污的伪善者。

先生又说道："古今事物千变万化，如果专求本心，如何能够适应，如何能够应付得了。对于这个疑问，前面关于良知的说法已经释了。也用了规矩尺度的比方了，这里就不用在赘述了。"

先生又说道："可是对于建明堂、建大学的事情，似乎还是有必要去解释一下的。可是如果要说起来话可就长了，暂且按照你所说的来进行辨析吧，这样可以有针对性地减少你的一些疑惑。"明堂是周天子在那里接见诸侯，祭祀，宣明政教的地方。

先生又说道："明堂和大学的建制，最早记录在了《吕氏春秋·月令》，也记录在了汉儒的注疏之中。可是在六经、四书之中，就没有看到详细记录过了。难道吕不韦、汉儒所知能够贤于夏商周三代的贤圣吗？"

先生又说道："齐宣王的时候，明堂还有没有被毁坏的，可以看出周幽王的时候，周朝的明堂还是完好的。可是你看看，周幽王的时候已经比较乱了，明堂完好又有什么用呢？齐宣王的时候就更乱了，明堂还有没有被损坏的。"

先生又说道："尧舜的时候用茅草盖房子，垒土来做台阶，明堂制度未必就齐备了，可是并不影响他们治理天下的。那时天下大治的。周幽王、周厉王时候的明堂，还是比较牢固的，跟周文王、周武王、周成王和周康王那时差不多的，可是还是不能挽救其乱。虽然明堂都好，并不能挽救乱世。这是为什么呢？这难道不也说明了，只要有体恤百姓的仁德之心，能够施行仁政，即使是茅草屋，土做的台阶，这也是明堂的。如果以周幽王和周厉王的心，而施行他们那样的政治，那么虽然有明堂，暴政是不是也是从明堂那里出来的呢？"为了博得美女一笑，周幽王烽火戏诸侯，如此能不乱吗？

先生又说道：“明堂是帝王为显示其功绩而修建的建筑物，汉武帝开始重新考虑建明堂，修建了汉家明堂；唐代武则天也曾经修建过一座，可是其治乱又是如何的呢？”其实真正的明堂不是外在，而在世道人心，特别是君主之心。君主之心仁德，相国之心仁德，天下可以大定了。

先生又说道：“天子建的大学称作辟雍，诸侯所建的大学称之为泮宫，这都是以地形而起得名字的。对于天子所建的大学，四面环水，象征着教化流行。对于诸侯的大学，三面环水，半圆环形。然而夏商周三代为学，其要旨在于要学人明人伦，并不是看是整个圆形，还是半个圆形环水的，并不是以此来看轻重的。这并不是教学的关键。”

先生又说道：“孔子说过，'人如果不能做到仁，要礼又有什么用呢？人如果不能做到仁，要乐又有什么用呢？'礼乐的根本就是要培养人的仁德。不能舍本逐末的。制礼作乐，必须要具备内在的中和之德，也就是像之前说的未发之中和的人才可以的，对于这样的人外在的表现，也是富有盛德的，声音可以作为音律，身体可以作为规矩长短度量的标准，应该说言行都可以作为中正的标准，这样的人才可以言礼乐的。对于礼乐器具这些事情，只是细枝末节来的，这些交由乐工和祝史们就可以了。所以曾子说：君子所贵于道的，有三方面，这三方面阳明先生引用就忽略了，分别是正容貌、脸色和言辞，至于笾豆那些祭祀用品，就由有关的官员来准备就可以了。”如果君主没有仁德之心，来谈礼乐，这个是舍本逐末的。制定了严苛的法令，找来乐师为了享乐，听那些靡靡之音，这只能是乱天下人的耳目罢了。

先生又说道：“尧帝当初令羲和密切注视着时日的循环，测定日月星辰的运行，给百姓制定出历法。羲和制定历法，并不是为了历法而历法，其重点还是恭敬地授予百姓农时。”治国以农为本，民以食为天，务农关键不能误了农时，根本还是为了百姓，关心百姓的耕作冷暖。

先生又说道：“尧帝老了就命令舜摄行天子之政，在璇玑玉衡观天命，其重点还是在爱民齐七政。”古人相信天人合一，天象往往预示着吉凶。日月加上五星就是七这个数了，如果七星有变动，就可以占卜吉凶了，七星各自为政，是不同的，所以称之为七政。七政没有异动，天下就太平，政通人和。舜帝在观天象的仪器那里，并不是为了观天文而观天文，而是要看自己哪里没有做好，要及时改正的。

先生又说道：“尧帝和舜帝这么做，都是在以仁德爱民的心来为政的，都是想着如何施行养民的政事。制定历律，掌握时令的根本，也就在于此了。”贤明的君主以仁德爱民为本的。

先生又说道：“羲和的历法和象数的学问，即使是舜帝时候的官员皋和契也未必有这个本事的，即使是夏禹和后稷也未必有这个本事的。尧舜的智慧，并不偏于物，而是偏于心，虽然是尧舜也未必就懂这些的。然而，现在有些人循着羲和计算方法而去研修它，虽然仅仅是有点小聪明的人，懂点占星术的浅陋之人，也能够推算历法，占卜天象，也没有什么大的错误。难道后世这些耍小聪明的人，反而比禹稷尧舜这些君主还要贤明吗？"也许有的人以为现代人掌握了许多知识，拥有了高新科技，就比古人有智慧，现在还这么认为吗？

先生又说道："前面讲了建明堂、建大学的事情了，这里接着说说封禅的事情。封禅这个事尤其荒诞不经的，后世奸佞小人，阿谀奉承君主，所以就会力主去封禅的。这个是提倡奢侈的，迷惑君主的心使得耗费国力民力。封禅这个事，可以说是欺天罔人，是很大的无耻，君子是不会去劝说君主封禅的。这也是为什么司马相如写了个《封禅书》留给汉武帝，劝说他去封禅，被天下后世当做笑谈的。"唐太宗李世民曾经多次想去泰山封禅，可是中途看到彗星就折返了，不敢违背天意。

先生又说道："你却以这些建明堂、建大学、封禅等这些事情应该去好好学习，这个是舍本逐末了。你恐怕没有经过深思熟虑吧？"阳明先生建议不要像司马相如那样，当做后世的笑柄了。

先生又说道："你来信中还谈到《论语集注》里面的话。这里也说说看。圣人之所以被称为圣人，就是先知先觉的，也就是生而知之的。而解释《论语》的人，这里指的是朱熹，却说什么：'生而知之的，是义理。对于礼乐名物，古今事物之变，这些事情，是必定要学了以后，然后还要去实践验证的。'"

先生又说道："如果礼乐名物这类事情，果然也和成为圣人的功夫有关的话，圣人也必定要等到学了以后才能知道的，那么，圣人也不能称之为生而知之的了。我们所说的圣人生而知之，专门是指的义理而言的，并不是礼乐名物这类事情。也就是说礼乐名物这类事情是跟做圣贤的功夫无关的。圣人之所以称之为生而知之的人，先知先觉的人，专指义理而不是礼乐名物这类事情，这类事情是学而知之的。对于前面说的那几类人，生而知之，学而知之，困而知之。生而知之是此义理，学而知之，应该学的也是义理而已；困而知之的，困知的也是此义理而已。"学人不要学错了方向的，该学的是去人的私欲，存此天理就可以了。

先生又说道："现在许多学者学圣人，对于圣人所能知的不去学，反而迫不及待地去学圣人所不知的，这难道不是把学习圣人的方向给搞反了吗？这个是大多数人所迷惑的，所以我在这里多费了些口舌来解释一下，也许还算不得是拔本塞源的宏篇大论吧。"圣人生而知义理了，有了智慧，外在的事物也是一通百通了。

13. 易知易从

【原文】 夫拔本塞源之论不明于天下，则天下之学圣人者，将日繁日难，斯人沦于禽兽夷狄，而犹自以为圣人之学。吾之说虽或暂明于一时，终将冻解于西而冰坚于东，雾释于前而云滃于后，呶呶焉危困以死，而卒无救于天下之分毫也已。夫圣人之心，以天地万物为一体，其视天下之人，无外内远近。凡有血气，皆其昆弟赤子之亲，莫不欲安全而教养之，以遂其万物一体之念。天下之人心，其始亦非有异于圣人也，特其间于有我之私，隔于物欲之蔽，大者以小，通者以塞。人各有心，至有视其父、子、兄、弟如仇雠者。圣人有忧之，是以推其天地万物一体之仁以教天下，使之皆有以克其私，去其蔽，以复其心体之同然。其教之大端，则尧、舜、禹之相授受，所谓"道心惟微，惟精惟一，允执厥中"。而其节目，则舜之命契，所谓"父子有亲，君臣有义，夫妇有别，长幼有序，朋友有信"五者而已。唐、虞、三代之世，教者惟以此为教，而学者惟以此为学。当是之时，人无异见，家无异习，安此者谓之圣，勉此者谓之贤，而背此者，虽其启明如朱，亦谓之不肖。下至闾井田野，农、工、商、贾之贱，莫不皆有是学，而惟以成其德行为务。何者？无有闻见之杂，记诵之烦，辞章之靡滥，功利之驰逐，而但使孝其亲，弟其长，信其朋友，以复其心体之同然。是盖性分之所固有，而非有假于外者，则人亦孰不能之乎？学校之中，惟以成德为事。而才能之异，或有长于礼乐，长于政教，长于水土播植者，则就其成德，而因使益精其能于学校之中。迨夫举德而任，则使之终身居其职而不易。用之者惟知同心一德，以共安天下之民，视才之称否，而不以崇卑为轻重，劳逸为美恶。效用者亦惟知同心一德，以共安天下之民，苟当其能，则终身处于烦剧而不以为劳，安于卑琐而不以为贱。当是之时，天下之人熙熙皞皞，皆相视如一家之亲。其才质之下者，则安其农、工、商、贾之分，各勤其业，以相生相养，而无有乎希高慕外之心。其才能之异，若皋、夔、稷、契者，则出而各效其能。若一家之务，或营其衣食，或通其有无，或备其器用，集谋并力，以求遂其仰事育之愿，惟恐当其事者之或怠而重己之累也。

故稷勤其稼，而不耻其不知教，视契之善教，即己之善教也；夔司其乐，而不耻于明礼，视夷之通礼，即己之通礼也。盖其心学纯明，而有以全其万物一体之仁。故其精神流贯，志气通达，而无有乎人己之分，物我之间。譬之一人之身，目视、耳听、手持、足行，以济一身之用。目不耻其无聪，而耳之所涉，目必营焉。足不耻其无执，而手之所探，足必前焉。盖其元气充周，血脉条畅，是以痒疴呼吸，感触神应，有不言而喻之妙。此圣人之学所以至易至简，易知易从，学易能而才易成者，正以大端惟在复心体之同然，而知识技能非所与论也。

【注解】先生说道："前面已经说了一些事情，但是并不是拔本塞源的大论，如果不能从根本上解决问题，如果不明于天下，那么天下那些学圣贤的人，将日繁日难，虽然自己都变成禽兽和蛮夷一般了，还以为自己在学圣人之学的。"由此可见阳明先生的救世苦心，非得要在这里从根本上为后世学子开示。阳明先生从小就想做圣贤，可是走了不少的弯路，到了36岁才在贵州龙场那里得道了。对什么是真正的圣人之学，世人诸多误解，走错了路自己都不知道。

先生又说道："我的学说虽然或许能够暂时使得世间明一时，可是最终将如坚冰一样，西边解冻了，可是东边又变硬了。前面的雾气散去了，后面的云雾又起来了。虽然我喋喋不休，到处奔走相告，以至于差点陷入死地，而最终也许还是对天下没有分毫的帮助。"每个世代的圣人出现，如同举世的明灯，也许在当时世间被照得特别的明亮。可是随着时间的推移，当然留下的经典还能够照亮世间，也许会有诸多误解的。一灯能除万年暗，一智能除万年愚。

先生又说道："圣人的心是把天地万物看作一体的。正所谓无缘大慈，同体大悲。圣人看天底下的人，并无外内远近，无有亲疏贵贱的。凡是有血气的，都是他的兄弟姐妹，都如同自己的小孩子那样亲，都是想给他们很好的安稳的保全的地方，并教养他们。以遂他的万物一体的慈悲之念。"正如《道德经》上说，圣人不仁以万物为刍狗，圣人对待天地万物，对待所有的有血气的人，所有的动物都是一视同仁的，并不会因为仁慈就有所偏爱了。

先生又说道："天下人的心，一开始并不是跟圣人有什么不同的。只是由于有我的私心间在其中了，被物欲遮蔽阻隔了，就不能和圣人心心相印了。本来每个人都是有大心的，就变小心了。本来是有大爱的，就变小爱了。大的就变成小的了。与天地相通，与圣人心相通的，人与人的心本来都是相通的，都被堵塞了。人各有各自的私心了，甚至都把父子兄弟当做仇人来看待了。"

先生又说道："圣人看到这种情况就忧心的，所以就在天下推天地万物一体这样的仁德之教。使得世人都能够克除自己的私欲，去除物欲的遮蔽，使得恢复心体的本来面目。这样世人的心皆同，世人的心与圣贤的心相通。如果能恢复本心，凡人也是圣人了。"

先生又说道："圣人推行仁德之教育天下，教化的大旨，就是尧舜禹相互授受的治国安天下的心法了。这就是有名的十六字心法：人心惟危，道心惟微，惟精惟一，允执厥中。"相传这十六字心法和尧舜禹的禅让故事有关。也许有许多人想不通，为什么好好的帝位不传给自己的儿子，传给外人了。只有圣人心里明白其深意的，如果自己的儿子不是贤德的人，有私心的如何能够治理得了天下呢？尧帝到了自己岁数很大的时候，派了许多人到处寻访贤德的人，慎重地选择了舜，把天下托付给他了。这就好比禅宗的传承一样，五祖传给了慧能大师而不是神秀的。禅让有个禅，还真是有点类似于禅宗的传承。这十六字心法也许该在这里简要解释一下的，人心是比较危险的，比较容易迷失方向；道心是比较微妙难识的；我们要恢复本心，恢复每个人的真心，就要精进地去做功夫；治国安民教化天下的老百姓要执守中道的，也就是说那个喜怒哀乐之中的。这里面惟精惟一前面都专门解释过了，也打了个加工大米的比方，这里就不重复解释了。李光地曾经断言："尧舜相传的心学，皆于《复》卦见之。"这个复卦也是预示着恢复每个人的本心，恢复公道人心的。通过八卦可以看，人心也是一样的，物极必反，人心乱到了一定的极点就会回归了。

先生又说道："尧舜禹传授的心法，其具体的一些做法就是舜命令契教化天下的五个方面而已：父子有亲，君臣有义，夫妇有别，长幼有序，朋友有信。"如果能够定了这些人伦，天下也就大定了。

先生又说道："唐尧、虞舜和夏商周三代时，教化天下的人教的就是这个，学的也是学的这个。在那时，世人似乎没有什么不同的意见了，都没有怀疑这些圣人之教的。人人都以此为学，家家也以此为习。如果能够持守此心法的，可以称之为圣人了。勤勉地去修行求道做学问的，可以称之为贤人了。如果背道而驰的人，即使是如同尧的长子丹朱那样聪明，也称之为不肖的。"尧帝并不是没有儿子哦，他的儿子丹朱还蛮聪明的，还是没有传帝位给他的。由此可见，尧帝是有一番苦心的。据说尧帝发明了围棋，教丹朱下围棋的。

先生又说道："下至最底层街巷田野之中从事农工商贾的百姓，无不以此为学的，也想要养成如此的德行。为什么这么好教呢？大家这么认真地学呢？没有那么复杂的见闻，不要求那么烦的记诵，不会有那么多的洋洋洒洒的辞章，没有那么多功利的追逐，而只是想着如何孝顺自己的双亲，如何孝悌自己的兄弟，如何诚信地对待朋友，都在想着如何恢复每个人的本心的。这个本心，自性本来每个人都是有的，并不是从外面拿来的，并不依靠外面，那么每个人不是都可以做到吗？每个人都是力所能及的，每个人都愿意学的。"如此我们也可以反思一下，我们要建立我们的核心价值体系，是否可以多考虑一下多点向内的，而不是向外的。这样和每个人有关，每个人也力所能及，就会更好地教化的。前面阳明先生也说了，著述乱正学，如果没有得道，又在那里增加误解，洋洋洒洒只是为了华丽的辞章，对世人没有益处的。

先生又说道："在学校之中，也是以培养和完善德行最为重要。虽然才能和禀赋各异，有些擅长礼乐，有些擅长政教，有些擅长水土种植，根据各自特长成就德行。在学校之中德行得道增长和完善，而具体做事的才能也更加精熟。"在学校里面，因材施教，针对不同人的兴趣和秉性进行培养。不管所学技能如何，德行培养这个是第一位的。从这里看以前学校的教育理念还是蛮好的吧。

先生又说道："前面说了学校的教育。这里讲如何选人用人。按照德行而任用，使得其终身从事与其才德相称的工作，而不会轻易地改变。"这个是很重要的，教之道，贵以专。事业之道，也是贵以专的。我记得古人的书里面曾经讲过，对于百工来说，如果经常地变动工作，就会造成生产力的浪费。比如做木工的，让他去做打铁的，就要浪费一段时间来学习。做什么事情，如果没有十年磨一剑的那种耐心和努力，很难精益求精的。所以，任用人才，最好是因材施教，放在特长的那方面，不轻易改变。

先生又说道："对于选人用人的人来讲，该怎么样做呢？也就是说吏部怎么用人了。这些人只知道让大家同心同德去做事，为国家选择和推举人才，共同来让天下的百姓安居乐业。用人的人只是看人才的德才是否和位置相互匹配，而不会对人有亲疏贵贱之分，也不会对位置有尊卑轻重之分，对位置有辛苦和安逸之分。"百工各安各命，没有什么高低贵贱之分。

先生又说道："被任用的人也只想着同心同德，一起来让天下的百姓安居乐业。如果某个位置能够和他的德行匹配，即使终身都处在烦心和辛苦当中，也不会觉得辛苦的。即使所做的工作是卑微和琐碎的，也不会觉得有什么低贱的。"工作没有什么高低贵贱之分，只是分工的不同，三百六十行行行出状元。

先生又说道："在那个时候，天底下的人都过得很欢乐幸福的样子，大家都相亲相爱，如同一家人一样。对于才德偏下一些的人来说，就安分地从事农工商贾这类工作，兢兢业业去做，互相做到相生相养，大家互相都有所依赖的。虽然他们所做的工作在当时来讲，层次并不高，可是并不会有什么非分之想，不会好高骛远的。"

先生又说道："那些在德才方面特别突出的人，比如舜时的贤臣，像皋陶、夔、后稷、契等，则出仕做官的，各司其职去发挥他们的聪明才智。"任用贤臣，奸佞小人就远离了。

先生又说道："一个国家的事情，有点类似于一家的事务，类似于家与家之间的事务。有的人张罗衣食，有的人张罗器具，大家互通有无。比如有的养蚕织布，有的种粮食，有的做陶器，互通有无。大家一起齐心协力地去做事情。只想要成全其德行，也就是前面所说的主要有五方面的事情，要尽孝道孝顺双亲，冬天不能让父母冻着，夏天不能热着，不能让父母饿着。要满足各种成德的愿望，唯恐自己没有尽力去做，有所懈怠，给大家拖了后腿而增加自己的负疚。"

先生又说道："所以说后稷勤勉的去从事农业，而不会为不知教化而感到耻辱，他会把契擅长教育，这个也当作自己善长教育。他不会妒忌或者有什么别的想法。夔掌管音乐，而不会为不明礼而觉得耻辱，把伯夷的通晓礼法，当作自己通晓的。这个伯夷是舜时候的伯夷，并非伯夷叔齐那个的。大概他们心地纯洁明亮，而能够有这样的仁德，把天地万物、世间众生都能够看成一体吧。"对于技艺不必样样精通的，这个是小道。

先生又说道："所以他们能够做到持守中道，精神内守，志气通达。这样对什么都可以做到圆融通达了，没有人己的分别了，没有物我的分别了。比如对于一个人的身体，眼睛看、耳朵听、手能抓、脚能走，这些都是帮助发挥身的整体的用处。这个一身就如同一个国家，五官类似于百官的。眼睛不会因为自己不能听而感到耻辱；但在耳朵在听的时候，眼睛必然去辅助的。脚不会对自己不能抓东西而感到耻辱，手要伸到哪里，脚也必然会跟上去辅助的。"对于一身尚且如此，百官就不可相轻了，要互相辅助协调一致去兴国安民了。

先生又说道："大概这些人的元气周流充沛，经络血气顺畅，这样就能够做到天人合一，与神明感应，有不言而喻的妙处。"如果能够做到精神守一，经常地处于静定之中，逐渐开启了智慧，也就是起码做到了见道了，明心见性了，就能明白许多不是言语所能尽的东西了。同时身体也会发生变化了，经络畅通了。

先生又说道："前面所说的就是圣人之学的关键内容。这本来是至易至简，易知易从的。很容易学成而有此才能。正是因为其教化的大旨在于恢复心体的本来，而并不是只看重知识技能的。"

14. 万古一日

【原文】三代之衰，王道熄而霸术昌。孔孟既没，圣学晦而邪说横，教者不复以此为教，而学者不复以此为学。霸者之徒，窃取先王之近似者，假之于外以内济其私己之欲，天下靡然而宗之，圣人之道遂以芜塞。相仿相效，日求所以富强之说，倾诈之谋，攻伐之计。一切欺天罔人，苟一时之得，以猎取声利之术，若管、商、苏、张之属者，至不可名数。既其久也，斗争劫夺，不胜其祸，斯人沦于禽兽夷狄，而霸术亦有所不能行矣。世之儒者慨然悲伤，蒐猎先圣王之典章法制，而掇拾修补于煨烬之余，盖其为心、良亦欲以抚回以先王之道。圣学既远，霸术之传，积渍已深，虽在贤知，皆不免于习染，其所以讲明修饰，以求宣畅光复于世者，仅足以增霸者之藩篱，而圣学之门墙，遂不复可睹。于是乎有训诂之学，而传之以为名；有记诵之学，而言之以为博；有词章之学，而侈之以为丽。若是者，纷纷籍籍，群起角立于天下，又不知其几家。万径千蹊，莫知所适。世之学者如入百戏之场，戏谑跳踉，骋奇斗巧，献笑争妍者，四面而竞出，前瞻后盼，应接不遑，而耳目眩瞀，精神恍惑，日夜遨游淹息其间，如病狂丧心之人，莫自知其家业之所归。时君世主亦皆昏迷颠倒于其说，而终身从事于无用之虚文，莫自知其所谓。间有觉其空疏谬妄，支离牵滞，而卓然自奋，欲以见诸行事之实者，极其所抵，亦不过为富强功利，五霸之事业而止。圣人之学日远日晦，而功利之习愈趋愈下。其间虽尝瞽惑于佛老，而佛老之说卒亦未能有以胜其功利之心。虽又尝折衷于群儒，而群儒之论终亦未能有以破其功利之见。盖至于今，功利之毒沦浃于人之心髓，而习以成性也，几千年矣。相矜以知，相轧以势，相争以利，相高以技能，相取以声誉。其出而仕也，理钱谷者则欲兼夫兵刑，典礼乐者又欲与于铨轴，处郡县则思藩臬之高，居台谏则望宰执之要。故不能其事则不得以兼其官，不通其说则不可以要其誉。记诵之广，适以长其敖也；知识之多，适以行其恶也；闻见之博，适以肆其辨也；辞章之富，适以饰其伪也。是以皋、夔、稷、契所不能兼之事，而今之初学小生皆欲通其说，究其术。其称名僭号，未尝不曰吾欲以共成天下之务，而其诚心实意之所在，以为不如是则无以济其私而满其欲也。呜呼，以若是之积染，以若是之心志，而又讲之以若是之学术，宜其闻吾圣人之教，而视之以为赘疣枘凿；则其以良知为未足，而谓圣人之学为无所用，亦其势有所必至矣！呜呼！士生斯世，而尚何以求圣人之学乎？尚何以论圣人之学乎？士生斯世，而欲以为学者，不亦劳苦而繁难乎？不亦拘滞而险艰乎？呜呼，可悲也已！所幸天理之在人心，终有所不可泯，而良知之明，万古一日，则其闻吾拔本塞源之论，必有恻然而悲，戚然而痛，愤然而起。沛然若决江河，而有所不可御者矣。非夫豪杰之士，无所待而兴起者，于谁与望乎？

【注解】先生说道："自夏商周三代以后，王道衰落而霸术盛行。孔子和孟子先圣不在世上了，儒门的圣学就隐晦难明了，而此时邪说横行起来了。搞教化的人不再以此恢复本心为教，而学的人也不再以此为学了。"这个怎么那么像佛家的说法呢？佛陀早就预言了末法时期，邪师横行，邪师说法如恒河的沙子那么的多。世人很难去分辨真伪。

先生又说道："行霸术的人，窃取了先王的近似的东西。把这些东西包装在外面，而实际是满足了自己的一己之私。而天下还都以为这个是宗旨了，圣人之道就拥塞了。"

先生又说道："如此天底下的人都竞相效仿，每天都是在寻求富强的方法，用尽了倾诈权谋，攻伐的计策。所做的这一切都是欺天罔人的，即使有一时之得，也只不过是为了猎取名声、权力和利益罢了。大家看看管仲、商鞅、苏秦、张仪这些人都是如此的，可以说数不胜数的。"

先生又说道:"这样时间一长,不断地相互争斗抢夺,天下不得安宁,祸患无穷。天底下的人沦为了禽兽和野蛮人一样了。而霸术也行不通了。"整个天下就乱成了一锅粥了,各国之间征伐战争不断,灾害连年,民不聊生。

先生又说道:"世上的儒者看到这种情况就感觉到很悲伤了,还是想做些事情的。于是就找先圣王的典章法制,在焚书的灰烬之中掇拾修补经典。大概是世道人心,想恢复人本有的良知吧,想去挽回先王之道的。"

先生又说道:"圣学已经离我们远去了,霸术在世间传播已经比较久了,积累的污渍太过深厚了。虽然贤者还是略有知道的,可是都不免对之前的这些东西有所习染,已经被污染了。所以这些人所讲的东西,都有所偏颇的。虽然想宣扬光复圣人之学于世,可是事与愿违的,仅仅是给行霸术的人又增加了一道藩篱的。本来这些行霸术的人就看不到圣人之道了,再加很大的藩篱,就更看不到了,更没有改正的机会了。圣学的门墙都看不到了,怎么能谈得到登堂入室呢?"本来是要恢复圣人之学,改变行霸术的人,可是却适得其反了。

先生又说道:"于是就有了训诂之学,这个学问专门用现代的语言来解释古代的经典,这些有许多都是为了传名而已。有了记诵之学,专门讲求这个就觉得以为是博学的。有了词章之学,专门追求华丽的辞藻。诸如此类,世间纷纷扰扰,群起天下互相争奇斗艳,不分高下。也数不清有多少家了,反正是很多了。千万条路,使得世人都不知道走哪一条了。这么多家,不知道从哪一家好了。"

先生又说道:"世上的学者就像进入了有百种节目的大剧场一样,有嬉戏跳跃的,有争齐斗巧的,有争妍献笑的,反正什么节目都有,什么好玩搞笑的都有的。杂耍的,说书的等一应俱全了。这些人从四面八方过来,看的人可是看傻眼了,前面看了怕漏了后面的,又往后瞧,应接不暇了。看多了把眼睛都看花了,耳朵都快聋掉了,精神都恍惚了,日夜都沉浸在这样的嬉戏游乐之中,都完全不清醒了。如同病狂丧心的人似的。连自己回家的路都找不着了。"阳明先生这个比喻是不是很生动呢?是否夸张了点呢?也许一点都不夸张的。在现实生活里面,也许我们的祖先为了生活到处奔波,辗转天南地北,经过许多代之后,也许都不知道自己的故乡在哪里了。何处是我们真正的故乡呢?

先生又说道:"而当世的那些君主们也被这些五花八门的学说搞得神魂颠倒了,不知真正的圣人之学为何物了。终其一身不过从事于那些没有什么用处的虚华之文,也对这些虚文不甚了解。自己被迷惑了还不知道,也许等到自己醒悟都已经晚了。偶尔觉察到了这些不过都是一些荒谬的虚文,支离破碎而没有什么用处,而奋发图强的时候,想去踏踏实实地做些事情,但做到了极致,也只不过是图个富强,为了功利罢了,这也跟春秋五霸的事业差不多的。"我们是不是也可以反思下当今之世呢？

　　先生又说道："儒门的圣学日渐离我们远去，越来越隐晦难明。圣人在世的时候，会光照一时。功利的习气愈趋愈下。世道日衰，越流越下了。其间虽然也曾流行过佛家和道家的学说，可是佛老的学说也未能从根本上扭转，也未能胜却世人的功利之心。又反过来折衷于群儒了，而群儒的学说也未能破除世人的功利之见。大概到了现在，功利的毒害已经渐渐地浸入了人的心髓之中了，已经慢慢地习以成性了，已经有几千年之久了。"也难怪世人会有性本恶还是性本善之争了。如同葫芦兄弟里的葫芦娃，被毒药熏蒸，都不知道自己的本性是什么了，已经浸入了心髓里面去了。要去掉这个毒，谈何容易呢？阳明先生说佛家和道家未能胜却世人功利之心，这个我有不同的意见，佛老都是医治世道人心的良药来的。

　　先生又说道："大家互相矜夸自己知道的多，博闻广识；为了权势互相倾轧；争强好胜以显示自己的技高一筹；相互攀比而博取声誉。大家看看这些儒者干的是这样的一些事情，完全不知道自己的宗旨是干什么来了，把古圣先贤的教化放在脑后了，把尧舜十六字心法给忘得一干二净了。这些人出来走仕途以后，管理钱粮的又想去兼管军队和刑罚；管理礼乐的又想去获得中枢要职，比如吏部等，这些有实权；在郡县一级的，也都想着去往高处不断地攀爬；掌管着谏议的又看着宰相等要职。"

　　先生又说道："所以说如果没有才德去匹配相应的事务，不得做那个官职的。跟尧舜时候可真是不一样，那时的官员不会互相攀比羡慕，别人做得好也当做是自己做得好。懂得耕种的不会去羡慕搞教育的，不会为不懂教育而感到羞耻。别人把教育搞好了也是相当于在帮自己的。如果不能融会贯通圣人之学，就不可以要那样的声誉。如果推到很高的地步，反而误导了世人的。记诵得很广博，以为是学富五车，正好助长了傲气；知识技能增多，恰好还帮助去作恶了；广闻博见，恰好还让他们能够肆意诡辩的；辞章的华美和丰富，恰好还掩饰了虚伪的。"比如，朱熹没有能够圆融通达圣人之学，获得了那么高的声誉，还写了那么多书来误导世人，万年他后悔都晚了，改都来不及。

　　先生又说道："所以大家看看皋陶、夔、后稷、契这样富有才德的贤臣都不能够去兼做的事务，而现在这些初学的小生还都想通其学说，研究精通其要术。他们欺世盗名，打着要为天下共同的事业去做些事情的旗号，打着为了天下百姓的旗号，而真实的意图并不是如此的，只不过是想着如何能够以公济私，中饱私囊，满足自己的私欲罢了。"大家可以想象一下，如阳明先生这样的上根利器，到了贵州龙场才得道的。这些人如此如何能够得道呢？当然，后生不可限量，只要精进的修行也是可以的。这个事情既难，也是最简单的，前面阳明先生也讲过的。

先生又说道："呜呼，如此长久深厚的积染，如此的心志，又讲求这样的学术，他们猛一听我宣讲先圣的圣人之教，根本都接受不了。就好比是用方的榫头，试图要放进圆的榫眼之中，一方一圆，牛头不对马嘴的。如同鸭子对鸡说话一样，根本就是格格不入的。我宣讲的圣人之学，对于这些人来说，好比是身上多余的肉一样，没有什么用处的。这是由于这些人的良知被物欲所遮蔽了，也可以说良知不足吧。他们就认为圣人之学毫无用处，这也是可想而知的了。"

先生又说道："呜呼！士人学子生在这样的世道，怎么样去求取圣人之学呢？怎么样去探讨学习圣人之学呢？士人学子生在这样的世道，如果想要去求道做学问，不也是很劳苦而繁难的吗？不也是束缚很多而充满艰难险阻的吗？呜呼！真是可悲呀！"阳明先生在最后发出如此的感叹，不能不让我们这些学子深思呀。到处都是充斥着这些类似的圣人之学，稍不留神就会带着迷路了。如果讨论圣人之学，也许会被这些人嗤之以鼻，而且还会群起而攻之的呢。看看前面那个支持阳明先生的学问而被罢官的弟子就知道了。

先生又说道："所幸的是天理在人心，虽然被私欲所遮蔽，虽然被积习所层层束缚，天理还是终究没有彻底的泯灭。每个人心中固有的良知，如同万古不变的太阳一样，虽然掩盖了光芒，终究还是可以拨云见日的。世人听了我的这个论说之后，必然会感到怅然而返，心有戚戚焉，就会愤然而起有所改变的。也许会如同决堤的江河水一样，一发不可收拾，一泻千里而不可阻挡的。如果不是豪杰之士趁机而起，不在等待而奋然而起，那我还指望谁呢？"阳明先生给自己的弟子们寄予了深厚的期望，给天底下的有识之士寄予了厚望。

第六章 答周道通书

1. 只是立志

【原文】 吴、曾两生至,备道道通恳切为道之意,殊慰相念。若道通真可谓笃信好学者矣。忱病中会不能与两生细论,然两生亦自有志向肯用功者,每见辄觉有进。在区区诚不能无负于两生之远来,在两生则亦庶几无负其远来之意矣。临别以此册致道通意,请书数语。荒愦无可言者,辄以道通来书中所问数节,略下转语。奉酬草草,殊不详细。两生当亦自能口悉也。

来信云:"日用工夫只是立志,近来于先生诲言,时时体验,愈益明白。然于朋友不能一时相离。若得朋友讲习,则此志才精健阔大,才有生意。若三五日不得朋友相讲,便觉微弱,遇事便会困,亦时会忘。乃今无朋友相讲之日,还只静坐,或看书,或游衍经行。凡寓目措身,悉取以培养此志,颇觉意思和适。然终不如朋友讲聚,精神流动,生意更多也。离群索居之人,当更有何法以处之?"

此段足验道通日用工夫所得。工夫大略亦只是如此用,只要无间断,到得纯熟后,意思又自不同矣。大抵吾人为学,紧要大头脑,只是立志。所谓困、忘之病,亦只是志欠真切。今好色之人,未尝病于困忘,只是一真切耳。自家痛痒,自家须会知得,自家须会搔摩得。既自知得痛痒,自家须不能不搔摩得。佛家谓之"方便法门",须是自家调停斟酌,他人总难与力,亦更无别法可设也。

【注解】 此章为答复自己弟子道通的书信。这个弟子是江苏人,曾经跟着王阳明学习,后来又师从湛若水,曾经历任知县。这个官不大,可是应该是有些水平,要不也不会记录在这里了。

阳明先生回信,开头先说说为什么要写这些信的缘由,说道:"吴、曾两个后生来我这里求学,口口声声跟我说道通你为道非常恳切,也很用功,我对你倍感思念的。"看来师徒情深,阳明先生遇见好的弟子还是很爱惜的。

先生又说道:"道通你真可谓是笃信好学的人呀。我正在丁忧守孝期间,不能和两位后生详细讨论,然而两位后生也是很有志向的,也是很肯用功的,每次见到都能感觉到有进步的。"嘉靖元年,阳明先生的父亲去世,写这封信的时候是嘉靖三年,还在丁忧守丧期间。

先生又说道:"对鄙人我来说,我不能有负于两位后生这么大老远过来向我求学的;对于两位后生来说,他们也对我抱有厚望,远道而来,也不想空手回去的。临别的时候,摊开几张信纸,本来想给道通你问候一下的。两位后生求学很诚恳,恳请我再多写一些关于学问方面的东西。我在丁忧期间,似乎已经荒废了许久,头脑有些昏聩,也不知道写些什么内容。权且拿来道通你写的信,摘取信里面你问的几个问题,稍微做一下解答。草草写了些东西,也不是很详细,幸好,两位后生还可以当面口头转告一下的。"古人很重孝道,丁忧三年时间。

道通来信中说道:"日用的功夫关键是要立志,近来听了先生的教诲,时时刻刻去体验,越来越明白了。然而还是离不开同修同学的朋友,似乎一刻都离不了。如果有志同道合的朋友在一起讲习,志向就会更加的坚定,眼光也能够更宽广,内心有了生机盎然之意。如果三五天没有跟朋友讲,便会觉得志向微弱了,遇事就会感觉到困惑了,也会时时忘记求道求学之志了。现在没有朋友同学一起讲习,就只好自己静坐,看书,或者散散步。凡是眼睛看到的,身体接触的,尽量都用来培养自己的求道之志,也觉得比较合适的。但是,终究还是不如朋友之间聚在一起讲习来的好,能够充分交流,互相启发也会活跃一些。对于离群索居的人,应当如何做得更好一些呢?使得求道的志向不会动摇,而且能够有进步呢?"这里说的经行也是一种修身养性,也是修行的方法,在一个安静的地方,静静地走来走去思考问题。

先生又说道:"这一段足以验证道通你日用功夫的收获了,可以验证你的功夫水平到了什么程度的了。求道做学问做功夫大概也是这样去做的,只要不间断地做功夫,到了功夫纯熟成片的时候,自然又有所不同的了。"阳明先生勉励要不间断地去做功夫的。我们求道做学问也不能两天打鱼三天晒网的,要有十年磨一剑的那种锲而不舍的精神。大家想想,我们的心就像被锈迹污垢给遮蔽了,需要坚持不懈地去磨。如果磨的速度赶不上我们做恶事的速度,岂不是永远都没有办法磨干净的。所以,要不断地磨,很长很长时间看不到亮光都不要紧的,只要不断地去磨就可以了。

先生又说道:"大体上说,我们求道做学问的人,最紧要的地方,就是要立志了。你信中所说的困惑、容易忘记求学志向这些问题,也只不过是志向没有足够真切罢了,不够坚定的。看看现在那些好色的人,未尝会感觉到困惑或者遗忘了,只是由于好这一口很真切罢了。自家的痛痒,还是要自家才能知道，自家需要去挠的，这样才能得劲，才能到实处。要不别人怎么知道你痒在哪里呢？"也许一问一答这种求学方式是比较好的，针对学子最需求的地方去解释的。

先生又说道："佛家所谓的方便法门，需要自家调停斟酌的，什么样的法门最适合你，这个还是在自己选的。他人总是很难去给力的，师父领进门，修行还是得靠个人的，也更无别的投机取巧的方法可以想的。"佛家有许多方便法门，也是因材施教的。

2. 何思何虑

【原文】来书云："上蔡尝问天下何思何虑。伊川云：'有此理，只是发得太早。'在学者工夫，固是'必有事焉而勿忘'，然亦须识得'何思何虑'的气象，一并看为是。若不识得这气象，便有正与助长之病；若认得'何思何虑'，而忘'必有事焉'工夫，恐又堕于无也。须是不滞有，不堕于无。然乎否也？"

所论亦相去不远矣，只是契悟未尽。上蔡之问，与伊川之答，亦只是上蔡、伊川之意，与孔子《系辞》原旨稍有不同。《系》言"何思何虑"，是言所思所虑只是一个天理，更无别思别虑耳，非谓无思无虑也。故曰："同归而殊途，一致而百虑，天下何思何虑。"云殊途，云百虑，则岂谓无思无虑邪？心之本体即是天理。天理只是一个，更有何可思虑得？天理原自寂然不动，原自感而遂通。学者用功，虽千思万虑，只是要复他本来体用而已，不是以私意去安排思索出来。故明道云："君子之学，莫若廓然而大公，物来而顺应。"若以私意去安排思索便是用智自私矣。"何思何虑"正是工夫。在圣人分上，便是自然的；在学者分上，便是勉然的。伊川却是把作效验看了，所以有"发得太早"之说。既而云："却好用功"，则已自觉其前言之有未尽矣。濂溪主静之论亦是此意。今道通之言，虽已不为无见，然亦未免尚有两事也。

【注解】来信中说道："程颢程颐的弟子上蔡，有个《上蔡语录》传世的。有一天上蔡去见自己的老师程颐先生，程颐先生就问他说，近日做学问有遇见什么事，有什么进展吗？这个上蔡回答道，天下何思何虑呢？程颐先生听了以后，就对他说道，是还是有这么个道理的，你这么说没错，可是你这么说还是太早了点，现在也许你还没有到这个程度的。程颐先生又说，见到这个事呀，经常要无有杂念了，都在静定之中了，物来则应物去不留。上蔡听了以后心服口服了，也吓了一跳，以后再也不敢随便这么夸口了。庆幸一句话转了他的念头，避免了弯路的。对于学者做功夫来说，固然要在具体的事务之中去不忘求道做学问的志向和初心的，然而还是需要懂得有这个何思何虑的气象吧，也许需要一并来看才好吧。也许还不能达到这个境界，也没有关系，起码也要知道有这个气象的。如果不识得这个气象，也许就会有了助长的毛病了，也就是说不懂得为道日损的，只知道增长知见的。如果认得这个何思何虑的境界，而完全忘记了在生活的事务之中去做功夫，恐怕又堕入了无的境地了。须要不留滞于有，也不能堕入无。这样理解对吗？"

先生回答道："你所说的也差不了太多的，几乎是对的了，只是领悟得还不够完整。上蔡的提问，和伊川先生的回答，也只是他们两个人之间的意思，这和孔子《系辞》的原旨还是稍有不同的。《系辞》中说'天下同归而殊途，一致而百虑，天下何思何虑'，所说的所思所虑只是一个天理的，更没有别思别虑了，并不是说无思无虑的。"这么说还是有些不同的，伊川先生说的何思何虑是说的静定，而孔子的原旨说的是归于一的，归于天理的。天下殊途同归的，如果能够归于一，也就是这个天理，就不需要再有什么思虑的了，这个一就相当于百虑千虑了。如果能够仅存此天理，就能够穷天下万事万物之理了，还需要什么别的思虑呢？还需要向外求什么呢？

先生又说道："所以说：同归而殊途，一致而百虑，天下何思何虑。说了殊途不同的路径，说了百虑，则岂能说什么无思无虑呢？心的本体即是天理的。心即是理的。天理只是一个，更还有什么可思虑的呢？不需要去想东想西的了。天理本来就是寂然不动的，原本就是自我感应而能够上达于道的。学者用功求道做学问，虽然千思万虑，脑袋瓜都想破了，可是只不过是要恢复心体本来的体用而已，也没有什么别的事情。不是刻意去安排思索出来个什么东西的。"

先生又说道："所以明道先生，也就是程颢先生说道：'君子之学，最紧要的就是要大公而无私的，物来而能够顺应的。'如果用私意去安排思索个什么东西，就是在耍自私的小聪明而已。何思何虑正是真实的功夫，对于圣人来说，这是自然做得到的；对于学者来说，这是要经过许多勤勉的努力才能达到的。伊川先生是把这个当作自己弟子功夫到了什么水平的效验来看了，所以说还为时过早的。由于他知道自己的弟子上蔡还没有到这个程度，接下来又说道：'却好用功做功夫的'，他说这句话是觉得怕前面说的没有能够说全的。濂溪先生，也就是周敦颐主静的论说，也正是这个意思的。也就是说，何思何虑，没有什么思虑这个静定是功夫来的。不间断地努力做这个静定的功夫，就可以开启智慧了，也就能够见到天理了。现在道通这么说，虽然已经不能算是没有见地，还是看到了这个关键问题的。然而也未免不能圆融为一的，还是当做两件事情割裂开来看的。"哪两件事情呢？道通还是有些疑惑的，在何思何虑这个功夫里，道通担心堕入无；在具体的事务之中呢，又怕太过于纠缠的。

其实这个事务也无多事的,只是一个天理而已,只是恢复心的体用而已。而何思何虑这个功夫,是静定的功夫,这个也是恢复本心的功夫。两者是圆融通达的,归于一的。

3. 圣人气象

【原文】来书云:"凡学者才晓得做工夫,便要识得圣人气象。盖认得圣人气象,把做准的,乃就实地做工夫去,才不会差,才是作圣工夫。未知是否?"

先认圣人气象,昔人尝有是言矣,然亦欠有头脑,圣人气象自是圣人的,我从何处识认?若不就自己良知上真切体认,如以无星之称而权轻重,未开之镜而照妍媸,真所谓以小人之腹,而度君子之心矣。圣人气象,何由认得?自己良知,原与圣人一般。若体认得自己良知明白,即圣人气象不在圣人而在我矣。程子尝云:"觑著尧,学他行事,无他许多聪明睿智,安能如彼之动容周旋中礼?"又云:"心通于道,然后能辨是非。"今且说通于道在何处?聪明睿智从何处出来?

【注解】来信中说道:"凡是学者开始懂得做功夫,就要先识得圣人的气象。如果能够认得圣人的气象,能够有个标准、目标和方向,这样实实在在地去做功夫,才不会有差错的,这样才是成圣成贤的功夫的。不知道这么说对吗?"

先生回答道:"求学需要先识得圣人的气象,前人曾经说过这样的话。这样说也没错,可是还是欠缺一些关键的要点。圣人的气象是圣人自己的,我从何处去认识得了呢?"正所谓如人饮水冷暖自知的,以学子的身份,还没有能够登堂入室,就在那里要识得屋子里面有什么,这个也是勉为其难了。前面也讲过圣人气象,也许是何思何虑的,时时刻刻处于静定之中的,仅存天理的。《道德经》里面有讲,教学子如何识别真正的善人,真正的明师。这些善人含光内敛,很谨慎很低调,如同冬天涉冰过河那样小心翼翼的,如同到了别人家做客的客人一样小心谨慎。子贡也说自己就好比是那种很矮的围墙,别人一看有什么好东西马上看得到,自己的老师孔子就好比很高的宫墙了,不走进去根本看不见的。这里说先人说过,指的是伊川先生曾经说过:凡是看文字,并不只是要理会语言文字的,还是要识得圣贤的气象的。伊川先生说的也没错的,这个是要教学子不能拘泥于文字的,要离语言和文字相的,也就是佛家常说的不著相的。

先生又说道:"如果不是从自己的良知上真切地去体认,就如同用没有用星形记号标明刻度的称来称东西的轻重、如同用没有经过打磨的镜子来照人的容貌一样，真所谓是以小人之腹来度君子之心的。圣人的气象，怎么能够认得呢？"

先生又说道："话又说回来了，每个人自己的固有的良知，原本也是和圣人相同的。如果能够体认得了自己的良知，弄明白了以后，那么圣人的气象就不在圣人了，而在我身上也有了。"人人皆有佛性，人人皆可为尧舜。

先生又说道："程颐曾经说过：窥探着尧，学他为人处事，如果没有他那么聪明睿智，没有他那么有智慧，怎么能够像他那样举止、仪容和进退揖让都符合礼的要求呢？"世人识别圣人气象，不仅仅是外在的表现，还是要看其心。外在的举止仪容只是表象，核心是在于存天理去人欲的，核心在于富有盛德和智慧的。如果仅仅是学外在的仪式动作，那也是东施效颦罢了。当然，如果能够一言一行都能够学着圣人去做，特别是能够做到慎独，那也是不错的修行方法了。慢慢也会有智慧的。

先生又说道："程颐又说道：心通于道，上达于道之后，然后就可以辨别是非了。"这里也指向圣人气象了。

先生又说道："现在你且说说看，通于道在哪个地方呢？聪明睿智从何处出来呢？"阳明先生很善于启发弟子，留了个疑问给弟子的，这是个作业题目的。也许同于道是在心的，聪明睿智也都是从心里出来的，也就是说从自性之中出来的。禅宗说，自性之中具足一切智慧。这个自性自心，如同源头活水一样，并不是池塘里面那种肤浅的死水。

4. 事上磨练

【原文】 来书云："事上磨练，一日之内，不管有事无事，只一意培养本原。若遇事来感，或自己有感，心上既有觉，安可谓无事？但因事凝心一会，大段觉得事理当如此，只如无事处之，尽吾心而已。然仍有处得善与未善，何也？又或事来得多，须要次弟与处，每因才力不足，辄为所困，虽极力扶起而精神已觉衰弱。遇此未免要十分退省。宁不了事，不可不加培养。如何？"

所说工夫，就道通分上也只是如此用，然未免有出入在。凡人为学，终身只为这一事。自少至老，自朝至暮，不论有事无事，只是做得这一件，所谓"必有事焉"者也。若说宁不了事，不可不加培养，却是尚为两事也。"必有事焉而勿忘勿助"，事物之来，但尽吾心之良知以应之，所谓"忠恕违道不远"矣。凡处得有善有未善，及有因顿失次之患者，皆是牵于毁誉得丧，不能实致其良知耳。若能实致其良知，然后见得平日所谓善者未必是善，所谓未善者，却恐正是牵于毁誉得丧，自贼其良知者也。

【注解】 来信中说道："求道做学问在事上进行磨练,一天之内,不管有事没有事,只是一心一意地去培养本原的吧。我不去找事,事情也会来找我的,或者自己心中也会冒出来各种杂念的,心上既然有了感觉,安能说是无事呢?但遇事凝心静气一会,也会觉得有事理当作无事处理的,尽我的心去做就可以了。然而仍然还是有处理的好的,也有处理的不好的,为什么呢?又或者事情来得太多,需要次第按照顺序一件件来处理的,每每因为才力不足,也会感觉到困惑的,虽然极力去打起精神来,可是还是觉得力不从心的。往往遇见这种情况,未免也会放弃手头的东西,退回来安静地反省自己了。宁可没有做完事情,也不可不返回来修身养性了,这样做可以吗?"阳明心学是内圣外王之术,也可以在事上来磨砺自己的,也可以不是一味地去封闭自己修行的。道通看来还是事务繁忙的,如何去处理呢?这个也和我们现在的修行求道做学问密切相关的。看看阳明先生怎么说的。

先生又说道："你所说的功夫,对于道通你的情况,也只能如此来用了。你公事又那么繁忙,不能不去做事,也只能如此了。可是根据你说的情况呢,未免还有一些出入的,下面我跟你来讲讲吧。"

先生又说道："凡学子为学,终身只是为了这一件事的。这是什么样的一件事呢?从小到老,从早到晚,不论有事还是无事,只是做得这一件事的,正所谓的'必有事焉',这个就是了。"必有事焉,这个是什么事呢?如同谜语一样呀。这句话是从孟子那里来的。孟子曾经说过,告子未尝知义的,他把义看成心外的了,心外无义的。必有事焉,也就是说必定要求心中之义这件事,不要停止培养心中之义的,这就是孟子说的浩然正气的,心不要忘记这个求道的志向,也不要拔苗助长的。这就对前面的勿正、勿忘、勿助长有所理解了。这个事是每个人毕生要做的事,就是培养浩然之气的,培养心中之义,培养天理,而去除人的私欲。

先生又说道："如果说宁可放下所有的事情,不可不加以培养此心,这却是把它当做两件事来看了。所以说'必有事焉而勿忘勿助',本来就是这么一件事的,必有此事就是培养内心之义,仅存天理,勿忘此志向,也勿揠苗助长了。对于外来的事物,只要尽自心固有的良知去应对就可以了。如同镜子一样,物来则应,物去不留了。不会粘滞在心镜,也就不会如此的疲惫了。正所谓忠恕不会违背道,离道也就不远了。"世人只要上对下能够做到宽恕,下对上能够做到忠诚,上下相安,也就不违背道了。

先生又说道："凡是处理事物有好的,还有些不够完善的,也会遇见困惑、失去秩序,比较混乱疲惫这样的事情,这也许都是跟毁誉得失这些名利相关吧,不能实在地致其良知,所以才会如此的。"

先生又说道："如果果真能够做到致其良知,也许就会见得平日所谓善的，未必就是善的了；所谓未善的，却恐怕正是牵扯了名利的毁誉得失了，只是自己的私欲遮蔽了良知，自己还不知道的。"也许我们学子在读到这里的时候，可以扪心自问一下，自己被生活所累，深挖下去无非是毁誉得失吧。如果无有毁誉得失的私欲，也就没有什么好顾虑的了。许多时候都是心累吧，实际的事务也许并不会特别累的。如果致其良知了，也许原本认为正的就是邪的了，原本认为邪的就是正的了，这么说有无道理呢？大家可以斟酌的，佛陀说颠倒众生。镜中的世界往往是相反的。比如大道至简至易，可是世人的心比较险曲，这样的镜子一照，大道也就变成邪僻小径了。

5. 致知之说

【原文】来书云："致知之说，春间再承诲益，已颇知用力，觉得比旧尤为简易。但鄙心则谓与初学言之，还须带格物意思，使之知下手处。本来致知格物一并下，但在初学未知下手用功，还说与格物，方晓得致知"云云。

格物是致知工夫，知得致知便已知得格物。若是未知格物，则是致知工夫亦未尝知也。近有一书与友人论此颇悉，今往一通细观之，当自见矣。

【注解】来信中说道："致知的学说，春季的时候再次承蒙教诲，很受启发，已经颇知用力之处了，觉得比朱熹旧的学说尤为简易了。但是我的意思是说，和初学者说的时候，还须要带着格物的意思，使得别人知道下手处。要不如果光讲致知而不讲格物，初学无从下手了。本来致知格物是一起用的，但是初学不知下手用功，还要说格物，方能晓得致知的。如果不说格物，初学也不知道致知的。"

先生回信中说道："格物是致知的功夫，如果知晓致知就已经知道格物了。如果不知道格物，则是致知的功夫也未尝知晓的。近来我写了一封信给友人谈论此事，比较详细，现在我也一并寄给你了，你仔细看一下，自己就会明白了。"格物致知前面谈论得比较详细了。格物可以说是致知的功夫，可以说是格除人的私欲，仅存天理的，这样就能恢复人本有的良知了，就能致良知了。如此看来，如果知晓致知，也就是对本有良知已经知晓了，也就能够知道用功之处了。如果不知道格物，对于致知的这个功夫也就未尝知道了。这里就简单论述一下的。

6. 动气之病

【原文】来书云："今之为朱、陆之辩者尚未已。每对朋友言，正学不明已久，且不须枉费心力为朱、陆争是非。只依先生'立志'二字点化人，若其人果能辨得此志来，决意要知此学，已是大段明白了。朱、陆虽不辩，彼自能觉得。又尝见朋友中见有人议先生之言者，辄为动气。昔在朱、陆二先生所以遗后世纷纷之议者，亦见二先生工夫有未纯熟，分明亦有动气之病。若明道则无此矣。观其与吴涉礼论介甫之学云：'为我尽达诸介甫，不有益于他，必有益于我也。'气象何等从容！尝见先生与人书中亦引此言，愿朋友皆如此，如何？"

此节议论得极是。愿道通遍以告于同志，各自且论自己是非，莫论朱、陆是非也。以言语谤人，其谤浅。若自己不能身体实践，而徒入耳出口，呶呶度日，是以身谤也，其谤深矣。凡今天下之论议我者，苟能取以为善，皆是砥砺切磋我也，则在我无非警惕修省进德之地矣。

昔人谓"攻吾之短者是吾师"，师又可恶乎？

【注解】来信中说道："朱熹和陆九渊鹅湖之会的辩论已经过去很久了，可是现在还有人在辩论。每当看到朋友为此争论，我就会对他们说圣人的正学不明于世已经很久了，且无须枉费心力为朱熹和陆九渊的事情争论是非的。只要依照先生说的立志两个字来点化别人就可以了。如果他果真能够辨别得此志向，决意要知晓此圣人之学，已经是大体上明白了。要不他立的志向不会真切和坚定的。即使不去争辩朱熹和陆九渊谁对谁错，他自然也能够多少明白些了。"

来信中还说道："我还曾经见到有些朋友对你的学说很推崇，他们只要见到别人批评议论先生您的学说，就非常生气的。以前朱熹和陆九渊两位先生这样争论，遗留后世学子议论纷纷，这也足以见得这两位先生功夫还没有纯熟的，分明也有这个动气的毛病，也许感情用事去争论是非的。"

来信中还说道："程颢先生就没有这个动气的毛病，看看程颢和吴涉礼讨论王安石的学说的时候所说的话就知道了。程颢跟王安石的政见有所不同，还是希望朋友把自己的真实想法转告给王安石的。他说道：'把我的想法都全部告诉王安石先生的，即使对他没有什么益处，没有什么改变，可是对我来说还是有益处的，我尽了自己的这份心了。'程颢这样的气象是何等从容的，还是很大气的。曾经见到先生在给人的书信中也引用了这个话的，愿朋友都是如此，我这么说对不对呢？"阳明先生希望自己的朋友即使有些什么不同意见，都还是把什么都直接写信告知的，就像程颢对待王安石那样坦荡的。程颢虽然跟王安石在政见上有所不同，可是并不像司马光那些人那样极端的。我们很熟悉司马光同学小时候砸缸的故事，可是这个同学激烈地反对王安石变法，他说跟王安石就如同冰炭不能放在同样一个器具中，如同寒暑不可能同时出现一样。虽然程颢比王安石小好多，但是王安石对他还是很尊重的。

先生回信中说道："这一节你的议论很对的，我非常赞同。愿道通你只需要遍告所有的有志于此道的朋友，各自且论自己的是非就可以了，不要论朱熹和陆九渊的是非了。"

先生又说道："用言语去诽谤别人，这种诽谤是非常的肤浅。只会在那里说别人的。如果自己不能身体力行地去实践，去做功夫，只是在那里从耳朵进来，不动动脑子就说出口了。整天喋喋不休的聊以度日，这样就是在以自己的身去诽谤的，也就是在诋毁自己的了，这样的诽谤就很深了。这个实在是害己误己的。"

先生又说道："现在天下那些议论我的人，如果能够取一些议论的事情来，也就相当于我的一块磨刀石，可以砥砺切磋的，无非使得我时刻保持警惕，还要不断地修身养性，以使得德行不断地进步。"阳明先生还是希望天下的人能够像程颢对待王安石那样的，有什么不同的意见，都可以悉数说出来的。不要动气，有一种大度的气量。

先生又说道："以前荀子曾经说过：'对于那些攻击我的短处的人是我的老师。'对于天底下的那些议论的人来说，又有什么觉得可恶的呢？"大家看看阳明先生还是很有雅量的。别人有些不同意见，进行攻击，也是对自己的一种磨砺的。这种逆境也许本身就是一种修行的缘分。

7. 气即是性

【原文】来书云："有引程子'人生而静，以上不容说，才说性便已不是性。'何故不容说？何故不是性？晦庵答云：'不容说者，未有性之可言。不是性者，已不能无气质之杂矣。'二先生之言皆未能晓，每看书至此，辄为一惑，请问。"

"生之谓性"，"生"字即是"气"字，犹言"气即是性"也。气即是性。"人生而静，以上不容说"，才说"气即是性"，即已落在一边，不是性之本原矣。孟子性善，是从本原上说。然性善之端，须在气上始见得，若无气亦无可见矣。恻隐、羞恶、辞让、是非即是气。程子谓"论性不论气，不备；论气不论性，不明。"亦是为学者各认一边，只得如此说。若见得自性明白时，气即是性，性即是气，原无性气之可分也。

【注解】来信中说道："有人引用程颢说的一句话：'人生而静，以上不容说，才说性便已不是性。'，用这句话来问朱熹先生，为什么不容说呢？为什么才说性已不是性了呢？"

来信中还说道:"朱熹先生针对那两个问题来分别回答。回答道:'之所以说不容说,是因为没有性可说的。之所以说不是性,已经不能没有夹杂的,也就是有一些污染的气质夹杂在里面,已经不是纯的了,所以说不是性的。'"

来信中还说道:"程颢和朱熹这两位先生这么说,我都不是很明白。每次看书到这里的时候,就会感到困惑,请问先生怎么看这个事情呢?"

先生回信中说道:"生之谓性这句话是告子说的,这个生字即是气字的,也就好比说是气即是性的。"也许学子有气和性这些字眼在都给搞晕了,阳明先生这里说了可以说气即是性的。就像有理、有心、有礼,阳明先生高人这里都简化了,心即是理,理即是礼。

先生又说道:"人生而静,以上不容说,这句话,仅仅是说了气即是性的,这样说就落入了一边的,这并不是性的本原。孟子说性本善,是从本原上来说的。然而性善的端倪,须要在气上才能看得到的,如果无气也就不可看见了。恻隐之心、羞恶之心、辞让之心、是非之心,这些也都是气的。气不动就无从感受到的,无从看到的。"自性是本原,发动起来就生出了气,气可以看得到的。

先生又说道:"程颢曾说:'如果论性而不论气,也不够完备的;如果论气而不论性,那就不明了。'只是学者抓住一边来说事,只能这么来解释的。"世人的思维很容易落入非左即右的矛盾,所以佛家有个不二法门,也就是说真理往往是非左非右的,而不是非左即右的。大家留意看看佛经可以看到许多不垢不净这样的语句。比如,性善论者就抓住这一边来讨论,性恶论者又抓住另外一边来说事,各执一词,不能调停的。也许性善论者所讨论的也并非孟子的本意。

先生又说道:"如果见得了自性,明心见性了以后就明白了。气即是性,性即是气,原本并无性气的分别。"佛家讲定慧,世人就以为定是一回事,慧又是另外一回事的。六祖就出来说了,定为慧之体,慧为定之用,定慧本来是一体。即慧之时定在慧,即定之时慧在定。就像性和气一样的,不能落入一边的。打个蜡烛的比方吧,这个蜡烛就像是自性,而发出的光就好比是气的;蜡烛就像是定,而发出的光就好比是慧的。本来发出的烛光和蜡烛本来也是一回事的,也是蜡烛燃烧了以后才能发出来的能量。

程颢这么说还有另外的一层意思,虽然说是自性,用语言文字一说出来就不是性了。看阳明先生的解释,朱熹先生的说法,完全就没有抓住要点。由此可知,朱熹先生这时候还没有能够明心见性的。如果朱熹先生还没有见到自性,如何能够谈性呢?就像从来没有见过月亮是什么样,如何去形容呢?不是误人子弟吗?实在没有什么诋毁朱熹先生的意思,但是还是需要明辨是非的。谈到自性是需要离语言文字相的,也就是说不能著相的。就像佛陀在菩提树下感慨，我法妙难思的。佛法是不可思议的，不可说，不可乱说的，也就类似信中说的不容说的，是需要去实证的，如人饮水冷暖自知的。阳明先生在这一章中，虽然处于丁忧守孝期间，还是能够热心地给弟子回信了，难能可贵的。虽然写得比较简短，但是也都说到了要害关键的地方。

第七章 答陆原静书

1. 至诚无息

【原文】来书云:"下手工夫,觉此心无时宁静,妄心固动也,照心亦动也。心既恒动,则无刻暂停也。"

是有意于求宁静,是以愈不宁静耳。夫妄心则动也,照心非动也。恒照则恒动恒静,天地之所以恒久而不已也。照心固照也,妄心亦照也。"其为物不贰,则其生物不息"有刻暂停,则息矣,非至诚无息之学矣。

【注解】这一章是与陆原静的往来书信,这个陆原静也就是陆澄。《传习录》上册也有这个学生记录的内容。阳明先生写这些信的时候是嘉靖三年(1524),那个时候阳明先生已经是53岁了。

来信中说道:"我在下手去做功夫的时候,觉得这个心无时无刻都不宁静的。妄心固然在动,照心也在动的。既然心无时无刻都在动,也就没有片刻暂停的了。"这个同学很苦恼,还是认真做功夫的,可是这个心没有片刻消停的,想让他安静都安静不了,真是烦人的。

先生回信中说道:"你这是有意地去求宁静,你越是想宁静就越不能宁静的。"这位同学比较喜欢佛道的,所以还是想去修静定的功夫,可是越想宁静,越宁静不了。就像当年禅宗二祖在雪地里拜师,要达摩祖师帮忙他安心的。怎么样才能降伏这个妄动的心呢?也许这个心就像那头牛一样,如果要按牛喝水还是不容易的哦,除非这头牛真的渴了自己去喝的。这个妄心如同杂草,用石头去压,还是压不住的,压住了这里,从另外一条缝那里又冒出来了。也许大家都有难睡着的体会吧,你越想睡着,越睡不着,可是你越怕睡着,就越很快睡着了。这个心就是如此的。

先生又说道:"妄心会动的,可是照心并不动。"我们说人是一个小宇宙,这个一点都不虚的。这个心就好比是太阳,在中医中属火。如果心火不够旺的话,也许就会有许多毛病了。在太阳系内,这个太阳就好像是不动的一样，地球围绕着太阳转动的。这个心也似乎是如此的。不管是妄心还是照心，其实都是一颗心来的，并不是两颗心。不管是早晨、中午还是傍晚的夕阳，也都是一个太阳来的。只是乌云遮住了太阳的时候，火力就不够了。这个妄心并不是别有一个妄心的，只是由于人的私欲遮蔽了这个真心。这里为什么叫照心，也许和佛家的一个比喻有关。佛家把人的心比喻成一块明镜，人的本心都是可以照天照地的，就如同没有乌云遮蔽的太阳。这个明镜被物欲所遮蔽了，尘埃覆盖满了、污垢和锈迹，就需要不断地打磨，打磨干净了就可以照天照地了。所以，原本的这个真心就可以称之为照心的。

先生又说道："照心是不动的，是恒照不变的。就像那个太阳一样，还是在不停地照耀天地。恒照就会是恒动恒静的，也就是说，这个照心是不动的，如同镜子那样放在那里的，没有外物来的话，是不动的，所以称之为恒静。如果外物来了，就照了，这个就是恒动了，可是外物走了，也没有任何的痕迹留下来的。就好比这个太阳，也是恒照的，不管有无外物感受到阳光，它还是无私的在照耀着，这个称之为恒照。如果外物来了，就照耀在外物上了，这个就是恒动了。外物不来，太阳如同静止一样，称之为恒静了。太阳照耀，这也是天地之所以恒久不已的原因吧。"

先生又说道："照心固然说是照，妄心也是照的。"照心就像是没有物欲遮蔽的本心，这个照出来的事物不会失真的。可是妄心照出来的也许是失真的。大家想想，一面镜子上面都是污渍，如何能够照得全呢？有乌云遮住的太阳就好比是妄心，乌云虽然遮住了，还是会透过乌云照过来一点的，这个也是照的，并没有停息的。即使全部被乌云遮住，这个也是照的。只要有一缕穿透乌云的阳光，就能给世间带来光明。只要有一缕穿透私欲乌云的心光，就能给心带来光明。明心见性就是看到了这一丝亮光的，也不容易的。

先生又说道："《中庸》里有讲到，天地之道，可一言而尽也：其为物不贰，则其生物不测。"这句话是说，天地之道，可以用一句话就说完了。天地没有私心的，只是为了孕育万物，只是为了这个事情，所以说为物不二，其生育的万物无穷无尽的，不可推测的。就像我们来到这个世界上，本来也就只有一件事，就是存天理，去人的私欲的，恢复本有的自性的。阳明先生随笔这么一写，最后这个字和原文有所不同了，可是意思是差不多的了。

先生又说道："如果稍有片刻的暂停，就是停息了。天地之道如同前面的太阳一样，片刻都不曾停息的，不停地生物养物的。并没有什么私心的。如果有所停息，就不是至诚无有停息的圣人之学了。"自心自性如同镜子一样，如同太阳一样，永远都不会停息的，照耀着人的私欲，去掉人的愚昧。

2. 无起无不起

【原文】 来信云："良知亦有起处，"云云。

此或听之未审。良知者，心之本体，即前所谓恒照者也。心之本体，无起无不起。虽妄念之发，而良知未尝不在。但人不知存，则有时而或放耳。虽昏塞之极，而良知未尝不明，但人不知察，则有时而或蔽耳。虽有时而或放，其体实未尝不在也，存之而已耳。虽有时而或蔽，其体实未尝不明也，察之而已耳。若谓良知亦有起处，则是有时而不在也，非其本体之谓矣。

【注解】 来信中说道："你在信中有提到，良知也有起处。"还说了一些什么别的内容，针对这一句阳明先生还是有话要说的。

先生回信中说道："你这么说或许你还没有能够听明白我说的意思。我所说的良知，也就是心的本体。也就是前面所说的恒照的东西了。"前面我们已经花了大段的篇幅来解释这个恒照了，如同太阳，如同镜子，这个也都是我们的心，也是自性的，也是良知的。

先生又说道："心的本体，本来是无起无不起的。可是你这里却说，良知也有起处。"我们说起心动念，可是这个良知本来无起无不起的。就好像我们看到太阳东升西落，以为是有起有落的，可是根本就不是这样的。现在我们知道太阳是圆的，根本都没有什么起落的，只是我们看到的一种错觉罢了。也就是说无起无不起的。

先生又说道："虽然妄念有发动了，而良知未尝不在的。就好比说乌云遮住了太阳了，不能说太阳不在了。就好比说镜子锈住了，这就不是一面镜子了，只要打磨干净了，还是可以照天照地的。但是人如果不知存养良知的话，有时也许就失去了。虽然是昏聩堵塞到了极致的，可是良知未尝不明的。但是人如果不知省察，有时也许就会被蒙蔽了。"我们为了不至于失去良知，就要时时刻刻记得存养此本心具有的良知，也要注意省察，不要被事物所蒙蔽。

先生又说道："虽然有时也许就失去了，可是良知的这个本体未尝不在的。这时候你只需要好好地存养它就够了。虽然有时被蒙蔽了，良知的本体未尝不明的，只需要用心地去省察就可以了。"乌云遮住了太阳，看似没有太阳已经不存在了。如果很细心地观察，也许就会看到了。

先生又说道："如果照你信中说的，良知也有起处，那就是说有时良知还是不在的，不在了才会起来的。这就不能说良知是本体了。这个本体一直都在的。"虽然说良知是本体，可是不能够著相去求这个本体的。这个良知也是无形无相的，要找也是找不到的，无一物可得的。就好比六祖说的："菩提本无树，明镜亦非台，本来无一物，何处惹尘埃？"此心虽然用明镜来比喻，可是本来无一物，连镜子也都不是。

3. 精一之论

【原文】来书云："前日精一之论，即作圣之功否？"

"精一"之"精"以理言，"精神"之"精"以气言。理者，气之条理；气者，理之运用。无条理则不能运用；无运用则亦无以见其所谓条理者矣。精则精，精则明，精则一，精则神，精则诚。一则精，一则明，一则神，一则诚，原非有二事也。但后世儒者之说与养生之说各滞于一偏，是以不相为用。前日"精一"之论，虽为原静爱养精神而发，然而作圣之功，实亦不外是矣。

【注解】来信中说道："您前段时间讲精一的论说，是不是就是成为圣人的功夫呢？"阳明先生从小有个志向就是做圣贤的。前面我们有专门讨论到阳明先生所说的精一的功夫。

先生回信中说道："精一这个精字是从理上来说的，而精神的那个精字呢，是从气上来说的。"阳明先生对比了精一和精神的这两个词里面的精，还是有所不同的。精神，这个对于道家完整来说是精气神的，这个是从气上来说的。精化成气，气化成神的。凝神可以聚气，聚气可以成精。

先生又说道："理即是气的条理的；气即是理的运用。如果没有条理，就不能运用的；如果没有运用也就不能见到气所谓的条理的。"前面还专门说过，气即是性的。这些概念很多，怎么弄清楚呢？自性之中具足一切，可是自性似乎是虚空，需要有气才可以见得的。可以说无中生妙有的。这个气有千变万化，如前面说的恻隐之心、羞恶之心这个也是气的，要通过精一的功夫，使得有条理，而归于一。这个精一的功夫，前面有举过例子的，就好比是加工大米的，经过许多工序的加工，就得到了白色的好吃的大米了。这个加工大米的过程需要去除别的杂质，就好比是前面说的自性之中要去除多余的气质。这个有点类似于不断地加工，不断去除人的私欲。原本还有这个物的理，那个物的理，最后仅存天理就可以了。

先生又说道："前面有讲到惟精惟一，这个合起来称之为精一的。如果能够做到了惟精，做足了功夫，用功到了精深的程度，就可以得到气的精髓了，所以说精则精；也可以做到发明这个心灯了，不再昏暗了，所以说精则明；也可以做到持中守一了，所以说精则一；也可以做到至诚了，这个至诚是心的本体的，所以说精则诚。"这一连串的词语，还是很容易把人给搞晕的，我们且接着往下再看看。惟精惟一为什么说两个词呢？惟精说的是用功的精深，也就是说深入的；惟一也就是说用功专一的。合起来也就是我们经常说的，做功夫要一门深入的。一门和深入这个并不是两个事情来看的，如果不一门，不专心，这里钻一下，那里钻一下，也不可能深入的。如果不深入的话，只是浅尝辄止，也没有什么用的。所以，这里就说只要能够做到精深，就可以说都到了仅存天理那个阶段了。

先生又说道："如果能够做到惟一的功夫，能够专一地去用功，就可以得到凝神聚气，而得到精了，所以说一则精；就可以做到发明心灯了，所以说一则明；就可以凝神了，所以说一则神；就可以做到至诚了，所以说一则诚。原本并非有两件事情的，由始至终都只是一件事情的，就是恢复每个人的本心而已，恢复每个人心中本有的天理而已。"一门深入并不是两件事情来的，专心和精深这个本来也是一件事来的。不能做到专一，也不可能做到精深的。不能做到精深，也不可能做到专一的。小鸡在鸡蛋里面，要想出来，也是不容易的。如果那个嘴巴到处啄，也就出不来了，要挑选一个部位不停地努力才可以的。小鸡也要做功夫的，更何况我们人呢？

先生又说道："但是后世儒者的说法，还有养生的说法，大家各执一词的，各自偏向一边，互相都是分开来说的，没有什么想干。其实是一个事情的，并不是两个事情的。"儒者在那里说惟精惟一这些，这个是《尚书》里面讲的。而道家养生的那些人，又都是说的精气神的东西，这里阳明先生把它融合了，本来也是相通的。

先生又说道："前段时间说的精一的说法，虽然是针对陆原静爱养精神有感而发，然而做圣人的功夫，实在也是不外乎那些东西的。"阳明先生教我们做圣贤的功夫了，我们这些学子要不要去努力呢？

4. 不言而喻

【原文】来书云："元神、元气、元精，必各有寄藏发生之处。又有真阴之精，真阳之气，"云云。

夫良知一也，以其妙用而言谓之神，以其流行而言谓之气，以其凝聚而言谓之精，安可以形象方所求哉？真阴之精，即真阳之气之母。真阳之气，即真阴之精之父。阴根阳，阳根阴，亦非有二也。苟吾良知之说明，即凡若此类，皆可以不言而喻。不然，则如来书所云三关、七返、九还之属，尚有无穷可疑者也。

【注解】来信中说道："元神、元气、元精，必然各有各的寄藏发生的地方，又有真阴之精，真阳之气。"还说了一大堆，阳明先生就挑了这一段来给回复的。

先生在回信中说道："说到良知，还是归于一的，也就是此心本有是良知的。针对此心有妙用来说称之为神；由于其流布于身体之中称之为气；气凝聚而化成的东西称之为精，怎么可以用具体的形象、在具体的场所去求得到呢？"前面书信中，以为精气神各自在哪个脏器之中藏的，在哪里生发的呢。这里阳明先生说了，虽然看似三个东西，还是一个事情的。精气神本来是归一的，互相转化的。

先生又说道："真阴之精，即是真阳之气之母。真阳之气，即真阴之精之父。"这位同学喜欢佛家道家，倒是帮我们的忙了，可以让我们多了解一些阳明先生是怎么解释这些事情的。一阴一阳谓之道，如果知晓阴阳，也就知晓了大道了。对于喜好中医或者道家养生的人来说这些说法也不陌生，但是，如果实证这些也就不简单了。我们用中医的角度来稍微解释一下，五脏藏精气而不泻，属里，所以称之为阴；六腑传化物而不藏，属表，所以称之为阳。这么看来，说五脏之中藏精气这个也不为错的，这位同学问的也不为过。肾脏属水的，属于真阴了。心属于真阳。如果要生发真阳之气，还是得靠肾脏的。肾脏虽然属水，可是里面有真火的。无有真阳之气，阳气不足也不能够凝聚成精的。

先生又说道："阴为阳之根，阳为阴之根。阴阳是互生的。阴阳不可分割为两个事情来看。"万物都是负阴而抱阳的。我们通过八卦图就可以看到，阴阳的消长和变化了。无阴就无阳，无阳就无阴，所以说是阴阳互相为根的。阴中有阳，阳中有阴的。即使是炽热的太阳，里面也有太阳黑子的。中国古代的金乌，也就象征着太阳黑子的。这就是阳中有阴的。即使是极度冰凉的广寒宫月宫，里面也有玉兔的。这就是阴中有阳。

先生又说道："如果能够弄明白了我所说的良知的学说，那么诸如此类的这些事情，都可以不言而喻了，也就自然全部明白了。可以做到一通百通了。如果不然，像你来信中还说到了什么三关、七返、九还这类事情，还会有无穷无尽的疑问的。"三关、七返、九还都是有关于道家修行的说法，我们这里就不去深究了。

5. 知无不良

【原文】 来书云："良知，心之本体，即所谓性善也，未发之中也，寂然不动之体也，廓然大公也，何常人皆不能而必待于学邪？中也，寂也，公也，既以属心之体，则良知是矣。今验之于心，知无不良，而中、寂、大公实未有也，岂良知复超然于体用之外乎？"

性无不善，故知无不良。良知即是未发之中，即是廓然大公、寂然不动之本体，人人之所同具者也。但不能不昏蔽于物欲，故须学以去其昏蔽。然于良知之本体，初不能有加损于毫末也。知无不良，而中、寂、大公未能全者，是昏蔽之未尽去，而存之未纯耳。体即良知之体，用即良知之用，宁复有超然于体用之外者乎？

【注解】来信中说道："良知是心的本体，也就所说的性善，前面说的喜怒哀乐未发之中，寂然不动的本体，廓然大公而无私，可是为什么常人不能做到而必须要学了才可以呢？"这位同学还是很用功的，也很会问问题，把之前阳明先生所讲的东西全部都串在一起来问了。

来信中还说道："这里说的中啦，寂啦，公啦，这些都是心的本体所有的属性。良知是心的本体，那么也就是良知的属性了。现在我扪心自问，在心里面去校验一下，发现还是有很好的良知，可以说知无不良呀。虽然已经做到了有良知了，按理说也能够找到之前说的那三样属性，可是根本找不到的，比如中啦、寂啦、大公啦，这些实在是找不到的，难道良知还能够超乎在体用之外不成吗？"看这位同学很会问问题，从他这么问，还是不能致良知的，如果能够上达于道，知晓良知，就不会有这个疑问了。

先生回信中说道："自性本来没有什么不善的，所以说知本来没有什么是不良的。"阳明先生曾经说过，无善无恶是心之体。自性是无善无恶的，没有善恶的分别。本来如果没有物欲的遮蔽的话，这个心的本体的知是没有什么不良的。

先生又说道："良知也就是未发之中的，也就是廓然大公的，也就是寂然不动的本体的，人人都有的，人人也都是相同的。"人人都有佛性，人人皆可为尧舜的。廓然大公是说的完全都是大公无私的。如果体悟真正的良知，就能够有万物一体的仁爱的。对待万事万物，对待所有的有气血的众生都是一样的。所有的人都是兄弟姐妹，所有的人都是一家人的。但不是带有一丝私欲去对待的，是由于体悟到了无缘大慈，同体大悲，不得不那样慈悲的对待。

先生又说道："虽然良知每个人都有，但是人在世间生活，不得不多多少少被物欲所遮蔽的，所以需要学习经典，去掉这些物欲的遮蔽。然而，学习虽然是学习，做功夫虽然是做功夫，可是对于良知的本体，并不能有丝毫的增减。"所以，《心经》中说，不增不减，不垢不净的。

先生又说道："知没有什么是不良的，而中、寂、大公不能全的原因，是由于人的私欲遮蔽还不能全部去掉的，不能仅存天理的。"物欲遮蔽了，就不能显露出本有的良知。可是良知并不会减少一分，只是被遮蔽罢了。就像太阳被乌云遮蔽了，可是太阳辐射的能量，太阳发出的光并没有丝毫地减少。

先生又说道："体即是良知的体，用即是良知的用，怎么还会有什么超然在体用之外的良知呢？"这个同学感觉到自己做功夫挺用功的，很有良心，也不去做坏事，很有良知的了。可是做事有良心并不代表就已经像阳明先生说的那样，已经致良知了。这个是两码事的。不过有良心这个也是致良知的功夫的，至少前进了一步。做事有良心，相当于做了善事的，物欲就会减少一分，天理就会增加一分，物欲减少到了极点才能致良知的。这位同学应该还是不能像阳明先生那样得道，实证良知具体是啥的，要不也不会有这个疑问了。这个同学很纳闷，明明自己已经有了良知了，可是找来找去，找不到中啦、寂然啦、大公啦这些只要有良知就能看到的东西。那也许只能说明了良知超然这些体用之外了，只能这么解释了，可是他还不知道，还没有找到真正的良知。这里阳明先生给他直接点明了。

6. 体用一原

【原文】来书云："周子曰'主静'，程子曰'动亦定，静亦定'，先生曰'定者，心之本体'，是静定也，决非不睹不闻、无思无为之谓。必常知、常存、常主于理之谓也。夫常知、常存、常主于理，明是动也，已发也，何以谓之静？何以谓之本体？岂是静定也，又有以贯乎心之动静者邪？"

理无动者也。常知、常存、常主于理，即不睹不闻、无思无为之谓也。不睹不闻、无思无为，非槁木死灰之谓也。睹闻思为一于理，而未尝有所睹闻思焉，即是动而未尝动也。所谓"动亦定，静亦定"，体用一原者也。

【注解】来信中说道："周敦颐说主静；程颢说动也定，静也定；先生您说，定是心的本体，是静定的，先生这么说决不是不看不听，无思无为的吧。"

来信中还说道："先生这么说在静定之中，必常知、永存不灭、常主于理的。"静定之中不会不知的，所以称之为常知；静定之中，还是要符合于理，所以说主于理。

来信中还说道："可是常知、常存、常主于理，这些明显看着是动的，已经有生发作用的，为什么称之为静呢？为什么静定还称之为本体呢？既然是动的，岂能是静定呢？难道这个静定还能够贯穿于心的动静的吗？"明明是静的东西，怎么还会有动的呢？这个同学不太明白了。

先生回信中说道："理本来是没有动的。"去掉了人的私欲，仅存天理了。这个天理本来就是存在的，并不会因为人的私欲增加或减少而变化。只是说去掉了私欲，就不会遮蔽天理罢了。心即是理，心即是自性，心是如此不动的。

先生又说道："常知，也就是常保持良知；常存，也就是常存天理；常主于理，也就是符合于天理，符合于天道。这三个也就是不看不听、无思无为的。不看不听、无思无为，这个也并非如同槁木死灰那样的。"我们还是来打个比方方便理解，要不在这些字眼之中容易绕晕。我们的心如同一面镜子一样，经常擦拭干净，保持良好的洁净度，就可以有良知了，有什么都可以照得出来。这个镜子放在那里，虽然不动，可是并不是说什么作用都没有的哦。只要事物进入到了那个范围，马上就有反应的哦，马上就有影像出现在里面的。如果事物一离开，没有什么东西滞留的。

先生又说道："看也是看这个理，这个是要用心看；听也是听这个理，这个是要用心听；思也是要思这个理，这个也是要用心思，也就是都归于一心的。就像镜子一样，怎么样都是归于这一面镜子的。归于这样一件事的，也就是恢复镜子本来的明净，恢复每个人的本心，恢复每个人本心所固有的天理的。"

先生又说道："虽然有看，有听，有思，可是这里又说未尝有这三者，即是动而未尝动的。就好像镜子放在那里，物来则应，物去不留。这个心就好像这面镜子。正所谓动也是定，静也是定的，体用本来是一原的。"镜子照外物，这个照可以说有个动作，可是镜子未尝动的。也可以说是动，也可以说是静，都是在定中的。禅宗修行中，行坐住卧无不是在定中。外离相即禅，内不乱即定。这个关键是内不乱，并不在于外在的形式，不管你是在走路，在站着，还是在坐着，都在定中就可以了。也就是说动也是定，静也是定的。

7. 心转法华

【原文】 来书云："此心未发之体，其在已发之前乎？其在已发之中而为之主乎？其无前后、内外而浑然之体者乎？今谓心之动静者，其主有事无事而言乎？其主寂然、感通而言乎？其主循理、从欲而言乎？若以循理为静，从欲为动，则于所谓'动中有静，静中有动'，'动极而静，静极而动'者，不可通矣。若以有事而感通为动，无事而寂然为静，则于所谓'动而无动，静而无静'者，不可通矣。若谓未发在已发之先，静而生动，是至诚有息也，圣人有复也，又不可矣。若谓未发在已发之中，则不知未发、已发俱当主静乎？抑未发为静而已发为动乎？抑未发、已发俱无动无静乎？俱有动有静乎？幸教。"

未发之中，即良知也，无前后内外，而浑然一体者也。有事、无事可以言动、静，而良知无分于有事、无事也。寂然、感通可以言动、静，而良知无分于寂然、感通也。动静者，所遇之时。心之本体，固无分于动静也。理无动者也，动即为欲。循理则虽酬酢万变，而未尝动也；从欲则虽槁心一念，而未尝静也。"动中有静，静中有动"，又何疑乎？有事而感通，固可以言动，然而寂然者未尝有增也；无事而寂然，固可以言静，然而感通者未尝有减也。"动而无动，静而无静"，又何疑乎？无前后内外而浑然一体，则至诚有息之疑，不待解矣。未发在已发之中，而已发之中未尝别有未发者在，已发在未发之中，而未发之中未尝别有已发者存。是未尝无动、静，而不可以动、静分者也。

凡观古人言语，在以意逆志而得其大旨。若必拘滞于文义，则"靡有孑遗"者，是周果无遗民也。周子"静极而动"之说，苟不善观，亦未免有病。盖其意从太极"动而生阳，静而生阴"说来。太极生生之理，妙用无息，而常体不易。太极之生生，即阴阳之生生。就其生生之中，指其妙用无息者而谓之动，谓之阳之生，非谓动而后生阳也；就其生生之中，指其常体不易者而谓之静，谓之阴之生，非谓静而后生阴也。若果静而后生阴，动而后生阳，则是阴阳、动静，截然各自为一物矣。阴阳一气也，一气屈伸而为阴阳。动静一理也，一理隐显而为动静。春夏可以为阳为动，而未尝无阴与静也；秋冬可以为阴为静，而未尝无阳与动也。春夏此不息，秋冬此不息，皆可谓之阳、谓之动也。春夏此常体，秋冬此常体，皆可谓之阴、谓之静也。自元、会、运、世、岁、月、日、时以至刻、秒、忽、微，莫不皆然。所谓动静无端，阴阳无始，在知道者默而识之，非可以言语穷也。若只牵文泥句，比拟仿像，则所谓心从《法华》转，非是转《法华》矣。

【注解】 来信中说道："这个心未发的本体，是在已发之前就存在的吧？还是在已发之中去主宰呢？既然说有未发，那也有正在发了，也有已发了，有没有这种前后的顺序呢？是不是根本就没有这个前后的分别，没有内外的分别而浑然一体的呢？"这位同学还真是会问。既然说喜怒哀乐之未发谓之中，那发之前是怎么样，发之中又是怎么样，已发了又是什么样。这个心体有无前后、有无内外的分别呢？前面问心体有无前后、有无内外，下面问心的动静。

来信中又说道："现在说心有动静，是针对有事无事去说的吗？是针对寂然、感通来说的吗？是针对循理、从欲来说的吗？"这里连着三个提问，还有几个专门的词语，先不解释，在阳明先生解答中再一起解释吧。我们接着往下看。

来信中又说道："如果把循理当作静，从欲当作动，那么所谓的'动中有静，静中有动'、'动极而静，静极而动'，这样的话，感觉是不通的。"

来信中又说道："如果以有事而感通而动，无事而寂然为静，那么所谓的'动而无动，静而无静'，这个又似乎不通的。"这样分解是方便阅读和解释。

来信中又说道："如果说未发、正在发和已发有个先后的顺序，静而能够生动，那么至诚还是有停息的时候，并不是说至诚无息的，圣人也有复归于止息的时候，这就是说圣人还没有恢复本性呢，圣人还需要恢复到未发之前停息的状态的，这又似乎是说不通的。"至诚是心的本体，这个心如同太阳一样，没有止息，无时无刻都在照耀着。只是如果有乌云遮蔽，就看不到阳光而已。如果有人的私欲遮蔽，就看不到自性而已。这位同学有疑问，觉得有停息、发动的过程。

来信中又说道："如果说未发在已发之中，那么不知道是不是未发和已发都是主静的呢？还是未发为静而已发是动的呢？还是未发和已发都是无动无静的呢？还是未发是有动有静的，而已发也是有动有静的呢？如果能够有幸得到先生您的指教就好了。"这位同学真够绝的，反正你总要占一个吧，我把所有情况都列举出来了，总会在这里面吧。我们看阳明先生是怎么回答的。

先生在回信中说道："未发之中，也就是良知的，并没有前后内外的分别，而是浑然一体的。"阳明先生开头一句话就点中了要害。这个良知虽然说是浑然一体，可是无有一物可得，也就是说本来无一物，不可以用形象形状来形容的。

先生又说道："有事、无事可以说动、静，而良知是不分有事、无事的。"良知为心的本体。心如同镜子，镜子就摆在那里，有事就照一下，无事就不照。这个也很难说是动，还是不动哦。镜子还是安静地躺在那里。要说不动吧，可是还是有影像在动。良知就是良知，不分有事、无事的；有事、无事是针对外界来说的。

先生又说道："寂然、感通可以说动、静，而良知是不分寂然、感通的"。《易经》说的也是心的本体的，也是说的大道；此心本体无思无为，处于静定之中；寂然不动，如同镜子放在那里不动的，如同深渊寂静不动的；可是一旦有外事外物出现，就可以感应了，可以映射出影像了；虽然足不出户，而可以知晓天下之事，这个如果不是天下的至神，有什么能有这样的本事呢？

先生又说道："动静，是看心遇见外事外物的时候如何反应的。"如果心遇见外物，而心随物转，生发出物欲而跟着走了，这个就是心动了。这个是心跟着物走了。如果心还是迟迟不动，没有被物所迷惑，那就是静的。到底是静还是动，还是看遇见外事外物时的反应。

先生又说道："心的本体，本来是不分动静的，也就是说无动无静的。理本来是不动的，如果动了就是欲望了。如果能够循理，即使外事外物千变万化，而未尝有什么动的。如果从欲了，也就是说人的心跟着物欲走了，即使心如槁木死灰了，只要有一念的欲念，也未尝得到片刻宁静的。"圣人对待所有的有气血的众生都是同样的，不分亲疏贵贱的。如果有所偏爱，这个私心也就动了。否则可以说不动的。

　　先生又说道："'动中有静，静中有动'，这句话还有什么疑问吗？"心如镜子的，虽然照事物，可是镜子并没有动的，所以说动中有静；虽然镜子不动，可是还是能够照外物，成外物的影像的，所以说静中有动。我们再来说一个例子。比如禅宗在修行的时候，行住坐卧都在定中，外在虽然动，可是心在静定之中，所以说动中有静。虽然在静定中，看似不动，可是静定时间久了，业障如同冰山一样消融，还是有动的。就好比坐地日行三千里，看似坐着不动，可是地球还是不断地转动的。动静互为阴阳，正所谓阴中有阳，阳中有阴的。

　　先生又说道："有事而感通，可以说是动，然而寂然的本心并未尝有所增加的；无事而寂然，可以说是静，然而感通未尝有什么减少的。"本心寂然不动，如同镜子，有事物来的时候就应，就感通，可以说是动，可是镜子并没有增加什么；无事物来的时候，寂然空空，可以说是静，可是镜子的照的本事，这种感应能力并没有减少的。

　　先生又说道："动而无动，静而无静，这又有什么好值得怀疑的呢？这还不明白吗？"此心如同明镜。外物来的时候，镜子照一下，可是镜子还是放在那里不动的，可以说动，可是实在也没有什么动的，所以说动而无动。镜子虽然是静的，可是还是有影像在动的，所以说静而无静。

　　先生又说道："此心无前后内外而浑然一体，这个虽然是一体，可是实在无一物可得的，可以说是空。至诚有所停息，这个就不用去解释了吧。"这个心就好比是太阳，太阳虽然躲在乌云里面，可是丝毫没有停息的。

　　先生又说道："未发的本心在已发的喜怒哀乐之中都有所体现的，只是如果没有仔细去体会的话，是不会发觉的。而已发出来的喜怒哀乐之中未尝存在着另外一个未发的东西。"这句话和下面一句好绕的，不好理解。我们先好好地理解好这一句。本心属于未发出来，就好比是蜡烛的光被遮住了，没有发出来，这个叫未发。蜡烛发出光来以后，这个光里面不会存在着蜡烛的，这个光是蜡烛变的。这个光的能量，蜡烛在其中有所体现的，是由蜡烛转化的。再举个例子吧，比如大海发出来变成水珠。未发代表着大海，已发代表着水珠。大海在水珠中有所体现的，由于水珠是由海水变的，可是在水珠中并不是有一个大海的。本心虚空无物，已发就有气了，这个是有形有相的，可以见得到的，未发是虚空的。

　　先生又说道："已发出来的喜怒哀乐是由未发之中，也就是由未发的自性之中发出来的。可是未发之中，未发的自性并不是另外有个已发的喜怒哀乐在里面，自性可以生出喜怒哀乐来，可是并不代表着自性之中本来就有喜怒哀乐的。"比如已发的光是由未发的蜡烛发出来的，可是蜡烛中并不是本来就存在着光这个东西的,是需要燃烧之后变出来才可以的。

　　先生又说道:"你来信中专门还问了一串未发和已发的动静的问题,这个不是没有动,也不是没有静,而只是不用以动静来对未发和已发来进行划分的。"每个人的自性属于未发,这个是静的吗?也可以说是静定的,可是真的是静的吗?自性可以衍生出喜怒哀乐,这个又动的。外物以来,心也能应,这个又是动的。

　　先生又说道:"凡是观看古人的言语,不仅仅是看字面的意思,还要看出弦外之音的,如此才能得到古人所言的要旨。如果只是拘泥于文字,就会搞不清楚了。也就说不能著语言文字相的,要离语言文字的。比如说'靡有孑遗',如果按照字面上来说,周朝果真没有什么遗民了吗?连极少极少的都没有了吗?这个也不是的。"外离相即禅,语言文字也是外相来的,这个也是要离的。

　　先生又说道:"周敦颐所说的静极而动,如果不善于用心去观,只是看字面的意思,未免就看不明白了。这句话大概还是从太极的说法之中来的,正所谓动而生阳,静而生阴。"比如禅宗的修行,禅定之中为静,静到了极点,就会发生变化了,业障如同冰山消融那样逐渐化解了。下面看看阳明先生是如何解释这一句话吧。

　　先生又说道:"太极不断地衍生,妙用而没有止息,而常的本体是不变的。"什么是太极呢?此心即太极,常体即心的本体,此心不易。太极生两仪,两仪生四象,四象生八卦。太极不断衍生出天地万物。正所谓万法唯心造,都是由此心生出的。难道都是由此心生出的吗?如此神奇吗?前面我们也列举过鲜花的例子。如果没有此心,鲜花的颜色是不存在的。我们知道光波的波长不同代表着不同的颜色,眼睛接收了显现出来的颜色。如果没有此心去感受,这个花到底是什么颜色呢?既不是红色也不是紫色。如果没有此心去感受,就没有高矮长短的尺寸了。这个还能称之为花吗?甚至还要摆脱语言文字,连这个花的名字,如牡丹花这个名字都是世人赋予的。最后连这个花字也没有了。那这个是什么呢?

　　先生又说道:"太极的生生不息,无非是阴阳的生生不息,阴阳在消长的。正所谓一阴一阳谓之道的。在生生不息之中,妙用而没有止息,所以称之为动,这个阴阳消长不断地变化的,这个称之为动。我们说阳的产生,并不是说动了才生出阳来的。我们看万事万物里面都含有阴阳的,不用动,已经有阳了,也有阴了。"动和阳生,这个并不是有个前后的关系,也并不是有个因果的关系。可以说动和阳生是并进合一的。

　　先生又说道:"在太极的生生不息之中,常有而不变的本体称之为静。比如此心处于静定。生阴,并不是说静了以后生出阴来了。这个跟前面说的阳之生也是类似的道理。"万事万物都是负阴而抱阳的。

先生又说道："如果果真是静而后生出阴来，动而后生出阳来，那么阴阳、动静，这个截然而各自为一物了。"其实阴阳、动静这么说都是一物来的，并不是有两物或者多物存在的。下面还会有例子来解释的，接着看阳明先生怎么说吧。

先生又说道："阴阳一气呢，一气屈伸而有了阴阳。前面也说了自性无形无相是看不到的，得有气才可以见得。比如恻隐之心这些也都是气。动静并不是二，而是一，都是循理的。这个理有隐藏有显现，这个就有动静之分了。"阳明先生马上举例子了。

先生又说道："我们来看看一年四季，我们说春生夏长秋收冬藏。春夏可以说是阳，是动，由于春夏万物生长萌动，可是春夏未尝就没有阴和静的。"正所谓孤阳不生，独阴不长。什么事物都是有阴有阳的。对于八卦里面全部都是阴爻或者全部都是阳爻的情况，并不是说没有阴，没有阳了，而是隐藏着罢了。

先生又说道："秋冬可以是阴，可以是静，而未尝就没有阳，没有动的。"

先生又说道："春夏也不停息，秋冬也不停息，这个可以称之为阳、称之为动。春夏也是此常体不变，秋冬也是此常体不变，可以称之为阴、称之为静。"

先生又说道："不仅仅是对于年这样的时间段来看是如此，对于元、会、运、世、岁、月、日、时，甚至是到了很小的时刻，如刻、秒、忽、微，道理都是如此的。"我们看一年有春夏秋冬这样的区分。在一天之内也是有这样的分别的。比如上午、下午、上半夜和下半夜，都有阴阳的消长。我们有诗情画意的时候，也许会说时间似乎如同流水一般。但是时间真有这个东西吗？我们仔细去想想也许真的是没有的哦，只是世人认知的一种错觉罢了。只是事物的变化，日月的轮换，让世人有了这种错觉罢了。芥子纳须弥，在这个微小物体里面还有个小宇宙。那在很小的空间，很小的时间里面，也是可以容纳小宇宙的。

先生又说道："我们所说的动静无端，阴阳无始，这些对于知晓大道的人来说，只能自己默默地知道，如人饮水冷暖自知的，并不是用语言和文字可以穷尽地表达出来的。"

先生又说道："如果只是拘泥于文字，就好比是在哪里描摹画像似的，虽然画的很像，毕竟还是不能代表实际物体和人物。语言和文字只能是描述罢了。如果拘泥于语言文字，这是心被《法华》转，并不是心能转《法华》了。"语言和文字还是有未尽之处的，对于道是很难描摹得清楚。比如全世界的人都没有看到过月亮，只有你一个人看到了。你怎么给世人描述得清楚呢？

除非是他们也同样看到了。语言和文字就好比是指向月亮的手指，也许许多人都在盯住手指看的，而看不到月亮的。此道就是如此的，是不是很神奇呢？心被《法华》转，而不是心能转《法华》。这句话也跟我们说了，所有经典，也是语言文字的，只是圣人留下来的找到家，找到大道的地图罢了。经典很重要，可是不能拘泥于语言文字，甚至是经典的文字，也就是说尽信书不如无书的。这句话并不是诋毁经典，经典极其重要，但是也是求道的工具罢了。佛家有句话：法尚应舍，何况非法。甚至是佛法也只是过河的工具，过了河，还背着船走干什么呢？中华传统文化指导科学研究也是如此，也许只有极少数人看到了，怎么说别人都无法理解的。这种情况同样也是存在于西方世界的，叔本华写了本经典著作，直到晚年才能得到别人的认可。

8. 尝试于心

【原文】 来书云："尝试于心，喜、怒、忧、惧之感发也，虽动气之极，而吾心良知一觉，即罔然消阻，或遏于初，或制于中，或悔于后。然则良知常若居优闲无事之地而为之主，于喜、怒、忧、惧若不与焉者，何欤？"

知此，则知未发之中、寂然不动之体，而有发而中节之和、感而遂通之妙矣。然谓良知常若居于优闲无事之地，语尚有病。盖良知虽不滞于喜、怒、忧、惧，而喜、怒、忧、惧亦不外于良知也。

【注解】 来信中说道："我曾经在心中有过这样的体验。有时会产生喜怒、忧惧这样的情绪，即使是因为这些情感而动气到了极点，可是只要我心的良知觉察了，也就突然消失殆尽了，或者在一开始就被遏制住了，或者正在这种情绪中就被遏制住了，或者过后能够幡然悔悟了。然而，良知似乎只在闲居无事的时候容易显现出来，而能够做的了主，但是在喜怒、忧惧这些情绪爆发的时候似乎就看不到这个良知了，或者很微弱了。这是为什么呢？"这位同学问在那些情绪出现的时候，似乎失去了理性，找不到良知的，任凭情感的爆发。

先生回信中说道："你知道了这些，就可以知道未发之中，寂然不动之体。喜怒哀乐这些情绪虽然发出来了，但是，中节适度的，比较中和。良知感应外物而能够通达，有这样圆融通达的妙处。"阳明先生一开始就鼓励这位同学，这个同学这么用功，又勤于思考，还是多些鼓励为好。信开头鼓励了一下，接下来就要说不足了。看这位同学应该还是没有能够致良知的。前面也说过了，做什么事有良心并不代表着已经致良知了。做事有良心，至少人的私欲减少了一分的，天理就多了一分了。但是，还是要继续有良心，做善事下去，就可以致良知了。如果没有明心见性，没有致良知，对未发之中、寂然之体还是没有能够真正的知晓。

先生又说道:"然而你来信中说,良知经常好像喜欢闲居在无事的地方,这句话好像有点问题。良知不会粘滞在喜怒、忧惧之中的。就好比镜子照外在事物的时候,如果照一个粘住一个,那镜子就很难再照其他的东西了。已发出来的喜怒、忧惧,也是此心的良知所感知的。有各种各样的情绪,就好像镜子上有各种各样的污渍一样,可是还是可以照外物的,这个也是镜子的感知功能,这个也是心的良知。"来信中这位同学提到,一旦在喜怒、忧惧这样的情绪中,似乎就看不到良知在哪里了。这里阳明先生有针对性地回答了,虽然简短,但是已经说明了问题。虽然在大怒之下,似乎动气冲昏了头脑,失去了理智,看不到良知的,可是这个也是有良知在感受的。这个心如同镜子,在大怒的时候,镜子照外物有些歪曲变形了,可是还是这个镜子在感知。

9. 良知照心

【原文】来书云:"夫子昨以良知为照心。窃谓良知,心之本体也。照心,人所用功,乃戒慎恐惧之心也,犹思也。而遂以戒慎恐惧为良知,何欤?"

能戒慎恐惧者,是良知也。

【注解】来信中说道:"先生您之前曾经把良知当做照心的。可是我有不同的看法,我认为良知是心的本体。照心,只是人所用的功夫,是戒慎恐惧之心的,这就好比是思的。而你却把戒慎恐惧当做良知,这是为什么呢?"

这位同学问了好长一句,阳明先生只用了短短的一句话就回答完了。在这位同学看来,照心,只是人所做的功夫,这么说也不对的。比如镜子放在那里没有用,照外物是功夫来的。良知等于照心;照心等于戒慎恐惧之心,我们顺着这位同学说话的逻辑来看,他就推理除了把戒慎恐惧当作良知来了,就有了这个疑问的。

先生回信中说道:"如果能够戒慎恐惧的,这个是心的良知的。"如果不是良知,就不能做到这些的。良知当做照心;良知是心的本体,这些都对的。这位同学最后那一句这个结论是有问题的。戒慎恐惧并不是良知,可是这是良知的所为。

10. 非妄非照

【原文】来书云:"先生又曰:'照心非动也。'岂以其循理而谓之静欤?'妄心亦照也。'岂以其良知未尝不在于其中、未尝不明于其中,而视听言动之不过则者皆天理欤？且既曰妄心，则在妄心可谓之照，而在照心则谓之妄矣。妄与息何异？今假妄之照以续至诚之无息，窃所未明，幸再启蒙。"

"照心非动"者，以其发于本体明觉之自然，而未尝有所动也。有所动即妄矣。"妄心亦照"者，以其本体明觉之自然者，未尝不在于其中，但有所动耳。无所动即照矣。无妄无照，非以妄为照，以照为妄也。照心为照，妄心为妄，是犹有妄、有照也。有妄、有照，则犹二也，二则息矣。无妄、无照则不二，不二则不息矣。

【注解】 来信中说道："先生之前又说过'照心非动。'岂是由于照心循理而就能够称之为静吗？"请各位要特别注意了，这一段的问答比较容易让人犯晕的，在这里就分解细一点，加一些注释，方便理解的。照心非动，可是也不能说照心就是静的。照心可以说是非静，但是不能说就是静的。所以佛经中有许多都是非空非有，无思无为，无动无静这样的话。我们一开口就容易落入两端的，不是左就是右，不是动就是静，可能实相恰恰不是如此的呢，可能是非动非静的呢？我们抢在阳明先生解答之前先解释一下的。这个心如同明镜，照心可以说是没有被污渍污染的镜子，可以说是干净的镜子。我们能说这个镜子是动的吗？也不好说，镜子安静地放在那里，外物来了，就有了影像。外物在动，镜子中的影像也在动。既不能说是动的，也不能说是静的。

来信中还说道："先生您也说过，妄心也照。前面也问过了妄心一动，已发出来有了喜怒哀乐，似乎失去了理性，找不到良知了，但是，其中还是有良知的。良知未尝不在妄心之中、良知未尝不明于其中的，岂能因为这个就认为只要视听言动不太过，符合于常理，就称之为天理呢？"这位同学这么说还是对的，发现这位同学还是很有进步的。我们抢先一步抢凳子说一下妄心也照。此心如同镜子一般的，外物来了就照一下，外物走了没有什么影像还留在镜子里面。我们以前听过故事，说和尚背女人的故事，放下就放下了，如果放下了还惦记着这个事，那就是留有影像了。镜子就不会留下什么，我们的心本来也可以做到不留下什么的。如果有了欲望，从欲了，妄心动了，就会跟随着万物动了。虽然跟随着外物走了，可是妄心还是照了外物的。妄心就好比是沾满污渍的镜子，虽然照得不够清晰，毕竟还是照了。所以说，妄心也照。这位同学最后反问，认为天理没有这么容易的，如果是妄心发动了，正常的生活，做得不太过，这个也不能称之为天理。天理必须是去尽人的私欲，仅存下来的才是纯的天理。

来信中又说道："而且既然说是妄心，那么在妄心也有照的。前面那句话也讲了，先生您也是这么说的。而对于照心来说，可以称之为妄心了。"良知不仅在照心中，也在妄心之中，未尝有所停息的。

来信中又说道："那妄和息有什么不同呢？"是不是妄心一起动，照心就停息了呢？就变成了妄心了呢？照心为心的本体，至诚是不是就停息了呢？照心被妄心所替代了呢？

来信中又说道："现在您用妄心也有照来接续至诚无有止息，晚生愚钝，还是想不明白，承蒙先生不吝赐教，深感荣幸。"这句话用接续这个词不太容易明白，只好啰嗦几句，再听阳明先生怎么讲。至诚是心的本体，本来是空灵的，无形无相，也看不到这个本体，无内无外；气机一动，有气才可以看到。动气以后，妄心一动，可是妄心也有照的，妄心之中也有良知的。不动之前是至诚，动了之后是妄心了，这个前后有个接续在里面，所以，这位同学这么问的。自古以来这一段比较费解，很多人看着都晕了，就多说几句。

先生回信中说道："我所说的照心非动，是由于从本体明觉的自然之中发出来的，而未尝有什么动的。如果有所动就是妄动了。"照心如同明镜，放在那里，外物一来自然就有影像，镜子未尝有动的。如果有动，就是此心也跟着外物走了，有所粘滞，就有妄动了。

先生又说道："妄心也照，明觉自然的本体未尝不在其中的，但是有所动罢了。"前面已经解释过了，这里就简单说几句。妄心是看到外物的影像，生出了爱恋等情感，这样就妄动了。妄动了就可能失真了。比如镜子上面有了污渍，照出来就有可能不完整或者歪曲了。

先生又说道："无所动即称之为照。"此心如同明镜一样，放在那里，镜子是不动的，这样称之为照。物来则应，物去不留。如果镜子对物有爱恋，比如西施来照了一下，觉得好美。西施回家去做饭了，镜子恨不得跟着回去，这就是动了。

先生又说道："其实本来是无妄，也无照的，只是方便的一种说法罢了。并不是把妄当做照，也不是把照当做妄的。"我们在经典中经常会看到无什么这样的说法。这个只能是意会不可言传，无法完全用语言来形容出来，所以只好这么说了。比如月亮有圆有缺在变化着，自古至今世人写了不少美丽的诗句流传，有些看到月亮圆了惬意，有些看到月亮缺了联想到自己处境而感到伤感。也许古人并不知道月亮本来是个小球球，现在人都可以登上月球去了。假如只有你自己知道这个事情，怎么样跟世人讲清楚呢？也许你会说无盈无缺，无圆无缺的。本来并不是一个圆，而是一个星球来的，只是在绕着地球转动，有时被遮住，有时没有遮住就有了圆缺的假象罢了。这里说无妄无照，也是这个道理。阳明先生得道了，他知晓这个道理，可是我们很难从字眼中去领悟的，所以阳明先生这么说了。不可执著于这些字眼的。比如镜子上面掉了几滴水了，照外物就不完整或者变形了，这个对应我们就称之为妄心了，可是真有另外一个东西是妄吗？也许没有的。除了镜子还有一个东西叫照吗？也是找不到的。所以说无妄无照。同样的道理，不能把妄当作照，把照当作妄，这个还是有不同的含义。

先生又说道："前面说无妄无照，可是也不是绝对的无的，这里就说有了。照心为照，妄心为妄，还是有妄、有照的。"比如前面说月亮本来是无圆无缺的，可是我们看到还是有圆有缺变化的，也不能绝对的说没有这回事的。针对实相来说就是无，针对表象来说就是有了。也不能说是有，也不能说是无，也就是非有非无的。针对表象来看还是有妄有照的。大家看看要解释清楚还是真费劲的了。

先生又说道："可是如果说有妄、有照，那就似乎有了两个心了，一个是妄心，一个是照心了。如果有两个，那就有所止息了。妄心起，照心止息。照心起，妄心止息。这个就不对了。这个有妄有照，只是针对表象来说的，实际并不是这样的。"你看阳明先生讲得很好的吧。一开始说无妄无照，怕世人误解了，马上又说有妄有照；一说完有妄有照，又怕世人误解了，马上又说无妄无照，如果有妄有照，就有两个心了，至诚有息了，并不是至诚无息。阳明先生可谓是用心良苦的。不过这么说还是把许多人给搞晕了，我理了半天才理明白。

先生又说道："所以说无妄、无照就不二了，此心只是一个。如果不是两个，就不会有什么止息了。"良知也只有一个，太阳只有一个，月亮只有一个，镜子只有一个。我们经常用太阳、月亮和镜子来比喻这个心的。不管怎么说都是直指人心的，引导学子明心见性的。禅宗就是如此直指人心的。如果有两个，一个妄心，一个照心，就像这位同学来信中说的那样，妄心起动，照心就止息了；照心恢复了，妄心就停息了。可是此心从来都没有停息的，只是被人的私欲所遮蔽罢了，如同被乌云所遮蔽一样的。太阳从来都不会停止照耀大地，月亮也是如此的。有许多人读这一段犯晕，所以多下些功夫的。横说竖说都是这些东西。

11. 病根常在

【原文】 来书云："养生以清心寡欲为要。夫清心寡欲，作圣之功毕矣。然欲寡则心自清，清心非舍弃人事而独居求静之谓也。盖欲使此心纯乎天理，而无一毫人欲之私耳。今欲为此之功，而随人欲生而克之，则病根常在，未免灭于东而生于西。若欲刊剥洗荡于众欲未萌之先，则又无所用其力，徒使此心之不清。且欲未萌而搜剔以求去之，是犹引犬上堂而逐之也，愈不可矣。"

必欲此心纯乎天理，而无一毫人欲之私，此作圣之功也。必欲此心纯乎天理，而无一毫人欲之私，非防于未萌之先而克于方萌之际不能也。防于未萌之先而克于方萌之际,此正《中庸》"戒慎恐惧"、《大学》"致知格物"之功。舍此之外,无别功矣。夫谓灭于东而生于西、引犬上堂而逐之者,是自私自利、将迎意必之为累,而非克治洗荡之为患也。今日养生以清心寡欲为要,只"养生"二字,便是自私自利、将迎意必之根。有此病根潜伏于中,宜其有灭于东而生于西、引犬上堂而逐之之患也。

【注解】来信中说道:"养生以清心寡欲为要点。如果能够做到清心寡欲,做圣人的功夫就可以了,这个功夫就到家了。然而,寡欲心自然就清净了,清心并不是舍弃掉人事,不顾人伦而单独去找个安静的地方去求静的。做功夫只是要使得此心纯是天理的,而没有一丝一毫的人的私欲在罢了。"这位同学看来学得很好的,讲得很好。并不是不顾孝道,不顾人伦,不去做事,就找个安静的地方躲着求静去了。而是要在事上来磨练历练的。寡欲自然就清净,这点没错。就好比是本来污浊的一瓶水,有很多沙子,放过一段时间,自然就澄净了。越去搅动越浑浊的。

来信中还说道:"现在我是真的想去做这个功夫,也就是去除人的私欲,存天理的功夫的。想去随着人欲,看它生起来,就克除掉它。可是病根还是除不掉的,还是存在的,好烦恼呀,未免灭于东而生于西。"

来信中还说道:"如果想要在众多欲望还没有萌发之前就洗荡干净了,可是又不知道怎么去用力,不知道用力在哪里,这也是徒劳的,让这个心更加不得清净的。"本来是无事的,可是非要去把这些欲念赶尽杀绝,反而又多事了,不清净了。比如睡觉吧,如果失眠了,非得要想着马上要睡着,反而睡不着了,不清净了。如果不想睡觉,说等到几点有什么事,反而控制不住就睡着了。

来信中还说道:"如果想在人的私欲还没有萌发之前就搜刮剔除掉,这么来谋求的话,就好像是把狗引上堂来又去驱逐它的,这样更加不可以了。"

先生在回信中说道:"如果想要此心纯是天理,而没有一丝一毫人的私欲,这确实是做圣人的功夫的。"各位学子如果想像阳明先生一样从小想着做圣贤的话,就要朝着这个方向努力了。阳明先生给予肯定的回答了。毛泽东同志在年轻的时候就通读了《传习录》,而且逐字逐句地做了批注。

先生又说道:"如果想要做这个功夫,想要此心纯是天理,而没有一丝一毫的人的私欲的话,除了在未萌发之前就预防,还有在刚刚萌发的时候就去克除之外,似乎没有什么好的办法了。"什么东西都是要在刚开始的时候好处理。比如一棵幼苗,如果这时候拔除就容易得多了。否则等到长大了,就要大动干戈了。所以我们要防微杜渐的。勿以善小而不为,勿以恶小而为之的。

先生又说道:"在私欲还没有萌发之前就预防,在私欲正在萌发之际就克除，这正是《中庸》所说的戒慎恐惧，《大学》所说的致知格物的功夫。除了这些功夫之外，并没有什么别的功夫了。"各位学子注意了，阳明先生教我们功夫了。戒慎恐惧说的是，不要以为别人没有看到，没有听到去做恶事的，不管怎么样都要谨慎小心的，要慎独，不能去做恶事的，人前人后表里如一的。正所谓离地三尺有神灵。因果报应，一点都不虚的。如果能够做到戒慎恐惧，做到慎独，积德行善，这个本身就是功夫来的。致知格物前面说得比较多了，这里就不啰嗦了。

  先生又说道："你来信中所说的灭于东而生于西、把狗引上堂来又驱逐出去，这些只是自私自利、内心是欢迎的而又要去克除私欲，这样的矛盾之心造成的。并不是说，克除洗荡私欲本身有什么好累的。"可能内心深处的根源没有发觉的。就好比说我们看到了西施，都想多看两眼，爱美之心人皆有之的。如果硬是要自己不要看，不要看这个还是容易做到的。可是如果硬是要让自己不要想西施，连西施这个名字都不要在心里出现，一出现就要抹掉它。如果一出现就懊悔，就自责，越这样就越是压不下去。这就好比本来看就看了，没有什么事的，可是这样折腾了以后，心里面的各种妄想就更多了，就好像把狗引上堂来，怎么赶也赶不走了。这位同学必定是很苦恼的，怎么这个心都不听使唤呢？

  先生又说道："现在说养生以清心寡欲为要点，只单单说这养生两个字，便是自私自利的，也是本来是欢迎的非要压制自己的这个本源的。如果有这样的病根潜伏在里面，就难免会灭于东而生于西、把狗引上堂来又担心驱逐不出去了。"养生无非是为了养自己的，要自己长寿，要自己美貌，要自己年轻，要自己健康，这个也是自私自利，也是人的私欲来的。这个也是无可厚非的，是每个人的美好愿望来的。再深挖下去就是佛家所说的我执，这个是病根的。对每个人的一种执着。养生不仅仅是要养这个身体的，还要养精神，想去做圣贤。圣贤多好呀，有很好的名声，又能够名留青史，多少人敬仰。这个也是人的私欲来的，也是自私自利的。比如说想要去除私欲，而却做不到，就着急了。这么简单的事情都做不到，以阳明先生那样的根器，也到了贵州龙场才得道。我们这些晚辈什么时候是个头呢？怎么样才能做圣贤呢？这就着急了，越着急，越急功近利越不行的。所以，阳明先生说养生这两个字本身就是自私自利的，这一点都没有错的。本身想做圣贤，想扬名立万，这个就是欲望来的，可是又要去去除欲望，这个不是矛盾吗？明明喜欢又不能喜欢，又要装作不喜欢，这个不是勉为其难吗？

12. 将迎意必

【原文】 来书云："佛氏于'不思善不思恶时，认本来面目'，于吾儒随物而格之功不同。吾若于不思善、不思恶时用致知之功，则已涉于思善矣。欲善恶不思，而心之良知清静自在，惟有寐而方醒之时耳。斯正孟子'夜气'之说。但于斯光景不能久，倏忽之际，思虑已生。不知用功久者，其常寐初醒而思未起之时否乎？今澄欲求宁静，愈不宁静，欲念无生，则念愈生。如之何而能使此心前念易灭，后念不生，良知独显，而与造物者游乎？"

不思善不思恶时认本来面目。此佛氏为未识本来面目者设此方便。本来面目即吾圣门所谓良知。今既认得良知明白，即已不消如此说矣。随物而格，是致知之功，即佛氏之"常惺惺"，亦是常存他本来面目耳。体段工夫大略相似。但佛氏有个自私自利之心，所以便有不同耳。今欲善恶不思，而心之良知清静自在，此便有自私自利、将迎意必之心，所以有"不思善、不思恶时，用致知之功，则已涉于思善"之患。孟子说将去。今已知得良知明白，常用致知之功，即已不消说"夜气"。却是得兔后不知守兔，而仍去守株，兔将复失之矣。欲求宁静，欲念无生，此正是自私自利、将迎意必之病，是以念愈生而愈不宁静。良知只是一个良知，而善恶自辨，更有何善何恶可思？良知之体本自宁静，今却又添一个求宁静，本自生生，今却又添一个欲无生，非独圣门致知之功不如此，虽佛氏之学亦未如此将迎意必也。只是一念良知，彻头彻尾，无始无终，即是前念不灭，后念不生。今却欲前念易灭，而后念不生，是佛氏所谓"断灭种性"，入于槁木死灰之谓矣。

【注解】 来信中说道："佛家有句话说：'不思善，也不思恶的时候，就认得了自己的本来面目了。'我认为这个跟我们儒家的随物而格的功夫是有所不同的。"真是很喜欢这位同学，非常用功，又喜欢佛道，帮我们把想问阳明先生的问题问清楚了。要不现在我们都没有办法去找阳明先生问的。这位同学还是没有能够明心见性的，如果已经见性，就会知晓佛家这个跟儒家并没有什么不同的。我们接下来看吧，先不过多解释了。

来信中还说道："如果在不思善、不思恶的时候用致知的功夫，这已经是陷入了思善之中了。"如果要去做这个功夫，本来就是想着去做善事的，本来就是想要去致良知的，这个就是思善了。所以，这位同学有些不明白的。

来信中还说道："如果非得要善恶不思，而此心的良知清净自在的话，只有在刚刚睡醒的时候才可以做到。这也正是孟子所讲的'夜气'之说。但是早上刚醒来这个清净的光景并不能坚持太久的，忽然之间，思虑又滋生了。

不知道用功久的人，能够做到刚睡醒而思虑未起来的时候呢？"刚睡醒的时候，心比较安静，可是用不了多久，又在那里想东想西了。这位同学在问功夫的，前面阳明先生说的那些功夫，也可以慢慢做到的，可是也许还没有佛家的净土那样来得直接。就光念一个佛号，慢慢地就进入禅定了。这个是完全可以做到比刚睡醒还要安静的。当然法门有八万四千的，许多都可以做到的。

来信中还说道："现在陆澄我越想着求宁静，越是宁静不了；越想着欲念不生，可是欲念还是会生的。怎么样才能使得此心前念容易熄灭，而后念不生，使得良知单独显现出来呢？而如此能够和造物者逍遥游呢？"先看看阳明先生怎么说吧。

先生在信中写道："不思善，不思恶的时候就可以认得本来面目了。这句话是佛家为了教那些还没有能够识得本来面目的弟子而设的方便法门，这也是因材施教的。本来面目即是我们儒门所谓的良知，这个是一回事来的。现在既然已经认得良知了，已经明白了，就已经没有必要这么说了。"我们也许很容易了解别人，可是很难知道自己的。自己身上有个宝藏，可是却骑驴找驴的。自性之中蕴含着一切智慧的，可是我们却远渡重洋去求学的。我们的老祖宗给我们留下这个道，是无上的宝贝来的。不好好去学，而去学其他的一些东西，真是暴殄天物了。每个人也许都不能真正地认识自己，认识自己本来的面目，这也是佛家这么说的，提醒我们的。

先生又说道："随物而格物，这是致知的功夫来的。也就是佛家经常说的'常惺惺'，也是经常保持着本来的面目。这些功夫大体上也是类似的。"什么是常惺惺呢？也就是说经常长久地保持着头脑的清醒和觉知。这个清醒可不是那么简单的哦，而是能够长久地处于静定和清明之中，这个才能称之为佛家的常惺惺。而儒家的随物而格物功夫，这个也是格心的，正心的，而不是在物上用力的。这些功夫也是类似的。

先生又说道："但是佛家有个自私自利的心，所以两者的功夫就有所不同了的。现在想着善恶不思，而自心的良知清静自在，这便是有了自私自利、虽然喜欢却还要去否定的心的。"阳明先生这么说佛家，我可是不愿意了，还是要为佛家说句公道的话。不过阳明先生说的还是有几分道理，在他认为佛家的人都想着清净，自己去躲在寺庙里面清净去了，似乎什么都不管，家人不顾了，人伦不要了，也不想具体去做很多的事情了，这个是贪图清净的，这个也是自私自利的。只管着自己了，这是很自私的呢。虽然是想着清净，可是还是做不到清净的。阳明先生说的虽然有几分道理，可是还是误解了佛家的。佛家的修行并不是什么都不管的，而是要管天下的所有众生，当然还是包括自己的家人。佛家修行暂时功夫还没有牢固，找个地方很多师兄弟一起修行，这也是好的，待到功夫到家了，也可以出来救度众生的。

先生又说道："有了将迎意必之心，这就是说将要去迎接和欢迎，可是又必须要那么去做，必须要符合道义。所以在不思善、不思恶的时候，用致知的功夫，就已经陷入了思善之中了，也就有了这样的担心了。"怎么样理解这句话呢？我们多加一些解释吧。将迎意必之心，举个例子来说吧，还是前面那个和尚背姑娘过河的例子。和尚一想到那个漂亮的姑娘，就觉得罪过呀，怎么动了这个心思呢？越压制也许越想。每个人都有爱美之心的，心从欲是将要迎接的；可是，另外有戒律又告诉他必须要清除掉这些恶念。所以虽然想着要做不思善、不思恶，用致知的功夫，可是已经陷入了思善这个漩涡之中了，不可自拔。这个和尚这样压制自己的念头，可是越想越乱了。

先生又说道："来信中还说孟子的事情，我们也接着来说说吧。现在已经知道良知这个事情，已经明白了，经常用致知的功夫了，就可以不用说夜气这样的说法了。这个夜气前面已经讲过了，就是在夜里自然就有种宁静之气的，到了睡醒的时候，早晨内心比较清醒和宁静的。打个比方吧，你做功夫，已经知道良知了，还去找什么夜气，这就好比是已经得到兔子了，不知道守着兔子，还要去守着那个树桩子，兔子也会得而复失的。这个兔子就好比是良知的。"阳明先生教自己弟子，好好做致知的功夫就行了，恢复了本有的良知就好办了。

先生又说道："想要求得宁静，想要念头不生起，这正是自私自利、将迎意必的毛病的。所以说念头就越生而越就不能得到宁静的。"我们在日常生活中都有这样的经验，越想睡着越睡不着，越不想睡就越很快睡着。这个就是心性的特点，都得顺着来，不能压制。就像你要让牛去喝水，不能直接按住牛头让它喝的，你力气可没有这么大，越想它喝它越不喝的。越是想把心里的念头全部都铲除干净，越是冒出来的。打坐修行也都有这个体验的。这个念头如同野草一样，用石头压住了，还是会从石头缝里冒出来的。

先生又说道："良知只是有一个良知的，有了这个良知，善恶自然就能够辩白了，不需要刻意去思善思恶的，更有什么善有什么恶可去思量呢？良知的本体为心，这个心本自宁静的，现在又人为地去增添一个求宁静。本来这个念头是生生不息的，现在却又去增添一个想求念头无生，这个是勉为其难了。这个不仅仅是儒家圣门的致知功夫不是如此，即使是佛家的功夫也不是如此的，也不会这样将迎意必的。"将迎意必这个词前面反复解释过了，这里就直接用了。

先生又说道："只是持有一念良知罢了，彻头彻尾的，无始无终，这就是前念不灭，后念不生了。现在却想着前念容易去灭掉，而后念不生，这是佛家所谓的'断灭种性'，这是入于槁木死灰了。"也许阳明先生只是开悟，只是明心见性，还没有继续往佛家、道家的真实功夫继续更深层次的去修行吧，还在忙于世务。我们想要去掉前念，使得后念不生，这个不能强制地去做的。可是如果顺着心性来做，还是可以做到的。这个心性不能压制，只能顺着。比如我们在打坐的时候，也许妄想纷飞，可是不用管它，不用刻意压制它，有一种看电影的闲情雅致，只是在觉知念头的起落，任凭花开花落，云卷云舒。比如佛家打坐的时候，念着阿弥陀佛的佛号。自始至终，都只是一念佛号即可，把注意力放在这一句佛号上面，其他的念头起来落下这个没有关系。如果妄念起来了，我们的心也跟着走了，这个没有关系，再牵回来就是了，再把注意力放在这个佛号上面。时间久了，慢慢就安静下来了。慢慢地就只是良知独显了。这个良知就好比是海水淹没了的石头，这个海水如同妄念的组成的一般，淹没了良知的。妄念一退，良知就显现出来了。阳明先生也是类似如此的，阳明先生是把一念放在良知上，如此就会慢慢地安静下来了。阳明先生这里批评断灭种性，修行不是很机械的，不是把人当石头的。如果去打坐就像枯木石头那样坐在那里，入于槁木死灰，不能启迪智慧，这个也是作用不大的。阳明先生这么说也不为过的。但是，正宗的佛家修行是和阳明的这个相通的，应该说功夫层次比阳明先生的还要高的。

13. 常提念头

【原文】来书云："佛氏又有常提念头之说，其犹孟子所谓'必有事'，夫子所谓致良知之说乎？其即'常惺惺'、'常记得'、'常知得'、'常存得'者乎？于此念头提在之时，而事至物来，应之必有其道。但恐此念头提起时少，放下时多，则工夫间断耳。且念头放失，多因私欲客气之动而始，忽然惊醒而后提，其放而未提之间，心之昏杂多不自觉。今欲日精日明，常提不放，以何道乎？只此常提不放，即全功乎？抑于常提不放之中，更宜加省克之功乎？虽曰常提不放，而不加戒惧克治之功，恐私欲不去；若加戒惧克治之功焉，又为'思善'之事，而于本来面目又未达一间也。如之何则可？"

戒惧克治即是常提不放之功，即是"必有事焉"，岂有两事邪？此节所问，前一段已自说得分晓，末后却是自生迷惑，说得支离，及有本来面目未达一间之疑，都是自私自利、将迎意必之为病，去此病自无此疑矣。

【注解】来信中说道："佛家又有个常提念头这样的说法，就好比是孟子所谓的必有事，也是先生所谓的致良知之说吧？也就是'常惺惺'、'常记得'、'常知得'、'常存得'这些说法吧，也是类似的吧？"这位同学还是很勤奋的，这么善于思考。这个提念头有点类似于善护念，善于护持自己的念头的。我们如果没有去觉知念头，任由心在散乱，也不知道自己在想什么，可是就是觉得很烦。散乱的念头，如同散乱的丝线。提念头就像去把念念的头绪给提起来了，就不会乱了。一堆丝线，如果你把线头给找到了，也就不乱了，整条丝线就理顺了。比如念一句佛号，这个就是提念头了，其他的杂念就会慢慢地趋于平静了。提的这个念头，就好比是朝堂之上的贤臣，贤臣起来了，奸臣就下去了，就远离了朝堂，至少那些阴险的诡计就难以得逞了。那些妄念类似于奸佞小人的。孔子曾经说过举直压诸枉，也就是这个道理。也许念到最后，这个佛号也不存在了，只是在一片光明和静定之中了。

来信中还说道："对于这个念头提起来的时候，而事物来的时候，必然也是能够自然地应对的。"虽然在念佛号，可是有事物来的时候，妄念升起的时候，没关系不要压制妄念，还是把注意力放在一句佛号上就好了。

来信中还说道："但恐怕念头提起来的时间少，而放下去的时间比较多，做功夫就有了间断的。而且念头的放失，大多因为私欲外来的客气的流动而触发的，也许遇见了什么事情，或者自己反省，忽然惊醒之后才提起来的。如果念头放下去，还没有提起来的时候，心里大多比较昏杂而不能够自觉。"

来信中还说道："现在弟子我想日益精进，日益洞明，想常提着念头不放，怎么样做才可以呢？只是这样常提着念头不放，这个就是全部的功夫了吗？只要做这个就可以了吗？"

来信中还说道："或者常提着念头不放的时候，还要不要另外再加省察和克治的功夫呢？"

来信中还说道："虽然说常提着念头不放，而如果不额外增加戒惧克治的功夫，恐怕私欲难以去掉吧？如果增加戒惧克治的功夫，这又是思善之事了，这又有为多事了。前面都说了不思善不思恶了，这里不是又多此一举吗？对于要找到本来面目不是又多了一层间隔，多了一层障碍了吗？到底怎么样做才好呢？"阳明先生在回信中并没有过多的解释，说这一段只是自己生迷惑罢了，前面还讲的蛮好，到了这里又糊涂了。只要做前面那个戒惧克治提念头的功夫就够了，不必再有什么额外的事情的。

先生在回信中说道："戒惧克治这个本来就是常提念头不放的功夫来的，也就是必有事的事情的。岂能还有两件事情来的呢？"阳明先生这么说，可是还是没有佛家净土宗的念佛法门这么简洁明快的。提念头把佛号这个念头提起来就可以了，常提此念头不放就可以了，也就是这件事了。这一件事也是恢复每个人的自性，每个人的本心。戒惧克治说的是，不管别人看没看到，听没听到，都慎独地去做善事，不做恶事的。克治人的私欲，就会仅存天理了。阳明先生说，孟子的必有事，也只是去除人的私欲，而存天理这个事的，更没有别的事了。

先生又说道："这一节你所问的问题，前面一段已经自己说得很好的了，已经很清楚的了，我没有必要过多地解释了。可是后来却是自己生迷惑了。这些话也说的支离破碎，再到后来说有本来面目没有能够去见到，又增加了一层间隔，有这样的疑问，也都是由于自私自利、将迎意必这样的毛病引起的。如果去掉了这些毛病了，就没有什么疑问了。"

14. 良知自明

【原文】 来书云："'质美者明得尽，渣滓便浑化'。如何谓明得尽？如何而能便浑化？"

良知本来自明。气质不美者，渣滓多，障蔽厚，不易开明。质美者，渣滓原少，无多障蔽，略加致知之功，此良知便自莹彻，些少渣滓，如汤中浮雪，如何能作障蔽。此本不甚难晓，原静所以致疑于此，想是因一"明"字不明白，亦是稍有欲速之心。向曾面论明善之义，"明则诚矣"，非若后儒所谓明善之浅也。

【注解】 来信中说道："程颢先生曾经说过：'本质美好的人，富有德行的人，善德尽显出来了，其他的什么缺点都会烟消云散了。'怎么样才算是明得尽呢？如何才能称之为浑化呢？"比如我们修行求道，在一开始的时候遇事还容易退转，可是继续精进修行，到了一定的程度，自性的光明就不断地显现，自然也就照耀缺点消散了。比如乌云遮住了太阳，太阳一开始没有能够穿透厚厚的云层，地面就会有湿气，等等。可是一旦明得尽了，穿越了云层，在太阳的照耀下，自然有什么东西都烟消云散了。尼采说他是太阳，其实太阳在他的心里。

先生回信中说道："良知本来自身就是光明的。"良知是心的本体。这个心的本体，我们经常用太阳、月亮或者镜子等来比方的。这些都代表着光明和明净的。在中医来讲，心属火，肾属水，这个火也是代表着光明的。

先生又说道："对于气质不美的人，渣滓就多一些，物欲的障蔽就厚重一些，就不容易开明的。"我们说来说去都是说镜子的例子。这里还是用这个例子吧。这个心就好比是镜子，上面有污垢和锈迹，遮蔽得严严实实的，透不得半点光亮。不断地进行打磨，去除这些污渍。去除污渍，也类似于去除人的私欲。私欲少一分，镜子的污渍就薄一分。不断地打磨，特别是一门深入地朝一个地方努力，穿透了一个漏洞，就会看到了镜子发出的亮光。这时候就是开悟，就是明心见性，因为已经看到了镜子里面的亮光，就不再有任何的怀疑。虽然那个洞很小，但是很光明，虽然很小，但是，这一小片镜子也能够看到影像了。知道了这个方向了，就会不断地扩大这个洞，悟性不断地增长。

先生又说道:"对于品质美好的人来说,渣滓本来就少,没有很多的物欲的遮蔽,只要略加用致知的功夫。本有的良知就会晶莹剔透了,也就光亮透彻了。少许的那些渣滓,如同热汤中漂浮的雪,如何能够遮蔽得住呢?"所以说如果能够明得尽,那些渣滓就会浑化了。就像太阳出来了,冰雪消融一样。物欲遮蔽在佛家有个专业的术语叫作业障。对于人的私欲所造成的障蔽,可以分为身业、口业和意业,也不离开人的身体所行,嘴巴所说,心里所想。这个如果能够戒惧克治,也就管住了这些了,管住了造业的源头了。每个人的根器有所不同,这个类似于这个气质,有些气质好,有些气质差一些。有些人的根器好,有些人的根器差一些。上等根器的人听到道了,就会勤勉去做的。下等根器的人听到道,很难相信,反而可能觉得很荒谬好笑了。所以说不笑,不足以为道。

先生又说道:"这个并不是有什么很难明白的,陆原静你之所以有这样的疑问,我想是因为一个'明'字没有明白的。这也许是你有欲速的心理所致的。"阳明先生直接指出这个同学的迷惑之处,可以说直指要害的,直指人心。这位同学喜欢佛家和道家,可以说问的问题都很深入,非常的用心和用功。这位同学也想象自己老师那样做圣贤的,可是这种志向换一个角度来说也是一种欲望来的。正所谓欲速则不达,对于修行人来说,不仅仅物欲是欲望,成佛作祖这个也是欲望来的,贪图清净也是一种欲望来的。所以,阳明先生才说自私自利的,这个也是每个人隐藏的根源所在。阳明先生直接指出这个明字,这个明字不可小看的。大学之道在明明德,这个也是关于这个明字的。大学之道在于发明每个人本有的明德的。这个明字不仅仅是知道字面意思,还要去实证的,有切实的领悟。"明"字左边为日,右边为月,互为阴阳,如此能够简单吗?

先生又说道:"你曾经跟我当面讨论明和善的含义。明就可以说是至诚了。这句话并不是后世儒生所说的明善这么简单肤浅的理解。"至诚为心的本体,这个明是发明心的本体。这个心如同蜡烛一样,点燃了就可以照亮世人。最重要的是先照亮每个人的暗宅。佛家经常用一个比方,一慧能除万年愚,一灯能除万年暗。每个人的身体就如同一个黑漆漆的宅子一样,如果不把心灯点亮就无法看到什么的。

15. 性一而已

【原文】来书云:"聪明睿知,果质乎?仁义礼智,果性乎?喜怒哀乐,果情乎?私欲客气,果一物乎?二物乎?古之英才,若子房、仲舒、叔度、孔明、文中、韩、范诸公,德业表著,皆良知中所发也,而不得谓之闻道者,果何在乎？苟曰此特生质之美耳，则生知安行者，不愈于学知、困勉者乎？愚意窃云，谓诸公见道偏则可，谓全无闻，则恐后儒崇尚记诵训诂之过也。然乎否乎？"

性一而已。仁、义、礼、知，性之性也。聪、明、睿、知，性之质也。喜、怒、哀、乐，性之情也。私欲、客气，性之蔽也。质有清浊，故情有过不及，而蔽有浅深也。私欲、客气，一病两痛，非二物也。张、黄、诸葛及韩、范诸公，皆天质之美，自多暗合道妙，虽未可尽谓之知学，尽谓之闻道，然亦自有其学违道不远者也。使其闻学知道，即伊、傅、周、召矣。若文中子则又不可谓之不知学者，其书虽多出于其徒，亦多有未是处，然其大略，则亦居然可见。但今相去辽远，无有的然凭证，不可悬断其所至矣。夫良知即是道，良知之在人心，不但圣贤，虽常人亦无不如此。若无有物欲牵蔽，但循着良知发用流行将去，即无不是道。但在常人多为物欲牵蔽，不能循得良知。如数公者，天质既自清明，自少物欲为之牵蔽，则其良知之发用流行处，自然是多，自然违道不远。学者学循此良知而已。谓之知学，只是知得专在学循良知。数公虽未知专在良知上用功，而或泛滥于多歧，疑迷于影响，是以或离或合而未纯。若知得时，便是圣人矣。后儒尝以数子者尚皆是气质用事，未免于行不著，习不察。此亦未为过论。但后儒之所谓著、察者，亦是狃于闻见之狭，蔽于沿习之非，而依拟仿像于影响形迹之间，尚非圣门之所谓著、察者也。则亦安得以己之昏昏，而求人之昭昭也乎？所谓生知安行，"知"、"行"二字亦是就用功上说。若是知行本体，即是良知良能。虽在困勉之人，亦皆可谓之生知安行矣。"知"、"行"二字更宜精察。

【注解】来信中说道："聪明睿智，果真是人固有的品质吗？仁义礼智，果真是人的自性本有吗？喜怒哀乐，果真是人的真实情感吗？私欲和客气，果真是同一个东西吗？还是两个东西呢？"客气是外来的邪气；而主气是自身的正气。这里先不过多解释，先听听阳明先生怎么说的。

来信中还说道："自古以来的英才，比如汉代的张良张子房、西汉的董仲舒、东汉的黄宪、三国的孔明也就是诸葛亮、隋末的文中子、北宋的韩琦和范仲淹，这些贤德之才，不管是立德还是立功，都非常的显著，这些也都是良知中所发出来的吧，而不能称他们是闻道者，这是为什么呢？"这里列举的一些英才，对不太熟悉的人进行一些说明的。黄宪祖上世代贫穷，父亲是牛医，并不是说很"牛"的医生哦，是给牛看病的医生。黄宪为人非常的低调，不愿意做官，回家隐居。有人称他如同汪洋大海一般的，有千顷波浪，想要等它安静澄清，也不可得；想要混淆澄使之浑浊，也不可以得，真是不可估量的。有如此德行的人，想必是得道的高人来的。韩琦和范仲淹一起共同防御西夏的，那时的人合称为韩、范，都是北宋的栋梁之才。

来信中还说道："假如说这些人只是天生的品质美好，那么生而知之而安守正道而行，这样的人岂不是要比学而知之的、遇见困难勤勉而行的人要强吗？"生而知之的天生品质就会美好一些，就像前面说的渣滓就会少一些；学而知之、遇见困难勤勉而行的人的渣滓就要多一些。不管渣滓的多少，只要把渣滓都打磨干净了，结果都是一样的，并不会有什么区别，并不存在这个比另外一个强的。当然一开始的资质还是有些差别的。

来信中还说道："依据我的愚见看来，以上所说的各位贤德的英才，见道有些偏也许这么说是对的，可是如果说他们全然不闻道，这个恐怕是不对的。"前面提问有说有些人认为这些人不是闻道者，这位同学还是有不同意见的。这个道如同天上的月亮，如果看到了月亮的一部分，在这位同学看来是肯定的了，如果是看到整个月亮可能是未必的。照这位同学看来，看到部分月亮，这个也是明心见性了，也是开悟了。

来信中还说道："后世儒者这样看这些英才，说他们不是闻道者，这恐怕只是崇尚记诵和训诂的过错吧。这样的理解对吗？是这样的吗？"这位同学是很看好这些英才的，如果说见道不全那还勉强可以这么说，如果说根本都不闻道这个同学似乎不干了。我们先看看阳明先生怎么说的。

先生在回信中说道："自性本归于一而已。仁、义、礼、智，这些都是自性所具备的属性罢了。聪、明、睿、知，这些是自性的资质罢了。喜、怒、哀、乐，这些是自性发出来的情罢了。私欲、客气，这些是自性的遮蔽物罢了。"这里阳明先生给分类了，自性只有一个，衍生出来的有性之性；性之质；性之情。我们一个个来说吧。这个性之性还是树干上的东西，也是自性的属性来的。自性本来每个人都是一样的，性之质是说每个人的资质，是不是耳聪的、目明的，是不是睿智的。耳是否聪，眼是否明，这个不只是看器官的，重点还是要看这个心的。这个心如果偏听偏信，耳朵再好也会听得失真了。这个心如果戴着有色眼镜，眼睛再好也会看什么都不顺眼。这个质，也就是性质，是每个人天生的资质，有些人天生渣滓少一些，有些人天生渣滓多一些。私欲和客气这些都是自性的遮蔽物来的，外在的东西。

先生又说道："前面说了性的性、质和情。每个人天生的资质有清浊之分，就好比是玉器一样，不经过打磨，有些成色好一些，有些差一些。对于喜怒哀乐这些性情，发出来的有过的，也有不及的。对于私欲和客气，这是遮蔽自性的，遮蔽的有深有浅，有厚有薄。私欲和客气，这个是一种病而两种痛的，并非是两个事物。"客气也是外来的邪气，看到了外在的事物，比较贪恋，这个是贪恋之气的。这个也是私欲来的，也是一种东西的。

先生又说道："张良、张子房、黄宪、诸葛亮、韩琦、范仲淹这些人，都是天生的美好的资质，自然大多暗合大道之妙。虽然不能说他们都是生而知之的，学而知之的，已经知晓大道了。也不能都说他们已经闻道了，然而，他们所学不会违背大道太远的。假使让他们这些人闻学而知晓大道，即是伊尹、傅说、周公、召公了。"看这里对这几个人物的评价，我是有点不同意见的。张良、张子房得到黄石公的真传，深通黄老之术，也许应该是得道了吧，如果没有，起码晚年归隐山林的时候会得道的；黄宪根据前面的说法也应该是根器上等的，也应该是得道了；诸葛亮更是得道高人了；韩琦和范仲淹这两人是治国安邦的良才，恐怕还没有得道的。阳明先生认为伊尹、傅说、周公、召公这几位都是得道的圣人。

先生又说道："对于文中子来说，又不可以称之为不知学的人，他的书虽然许多都是出于弟子们的手里，也多有一些不当之处的，而观其大略，也可以见到是知学的。但是，现在相距的年代比较久远了，也找不到什么凭证，也不可凭空悬断文中子到了什么境界的，是否得道，得道到了什么程度的。"不过看文中子有那么多优秀的弟子，比如魏徵、李靖、房玄龄等，这些可都是高人来的。文中子应该是得道高人来的。我们回头还可以去仔细阅读一下文中子留下来的东西就知道了。在这里我们可以看到，我们中国古代圣贤很多，如同天上的繁星那样闪耀着。真有点冲动想写东方哲学史，把真正的道统的人，得道的人都列出来。有许多得道高人隐居山林，不追求名利，也许不为人所知的。

先生又说道："良知即是道的。良知在每个人的心里的，不仅仅是圣贤有良知，每个人也都是如此的。"良知是心的本体，良知即是道，心即是道的。人人都有佛性，人人皆可为尧舜的。阳明先生给我们信心了，每个人都可以的，每个人都是有良知的。

先生又说道："如果没有物欲的牵引和遮蔽，只要循着良知发出来去应用开去，即没有不是道的。但是，常人大多被物欲所牵引和遮蔽的，不能循着良知去走的。"

先生又说道："就像前面所说的古圣先贤，天生资质清明，本来就很少物欲的牵引和遮蔽，属于上等的根器，那么只要从良知发出来而用，自然就没有什么过错的，自然就不会违背大道太远的。"

先生又说道："对于求学做学问的人来说，也只不过是学着循此良知而已的。我们说他们知学，是说他们知道专在学循良知的，而不是学其他的。如果光是会学一些死的知识和具体的技艺，那这样还不算是知学的。"

先生又说道："前面所说的贤人虽然有些并不知道专在良知上用功；或者在歧路那里踌躇；或者由于著相而感到疑惑和迷惑；随意或者有时候合于道而有时候偏离于正道，而功夫还不能够做到精纯，而不能做到仅存天理。如果知道了专在良知上做功夫，而且做到仅存天理了，这就是圣人了。"前面所列举的有许多都是得道高人来的，也有逐一的评价，这里就不多说了。

先生又说道："后儒对前面的这些先贤还存在着一些误解的，以为他们并没有在良知上做功夫的，这也就未免会落入行不著，习不察了。我这么说一点都不为过的。"什么行不著，习不察呢？这句话是从孟子那里来的。世人终日去行可是却不知道什么是符合道义的；世人终日地对许多事情习以为常了，而不能觉察其中含有道的。后儒有许多人没有慧眼能够看得到这些人是得道了。

先生又说道："后儒所谓的著、察的，只不过是抱有见闻狭隘的偏见罢了，也会被沿习的过错而遮蔽的。这些人以为已经懂得了圣人之道。只不过只是模仿学习了一些皮毛罢了。比如圣人孔子外在的表现罢了，这些也都只是一些形迹而已，并不是圣人之心。这也不是儒家圣门所说的著、察的。如此自己都是昏昏沉沉，都是不明白德，怎么能够使得别人明白呢？怎么能够给别人讲的清楚呢？这岂不是误人子弟吗？"

先生又说道："我们所说的生而知之，安于道而行之，其中的知和行这两个字，也都是在用功上说的，也是做功夫的。良知良能是知行的本体来的。即使对于资质相对来说比较平庸的困知而勤勉修行的人，也可以称之为生而知之，安于道而行的。"为什么困知而勤勉修行的人，也可以说是生而知之的呢？虽然资质平庸，可是本身也是生来每个人都是有良知的，这个本来也是天生的，只是生下来的时候，物欲遮蔽的深浅程度不同罢了。每个人本有的良知本来也是天生的。虽然成色有所不同，物欲遮蔽的深浅程度不同，可是去掉这些污渍之后，也都是一样的。

先生又说道："所以说我们对知和行这两个字更应该要深刻地去思考的。"不仅仅是思考，还要沿着知行并进合一的路子实际去做功夫的。

16. 骑驴觅驴

【原文】 来书云："昔周茂叔每令伯淳寻仲尼、颜子乐处。敢问是乐也，与七情之乐同乎？否乎？若同，则常人之一遂所欲，皆能乐矣，何必圣贤？若别有真乐，则圣贤之遇大忧、大怒、大惊、大惧之事，此乐亦在否乎？且君子之心常存戒惧，是盖终身之忧也，恶得乐？澄平生多闷，未尝见真乐之趣，今切愿寻之。"

乐是心之本体，虽不同于七情之乐，而亦不外于七情之乐。虽则圣贤别有真乐，而亦常人之所同有，但常人有之而不自知，反自求许多忧苦，自加迷弃。虽在忧苦迷弃之中，而此乐又未尝不存，但一念开明，反身而诚，则即此而在矣。每与原静论，无非此意，而原静尚有何道可得之问，是犹未免于骑驴觅驴之蔽也。

【注解】 来信中说道："以前周敦颐经常要求程颢去找孔子和颜回到底乐在哪里，有什么好乐的。"程颢曾经受学于周敦颐，是他的弟子。孔子往往在逆境之中还能够在那里弹琴唱歌。颜回虽然一箪食一瓢饮，身居陋巷，可是还是不改其乐的。可能有些人会想，他们都在那里傻乐什么呀？有什么好乐的呀？特别是颜回，这么穷，在世人眼里也许是很失败的了，可是孔子却以他为第一高徒的。那到底在乐什么呢？

来信中还说道："我想问一下孔子和颜回所乐的，和七情的乐是不是相同的呢？或者是不同的呢？如果相同，那么常人如果能够遂了自己的欲念，就都能够得到乐，何必圣贤呢？如果真的有别的可乐的东西，那么圣贤在遇见大忧、大怒、大惊、大惧的事情的时候，这种乐还在吗？君子之心常存戒惧，所以说大概终身也都是忧虑的，怎么会有乐呢？难道这个戒惧还有什么乐吗？陆澄我平生大多时候都是闷的，未尝能够见到圣贤的真乐在哪里的，现在恳切地想去寻找它的。"不仅仅是这位同学想找到的，也是我们每个人都想找到的。这如同一个谜语一样，我们先猜猜看，也看看阳明先生怎么说的。

先生在回信中写道："圣贤的真乐可以说是心的本体的，这个心的本体本来就是安乐的。"我们平时所说西方极乐世界，这也是乐的。记得杭州灵隐寺里面有块石头上写着咫尺西天。西天怎么在咫尺之间呢？顿悟即可成佛，这个顿悟岂不是只是咫尺之间呢？阳明先生在贵州龙场的时候，有一天夜里突然顿悟了，很高兴地知道自己得道了，禁不住手舞足蹈起来。佛家所说的救渡世间众生脱离苦海，所得的乐也是圣人的乐。

先生又说道："这个真乐虽然不同于七情的乐，而又不外于七情之乐的。"这个怎么讲呢？七情之乐是喜怒哀乐的七情。前面也讲了，情也是由性而生。真乐虽然和平时我们的乐有不同。可是这种真乐也是由自性而生的。这种真乐是法喜充满的，是得道后的那种宁静之乐。

先生又说道："虽然圣贤别有真乐，而这个真乐也本来是常人都有的，都相同的。只是常人有这个真乐，可是不自知的，反而自己自寻烦恼，造成了许多的忧苦，自己迷惑自己，自暴自弃罢了。"每个人本有的自性都是相同的，每个人也都是有这种真乐的，只是世人不知道罢了。

先生又说道："虽然在忧苦之中，迷惑和放弃的时候，而这种真乐未尝不存在的，只要一念开明了，反求诸己而到了至诚，这个就可以到达真乐了。"既然这么说，即使在平时忧苦的时候，也有这种真乐在，只是未能觉知而已。那就是说这种真乐从来也不曾离七情的。

先生又说道："每次跟陆原静在这里讨论，无非都是在讨论这个东西的。而陆原静尚且还不知道怎么样去得到这种真乐，这就好像是骑驴找驴了。"我们从书信往来中的确也是看到阳明先生和这个同学之间反复讨论了此道的相关问题，已经讲得比较清楚了。每个人的这个菩提心，这个真乐也都是在身上的，却到处去找，也难怪阳明先生会说骑驴找驴了。

17. 学务无情

【原文】 来书云："《大学》以心有好乐、忿懥、忧患、恐惧为不得其正，而程子亦谓'圣人情顺万事而无情'。所谓有者，《传习录》中以病疟譬之，极精切矣。若程子之言，则是圣人之情不生于心而生于物也。何谓耶？且事感而情应，则是是非非可以就格。事或未感时，谓之有则未形也，谓之无则病根在有无之间，何以致吾知乎？学务无情，累虽轻，而出儒入佛矣，可乎？"

圣人致知之功，至诚无息。其良知之体，皦如明镜，略无纤翳，妍媸之来，随物见形，而明镜曾无留染；所谓情顺万事而无情也。"无所住而生其心"，佛氏曾有是言，未为非也。明镜之应物，妍者妍，媸者媸，一照而皆真，即是生其心处。妍者妍，媸者媸，一过而不留，即是无所住处。病疟之喻，既已见其精切，则此节所问可以释然。病疟之人，疟虽未发，而病根自在，则亦安可以其疟之未发，而遂忘其服药调理之功乎？若必待疟发而服药调理，则既晚矣。致知之功，无闲于有事无事，而岂论于病之已发未发邪？大抵原静所疑，前后虽若不一，然皆起于自私自利、将迎意必之为祟。此根一去，则前后所疑，自将冰消雾释，有不待于问辨者矣。

【注解】 来信中说道："《大学》中说如果心有好乐、忿恨、忧患、恐惧就不得其正了，这样就不能称之为正心了。而程颢先生也说'圣人以其情顺万物而无情'。"这位同学在这里所说又跟上面那个说的有些相关。圣贤之心常在真乐之中，不会被七情所扰，如果有了好乐忿恨这些情绪就不得其正了，就要归于正才是。如果修行到了极高的境界可能就经常得其正了。如果还不太过硬，也许就会有所摇摆的，有时失其正了，就要及时地扶正和恢复的。不能放任这颗妄心。圣人随顺万物，可是似乎又是无情的，这个无情就是没有上面的这些七情六欲。圣人的心如同镜子一样，外物来了，就照一下，不会生起贪恋之心的。所以，说是无情的，这种无情是大爱的，这种无情是没有私情的。

来信中还说道："所谓的有情，《传习录》中也是病疟来比方的，这个也是极其精准贴切的。这个有情是私情的，也是人的私欲所生的。"

来信中还说道："按照程颢先生所说，圣人之情不是生于心中的，而是生于外物的。为什么我这么说呢？外来的事物所感就有情去应的，那就有是是非非去格了。如果外来的事物还没有感的时候，如果说有情吧，还是没有显露出来的；如果说无情吧，可是有情这个病根还在有无之间的，若有若无的，根本都没有个外来的事物好去格物，我怎么去致我的良知呢？似乎有力用不上的。"这位同学感到疑惑的，如果是外来有事物，就会产生出七情六欲出来的，这样就好办了，就可以去格物的。如果没有遇见外来的事物的时候，从何处去下手呢？有外来事物可以格物而致知的，如果连外来的事物都没有，如何去致良知呢？

来信中还说道："为学务求无情，这样虽然拖累比较轻了，可是却脱离了儒门而遁入了佛门了，这样做是否可以呢？"这种无情实则是大爱来的，是没有私情的。我们且看看阳明先生怎么看的，这里也对比了儒门和佛门的。

先生在回信中说道："圣人致知的功夫，至诚而无有止息的。至诚为心的本体的，这个心的本体如同明镜一样，如同太阳普照万物，何尝有什么止息呢？不管是有无外物的情况下，致知的功夫都是可以做的。不会存在你信中所说的，如果没有外物，就无法格物，无法致良知了。良知的本体，皎洁如同明镜，如同明月的，没有丝毫的瑕疵和蒙蔽的。外物一来，不管是美的丑的，都会随顺外物而见其影像的，不会增加一分，也不会减少一分的。如果是西施就会照出西施，如果是东施就照出东施，可是不曾有什么评判的。不以西施为美而不以西施为丑的，没有什么分别的心。而这个明镜，也就是此心未曾留有什么污染的：这就是程颢先生所说的情顺万事而无情的含义。"

先生又说道："无所住而生其心，佛家有这样的一句话，这句话说的也是没有错的。"这句话在《金刚经》中有的，禅宗五祖传衣钵给六祖的时候，传授《金刚经》给六祖，讲到这句话的时候，六祖已经大悟了。可见，这句话还是很有深意的。先听听阳明先生接下来怎么讲吧。先生这里列举佛门这句经典的话，也是将佛门和儒门圆融了的，本来都是相通的。这位同学就不会过于担心，脱离了儒门而遁入了佛门的了。

先生又说道："外物来照，明镜应物，对于美的事物照出来也是美的，对于丑的事物照出来也是丑的，照出来也都是很真的，并不会增加一丝一毫的。这个就是生其心之处的。"外物一来，就生其心的，就去应物的。镜子只是照，它不会说西施真漂亮，不会说东施真丑。这个美和丑只是相对的，世间本来没有美丑这两个东西的。对于人来说西施是美女，可是鱼儿看到西施就会害怕，就会沉下水面的，麋鹿看到西施也不会觉得美的，也会跑开的。

先生又说道："镜子一照，美的就是美的，丑的就是丑的。照过了就不留了，外物一走就没有留下什么痕迹了。这个就是无所住之处的。"如果外物有住于心就麻烦了，这么多的事物这个心怎么装得下呢，这就会被外物所累了。如果一动情了，就会有美丑的评判，就有美好的好恶，这就会有所累了。一面小小的镜子，如果照一个东西，就住进来一个东西，如何装得下呢？这么看阳明先生对于佛家的这句话的领悟还是很到位的。

先生又说道："你在来信中说到，有情就好比是病疟一样，用这个比喻，你既然已经知道这样的比喻比较精当贴切了，你这一节所问的问题就应该可以释然了吧。"有情就像是对外事物生起了私欲的，对美的就喜好，对丑的就厌恶，就生起这些七情六欲，这就好像生病一样了的。这个比方一点都不为过的。我们要通过修行，恢复到孔子和颜回那种安乐的状态，这样就不会生病了。不过可以说，孔子和颜回是得道了，可是还没有能够彻底解脱，摆脱这个病痛的。应该说佛家是比较彻底的。阳明先生心底既然明白了，理当不会有所怀疑这个的。

先生又说道："对于病疟的病人，虽然疟还没有发病的，可是病根还在的，那么怎么可以看到疟没有发病，就忘记了去服药调理呢？忘记了药物的功夫呢？如果要等到疟病发作了以后才去服药调理，这样就晚了。"

先生又说道："致知的功夫，这个是不管有事还是无事都要去做的，并不是无事就不做功夫的。怎么还会区分病的已发还是未发呢？不管是已发还是未发，都是要去做功夫的，做功夫就像是吃药调理一样的。大概陆原静之所以怀疑，前后虽然有许多的不同，然而似乎都是起源于自私自利、将迎意必这个毛病在做祟的。这个病根一除掉，你前前后后的这些怀疑，自然就会冰消云散了，就不用再去纠缠，再去辩驳了。"前面已经讨论过许多自私自利、将迎意必这个毛病了，这里就不多讲了。如果有自私自利之心，镜子照外物的时候，就会有好恶之心的，外物就会留下来的，就会住下来了的。如果刻意地去让这个心不要留下外物，不让外物留下来，也许就像按牛喝水一样，这个也是难以做到的，这就是将迎意必之心的。

第八章　答欧阳崇一

1. 欠此一问

【原文】崇一来书云："师云：'德性之良知，非由于闻见，若曰多闻择其善者而从之，多见而识之，则是专求之见闻之末，而已落在第二义。'窃意良知虽不由见闻而有，然学者之知，未尝不由见闻而发。滞于见闻固非，而见闻亦良知之用也。今日落在第二义，恐为专以见闻为学者而言，若致其良知而求之见闻，似亦知行合一之功矣。如何？"

良知不由见闻而有，而见闻莫非良知之用。故良知不滞于见闻，而亦不离于见闻。孔子云："吾有知乎哉？无知也。"良知之外，别无知矣。故致良知是学问大头脑，是圣人教人第一义。今云专求之见闻之末，则是失却头脑，而已落在第二义矣。近时同志中，盖已莫不知有致良知之说，然其工夫尚多鹘突者，正是欠此一问。大抵学问功夫只要主意头脑是当。若主意头脑专以致良知为事，则凡多闻多见，莫非致良知之功。

盖日用之间，见闻酬酢，虽千头万绪，莫非良知之发用流行。除却见闻酬酢，亦无良知可致矣。故只是一事。若日致其良知而求之见闻，则语意之间未免为二。此与专求之见闻之末者虽稍不同，其为未得精一之旨，则一而已。"多闻，择其善者而从之，多见而识之。"既云"择"，又云"识"，其良知亦未尝不行于其间。但其用意乃专在多闻多见上去择识，则已失却头脑矣。崇一于此等语见得当已分晓，今日之问，正为发明此学，于同志中极有益。但处意未莹，则毫厘千里，亦不容不精察之也。

【注解】先来简要介绍一下这个弟子，再解释书信内容。欧阳崇一，号南野，是江西人。这位同学也是进士出身，官至礼部尚书兼翰林院学士。当年王阳明在江西一开始讲心学的时候，这位同学就说这是正学的，由此可见其独到的见解和上等的根器，能够契入阳明心学。好了我们开始翻看信件了。

崇一来信中说道："先生您曾经说过：'德性的良知，并不是由于见闻所得到的，如果说多闻而挑选其善的而遵从，多见而识别它，这是专门在见闻之中去求的，这不是学问的根本，这是末的，而已经落在了第二义的，而不是第一义。'愚以为良知虽然不是由见闻而有，然而学者的知，未尝不是由见闻而发出来的。如果滞留在见闻之中固然是有错的，而见闻也是良知的用的。现在却说落在第二义上了，恐怕这仅仅是针对专为见闻的学者而说的。对于既做格物致知的功夫，又去求于见闻，这样的学者，总不至于说是落在第二义上了吧？如果致良知的同时也求于见闻，似乎也是知行合一并进的功夫了吧？不偏颇于哪一边，致良知这个是知，而见闻这个是行，这不是知行合一吗？我这么认为对吗？"看来这位同学名不虚传，这个问题问得很贴切的，我们看看阳明先生如何回答的。

先生在回信中说道："良知不是由于见闻而有的，而见闻莫不是良知的用的，见闻也是良知的用。所以说良知不会滞留于见闻，而也不离于见闻的。"此心如明镜，有良知良能。外事外物的见闻照在镜子中，镜子不会滞留见闻，外物也不会住在镜子里，就像前面所说的无所住而生其心。

先生又说道："孔子曾说：'我有知吗？无知的。'这句话的意思是说，孔子我的良知之外，别无知的。对外事外物的见闻，这个不能称之为知的，这个知仅仅是良知的。"孔子这么说，有点类似于西方大哲学家苏格拉底曾说，他自己知道自己的无知。苏格拉底的无知之知，跟孔圣人的心是相通的了。虽然相隔千山万水，圣人的心并无差别。

先生又说道："所以说致良知是学问的大头脑来的，这个是学问的关键所在，是圣人教人的第一义的。现在说在专在见闻上来求的，这就是末了，不是头脑关键了，不是本了，这就失去了头脑关键了，已经落入了第二义了。"

先生又说道："现在志同道合的学生当中，大概已经不会不知道有致良知的学说了，然而做功夫起来还有许多人疑惑不定，信心不够坚定的，你问得很好，正欠缺这一问的。大概做学问做功夫只要用功在头脑关键的地方最为给力，如果用错了地方了也许就收效甚微了。专门做致知的功夫，这个可谓是四两拨千斤的功夫了。如果把功夫专门用在了致良知中，那么多闻多见，也无非是致良知的功夫的。"

先生又说道："在日用之间，有许多见闻应酬，外事外物比较多，虽然有千头万绪，无不是良知发出来而应用流行的。如果除去了见闻应酬，离开了外事外物，也没有什么良知可致了。所以说只是一件事情的，并不是两件事情的。"阳明先生这么说似乎容易让人感到误解的，阳明先生的本意也许是这样的，致良知的功夫本来就是用来对付见闻应酬的。正是因为我们日用之间不免要面对复杂的事务，致良知的功夫就是用来对付这个的，在事上磨砺而得真知。可以说事务工作，也是修行的道场，而不是专门去躲在一个安静的地方去求安静的。

先生又说道:"如果说致良知需要在见闻上求,不仅仅是致良知上求,还要在见闻上求,两者都要兼顾。如果不在见闻上求,就得不到良知,这个就不对了,这个语意之间未免就有二了,就是两个事情了。致良知和见闻本来是一个事情来的,不是两个事情。"

先生又说道:"致良知和见闻同时在这两者上求良知。这虽然和专门在见闻上求稍微有所不同,这个是由于还没有能够得到精一的要旨,做功夫只要一就可以了。"前面我们讲过了,做功夫要精一的。这个精一有两层意思,一个是精也就是精深,一个是一也就是专一的。也就是说做功夫要一门深入的。如果一门而不深入也不行,如果一门专心地去做,十年甚至一辈子做一件事情,也很难不深入的,水都能把石头滴穿;如果是多门也许就很难做到深入了,这里挖一个坑那里挖一个坑,也许就很难成功了。朱熹所说的格物,一个一个物去格清楚,这个并不是不可以的,只是功夫比较分散,不能做到一门深入,收效就甚微了。小鸡在鸡蛋里面,如果不是专门盯着一个地方精心的去啄,可能都难出来的。我们被私欲所包裹,如同这个蛋壳的,要打破,还是要跟小鸡学的。到处敲敲打打,没有在一个地方下狠功夫,就很难奏效的。专一做功夫,致良知的功夫,这并不是对周遭的事物视作不见的,听而不闻的。虽然在静定之中,可是对周遭的一切都是知道的,只是没有加进私欲罢了。心越安静,看周围的事物也许看得越清楚的,这个也是见闻的。所以说良知和见闻这个本来是一回事来的,不是两回事。

先生又说道:"你在信中说'多闻,可以选择善的去遵从;多见而识别它的。'既然说是择,又说是识别,良知未尝不流行运用于其间了。但是,如果用意只是专门在多闻多见上面去择识,那么就已经失去了头脑关键了,失去了本分了。"朱熹先生所教格物,就是一物一物去格,如此何处是个头呀。一本书一本书去格,到头发都白了都无法得道呢。

先生又说道:"崇一你对于我说的这些话应该都理解的比较好了。今天这么问,正可以发明此心学,说得更清楚一些的。对于志同道合的朋友和学子都是极有益处的。但是意思也许没有表达得很透彻,稍微差一点,意思就会错得好远了。为了避免误会,不能不说得的详细些,对于有志于此学的同志,也要去加以详细地考察和推敲的。"打个比方吧,镜子上面有些污渍,有两个努力的方向,一个是打磨清除污渍,这个是对应着致良知的功夫;另外一个是拿着这个镜子去满世界照,照完竹子,又去照人。照完西施又照东施。这个对应着多闻多见的功夫。很明显,第一个功夫是比较有效的,第二个做多少也没有用。但是做第一个功夫,打磨镜子的时候,也不要非得跑到黑房子里面打磨吧,也不用黑布蒙住打磨吧。边打磨还可以映射着外面的事物,这个没有关系的。打磨清除干净了，照事物也就很清楚了。致良知和见闻其实是一个事情来的；打磨镜子和照外物也是一个事情来的。这个比方贴切吧？

2. 思则得之

【原文】来书云："师云：'《系》言何思何虑，是言所思所虑只是天理，更无别思别虑耳，非谓无思无虑也。心之本体即是天理，有何可思虑得？学者用功，虽千思万虑，只是要复他本体，不是以私意去安排思索出来。若安排思索，便是自私用智矣。'学者之蔽，大率非沉空守寂，则安排思索。德辛壬之岁著前一病，近又著后一病。但思索亦是良知发用，其与私意安排者何所取别？恐认贼作子，惑而不知也。"

"思曰睿，睿作圣"。"心之官则思，思则得之。"思其可少乎？沉空守寂，与安排思索，正是自私用智，其为丧失良知一也。良知是天理之昭明灵觉处，故良知即是天理，思是良知之发用。若是良知发用之思，则所思莫非天理矣。良知发用之思，自然明白简易，良知亦自能知得。若是私意安排之思，自是纷纭劳扰，良知亦自会分别得。盖思之是非邪正，良知无有不自知者。所以认贼作子，正为致知之学不明，不知在良知上体认之耳。

【注解】来信中说道："之前有听老师您说过：'《易经·系辞》中有说何思何虑，是说所思所虑只是天理罢了，更没有别的可以思虑的，并非完全是无思无虑的，并非什么都不觉知的。心的本体即是天理，又有什么可思虑的呢？唯一得到的就是天理，然而天理并非一物，并无一物可得的。学者用功，虽然千思万虑，只不过是要恢复心的本体罢了，恢复每个人本有的自性罢了。并不是以人的私意去安排思索出来的。如果安排思索思虑，这个只是自私的用小聪明而已，并非真正的大智慧的。'"这位同学一开始引用了阳明先生讲过的话，还是比较原汁原味的。前面我们有相应的篇幅谈了这个何思何虑。此心如同明镜，何思何虑并不是掩耳盗铃的，并不是把这面镜子给遮住的，或者放到黑房子里面去的。这面镜子还是可以照到外物的，可是不滞留外物罢了。思虑是思虑人的私欲罢了。

来信中还说道："学者被蒙蔽的，大概有两种极端，一种是枯坐求静守空，另外一种是安排思索思虑的。"前面一种类似于断灭空了，可能会跑去安静的地方去求静的，以为这个静就是道了，这个并不是的。比如打坐追求安静舒服，这个也是一种贪恋来的。根本的是要知行合一的，一方面为知，即启迪智慧；另外一方面为行，即静定禅定功夫。学者这两种极端是把知行合一的功夫分开成两件事情罢了，本来是一件事情。

来信中还说道："我在辛巳年（公元1521年）到壬午（公元1522年）期间执着于前面一种毛病，近来又执着于后一种毛病了。可是思索实际也是良知的发用，它和出自私意安排的又有什么区别呢？是不是思索不能说是私意安排的呢？本身这个思索就是良知的作用。我还是想不明白，恐怕认贼作子了，被迷惑了还不知道。所以这里请教老师。"我们看看阳明先生怎么解释的。

先生在回信中说道："《尚书》中有说道：思曰睿，睿作圣。"阳明先生开头就引用了经典，这里我们也来简单解释一下吧。我们经常说睿智，那么这个睿到底是什么呢？睿是思虑要通达于天理，这是说通达于隐微之所，也就是通达于道的。睿莫大乎自虑了，也就是说最睿智的莫过于能够考虑清楚自己了。考虑清楚自己，真正认识自己，真正认识自心，自性，也就可以说是睿智了。思可以反观自己，反观自性，就可以通达于自性，通达于道；如果通达于道了，就可以称之为圣人了。

先生又说道："孟子说：心之官则思，思则得之，不思则不得也。"阳明先生这里又引用孟子的话了。此心为主官的，其他的五官为副官。这个心就好比是君主，其他的五官为臣下的。如果不反思自己，不反求诸己，不思虑于己，就得不到良知的，也得不到天理的。这个是思是通达于道的。思代表着智慧的，代表着知行合一的知。如果单单做功夫，单单处于静定之中，如果没有觉知，这个也不可得的。

先生又说道："前面引用《尚书》和《孟子》之中的话了，都涉及思，如此看来思能够少吗？一种是沉迷于空持守寂静，另一种是安排思索，这正是在用自私的小聪明，不是大智慧的。这个是把良知给一分为二来看的。失去了良知是一体的。"我们喜欢把完整的东西一分为二，各执一词的，这样就无法达成一致的了。似乎不在同一个频率里面的。比如左脑和右脑，一个是理性，一个是感性。女人擅长左脑，而男人擅长右脑。如此用脑的两个世界的人如何能够交流呢？也许都要归于一才可以的。就像一个说知难，另外一个说行难，不可调和，阳明先生出来说了，知行并进合一的。知和行本来是一个整体的，男人女人互为阴阳也是一个整体的。

先生又说道："良知是心的本体的。良知能够照明天理的。良知如同镜子一样，把天理照得没有一丝残留，没有一丝人的私欲。所以说良知即是天理。思是良知发出来应用的。"这么看来，寂静所持守的无非是良知，思索所思的无非是天理的，这两者本来就是一个事情来的。这位同学就不必纠结了。

先生又说道："如果是良知发用的思，那么所思的无不是天理的。良知所思不会是人的私欲的。良知发用的思，自然明白简易的，良知自然也能够知道自己所思的。"

先生又说道："如果是人的私意安排的思，自然是纷纭复杂，而且是劳心忧扰的，良知也会分别的了。对于思的是非邪正，良知没有不自知的。之所以会认贼作子，正是因为致知的学问还没有明达的，不知在良知上做功夫，在良知上体认罢了。"如果致知的学问能够明达了，就能够致良知了，就能够明心见性了，就能够分别得出来了，不再有任何的疑问了。

3. 分为两事

【原文】来书又云："师云：'为学终身只是一事，不论有事无事，只是这一件。若说宁不了事，不可不加培养，却是分为两事也。'窃意觉精力衰弱，不足以终事者，良知也。宁不了事，且加休养，致知也。如何却为两事？若事变之来，有事势不容不了，而精力虽衰，稍鼓舞亦能支持。则持志以帅气可矣。然言动终无气力，毕事则困惫已甚，不几于暴其气已乎？此其轻重缓急，良知固未尝不知，然或迫于事势，安能顾精力？或困于精力，安能顾事势？如之何则可？"

宁不了事，不可不加培养之意，且与初学如此说亦不为无益。但作两事看了，便有病痛。在孟子言"必有事焉"，则君子之学终身只是"集义"一事。义者，宜也，心得其宜之谓义。能致良知则心得其宜矣，故集义亦只是致良知，君子之酬酢万变，当行则行，当止则止，当生则生，当死则死，斟酌调停，无非是致其良知，以求自慊而已。故"君子素其位而行"，"思不出其位"。凡谋其力之所不及，而强其知之所不能者，皆不得为致良知。而凡"劳其筋骨，饿其体肤，空乏其身，行拂乱其所为，动心忍性以增益其所不能"者，皆所以致其良知也。若云宁不了事，不可不加培养者，亦是先有功利之心，计较成败利钝而爱憎取舍于其间，是以将了事自作一事，而培养又别作一事，此便有是内非外之意，便是自私用智，便是义外，便有"不得于心，勿求于气"之病，便不是致良知以求自慊之功矣。所云鼓舞支持，毕事则困惫已甚，又云迫于事势，困于精力，皆是把作两事做了，所以有此。凡学问之功，一则诚，二则伪。凡此皆是致良知之意，欠诚一真切之故。《大学》言"诚其意者，如恶恶臭，如好好色，此之谓自慊"。曾见有恶恶臭，好好色，而须鼓舞支持者乎？曾见毕事则困惫已甚者乎？曾有迫于事势，困于精力者乎？此可以知其受病之所从来矣。

【注解】来信中说道："老师您曾经说过：'为学做学问终身只是一件事情的，不论有事还是没有事，也只是一件事情的。如果说宁可放下所有事情，也不可不加以培养此心，却是当做两件事情来看了。'"前面在事上磨炼那一段里面有这么一句话的。面对事物也是修炼的道场的。如果想求安静，什么事情都不管了，什么伦理都不顾了，跑去找个地方求安静去了，这个也许是不可取的。阳明先生还是鼓励在事物上面磨炼自己的。

来信中还说道："愚以为精力衰弱，如果认为精力不足以完成所做的事情，这个是良知的。只有良知才可以知道的。宁可不把事情做完，也要加以休养，这是致知的。"按照这位同学的逻辑，不把事情做完，也要加以休养，这个是致知，这个是不对的。为什么这位同学会这么想呢？因为静下来休养的时候，就会思考了，就可以知道了，也许这样的缘故，所以，这位同学说这个是致知的。

来信中还说道："怎么却是两个事情呢？如果事情来了，由于事情形势所迫，不容得不去做完，而精力虽然衰弱了，稍微鼓舞也能够支持的。那么，鼓舞一下志气和斗志，让意志统帅气力还是可以的。"这两个事情，一个事情也许把这位同学搞糊涂了，下面阳明先生专门针对这个解释的。处理外来事物是一件，致良知是一件，这位同学割裂开来了，变成两件事了。本来这不是两件事，就是一件事来的。就好像原本大家都在讨论知难还是行难，知易还是行易，阳明先生说，这是一件事来的，知行并进合一的。千百年来，人们都在讨论先有鸡还是先有蛋的事情，看来这里也可以终结这个问题了，无须太多讨论了。鸡和蛋是并进合一的，共同进化的，没有鸡就没有蛋，没有蛋就没有鸡，现在的鸡和蛋并不是古代的鸡和蛋。现在的科学家怀疑进化论，可是我要说进化论跟心学并不矛盾。科学家发掘化石，发现没有足够的证据来证明每个阶段的进化历程。其实这个也很好理解的，生物不断地由低级向高级进化，不断地发生变化的，这个化石就好像是大自然的照相机，只有在发生了重大的自然灾害等特殊情况下，才会记录下大量的动植物标本。这个照相机并不是录像机，并不是连续记录的，可以相信，如果有个超大的录像机，就可以看到整个过程了。照相机没有找到的部分就会出现缺失了，这也不奇怪的。这种进化的历程还在进行中，人类和所有的动植物一样，还在不断地进化当中的，不要以为现在就停止了。现在我们放在餐桌上的猪，也许有一天能够进化成有人类这样的智商，那时它们会回忆起宗族苦难的历史，是多么的痛苦。所以，我们嘴巴在咬着这些动物的肉体的时候，不知道是什么感觉。也许是我们累劫以来的业障所束缚吧，所以吃着很香。有些业障浅的人是吃不下的，达·芬奇天生吃不下肉类的。扯远了，接着往下看吧。

来信中还说道："然而可是要说去做事情，还是有气无力的，等到硬是强打着精神去把事情做完了，已经是疲惫不堪了，这难道不是在那里滥用精力吗？事情有轻重缓急，良知也未尝不知的，然而或许迫于事情的形势，怎么能顾及精力呢？不管怎么样还是把事情做完再说了。有时实在是精力不行的，心有余而力不足了，也许一点气力都没有了，怎么能够顾得上事情的形势呢？即使再紧急也不行了。这样该怎么办才好呢?"

先生在回信中说道:"宁可不去把事情做完,也不可不加以培养此心的,这样的话跟初学去讲的,也不是没有益处的。但是当做两件事情来看,便有了病痛了。"两件事情分别如下:第一件事情是外事外物;第二件事情是养心。两件事情是把做事和养心区别来对待了。阳明先生这里说了,对于初学来说,一开始先不要去做政事,先安心的来养心做学问,等修为到了一定程度再去做事,这个也是有益处的。如此就不会像苏秦当年羡慕师兄孙膑、庞涓下山了,已经得到了很好的功名,就跟师父鬼谷子道别去求功名去了。一开始下山去,变卖了家产,游历列国求官,一无所获。后来还得头悬梁锥刺股的补课一年,方有小成的。

先生又说道:"孟子说必有事焉,这个事是什么呢?对于君子之学,终身只是集义这一件事情的,别无他事了。义是什么呢?心得其宜可以称之为义的。如果能够致良知,那么心就得其宜的。所以说集义也只是致良知的。"这里先生指出的只有一件事情,也就是致良知这件事情,也就是恢复本心的事情。

先生又说道:"君子应对千变万化的事务,当行就行,当止就止,当生就生,当死就死,斟酌调停,无非是致良知的,对于事物只要问心无愧就可以了的。"面对复杂的事情能够做到问心无愧,也就存有良知,这个也是致良知的功夫了。

先生又说道:"所以说'君子素其位而行',也就是说君子安于其位而行,不会有什么非分之想的。"君子知道德要配位,如果德行不到,不可勉强的。如果本来是富贵的,就安于富贵;如果本来是贫困的,就安于贫困。这个安于贫困,并不是不想去改变的,而是不是光盯着物质的,而是盯着自己的心的,盯着自己的德行。默默地修持,积德行善的,这个就是为了能够将来有富贵的,有福报的。

先生又说道:"'思不出其位',也就是说谋虑的,不会超过自己的位的,不会有越位的非分之想的。"俗话说屁股决定脑袋的。屁股在什么位置就想什么,正所谓不在其位不谋其政的。为什么阳明先生引用了这两句话呢?这个也许是在教这位同学,也许你觉得筋疲力尽,也许是超越了自己的能力范围了,也超越了自己的位置去考虑事情了吧,这个是需要反思的。

先生又说道:"凡是去谋自己力所不能及的事情,而自己不知道的,还要勉强地去做,这些都不能致良知的。"前面刚说完,阳明先生就把这个点明了。

先生又说道:"而凡是'劳其筋骨,饿其体肤,空乏其身,行拂乱其所为,动心忍性以增益其所不能',这样就可以致良知了。"引用的这句话很熟悉了，很多人都知道了。不管遇见怎么样的困境，都不能改变其坚持正道的行为，只是坚韧地去做，去增加本来没有的才能，这样去磨砺就可以致良知了。

先生又说道："如果说宁可不把事情做好做完，也不可不加以培养此心，这也是先有了功利之心了。也许先计较了成败利钝、计较了爱憎取舍以后，发现还是要把事情放下来培养此心先了。这也是有功利之心的。这是把做事情当作一件事，而把培养此心又另外当作一件事情的。"这对于修行做学问的人来说，也是很容易受迷惑的。也许在想是由于这么多的事情扰乱我，所以心很难安静下来，干脆放下所有事情去求静了。可是又会发现，不做事情了，似乎烦心事情更多了起来。也许大家都有这种体会——假期综合征。有时候工作忙起来了，就忘记了烦恼的事情了。闲下来反而就东想西想了，反而杂念比较多，不能安静了。在治疗疾病的过程当中，有些医生为了怕病人胡思乱想，就安排力所能及的事情让病人去做，比如对织毛衣感兴趣就去织毛衣，等把毛衣专心致志的织完，也就得到了快乐的。所以，我们处在世间，这个婆婆世界，总离不开事的，我们要用一种积极的东西，去替代掉另外一种消极的东西就可以了。这就好比是以契出契的。见过做木工的都知道，木头里面打了个洞，用木契打到这个洞里面，这个木契就好像是钉子一样，可以固定连接木板的。如果想要把这个木契拿出来，最好的办法是用另外一个木契去敲打就可以了。那些烦恼、私欲的木契钉在脑袋瓜子里了，我们这是要用致良知的木契来让它出来。对于佛家来说，那一句句佛号就是这样一个利器。我们在遇见极其艰难困苦事情的时候，也没有关系，暂时放下片刻，专心致志念佛号，待到进入静定，也许一切都烟消云散了。这也是古圣先贤的内圣外王之术。如此可以气定神闲地处理许多繁难的事务。乔布斯生前就喜欢打坐冥想，就有了更清晰的决策的。你看看一休哥在遇见困惑的时候，都宁静的想一会，就有主意了。

先生又说道："如果把应付事务当作外，把培养此心当作内，就有了光肯定内，而排斥外的意思了，这个就是自私在用小聪明了，不是大智慧的。"人活在世上，如何免得了事情呢？即使躲到寺庙里面，也还是有事的。需要去担柴挑水，这些也是事的。

先生又说道："如果这样内外有别，这就是在义外了，不得心学要旨了。这就有了'不得于心，勿求于气'的毛病了，这便不是致良知以求自足的功夫了。"自性中具足一切，致良知就可以明自心，明自性，就可以自足了。这句话里面引用了孟子的话。孟子评价了告子说的话："不得于心，勿求于气，可；不得于言，勿求于心，不可。"孟子说：不得于心，勿求于气，这个是可以的哦。可是这里阳明先生却说这是毛病来的。这是怎么回事呢？他想说的是也不能完全放弃外事外物，本身应对外事跟养心这个是一个事情的。此心静定，而恻隐、好恶等之心是气的，之前也说过的。面对外事外物就会动气了。

我们先看看孟子那句话。孟子应该是这个意思，如果不有得于心，不要在气上求，不要在事物上求的，要专心地去致良知的。可是孟子这么说，并不是完全不理气的，完全不理事物的。不要一个一个事物去求的。这个也是没错的，也跟阳明先生之前所说的是相通的。可是如果不有得于言，在语言文字上没有心得，就不要有求于心的，告子这么说就不对了。心外无物，心外无理，我们要求天理，不在心上做功夫，在什么上做功夫呢？镜子生锈了，不在打磨镜子上做功夫，难道拿着镜子到处瞎晃悠，这里照照，那里照照，就可以解决问题吗？

先生又说道："来信中说到，强打起精神来做事，硬着支撑起来。把事情做完了，就感觉到精疲力竭到了极点了。又说什么迫于形势的，迫于事情紧急。又说什么精力不足，实在是困于精力，心有余而力不足了。这个都是当作两件事情来做的了，所以才会如此。"阳明先生这么说是什么意思呢？怎么会说是两件事情呢？我们感觉到精疲力竭，很多时候也许不是事情本身有多么的辛苦，而是心理的恐惧、紧张和焦虑造成的。如果是很快乐的事情，也许就不会是如此。特别是明代那个时候，如果是冒着被杀头的危险，战战兢兢如履薄冰去做事，去应付官场的那些事情，也许真的是比较心力交瘁的。如果反观自己，也许在这些累的背后，也许有许多的是愤怒、恐惧等不良情绪的，深挖下去，还是自私自利的心的，前面阳明先生也多次指出过了。担心丢掉官职等这些都是自私自利的心所致的。这样做事和修心就是当做两个事情来看了。如果当作一个事情来看，做事就是修心，在事情上面磨，做事就是道场；修心也就是做事了，需要在具体事情上来修炼的。比如专心地做一件事情，忘记了周围的事情了，这样也是在修心的。画画、音乐这些事情也都是可以养心的。

先生又说道："凡是修道做学问的功夫，如果是归于一就是至诚的，就是得道了；如果是分为二，就是伪了的，不能得到真谛的。"如果是分成两件事情就是伪的，如果是归于一就是至诚的了，这个就是致良知的功夫了。

先生又说道："你上面所说的种种情况，都是致良知的心意欠缺至诚、欠缺专一和真切罢了。如果致良知的功夫做得真切，是不会如此的。"比如遇见艰难困苦的事情，做了致良知的功夫，让自己进入静定之中，就会清楚如何走出困境了。

先生又说道："《大学》上说道：'诚其意者，如恶恶臭，如好好色，此之谓自慊。'"这句话前面也有讨论过了。我们所说的诚意，就好比是对于恶臭的事物就直接感觉到的是恶臭，是厌恶的；对于好看的东西，美好的东西，不掩饰自己，就是喜好的，这就可以称之为心安理得的了。

先生又说道："你见过闻到臭味的人就觉得臭，觉得厌恶；见到美好的东西就喜欢的，这些事情需要去强打精神吗？这些事情需要硬着去支撑吗？"这些事情就好像是饿了就想着吃，困了就想着睡，做这些事情是不会觉得很累的。

先生又说道："你看过做这些事情，把事情做完了精疲力竭的吗？你见过迫于形势要去做的吗？难道见到西施多看几眼，这个是迫于形势的吗？你见过做这些事情会困于精力的吗？会心有余而力不足吗？从这里可以看出，有这些毛病的问题出在哪里了。"

4. 背觉合诈

【原文】来书又有云："人情机诈百出，御之以不疑，往往为所欺。觉则自入于逆、亿。夫逆诈，即诈也。亿不信，即非信也。为人欺，又非觉也。不逆不亿，而常先觉，其惟良知莹彻乎。然而出入毫忽之间，背觉合诈者多矣。"

不逆不亿而先觉，此孔子因当时人专以逆诈、亿不信为心，而自陷于诈与不信。又有不逆、不亿者，然不知致良知之功，而往往又为人所欺诈，故有是言。非教人以是存心，而专欲先觉人之诈与不信也。以是存心，即是后世猜忌险薄者之事。而只此一念，已不可与入尧、舜之道矣。不逆、不亿而为人所欺者，尚亦不失为善。但不如能致其良知，而自然先觉者之尤为贤耳。崇一谓其惟良知莹彻者，盖已得其旨矣。然亦颖悟所及，恐未实际也。盖良知之在人心，亘万古、塞宇宙而无不同。"不虑而知"，"恒易以知险"，"不学而能"，"恒简以知阻"，"先天而天不违，天且不违，而况于人乎？况于鬼神乎？"夫谓背觉合诈者，是虽不逆人，而或未能无自欺也。虽不亿人，而或未能果自信也。是或常有先觉之心，而未能常自觉也。常有求先觉之心，即已流于逆、亿，而足以自蔽其良知矣。此背觉合诈之所以未免也。君子学以为己，未尝虞人之欺己也，恒不自欺其良知而已。是故不欺则良知无所伪而诚，诚则明矣。自信则良知无所惑而明，明则诚矣。明、诚相生，是故良知常觉、常照。常觉、常照则如明镜之悬，而物之来者自不能遁其妍媸矣。何者？不欺而诚，则无所容其欺，苟有欺焉而觉矣。自信而明，则无所容其不信，苟不信焉而觉矣。是谓"易以知险"，"简以知阻"，子思所谓"至诚如神，可以前知"者也。然子思谓"如神"，谓"可以前知"，犹二而言之，是盖推言思诚者之功效，是犹为不能先觉者说也。若就至诚而言，则至诚之妙用，即谓之"神"，不必言"如神"。至诚则无知而无不知，不必言'可以前知"矣。

【注解】来信中说道："人情诡计欺诈百出，层出不穷，如果用诚信来对待它，不去怀疑它，往往被欺诈了。"这位同学提的问题多实际呀。心学也可以用在应对复杂的人事上面的。

来信中还说道："如果要警觉人情的险恶欺诈，又陷入了预先怀疑别人、随意猜度怀疑别人这样的陷阱。"这个逆可以说是反欺诈的。

来信中还说道："逆欺诈，也可以说是诈术的。億不信，随意去猜测别人，这个也是不守信，也是不诚信的。"这个可真是麻烦，本来善良的人好好的，被复杂的社会搞复杂了。想简单点都简单不了，怎么办呢？

来信中还说道："被别人欺诈了，如果不预先怀疑，不去随意猜测别人，又不能察觉。怎么办呢？不逆欺诈，不億测别人，而又能够经常地预先觉知一切，也许只有本来就晶莹剔透的良知吧。这个良知良能是可以做到的。然而，这两者的差别非常的细微，违背良知的觉知而暗合于欺诈的人是很多的。"

先生在回信中说道："不逆欺诈不去臆测别人而能够预先觉知出来，这个是有时代背景的。这个逆、億这个话，是从孔子那里来的，《论语》中有相应的段落的。春秋战国的时候，当时世道险恶，人心不古。大家都学精了，专门以逆欺诈、臆测别人为心，都是把别人想得那么坏。正是每个人都是把别人想到这么坏，反而自己就陷入了欺诈和不守信了。"也许别人本来是诚信的，善良的，也被误解了，反而被先下手了。

先生又说道："那个时候，又有许多善良的人，不逆欺诈，也不臆测别人，然而不知道用致良知的功夫，而往往又被别人所欺诈，所以孔子才有那样的话的。"具体孔子说了什么，可以具体去看看论语吧。

先生又说道："孔子圣人并不是教世人存心去先觉别人的欺诈和不诚信的，良知可不是专门干这个事情的。只是由于当时的时代如此险恶，没有办法罢了。如果想着致良知去先觉别人欺诈，以这种的存心，这也是后世猜忌浅薄的人所做的事情。仅此一念，已经不可入于尧舜之圣道了。"君子不应该以此为目标的，学致良知的功夫，难道是为了觉知别人的欺诈吗？

先生又说道："不逆欺诈、不臆测别人而被别人欺诈的，这样的人也不失为善的根本。这样的人可以说是善良的人。但是不如那些能够致良知，而能够自然先觉的人，这些人可以说更加贤德一些的。前面那种人可以说也是善良的。"不像那些玩弄厚黑学的人，自以为自己可以算计欺诈别人，算来算去也许都算到了自己头上了。厚黑学的鼻祖李宗吾为得道高人来的，他本人是很善良的，可是怎么弄出来个厚黑学呢？李宗吾是为了让世间善良的人们，能够看清楚这些奸诈小人的手腕，把厚黑的东西公之于众，使得这些丑行暴露在阳光之下，无处藏身的。李宗吾发挥这个厚黑学，可谓是用心良苦的，可是许多人学厚黑学的心术不正，也不能够得到李宗吾的精髓的。对于心学来说，也许比奸臣还要奸才行，要不就被奸臣所害了。当年想算计王阳明先生的那些人都倒了霉了，可以说是个奇迹了。这个就是良知在预先觉知的。想当年岳飞假如有阳明先生这样的心眼，也许不会被秦桧等奸臣所杀害，还可以为国家效力，多好呀。有时我们也是在那里崇敬简单的人际关系，可是现实之中也许是比较复杂的，这里说多了几句。也奉劝那些耍诈术的人，放下这些心机吧，离地三尺有神灵。在算计别人的同时，在处心积虑地担心别人算计，心神不宁的起码健康就受损了。不要以为神不知鬼不觉，因果报应一点都不虚的，不是不报，时候未到的。

先生又说道："崇一你说只有良知能够晶莹透彻，大概你也能够得其要旨了。然而，也许这是你的聪明所领悟到的，也许还没有能够实证的。"阳明先生的学问，这个是要知行合一的，是需要实证的。对于得道，有解悟，还有证悟。解悟只是在道理上是通了，这个还不是根本的，还要进一步证悟的。对于佛家来说，弟子到了什么程度，是否明心见性，是否开悟，这个也是需要师傅来进行印证的。当然明心见性自己是知道的，如人饮水冷暖自知的。

先生又说道："每个人的良知，没有什么不同。每个人的本心、自性也没有什么不同的。良知是心的本体的。这个良知是亘古不变的、充塞于宇宙天地之间的，没有什么不同的。"这是在说良知，也是在说这个心的。此心是充塞于天地之间的，很广博无垠。需要去修道实证，才可以体会到那种无缘大慈，同体大悲，万物一体的那种感觉的。如果实证了，就不得不有一种爱一切有血气的众生的大爱了。

先生又说道："良知是不虑而知的。"这句话是孟子说的。不用刻意去思索思虑，不用去逆欺诈，也不用去臆测别人，也都能够预先觉知的。如果修道发挥到了极致，如同邵康节那样，就可以前知五百年，后知五百年了。这种觉知是不是很可怕，预先全部都知道了，那些奸诈小人如何能够加害呢？

先生又说道："对于君子来说，很注意修持自己的德行，往往都是处在易的地方，而能够知道险途的。"文中引用的这句话是《易经》里面的。大道至简，处于至简至易的地方，就是处于道了。虽然在至简至易的道那里，可是也知道险曲的小道的，不去走的。

先生又说道："不学而能可以称之为良能的。"这句话出自孟子的。良知良能并不是靠学才可以的，良知良能每个人天生本有的，只是被人的私欲所遮蔽了。可是也不能说学不重要，这个学是要学致良知的功夫的。这个学是要学古圣先贤的经典的。

先生又说道："君子很注重修持德行的，所持简约，归于一，归于道。虽然至简至易，可是却知道小道的艰难险阻的。"君子已经致良知了，他是知道什么东西阻塞了本有的良知看不见道的。这个阻碍的东西就是人的私欲的。孔子曾说过，君子居敬而行简。安居的时候保持恭敬慎独，所言所行简约简单。为政方面，也比较简单无为，不过多地扰民。

先生又说道:"君子致良知,已经恢复了先天的良知良能。如此已经天人合一了,不违背上天,上天安能违背于他呢?上天都不违背,而况是人吗?更何况是鬼神呢?"每个人先天赋予的良知是可以预先觉知的,良能是不用学就有的本事。你看看古往今来的得道者,有许多都是经天纬地之才,这些都是自性之中发出来的。

先生又说道:"背离觉知而不知不觉暗合于诈的人,虽然不逆欺诈,反过来去做欺诈别人的事,可是也未能免于自欺的。虽然不欺负人,可是却自己欺骗自己了,还不知道的。虽然不臆测别人,而也许还是没有能够自己问心无愧的。也许经常抱有预先觉知别人的心,可是经常还是没有能够自觉的,还是不能够觉知自己的。虽然经常有求觉知的心,可是已经流于逆欺诈、臆测别人了,而人的私欲足以遮蔽其良知,可是自己还是不能够觉知的。这是背离觉知而暗合于诈道的人所未能避免的,这个是要特别注意的。"

先生又说道:"君子做学问是为了能够致良知的,能够真正认识自己的,并不是为了防备别人欺骗自己的。只是永远坚守不欺骗自己,不欺骗自己的良知罢了。不让自己当鸵鸟罢了,把头放在草堆里。所以说不欺骗自己的良知,自己不蒙蔽自己的良知就没有什么虚假的,而是至诚的。如果能够知道至诚,也就能够明于道了,也就能够发明本心了。自己做到诚信,无欺,那么良知就没有什么迷惑的了,就发明了本心了,发明了本心也就是至诚的了。"前面有专门探讨,明则诚,诚则明的了。

先生又说道:"明和诚相生,前面已经谈到了明则诚,诚则明。所以良知就能够经常保持觉知、经常保持照天照地。"很自然地就想到了镜子了,接下来阳明先生果然会以镜子来比方的。

先生又说道:"经常保持觉知、经常能够照耀,就好比是明镜悬挂起来一样,外事外物一来,是美的就是美的,是丑的就是丑的,是什么样就照成怎么样,一点都不能够隐瞒的。"这个前提是要把镜子给擦拭干净才可以的,如果擦拭不干净,也许照东西就会变形了。镜子也不会评价西施是美的,东施是丑的,只是如实反应而已。

先生又说道:"为什么呢?不欺诈而保持至诚,那就欺诈就无处容身了,假如有欺诈必然就会觉知的。自己守信而明达于道,就无法容纳不守信了,如果有什么不守信的,就必然会觉知了。"

先生又说道:"所以说易以知险,简以知阻。不欺诈和守信这个是简单。至诚和明达这个是易。可是只要能够做到简易,欺诈和不守信这些事情就无处藏身了。只要做到了简易,就知道了险阻了。做到了简易,预先也就知道险阻在哪里了,预先觉知欺诈和不守信在哪里了。子思说,至诚如神,可以提前觉知。这也跟子思所说的相通的。"

先生又说道："然而子思说的是如神，说是可以提前觉知。这个也还是落于二来说的，还不能归于一的。这个是说归于至诚的功效。这个还不能说是先觉者的。"什么是归于一的呢？接下来听听阳明先生怎么说吧。

先生又说道："如果针对至诚来说，至诚为心的本体，良知也是心的本体。至诚的妙用，即可以称之为神了。不必再说什么如神了。至诚就可以无知而无不知。不必说什么可以提前觉知了。"什么是无知而无不知呢？之前也说过无知。苏格拉底知道自己的无知，而世上所谓的聪明人也许还是不知道的。无知是没有知见，没有束缚脑袋瓜的东西。如果能够清除掉所有的束缚，做到至诚，也就能够无所不知了的。有什么欺诈，有什么不讲信用的都可以觉知了的。也难怪阳明先生能够料事如神了。也难怪诸葛亮能够足不出户而知三分天下了。如果能够做到至诚，能够致良知，不管美的丑的，都不能逃离此心的良知的。不管欺诈的，还是不守信的，都可以觉知的。这样就避免了为了对付别人的欺诈，自己反而落入欺诈之中这种情况了。只要致良知就可以了。想作恶的人是不是很可怕，遇见这样的对手呢？

第九章　答罗整庵少宰书

1. 孔门之学

【原文】 某顿首启：昨承教及《大学》，发舟匆匆，未能奉答。晓来江行稍暇，复取手教而读之。恐至赣后人事复纷沓，先具其略以请。来教云："见道固难，而体道尤难。道诚未易明，而学诚不可不讲。恐未可安于听见而遂以为极则也。"幸甚幸甚！何以得闻斯言乎？其敢自以为极则而安之乎？正思就天下之道以讲明之耳。而数年以来，闻其说而非笑之者有矣，诟訾之者有矣，置之不足较量辨议之者有矣，其肯遂以教我乎？其肯遂以教我，而反复晓喻，恻然惟恐不及救正之乎？然则天下之爱我者，固莫有如执事之心深且至矣，感激当何如哉！夫"德之不修，学之不讲"，孔子以为忧。而世之学者稍能传习训诂，即皆自以为知学，不复有所谓讲学之求，可悲矣！夫道必体而后见，非已见道而后加体道之功也。道必学而后明，非外讲学而复有所谓明道之事也。然世之讲学者有二，有讲之以身心者，有讲之以口耳者。讲之以口耳，揣摸测度，求之影响者也。讲之以身心，行著习察，实有诸己者也。知此，则知孔门之学矣。

【注解】 照例在新的章节，首先介绍一下新同学，这位同学叫罗整庵，他是江西泰和人。这位同学继承阳明心学，还写了本书《困知记》。阳明先生写这封信时候，已经是49岁了，刚平定了江西的叛乱，捉获了反叛的朱宸濠。这位同学官至少宰，也就是吏部侍郎。

阳明先生在回信中写道："鄙人顿首敬启：昨天承蒙教诲，你的来信中论及《大学》，可是由于船走的匆忙，没有能够及时的给予答复。清晨在江面上行船的时候稍微有些闲暇，所以就掏出你亲笔手书的教诲而认真读起来。恐怕我到了江西赣州之后，人事的事情比较复杂繁忙，所以这里先做简要的回答，说得不对的请多斧正。"阳明先生写这封信，如此的谦逊，猛一看还以为是学生写给老师的呢。

先生又说道："你的来信中教诲说：'见道虽然很难，而体证大道尤为艰难的。大道的确并不容易去阐明，可是讲学还是不可以不讲的。恐怕不可以安于所听所见，就以为是做到了极致了，得到了学问的根本了。'"这位同学在信中这么说，怎么跟阳明先生所说似的，也许同学水平还是很厉害的吧，能够懂得阳明先生的心学。看阳明先生如此器抬爱这个学生，应该说他水平还可以的。老师要找到好的学生还是不容易的。

先生又说道："幸甚幸甚，真是万分荣幸能够见到你这么说的。"阳明先生看到这位同学这么说，给予高度肯定了。

先生又说道："能够听到你这么说真是很难得的了。"阳明先生讲授正学，受到了许多人的排斥，而这位同学这么支持，可真是难得。

先生又说道："我怎么敢自以为已经做学问做到了极致了，就安于如此了呢，不再去做什么了。我正在琢磨着，要给天下的学子如何讲明大道的。"阳明先生顺着这位同学来信所问，说明自己不会止步于此的，还要发明正学的。虽然很多人不理解，很多人反对，可是还是要去奔走呼号的。正如当年的孔子一样。不管是在哪个时代，懂得正学，得道的毕竟是少数人。少数人要去说服多数人，这是无比的艰难，不仅仅是靠动嘴讲学，还要靠德行和行动去感化。这是几千年来，知识分子的精神所在。知识分子的根本应该是求道做学问，而传承正道正学于天下。

先生又说道："而很多年以来，听了我的学说而非难讥笑的人也有；诟病辱骂的也有；很轻蔑看不起的，认为不屑于去辩论高下的人也有。"阳明先生得道那么的不容易，世人还在笑话他吗？还在怀疑他吗？《道德经》中老子说了，不笑不足以为道。所以我们做学问的人是不是要认真地反省一下自己呢？如此谦逊恭敬方能求得正道。王阳明很小的时候就很聪颖，不同凡人，而且以圣贤为志向。后来在龙场那个既安静又困难的环境里，他日夜反省思索。一天半夜里，他忽然有了顿悟，不禁手舞足蹈起来，36岁的王阳明得道了。如果我们细心留意就会发现，历史上有许多古圣先贤都有这种顿悟的瞬间的。比如清代著名医家黄元御读伤寒许多年未能领悟，有天夜里顿悟降临了。阳明先生当晚兴奋地说道，圣人所讲的大道，每个人的自性之中本来就是自足的，之前我去在事物上面求理这个是错误了，搞错方向了。

先生又说道："这些人怎么样的都有，可是他们肯放下他们的身段来教我吗？如果他们肯来教我，能够反复的比方，耐心的开导我吗？他们有没有那种心思，辗转反侧唯恐不能挽救正学呢？"阳明先生说不要光在那里笑话我，也该好好反思一下自己，作为儒者能否发心去挽救正学呢？人家去做了，不理解还要去笑话的。

先生又说道："然而天下那些钟爱我和我的学说的人当中，没有像你这么深切关爱我的了,我是发自内心的感激的。"当时阳明先生还在带兵打仗,估计所带的学生还少些。不然,其他的弟子看到了该吃醋了。阳明先生这么说,在给自己弟子袒露心声的。那么多人不理解,突然来了个这么铁杆的学生,如何不感慨万千呢?好的老师难找,可是好的学生也难找的。好的君主难找,好的臣下也难找的。

先生又说道:"孔子所担忧的是世上许多人不去修持积德,也不去讲求正学。这个也是对孔子弟子们的勉励。而世上那些学者稍微能够传习一点训诂的学问,即在那里洋洋自得,以为已经知学了,不再想去探求讲学做学问的真谛了,这真是可悲呀。"阳明先生讲学遇见这么多的非议,可是学也不可以不讲的,非但不停止,还要更多地去讲学的。这里阳明先生提醒我们了,做学问不是仅仅停留在书面上面的,不仅仅是读了许多书就可以了,还要去找到学问的真谛,还要去求道的,还要去证悟的。要不岂不可惜了呢?

先生又说道:"大道必然要先体证而后方能见得,并不是已经见道了而后再加个体证大道的功夫来的。"可以说知行合一的,体证大道的同时,就已经是见道了,并没有一个先后的顺序了。

先生又说道:"大道必然需要做学问,需要学而后明道的。并不是说讲学之外,还有一个事情是明道。这个是一个事情,不是两个事情的。"做学问讲学,这些学问都是载道的。我们读的经典也是载道的文字来的。

先生又说道:"然而世上讲学的那些人就有二心了,把这些事情割裂来看了。有专门讲身心修炼的;有专门讲求多见多闻的,也就是讲求口耳的。讲求多见多闻的那些人,只是在那里揣摩猜测圣人之学的,只是在捕风捉影罢了,并不能得到真正的学问的。而那些讲求身心修持的人,能够实际的去修行和省察,还是能够实在的反求诸己的,这样的人相对来说好些。可是,这两方面也都是偏于一边了。讲学实际就是明道,而不是分成两个事情的。有的专门讲学,有的专门明道,这个也是不对的。如果知道这个了,也就能够知道孔门圣学了。"

2. 轻于叛孔

【原文】来教谓某《大学》古本之复,以人之为学但当求之于内,而程、朱格物之说不免求之于外,遂去朱子之分章,而削其所补之传。非敢然也。学岂有内外乎?《大学》古本乃孔门相传旧本耳,朱子疑其有所脱误而改正补缉之,在某则谓其本无脱误,悉从其旧而已矣。失在于过信孔子则有之,非故去朱子之分章而削其传也。夫学贵得之心,求之于心而非也,虽其言之出于孔子,不敢以为是也,而况其未及孔子者乎?求之于心而是也,虽其言之出于庸常，不敢以为非也，而况其出于孔子者乎？且旧本之传数千载矣，今读其文词，即明白而可通，论其工夫，又易简而可入。亦何所按据而断其此段之必在于彼，彼段之必在于此，与此之如何而缺，彼之如何而补？而遂改正补缉之，无乃重于背朱而轻于叛孔已乎？

【注解】先生在回信中说道："你来信指教我，支持我恢复古本的《大学》，这个是很好的做法。以为我有以下的考虑：做学问只要向内求取就可以了，而程颐程颢、朱熹格物的学说不免只是在向外求索的。所以，就去除了朱熹对《大学》的重新分章节的处理，而削减掉了朱熹所增补的传注。"这位同学存在着对阳明先生的一些细微的误解之处的，阳明先生在回信中特别指点出来了。程颐程颢这两位跟阳明先生一样，也是得道的高人来的。而朱熹并没有得道的，不可相提并论的。朱熹对《大学》古本，没有能够看懂的，那个是载道的文字，只是在那里捕风捉影的揣摩圣人之学的。看不懂不要紧，还要去改动很多，那就麻烦了。改动不要紧，可是却作为模板来教，那就足以乱正学了。

先生又说道："我并不敢这么做的，你也许对我说的有点误解了。请容我慢慢来给你解释吧。为学岂有内外这样的分别呢？《大学》古本是孔门圣学代代相传的旧本。朱熹怀疑是不是在传承过程之中，有些竹简丢失了或者排错顺序了，所以就对其进行改正和补录。而我所做的事情并不多的，只是说古本本来没有什么错误的，只是要尊从旧本罢了，仅此而已。"为学没有内外之分。也不可完全事务放下而专门求静的，可以在世上进行磨炼的。

先生又说道："我并不是对朱熹有什么偏见，也不是有意跟他过不去。并不是为了跟他过不去而博取名声什么的。我的过失要是有的话，只是在于过于相信孔子的。并不是故意为难朱熹的，并不是故意要去掉朱熹划分的章节和削减它补录的内容。"对于古本的《大学》，本来就已经很好的了，不可以随意地增减了。朱熹如此做，只不过是画蛇添足罢了。这就提醒了我们，为学做学问，对于不明白的东西，可以放一放，切不可随意地诽谤或者增减的。一时不了解没有关系，放一放也许以后机缘到了就懂了。不要等到以后后悔的。比如对于佛家和道家，如果一时还看不懂，有些怀疑，那没有关系的，暂时放一放，以后也许就能够契入了。切不可对于不了解的事情妄加非议。

先生又说道："为学贵在于能够有得于心，如果拷问自心而觉得是不对的，虽然从孔子嘴巴里面说出来，也不敢就认为是对的，更何况还不如孔子的那些人说的话呢？这样的人说的话，听了以后扪心自问，不过了自己的良知就不要盲从了。"这里说的有得于心，这个心如果被蒙蔽了，也许就会把正的看成邪的了。这需要从心的良知所得才可以的。言下之意，朱熹不如孔子，难道不该听孔子的吗？难道要听朱熹的不成？更何况拷问自心了，孔子所说没有错，在心里得到了印证了。圣人所传，无非是以心印心的心法罢了。阳明先生已经契入了圣人的心法，足以印证了。

　　先生又说道："如果在内心中印证了是对的，虽然很普通的不知名的一个人讲出来的话，也不敢认为就是不对的，更何况这个人是孔子呢？"这个人不是庸常之辈，是孔子讲的话。而且在阳明先生内心中印证了，如何不能深信呢？

　　先生又说道："况且《大学》的旧本已经传承了数千年了，现在读里面的文词，还是很明白而通达的。它所论及的功夫，也是简易可以契入的。"如此至简至易的文词，还是看不懂。可见世人的心是险曲的，所以看了也是险曲的。至简至易的心看着也是简易的。

　　先生又说道："又凭什么断定这一段必定要在那里，那一段必定要在这里。凭什么断定这里缺了什么，而那里又要如何进行补录什么呢？这样就随意的改正、删减和增补。为什么世人把背叛朱熹看得这么严重，反而把背叛孔子看得如此之轻呢？"真是个怪现象了。儒门的圣人是孔子而不是朱熹。世人背叛了孔子而不自知，不以为然，而认为背叛了朱熹就是很严重的事情，这个真是奇怪了。也许世人误以为朱熹传承了孔子的正学吧？其实不然的。

3. 内外之道

　　【原文】来教谓："如必以学不资于外求，但当反观内省以为务，则正心诚意四字亦何不尽之有，何必于入门之际，便困以格物一段工夫也？"诚然诚然！若语其要，则"修身"二字亦足矣，何必又言"正心"？"正心"二字亦足矣，何必又言"诚意"？"诚意"二字亦足矣，何必又言"致知"，又言"格物"？惟其工夫之详密，而要之只是一事，此所以为"精一"之学，此正不可不思者也。夫理无内外，性无内外，故学无内外。讲习讨论，未尝非内也；反观内省，未尝遗外也。夫谓学必资于外求，是以己性为有外也，是"义外"也，"用智"者也。谓反观内省为求之于内，是以己性为有内也，是有我也，自私者也。是皆不知性之无内外也。故曰："精义入神，以致用也；利用安身，以崇德也"；"性之德也，合内外之道也。"此可以知格物之学矣。"格物"者，《大学》之实下手处，彻首彻尾，自始学至圣人，只此工夫而已，非但入门之际有此一段也。夫正心、诚意、致知、格物，皆所以修身。而格物者，其所用力，日可见之地。故格物者，格其心之物也，格其意之物也，格其知之物也。正心者，正其物之心也。诚意者，诚其物之意也。致知者，致其物之知也。此岂有内外彼此之分哉？理一而已。以其理之凝聚而言则谓之性，以其凝聚之主宰而言则谓之心，以其主宰之发动而言则谓之意，以其发动之明觉而言则谓之知，以其明觉之感应而言则谓之物。故就物而言谓之格，就知而言谓之致，就意而言谓之诚，就心而言谓之正。正者，正此也；诚者，诚此也；致者，致此也；格者，格此也。皆所谓穷理以尽性也。天下无性外之理，无性外之物。学之不明，皆由世之儒者认理为外，认物为外，而不知义外之说，孟子盖尝辟之。乃至袭陷其内而不觉，岂非亦有似是而难明者欤？不可以不察也。

【注解】 先生在回信中写道："你来信中说道：'如果认定为学不必向外求索，只应当反观内省就可以了，那么，正心诚意四个字还有什么没有说完的呢？何必要在做学问入门的时候，还要增加一个格物呢？还要被格物的功夫困住呢？'"《大学》里面讲这么多词呢？这位同学问能否简单点。

先生又说道："诚然如此的，你说的没有错。如果说紧要的地方，只要修身这两个字也就足矣了。何必又要说正心呢？正心两个字足矣了，又何必要说诚意呢？诚意两个字足矣了，何必又要说致知呢？又何必说格物呢？这只是由于功夫比较详细缜密罢了，所以说了这么多的，而紧要的只是一件事情，而不是两件事情的，或者更多的。所以这个是精一的学问，不可以不深思的。"精一是惟精和惟一的简称的。之前阳明先生有列举了个比方的。比如加工大米有许多的流程，这些流程也是做功夫的。有许多的功夫，只要做足一个就够了。功夫的招式虽然比较多，只要练好一个招式就可以致命的。精一说的是既要精深又要专一。这两个是一致的，如果不专一也很难做到精深的；如果不精深也很难说是专一的。

先生又说道："理并没有什么内外的，性并无内外的区别，所以说为学也没有内外的。"我们也许从小就有这样的疑问，宇宙有多大呢？宇宙总有个界限吧，宇宙外面又是什么呢？我们固有的观念里面有个内外分别的。反应在为学上面也有这样的分别的。也许是无外无内的呢？前面关于理和性讲得比较多，这里先生提到了，就不再细讲了。

先生又说道："讲学研习讨论，这个未尝就是非议否定向内探求的，并非否定反求诸己；反观自己，向内省察，未尝就是遗弃外物的。并不是非此即彼的，并不是非内即外的。世人所说为学必然需要以外为资粮，必然要有求于外，这个是以为自己自性有个外的。可是心外无理，心外无物的，如何向外求呢？这个是义外的，也就是心外求义的。这也是用私智了，用了小聪明了。"

先生又说道："如果说反观内省是向内求索，这是以为自己自性有内的，是有小我的，这个是对我的执着。这个也是自私的，切分出自己的一个小天地的。本来是天人合一的，本身是大我的，大爱的。这个是不知自性，不见性的，不知自性并无内外的分别。"

先生又说道："所以说，'精妙的义理入于神，万事万物的理向内入于神，就可以对外有用的；事物的利用，可以作为资粮，可以安身养身，这可以对内养德的。'对外养身而对内养心。然而，养心能单单养心吗？要求道难道离得开有充足的精力吗？养心对外对人的身体也是很有好处的，能如此区分内外吗？稍微有点中医知识的人都知道，情志对人的身体健康影响是非常大的。

先生又说道："自性之德，是合乎内外之道的，并不有个内外的分别。自性之中具足一切的。心外无物，心外无理。此心无内无外。宇宙无内无外。如果知道这些了，就可以知格物之学了。"阳明先生引用了两句话，这里就稍加解释一下。

先生又说道："格物这个事情，《大学》可以实实在在地下手的地方，可以入大学之门的。彻头彻尾，从开始为学到成为圣人，只是这个功夫而已，并不只是入门的时候专门有这样一段功夫的。"这里回答呼应了这位同学来信中说的，只要一个正心就可以了，只要一个诚意就可以了。前面阳明先生也说了，只要修身这两个字也足够了。

先生又说道："正心、诚意、致知、格物这些功夫，都是可以修身的。而格物这个功夫，就是使得所用力都可以用在可见的地方。因此，我们所说的格物，是格其心中的物，格意中的物，格知中的物。"格心中之物，说的是格除心中的物欲。格意中之物，这个"意"字是什么呢？上面为音下面为心，意为心音，为心之声。

先生又说道："所谓正心，是说正其物对应的心。心外无物，无心就无物。所谓诚意，是说诚其物所对应的意。意和物是不能分开的。心和物也是不能分开的。所谓致知，是说致其对于物的知的，而不是针对什么别的东西有个知的。如此看来岂有内外彼此这样的分别呢？只是一理而已，没有两件事情的。"

先生又说道："正是由于理的凝聚来说称之为性。"自性之中具足了一切的智慧，具足了一切理，这个可以说是从凝聚的角度来说的，所以称之为性。

先生又说道："对于凝聚的主宰来说，称之为心，心不仅仅是一身的主宰，还是万事万物的主宰。心外无物，心外无理。心也是理的主宰。"

先生又说道："对于主宰的发动来说，可以称之为意。这个主宰心如同蜡烛一样，如果没有发动起来，似乎看不到光芒。发动起来，也类似于蜡烛被点燃了。意为心之声，意为心之音的。"前面也说过了，意发动起来了，在侍奉双亲的事务上面就有一个事务称之为孝。

先生又说道："对于发动出来的明觉来说可以称之为知。"蜡烛燃烧了就发出光来了，这个发出的作用，可以称之意了。光影可以称之为事物了。可是这个光亮到底明亮不明亮，明亮到什么程度，这种明觉，可以称之为知了。有了这个知就可以照亮黑暗，驱除愚昧了。

先生又说道："针对这种明觉的感应来说，可以称之为物的。"这种明觉，如同明亮的镜子。对外有了感应，有了光影，这个可以称之为物了。阳明先生这一连串说得很美，也很深刻的。看来阳明先生刚打完胜仗，完成了一件大事，在船上面心情应该还是轻松了下来的，可以写这么多文字。跟在家为父亲丁忧守孝的时候还是大不相同的。丁忧期间回信虽然一针见血，但是也不会写得这么详细。

先生又说道："所以针对物来说，对应就有个格；针对知来说，对应就有个致；针对意来说就有了个诚；针对心来说，就有了个正。"阳明先生解释为什么有这么多个词，并不是圣人故意扰乱初学的，搞了这么多名堂。

先生又说道："正是正这个，诚也是诚这个，致也是致这个，格也是格这个的，都是所谓的穷理而尽性的。"如是如是，也是这个本体的。良知是心的本体，诚意也是心的本体的。用语言很难把道说清楚的，只可以意会不可以言传。

先生又说道："天下没有自性之外的理，没有自性之外的物的。"可以说心外无理，心外无物。心外无物，这个似乎很难理解的。我们来举个例子吧。我们举好多次那个花的例子了，再举个别的例子吧。好吧，就选马吧。这个马活蹦乱跳的，怎么说心里面就蹦出了个马来呢？这个马眼睛一看是白色的，可是不看的时候呢？如果没有人眼睛的感应和分别，还是白色的吗？我们知道光不同的波长代表着不同的颜色。那马还是白色的吗？也许什么颜色都不是，非白非黑。这个马没有颜色。那如果眼睛不看，也没有高矮长短的这些概念的，没有具体的形状。马的嘶鸣声，如果没有声音的震荡，声波的传递，没有耳朵的接受，还有这个鸣叫声吗？这个汉字"马"，也是先祖发明的。如果连这个字在脑海里都没有出现，也许就真的只能像阳明先生前面说的这个，那个了。心外无物是不是可以想象一下了呢？

先生又说道："为学不能明达，这大概都是由于世上的儒者把理当作外在的，把物当作外在的，而不知道义外的学说。孟子当年说义外的学说，主要是为了纠正告子的义外的偏见。实则心外无理，心外无义的。这里又重蹈覆辙了，还不能自觉的。此处难道不是也有点似是而非的吗？所以说不可不明察的。"

4. 朱子九条

【原文】凡执事所以致疑于格物之说者，必谓其是内而非外也，必谓其专事于反观内省之为，而遗弃其讲习讨论之功也；必谓其一意于纲领本原之约，而脱略于支条节目之详也；必谓其沉溺于枯槁虚寂之偏，而不尽于物理人事之变也。审如是，岂但获罪于圣门，获罪于朱子？是邪说诬民，叛道乱正，人得而诛之也。而况于执事之正直哉？审如是，世之稍明训诂，闻先哲之绪论者，皆知其非也。而况执事之高明哉？凡某之所谓格物，其于朱子九条之说，皆包罗统括于其中。但为之有要，作用不同，正所谓毫厘之差耳。然毫厘之差，而千里之缪，实起于此，不可不辨。

【注解】先生在回信中说道："凡是对我的格物之说心存疑虑的人，必然会说这是肯定向内做功夫，而反对向外做功夫；必然说是专门反观内省去做功夫，而遗弃讲学研习讨论这样的功夫；必然说是只是一心一意致力于纲领本源的简约，而忽略了详细的做功夫的程序；必然说是沉溺于枯槁，如同木头或者石头一样寻求安静罢了，处于虚寂的，而不能够应付得了复杂的人事的变化的，不能洞察世事的。"阳明先生列举了世人对自己学说的种种误解。

先生又说道："假如真是这样，岂不是获罪于儒家圣门，得罪了孔子和古圣先贤了，也得罪了朱熹了？假如真的是这样，就是说的邪说蛊惑百姓的，离经叛道，扰乱正学。假如真的是这样人人得以诛之了，更何况你这么正直的人呢？你必定也是接受不了。"世人对阳明先生诸多误解了，不仅仅是对他的误解，对孔子正学存在着误解的。不能真正明白孔子的学说，阳明先生是真懂了，而且是嫡传的，还被排挤和打压，阳明先生真是有苦难言呀。耶稣被钉上十字架，他看着罗马士兵的眼神，看着世人的眼神，是什么样的一种感受呢？世人本来都是兄弟姐妹，本来都是万物一体的。无缘大慈，同体大悲。罗马士兵也是被物欲所蒙蔽了，不能看到实相，耶稣也许通过自己的大爱来唤醒世间的人们吧。也许致死都没有在眼中看见半点怨恨之情的。

先生又说道："假如果真如此，世上那些稍微懂得一点训诂之学的人，听闻先哲一点学问的绪论，就都可以知道我所说的是真的还是假的了。更何况你这么高明呢？你必定可以看得清楚的。"

先生又说道："凡是我所说的格物，并不是不能够容纳朱熹的学说，针对朱熹的九条之说，都能够包括囊括在内了。但是为学有头脑要点，作用有些不同，正所谓只是有很少的差别，如同毫厘这样的一丁点差别。然而，差之毫厘谬以千里的。实在是出于这样的缘故，所以不得不去辨明的。"

我们来看看朱熹的为学九条分别是什么，一条条来说明吧。

第一条：或读书讲道义，或论古今人物而别其是非，或应接事物而处其当。今日格物，明日又格一物。

解释：朱熹说道："或许读书的时候讲求道义，在研读经典的时候求取道义；或许针对古今人物明辨其是非；或许对外处理事务的时候，能够恰如其分地应对，对世事洞明。今天格一物，明日又格一物。"可是今天格一物，明日格一物，何时是个头。阳明先生年轻的时候就是被朱熹害苦了，去格竹子。也许是由于谐音吧，太想把朱子所教的给搞明白了。不如阳明先生贵州龙场悟道后的格心，格此似物非物的东西，就可以格清楚万事万物了。这样省事和便捷。

第二条：自一身之中，以至万物之理，多多理会。

解释：朱熹说道："从一身之中开始，以至于万事万物之理，都要去多多理会的。"猛一看这个也没有错的，真可谓是差之毫厘失之千里了。如果不是这么似是而非，也不会那么容易有欺骗性，让大家容易接受的。的确要多多去理会这些理，争取做到融会贯通。然而，做功夫方向搞错了。每个人的生命和精力是有限的，如果要一物一物去格，一个理一个理去会，这辈子完了未必都能够有所建树的。对于禅宗有一种顿悟，当下即可成佛的。对于阳明来说，跟禅宗有些相通的。

第三条：非穷尽天下之理，亦非止穷得一理，但须多积累。

解释：朱熹说道："并不是穷尽天下所有的理的，也不只是穷得一理的，但须多多积累的。"这句话也许朱熹在说的时候也有顾虑的。如果一物一物的去格，一理一理的会，怎么样能够穷得尽天下所有的理呢？这个是不可能做到的事情吧，也许如此朱熹也没有信心了。但是也不是只是穷一个理就可以了，也不能太少，还要不停地去积累的。朱熹也许不知道，致良知可以穷天下所有的理的，可以尽性的。

第四条：于一一事上穷尽，可以类推。一事上穷不得，且别穷一事，或先其易，或先其难，各随人深浅。

解释：朱熹说道："对于每一件事情都去穷尽，这样可以类推开来的。如果一件事情上面还没有穷尽，且别忙着穷尽另外一件的。或许可以先穷尽容易的，或者先穷尽难一点的，随个人的缘分深浅不同。"一开始阳明先生就想着先穷尽竹子的，可是格了七天七夜，病倒了。

第五条：物必有理，皆所当穷。

解释：朱熹说道："凡是事物必然有理，都应当穷尽其理的。"这有点类似于西方哲学思维了。西方的哲学思维也许来自于宗教的。如果想了解上帝的意图，只要了解清楚上帝的作品就可以了。所以，西方人就分析上帝的作品，分出了物理、化学等不同学科的科学。科学家沿着这条路走着，走到了今天似乎已经走到了极致的。每一个细的分科的学问，都足够一个人穷其毕生的精力去研究的。这个不是穷物的理了，这是穷尽人的毕生精力和智力了。如同夸父追日一样，追不到太阳，口渴而死了。不过科学如此分科研究下去，越来越精细，也越来越接近于道的。世上有万物，就好比有万条路。朱熹和西方哲学的思维，就是把一万条路都走遍，里面有许多弯路，都走过了，就知道哪一条是最快最便捷的了。而阳明先生则不同，他不用去走一万条路，就可以知晓哪条路最近最简易的了。这样不是更好吗？当然都去走一遍也是没错的，只是办法笨了一点而矣。

第六条：如欲为孝，当知所以为孝之道。

解释：朱熹说道："如果想为孝，应当知道什么是为孝之道的。"这里跟阳明先生的知行合一有些不一致的。朱熹说先要知孝道，然后才可以去为孝。先知后行，这样也不太对的，应该是知行并进合一的。不去行动的知，也只是停留在书面上的。去行去做侍奉双亲的事情，同时也就知如何去孝顺双亲了。而知道了如何去孝顺，也会更好地去做的。

第七条：物我一理，才明彼，即晓此。一草一木皆有理，不可不察。

解释：朱熹说道："物我本来是一理的，如果明了彼，就明了此的。一草一木都有理，不可不去明察的。"朱熹这么说，如果明了物，就明了我；或者如果明了我，也就明了物。这个也是没错的，他这么说。一草一木都有理，不过如果一草一木的理都要去察，那可就累了。这就好比是之前说的尝试走完一万条路。

第八条：知至善之所在。

解释：朱熹说道："知道至善在哪里，至善是什么。"朱熹说这句话没有错。可是说这个应当还不知道至善是什么的，也许他以为自己知道了，可是实际还不知道的。至善在于本心，在于本性的。

第九条：察之于身。

解释：朱熹说道："要在自身上进行觉察。"朱熹这么说也没有错的。如果认识了自身，也就认识了别人。如果认识了自心，也就认识别人的心了。可是也许朱熹并没有真正认识自己的。朱熹说为学这九条，都是说格物致知所应当用力的地方，和做学问次第逐步做的功夫的。

5. 天下之公

【原文】孟子辟杨、墨至于无父、无君。二子亦当时之贤者，使与孟子并世而生，未必不以之为贤。墨子兼爱，行仁而过耳。杨子为我，行义而过耳。此其为说，亦岂灭理乱常之甚而足以眩天下哉？而其流之弊，孟子则比于禽兽、夷狄，所谓以学术杀天下后世也。今世学术之弊，其谓之学仁而过者乎？谓之学义而过者乎？抑谓之学不仁、不义而过者乎？吾不知其于洪水、猛兽何如也。孟子云："予岂好辨哉？予不得已也。"

杨、墨之道塞天下。孟子之时，天下之尊信杨、墨，当不下于今日之崇尚朱说。而孟子独以一人呶呶于其间。噫，可哀矣！韩氏云："佛、老之害，甚于杨墨。"韩愈之贤，不及孟子。孟子不能救之于未坏之先，而韩愈乃欲全之于已坏之后。其亦不量其力，且见其身之危，莫之救以死也。"

呜呼！若某者，其尤不量其力，果见其身之危，莫之救以死也矣！夫众方嘻嘻之中，而独出涕嗟若；举世恬然以趋，而独疾首蹙额以为忧。此其非病狂丧心，殆必诚有大苦隐于其中，而非天下之至仁，其孰能察之。某为《朱子晚年定论》，盖亦不得已而然。中间年岁早晚，诚有所未考，虽不必尽出于晚年，固多出于晚年者矣。然大意在委曲调停，以明此学为重。平生于朱子之说，如神明蓍龟，一旦与之背驰，心诚有所未忍，故不得已而为此。"知我者谓我心忧，不知我者谓我何求。"盖不忍抵牾朱子者，其本心也。不得已而与之抵牾者，道固如是，不直则道不见也。执事所谓决与朱子异者，仆敢自欺其心哉？夫道，天下之公道也；学，天下之公学也。非朱子可得而私也，非孔子可得而私也。天下之公也，公言之而已矣。故言之而是，虽异于己，乃益于己也；言之而非，虽同于己，适损于己也。益于己者，己必喜之；损于己者，己必恶之。然则某今日之论，虽或于朱子异，未必非其所喜也。"君子之过，如日月之食。其更也，人皆仰之"。而"小人之过也必文"。某虽不肖，固不敢以小人之心事朱子也。

【注解】 先生在回信中说道："孟子批评杨朱和墨子，以至于说他们到了目中无父、无君的地步。"这个要看孟子的原文，孟子这么说是有理由的。孟子心里也许清楚，这两个人都是那个时代的贤者来的，可是如果任由这些言论流传下去，不进行及时的纠正，也许连杨朱和墨子也无法预料有这么大负面的影响。世人对儒门正学存在着如此多的误解，对阳明先生的学说还有这么多的误解，更别提对杨朱和墨子的学说的理解了。也许演变下去并非当初这两位贤者的本意了。当时天下所流传的，虽然是诸子百家，可是还是以杨朱和墨子的比较流行了。天下如果不是杨朱的学说，就是墨子的学说了。杨朱针对当时的乱世，以打比方的方式提出自己的主张：他说古代的人不会拔一毛以利天下人；天下人都把利益给这个人，也是不可以的；如果人人都能够一丝一毫都不损失，而人人都不想着从天下索取，这样就可以实现天下大治了。杨朱这个比方比较能够鲜明体现他学说的特点。杨朱他这么说，也许还是有些道理的，他说的是一种理想的状态。天下的人，如果都不想着从他人那里索取，就不会出现纣王这样的暴君了。可是世人也许就会误解了，以为这么说都是只要为了自己就好了。什么都为了自己，君主叫要牺牲些什么也不听了，不要想着从这些人身上抽取什么税收了，可以说目无君主了。墨子主张兼爱，要爱天下所有的人，反对诸侯之间的兼并战争。本来墨子这么说也没有错的。可是天下的人也许就会误解墨子了，把自己父母跟别人父母一样来对待。这么说，也可以说无父了。这个也是不符合现实的，世人如果连自己的父母都不能够孝顺，如何能够孝顺别人的父母呢？任由杨朱和墨子的学说流传于世，而且世人把他们所说的也许发挥到了极致，有了许多的误解，对社会的危害是很大的。孟子就批评说，目中无父无君，可以说跟禽兽没有什么分别了。孟子这么说也是比方，可是也一点都夸张的。

先生又说道："杨朱和墨子也是当时贤德的人，假如跟孟子在同一个世代而生。孟子未必不以他们为贤德的人的。墨子提兼爱，可是行仁太过了。杨朱为我，行义也太过了。以他们的学说，也哪里是灭天理人伦、乱纲常到了极点而足以迷惑天下的呢？"以他们的学说，还不至于是这样的，应该说还是有几分道理的。

先生又说道："虽然他们的学说不会那么的坏，但是他们学说所造成的流弊，可就相当的严重了。孟子比作了禽兽、比作了野蛮人了，正所谓是以学术来杀天下后世的。"前面也分析过了杨朱和墨子学说的特点，看来跟阳明先生所说的还是比较吻合的。杨朱和墨子也是那个时代的贤德的人，也是世外高士来的。可是他们也许万万没有想到，自己却给世人带来了这么多的麻烦的。可想而知，随着时代的变迁，甚至连儒门的正学也都被别人误解成这样，更何况是杨朱和墨子呢？如果杨朱、墨子和孔子凑在了一起，也许都会感叹唏嘘的。号称是儒者而不懂得真正的儒学，真是可悲了。阳明先生给匡正过来，还遭遇了这么多的非议。

先生又说道："当世的学术的弊病，能说是学仁学过了吗？能说是学义学过了吗？还是学不仁、不义学过了呢？我不知道跟洪水、猛兽比起来会怎么样的。孟子说：'我岂是很喜欢去辩论的呢？我只是不得已而去做这些事情的。'"孟子看到圣学的衰微，而感到很痛心的，不得不去辩驳的。阳明先生应该很能够体会孟子的那种苦衷吧。

先生又说道："杨朱、墨子的学说已经堵塞了天下正道了。天下的人不信杨朱的，就是信墨子的了。孟子那个时候，天下的人尊信杨朱和墨子，应当不下于今日这么崇尚朱熹的学说。而孟子单独一个人在那里奔走呼号，以一己之身在那里为正学抗辩。哎，真是悲哀呀。"孔子当年周游列国，历尽千辛万苦去推行先王之道；孟子的时候，也是一个人在那里忙活的；到了阳明先生这里，大家这么崇尚朱熹的学说，阳明先生弘扬正学受了许多的排挤和非议的，也是非常的艰难的。也许毕竟见道的人是少数的，以少数人要说服多数人，这个是很艰难的事情。也许还会遇见大的危险。

先生又说道："韩愈曾经说过：'佛家、黄老的害处，还更甚于杨朱和墨子的。'韩愈的贤德,还是比不上孟子的。孟子不能在没有坏之前挽救,而韩愈还想着在已经坏了还要去求全。韩愈也是不自量力的,也看到自己已经身处危局,可是至死也无法挽救这种局面了。"韩愈年轻的时候说这样的话,这个是比较激进的,对佛家、黄老不甚了解的。韩愈被贬到了潮州,跟当地的高僧大颠和尚成为了至交,经常在一起探讨佛法。据说双方谁都无法说服谁,如此看来,韩愈也还没有得道的,如果得道了还是可以契入佛法的。相比之下,孟子是得道的人,必定比韩愈要贤德的。韩愈劝谏君主不要迎接佛骨舍利,说会促短命的。这么说还是比较偏激了。如此怎么能不得罪君主而被贬呢?阳明先生引用韩愈的例子,似乎还是对佛家和黄老有不同的看法的。

先生又说道:"呜呼,像我这样的人,更是不自量力的,虽然见到自己身处危险之中,即使冒死去挽救也无济于事的。"阳明先生感叹跟孟子是同一类人,但是从语气上来看,还是不如韩愈贤德的。阳明先生这样说是过谦了。

先生又说道:"众人都在那里嬉笑,而我独自在那里嗟叹流涕;世人恬然自得,而我却独自头痛皱着眉头在那里充满忧虑。像这种情况,要不是病狂而失去理智,就是有很大的苦楚隐藏在心里面无法说出来。如果不是天下至仁的贤者,怎么能够觉察得了呢?"阳明先生得道了,以天下为己任。这种痛苦,有谁能够明白呢?不明白的人也许会说这个人疯了,明白的人就能够跟阳明先生有同感了。

先生又说道:"我编订《朱子晚年定论》,大概也是不得已而为之。孟子并不是喜欢辩论的,也是不得已而为之的。我编订的时候,朱熹说的话,是不是晚年所说的,的确有些还没有完全能够考证得到,虽然不是全部都是晚年说的,但是大多数还是晚年时候说的。然而我这么做的意思,还是为了委曲调停的,以申明这个正学为重的,这个是主要的目的来的。平生对于朱熹的学说,一向我都是奉若神明的,一旦要和它背道而驰的时候,心里确实还是有些不忍的,所以仅仅是不得已而为之的。"阳明先生并不是为了驳斥朱熹而抬高自己的,而是为了正学不得不这么做的。

先生又说道:"知道的,会说我忧愁;不知道的,会说我在求什么。不忍心抵触朱熹的学说,这个的确是我的本心的。不得已而和朱熹的学说有所抵触的,大道本来就是这样的,如果不这么直接指出来,就不能使得道显现出来给世人的。"也许许多人攻击排挤阳明先生的,以为阳明先生为了求什么呢。是不是为了博取功名呢?

先生又说道:"你说我决意要和朱熹唱反调,我能够欺瞒得了自己的心吗?大道,本来是天下的公道来的;学,也本来是天下的公学来的。并非朱熹可以得到就以为是私有的了,以为是他的了;也并非孔子可以私有的。"大道只有一个,这个是公道的。并不是属于孔子私有的道,也不是朱熹的道。阳明先生说自己并不是想创立自己的私学的。

先生又说道:"天下公有的大道,天下的公学,只是秉公而论的,并没有半点私心的。如果说的是对的,虽然和自己的言论有些不同,也是对自己有益处的。如果说的是错的,虽然是跟自己相同的,也是有损于自己的。对自己有益的,自己必定会喜欢的;对自己有损害的,自己必定会厌恶的。然而,我今日所做的讨论,虽然或许跟朱熹的有所不同的,未必他老人家知道了会真的不开心的。"

先生又说道:"君子有什么过失,如同日月食。如果已经改正了,天下的人都会很敬仰的。而小人对于过失,必定会文过饰非的。我虽然有不肖,但是也不敢以小人的心来对待朱熹的。"阳明先生还是把朱熹当作贤德的人来对待的,并不是故意与他为敌的。在阳明先生眼里,朱熹先生还是有雅量去接受不同的意见的。君子如果有什么过失,只要改正了,丝毫也不会影响他在世人心目中的位置。

6. 不待辨说

【原文】执事所以教,反复数百言,皆以未悉鄙人格物之说。若鄙说一明,则此数百言皆可以不待辨说而释然无滞,故今不敢缕缕以滋琐屑之渎。然鄙说非面陈口析,断亦未能了了于纸笔间也。嗟乎!执事所以开导启迪于我者,可谓恳到详切矣。人之爱我,宁有如执事者乎?仆虽甚愚下,宁不知所感刻佩服?然而不敢遽舍其中心之诚,然而姑以听受云者,正不敢有负于深爱,亦思有以报之耳。秋尽东还,必求一面,以卒所请,千万终教。

【注解】先生在回信中说道:"你的来信中给我教诲,反复说了数百个字,都是由于没有完全能够理解鄙人所讲的格物的学说的。如果鄙人这个学说一明,那么这数百言语也可以不用辨说而就能够释然无碍了。所以,现在鄙人不敢啰啰嗦嗦的再说些什么,这样也许会太过于琐碎了,也会使得你厌烦了。"

先生又说道:"然而鄙人的格物学说,如果不是当面解释、现场问答分析,也是断难以用纸笔就能够说的清楚的。"阳明先生的格物学说,说白了也就是载道的学说了。道是离语言和文字的,用它们是很难讲清楚的。可是又不可以不讲。所以,老子才说,道可道,非常道。也许师徒当面一问一答的方式是比较理想的,知道弟子的痒处在哪里,疑问在哪里。

先生又说道:"哎,你所开导启迪我的,可谓是恳切而详尽了。世人爱我,关注我,能有像你这么好的吗?我虽然很愚钝,但是怎么会不懂的感激和佩服呢?"阳明先生刚刚经历战事,立下大功,还如此的谦逊,很是难得。

先生又说道:"然而我不敢立即舍弃心中的至诚,而姑且去听受你的教诲的。正是不敢辜负你的深爱的,也是考虑怎么样报答你的知遇之恩。秋后东归的时候,必定和你见上一面,以满足向你当面请教的愿望,千万要不吝赐教的。"阳明先生深知自己的格物学说,自己的致良知的学说,这位同学还不清楚的。但是阳明先生如此谦逊,也是在那里接引这位同学的,如果以不好的态度,早就会把人拒之于门外了。

第十章 答聂文蔚

1. 信与不信

【原文】 春间远劳迂途枉顾，问证惓惓，此情何可当也？已期二三同志，更处静地，扳留旬日，少效其鄙见，以求切劘之益。而公期俗绊，势有不能，别去极怏怏如有所失。忽承笺惠，反复千余言，读之无甚浣慰。中间推许太过，盖亦奖掖之盛心。而规砺真切，思欲纳之于贤圣之域。又托诸崇一以致其勤勤恳恳之怀，此非深交笃爱何以及是？知感知愧，且惧其无以堪之也。虽然，仆亦何敢不自鞭勉，而徒以感愧辞让为乎哉？其谓思、孟、周、程无意相遭于千载之下，与其尽信于天下，不若真信于一人。道固自在，学亦自在，天下信之不为多，一人信之不为少者，斯固君子"不见是而无闷"之心。岂世之谫谫屑屑者知足以及之乎？乃仆之情，则有大不得已者存乎其间。而非以计人之信与不信也。

【注解】 照例开头先介绍一下这位新同学的。这位同学名字叫聂豹，字文蔚，是江西人。著有《困辨录》一书。许多人也许都读过《明朝那些事儿》，对里面的人物和事迹也都能够耳熟能详了。这个聂豹培养了徐阶。徐阶官至内阁首辅的位子。

先生在回信中说道："春季的时候有劳你绕道远路光临，又承蒙你这么关爱，诚恳地问辨讨论学问，这么真挚的感情和厚爱，我怎么担当得起呢？"阳明先生回信很真诚。

先生又说道："本来见到你我是很高兴的，已经约好了两三个同道中人，想找个安静的地方，好好逗留个十天半月的，那样可以好好地阐释鄙人的愚见了，以求相互切磋而有所裨益的。然而你有公务在身，俗事羁绊，不得不离开的。你走了以后，我怏怏不乐，若有所失。"知音难觅的，阳明先生愚见如此高徒必定很珍惜和欣喜的。

先生又说道："忽然收到你的来信，反复千余言，我读了深感不甚宽慰。

在信里面你对我嘉许太过了，大概是你对我鼓励提携的盛情吧。而在信中规劝砥砺非常的诚恳真切，这也许是想让我不断切磋受裨益而进入贤圣之域了。"我们接着往下面看的，以后的段落之中应该可以看到到底这位同学都是怎么说的。

先生又说道："另外，你不仅仅是写了这么热情洋溢的信，还托付崇一给我带来了诚恳的问候和关心，如果不是深交笃爱，怎么能够做到这些呢？我深深地怀有感激之情，也感到惭愧的，而且担心辜负你这么深厚的期望的。"

先生又说道："虽然如此，我怎么敢不自我鞭策勉励呢？而仅仅是停留在感激、惭愧和辞让这样的情感之中呢？"阳明先生先谦让一阵，做好了教导这位同学的铺垫了。阳明先生完全可以不教导不说，他完全可以恭维说这位同学已经学习很好了，但是对这位同学的进步是没有好处的。所以，为了对得起这位同学，还是要把自己的学问传给他的。

先生又说道："你说了子思、孟子、周敦颐、二程也许万万没有想到，在千年之后还能够遇见知音，与其使得天下的人都泛泛的相信，还不如真的能够使得一个人相信的。"这位同学列举的这四位应该说都是得道的高人来的。朱熹没有得道，不能入于正学的。当然朱熹所说的东西，有些还是有可取的地方。得道的人毕竟是少数的，真正能够唤醒一个人已经不容易了的。即使有一个人是醒的，也会如同漫漫长夜的孤灯一样，可以照亮行人夜行。也有把世人心灯点亮的希望。

先生又说道："大道本来就在那里的，学也本来是在那里的。天下的人都全部信它，也不为多；一个人信它，也不为少的。"前面阳明先生也说过。大道是天下的公道，学问是天下的公学的，并不是个人的私道，也不是个人的私学。

先生又说道："所以说君子避世而内心无忧，不会觉得不闻达于诸侯而心忧；不被任用，不被推崇，不被肯定，也不会感到烦闷的。"大道就在那里，世人不认可也在那里的，不必太过烦闷的。正所谓佛渡有缘人的，这种事情也不能够强求的。

先生又说道："这哪里是世上那些浅薄的人所能知晓和理解的呢？而说到我的情怀，有许多也是不得已而为之的，我并不会去计较别人信还是不信的。"信还是不信，公道就在那里，公学就在那里，世人无法抹黑，无法更改，真理就是真理。信不信，这个是每个人的自由的，佛渡有缘人的。

2. 天地之心

【原文】夫人者，天地之心。天地万物本吾一体者也。生民之困苦荼毒，孰非疾痛之切于吾身者乎？不知吾身之疾痛，无是非之心者也。是非之心，不虑而知，不学而能，所谓良知也。良知之在人心，无间于圣愚，天下古今之所同也。世之君子惟务致其良知，则自能公是非，同好恶，视人犹己，视国犹家，而以天地万物为一体。求天下无治，不可得矣。古之人所以能见善不啻若己出，见恶不啻若己入，视民之饥溺，犹己之饥溺，而一夫不获，若己推而纳诸沟中者。非故为是而以蕲天下之信己也，务致其良知求自慊而已矣。尧、舜、三王之圣，言而民莫不信者，致其良知而言之也。行而民莫不说者，致其良知而行之也。是以其民熙熙皞皞，杀之不怨，利之不庸，施及蛮貊，而凡有血气者莫不尊亲，为其良知之同也。呜呼！圣人之治天下，何其简且易哉！

【注解】先生在回信中说道："人是天地之心的。人为天地之机，而心为人身之机。天地万物本来和自我是一体的。正所谓无缘大慈，同体大悲。天地万物本来是同体的，就不由得有大悲心了。"

先生又说道："百姓生活在艰难困苦之中，备受战事灾难等荼毒，这难道不是我们这些儒者的切肤之痛吗？既然天地万物一体，那么百姓也是和我们一体的，也是兄弟姐妹，也是息息相关的。如果没有能够感到切身之痛，也就无是非之心的，没有同情怜悯之心了。是非之心，这个是不用考虑就能够知晓的，不用去学习就能够具备能力的，这就是所谓的良知了。"百姓和自己是一体的，就好比手脚一样。手脚受伤了，怎么会不感到痛楚呢？有些人看到别人承受痛苦的时候，也许在窃笑，也许在庆幸不是自己，这是由于物欲遮蔽了此心的。打个比方吧，就好比是身体传输有问题了，手脚受伤了丝毫感觉不到疼痛的。

先生又说道："人心的良知，不管是圣人还是愚人，也都是本来一样的，天下之大也都是如此，不分东西南北；时间跨度之大，更不不变，不分古今的，也都是本来相同的。"只是由于愚人的良知被物欲所遮蔽了罢了。不管是什么肤色，什么种族，什么国家，每个人的良知也都是本来相同的。也就是说人人皆有佛性的。佛性不分南北的。

先生又说道："世上的君子只要能够务求致良知，那么自然就能够很公道的对待是非；也能够好恶相同了，不会有太多的分歧了，如果被物欲蒙蔽了，就很难同好恶了；也能够看别人像对待自己一样了，爱人如己了；看待邦国如同对待自己家一样，如果把邦国当作自己家那样对待，哪里有治理不好的呢？而就可以把天地万物当作一体的了。如果做到了这些，要想天下不治，也都难了。"如果世人都致良知了，打通了物欲的间隔了，就能够心心相通了，如此就好达成一致了。

先生又说道："古人见到别人做善事就好像是自己做善事一样，看到别人作恶事就好像是自己作恶事一样,看到百姓饥寒交迫,就好像是自己在承受一样。如果一个人没有能够得到安乐,得到安顿,就好像是把自己推到了很深的沟壑中那样难受的。古人这么做并不是为了博取天下人信任的,也不是为了博取功名的,只是务必求得致良知,而求得不亏欠自己的良心罢了。"

先生又说道:"尧舜、三王这样的圣人,说出来的话,百姓没有不信任的,这是由于这些人已经致良知了,凭着良知而说出来的话的。这些圣人所做的事情,百姓没有不感到欢欣喜悦的,这是由于致良知了,按照自己的良知做出来的事情的。"阳明先生赞誉先王的,这些圣王也是得道高人来的,如此的君主,必定也是挑选出贤臣来辅佐的,国家哪里能不兴盛呢?百姓哪里能不安乐呢?

先生又说道:"所以这样天下的百姓都生活的美满幸福。即使是犯了死罪被杀了也没有什么怨气的,也是自己犯的错,怪不得这些圣人了;得到了好处,也都不知道去报答谁,因为这些圣人无为而治;一天天地趋于向善,可是也不知道是谁让他们这样子的。将这些教化推广到了蛮夷地区,凡是有血气的人无不知道孝顺自己的父母。这是由于每个人的良知本来都是相同的罢了。呜呼,圣人治理天下,是如此的简单而且容易的呀。"

3. 人各有心

【原文】 后世良知之学不明,天下之人用其私智以相比轧,是以人各有心,而偏琐僻陋之见,狡伪阴邪之术,至于不可胜说。外假仁义之名,而内以行其自私自利之实,诡辞以阿俗,矫行以干誉。损人之善而袭以为己长,讦人之私而窃以为己直。恣以相胜而犹谓之徇义。险以相倾而犹谓之疾恶,妒贤忌能而犹自以为公是非,恣情纵欲而犹自以为同好恶。相陵相贼,自其一家骨肉之亲,已不能无尔我胜负之意,彼此藩篱之形,而况于天下之大,民物之众,又何能一体而视之?则无怪于纷纷籍籍而祸乱相寻于无穷矣。

【注解】 先生在回信中说道:"先王在世之时,社会大治,因为那时从上至下良知之学大明。而后世良知之学不明,天下的人就用自私的小聪明来相互倾轧。人各怀私心,也有了偏颇僻陋的成见,都在钻营虚伪狡诈之术,已经不可胜数了。"苏秦和张仪这类人,到处耍嘴皮子,以博取功名。

先生又说道:"许多人外面打着仁义的名号,而实际是在做着自私自利的勾当来的。用诡异的言辞来迎合世俗,用虚伪的行为来沽名钓誉罢了。"

先生又说道:"有些人通过诋毁别人擅长的东西而以为自己有多高明,别人的东西明明是好的,而去损毁别人为了抬高自己;有些人去攻击别人的隐私而为了显示自己的正直。"阳明先生对待朱熹先生不是这样的,并不是为了博取功名的,而是为了纠正世人的偏差的。正学不行,正道不行,这个是很让人痛心的,很让人感到悲哀的。

先生又说道:"为了发泄私忿,去打败别人,而把这样的行为美其名曰是为了正义而不顾一切的;用险恶的手段来倾轧别人,还说是嫉恶如仇的;嫉贤妒能而还说自己是公正的明辨是非的,在那里借机打压有贤德的人;恣情纵欲而还说自己是跟世人同好恶的,能够融入世俗的,而不是不接地气的。"阳明先生写一段的时候,也许头脑里浮现出来许多的委屈的。阳明先生为了弘扬正学,到处奔走呼号,还是受到了许多的攻击诋毁的。明代的官场也由此可见一斑了,阳明先生能够在这样恶劣的环境之中弘扬正学,而能够立功立德立言,更为难得的是能够全身而退得到善终,这个也是非常的了不起的了。

先生又说道:"人和人之间相互欺凌,互相贼害。即使是一个家庭里面的骨肉亲人,也不能放下你我之间争强好胜的意图的。彼此之间也会有许多的藩篱隔阂的。即使是亲人都还是如此,更何况天下这么大,百姓万物这么多,又怎么能够以一体的大心而看待呢?也难怪天下纷纷扰扰而祸乱不断的,以至于永无宁日的。"在一个家庭内部都不能做到爱人如己,更别指望面对陌生人能够做到了。

4. 赖天之灵

【原文】仆诚赖天之灵,偶有见于良知之学,以为必由此而后天下可得而治。是以每念斯民之陷溺,则为之戚然痛心,忘其身之不肖,而思以此救之,亦不自知其量者。天下之人见其若是,遂相与非笑而诋斥之,以为是病狂丧心之人耳。呜呼,是奚足恤哉?吾方疾痛之切体,而暇计人之非笑呼?人固有见其父子兄弟之坠溺于深渊者,呼号匍匐,裸跣颠顿,扳悬崖壁而下拯之。士之见者,方相与揖让谈笑于其旁,以为是弃其礼貌衣冠而呼号颠顿若此,是病狂丧心者也。故夫揖让谈笑于溺人之旁而不知救,此惟行路之人,无亲戚骨肉之情者能之。然已谓之无恻隐之心,非人矣。若夫在父子兄弟之爱者,则固未有不痛心疾首,狂奔尽气,匍匐而拯之,彼将陷溺于祸而不顾,而况于病狂丧心之讥乎?而又况于蕲人信与不信乎!呜呼!今之人虽谓仆为病狂丧心之人,亦无不可矣。天下之人,皆吾之心也。天下之人犹有病狂者矣,吾安得而非病狂乎?犹有丧心者矣,吾安得而非丧心乎?

【注解】先生在回信中说道:"鄙人仰赖上天所恩赐的洪福,偶然之间有缘亲证了良知之学。发自内心的知晓,必然是要由此而后可以使得天下得到大治的。所以每每想到百姓生活在艰难困苦之中，内心就会为这个感到万分的悲伤而痛苦。我会忘掉我是不肖的人，而想以良知去挽救世人。这也多少有点不自量力的。"阳明先生知道，即使自己的力量很弱小，也要努力去做的。孔子当年知道也许自己再怎么努力，也无法完全扭转战乱的大局，可是还是周游列国去冒死去奔走呼号。这就是真正的贵族精神，这就是真正的儒家精神。

先生又说道："天下的人见到我如此这般，便竞相非议取笑我，也在那里诋毁排斥我的，以为这是病狂丧心的人的。"天下人对阳明先生的误解如此之深，真是可悲可叹呀。天下人对正学正道的误解如此之深，真是不得不令人深思呀。柏拉图有个洞穴的比喻，在洞穴里面，一群人被绳子捆住，对面有一面白色的大墙壁，背后点燃了一堆篝火。这群人不能扭头去看，只能看着前面的大墙壁。光影在墙壁上晃动，这群人以为这个世界就是如此的。偶然的机会，有一个人挣脱了绳子，走到了洞口外面去，看到了这真实的一切。他回来跟大家说了这一切，可是不管怎么说，大家都不相信的，还说这个人是不是丧心病狂了。挣脱绳子的这个人也许就是类似于阳明先生的。当然，阳明先生还没有彻底挣脱绳子的，也许佛陀才是彻底挣脱绳子的圣人。

先生又说道："呜呼，这些哪里值得我去顾虑呢？我已经深切感受到了切肤之痛的，哪有闲暇去计较别人的非议和取笑呢？"看到正道如此衰落，看到正学被世人放在一旁，看到百姓流离失所，怎么能够不痛心呢？还顾得着别人的取笑和非议吗？这一切都不重要了。对于我们求道做学问的人来说，求道这个事情是很大的，不要遇见了一点挫折就停滞不前了。

先生又说道："世人如果看到父子兄弟坠落到了深渊之中，必定会大声呼喊的，匍匐相救的，不会去顾及有没有来得及脱掉鞋帽的，不会顾及跌倒疼痛的，都要爬到悬崖下面去救的。士人在旁边看到了，还在那里相互作揖，谈笑风生。他们也会觉得这些人怎么都不讲礼貌的呢，把衣服也丢了，鞋帽也不要了，而在那里大声呼号。顿足跌倒，非常狼狈。他们必定以为这个人是病狂丧心的。"阳明先生这个比方还是比较生动的。明代的语言文字还是比较贴近一点了，比较好去理解的。

先生又说道："所以说如果在跌入深渊的人旁边相互作揖，还在那里谈笑，这只是过路的人罢了，并没有什么亲戚骨肉的亲情者才可以做到的。"即使是过路的人，看到别人这样，不帮忙倒好，也不会在那里取笑了。

先生又说道："然而可以说这样的人已经没有恻隐之心了，这不是人了。如果说是有父子兄弟这样的爱的，那么就没有不痛心疾首，狂奔呼号的，就没有不尽心竭力去匍匐拯救的。跌入深渊，不是摔死就是被水溺死，面对这样的大祸，已经没有精力去顾及其他的了，只想着去挽救亲人了。那还来得及顾及别人在那里讥笑自己是丧心病狂的呢？而又还会有什么心思去顾及别人信还是不信呢?"阳明先生吐了许多的苦水,由此可见其一片苦心的。

先生又说道:"呜呼,世人虽然说我是丧心病狂的人,也没有什么不可以的。我没有什么心思去考虑这些了。天下的人,也是和我心心相连的。天下的人如果有病狂了,他们看着我也是病况的了,我怎么能不得病狂呢?天下的人有丧心的,他们看我也是丧心的,我怎么能不是丧心的人呢?"世人也许在那里笑话阳明先生丧心病狂,可是不知道到底是谁清醒呢?

5. 东家丘者

【原文】昔者孔子之在当时,有议其为陷者,有讥其为佞者,有毁其未贤,诋其为不知礼,而侮之以为东家丘者,有嫉且诅之者,有恶而欲杀之者,晨门、荷蒉之徒,皆当时之贤士,且曰"是知其不可而为之者欤?""鄙哉!硁硁乎!莫己知也,斯已而已矣。"虽子路在升堂之列,尚不能无疑于其所见,不悦于其所欲往,而且以之为迂,则当时之不信夫子者,岂特十之二三而已乎?然而夫子汲汲遑遑,若求亡子于道路,而不暇于暖席者,宁以蕲人之知我、信我而已哉?盖其天地万物一体之仁,疾痛迫切,虽欲已之而自有所不容已,故其言曰:"吾非斯人之徒与而谁与?""欲洁其身,而乱大伦。""果哉,末之难矣!"呜呼!此非诚以天地万物为一体者,孰能以知夫子之心乎?若其"遁世无闷","乐天知命"者,则固"无入而不自得","道并行而不相悖"也。

【注解】先生在回信中说道:"当年孔子在世的时候,有人议论说他是谄媚的人;有人讥笑说他是奸佞小人;有人诋毁说他不是什么贤人;有人诋毁他根本都不知道礼是什么;有人轻蔑的侮辱他为东家丘;有人因为嫉妒而诅咒他;有人厌恶他而甚至想杀了他;早晨开城门的人和挑着草筐的人,这两个人都记录在了《论语》里面的,都是当时的贤士来的。早晨负责开城门的那个贤士说孔子'是不是那个明知道不能做成的,还要去做的家伙呢?'。孔子在卫国的时候,有一天正在击磬,有个贤人挑着草筐经过孔子府门前,听到叮当叮当作响,他就提醒孔子说道:'真是浅薄呀,在那里敲打叮当叮当作响,这个磬是空心的,没有人了解你的心,也就罢了,在这里敲敲打打做什么呢?没有人理解你也就算了吧。'"孔子老家的西边邻居,有个愚人,他不知道家住东边的孔子是个圣人了。只是在那里说,东边的阿丘。后来就以不识东家来泛指不识近邻是圣贤、名人,再后来这个东家反倒世俗话了,变成了老板的代名词了。我们在对待别人的时候,尽量都保持恭敬的心。人不可貌相,如果事事都能够恭敬,对待人人也能恭敬,就容易遇见贵人的。当初张良就是由于比较恭敬，就得到了黄石公的真传。

先生又说道："虽然子路在孔子的弟子当中已经算是登堂入室这一列的了，可是还是不能对孔子所言所行产生怀疑的，还会为孔子整天带着他们东奔西走感到不悦，还是有些不理解的。甚至有时候还会觉得孔子真是迂腐的，这样铁杆的弟子尚且如此，当时不信孔子的人，岂止是十之二三呢？"孔子当年所遇见的境遇，也不比阳明先生好到哪里去。

先生又说道："然而虽然很少有人能够相信孔子，但是孔子还是心急火燎的在那里奔走相告。就好像是在路上找失散了的儿子一样那么的迫切，根本没有心思在家多呆一会暖暖席子的。怎么还会在乎别人是否能够知道他，能够了解他，能够信他呢？信不信都没有所谓了，只要自己去做就可以了。"

先生又说道："大概孔子已经体证到了天地万物一体的这种仁德的。看到先王之道的衰落，看到大道的衰微，看到百姓的困苦，看到战乱频仍，怎么能不感到疾痛万分呢？就会很迫切地想去唤醒世人，想迫切的去挽救百姓的。虽然想停下来不去做算了，还是不得不去做的。"孔子看到世道如此的混乱，看到百姓在遭受痛苦，怎么能不去奔走相告，怎么能不去努力呢？即使一己之力是如此的单薄，但是还是要去做的。接下来就引用了孔子说的三句话来道出孔子的心声。

先生又说道："子路遇见了两位隐士，他们劝说孔子归隐山林，孔子听了子路转达的话以后就说道：'鸟兽我是不可以和他们同群的，我如果不是跟着这些隐士一起，属于同一类人，那还能和谁一起呢？如果当今天下有道的话，我就不会这么辛苦了，我就会改变我的做法了，也跟着归隐去了。'"为了方便理解，就把阳明先生引用的话给翻译过来了。

先生又说道："孔子还说道：'如果想洁身自好，可是却乱了大的人伦了。'"如果想去归隐，不理会世上的事情，这样做的确是潇洒的，也不同流合污。可是如此却不顾君臣之礼，辜负了先王之道的，这样看似保全了自己，却失去了更大的人伦。

先生又说道："前面已经讲过了，孔子在卫国的时候，有一天在那里击磬，有个挑着草筐的贤人经过府门前，说了一番话，孔子听了以后最后就感叹说道：'哪里像你说的那么简单呀，如果是那样也不会这么艰难了。'"那个贤人说，不要想着别人知道自己的。很多事情就是那么简单的，就像过河一样，如果水浅了呢，就直接过去了；如果水深些呢，撩起衣服就过去了。孔子最后这样感叹，觉得这位贤士不知道自己的一番苦心。

先生又说道："呜呼，如果不是真正的把天地万物当作一体的人，怎么能够知孔子的心呢？"阳明先生在贵州龙场悟道之后，就可以知道孔子的心了。

先生又说道："那些隐遁出世而不会感到烦闷的人，那些乐天而知命的人，就固然会做到无论到了什么位子都能够安然自得的。如果是富贵就会安于富贵，如果是贫贱就会安于贫贱的。这些人也会遵循大道的，能够跟大道并行而不会相互背离的。"可是这样的人虽然逍遥快活，也远离了许多的祸害，可是看到世上如此的混乱，看到圣人之道的衰落，看到百姓饱受流离之苦，如何能够忍得住呢？想想假如自己的父母兄弟遭受如此的痛苦，怎么能够无动于衷呢？怎么能够为了保全自己而躲在山里呢？这一段引言比较多，为了方便阅读，就直接翻译在里面了，如果读者想更多了解原文，可以搜索的。

6. 一人信之

【原文】 仆之不肖，何敢以夫子之道为己任。顾其心亦已稍知疾痛之在身，是以彷徨四顾，将求其有助于我者，相与讲去其病耳。今诚得豪杰同志之士，扶持匡翼，共明良知之学于天下，使天下之人皆知自致其良知，以相安相养，去其自私自利之蔽，一洗谗妒胜忿之习，以济于大同。则仆之狂病固将脱然以愈，而终免于丧心之患矣。岂不快哉！嗟乎！今诚欲求豪杰同志之士于天下，非如吾文蔚者，而谁望之乎？如吾文蔚之才与志，诚足以援天下之溺者，今又既知其具之在我，而无假于外求矣，循是而充，若决河注海，孰得而御哉？文蔚所谓一人信之不为少，其又能逊以委之何人乎？

【注解】 先生在回信中写道："我并非贤达也有不肖的，哪里敢以孔子之道为己任呢？这样也太高抬自己了。只是我回顾自心，也稍微知道疾痛在我的身上的。看到别人身上的疾痛就好像是在自己身上一样的。这也是天地万物一体的仁德的。所以彷徨四顾的，想寻求能够帮助我的人，能够相互切磋讲习致良知的学说而去其病的。"阳明先生看到别人陷入疾痛就好像是自己的，看到一个人愿意听，能够去除病痛，阳明先生就好像是治疗好自己一样的。

先生又说道："现如今如果真能够得到豪杰志同道合的同志，互相扶持互相帮助，匡扶正道正学，共同阐明良知之学于天下。使得天下的人都知道自己去努力，去致自己的良知。这样就可以相互鼓励共同进步的，可以去除自私自利的弊病。可以洗刷干净之前所说的那些恶习，比如谄媚逸言、嫉贤妒能、争强好胜、泄私愤等等的恶习。如果人人都致良知了，去除了这些恶习，去除了这些弊病了，那离天下大同就不远了。"

先生又说道："如果能够这样，那之前世人给我安的那个丧心病狂的病固然也可以痊愈了，而终究还是避免了丧心的祸患了。如此岂不快哉呢？哎，现在真是诚心地在天下寻求豪杰志同道合的同志，如果不是像聂文蔚你这样贤德的人，我还能够指望得上谁呢？"阳明先生遇见如此高徒，真的是欣喜过望的，把一肚子的苦水全部都倒出来了。

先生又说道："像你聂文蔚这样的才华和志向，的确是足以去援救天下的那些跌入深渊而溺水的人了。现在你既然已经知道了，一切都在于自心的，致良知也是在于自我的，而不用向外去求索的。只要反求诸己就可以了。你能够有这样的认识可真是了不起的，这是很好的基础。如果按照这样的一个认识不断地扩充开去，就好比是将江河的水疏通一个口子注入大海一样，又有谁能够阻挡得住了呢？正像聂文蔚你所说的，一个人信也不算少，你又何必过于谦逊呢？弘扬正学于天下，只能是托付给你了，还能依靠谁呢？"阳明先生对聂文蔚寄托了很高的期望。

7. 会稽山水

【原文】会稽素号山水之区。深林长谷，信步皆是，寒暑晦明，无时不宜，安居饱食，尘嚣无扰，良朋四集，道义日新，优哉游哉！天地之间宁复有乐于是者？孔子云："不怨天，不尤人，下学而上达。"仆与二三同志方将请事斯语，奚暇外慕？独其切肤之痛，乃有未能恝然者，辄复云云尔。咳疾暑毒，书札绝懒，盛使远来，迟留经月，临歧执笔，又不觉累纸，盖于相知之深，虽已缕缕至此，殊觉有所未能尽也。

【注解】先生在回信中说道："会稽素来号称是山水名胜之区。这里有幽深的森林、绵延不断的山谷，信步走到哪里都是这样的。不论是寒暑还是阴晴，气候都非常宜人。安闲地在这里进行身心的疗养，没有了尘嚣的搅扰，志同道合的朋友凑到一起来了，每天都在那里谈古论今，坐而论道，良知之学每天都有进步。真是优哉悠哉呀。天地之间还有比这样更快活的吗？"阳明先生一生戎马生涯，在弘扬心学过程中又遇见那么多的非议和排挤，如今能够有机会在这里休养探讨致良知的学问，很是惬意的。这是回复聂文蔚的第一封信的最后一段话。

先生又说道："孔子说：'不要怨天，也不要尤人，向下圆融于世学而向上达于道。'我和三两个志同道合的同志将按照孔子所教导的去做的，哪还有什么闲暇去顾及外面的事情呢？"阳明先生前面把遇见的种种非议和排挤都写出来了，这里是收官的时候了。前面说的那些，也许是为了警醒世人致良知，回归正学罢了。并无意于想多几个人信，世人信和不信都不强求了。有一个人信也不算少了，现在还有这么两三好友，都远远比一个多了。无暇顾及和抱怨了，不抱怨天，不怨恨别人的。阳明先生引用孔子的话以表明心迹。

先生又说道："可是不是说无暇顾及别人笑话就能够完全不理的，唯独有那种切肤之痛,仍然还没有能够解决的,所以还在这里说了这么一大堆的。"这些话并不是抱怨的,而是为了解除切肤之痛的,唤醒世人的。这个切肤之痛前面也说过了,看到大道衰微,先王之道衰落,看到百姓饱受艰难困苦的。这个也是《大学》开头所教的大学之道的。不仅要明明德,要发明大道,推行先王之道,还要去亲民,还要去解除百姓的痛苦,使得安居乐业,社会大治。

先生又说道:"我由于咳嗽的老毛病又犯了,还兼中了暑气之邪毒,不太舒服,懒得提笔写什么东西。你派贵信使远道不辞劳苦盛情而来,在这里逗留了个把月。他们临走的时候,我提起笔来写回复,不知不觉又写满了信纸了。"阳明先生从小身体就比较瘦弱一些,从青年起就患有了严重的肺结核疾病。在古代这个疾病还是很麻烦的。我们看王阳明的画像是比较消瘦的。看这个圣人在得如此的重病,还能够立功立德立言,真是难得的。阳明先生有一个世外高人的老师叫许璋,这个老师精通黄老之学和性命之学,教他奇门遁甲之术和诸葛武侯的阵法。虽然说是阳明先生在贵州龙场得道,也离不开这位恩师指点的功劳。王阳明就任江西巡抚的时候,回家探亲上门去拜访自己的恩师。临走的时候,这位恩师叮嘱他千万注意不要错认帝星。宁王朱宸濠将要叛乱的时候,许璋叫自己的儿子为王守仁送去枣、梨、豇豆和西瓜,送这么多水果过去,这是在用隐语告诉王阳明早离江西。王阳明看到了之后,就猛然惊悟。王阳明有严重的肺结核疾病,恩师许璋以一味砒霜以毒攻毒,使得一开始阳明先生有所好转。在贵州龙场那个地方,湿热情况下,阳明先生病情复发,也是用了这个毒药延续性命的。由于长期服用砒霜,造成王阳明的脸色青中透黑,比较消瘦。也有人怀疑王阳明先生是由于砒霜中毒而去世的。读者千万不要贸然去试的,如果有什么不舒服的还是要找专门的医生。

先生又说道:"我们相知可以说是很深的了,虽然啰啰嗦嗦写了这么多,都把信纸写满了,可是还是感觉到用言语是不能够把事情的全部都说得清楚的。"阳明先生让弟子参悟言外未尽之意的。

8. 康庄大道

【原文】得书,见近来所学之骤进,喜慰不可言。谛视数过,其间虽亦有一二未莹彻处,却是致良知之功尚未纯熟,到纯熟时自无此矣。譬之驱车,既已由于康庄大道之中,或时横斜迂曲者,乃马性未调,衔勒不齐之故,然已只在康庄大道中,决不赚入旁蹊曲径矣。近时海内同志,到此地位者曾未多见,喜慰不可言,斯道之幸也!贱躯旧有咳嗽畏热之病,近入炎方,辄复大作。主上圣明洞察,责付甚重,不敢遽辞。地方军务冗沓,皆舆疾从事。今却幸已平定,已具本乞回养病,得在林下稍就清凉,或可瘳耳。人还,伏枕草草,不尽倾企。外惟濬一简幸达致之。

【注解】请各位同学要打起精神来读这封信了，这封信是阳明先生的绝笔书信。这是阳明先生答复聂文蔚的第二封书信，也是绝笔的书信。这封信写于广西。这是王阳明由于在两广湿热的地方平息叛乱，肺病再度加剧，他就上书告老还乡养病去了，可是在归途中病逝在江西南安。在如此病重期间，还在关爱着弟子，可谓是情深意重，对聂文蔚的期望很高的。

先生在回信中说道："收到你的来信了，见到你近来所学进步很大，感到非常的欣喜和宽慰，很难用言语来表达的。我认真地反复读了几遍，其间虽然有一两个地方还没有能够晶莹剔透，彻底的明白，这也许是致良知的功夫还尚未纯熟的缘故吧。如果到了纯熟的程度自然也就没有这样的瑕疵了。"阳明先生为自己的这位高徒进步很欣喜，感到后继有人了的。虽然有一点瑕疵，但是瑕不掩瑜了。

先生又说道："我来打个比方吧，就好比是驾车的，已经走在康庄大道上了，也许偶尔会倾斜一下，迂回曲折一下的，这也许是马性还没有调理好，缰绳马勒还没有搞得很好的缘故。然而，已经走在了康庄大道上，决然不会再跑到那些邪僻的小道上去了。"阳明先生这个比方还是很贴切的，对这位同学给予了很多的鼓励，也感到比较安心了的。已经把这位同学引到了正道上来了，只要不断地精进做学问就可以了。这个康庄大道也是代表着大道的，大道本来就是比较平坦易见的，只是世人被物欲所遮蔽就看不到的。正所谓一叶障目不见泰山罢了，这么大的大道还是看不见的。

先生又说道："近来四海之内志同道合的同志当中，能够到这样程度的人还不多见。我为此感到欣喜和宽慰，这也是此道的幸事啊。"阳明先生给予这位同学高度的肯定，能够得到一个真正的嫡传弟子了。这位同学培养出了明朝的首辅徐阶。

先生又说道："我这个身体原本就有咳嗽怕热的老毛病，近来到了两广这样炎热的地方，又开始加剧发作起来了。主上圣明洞察，把大任托付于我，不敢轻易推辞的。地方军务繁冗，我都是带病在进行处理的。现在幸好已经平定了叛乱，已经上本祈求主上能够同意我回家养病。如果能够回到林下稍微凉快的地方，或许也就能够康复了。我即将返乡去了，伏在枕头上草草写了这封信，也许难以倾尽我所有想说的话。另外，我还有一封给惟濬的信需要你代为转交，并代以问候的。"惟濬也是王阳明的弟子，江西临川人。

9. 勿忘勿助

【原文】 来书所询，草草奉复一二。近岁来山中讲学者，往往多说勿忘勿助工夫甚难。问之，则云才著意便是助，才不著意便是忘，所以甚难。区区因问之云"忘是忘个甚么？助是助个甚么？"其人默然无对，始请问。区区因与说，我此间讲学，却只说个"必有事焉"，不说勿忘勿助。

"必有事焉"者只是时时去"集义"。若时时去用"必有事"的工夫。而或有时间断，此便是忘了，即须"勿忘"。时时去用"必有事"的工夫，而或有时欲速求效，此便是助了，即须"勿助"。其工夫全在"必有事焉"上用；"勿忘勿助"，只就其间提撕警觉而已。若是工夫原不间断，即不须更说勿忘；原不欲速求效，即不须更说勿助。此其工夫何等明白简易！何等洒脱自在！今却不去"必有事"上用工，而乃悬空守着一个"勿忘勿助"，此正如烧锅煮饭，锅内不曾渍水下米，而乃专去添柴放火，不知毕竟煮出个什么物来！吾恐火候未及调停，而锅已先破裂矣。近日，一种专在勿忘勿助上用工者，其病正是如此。终日悬空去做个勿忘，又悬空去做个勿助，渀渀荡荡，全无实落下手处，究竟工夫，只做得个沉空守寂，学成一个痴呆汉。才遇些子事来，即便牵滞纷扰，不复能经纶宰制。此皆有志之士，而乃使之劳苦缠缚，担搁一生，皆由学术误人之故，甚可悯矣。

【注解】 先生在回信中说道："你来信所询问的问题，我草草回复一二的。"阳明先生在重病之中，惦记着弟子的书信，拿起笔来回复已经是很不容易的了。

先生又说道："近年来，到山中来论学的学者，往往都会说，勿忘勿助的功夫是很难的。我听了以后就问他们为什么说这个功夫难呢？他们就回答说，如果刻意去做，刻意去干预内心的想法就是助；如果不刻意去做，不刻意去干预内心的想法就是忘，所以这就是很难的事情了。"勿忘勿助这个词语是从孟子那里来的，前面的章节也有过讨论了。如何调心做这个勿忘勿助的功夫呢？一方面也不要忘了这个心了，不要放心了，置之不理了，任由这个心在狂奔，心猿意马，这个也是不好的；佛家有个善护念，善于护持自己的念头，不使得散乱，也是这个意思的；另外一方面也不能太刻意去干预，比如如果想心安静下来，刻意去压制念头，可是一个念头压制下去了，另一个念头就起来了，如何能够刻意去做这些事情呢？这就好比水中的葫芦，按下了这一头，那一头就翘起来了。也好比驴脾气的，跟马的火脾气不同的，你越使劲抽它，它就越不动，需要顺着它就乖乖的了。也就好比是揠苗助长了，就会恰得其反的了。

如此到底该不该干预内心的想法呢？我也曾经陷入这种矛盾之中，到底需不需要人为的这种干预呢？小疑有小悟，大疑有大悟的，不要怕这些疑问。忘也不是，助也不是，那该怎么样才好呢？还是孟子比较精，他说的是勿忘勿助，类似于非忘非助。只可意会不可言传的了。

先生又说道："鄙人就问他们说，忘到底是忘个什么呢？助到底是助个什么呢？他们沉默不语，也许一下子被我问愣住了，不知道怎么回答我了。所以他们就请问我。这时候我就会好好跟他们说，跟他们讲学论道，却只是讲了个必有事焉，我不怎么说勿忘勿助。"阳明先生这么问我们是否能够回答的上来呢？也许忘无非是此心，助也无非是此心的，刚才也详细解释过了，这里不再说了。为什么阳明先生不说勿忘勿助呢？且看看阳明先生怎么说。

先生又说道："必有事焉这个事是什么事呢？只是时时去集义罢了。"必有事焉这个也是孟子说的。告子以为义在心外，孟子批驳他的。必有事焉这个事就是不断地集义于心，不断地积德于心的，这样就可以去除人的私欲，存天理了。阳明先生根本不说勿忘勿助，他只管做着一件事情，这就够了。

先生又说道："如果时时刻刻都去用必有事的功夫。而或许有时会因为别的原因间断了，这就是忘记了，所以就须勿忘。时时刻刻去用必有事的功夫，而或许有时欲速则不达，想着很快取得成效，这便是助了，所以须勿助。"阳明先生也并非不讲勿忘勿助了，其实必有事的功夫已经含有了勿忘勿助的功夫了。阳明先生只讲这个就可以了。

先生又说道："所做的功夫全在必有事这个上面来用的；勿忘勿助，这个只是在其间不断地提醒和警觉而已。如果功夫本来不间断，就不须再说什么勿忘了；如果本来就不想着求速效，就不须再说什么勿助了。这样的功夫，何等明白，何等的简易，何等的洒脱自在。现在却不去必有事上用功，而仍然悬空在那里守着一个勿忘勿助干什么呢。这就好比在烧锅煮饭，锅内根本都没有放水和下米，而专门还跑去添柴放火，不知道毕竟是煮出来个什么东西的。"阳明先生这个比方还是比较生动的吧。勿忘勿助如何能够找到可以下手的地方呢？不如佛家的净土宗来得直接的，教念佛法门的，念一声阿弥陀佛的。不要忘了时时刻刻守着个佛号，这个是勿忘；不要去再想其他的东西，也不要想着速成速效，只是一声一声地念佛就好了，这个是勿助的。功夫成片就可以进入静定了，这个也是在集义于心的，这个也是在消除业障，去除人的私欲的。这个是很简易的下手功夫的，这个是必有事功夫的具体化的。

先生又说道："我恐怕火候还没有能够调停妥当，而锅已经先被烧破裂了。近日以来，一种专门在勿忘勿助上用功夫的，其病的根源也正是如此的。终日悬空去做个什么勿忘，又悬空去做个是什么勿助，漫无目的，全然找不到下手落实的地方的。没有能够找到究竟的功夫，只是执着地去守着个空，守着个寂静,这可是学成了一个痴呆汉了。"如果只是在枯坐,在守静,这个也不是根本的,根本还是要开启心门,启迪智慧的。为了避免单纯地求静这一点,禅宗还鼓励参禅的,也可以说禅净双修的。

先生又说道:"如果仅仅是做这个求静守空的功夫,才遇见一点具体的鸡毛蒜皮的小事,就会心烦意乱了,不知道怎么办才好了,不能妥善地处理好。有这些毛病的人,大多都还是有志之士,可是却使得劳苦缠缚,用错了功夫以至于担搁一生。这都是由于学术误人的缘故,这是多么可惜的事情呀。"

10. 万世无弊

【原文】夫"必有事焉"只是"集义",集义只是致良知。说集义则一时未见头脑,说致良知即当下便有实地步可用功。故区区专说致良知,随时就事上致其良知,便是格物。著实去致良知,便是诚意,著实致其良知,而无一毫意必固我,便是正心。著实致良知,则自无忘之病。无一毫意必固我,则自无助之病。故说格、致、诚、正,则不必更说个忘助。孟子说忘助,亦就告子得病处立方。告子强制其心,是助的病痛,故孟子专说助长之害。告子助长,亦是他以义为外,不知就自心上"集义",在"必有事焉"上用功,是以如此。若时时刻刻就自心上"集义",则良知之体洞然明白,自然是是非非纤毫莫遁,又焉"不得于言,勿求于心;不得于心,勿求于气"之弊乎?孟子"集义"、"养气"之说,固大有功于后学,然亦是因病立方,说得大段,不若《大学》格、致、诚、正之功,尤极精一简易,为彻上彻下,万世无弊者也。

【注解】先生在回信中说道:"必有事焉,这个事是什么事呢?只是集义罢了,也就是集义于一心,以培养孟子所说的浩然正气。集义也是积阴德的,也只是致良知罢了。"阳明先生横说竖说,圆融通达,怎么说都通的,归根结底都是归于一心,归于致良知的。

先生又说道:"说集义的时候,只是一时还看不到头脑和关键,权且这么说一下的。如果说致良知即当下便有了实在的地方可以做功夫的了。"归根结底还是致良知的,还是这个心的。这个是关键和头脑所在的。

先生又说道:"所以鄙人专门说致良知,随时针对事务上面来致良知,这就是格物了。"阳明先生不是脱离事务而去求静的,在事务上面进行磨炼,这个是格物的。如果没有在事上磨炼,真正遇见个丁点的事情,也就乱了方寸了。

先生又说道:"如果能够切实地去致良知,便是诚意;如果切实地去致良知,而无一丝一毫的如孔子所说的毋意毋必毋固毋我的毛病,这便是正心了。"孔子所说的意必固我，是说不主观臆测；凡事不绝对；不固执；不自以为是。如果能够如此也就能够正心了。做功夫，如果有这些毛病，也很难坚持做好的。比如怀疑了，主观去猜测，孔子说的到底对不对，阳明先生教的功夫到底有没有问题呀。先放下所有的这些疑问，圣人教我们做功夫，我们不知道在什么时候，就老老实实按照他们所说的去做就可以了。但是，也不是绝对的哦，如果绝对的认为一定是对的，而且以为圣人就是这样教的，实际误解了圣人的本意了，还很绝对，很固执，这就麻烦了。

先生又说道："如果切实地去致良知，这就没有忘的毛病了；如果没有一丝一毫的意必固我，那就没有助的毛病了。"如果恳切地去致良知，天天都去做功夫，不仅仅是惦记着，还去做了，这样就根本就不会忘了。如果没有意必固我的这些孔子说的毛病，也就不会去画蛇添足了，不会去添乱了。

先生又说道："所以说，如果说了格物、致知、诚意、正心，那么就不必再另外还说个什么忘助了。"这些功夫已经涵盖了勿忘勿助的功夫了。阳明先生怕弟子执着于勿忘勿助的。圣人面对不同人，在不同场合，因材施教所说的东西表面上有所不同的。各种各样的名词，怕弟子无所适从了。怕跟着做了这个功夫，又惦记着是不是漏掉了那个功夫的。实际上这些都差不多的。

先生又说道："孟子之所以说勿忘勿助，这个也是针对告子所得的病所开的处方的。告子强制要求他的心，这个是助的病痛，所以孟子专门说了助长的害处。告子类似于拔苗助长，他以为义在心外，不知就在自己心上集义的，不在自己心上积阴德的，不知在必有事焉上用功夫的，所以是如此的。"心不能用来强制的，这个心的脾气有点像头犟驴。犟驴如果你越抽打它，它就越不动。要顺着它的脾气，要不怎么说顺毛驴呢？马的脾气就属火，属阳了，如果用鞭子抽它，它会跑到死了才罢休的。所以，阿胶用的是驴皮而不是马皮的，阿胶是滋阴养血的。

先生又说道："如果能够时时刻刻都在自己心上去集义，去积阴德，去除人的私欲，那么良知的本体就能够洞然明白了。自然所有的是是非非也就丝毫也不能够隐遁了。只要有良知去觉照觉知就可以了。"

先生又说道："如此怎么会有告子'不得于言，勿求于心；不得于心，勿求于气'这种毛病呢？"前面阳明先生也引用过这句话了的。孟子针对告子说的这个话进行评论的。孟子说不得于心，勿求于气，这个是可以的；不得于言，勿求于心，这个就不可以了。我们不要被这些引用的文言文给吓倒了的。我们来看看其实阳明和孟子所说的是相通的。如果求于气，什么是气呢，恻隐之心、好恶之心这些都是气的，如果在这些上面来折腾，就没有什么下手的地方了。还是要在心上来求的，还是要在良知上来做功夫的。如果在勿忘勿助上来做功夫，这个类似于在气上来求了。这个不是根本的，不是关键和头脑，所以，孟子也指出了必有事焉，要在这个事上面来做功夫的。要在集义上做功夫，阳明先生说根源也是在致良知上做功夫的。如果不得于言，在语言文字上没有所得，这个也是可以在心上做功夫的，先不要管语言文字的。

先生又说道："孟子所说的集义、养气这样的学说，培养浩然正气的，固然有很大功劳于后世学子的，然而也是因为当时世人有这个病，才立这个方子的。如果没有这个病，要这个方子做什么呢？他这样说也只是说了个大概的，不如《大学》里面格物、致知、诚意、正心这样功夫说得这么具体的。这些功夫尤其显得精深和专一，也很简易的，为彻上彻下的功夫，比较彻底搞定的。这个功夫流传到后世，也没有什么弊病的。"阳明先生当然也是肯定孟子的，也不是否定孟子的说法，只是还有更好的教法，更好的功夫。不过在我看来，孟子和阳明所说的不分高下，也都是一样的功夫来的。只是阳明先生更一针见血地直指人心罢了，直指良知罢了。只是圣人的教法不同而已，本质都是一样的，都在心上做功夫，在良知上做功夫的。

11. 搀和兼搭

【原文】 圣贤论学，多是随时就事，虽言若人殊，而要其工夫头脑，若合符节。缘天地之间，原只有此性，只有此理，只有此良知，只有此一件事耳。故凡就古人论学处说工夫，更不必搀和兼搭而说，自然无不吻合贯通者。才须搀和兼搭而说，即是自己工夫未明彻也。近时有谓集义之功，必须兼搭个致良知而后备者，则是集义之功尚未了彻也。集义之功尚未了彻，适足以为致良知之累而已矣。谓致良知之功，必须兼搭一个勿忘勿助而后明者，则是致良知之功尚未了彻也。致良知之功尚未了彻也，适足以为勿忘勿助之累而已矣。若此者，皆是就文义上解释牵附，以求混融凑泊，而不曾就自己实工夫上体验，是以论之愈精，而去之愈远。文蔚之论，其于大本达道既已沛然无疑，至于致知、穷理及忘助等说，时亦有搀和兼搭处，却是区区所谓康庄大道之中，或时横斜迂曲者，到得工夫熟后，自将释然矣。

【注解】 先生在回信中说道："古往今来圣贤在论学的时候，大多都是随时就事上来论学的。虽然会因为所论学的对象有所不同而讲的也有所不同，正所谓因材施教，对症下药的。"孟子针对告子的病说了一些话；孔子针对子路的鲁莽和刚勇而说的话；佛陀针对不同的弟子说了不同的法。每个人的病痛不同，所开的药方也是不同的。比如中医，所下的是什么药，有几味药，每味药有多少的量，要怎么吃法，是制成药丸，还是煮成汤药，这些都是有所不同的。高明的医生，往往下的药种类不会太多太杂，针对病人的病症进行了辩证治疗的。对于不高明的医生，反正一股脑全部下下去，下了很多的药，还会互相干扰，反而效用不是很大了。本来每种药都是纠正人的身体之偏的。全部加进去，就没有这种纠偏的作用了。

先生又说道："虽然圣贤所讲的似乎有所不同，而其关键的功夫，头脑要紧处，还是一样的，都是符合天道的。大概是由于天地之间，原本只有这个性，只有这个理，只有这个良知，只有这个心，也仅仅只有这一件事情而已。"必有事也就是这个事的，只要致良知了就可以了。此心本来如明镜的，只要把这个镜子给恢复回本来的面目就可以了。圣贤所教的方法，无非就是用砂纸来磨，是不是加水来磨还是干磨，是不是用石头来磨。可是都是为了把这个镜子给打磨干净的，也是为了把这个心的私欲去除干净。

先生又说道："所以凡是古人论学说怎么去做功夫的，更不必要掺和什么东西进去说了，如果抓住这一件事情，自然横说竖说都能够吻合贯通了。"本来就是很简单的一件事，也很容易去做。如果掺和其他的事情进去，就把事情给搞复杂了。

先生又说道："如果须掺和其他的事情来说，也许会弄巧反拙了，把本来清澈的水给搞浑浊，还会把学子给搞糊涂了。这只是由于自己的功夫还没有能够明彻罢了。"阳明先生还是顾及大家对朱熹的崇敬之情，没有刻意明说的。朱熹先生搅和其他事情进来，对这些东西并没有能够真的弄懂，还画蛇添足去注解了一堆。这样就会扰乱正学了。如果不懂没有关系，不要随便动古人的文字，不能随便变更或者删改，越俎代庖。

先生又说道："近来有人讲集义的功夫，必须还要兼搭个致良知的功夫作为后备的。这是由于集义的功夫尚未彻底的。如果集义的功夫还没有能够做彻底，那也最多只能是致良知的功夫的累赘罢了。"如果集义的功夫彻底了，还需要致良知的功夫做什么呢？

先生又说道："有些人说致良知的功夫，必须还要兼搭一个勿忘勿助的功夫，这样才能够明达。这是由于致良知的功夫还没有能够做彻底的。致良知的功夫如果还没有能够做得彻底，那也会成为勿忘勿助功夫的累赘。"世人这样来做功夫，只能会扰乱了，而不能专一地发力。这就好像是卖猪肉一样，买瘦肉还要配搭一点肥肉的。

先生又说道："这样做的人，这都是由于只是在文义的表面上来解释的，比较牵强附会的。这样只是想着如何在文字上面能够混合在一起，搅和在一起。"这些人也是很辛苦的，也许他们看到圣贤一会这么说一下，一会又那么说一下。感觉到很苦恼，为什么这么多的名词，他们也应该想办法能够使得事情简单一点。只是在文字上搅和的。

先生又说道："如果只是在文字上搅合，而不曾在自己的实际功夫上去体验，这样就算理论得再精当，再严谨，也是没有什么用处的。理论得再精当，就离真的功夫，离真理越远的。"这些人感觉很会做学问，学富五车。要说什么必定是引经据典来说的，如果没有加几个引用，似乎都不严谨的，也站不住脚。

先生又说道："文蔚你来信所说的东西，我看得出来已经能够不离大的根本了，再这么努力下去就可以上达于道了，这样也是无疑的了。"阳明先生对自己的这个弟子是很有信心的，也给予他许多的鼓励，让他再接再厉。

先生又说道："至于致知、穷理和忘助等这些学说，虽然时常也会掺和进来，也会兼搭一下的。这个没有大碍了，只是在所谓的康庄大道之中，一点点小的插曲，有时偶尔有点倾斜一下，有时偶尔会迂曲一下而已，不会再跑到泥泞的小道上去了。等到你致良知的功夫比较纯熟了以后，自然这一切就都能够释然了。"

12. 因药发病

【原文】文蔚谓致知之说，求之事亲、从兄之间，便觉有所持循者，此段最见近来真切笃实之功。但以此自为不妨，自有得力处。以此遂为定说教人，却未免又有因药发病之患，亦不可不一讲也。盖良知只是一个天理，自然明觉发见处，只是一个真诚恻怛，便是他本体。故致此良知之真诚恻怛以事亲便是孝，致此良知之真诚恻怛以从兄便是弟，致此良知之真诚恻怛以事君便是忠，只是一个良知，一个真诚恻怛。若是从兄的良知不能致其真诚恻怛，即是事亲的良知不能致其真诚恻怛矣；事君的良知不能致其真诚恻怛，即是从兄的良知不能致其真诚恻怛矣。故致得事君的良知，便是致却从兄的良知。致得从兄的良知，便是致却事亲的良知。

不是事君的良知不能致，却须又从事亲的良知上去扩充将来。如此，又是脱却本原，著在支节上求了。良知只是一个，随他发见流行处，当下具足，更无去来，不须假借。然其发见流行处，却自有轻重厚薄，毫发不容增减者，所谓"天然自有之中也"。虽则轻重厚薄，毫发不容增减，而原又只是一个。虽则只是一个，而其间轻重厚薄，又毫发不容增减。若可得增减，若须假借，即已非其真诚恻怛之本体矣。此良知之妙用所以无方体，无穷尽，"语大天下莫能载，语小天下莫能破"者也。

【注解】先生在回信中说道："文蔚你说致知这样的学说，在侍奉双亲、孝悌兄弟这样具体的事上面来求证，如此就会觉得有所持守，有所依循的，也能够找得到下手的地方了，这一段读起来可以看出你近来真切笃实的在做功夫了。"阳明先生给这位同学肯定和鼓励的。父母为有形的天地,天地为无形的父母。

先生又说道:"如果把这个作为下功夫的落手处,这倒是无妨的,这样做功夫也会能够得力的。可是如果以为这就是定说了,以为这就是究竟了,拿这个来教给别人,却未免又有点类似于由于执着于药而生病的毛病了,这里又不得不拿来讲一讲的。"这个也是许多同学容易犯错误的。圣贤讲学本来是对治某种病痛的,针对病症而下的药方。可是,如果对这个药反而增加了执着那就麻烦了。比如佛陀说佛法本来是为了普渡众生的,如果反而因为佛法而增加了一层的执着,那也就麻烦了。佛法如同过河的工具,如果过了河就没有必要还背着船走的。我们平时讲指月之指非明月,指向月亮的手指,本来是要世人看清楚这个月亮在哪里的,如果反而死死盯住这个手指不放,这个就麻烦了。其实这个也难怪大家的,因为未见道的时候,手指指向了天空,两眼一抹黑,根本看不到月亮的,手指最近最清楚,看着手指这个也是情有可原的。可是,要清楚这个手指所指就是月亮的位置就是了,圣人不会瞎给我指的,他们是很慈悲的。

先生又说道:"良知为心的本体,只有一个天理的。自然明觉显现处,只是一个真诚恳切,这就是它的本体了。至诚是心的本体。"阳明先生在前面也说了,良知是心的本体,至诚是心的本体。其实这个心的本体只有一个的,从知的角度来看呢,就是良知;从恳切的角度来看,就是至诚了;从理的角度来看,去了人的私欲,存下来的就是天理了。

先生又说道:"所以说致良知的真诚恳切,以此良知来侍奉双亲就是孝了;以此良知来对待兄弟就是悌了;以此良知来事君就是忠诚了。并不是有多个良知,只是一个良知的,只是一个真诚恳切的。"

先生又说道:"如果从兄的良知不能做到真诚恳切,那么侍奉双亲的良知也不能做到真诚恳切的;如果事君的良知不能做到真诚恳切,那么从兄的良知也不能做到真诚恳切的。所以,如果能够致得事君的良知,那么就能够致得从兄的良知。如果致得从兄的良知,也就能够做到了侍奉双亲的良知。"阳明先生阐释这个还是比较深刻的。古代举孝廉,到处找孝顺的人来做官。这个是有道理的,如果能够做到了侍奉双亲的孝顺,也就能够做到了事君的忠诚。古人为什么说百善孝为先,这个是有道理的。只要做到了孝顺,也就能够致其他的良知了。

先生又说道:"我说这个意思,并不是说事君的良知不能致,却需要从侍奉双亲的良知上扩充将来的。如果这样,又会脱却本原了,只是在枝节上来求了。良知不会有多个,只有一个的,这个心也只有一个的。随良知显现流行处,当下能够具足的,更没有什么去来,无须假借的。"

先生又说道："然而良知显现流行处，却也有个轻重厚薄，只是毫发也不能增减的。正所谓不增不减。这个良知就好比是心灯发出来的光，都普遍地照耀的，并没有轻重厚薄的区分，只是由于外在的环境不同而有了轻重厚薄的。比如在有雾气的地方，这个光又有所不同的。这个不增不减的良知，这就是天然自有的未发之中了。"

先生又说道："虽然由于外事外物缘故，有个轻重厚薄，可是良知的确毫发不容增减的，而原本良知又只有一个的。虽然只有一个良知，而其间有轻重厚薄，又毫发不容增减的。如果可得增减，如果需要假借，即已经不是真诚恳切的本体了。"

先生又说道："良知的妙用是无有形体、无有穷尽的。君子之道是广大而隐微的。虽然是匹夫匹妇，虽然是一开始事不肖的，待到其知和行至了，已经致良知了，就跟圣贤没有什么两样了。正所谓出凡入胜的。君子之道，如果说大，也是很大的，大到天地都不能承载得下的；如果说小呢，小到极致了，无法去破开分割的，极其精微。"

13. 孝悌而已

【原文】孟氏"尧舜之道，孝弟而已"者，是就人之良知发见得真切笃厚、不容蔽昧处提省人，使人于事君、处友、仁民、爱物、与凡动静语默间，皆只是致他那一念事亲从兄真诚恻怛的良知，即自然无不是道。盖天下之事，虽千变万化，至于不可穷诘。而但惟致此事亲从兄一念真诚恻怛之良知以应之，则更无有遗缺渗漏者，正谓其只有此一个良知故也是。事亲从兄一念良知之外，更无有良知可致得者。故曰："尧舜之道，孝弟而已矣。"此所以为"惟精惟一"之学，放之四海而皆准，施诸后世而无朝夕者也。文蔚云："欲于事亲从兄之间，而求所谓良知之学。"就自己用功得力处如此说，亦无不可。若曰致其良知之真诚恻怛以求尽夫事亲从兄之道焉，亦无不可也。明道云："行仁自孝弟始。孝弟是仁之一事，谓之行仁之本则可，谓是仁之本则不可。"其说是矣。

【注解】先生在回信中说道："孟子说尧舜之道，孝悌而已。这是针对人的良知显现的比较真切笃厚、不容遮蔽暗昧处提醒世人的。"尧舜之道这个是儒者极其敬仰的，也是很远大的理想，可是孟子却说，无非是孝悌而已。前面也说了，其实只要能够做到了孝悌，能够真实恳切的致良知，如此就可以做到了事君等事情了。古代通过举孝廉来推举官员，这个也是很有道理的。

先生又说道："如此提醒世人，使得世人能够意识到，不管是辅佐君主、结交朋友、仁爱百姓、珍爱事物，也不管是动静，说话还是沉默，也都只是致良知而已，只要能够以那么一念侍奉双亲和从兄的孝悌之情，真诚恳切的良知，也就自然无不是道了。"不管是什么事情，只要做到了孝悌，无不融通了。

先生又说道："大概天下的事情，虽然比较繁杂，千变万化，以至于不可以穷尽。而但是只要以侍奉双亲、从兄的一念真诚恳切的良知去应对它，则更无有什么遗漏和缺失的。正所谓只有此一个良知的缘故吧了。"以辅佐君主来致良知，侍奉双亲来致良知，对待兄长来致良知，等等，都可以致良知的。这就好比有许多条路可以致良知，挑选一条最真诚恳切的路就可以了。良知是心的本体，不管是哪条路致良知了，也都是可以的。

先生又说道："侍奉双亲、对待兄长这一念良知之外，更没有什么良知可以致的了。只要做这个就够了，做到真诚恳切就可以了。所以孟子才说，尧舜之道，孝悌而已矣。"本来致良知的功夫也许有人以为是极其精深的，不知道从哪里下手才好。现在阳明先生推崇孟子的这个说法，只要做到孝悌就可以了。

先生又说道："这是惟精惟一的学说的，也就是精深而专一的学说的，也是一门深入的学说的。这是放之四海而皆准的，不管是蛮夷之地还是发达地区，哪个没有父母，哪个没有兄弟姐妹呢？时时刻刻哪里离得开孝悌呢？可以流传后世也是可以的，放在什么时间也都是可以的，不管古今朝夕。"看似很精深的功夫，只是从孝悌着手，这个日用之间也可以做功夫的。

先生又说道："文蔚你说'欲在侍奉双亲、对待兄长的事情上面，去求所谓的良知之学'。如果自己切实用功，也找到了得力的地方了，这么说也没有什么不可以的。"

先生又说道："如果反过来也是可以说得过去的。如果说致良知使得能够真诚恳切，如此就可以求得尽侍奉双亲从兄之道，致良知到了真诚恳切了，就可以尽到孝悌了。这个也是说得过去的。"正着说也可以，反着说也是可以的。正着说，在孝悌上用功，就可以求得良知了；反着说，只要致良知了，就可以能够尽孝悌了。对于那些已经致良知了的人，坏不会坏到哪里去。

先生又说道："程颢先生说道：'行仁可以从孝悌开始去做的。孝悌是仁的一个事情，如果说孝悌是行仁的根本是可以的。如果说是仁的本体，这个就不可以了。'程颢先生这么说还是很有道理的。"孝悌可以说是行仁的开始，可以说是行仁的根本。如果连孝悌都做不到，怎么能够谈得上行仁呢？可是孝悌只是仁的一件事情罢了，不能说孝悌就是仁的，也就是说孝悌不能说是仁的根本。仁的本体应该是心。

14. 良知之用

【原文】 "億"、"逆"、"先觉"之说，文蔚谓"诚则旁行曲防，皆良知之用"。甚善甚善！间有搀搭处，则前已言之矣。惟濬之言，亦未为不是。在文蔚须有取于惟濬之言而后尽，在惟濬又须有取于文蔚之言而后明。不然，则亦未免各有倚著之病也。舜察迩言而询刍荛，非是以迩言当察，刍荛当询，而后如此。乃良知之发见流行，光明圆莹，更无挂碍遮隔处，此所以谓之大知。才有执著意必，其知便小矣。讲学中自有去取分辨，然就心地上着实用工夫，却须如此方是。

【注解】 先生在回信中说道："臆测别人、逆欺诈、预先觉知欺诈等这些说法，文蔚你说'只要能够至诚，不管是旁行小道、迂曲防御，也都是良知的运用。'善哉善哉，这个是很正确的。"只要能够致良知了，就能够自然觉知欺诈了的，即使是有什么计谋，这个也是良知的运用罢了。

先生又说道："也许偶尔会有掺和兼搭的功夫，这个我在前面已经说过了。惟濬同学所说的，也未尝不是的。在文蔚你也许须取惟濬所说的而能够完善的；而对于惟濬同学来说又须有取文蔚所说的话才能明达的。"这个并不是什么掺和兼搭，也许这两个同学说的也都对的，是能够相得益彰的。放在一起也许能够更加好一些的。可是这位同学说了什么呢？也许后面会有关于他的说法吧，暂时不管，继续往下看的。

先生又说道："要不然，也许就未免都有所偏颇的毛病了。两位同学所讲的东西放在一起就完整了。舜帝能够考察听取看似浅近的问题，以帝王的高位去向地位卑微的樵夫询问。并不是为了表示谦逊，而应当去问樵夫，也不是必须要去听取浅近的话。这个实在是由于良知的显现和流行，光明圆明，晶莹剔透，更没有什么挂碍、遮蔽和间隔之处，所以称之为大知。"这个是大知，是大智慧来的。由于良知的显现，会自然会关心樵夫，也会听取各方的意见来使得政事更加完善的。阳明先生列举了舜帝这个例子，不仅仅是勉励两位同学要去参学完善自己的学问，还是给世人说的。

先生又说道："如果有了那么一点执着于意必这样的东西，这个知就不是大知了，就是变小了。"良知是大知的。如果执着于一些东西，这些东西就像是污垢的，遮蔽了自心，遮蔽了这个镜子，就不能完全的照天照地了。之前有说过意必固我这些毛病，这里单单说了意必，强调了不要臆测怀疑，不要固执的认为必定是怎么样的。如果非得要认为自己对的，就不会想着去问樵夫了。以舜帝的大知，尚且如此谦逊地去问的，我们求学的人什么都可以问的。

先生又说道："讲学中自然有会去掉一些多余的东西，也会取来缺少的一些东西，也会有所分辨。然而就心地上着实用功夫，却是须这样才是的。"做功夫还是要向舜帝学习，如此谦逊下问的，使得学问日臻完善的。

15. 文义之习

【原文】"尽心"三节，区区曾有生知、学知、困知之说。颇已明白，无可疑者。盖尽心、知性、知天者，不必说存心、养性、事天，不必说夭寿不贰、修身以俟。而存心、养性与修身以俟之功已在其中矣。存心、养性、事天者，虽未到得尽心、知天的地位，然已是在那里做个求到尽心、知天的工夫，更不必说"夭寿不贰、修身以俟"之功，已在其中矣。譬之行路，尽心、知天者，如年力壮健之人，既能奔走往来于数千里之间者也。存心、事天者，如童稚之年，使之学习步趋于庭除之间者也。"夭寿不贰、修身以俟"者，如襁褓之孩，方使之扶墙傍壁，而渐学起立移步者也。既已能奔走往来于数千里之间者，则不必更使之于庭除之间而学步趋，而步趋于庭除之间，自无弗能矣。既已能步趋于庭除之间，则不必更使之扶墙傍壁而学起立移步，而起立移步自无弗能矣。然学起立移步，便是学步趋庭除之始，学步趋庭除，便是学奔走往来于数千里之基，固非有二事，但其工夫之难易则相去悬绝矣。心也，性也，天也，一也。故及其知之成功则一。然而三者人品力量，自有阶级，不可躐等而能也。细观文蔚之论，其意以恐尽心、知天者，废却存心、修身之功，而反为尽心、知天之病。是盖为圣人忧工夫之或间断，而不知为自己忧工夫之未真切也。吾侪用工，却须专心致志，在"夭寿不贰、修身以俟"上做，只此便是做尽心、知天工夫之始。正如学起立移步，便是学奔走千里之始。吾方自虑其不能起立移步，而岂遽虑其不能奔走千里？又况为奔走千里者而虑其或遗忘于起立移步之习哉？文蔚识见本自超绝迈往，而所论云然者，亦是未能脱去旧时解说文义之习，是为此三段书分疏比合，以求融会贯通，而自添许多意见缠绕，反使用功不专一也。近时悬空去做勿忘勿助者，其意见正有此病，最能耽误人，不可不涤除耳。

【注解】先生在回信中说道："尽心知天、存心养性、夭寿不二这三方面的事情，鄙人曾经用了生而知之、学而知之、困而知之这样的学说已经说清楚了。我认为已经讲得比较明白了，没有什么可怀疑的了。"这方面的内容可以参见上册徐爱同学相关的章节的，这里就不重复来说了。

先生又说道："如果已经尽心了、知性了、知天了，就不必说什么存心、养性、事天了。也不必说什么夭寿不贰、修身以俟了。虽然不比说这些，而存心、养性和修身的功夫已经是含在其中了。"尽心、知性、知天针对生而知之乎说的，生来就得道，天分很高。如果能够尽心，也就是使得整个心的本体都尽露无遗；如果知性见性了，就可以致良知了；如果知天了，也就能够知此心了。如果已经得道了，已经达到了至诚了，已经致良知了，也就不必说这些了。这些是针对没有致良知而说的。夭寿不贰、修身以俟这个是说，困而行这，遇见挫折而得道。

　　先生又说道："存心、养性和事天，虽然还未能够达到尽心和知天的境界，然而已经是在那里做功夫，以求得尽心和知天的。更不必说，'夭寿不贰、修身以俟'这样的功夫，也已经在其中了。"存心是保存赤子之心；养性是涵养自己的本性；事天是顺承天意，秉持天命的。这三者也只是功夫的，并不是已经尽心和知天了，这些功夫是为了尽心和知天的。这是学而知之的贤才。

　　先生又说道："这里拿走路来做个比方吧。尽心和知天的人，如同年富力强的人，也就是能够奔走往来于数千里之间的人，这样的人走得非常的远。"接着讲另外的两种人。尽心和知天的可以说是圣人的。

　　先生又说道："存心和事天，就好比是童年幼稚的小孩子的，使他们学习在庭院之中走路的。"这里说的三种人可以说是修行的不同层次的。

　　先生又说道："夭寿不贰、修身以俟，这样的人如同襁褓中的婴儿一般，慢慢地成长了以后，扶着墙傍着壁，而逐渐学会起立移动脚步的。"这种人是大多数人的，要从起立移步开始做的。

　　先生又说道："既然已经能够奔走往来于数千里之间了，有如此的能力，就不必再去庭院里面慢慢地学走路了。在庭院之中走路，这个自然不是什么问题了。"

　　先生又说道："既然已经能够在庭院之中走路了，也就不必再去扶着墙壁而学习起立移动步伐了。起立移步这个必定是可以做到了。"

　　先生又说道："然而学习起立移步，这个是学习在庭院中走路的开始的。学习在庭院中走路，便是学习奔走往来于数千里之间的基础。这个固然不是两件事情来的，只是功夫的难易有所不同罢了。"

　　先生又说道："这个心，也就是自性的，也就是天的，这三者也都是相同的。如果知此心，就知自性了，也就知天了。所以说如果知道了，也就是归于一的了，也就是相同的了。"

　　先生又说道："前面说了这三种人，用了三个比方。然而，这三者的力量和能力各有不同的，自然有不同的等级，不可以超越来做事情的。"试想想，如果襁褓中的婴孩，还不会坐起来，就让他去庭院中走，也真是为难人家了，会摔很多的跟头。

先生又说道："我仔细琢磨文蔚你的论说，似乎有些担心如果仅关注尽心和知天，而废弃了存心和修身的功夫，反而会对尽心和知天有所损害的。这个可以说是瞎操心了，是在担忧圣人的功夫是否会有什么间断的，而不知道为自己的功夫操心的，应该操心自己做功夫不够真切的。"只要是尽心和知天了，就不必要再说存心和修身的功夫了。学会跑了就不必要再去学扶着墙壁走了。

先生又说道："我们的功夫，却须专心致志地去做的，在'夭寿不贰、修身以俟'这上面来做功夫的，不要小瞧了这个功夫的，这个是做到尽心和知天功夫的开始的。"正所谓千里之行始于足下，不要小瞧这个功夫。对于大多数人来讲，没有那么高的天分，可以踏踏实实地照这个功夫开始。不管是长寿还是短命，不管命运如何，都去修身的。

先生又说道："正如学起立移步，就是学奔走千里的开始的。我们现在应当自己感到忧虑的是，不能起立移步的，而岂能在那里杞人忧天似的，岂能在那里忧虑不能奔走千里呢？"我们自己都不能起立走路的，还在那里操心不能奔走千里的，这个是瞎操心的。

先生又说道："而对于能够奔走千里的这些高水平的人，还会忧虑会遗忘了如何坐起来，如何起立移步这样的学习过程吗？"

先生又说道："文蔚你的见识本来已经是超凡脱俗的了，而你所论说的这些事情，也还是没有能够脱去旧时解说文义这样的积习。所以就对尽心知天、存心事天、夭寿不二人为的分为三段来进行比较的，这个只是在玩文字的游戏罢了，而不能透过文字领悟背后的实际意义的。这么做只是在那里对文字进行分析、综合和比较的，想做到融会贯通，而平添了许多缠绕的，反而使得用功不能专一的。"虽然文字的说法有不同，可是可以圆融贯通的。这个圆融贯通并不是强制性地在那里玩文字游戏的。阳明先生这里是在提点这位同学要摆脱文字的束缚。语言文字也就好像是指向月亮的手指，虽然看着文字一开始看不到月亮，可是还是要知道语言文字并不是究竟的，不被语言文字所束缚的。

先生又说道："近来有些人悬空的去做勿忘勿助的功夫，我看正有这个毛病的，最能耽误人了，不可不去涤除掉的。"如果作勿忘勿助的功夫，也是仅仅停留在文字的表面，这个也是不行的。勿忘勿助，这个要做实在的功夫才可以的。勿忘即是不要忘记了使得心处于静定的；勿助即是不要人为地去压制念头，迫切地想去进入静定的，如此可能是拔苗助长，反而是添乱的。

16. 纤翳潜伏

【原文】 所谓尊德性而道问学一节，至当归一，更无可疑。此便是文蔚曾著实用功，然后能为此言。此本不是险僻难见的道理，人或意见不同者，还是良知尚有纤翳潜伏。若除去此纤翳，即自无不洞然矣。已作书后，移卧檐间，偶遇无事，遂复答此。文蔚之学既已得其大者，此等处久当释然自解，本不必屑屑如此分疏。但承相爱之厚，千里差人远及，谆谆下问，而竟虚来意，又自不能已于言也。然直戆烦缕已甚，恃在信爱，当不为罪。惟浚处及谦之、崇一处，各得转录一通寄视之，尤承一体之好也。右南大吉录录

【注解】先生在回信中说道："你在来信中所说的尊德性而道问学这一节，讲的还是很恰当的，感觉你已经没有什么疑问了。从这里可以看出文蔚你曾经确实很努力地去用功了，然后才能说出这样的话。"尊德性而道问学这个是从《中庸》里面来的。作为君子要尊德性，以德性为尊，以天理、良知、自性为尊，就是要求得这个，就是要求得知天和尽心的。可是并不是守着这个就可以的，如果要上达于道，还要不断地求道做学问的，还是要讲究学问的。这个德性并不是毕恭毕敬就可以的。

先生又说道："这本来也不是什么险僻难以见到的道理，本来都是至简至易的。世人也许有不同的意见，只不过是良知被一些东西遮蔽了，良知就潜伏在其中了。这个遮蔽的东西也就是人的私欲。如果除去了遮蔽的东西，去除了人的私欲，也就自然洞然见道了。"

先生又说道："我本来已经写好信了，在廊下躺着休养的时候，偶然无事，看着信就又多加了几句，作为回复了。文蔚你做学问既然已经抓住大的了，抓住了头脑和关键了，这些地方过了一段时间，自然也就能够释然了，自己会明白的，也不需要我再啰啰嗦嗦解释。"

先生又说道："但是承蒙文蔚你如此的厚爱，从千里之外差人送信过来关心问候我，还在那里谦虚地不耻下问。我是担心辜负了你这么远写信来的真诚厚意，又不能都在信中全部说明白。所以不得不多说一些，想来想去又多加了几句的。"

先生又说道："然而也许我又说得太过直率和琐碎了。我这是在依仗着你的信任和厚爱的，应当不会得罪你的。"阳明先生对自己的学生还如此的谦逊，也是比较信任的，对学生的期望很大。

先生又说道："我的这封信呢，你收到之后，可以转录几份，分别给惟浚、谦之、崇一这三位同学，也让他们一起看看学习一下。这样我们之间探讨的问题，也让他们知道一下，应该还是很有启发意义的。"以上内容为弟子南元善摘录。

第十一章 启蒙之道

1. 训蒙大意

【原文】训蒙大意示教读刘伯颂等古之教者，教以人伦。后世记诵词章之习起，而先王之教亡。今教童子，惟当以孝、弟、忠、信、礼、义、廉、耻为专务。其栽培涵养之方，则宜诱之歌诗以发其志意，导之习礼以肃其威仪，讽之读书以开其知觉。今人往往以歌诗、习礼为不切时务，此皆末俗庸鄙之见，乌足以知古人立教之意哉？大抵童子之情，乐嬉游而惮拘检，如草木之始萌芽，舒畅之则条达，摧挠之则衰痿。今教童子必使其趋向鼓舞，中心喜悦，则其进自不能已。譬之时雨春风，沾被卉木，莫不萌动发越，自然日长月化。若冰霜剥落，则生意萧索，日就枯槁矣。故凡诱之歌诗者，非但发其志意而已，亦所以泄其跳号呼啸于咏歌，宣其幽抑结滞于音节也。导之习礼者，非但肃其威仪而已，亦所以周旋揖让而动荡其血脉，拜起屈伸而固束其筋骸也。讽之读书者，非但开其知觉而已，亦所以沉潜反复而存其心，抑扬讽诵以宣其志也。凡此皆所以顺导其志意，调理其性情，潜消其鄙吝，默化其粗顽。日使之渐于礼义而不苦其难，入于中和而不知其故，是盖先王立教之微意也。若近世之训蒙稚者，日惟督以句读课仿，责其检束而不知导之以礼，求其聪明而不知养之以善，鞭挞绳缚，若待拘囚。彼视学舍如囹狱而不肯入，视师长如寇仇而不欲见，窥避掩覆以遂其嬉游，设诈饰诡以肆其顽鄙，偷薄庸劣，日趋下流。是盖驱之于恶而求其为善也，何可得乎？凡吾所以教，其意实在于此。恐时俗不察，视以为迂，且吾亦将去，故特叮咛以告尔诸教读，其务体吾意，永以为训，毋辄因时俗之言，改废其绳墨，庶成"蒙以养正"之功矣。念之念之！

【注解】给刘伯颂等老师看的关于启蒙之道的文告。明武宗正德十三年，也就是公元1518年，王阳明平定了江西的动乱以后，得胜班师。此文是王阳明先生临行前，为了晓喻赣南各县的父老乡亲，鼓励兴立学社而颁布的文告。刘伯颂，生平不详。蒙以养正，其本意是在蒙稚，也就是小孩子懵懵懂懂的时候，应当培养他们纯正无邪的品质。也就是在心纯正，还没有乱的时候就去培养，这个时候是相对来说会容易许多的。治病也是要治未病，如果生病了再去治疗已经晚了一些了。国家治理也是如此，要在动乱没有发生之前去治理，这样容易得多。好了，不说那么多了，马上来看看这个文告怎么说的。

　　文告中说道："古圣先贤教化子民，教的是人伦道德。后世记诵词章的习气逐渐兴起了，而先王的教道就淹没了。"阳明先生想恢复先王之道，教育首当其冲的。如果只是靠阳明先生一个人在那里奔走相告，这个是远远不够的。希望应该放在下一代上面，应该放在对孩童的启迪教育上面。后世的人只是在那里追求文章的浮华而已，而不会专注于简单的人伦道德，不会专注于至简至易的大道。唐宋八大家倡导的古文运动，也是针对当时追求辞章浮华而提出来的，也是要恢复载道的文字的。

　　文告中说道："现在教小孩子，应当以孝悌、忠信、礼义、廉耻为专务的。"传统文化断层达百年之久，现在学校的分科教育源于西方。具体的分科是小道的，而非大道。教育的根本应该回归本源，回归人伦和道德的。

　　文告中说道："栽培涵养孩童的方法，通过诗歌来循循善诱，引发其意志；通过修习礼仪来引导形成严肃的威仪，站有站相，坐有坐相，不是那么随便，如果太过于随便也不恭敬的；教导他们去读书可以开启他们的智慧。"

　　文告中说道："现在的人往往以为诗歌、修习礼仪这个是不切时务的。这都是世人庸俗鄙陋的见解的，他们这些人怎么知道古人立教的本意呢？"孔子当年非得要恢复周礼，遵循周礼，也许有的人看了觉得很迂腐，可是他们如何知道圣人不言之教的深意呢？面对君主，如果连基本的礼仪都不注意，如何能够做到对君主的恭敬。小的事情尚且不能服从君主，在大的事情上如何能够遵从呢？当然并不是说，君主做错了也什么都听的，而是要以道义为准的。世人以为学习诗歌、礼仪没有什么实际的用处的，还不如考试考什么我们就学习什么好了。古圣先贤立教之本是要避免急功近利的。看似慢，实际还是快的。古代就有许多年纪轻轻的奇才。

　　文告中说道："大概童子的性情，本来就是乐于嬉戏游玩的，比较忌惮拘谨的，如同草木刚开始萌芽，比较舒畅条达。如果去压迫，摧折它，就容易衰败了。"教育要随顺着孩子的天性来引导的。如果单纯是为了高考，为了应试教育，如此就摧毁了孩子本来的天赋了。这个也是教育的一种悲哀。

　　文告中说道："现在我们要教育童子，必然要使得他们欢欣鼓舞，心中喜悦，那么他们的进步自然就不会停歇的。"要培养和重视小孩子的兴趣，如果一味压他们做自己不喜欢的事情，也许就不能使得他们进步了。

　　文告中说道："这里打个比方吧，如同急需的雨露，如同春风一样，只要泽被草木，无不萌动发芽的。自然就能够日长月化，不断地生长的。如果被冰霜剥落，那么就没有什么生机了，到处都比较萧索了，逐渐就枯槁了。"

文告中说道："所以说循循善诱孩子们以诗歌，这不仅仅是诱发他们志向的发挥，也是宣泄他们喜欢蹦蹦跳跳，喜欢呼啸泳歌的本性，在抑扬顿挫的音节中宣泄他们的情感。"

文告中说道："引导孩子们修习礼仪，这并不仅仅是想要严肃他们的威仪而已的，也是在周旋作揖的动作之中，可以动荡他们的血脉。拜起屈伸而可以使得筋骨有韧性和坚固的。"修习礼仪从小对父母恭敬，如此也有利于培养孝心的。

文告中说道："教导他们读书，不仅仅是学一些基本的知识，还要开他们的知觉，打开他们的智慧，还要反复地锤炼他们的心。读书的过程也就是洗心革面的过程。抑扬顿挫的吟诵，也可以宣发他们的意志。"

文告中说道："之所以这么做，也都是顺着他们的兴趣去引导，去调理性情的。潜移去消除他们遗传下来的那些鄙陋和吝啬，默化他们的粗鄙和愚顽。"每个人生出来也都会遗传祖宗的一些东西的。我们仔细去想一下，我们一代一代地这么追溯上去，我们每个人总会有父母的。而人类也是逐渐进化而来的，也许追溯上去我们的祖宗是一条远古的鱼，再继续追溯就是远古的某个单细胞海洋浮游生物的。这些祖宗需要在成年前，不被别的动物吃掉，不会病死，不会摔死，不会被水淹死，不会被火烧死，这些种种的特殊情况都不存在，我们才能够生出来。这个是多么幸运的事情呀。我们的祖宗也许经历过很艰难困苦的时候，没有吃，没有穿，他们经历了艰难岁月，就不太舍得把东西给别人了，这个就是吝啬的习性。这个也不能太怪祖宗遗传给我们这些习气的，人生来在这个世上本来就很辛苦了，生活对谁都不容易的。可是，这些污秽我们修学做学问还是要去除掉的。

文告中说道："这样不断地学习，日渐使得他们习惯于礼义而不会觉得做到这些很艰难，不知不觉的地入于中和而不知道是什么缘故。这个也许是先王立教的微妙之意吧，世人也许不能体察到的。"

文告中说道："看近世那些训导蒙稚的人，每天只是监督以句读和课业练习罢了。这些东西是很枯燥的，只是在机械地读这些枯燥的文法。苛责孩子要检束自己的言行，而不知道引导他们以礼仪。如果跟小孩说礼仪是很生动有趣的，小孩子很爱去学和模仿。为了教他们聪明而不知道养他们的善良本性，用鞭子来鞭打，用绳索来束缚，如同对待囚犯一样的。"阳明先生这么说，现在是不是也应当反思一下我们的教育呢？

文告中说道："不管是老师，还是家长都是这样对待孩子的。孩子们看到学舍就好像看见了监狱似的，都不愿意去了。看到了师长就好像看到仇人一样，也不愿意去见到的。孩子们就会偷偷地溜出去以满足他们嬉戏游玩的本性，就会想方设法地去欺骗师长而使得更加的放肆粗鄙，就会学着社会上面的一些恶习去做一些偷鸡摸狗的勾当，这就使得学业荒废，没有什么进步的了。"

文告中说道："如果这样无意之中能去驱除他们的作恶，而还想求他们去从善，怎么能够做得到呢？凡是我所以教的，其本意根本就在于此。恐怕时俗不能觉察得到，看我这么说以为是很迂腐的。况且我就要离开这里了，所以特意叮咛，告诉你们这些为人师表的人。希望你们能够体悟我的本意，永远以此为训。这个也不是我的本意，实在是先王立教的本意来的，只是我重新强调而已。希望不要因为时俗的不同意见，就去改变自己的初心，去废弃先王立教的绳子和墨斗的，果真如此就可以实现'蒙以养正'的大功德了。切记切记的。"阳明先生苦口婆心地教这些老师，教父老乡亲要如何去教育孩子。

2. 教约

【原文】每日清晨，诸生参揖毕，教读以次遍询诸生：在家所以爱亲敬长之心得无懈忽，未能真切否？温凊定省之仪得无亏缺，未能实践否？往来街衢，步趋礼节得无放荡，未能谨饰否？一应言行心术得无欺妄非僻，未能忠信笃敬否？诸童子务要各以实对，有则改之，无则加勉。教读复随时就事曲加诲谕开发，然后各退就席肄业。

凡歌诗，须要整容定气，清朗其声音，均审其节调。毋躁而急，毋荡而嚣，毋馁而慑。久则精神宣畅，心气和平矣。每学量童生多寡，分为四班，每日轮一班歌诗。其馀皆就席，敛容肃听。每五日，则总四班递歌于本学。每朔望，集各学会歌于书院。

凡习礼，须要澄心肃虑，审其仪节，度其容止。毋忽而惰，毋沮而怍，毋径而野。从容而不失之迂缓，修谨不失之拘局。久则体貌习熟，德性坚定矣。童生班次，皆如歌诗，每间一日，则轮一班习礼。其馀皆就席，敛容肃观。习礼之日，免其课仿。每十日，则总四班递习于本学。每朔望，则集各学会习于书院。

凡授书，不在徒多，但贵精熟。量其资禀能二百字者，止可授以一百字，常使精神力量有馀，则无厌苦之患而有自得之美。讽诵之际，务令专心一志，口诵心惟，字字句句，绸缪反覆，抑扬其音节，宽虚其心意。久则义礼浃洽，聪明日开矣。

每日工夫，先考德，次背书诵书，次习礼或作课仿，次复诵书讲书，次歌诗。凡习礼歌诗之类，皆所以常存童子之心，使其乐习不倦而无暇及于邪僻。教者知此，则知所施矣。虽然，此其大略也，神而明之，则存乎其人。

【注解】 每天清晨上课的时候，诸位学生给老师作揖行礼毕了，老师在讲课之前要挨个地询问诸位学生：在家爱自己的亲人，孝敬父母长辈的心有没有懈怠和疏忽呢？是不是能够做到真切呢？每天早晚侍奉父母的礼节是不是做得好了呢？有没有亏心和疏漏的地方呢？能不能按照礼仪的要求一一去做到了呢？在路上行走往来的时候，能不能符合礼节做到无放荡，能不能做到检点和谨慎小心呢？言行心术能不能做到没有欺瞒呢？能否做到符合忠信，坚持正道诚实呢？各位小孩子务必要以实际情况来应对的，是就是是，不是就不是，有则改之，无则加勉的，不能够文过饰非的。老师在教书的时候，就会有针对性地去在事上进行启发教育的，可以叫到身边来进行启发引导的，讲完以后就让他们又各自退回到自己的位子上面去听讲的。

凡是朗诵诗歌的时候，须要整理一下仪表，调理一下气息，清清喉咙，用清朗的声音来读的，还要注意节奏声调的。不要急躁读得太快，也不要读得太随意了，也不要胆怯。读得久了就会精神舒畅了，心气和平了。每个学堂按照孩子的多少，一般可以分为四个班。每天轮流让一个班的学生朗诵诗歌，而其他的学生都在那里认真地听。每五天，则让四个班的同学在一起进行朗诵比赛。每个月的初一十五，也就是每半个月组织一次各个学堂的诗歌朗诵比赛。

凡是教授学生学习礼仪的，须要澄净自己的心，去除私心杂念。要审查学生们的仪节是否恰当，举止仪容是否符合礼仪。不容疏忽，不容懒惰；不容沮丧，不容羞怯；不容随意，不容粗野。要做到从容不迫，而不失于迂腐迟缓；做到谨慎小心，而不失于过于拘谨紧张。修习礼仪久了以后，礼貌就会越来越纯熟了，德性也就越来越坚定了。学生们划分班次的情况，都按照朗诵诗歌那样来划分就可以了。每隔一天，就轮到一个班来修习礼仪。其余的都在作为上面，认真地看。练习礼仪的那一天，就免去孩子们做课外作业了。每隔十天，则四个班一起来集体练习礼仪。每个月的初一十五，则集合各个学堂的学生一起来书院练习礼仪。

凡是教授经典的，不在于讲得多，只是贵在于弄得精熟。如果学生的资禀能够学两百个字的，只可以授以一百个字。常使得精神力量有余，则不会因为叫苦而厌倦学习，学有余力而能够自愿地去学习，享受学习的乐趣。诵读的时候，务必要学生专心致志，口诵心念，心口一致。一字一句，反复的玩味，抑扬顿挫，使得心意舒畅。诵读久了以后，学生会对文义和礼仪融会贯通的，也会日渐开启智慧的。

作为老师教书的功夫，每天先要考察学生的德性有无增长，而后一次是背书诵书；练习礼仪或作课外作业的；接下来就是背诵讲书；接下来是诵读诗歌。

凡是修习礼仪，朗诵诗歌这一类的事情，都是教学生们常存童子之心。使得其乐于去学习而不会厌倦，更无暇去顾及一些邪僻的恶习。教书的人知道这些，则就知道怎么去教育好孩子了。虽然这么说，这里也只是说了个大概的。"神而明之，则存乎其人"，可以说这是至理的。如果要使得每个人都能够明白，还是得靠各人的修行和领会的。正所谓师父领进门，修行在个人。

下 卷

第十二章　门人陈九川录

1. 物字未明

【原文】正德乙亥，九川初见先生于龙江。先生与甘泉先生论格物之说。甘泉持旧说。先生曰："是求之于外了。"甘泉曰："若以格物理为外，是自小其心也。"九川甚喜旧说之是。先生又论"尽心"一章，九川一闻却遂无疑。后家居，复以格物遗质先生，答云："但能实地用功，久当自释。"山间乃自录《大学》旧本读之，觉朱子格物之说非是。然亦疑先生以意之所在为物，物字未明。

己卯归自京师，再见先生于洪都。先生兵务倥偬，乘隙讲授，首问近年用功何如？九川曰："近年体验得'明明德'功夫只是'诚意'。自'明明德于天下'，步步推入根源，到'诚意'上再去不得，如何以前又有格致工夫？后又体验，觉得意之诚伪必先知觉乃可，以颜子'有不善未尝知之，知之未尝复行'为证，豁然若无疑。却又多了格物工夫。

又思来吾心之灵，何有不知意之善恶？只是物欲蔽了。须格去物欲，始能如颜子未尝不知耳。又自疑功夫颠倒，与诚意不成片段。后问希颜。希颜曰：'先生谓格物致知是诚意功夫，极好。'九川曰：'如何是诚意功夫？'希颜令再思体看。九川终不悟，请问。"

先生曰："惜哉！此可一言而悟。惟濬所举颜子事便是了。只要知身、心、意、知、物是一件。"

九川疑曰："物在外，如何与身、心、意、知是一件？"

先生曰："耳、目、口、鼻、四肢，身也，非心安能视、听、言、动？心欲视、听、言、动，无耳、目、口、鼻、四肢亦不能。故无心则无身，无身则无心。但指其充塞处言之谓之身，指其主宰处言之谓之心，指心之发动处谓之意，指意之灵明处谓之知，指意之涉着处谓之物，只是一件。意未有悬空的，必着事物。故欲诚意，则随意所在某事而格之，去其人欲而归于天理，则良知之在此事者，无蔽而得致矣。此便是诚意的功夫。"九川乃释然破数年之疑。

又问:"甘泉近亦信用《大学》古本,谓格物犹言造道,又谓穷理如穷其巢穴之穷,以身至之也,故格物亦只是随处体认天理。似与先生之说渐同。"先生曰:"甘泉用功,所以转得来。当时与说'亲民'字不须改,他亦不信。今论'格物'亦近,但不须换'物'字作'理'字,只还他一'物'字便是。"

后有人问九川曰:"今何不疑物字?"曰:"《中庸》曰:'不诚无物。'程子曰:'物来顺应。'又如'物各付物','胸中无物'之类。皆古人常用字也。"他日先生亦云然。

【注解】 陈九川记录道:"正德十年(公元1515),那时阳明先生四十四岁。九川我第一次在龙江(也就是现在的南京)这个地方见到阳明先生。阳明先生和甘泉先生在谈论格物的学说。"这个甘泉先生还是有来头的,甘泉是他的号,名字叫湛若水,这个名字听了就是大师了。他是广东增城人,现在广州增城区还专门建了书院纪念他。湛若水先生少时曾经师从陈献章(世称白沙先生)。湛若水有《湛甘泉集》传世,这个书回头可以好好研读一下。这两位高手对决应该是很热闹的了,我们赶紧看看他们都讨论些什么吧。

陈九川记录道:"甘泉先生坚持旧说,还是坚持自己的观点,随处在万物之中体认天理。阳明先生说道:'你这是求之在外了。'"甘泉先生也知道阳明先生会以为他是向外求,可是应该不是的。甘泉先生曾经解释说,我所谓的心,体悟万物而没有什么遗漏,所以无内无外。甘泉和阳明先生都是得道高人来的,只是教法有所不同罢了。包括甘泉先生的老师白沙先生,也曾归隐十年于家乡而得道,后传于甘泉先生。白沙先生游学于国子监,那里的人惊呼真儒复出了。不打岔了,接着来看这位同学记录了些什么。

陈九川记录道:"甘泉先生说道:'如果以格物的理在外,这是自己把心给搞小了。'陈九川听了很是高兴的,赞同旧有的说法是对的。"第一轮回合阳明先生和甘泉先生不分高下。

陈九川记录道:"阳明先生又论说'孟子·尽心'那一章,陈九川我一听也就没有什么疑问了。"这位同学看来悟性还是可以的,不过也许还是没有完全明白的,以为已经明白了。

陈九川记录道:"后来回到家住的时候,又拿格物遗留的搞不明白的问题来请教先生。阳明先生回答道:'只要能够实在地去做功夫,久了自然就能够释然了。'到了山间自己抄录了《大学》来仔细的研读,发觉朱熹格物的学说却是有问题的,是不对的。然而也还是有些怀疑阳明先生的一些说法,先生说意所在就是物,这个物字还是未能明白的。"估计不只是这位同学不明白的,许多人也都会有这个疑问的。

陈九川记录道:"乙卯(公元1519)年从京城回来,在洪都(现在的江西南昌)再次见到阳明先生。阳明先生那时兵务繁忙,只是找空闲的时候讲授一下学问的,见面就问近年用功做功夫如何呀?"阳明先生很关心这位同学实际做功夫如何,而不只是停留在纸面文义上的。

陈九川记录道:"回答道:'近年来体验到明明德的功夫只是诚意的。做了诚意的功夫,就可以明明德了。从明明德于天下,也就是说发明本有的明德于天下,一步步地推入根源,到了诚意这个事情再也上不去了。这个诚意的功夫应该是究竟了吧?可是为什么在《大学》里面还说格物致知诚意……说了这么一堆,格物致知还跑到了诚意的前面去了呢?后来我又在想,觉得意的至诚还是虚伪,这个还是必须要先知觉才可以的。所以,还是前面需要有格物致知的。大概能够在颜渊那里找到一点证据的,颜渊说道:'如果有什么不善的未尝能够全部知道的,如果我已经知道了,知道不对了,就绝对不会再去做的。'这个诚意还是要先觉知,才可以诚的。听颜渊这么一说,我也就没有什么疑问了。可是前面致知也就算了,为什么又有一个格物呢?"这位陈九川同学还是比较善于思考的,权且听他把疑问说说。还是没有能够圆融阳明先生的学说的,他自以为已经领悟了还是没有能够完全领悟的。陈九川同学只是停留在文字上面的,还不能脱离语言文字的。接下来看看阳明先生怎么跟他说吧。

陈九川记录道:"我又反复地思考,想来我的自心之灵,哪里又不知意的善恶呢?只是物欲所遮蔽罢了。须要格去物欲,就能够如颜渊说的那样,未尝不知的。我又自己有些疑问,觉得也许功夫做颠倒了,和诚意的功夫不能打成一片。后来我就问希颜同学。希颜说道:'阳明先生曾经说过,格物致知是诚意的功夫,这个是没有错的。'陈九川问道:'如何是诚意的功夫呢?'希颜让我自己再思量体察一下看看的。陈九川我最终还是不能领悟的,请问先生这是怎么回事呢?"陈九川同学还没有能够真正领悟阳明先生的学说,他所说的,也权且看看,主要是看阳明先生怎么解答的。希颜同学看似高深,再往下看看这位同学有没有什么高见再说的。

陈九川记录道:"阳明先生回答道:'可真是可惜呀,这只是一层薄薄的窗户纸的,可以一言而顿悟的。惟濬,也就是九川你所列举的颜渊的事就是了。只要知身、心、意、知、物本来是一个事情来的,而不是很多事情,不是割裂开来的。'"心外无物,心外无理。

陈九川记录道:"九川听了以后很疑惑地问道:'事物本来是在外的,如何和身、心、意和知是一件事情呢?'"这位同学帮我们把问题问出来了,我们看阳明先生怎么回答。

陈九川记录道:"阳明先生回答道:'耳、目、口、鼻和四肢,这个是身,如果不是心怎么能够看、听、说和动呢?心如果想看、听、说和动,如果没有耳、目、口、鼻和四肢也是不能的。所以说无心则无身，无身则无心了。'"如果没有这个臭皮囊，这个心安在哪里呢？

陈九川记录道："阳明先生又说道：'只是把充塞处，把这些器官啦等称之为身罢了；而把主宰处称之为心的。心的发动之处称之为意；意的灵明处称之为知；意的关涉之处称之为物，如果意在侍奉双亲的话，孝顺就是一物。这么看来身、心、意、知、物的确还真是以个事情来的。意不会有什么悬空存在的，必定是着于事物的。所以说想诚意，则随着意所在的某个事物上面去格，去除其人的私欲而归于天理，那么良知在此事上面，就没有什么遮蔽的了。没有了遮蔽，也就能够致良知了。这便是诚意的功夫。你刚才这么问这个问题，这实际上就是诚意的功夫。'九川听了以后释然，似乎已经破除了数年以来的疑问。"现在我们读来也是深受启发的，已经阐释得比较深刻了。比如容易发怒，在具体事情上面磨砺自己的，如果能够把发怒里面掺杂的人的私欲给去除了，也就能够归于平静和淡定了。

陈九川记录道："九川又问道：'甘泉先生近来似乎也信用《大学》的古本，他说格物就好像是在说上达于道的功夫。甘泉又说穷理就好像是穷其巢穴的穷，要亲历亲至，所以说格物也只是随处体认天理罢了。似乎甘泉先生他这么说和先生所说的渐渐地相同了。'"看看阳明先生怎么评价甘泉先生这样的说法。

陈九川记录道："阳明先生说道：'甘泉先生是实实在在做功夫的，所以能够转得过来的。当时我跟他论学的时候，我说《大学》里的那个'亲民'的字不需要像朱熹那样改动的，他还是不信的。现在听他论格物也还是比较贴切的了，但是他还是有些说得不太贴切的。不需要把理字当做物字来用，只要还原他一个物字就可以了。'"物还是物，理还是理，不要搞混淆了。阳明先生对甘泉先生论学还是比较肯定的，他知道甘泉先生是实际做功夫的。所以，进步得很快，很快就能转过来了。可是随处体验天理这个也许不是很贴切的，随处可以看到的是事物的。

陈九川记录道："后来有人就问九川说：'你现在为什么不怀疑物这个字了呢？'九川回答道：'《中庸》中说道：不诚无物。'"不诚无物，这句话怎么解释呢？心发出来就是意，这个意不能不跟物关涉在一起的。如果不能做到诚意，不能做到至诚，这个意夹杂着人的私欲，也就不能如实地反映了。这个心如同一面镜子，如果镜子上面有污渍，也就好比人心有私欲，这样照出来的物就变形了，也许根本照不出完整的物形来。所以说不诚无物的。

陈九川记录道："程颐先生曾经说道：'物来顺应。'又如他说的'物各付物'，'胸中无物'这类话语的。这些也都是古人常用的字眼。后来先生也赞同我的这些说法。"物来顺应，这个类似于我们常说的物来则应物去不留。这个心如同镜子，外物来了，照一下，外物走了，没有什么留下来的。物各付物，以物观物，这个是邵康节讲的。也就是以物性观物性的，以诚意去观物性，不夹杂人的私欲也就能够观察得清楚明白了。胸中无物，也就是说胸中没有对外物没有私欲，不会有物欲。

2. 戒惧之念

【原文】九川问："近年因厌泛滥之学，每要静坐，求屏息念虑，非惟不能，愈觉扰扰，如何？"

先生曰："念如何可息？只是要正。"

曰："当自有无念时否？"

先生曰："实无无念时。"

曰："如此却如何言静？"

曰："静未尝不动，动未尝不静。戒谨恐惧即是念，何分动静？"

曰："周子何以言'定之以中正仁义而主静'？"

曰："无欲故静，是'静亦定，动亦定'的'定'字，主其本体也。戒惧之念，是活泼泼地，此是天机不息处，所谓'维天之命，于穆不已。'一息便是死，非本体之念即是私念。"

【注解】九川问道："近年来我因为厌倦了泛滥世俗的那些学问，每当我要静坐的时候，就企求得平息念头和思虑，非但不能平息念头，反而是越来越觉得不能平静了，为什么会这样呢？"也许我们都有同样的烦恼，听听阳明先生怎么回答吧？

阳明先生回答道："念头如何能够强制的平息呢？念头只是要正罢了，要正心的。"阳明先生是融通儒释道的高人来的，应当对佛道的修行法门比较纯熟吧？念头的确不能强制的平息，可是念佛法门等可以慢慢地使得心进入禅定，进入静定。在静定里面杂念是极少的了，可以说也是可以平息的，但不是强制去平息，而是要顺着心性来的。

九川又问道："是否存在着无念头的时候呢？"

阳明先生回答道："实在没有无念头的时候的。"阳明先生这么说，那高僧的大德在甚深禅定之中，也许不能完全做到无念头，可是已经是比较宁静的了。

九川又问道："如此却怎么谈静呢？念头都无法平息，也没有无念头的时候。"

阳明先生回答道："静未尝不是动的，动未尝不是静的。戒谨恐惧慎独这个即是念的，如何分什么动静呢？"处于静定之中，也保持了对周围的觉知，这个觉知只是直觉，未尝有念头的，也可以不去思虑的。就好像镜子照东西，美的就是美的，丑的就是丑的。照了以后不会去评论，没有好恶，如果去评论这就是有念头了。阳明先生这么说有点牵强和偏颇了。我并非有意去反驳阳明先生的，我以为阳明先生不应当止步于儒门心学，应当继续深入佛、老进行实证的。戒谨恐惧慎独这个是觉知的，可以说不是念头的。阳明先生说静中有动，动中有静，不分动静，这个是对的。之前我们也已经深入探讨过这个问题了。比如镜子放在那里，这个是静的吧，外物来了，显现出外物了。外物移走了，显现的影像也跟着不见了。这个说是静的，也似乎又动在内。

九川又问道："周敦颐为什么说'定之以中正仁义而主静'？"周敦颐为什么这么说呢？先听听阳明先生怎么解释。

先生回答道："中正仁义，这个是无欲，已经去除了人的私欲了，如此无欲所以静。所以周敦颐如此说。静也定，动也定的定字，主心的本体的。"禅宗有个动中禅，不管是行住坐卧，都在定中。可以说静也是禅定，动也是禅定。虽然身体在行动中，可是心如如不动。阳明先生和周敦颐先生所说的，跟禅宗的也是相通的。

先生又说道："戒惧这个念头，这个是活泼泼的，这也是天机不息处。这个不是私念的那种念头，这个是对上天神明的敬畏，这个是觉知的。"有这个天赋的戒惧念头，保持对上天的敬畏，保持警觉和觉知，其他的恶念就难起了。什么是念头前面有讲过的。妄念散乱，也有无数的念在心里跳跃，可是念总有个头。就好像一堆混乱的丝线也会有个头尾，只要拉住这个头就可以把整个丝线全部都理出来了。这个念头也是如此，只要保持警觉和觉知，其他的念就平息了。

先生又说道："《诗经》有讲，'上天所赋予人的天命，幽远而深邃，在冥冥之中主宰着人的命运，无有停息。'如果天机一息便是死了，如果非本体之念就是所谓的私念了。"本体之念是什么呢？戒惧之念也是本体之念的，对天道的天然的敬畏，这个就是本体之念的。就是心的本体的本然觉知，物来则应，这个应即是本体之念。如果生起了对物的好恶，这个就是私念了。

3. 声色在前

【原文】又问："用功收心时，有声色在前，如常闻见，恐不是专一。"

曰："如何欲不闻见？除是槁木死灰，耳聋目盲则可。只是虽闻见而不流去便是。"

曰："昔有人静坐，其子隔壁读书，不知其勤惰。程子称其甚敬。何如？"

曰:"伊川恐亦是讥他。"

【注解】陈九川又问道:"用功做功夫收敛此心的时候,如果有声色在面前,也就是说有外在的事物在面前,如果像平常醒着的时候那样去听去见,恐怕不能称其为专一的吧?"这位同学有这个疑问,也许很多人也会有同样的疑问的。用功的时候是不是对周围的事物什么都不知道了呢?

先生回答道:"如何才能不听到什么,不见到什么呢?也许除了槁木死灰,或者是耳朵聋了眼睛瞎了这样才可以了。做功夫不是没有听什么见到什么,而是虽然听见了,看见了,不跟着这些事物影像走罢了。"用功做功夫,心如如不动,在静定之中。可以感知周围的一切,可是不会跟着周围的事物去走。如果心跟着事物走,就会散乱,心猿意马了。做功夫有许多方法,有些人通过吹尺八来做功夫,吹着吹着时间久了,心特别的安静,周围的一切即使再轻微的声音都可以听见。

陈九川又问道:"以前有人在家里面静坐做功夫,他的小孩子在隔壁读书,他很是专心,连自己的小孩子是勤奋的在读书还是偷懒都不知道的。程颐说这个人还真是能持敬的。先生你认为如何呢?"这个人做功夫似乎很专注哦,自己小孩子读书如何都不知道的。看看阳明先生怎么说。

先生回答道:"程颐先生恐怕也是在讥讽他的吧。"阳明先生揣摩程颐先生还是不认可这么做功夫的。

4. 觉有内外

【原文】又问:"静坐用功,颇觉此心收敛。遇事又断了,旋起个念头去事上省察。事过又寻旧功,还觉有内外,打不作一片。"

先生曰:"此格物之说未透。心何尝有内外?即如惟濬今在此讲论,又岂有一心在内照管?这听讲说时专敬,即是那静坐时心。功夫一贯,何须更起念头?人须在事上磨炼做功夫乃有益。若只好静,遇事便乱,终无长进。那静时功夫亦差似收敛,而实放溺也。"

后在洪都,复与于中、国裳论内外之说,渠皆云物自有内外,但要内外并着,功夫不可有间耳。以质先生。

曰:"功夫不离本体,本体原无内外,只为后来做功夫的分了内外,失其本体了。如今正要讲明功夫不要有内外,乃是本体功夫。"

是日俱有省。

【注解】陈九川又问道:"我在静坐用功的时候,还是能够颇感觉到此心能够收敛安静的。可是遇见事情了，功夫又被打断了，又起了念头去具体的事上去省察去了。事情过了之后要找回原来的安静的旧功夫，又找不到了，还是不能打成一片的。"我们也许也有打坐修静定的经验，也有类似的苦恼。

先生回答道："这是由于格物的学说没有能够参悟透的。心何尝有内外呢？就好像九川你现在在这里讲论学问，又岂有一心在内照管呢？你现在在听讲授的时候专一持敬，也就是静坐的时候那个心的。功夫是一贯的，何须另外再起个什么念头呢？人须在事上磨炼做功夫才有益处的。如果只是好静而去求安静，遇见事情便很容易乱了方寸的，终究没有什么长进的。那安静的时候功夫看似收敛了，而实际上是放溺你的心了。"如果仅仅是为了求安静就跑去僻静的地方，这个还是不能顶事的，回来了遇见事情了还是会散乱的。这个还是要做真功夫的。当然如果在安静的地方做功夫，修习禅定到了比较高的境地，回来了也就不会退转了。但是假如仅仅像是去度假一样，安静一下，回来又恢复原来的模样了。

后来在洪都的时候，又跟两位同学于中、国裳谈论到内外的学说，他们都说物体都会有内外的，心也当然有内外的了，但是要内外兼顾的，功夫不可以间断的。我听了有些不太明白，就问先生这是怎么回事呢？他们说的对不对。

先生回答道："做功夫是不会离本体的，这个心的本体原本无内无外的，只因为后来做功夫的分了内外，失去了本体了。如今正要讲明功夫不要有内外之分，这个是本体功夫的。"

当日听先生这么一说，我们都有所省悟。

5. 陆子之学

【原文】又问："陆子之学何如？"

先生曰："濂溪、明道之后，还是象山。只是粗些。"

九川曰："看他论学，篇篇说出骨髓，句句似针膏肓，却不见他粗。"

先生曰："然，他心上用过功夫，与揣摹依仿、求之文义自不同，但细看有粗处。用功久，当见之。"

【注解】陈九川又问道："陆九渊的学问如何呢？"正想问阳明先生对陆九渊的学说怎么看，这位同学帮我们问了。陆九渊跟朱熹有个鹅湖之会。

先生回答道："周敦颐、程颢之后，还有个陆九渊。不过陆九渊的学说粗了一点。"阳明先生对这几位高人还是比较肯定的。周敦颐、程颢都是得道的高人来的。陆九渊也是得道了，阳明先生还是肯定的，也是继承正学，继承道统的，只是说陆九渊的学说没有说得那么精细。

陈九川说道:"先生你说他的学说粗,可是我看他论学,每一篇都说到了骨髓了,句句都似乎针刺到了膏肓了,我看却看不到他的学说有什么粗的。"这位同学当着老师的面还是真敢说的,持有跟老师不同的意见。

先生又说道:"是的,你说的没有错,他还是在心上用过真功夫的。他的功夫和那些只是在那里揣摩,只是在那里模仿,在文义上面折腾的人是自然有很大的不同的。但是,细看的话还是可以看到粗的地方的。你用功夫久了,也就能够看见了。"阳明先生这么说应该是有道理的,我们先记下来,回头去找陆九渊的书来参读一下就知道了。

6. 有个诀窍

【原文】 庚辰往虔州再见先生,问:"近来功夫虽若稍知头脑,然难寻个稳当快乐处。"

先生曰:"尔却去心上寻个天理。此正所谓理障。此间有个诀窍。"

曰:"请问如何?"

曰:"只是致知。"

曰:"如何致知。"

曰:"尔那一点良知,是尔自家底准则。尔意念著处,他是便知是,非便知非,更瞒他一些不得。尔只不要欺他,实实落落依着他做去,善便存,恶便去,他这里何等稳当快乐。此便是格物的真诀,致知的实功。若不靠着这些真机,如何去格物?我亦近年体贴出来如此分明,初犹疑只依他恐有不足,精细看,无些小欠阙。"

【注解】 庚辰(正德十五)年,也就是公元1520年,那个时候阳明先生49岁。陈九川同学去江西赣州再见到阳明先生。这位同学问道:"近来我做功夫虽然好像稍微知道了点头脑和关键,然而好像很难寻个稳当又快乐的所在。"这位同学问得很好呀,做功夫应该是充满法喜,应该是很快乐的一件事情。

先生回答道:"你却仅仅在心上去寻个天理。此正所谓的理障的。这里面有个诀窍在的。"阳明先生针对这个学生,一针见血地指出他修行的障碍在哪里。

陈九川又问道:"请问是怎么回事呢?"这位同学看到老师针对性指出自己的问题,就很着急地问,希望能够得到更进一步的指点。

先生回答道:"只是致知罢了。"阳明先生回答得很简短,指出了这个诀窍是什么。

陈九川又问道："如何致知呢？"怎么样才能致良知呢？

先生回答道："你那一点良知，是你自家的家底和准则。你的意念所对应的事物，所著处。如果是就是是，如果非就是非，没有一点东西能够隐瞒的。"之前已经探讨过了，意由心的本体发出来，必定对应于一事物。这个意字上面是音，下面是心，是心的声音，心的影响。此心如同明镜一样，是就是是，非就是非，一点都隐瞒不了。

先生又说道："你只要不要欺它，实实在在地去做功夫，依着它去做就好了。善就存下来，恶去除就可以了，这样多简单呀，这是何等的稳当和快乐的。"主要是看是否诚意恳切，如果足够真切去做就可以了。明代的袁了凡发愿真切，也实际去做了就改变了命运了。他做一件善事就记录下来，做够3000件善事命运都有很大改变了。这个是很稳当和快乐的事情。

先生又说道："这便是格物的真正诀窍了，致知的实在功夫了。如果不靠着这个真正的天机，如何去格物呢？"我们每个人所做的业无非是心里所想，嘴巴所说，行为所做。如果这些善的就存下来，恶的就去掉，恶总会越来越少的，人的私欲也是越来越少的。这就好比存钱一样，不断地积累这个效果是很惊人的，也许会有意想不到的效果。

先生又说道："我也是近年来才体会到贴切一些，如此的分明。一开始还是有点怀疑恐怕只有致良知还是不足的，光做这个功夫还是不行的。后来精细地去看，去体会，去做功夫，实在是没有甚至哪怕一小点的欠缺的。"自性之中具足一切，如果能够致良知了，也就能够见性了，也就能够见道了。

7. 原是圣人

【原文】在虔与于中、谦之同侍。先生曰："人胸中各有个圣人，只自信不及，都自埋倒了。"因顾于中曰："尔胸中原是圣人。"

于中起不敢当。

先生曰："此是尔自家有的，如何要推？"

于中又曰："不敢"。

先生曰："众人皆有之，况在于中，却何故谦起来？谦亦不得。"

于中乃笑受。

又论"良知在人，随你如何不能泯灭，虽盗贼亦自知不当为盗，唤他作贼，他还扭怩。"

于中曰："只是物欲遮蔽。良心在内，自不会失，如云自蔽日，日何尝失了。"

先生曰："于中如此聪明，他人见不及此。"

先生曰："这些子看得透彻，随他千言万语，是非诚伪，到前便明。合得的便是，合不得的便非，如佛家说心印相似，真是个试金石，指南针。"

先生曰："人若知这良知诀窍，随他多少邪思枉念，这里一觉，都自消融。真个是灵丹一粒，点铁成金。"

崇一曰："先生致知之旨发尽精蕴，看来这里再去不得。"

先生曰："何言之易也？再用功半年看如何，又用功一年看如何。功夫愈久，愈觉不同。此难口说。"

【注解】 在虔州的时候，陈九川和于中、谦之这两位同学一起陪伴在阳明先生的身边。先生说道："每个人的胸中原本都有个圣人的，也就是说每个人都潜在的可以成为圣人，只是由于自信不能跟上，所以就埋汰了。"阳明先生说完就看了于中同学一眼说道："你胸中原本是圣人的。"

于中同学听了以后连忙站起来说不敢当。阳明先生这么说不是许多人怀疑呢？阳明先生是不会骗人的，不会骗弟子的。人人皆可成尧舜，人人皆有佛性。佛家有一本书叫《大乘起信论》。升起信心这个是不简单的，往往都是半信半疑的。由于被物欲遮蔽了这个心，就不容易有自信了。这个自信可不是盲目的相信啊，这个还是要真正去发自内心的去体悟，是要实证的。就好比说有人说不怕鬼，这个还不算真的不怕。要真正地深更半夜去走夜路，经过坟地，鬼出入的地方，如果不怕那才是真的不怕了。

先生又说道："这本来是你自家有的，为什么要这么客气地推脱谦虚呢？"

于中同学又很谦虚地说道："不敢的。"这似乎是个谜语一样的，到底阳明先生说的对不对呢？阳明先生也不是天生的圣人呀，他不是也经历过龙场悟道而出凡入圣的吗？那既然阳明先生通过做功夫可以，那我们是不是也可以呢？

先生又说道："众人都是有的，何况你于中还是不错的，却何故如此谦虚起来呢？太过谦虚也是要不得的。"不仅仅是于中同学可以有潜质成为圣人，众人都有，每个人都是有这个潜质的。这下其他两位同学听了应该开心了吧。

于中同学这下看老师说大家都有份，这才笑笑地接受了。

先生又论道："良知对于每个人都是有的，不管是善人还是恶人。随你如何也不能泯灭的。虽然是盗贼也自知不应当为盗的。你如果唤他作贼，他还会感到很别扭，觉得不好意思。"每个人的本心都是有良知良能的。即使是物欲再多，层层覆盖，但是也不能使得良知彻底的泯灭掉。

于中说道："只是物欲遮蔽而已吧。良心在内，自然不会失去的。如同天上的云遮住了太阳，太阳暂时看不见而已，太阳何尝失去了呢？"于中同学说的还是很贴切的。跟我想的一样，看来阳明先生见到我也可以表扬我一下了，开玩笑了。

先生又说道:"于中同学如此聪明,他人也许见解还没有能够达到如此的。"阳明先生赞许了于中同学的。

先生又说道:"这些事情如果能够看得透彻了,随他千言万语,不管别人怎么说,是非诚伪,到了前面便能够明达了。契合的便是对的,不契合的便是非的。如同佛家所说的佛心印,以心印心是类似的。真是个试金石的,也是个指南针。"阳明先生看来也是融通佛家的精髓的了。达摩祖师西来也是为了传佛心印的。心心相印这个词以前不是用来说谈恋爱的哦,这个词是由佛教里来的。如果能够致良知了,弄通了这一点,横说竖说都是这些东西的了。

先生又说道:"人如果知晓了这点良知的诀窍了,随他多少邪思枉念,到这里如果能够觉知了,一切也都自然就消融掉了。这可真是个灵丹一粒的,可以点铁成金的。"如果知晓了这点诀窍,也就是明心见性了,也就是开悟了。不管正的邪的,放进去都可以出来真金了。对于医术而言,如果不能上达于道,还是在凭借经验来进行治疗。如果能够上达于道,就可以圆融贯通了。并不是一定要上达于道才可以治好病,有些人凭着祖辈的经验,还是治疗效果不错的。可是如果要突破到一定的层次,就非得上达于道不可了。类似于当今炒股,并不是说追涨杀跌不能赚到钱,有可能也可以赚到钱,可是不排除在某个时候会彻底的失败。上达于道则不然了,是可以真正地做到如巴菲特那样百战百胜的。人人皆可为尧舜,人人皆可为股神的。不讲这些太多了,要不阳明先生该生气了,他那时候没有股票可炒的。

崇一同学说道:"先生致知的要旨已经阐发得很详细了,看来这里再也无法去多讲些什么了。"如果老子、佛陀看到这位同学这么说也许会微笑的。明心见性,见道了,开悟了这个仅仅是修行的开始而已,如何说无法继续了呢?也许路还远着呢?

先生说道:"为什么把事情说得这么容易呢?你再用功半年看如何,又再用功一年看看如何的。功夫越久,感觉越不同的。这个是用嘴巴很难说得清楚的。"看来阳明先生还是在不断地继续精进的。阳明先生尚且如此,何况我们这些学子呢?还要继续去做功夫,做学问的。

8. 圣传之秘

【原文】先生问:"九川于致知之说体验如何?"

九川曰:"自觉不同。往时操持常不得个恰好处,此乃是恰好处。"

先生曰:"可知是体来与听讲不同。我初与讲时,知尔只是忽易,未有滋味。只这个要妙再体到深处,日见不同,是无穷尽的。"

又曰:"此'致知'二字,真是个千古圣传之秘,见到这里,'百世以俟圣人而不惑'。"

【注解】 先生问道:"九川同学你对于致知的学说体验如何呀?"阳明先生还是很关心陈九川同学的,在前面的书信里面还多次提到这位同学。

九川回答道:"自己感觉还是跟以前有些不同的。以前操持往往不得要领,不能恰到好处,现在感觉已经能够恰到好处了。"也许真的是有进步了,如人饮水冷暖自知,可是还是需要先生继续提点去做功夫。

先生又说道:"由此你应该可以知道了,自己去体会跟听我这么讲是很不同的。我刚开始跟你讲的时候,你听了以为是很简单的事情,这是由于还没有自己去体验品尝到其中的滋味。只要这个致良知的诀窍再深入地去体会做功夫,每天也许你的见解和体悟都是不同,这个是无有穷尽的。"正所谓日新日新日日新。

先生又说道:"这个致知两个字呀,真是千古圣人所传下来的秘诀。如果能够见到这里,体会到致知的诀窍。千古圣人相传沿袭的道统,也是凭着这个的。需要等待百世才可以出来圣人而传承的,对此没有感到一点的困惑的。"如果能够实证体悟,就可以与尧舜之道契合了。也许无法体会为什么古代的这些圣王要去禅让帝位的,他们要找的是能够托付天下的圣人。尧帝有儿子可是没有传给自己的儿子,却传给了舜帝。他们千辛万苦地要去找的是实证这个诀窍的人,才可以托付天下的老百姓给他。

9. 泄露天机

【原文】 九川问曰:"伊川说到体用一原、显微无间处,门人已说是泄天机。先生致知之说,莫亦泄天机太甚否?"

先生曰:"圣人已指以示人,只为后人掩匿,我发明耳,何故说泄?此是人人自有的,觉来甚不打紧一般,然与不用实功人说,亦甚轻忽可惜,彼此无益。与实用功而不得其要者提撕之,甚沛然得力。"

又曰:"知来本无知,觉来本无觉。然不知则遂沦埋。"

【注解】 九川问道:"程颐先生说到了体用本来都是一原的、是显在外的还是隐微的没有什么区别了。他的弟子们听到了就说已经是泄露天机了。先生所说致知的学说,莫非也是泄露天机太过了吗?"有句俗话说道,天机不可泄露,这位同学很好奇这么问老师。如此泄露天机是不是不太好呢?显现的和隐微的,分别代表着阳和阴,阴阳本来是一体的。阴中有阳,阳中有阴。体用互为阴阳，体用本来是一体的。

先生回答道："圣人已经很明白地指示给世人了，只是由于后人有私欲所以掩埋藏匿起来了。我这是再阐发使得明白于世而已，为什么会说泄露天机呢？"佛陀在菩提树下大彻大悟，他想到我法妙难思，也许用语言文字很难能够跟世人讲得明白。但是佛陀慈悲为怀，还是住世说法一生。古往今来的古圣先贤，也都在想方设法地指示给世人，给世人指明光明的正道。阳明先生只是将这些道理发明，就像在漆黑的夜晚，点亮了一盏明灯。阳明先生一盏灯还不够亮，他企望着弟子们把自己的心灯也点亮。

先生又说道："这个是人人自己都有的，这个事情说了就说了，也不会是什么打紧的事情。这样泄露天机也不是什么严重的事情。本来就是要让世人明白。"每个人都有良知，每个人都有心灯，阳明先生只是把实话说出来了罢了，又有什么罪过呢？应该是很大的功德。

先生又说道："然而，如果跟不用实在功夫的人说，也是比较可惜的，对说的人和听的人来说都没有什么益处。如果是对实在做功夫而不得其要领的人说了，这个是很给力的。"如果实在去做功夫，真诚恳切，但总是掌握不到要领。在这个关键的时候，老师点拨一下，弟子是很感激涕零的。也不必逢人就说的，对说的人和听的人实在没有什么益处。

先生又说道："要说知，本来是无知的；要说觉，本来也是无觉。本来也都是空的，可是也不是绝对的空。然而，如果不知此也就真的是埋没了自己本来的良知了。"这句话听起来似乎有点费解的，我们花一些工夫来说一说。要说知又知道些什么呢？苏格拉底的无知之知，也许也是这个道理的。世上所谓的聪明人以为自己知道很多，可是却不知道自己的无知。有句禅语：觉后空空无大千。那觉个什么呢？

10. 指摘处少

【原文】先生曰："大凡朋友须箴规指摘处少，诱掖奖劝意多，方是。"后又戒九川云："与朋友论学，须委曲谦下，宽以居之。"

【注解】先生说道："大凡跟朋友相处，大家一起探讨学问，规劝指责处要少些，而互相鼓励夸奖多一些，这样才好的。"如果在一起坐而论道，在一起做学问，都是在吹嘘自己，如此别人即使觉得你可以，但是也无法接受的。大多数人都还是顺毛驴多一些。这个驴脾气许多人都有，越是批评指责越是接受不了。多些鼓励让人暖心，容易接受。对于心学本来一开始受到很多人的排挤，本来能够有多些同道中人已经不容易了，所以要好好珍惜。

后来阳明先生又劝诫陈九川说道:"和朋友论学,须委婉一些,谦让一些,能够宽容对待不同的意见。"如此大家才能够共同地进步。有不同意见不要紧,逐步地做学问做功夫,进步了致良知了,也许意见就能够达成一致了。

11. 只要解心

【原文】九川卧病虔州。

先生云:"病物亦难格,觉得如何?"

对曰:"功夫甚难。"

先生曰:"常快活便是功夫。"

九川问:"自省念虑,或涉邪妄,或预料理天下事。思到极处,井井有味,便缱绻难屏。觉得早则易,觉迟则难。用力克治,愈觉扞格。惟稍迁念他事,则随两忘。如此廓清,亦似无害。"

先生曰:"何须如此?只要在良知上著功夫。"

九川曰:"正谓那一时不知。"

先生曰:"我这里自有功夫,何缘得他来。只为尔功夫断了,便蔽其知。既断了,则继续旧功便是,何必如此?"

九川曰:"直是难鏖,虽知,丢他不去。"

先生曰:"须是勇。用功久,自有勇。故曰'是集义所生者',胜得容易,便是大贤。"

九川问:"此功夫却于心上体验明白,只解书不通。"

先生曰:"只要解心。心明白,书自然融会。若心上不通,只要书上文义通,却自生意见。"

【注解】陈九川同学卧病在虔州,这位同学生病了。

先生说道:"这个病也是一物来的,此物也是很难格的,觉得怎么样呢?"阳明先生也常年犯有肺结核病,经常服用自己的老师许璋先生的一味砒霜以毒攻毒的。以至于有些人怀疑阳明先生是由于砒霜中毒而死去的。千万不要模仿,还是要请专业的医院看看。

陈九川同学回答道:"做功夫格这个病还是很难的。"这个病也是一物来的。人生有生老病死苦,这个病是很痛苦的。

先生又说道:"经常能够保持乐观,平常心对待,这个就是功夫了。"先生那么严重的肺结核疾病,从青年的时候就开始了,还能够立功立德立言,并全身而退,这个是很难得的了。

陈九川问道:"自我反省念头和思虑的时候,或许涉及邪念和妄念,或许预先设想如何去料理天下的这些事情。考虑到极致的时候，还是很有味道的，便很难去割舍掉，似乎有点难舍难分。如果觉察得早的话，割舍掉还是相对容易一些，如果觉察迟就难了。越是用力去克治，反而还抵触的。如果稍微转移自己的注意力去做其他的事情，这样就能够忘却了。如此来清理杂念，也似乎没有什么害处的。"这位同学有时会想入非非的，如果事先觉察早的话，马上就放弃了就好了。有时想去克制，说不要去想，然而压制不住的。这个念头就好像有牛脾气一样，想压反而有反弹的，压不住的。妄念就好像野草一样，用石头压住，又会从另外一个地方冒出来。我们都有很多经验了，如果遇见烦恼的事情，转移注意力去做其他事情，就会忘记了，这个倒是好办法。这位同学说的还是很有切身体会的。

先生说道："何必如此呢？只要在自己的良知上做功夫就可以了。"可是先生这么说，也许还是不知道怎么在良知上用功的。

九川说道："可是正是因为那个时候不知的。"这位同学说，那个时候不知，如何能够去做功夫呢？正所谓当局者迷的，现在知道了当然不会，可是遇见具体事情的时候就麻烦了。

先生又说道："自我这里自有功夫的，你自己的良知每时每刻都是有的，这种功夫还有什么需要从外面来呢？只是因为你的功夫断了，就会遮蔽你的良知。既然断了，就继续接着做旧的功夫就可以了，何必如此呢？"

九川说道："这可真是心地里一种煎熬和苦战呀，虽然知道了，可是还是清除不掉的。"你越是想清静就越清静不了。越是想清除妄想杂念，也许杂念就越多了。

先生说道："须是勇才可以的。用功久了，自然就有勇了。所以说，要不断地集义所生的，不断地积累阴德而生的，不断地去做善事积累资粮的，不断地去除人的私欲存天理的。如果能够很轻易地取胜了，这就是大贤之人了。"其实大道至简的，这个心如同犟驴似的，需要明白心性的。犟驴不能用皮鞭抽的，得顺着驴脾气，这样它就会乖乖地听话了。这个心的特点也是如此，如果要压制念头，这个是压制不住的。要有一种任花开花落，云卷云舒的这种状态来对待的。一开始有妄念不要紧，没事的，还是把注意力放在一句佛号上面，妄念慢慢地就会越来越少了，心慢慢地进入了静定之中，这就把心安下来了。对于功夫娴熟的人来说，这个并不难的，很快就能够进入静定的，这样的人可以说是大贤之人。能够果断地做功夫去除人的私欲，这个可以说是大勇来的。

九川问道："这个功夫却只能在心上去体验明白的，如果是在书本文义上来求，这个是解不通的。"

先生说道："只要解心的，不要解书。把心解明白，也就明白了。心明白了，书自然也就能够融会贯通了。如果心上不能通达，只要在书本上去求文义的通顺，这个却又多生了一层知见了。这个也是一种障碍来的。"如果仅仅在考据上来玩，也是玩不通的。考据看似严谨，每一句话都有出处。这个是建立在对引用的东西正确的理解上面的，也是建立在所引用的书是不是真理上的。如果本来所引用的东西就有问题，就不对的话，那就是错上加错的。并不是名气有多大就正确，并不是权威有多大就正确的。也许一条引用都没有，那也许句句都是真理的。

12. 悬空讲学

【原文】 有一属官，因久听讲先生之学，曰："此学甚好，只是簿书讼狱繁难，不得为学。"

先生闻之，曰："我何尝教尔离了簿书讼狱，悬空去讲学？尔既有官司之事，便从官司的事上为学，才是真格物。如问一词讼，不可因其应对无状，起个怒心；不可因他言语圆转，生个喜心；不可恶其嘱托，加意治之；不可因其请求，屈意从之；不可因自己事务烦冗，随意苟且断之；不可因旁人谮毁罗织，随人意思处之。这许多意思皆私，只尔自知，须精细省察克治，惟恐此心有一毫偏倚，枉人是非，这便是格物致知。簿书讼狱之间，无非实学。若离了事物为学，却是着空。"

【注解】 有一个下属官员，因为长期听先生讲学，他就说道："这个学说呀真是很好的，只是由于我公务缠身，文书诉讼等事情比较繁杂而且艰难的，没有空也没有心情去学习。"

阳明先生听了就说道："我何尝教你去完全放下公务去悬空讲学呢？你既然有许多公务事情缠身，便可以从公务上面去为学的，这样才是真的格物的。"我们也许都会有许多的梦想，可是往往现实没有能够达成的，也许从当下开始一步一步去做的，马上就开始的，不要等到所有条件都具备的。比如说想要写一本书，想等着有集中的假期才开始，这样也许永远都不能开始的。只要有空的时候利用业余时间就写一点，时间多就写得多一些，时间少就写少一些，总会越写越多的。

先生又说道："就好像审理一个案子，不会因为应对的人无礼，而生起怒心；不可因为他言语委婉，光捡好听的说给你听，你就生个喜心；不会因为憎恶他私下找人嘱托，刻意地治理他；不可以因为他私下请求，就徇私去顺从他；不可以因为自己事务繁忙，就很随意地苟且断案了；不可以因为旁人故意网织各种罪名诋毁他，就随着别人的意思去处置他了。"阳明先生这么说还是很实在的吧，比较实战，而不是悬空地去讲一些无用的东西。这是在事上去磨炼心性，如此磨炼可以了，遇事就不会乱了方寸。

先生又说道："我所列举的这些许多的意思都是属于私心在作怪的。这些只是你自己心知肚明的，须精细地去省察克治才可以的。唯恐这个心有一丝一毫的偏倚都不好的。如果能够做到不偏不倚，就不会枉曲当事人的是非了，对就是对，非就是非，这便是格物致知的。文书诉讼这些公务之间，无不是真实的学问。如果离了事物去为学，却很容易着空的。"

13. 何为圣学

【原文】虔州将归，有诗别先生云："良知何事系多闻，妙合当时已种根，好恶从之为圣学，将迎无处是乾元。"

先生曰："若未来讲此学，不知说'好恶从之'从个什么？"

敷英在座，曰："诚然。尝读先生《大学古本序》，不知所说何事。及来听讲许时，乃稍知大意。"

【注解】陈九川同学将要从虔州回来的时候，就写了一首诗来和阳明先生告别。这首诗这么写道："良知何事系多闻，妙合当时已种根，好恶从之为圣学，将迎无处是乾元。"

怎么去解这首诗呢？这位同学应该还是有些水平的了，可是也许还没有能够像阳明先生那样得道了。所以写的这个诗呀，也许只能算是禅宗神秀的那个水平了。这样的诗句还是比较难解释的，还要站在陈九川同学的理解水平上面去解释，这个是比较费劲的。

这首诗的第一句是说，多闻多见并不是良知的，良知是每个人心的本体。阳明先生反复地讲解良知的学问，陈九川同学应该也是听明白了。

第二句说的是，我们每个人与生俱来，阴阳和合已经种下了良知的根了。每个人都是有良知的，只是由于物欲遮蔽罢了。

第三句接下来阳明先生会有一个质问的，也许这句有些问题的。我们看起来确实也是不知道陈九川同学到底这一句想说的是什么。

第四句说的是，面对每一件事物，不将不迎，不刻意讨好，也不刻意压制。无处不是道的，无处不是良知的感知，无处不是心体的体现的。

先生看了之后就说道："你如果未来去给别人讲学，不知道你说的好恶从之，这句话的这个从是从个什么呢？"这个问题还是比较严重的哦，这里说什么是圣学哦，不可以搞错了。阳明先生没有点评其他的诗句，只是点出了这句的。

当时还有另外一个弟子敷英也在场。这位同学说道："的确如此的。我曾经读过先生所写的《大学古本序》，不知所说的是什么事，看不太明白的。后来听先生讲学多时，慢慢才稍微知道大意的。"这一小段记录也没有写阳明先生接下来怎么讲，就用一位同学的讲话来了结了。为了知道阳明先生的本意，还专门去翻阅了阳明先生写的这个序，具体的内容解析还是放在大学的注解里吧。在这篇序言里面说明了什么是圣学的，圣学为恢复每个人本有的良知，恢复每个人心的本体。

14. 伤食之病

【原文】于中、国裳辈同侍食。先生曰："凡饮食只是要养我身，食了要消化。若徒蓄积在肚里，便成痞了，如何长得肌肤？后世学者博闻多识，留滞胸中，皆伤食之病也。"

【注解】于中、国裳这两位同学陪同阳明先生一起吃饭。先生说道："凡是饮食只是要滋养我这个身体，吃了还是要消化的。如果光是蓄积在肚子里面，消化不了，那就变成积食了，怎么样有助于肌肤的生长呢？没有能够把营养输送给肌肤的。后世学者博闻广识，多见多闻，可是这么多的东西滞留在胸中，这个也都类似于伤食的病的。"

陈九川同学记录的虽然很简短，但是阳明先生所说的道理还是蛮生动和深刻的。阳明先生在吃饭的时候，还是这么会用生动的比方来启发弟子的。现在是知识爆炸的年代，也许许多人都是消化不良的，可是大家不知道罢了。

15. 众人生知

【原文】先生曰："圣人亦是学知，众人亦是生知。"
问曰："何如？"
曰："这良知人人皆有。圣人只是保全无些障蔽，兢兢业业，亹亹翼翼，自然不息，便也是学。只是生的分数多，所以谓之生知安行。众人自孩提之童，莫不完具此知，只是障蔽多，然本体之知难泯息，虽问学克治，也只凭他。只是学的分数多，所以谓之学知利行。"

【注解】先生说道："也可以这么说，圣人也是学而知之的，众人也是生而知之的。"按照经典的说法，圣人都是生而知之的，而众人都是学而知之或者是困勉行之的，也就是说去学了才知道的，或者遇见了困难之后勤勉去学习而得道真知的。可是阳明先生这里却反着来说，弟子们也许突然一听，就会怀疑了，且看看阳明先生怎么解释的。

陈九川问道："先生为什么这么说呢？"阳明先生还真是能够自圆其说的，横说竖说都是对的。且看看阳明先生怎么说。

先生回答道："这个良知人人都是有的，不管是圣人还是众人，都是有的。"

先生又说道："圣人只是保全良知比较好，没有丝毫的遮蔽障碍罢了。圣人兢兢业业，孜孜不倦地去做功夫，自然就不会止息了，这个也是要为学的，也是要做功夫的。只是圣人生下来的天分比较多，老天给打的分数高点，属于上等根器，所以就称之为生而知之的，能够安于正道而行之的。"圣人也是要为学的。阳明先生也有为学做功夫的过程，也走过弯路，曾经去格竹子七天七夜而病倒。佛陀也是要为学的，一开始从皇宫走出去遍访名师，修行苦行六年时间，而后放弃苦行在菩提树下大彻大悟，成为彻底的觉者。只是由于圣人的天分非常的高，天生下来这个心的瑕疵就极少而已。所以称之为生而知之的。

先生又说道："众人从孩提的童年开始，没有不具备这个良知的，每个人都有的东西嘛，肯定有的了。只是由于物欲遮蔽比较多，然而本体的良知难以泯息的。虽然去求学做学问，去修道问道，去为学克治，也只是凭着这一点良知而已的。也只是恢复本有的良知罢了，也只是恢复每个人的本心罢了。只是由于上天给的天分少一些，那只好学的就要多一些了，所以称之为学而知之的，学而能够利于行的。"如此说来众人也是有天分的，不可以自暴自弃地去作恶的。

第十三章　门人黄直录

1. 昭昭之天

【原文】 黄以方问："先生格致之说，随时格物以致其知，则知是一节之知，非全体之知也，何以到得'溥博如天，渊泉如渊'地位？"

先生曰："人心是天渊。心之本体，无所不该，原是一个天。只为私欲障碍，则天之本体失了。心之理无穷尽，原是一个渊。只为私欲窒塞，则渊之本体失了。如今念念致良知，将此障碍窒塞一齐去尽，则本体已复，便是天渊了。"乃指天以示之曰："比如面前见天，是昭昭之天，四外见天，也只是昭昭之天。只为许多房子墙壁遮蔽，便不见天之全体，若撤去房子墙壁，总是一个天矣。不可道眼前天是昭昭之天，外面又不是昭昭之天也。于此便见一节之知即全体之知，全体之知即一节之知，总是一个本体。"

【注解】 照例先介绍一下黄以方同学，江西金溪人。嘉靖二年（公元1523）进士。

黄以方问道："先生你所说的格物致知的学说，随时随地针对事物而格物致知，那么这个知只是部分的知，毕竟是针对具体的事物而知的，并不是全体的知的，如何能够到'溥博如天，渊泉如渊'地位呢？"先看看阳明先生怎么讲，有需要的话再解释引号里面的那句话。

先生说道："人心如同辽阔的天空或者是深不见底的深渊，具足一切而静谧。心的本体，无所不包，原本是一个天的。只是由于私欲的遮蔽障碍，则天的本体失去了。"雨果说：世界上最宽阔的是海洋，比海洋更宽阔的是天空，比天空更宽阔的是人的心灵。雨果这句话大家也都读过的，我也如此。以前读书的时候读，和现在的感受完全是不同的。

先生又说道："此心之中蕴含的天理无有穷尽的，原本是一个深渊来的。只是由于有人的私欲壅塞而已，则深渊的本体就失去了。如今念念都能致良知，就能将障碍壅塞的东西一起全部去掉，那么本体就能够恢复了，便是天渊了。"此心之中仅存天理，如同天渊一般了。

先生说到这里就指着天说道："比如面前我们所见到的天，是昭昭之天，正所谓天理昭昭的，是比较明达的。走出房间四处去见到的也都是昭昭之天的。只是由于许多房子墙壁的遮蔽，也就不见天的全体了，如果撤去房子墙壁，也总是一个天而已，不是有别的什么天。不可以说眼前的天是昭昭之天，外面又是另外的昭昭之天。对此便可以知道见到一部分的这个知，也就是全体的知的。全体的知也就是一部分的知的，总是一个本体的。"虽然看到一部分的天，可是那个也是同样的一个天的。虽然乌云遮蔽了月亮，只是看到了朦胧的月亮，可是也是同样的一个月亮的。

这位同学的提问中引用了《中庸》的一句话，溥博如天，渊泉如渊。也就是说，这个心如同天空一样渊博辽阔，如同深渊的泉水一样，渊深寂静而不断地涌出智慧的泉水。自性如同源头活水，具足一切智慧。

2. 圣人之志

【原文】先生曰："圣贤非无功业气节。但其循着这天理，则便是道。不可以事功气节名矣。"

"'发愤忘食'，是圣人之志如此。真无有已时。'乐以忘忧'，是圣人之道如此。真无有戚时。恐不必云得不得也。"

【注解】先生说道："圣贤并非没有功业和气节。但是圣贤是循着这个天理的，循着天理就像顺着这个大道在走的，这个就是道。这个道是不可以用功业和气节之类的事情来形容的。"阳明先生也是圣人，立功立德立言的，这三者一点都不耽误的。圣贤做这些功业的时候也是循着天理在做的，在功业之中去格物致知的。

先生又说道："孔子'发愤忘食'，发愤做学问做功夫，甚至忘记了吃饭了，这个是圣人之志的。真是没有止息的时候。"

先生又说道："孔子'乐以忘忧'，圣人做功夫而有所得，安贫乐道，充满法喜。在良知之乐中，忘记了有什么忧愁。圣人之道就是这样的，没有什么可悲戚的。正所谓小人常戚戚，圣人是不会为得失而有什么不乐的。恐怕对于圣人来说，已经超越了世俗的得与不得的，不必说这些的。"颜回身居陋巷，一箪食一瓢饮，别人看着都很替他着急，可是他还是不改其乐的。颜回知道自己的老师孔子在乐什么。

3. 分限所及

　　【原文】先生曰:"我辈致知,只是各随分限所及。今日良知见在如此,只随今日所知扩充到底,明日良知又有开悟,便从明日所知扩充到底。如此方是精一功夫。与人论学,亦须随人分限所及。如树有这些萌芽,只把这些水去灌溉。萌芽再长,便又加水。自拱把以至合抱,灌溉之功皆是随其分限所及。若些小萌芽,有一桶水在,尽要倾上,便浸坏他了。"

　　【注解】先生说道:"我们修习致良知的功夫,我在给大家讲致良知的学说,只是各随每个人的因缘和接受的限度不同罢了。"阳明先生循循善诱,因材施教的,针对不同的弟子说不同的内容,也要考虑到学生们的接受程度的。
　　先生又说道:"今天的良知只是见到如此,只是随着今天所知不断地扩充到底的。"不可以拔苗助长,也不要着急地去冒进。比如,我们修行做功夫也是要知行并进合一的。对于打坐做功夫的人来说,如果知没有能够跟上,一下子孤军深入静定之中,走得太远了,也许容易步入邪道的。这时候也许要停下脚步来,参禅悟道一下的,知跟上来了,特别是明心见性了,再继续前进也许就会好很多的。走得太快了,也许就要停下来等灵魂跟上来。如果明心见性了,面对甚深禅定之中的一些幻象,就会不惊不怖的。
　　先生又说道:"明日良知又会有所开悟,又会增加一些悟性的,如同莲花开放一样,一天开放多一点,一天开悟多一点的。就可以从明天所知扩充到底的。"
　　先生又说道:"如此方才是精一的功夫的。"这个精一的功夫在前面也仔细探讨过了。精一是精深而专一,一门深入地做功夫。
　　先生又说道:"和别人论学,也须随别人的接受程度限制来讲的。比如树有了一些萌芽,只要把它需要的水去灌溉就可以了。树的萌芽再长一些,便又可以再多加一些水的。这棵树从一手可以把握再长到合抱这么大,灌溉的功夫也都是要随着这棵树的接受程度的。"
　　先生又说道:"如果对于一点小萌芽,当时有一大桶水在,如果全部都浇上去了,这样就会被水浸泡坏了。"

4. 立言宗旨

　　【原文】问"知行合一"。
　　先生曰:"此须识我立言宗旨。今人学问,只因知行分作两件,故有一念发动，虽是不善，然却未曾行，便不去禁止。我今说个'知行合一'，正要人晓得一念发动处，便即是行了。发动处有不善，就将这不善的念克倒了，须要彻根彻底，不使那一念不善潜伏在胸中。此是我立言宗旨。"

【注解】黄直同学问"知行合一"的功夫。

先生就给这位同学解释道："如果要理解知行合一，须要识得我立言的宗旨，要理解为什么我这么说的。"

先生又说道："现在人做学问，很容易就把知行分开来当做两件事情来看的。所以有一个念头发动的时候，虽然这个念头有不善，然而却看到虽然是念头而未曾去实行，便不去禁止这个念头，不去掉这个不善的念头。"世人以为这个念头产生的时候，只是知，还没有行的，就没有必要去禁止。这个是把知和行分开来看的。知行合一还是比较隐蔽的，也许还是看不出来。看接下来阳明先生怎么给我们解释的。

先生又说道："我现在说知行合一，正是要使得世人晓得一念发动处，这就是行了。知和行是并行合一的。一念发动处如果有不善，就要将这个不善的念克除去了。须要彻底根除掉的，不使得那一念不善潜伏在胸中的。这即是我立言的宗旨的。"

5. 不必尽知

【原文】"圣人无所不知，只是知个天理；无所不能，只是能个天理。圣人本体明白，故事事知个天理所在，便去尽个天理。不是本体明后，却于天下事物都便知得，便做得来也。天下事物，如名物度数、草木鸟兽之类，不胜其烦。圣人须是本体明了，亦何缘能尽知得？但不必知的，圣人自不消求知，其所当知的，圣人自能问人。如'子入太庙，每事问'之类。先儒谓'虽知亦问，敬谨之至'。此说不可通，圣人于礼乐名物，不必尽知。然他知得一个天理，便自有许多节文度数出来。不知能问，亦即是天理节文所在。"

【注解】先生说道："圣人无所不知，无所不晓，其实也只是知个天理的。圣人无所不能，正是有了心的本体的良知良能的，也只是能个天理的。"圣人去除掉了私欲，仅存了天理的。去除尽了私欲，恢复了本心，恢复了本有的良知，就有了良知良能了，也就无所不知无所不能了。我们看到阳明先生立功立德立言，样样都如此厉害，这个也是良知良能的作用。

先生又说道："圣人的心的本体已经发明了，已经明白了。良知已经发明了。已经发明了本有的明德了。所以事事都知个天理所在的，所以就去尽天理的，穷天理的。"

先生又说道："并不是说本体发明之后，却可以对天下所有的事物都便知道了，便全部都做得来了。天下的事物，如名物度数和草木鸟兽这类事情，不胜其烦的，这个是够多的了。"鸟兽草木这类事物，万事万物都有名字的，可以称之为名物；度量规矩法令礼节等可以称之为度数的。也许现在的人会说，现在科学高度发展，肯定是比古人聪明的。王阳明厉害，也许他还不会用电脑吧！还不会上网的。下面看看阳明先生怎么说的。

先生又说道："圣人的心的本体发明了，也只是恢复了本心的，又何缘分能够尽知所有这些事物呢？只是不必要知道的，圣人自然就不必去求知的。所当知道的，圣人能够问别人的，也就明白了。"圣人不必要往自己胸中塞那么多的无用的东西的，塞那么多东西，有点类似于积食消化不良了。前面阳明先生有打过这个比方的。如果想要懂，就问一下就知道了。此心如同明镜的，并不是镜子之中每时每刻都是天底下所有的事物的。如果圣人自认为要知道这个事物，那就照一下就可以了，也就清楚了。阳明先生要想学会电脑这个事情，想必那么超级的智慧，只要问一下就可以了。

先生又说道："如孔子每次进入太庙，每遇见一件事情都要问一下这一类的。先儒认为孔子这样做，虽然知道也还是要问的，这个只是礼数，是恭敬谨慎之至的。先儒这么评价孔子也许是说不通的。孔子并不是单纯为了表示恭敬才问的，对于太庙的事情，大的方面事情知道，也许有些事情具体细节不太清楚的，所以就多问问的。"就好像圣王去问百姓，了解百姓的疾苦，那具体到单个百姓上面，如今年粮食打了多少，家里有几口人等这些都不可能事先全部知道的吧，也没有必要全部都记在脑子里，只是需要的时候就去问问的。

先生又说道："圣人对于礼乐，事物法度等这些事情，是不必全部都知道的，想知道可以去问的。然而他知道一个天理的，便自然有许多事物的道理从里面出来了。如果不知道可以去问，这个也是依据天理去做判断取舍的。知晓天理，去问具体的事物也很容易明白了。"圣人对天底下所有的事物，不必尽知的，认为没有必要全部都知晓的。那么我们作为学子，还要去每件事物都去格吗？这个也是没有必要的。你要让王阳明先生知道现在的电脑中的集成电路是怎么回事，怎么写软硬件的程序，这个也是没有必要的。可是不要小看阳明先生哦，要是他认为有必要知晓，问起来学起来应该也是很快的。

6. 善恶一物

【原文】问："先生尝谓善恶只是一物。善恶两端如冰炭相反，如何谓只一物？"

先生曰："至善者，心之本体。本体上才过当些子，便是恶了。不是有一个善，却又有一个恶来相对也。故善恶只是一物。"

直因闻先生之说，则知程子所谓"善固性也，恶亦不可不谓之性。"

又曰："善恶皆天理。谓之恶者本非恶，但于本性上过与不及之间耳。"其说皆无可疑。

【注解】黄直问道："先生曾经说善恶只是一物来的，不是两物的。可是在我看来，善恶两端如同冰和炭一样完全相反的，如何能够称之为一物呢？"对于磁铁来说，虽然有南极北极，犹如善恶两端完全相反，可是还是一物。南极北极可以说互为阴阳。一块磁铁有阴阳，切开几块，每块还是有阴阳，不断的切下去还是有阴阳的。虽然是有阴阳两极，可是还是一物来的。如果非得要将南极和北极分开，只想要南极或者北极，想找到单磁极的东西，这个也许是办不到的，南极不存在了，北极也不存在了。如果非得要把善恶当两物分开来，而且只要一个东西，比如只存在善，不存在恶，这个也是办不到的。当然这里所说的善恶是相对的，是世俗的角度来看的。如果说人之初性本善，这个善是无善无恶的，不是善恶相对的善的。说到磁铁就忍不住说一下单磁极的事情。物理学家狄拉克预言有磁单极子，目前还是没有找到。如果真正找到的话，也许现在的电磁学理论将全部推倒重写了。几十年来无数科学家都致力于寻找磁单极子，但还没找到。有人说谁找到的话将名垂青史，诺贝尔物理学奖肯定就授予他。如果一定找到才可以得诺贝尔物理学奖，那奉劝各位洗脸睡了吧，不要瞎折腾了，这是根本找不到的。晚年的狄拉克本人，也对磁单极粒子是否存在产生了深深的怀疑。由此可见，虽然阳明先生也许不知道磁单极子这个东西，不知道大统一理论，而却可以指导科学家们的科学研究，是不是很神奇呀？哲学是科学之母，而道可以说是哲学之母了。好了，不扯远了，主要是为了证实阳明先生可以搞科学研究说了一大堆了。

先生回答道："心的本体是至善的。所以我们才说止于至善的。"这个至善是跟性本善的善是一样的，这个善是无善无恶的。善恶相对的那个善这个是世俗的观点中的。正所谓此善非彼善的，可以理解吗？

先生又说道："这个心的本体，稍微过了一点，稍微偏颇了一点，便是恶了。并不是有一个善，却又有一个恶来相对的。所以说善恶只是一物来的，并不是两个事情来的。"大家知道亚当和夏娃吃了禁果被逐出伊甸园的。是否知道这个禁果是长在什么树上的吗？有人也许会说是苹果树。不是的，这棵树的名字叫知善恶树。为什么吃了知善恶树上的禁果就有了原罪了呢？吃了禁果，就有了善恶的分别心了，也就有了原罪了。如果不区分善恶，无善无恶，亚当和夏娃还可以快乐地生活在伊甸园中的。由此可见，有好恶的分别，有善恶分别，对好的就喜欢，对不好的就憎恶，如此的分别心是罪恶的源头，也就是原罪的。不管是东方的圣人还是西方的圣人，此心也是相通的。东西方没有分别，以心连心这个才是最重要的。我们有左脑和右脑互为阴阳，所以，我们会在那里矛盾和打架。男女互为阴阳，一个理性一个感性，如同两个世界，也比较难达成一致。地球也分东方和西方，东方的历史也许对自己人会看严苛一些，可是对外就比较客气些；西方的历史也许对自己人会客气些，对外人就会严苛一些的。东西方要沟通，也需要回归到原点的，这样就没有分歧了。否则两个人，一个往东走，一个往西走，越走越远，分歧越来越大，没有谁对谁错。东方的人看到了东方的风景，感觉是对的，也许就责备西方的人；西方的人看西方的风景，感觉是对的，东方人怎么那样呢？也许就会责备东方人。所以，世界如果要长久和平，没有战争，人类都需要回归原点，这样大家就可以达成一致了。不仅仅是东西方，也需要把科学家、各种宗派等都拉回到心的原点，就没有分歧了，世界也就和平了。这个也是古往今来古圣先贤的愿望来的，也就是世界大同，世界亲如一家，都是兄弟姐妹的。越扯越远了，回来接着看吧。

正是因为黄直我听了先生的论说，就知道了程颢先生为什么会说："善固然是本性，恶也不可以不称之为性的。"性本无善无恶，此心如同明镜。如果镜子上粘满了污渍，可以称之为恶，如果很干净，可以称之为善。如果此心过了，偏向于不好的一边，可以称之为恶；偏向于好的一边，可以称之为善的。由此可以知晓，善恶也离不开本性的。

先生又说道："善恶本来也都是天理的。我们所说的，认为恶的本来也并非就是恶。只是在本性上过了或者不及罢了。"阳明先生这么讲，都是千真万确的，没有什么值得去怀疑的。从古至今性本善还是性本恶，本来没有什么纷争的，圣人心中早有定论的。

7. 一诚而已

【原文】先生尝谓人但得好善如好好色，恶恶如恶恶臭，便是圣人。直初闻之，觉甚易，后体验得来，此个功夫着实是难。如一念虽知好善恶恶，然不知不觉，又夹杂去了。才有夹杂，便不是好善如好好色、恶恶如恶恶臭的心。善能实实的好，是无念不善矣；恶能实实的恶，是无念及恶矣。如何不是圣人？故圣人之学，只是一诚而已。

【注解】黄直说道："先生曾经说过，人只要好善就好像是遇见美好的东西就本能地欣赏，就比如看见西施就本能的多看几眼，这个是无可厚非的，不可以压制，也不刻意去想入非非。"

黄直又说道："厌恶恶的东西就好像是厌恶那些恶臭的东西一样，比如闻到恶臭的东西，鼻子就闻到是臭的，自然的反应就是捂住鼻子走开。如果能够做到这些本然，就是圣人了。"

黄直又说道："黄直我一开始听到先生如此说的时候，感觉是很容易的。可是后来自己去体验起来，这个功夫着实是很难的。"

黄直又说道："如我的一念虽然是知道好善的，厌恶恶的，然而不知不觉之中，又会夹杂进去了。"本来想得好好地，就按照先生所说的那样，不会去想入非非的。是善的就是善的，恶的就是恶的，不会去心猿意马，可是还是很难做到的。

黄直又说道："才有了夹杂，这就不是前面所说的那个功夫了。不是好善如同欣赏好的东西、厌恶恶的如同厌恶恶臭的东西了，跟这个心已经不同了。"有夹杂了，就有了对美好的东西喜好评价或者想占有；就有了对厌恶的东西憎恶评价或者逃离。夹杂了这些私念，就不是圣人所为了。

黄直又说道："善能实实在在地去欣赏去追求去爱好，这就无念不善了；恶能实实在在地去厌恶，去本能反应，而不会夹杂私念，不夹杂刻意的想法，就没有念头去涉及恶了。只要这样，如何不是圣人呢？所以圣人之学，只是一个诚字而已。"之前也说过，诚意是心的本体。

8. 问修道说

【原文】问："《修道说》言'率性之谓道'属圣人分上事，'修道之谓教'属贤人分上事。"

先生曰："众人亦'率性'也，但'率性'在圣人分上较多，故'率性之谓道'属圣人事。圣人亦'修道'也，但'修道'在贤人分上多，故'修道之谓教'属贤人事。"

又曰："《中庸》一书，大抵皆是说修道的事。故后面凡说君子，说颜渊，说子路，皆是能修道的。说小人，说贤、知、愚、不肖，说庶民，皆是不能修道的。其他言舜、文、周公、仲尼，至诚至圣之类，则又圣人之自能修道者也。"

【注解】黄直问道："先生你的《修道说》中说，言'率性之谓道'属于圣人分上事，这个是圣人的事情；'修道之谓教'属于贤人分上事，这个是贤人的事情。这个是怎么回事呢？"我们先看看阳明先生怎么回答的，如果有必要再对引号中的引文进行阐释。

先生回答道:"众人也是率性的,但是率性在圣人分上较多一些,在众人分上少一些的,所以说率性之谓道属于圣人的事情的。"什么是率性呢?圣人已经见道了,已经明心见性了,已经见到这个性了,所以就一切以性为统率,所以称之为率性的。这就好比念头那个词一样,很多的杂念,没有什么牵头的,如何能够理得清这么多的杂念呢?拎起来这个念头,其他的杂念就乖乖地臣服了。比如,这个念头是佛号,也许念着念着就想其他的事情去了,又拉回来,还是这个念头,其他的念头就慢慢地平息了,进入了静定的。一堆线乱在一起,如果找不到线头,就很难把这一堆线给理清楚。我们所说的传统,也是来源于线头的比方。如果找到了尧舜之道的这个线头,就可以把传统文化的精髓给理清楚了,这个也是正学的,也是正道的。

先生又说道:"圣人也是要修道的,也还是要做功夫的,使得功夫不退转的;但是修道在贤人分上多一些,圣人已经得道了,修道自然也就少了一些,所以说修道之谓教属于贤人的事情。"

先生又说道:"《中庸》这本书,大多数都是说修道的事情的。"请大家注意这句话哦,这本书是讲修道的事情。如果仅仅是停留在此章文义上来谈这个书,也许很难能够讲得明白的。传统的许多经典也大多数都是载道的文字的。如果只是停留在文字上,岂不是可惜了呢?

先生又说道:"所以后面凡是说到颜渊,说到子路,也都是修道的。"子路应该不能够和颜渊相提并论吧,颜渊是很早就可以跟孔子谈《易经》的了,已经是得道的高人了。可以说颜渊是圣人,而子路是贤人的。

先生又说道:"我们平时说小人,说世俗的那些贤达、聪明、愚、不肖等这些说法,说普通的老百姓,也都是不能修道的。"这里世俗所说的贤,也许如果不能修道也不能称之为贤的。这里的知,只是小聪明的并不是智慧。普通百姓也未必不能修道的,只要一心向善去做就可以了。袁了凡发心去做够了3000件善事就改变了自己的命运了。

先生又说道:"其他我们所说的舜帝、周文王、周公和孔子这些人,可以说是至诚至圣之类的了。这些圣人已经得道了,自己能去坚持修道的了,使得不会退转的。"

9. 毫厘差处

【原文】问:"儒者到三更时分,扫荡胸中思虑,空空静静,与释氏之静只一般,两下皆不用,此时何所分别?"

先生曰:"动静只是一个。那三更时分,空空静静的,只是存天理,即是如今应事接物的心。如今应事接物的心,亦是循此理,便是那三更时分空空静静的心。故动静只是一个，分别不得。知得动静合一，释氏毫厘差处亦自莫掩矣。"

【注解】 黄直问道："对于儒者做功夫来说，到了三更时分，做功夫到深处，把胸中的思虑扫荡得干干净净的，空空静静的感觉。这个和佛家的静定也只是一般的吧，也是相同的吧？两者都无有接物之用了，此时如何分别两者呢？"

先生回答道："动静也只有一个的，动静也都是在定中的。正所谓动也是定，静也是定的。没有单一的动静分别。"行住坐卧无不是在静定之中。阳明先生讲动静一如的。

先生又说道："此心在三更时分，空空静静的，只是存了天理的，也就是如今应接事物的心。此时只是存了天理，没有应接事物的。"

先生又说道："在待人接物的时候，也可以做到跟三更天一样的那么静定的。如今应接事物的心，也是循此理的。如果应接事物的时候，也只是存天理，不会因为面对事物生起好恶的心，这也是三更时那个空空静静的心的。"阳明先生的功夫了得的，不拘泥于时间和地点，都可以做到静定的。不管有事无事，也都可以做到静定的，这个是格物的真功夫。

先生又说道："所以动静只是一个的，不能有分别的，否则功夫还是做不到家的。遇见事情就又乱掉了。"

先生又说道："如果能够知道动静合一，佛家和儒家的静定那么一点点毫厘之间的差别，也就很显而易见了。"在阳明先生看来佛家和儒家的静定还是有分别的。佛家只是在求清净，去做功夫求静定，而不去处理繁杂的事务的。儒家不回避世俗的事务，而是带着清净心去做的，即使在面对繁杂的事物的时候，还是能够保持静定的。可是我却有不同的意见，佛家和儒家的静定功夫也是类似的，也可以说是相同的。要说不同，也只是功夫的深浅程度不同而已。哪个深些哪个浅一些自不必说了。

不管是哪一家的静定功夫，修持静定对人启迪智慧，身心健康都是很有裨益的。心属火，肾属水，如果处于静定之中，水火就相交，真火就暖肾水，不会过于寒；真水就滋养心火的，就不会虚阳浮越的。如果心肾不交身体就不会太好的。人在深睡眠的时候心肾会相交，阴阳相会；或者在静定的时候也可以办到的。郭沫若年轻的时候身体很差，他在日本留学的时候，有一段时间似乎得了严重的神经衰弱，心悸、失眠、乏力。有一次看到了阳明先生的书。他看到阳明先生通过静定来调理身体，后来就坚持每天都修持静定，身体状况得到了很大的改善。

10. 矜持直率

【原文】门人在座，有动止甚矜持者。先生曰："人若矜持太过，终是有弊。"

曰："矜持太过，如何有弊？"

曰："人只有许多精神，若专在容貌上用功，则于中心照管不及者多矣。"

有太直率者。先生曰："如今讲此学，却外面全不检束，又分心与事为二矣。"

【注解】阳明先生跟自己的弟子们在一起坐而论道。门人当中有的人举止有过于矜持的了。也许是本身性格腼腆还是在阳明先生面前表现得过于紧张。先生说道："人如果矜持太过了，终究是弊端的。"在场的那个矜持的人听了是不是更加紧张了呢，老师注意到自己了。

黄直问道："矜持太过了，为什么有弊端呢？"

先生回答道："人的精气神是有限度的，精力是有限的，如果专门在容貌、举止上做功夫，则对于内心的照管就不及了。"阳明先生说完了矜持的人。接下来又说太过于率性的人了，这两种人一种是过了，一种是不及的。

在场有性格太过于直率的弟子。先生说道："如今在这里讲此良知之学，却在外面全然不知道管束自己，不能在礼节举止容貌方面有所约束。这又是把心和事一分为二了。"修行做学问做功夫也不能不修边幅的，也不能不去照顾自己的举止言行的。作为君子内心也管束好，外在也端正整齐，待人接物也符合礼节。

11. 作文作诗

【原文】门人作文送友行，问先生曰："作文字不免费思，作了后又一二日常记在怀。"

曰："文字思索亦无害。但作了常记在怀，则为文所累，心中有一物矣。此则未可也。"

又作诗送人。先生看诗毕，谓曰："凡作文字要随我分限所及，若说得太过了，亦非'修辞立诚'矣。"

【注解】阳明先生的门人作文给友人送行，征询先生的意见，他问先生说道："我写这个文章，写作文字不免还是比较费劲的，还是颇费一些思量的。

作了以后，过了一两天，还是常萦绕在脑海里，还是记挂在怀的。"

先生说道："文字思索也没有什么害处。但是，如果写了文章经常地记在脑海里，还在挂怀，这就不免为文字所累了。心中便有了一物了，也就是有了这些文字的。这就不是很好了。"如果经常放在心里，不能放空自己，这就类似之前说的积食的，放在心里太多就消化不良了。

这个门人又作诗送友人。阳明先生把诗句看完了，就说道："凡作文字也是要根据自己真情实感，还有所送的人实际情况的。如果说得太过了，也不能称之为'修辞立诚'的。"修辞立诚，这句话从《易经》中来，顾名思义也就是说以修辞文章来立诚，体现至诚。如果要用文字来体现至诚，那就要恰如其分了的，不能太过，也不能不及的。阳明先生这一段说了对作文和诗词的看法的。

12. 文公格物

【原文】"文公格物之说，只是少头脑。如所谓'察之于念虑之微'，此一句不该与'求之文字之中'，'验之于事为之著'，'索之讲论之际'混作一例看，是无轻重也。"

【注解】先生说道："朱熹格物的学说，只是少了一些头脑罢了，抓不住学问的关键所在。"如此教弟子也更是稀里糊涂了，如果自己都不明白的，弟子们如何能够明白呢？不是把弟子们都引入歧途吗？正所谓名师出高徒的。这一段比较费解一些，我们还是多花一些工夫在这里的。

先生又说道："如朱熹所说的'去省察隐微的念虑'。"也就是说也许内心里面有些恶念，有些邪念和妄念，可是自己不能去觉知。要去省察这些极其隐蔽的念虑的，将其去除的。

先生又说道："朱熹先生说这一句话是没有问题的，也没有错的。可是这一句不应该和'在文字之中去求'，'在事物之中去验证'，'在讲论之际去索求'，不该跟这些混在一起来讲的。这样是不分轻重了。"为什么阳明先生会这么说呢？如果要去格物去做功夫。这个是不可以去在文字中去求的，文字虽然是载道的，但是这个道也是要离语言文字相的。如果著文字相了，就离道渐远了。语言文字就好像是指向圆月的手指的，如果光抓住手指不放，看不见月亮，这就麻烦了。也无须在事事物物之中去验证的，如人饮水冷暖自知的，如果已经见道了，这个是不必再去事物之中去验证的。以心印心就可以了。如果在讲论之中去索求，这个也是语言文字的，跟前面那句的情况差不多的。格物的功夫，只要在此心上求就可以了，不必要一物一物地去格的。这个是朱熹没有能够抓住头脑关键处，不能区分轻重的所在。

13. 有所忿懥

【原文】 问"有所忿懥"一条。

先生曰："忿懥几件，人心怎能无得？只是不可有耳。凡人忿懥，着了一分意思，便怒得过当，非廓然大公之体了。故'有所忿懥，便不得其正也'，如今于凡忿懥等件，只是个物来顺应，不要着一分意思，便心体廓然大公，得其本体之正了。且如出外见人相斗，其不是的，我心亦怒。然虽怒，却此心廓然，不曾动些子气。如今怒人亦得如此，方才是正。"

【注解】 黄直问阳明先生《大学》中"有所忿懥"一条怎么去解释。我们先完整地看看《大学》中是怎么说的。其中说道："如果有所忿恨，也就不得其正了，也就不能正心了；如果有所恐惧，也就不得其正了；如果有所好乐，偏好外事外物，也就不得其正了；如果有所忧患，也就不得其正了。"有了这几样，也就不能正心了。

先生说道："《大学》里面说的忿恨、恐惧、好乐和忧患这几件事情，人心怎么能够没有呢？"正所谓人无远虑必有近忧的，在这个世界生存做事，每个人也都会遇见的。阳明先生被奸臣所害发配去贵州龙场，难道没有一点的忿恨吗？面对朱宸濠叛乱，在战场之上难道没有一丝的恐惧吗？难道没有一点对外事外物的好乐吗？即使很少，那阳明先生对道还是比较喜欢的，对做圣贤这个事情还是比较感兴趣的。难道就没有一点忧患吗？对内自己的身体患有肺结核疾病，这个也是忧患的。也许圣人阳明先生也都会面对这些的，可是能够超越这些所有的事情的，使得内心不起波澜的，处于静定之中。不管是在三更半夜的空空静静，还是日理万机之中，都能够处于静定之中的。

先生又说道："这几件事情只是不可以有罢了，有的话如果过了对身心都不好的。凡是人觉得忿恨，就着了一层意思的，多了一层私欲了。如果发怒得过当了，这就不是廓然大公的心的本体了。"这几件对应的事情也许都会遇见，但是阳明先生说不能起相应的情绪的。

先生又说道："所以说，如果有所忿恨，就使得心不得其正了。如今对于忿恨等这几件事情，对应的事物来了，就顺着应对一下就可以了，不用多着一层意思的。如此心体就能够廓然大公了，能够得本体之正的。"不管遇见什么样的事情，只是物来则应，物去不留好了。如同镜子一样，外物来了，就照一下；物走了，就不留下什么。美的就是美的，丑的就是丑的，不会多加一点什么意思的。

先生又说道："我这里举个例子吧。如在外面看到别人相斗，在那里打架，如果做得太过分的一方，我的心也会怒的。"这个"怒"字，上面是奴，下面是心，发怒就是奴役自己的内心的，还是少发怒的好。我们接下来看阳明先生是怎么发怒的。

先生又说道："然而虽然怒了，此心却能够廓然大公的，不曾动个什么气的。"阳明先生这个功夫可真是了得，发怒还不会生气，这个是圣人的发怒吧。阳明先生这个发怒，只是像厌恶臭的东西那样很自然的反应罢了。不会再去多加一丁点什么别的意思。我们在遇见可怒之事的时候，还是要好好地去修炼这个功夫。

先生又说道："如今动怒的人也是应该如此的，如此方才是正的，要不久不得其正了，就不能正心了。"我们遇见可怒之事就要跟阳明先生学习做这个功夫了，并不是不怒，自然觉知就可以了，而是不动气。中医讲一怒就百脉不稳了，如此对身心影响很大。

14. 吾儒着相

【原文】先生尝言："佛氏不着相，其实着了相。吾儒着相，其实不着相。"

请问。

曰："佛怕父子累，却逃了父子；怕君臣累，却逃了君臣；怕夫妇累，却逃了夫妇。都是为个君臣、父子、夫妇着了相，便须逃避。如吾儒有个父子，还他以仁；有个君臣，还他以义；有个夫妇，还他以别。何曾着父子、君臣、夫妇的相？"

【注解】先生曾经说过："佛家看似不着相，其实是着了相。我们儒家看似着相，其实是不着相的。"这里涉及佛家和儒家的对比，一直都很留心在看阳明先生对佛家、黄老之学怎么看的，还是先听听阳明先生怎么解释再说。

黄直同学请问阳明先生怎么讲。

先生说道："佛家害怕父子关系的拖累，就逃避了；怕君臣关系的拖累，就逃避了；怕夫妇关系的拖累，就逃避了。都是因为对君臣、父子和夫妇着了相，便须要去逃避。"

先生又说道："可是你们看我们儒家，如果有个父子关系，就还他以仁，父子之间以仁爱慈爱相待，这样就不为所累了；如果有个君臣关系，还他以义，君臣之间以忠义相待，这样就不为所累了；如果有个夫妇关系，还他以别，夫妇有别嘛，丈夫对妻子关爱，妻子相夫教子，这样就不为所累了。"

先生又说道："如此我们儒家何曾着了父子、君臣、夫妇的相呢？"阳明先生如此说似乎也有一些道理。可是容我帮佛家说几句话。佛陀在世的时候，那个时候也有个修行很高的在家居士叫维摩诘，还留下了一部经书叫《维摩诘所说经》。对于佛家来说，在家出家也都是可以的，这个出家并不是不管父子、君臣和夫妇，而是出烦恼的家。即使躲在寺庙里面，不能出离烦恼的家，这个也不算真出家。唐代禅宗的后人里面有一位修行很高的庞蕴居士，家里非常的富有，泛舟湘江，把钱财一一抛入江中。一家人去隐居了，一家人都很厉害，都是得道的。

我们再来说说着相这个事情，这个是一个佛家的专门词语来的。这个相是包罗万象，万事万物这些也都是相。比如我们平时说不能着语言文字相，不要被语言文字的表相所迷惑了，拘泥于文字文义了，要领悟到文字背后所载的道。我们所说的经典为载道的文字，如果只是停留在字面上面，就得不到真谛了。语言文字就好比是指月的手指，如果还没有得道，即使别人向天空一指，朦朦胧胧一片看不到月亮的。可是指向天空的人看到月亮很清楚。看的人觉得很纳闷了，这不是忽悠我吗？所以说法还是要有因缘，对适合的人说，对彼此都有好处的。指向月亮的人也很纳闷了，我明明都看见的，可是你们不曾见到过，该怎么形容呢？所以就打了许许多多的比方，比如圆得像烧饼了等等，可是别人如果不是亲眼所见，还是不太明白，听了也是半信半疑，似懂非懂的。待到有一天，这个看的人突然顿悟了，一下就看到了这个月亮了。阳明先生就是这个最先指向月亮的人，他的许多弟子们都顺着手指去看，努力地去做功夫的，也的确有不少弟子看到了。说了这么多，还是回来点明这个着相吧。在这个例子里面，着相就是着了这个手指，而不知道对方是想让你看到月亮，抓住手指不放，这个就是着语言文字相。

第十四章　门人黄修易录

1. 添燃一灯

【原文】 黄勉叔问："心无恶念时，此心空空荡荡的，不知亦须存个善念否？"

先生曰："既去恶念，便是善念，便复心之本体矣。譬如日光被云来遮蔽，云去光已复矣。若恶念既去，又要存个善念，即是日光之中添燃一灯。"

【注解】 这位黄修易同学，字勉叔，生平不详。黄勉叔问道："心里无有恶念的时候，这个心空空荡荡的，不知是否也需要存个善念呢？"

先生回答道："既然已经去了恶念，便是仅存善念了，仅存天理了，便已经恢复了心的本体了，恢复了本有的良知了。"

先生又说道："我来打个比方吧，就比如说日光被云给遮蔽住了，云散开了以后日光已经恢复了。如果恶念已经去掉了，又要存个什么善念，这就好比是在大太阳下去增加点燃一盏灯一样的。"这个就是多此一举了，画蛇添足了。

2. 打得光明

【原文】 问："近来用功，亦颇觉妄念不生，但腔子里黑窣窣的，不知如何打得光明？"

先生曰："初下手用功，如何腔子里便得光明？譬如奔流浊水，才贮在缸里，初然虽定，也只是昏浊的。须俟澄定既久，自然渣滓尽去，复得清来。汝只要在良知上用功，良知存久，黑窣窣自能光明矣。今便要责效，却是助长，不成功夫。"

【注解】 问道："近来用功做功夫，也颇能觉得妄念不生了，但只觉得腔子里黑暗寂寞比较枯燥，不知如何能够光明一些呢？"这位同学还是蛮用功的。

先生回答道："刚开始下手用功去做功夫，腔子里如何能够马上就有光明呢？"阳明先生勉励这个同学不要着急，要继续去做功夫，就会有光明了。

先生又说道："就比如奔流不断的那些浑浊的水，刚刚储存在水缸里，刚开始虽然能够有定，不再奔流了，可是也还是比较浑浊的。"

先生又说道："须要澄定时间久一些，自然那些渣滓尽去了，沉下去了，又会恢复本来的清澈的。"佛陀有一次带着僧团行进感到口渴了，让阿难去打碗水来，可是大象群刚刚经过那条河，河水比较浑浊一些。阿难马上要倒掉重新去打，佛陀就当机说法了，不必再去打了，放在那里一段时间就可以清澈了，也可以喝了。这就好比是人的心，一开始比较散乱，静定久了以后就可以清澈了。佛家和儒家的教法是不是比较贴近呢？

先生又说道："你只要坚持在良知上用功做功夫，黑暗的腔子自然能够光明的。"我们看到许多圣人的画像，背后都有一个光环，如果修行到一定的程度，此心应该是有光芒的了。科学家研究的相机可以照到人体发出的光，如果是生气就会发出红光，如果比较安详特别是入于静定就会发出蓝光。阳明先生临终遗言，给弟子留下了这么一句话："此心光明，夫复何求？"

先生又说道："如今你一开始做功夫却要责求效果，这只是在拔苗助长的，这个不是真的功夫。"看来还是要不断地坚持做功夫，就可以使得此心光明。

3. 根本学问

【原文】先生曰："吾教人致良知，在格物上用功，却是有根本的学问。日长进一日，愈久愈觉精明。世儒教人事事物物上去寻讨，却是无根本的学问。方其壮时，虽暂能外面修饰，不见有过，老则精神衰迈，终须放倒。譬如无根之树，移栽水边，虽暂时鲜好，终久要憔悴。"

【注解】先生说道："我教人致良知的功夫，在格物上用功做功夫。"这个是有根本的学问的，并不是无根的浮萍的。这个是做功夫的头脑和关键的所在。

先生又说道："一天比一天有长进，正所谓日新日新日日新的。用功做功夫越久就越精明。世儒教人在事事物物上去寻求和探讨，去做功夫，这个却是没有根本的学问来的。"世儒比如朱熹这类的儒者，教人一物一物地去格，格到什么时候是个尽头呢？万事万物非常多的。

先生又说道："世儒所教的这个学问，正在风头上的时候，有别人去推崇，那时候还好。虽然暂时还可以在外面进行修饰，看似没有什么过失，还是比较完善的一种教法。可是时间一久，总有精神衰败的时候，老迈龙钟了，根本都不用别人怎么反驳就已经站不住脚了，自然也就倾倒了。"这里说老迈衰败这个并不是说朱熹老年的时候，而是说这种世儒所教的学说，如同暴风骤雨，不能持续很长的时间的。只有尧舜之道，真正的正学，正统的道学才能经得起时间的检验的。世儒所教的那些学问，如同无根的浮萍，也找不到中国传统文化的根本所在。

先生又说道："世儒所教的格物之说，就好像是没有根的树，移栽到了水边，虽然暂时光鲜美好，终究会憔悴的。"因此，我们学子应当去跟着阳明先生学习有根本的学问的。

4. 有志于道

【原文】问"志于道"一章。

先生曰："只'志道'一句，便含下面数句功夫，自住不得。譬如做此屋，'志于道'是念念要去择地鸠材，经营成个区宅。'据德'却是经画已成，有可据矣。'依仁'却是常常住在区宅内，更不离去。'游艺'却是加些画采，美此区宅。艺者，义也，理之所宜者也。如诵诗、读书、弹琴、习射之类，皆所以调习此心，使之熟于道也。苟不'志道'而'游艺'，却如无状小子，不先去置造区宅，只管要去买画挂做门面，不知将挂在何处？"

【注解】问《论语》中"志于道"那一章怎么解释。在《论语》中我们已经专门探讨过了，这里看看阳明先生怎么说的。

先生说道："单单'志于道'那一句，便含有下面数句的功夫的，不可以停留在表面的。"阳明先生讲学问很生动，这下又开始打很生动贴切的比方了。

先生又说道："比如说要建造这个房子，'志于道'就是念念都想着去选择好的土地，比如挑选风水好的，比较舒适的地方；还想着去挑选收集好的建筑材料的；再构思建设成什么样的宅子。"有志向于道，这个是发心的，也非常重要的。如果没有志向，不能真诚恳切，就很难上达于道。比如，根本都没想过要建造房子，如何会建设呢？

先生又说道："'据于德'这个是说经过绘画规划图纸已经完成了，有建造的依据了，可以照着绘画图纸施工了。"如果要达于道，就要重积德了，特别是积累阴德。做一点善事，就是去除人的一点私欲，多存一分天理。积德行善，这个是积累上达于道的资粮的。

先生又说道："'依于仁'这个是说常常住在区宅内，没有想着离去的。"如果已经把房子给建好了，就不要整天跑到外面去了，暂时的外出还要多想着回来的。不管做什么事情都要符合道义的，须臾不离于道。

先生又说道："'游于艺'这个可以说是加些画采，可以美化一下这个区宅的。艺，这里可以说是义的，也就是说理当如此的。如诵诗、读书、弹琴、习射这一类的艺，都是可以调习此心的。这些君子所习的艺，使得能够谙熟于道的。"君子也可以通过修习这些艺来调心修道的。比如，修行人可以通过吹奏尺八来进行调心，慢慢吹着吹着就可以进入静定了。古琴也是不错的乐器来的。反过来说，如果不能上达于道，这些艺也许不能达到出神入化的境界的。

先生又说道："如果不能有志于道，而专门去游于艺。这就好比糊里糊涂的愣头小子一样的，如果没有先去建造宅子，只管着要去买画来挂在那里做门面，不知买来挂在何处呢？"所以，我们读书做学问，还是要有志于道的。当老师的传道授业解惑，首要的也是传道的，这个是抓住了根本的。

5. 此学不明

【原文】问："读书所以调摄此心，不可缺的。但读之之时，一种科目意思牵引而来。不知何以免此？"

先生曰："只要良知真切，虽做举业，不为心累。总有累，亦易觉克之而已。且如读书时，良知知得强记之心不是，即克去之；有欲速之心不是，即克去之；有夸多斗靡之心不是，即克去之。如此亦只是终日与圣贤印对，是个纯乎天理之心。任他读书，亦只是调摄此心而已，何累之有？"

曰："虽蒙开示，奈资质庸下，实难免累。窃闻穷通有命，上智之人，恐不屑此。不肖为声利牵缠，甘心为此，徒自苦耳。欲屏弃之，又制于亲，不能舍去，奈何？"

先生曰："此事归辞于亲者多矣。其实只是无志。志立得时，良知千事万事只是一事。读书作文，安能累人？人自累于得失耳！"因叹曰："此学不明，不知此处耽搁了几多英雄汉！"

【注解】问道："读书可以调摄这个心，这是不可缺的。但是在读书的时候，也会有一些功利之心的，比如想着能够通过分科取士的科举考试去做官的，难免有这点意思被牵引过来的。不知道如何避免这个呢？"能够为了读书而读书，对读书感兴趣，安贫乐道这样的人比较稀少。经典书籍为载道文字，读来如同与古圣先贤面对面坐而论道，而且横跨几千年，如此乐事，岂不快哉？

先生回答道:"只要良知真诚恳切,虽然为了科举,也不会为心所累的。如果有所累,也容易去觉知克除它的。"古人有志向不为良相,便为良医。如果是良知真诚恳切,为了科举实则为了治国安民,为了百姓的,如此也是大爱之心的。这个也没有什么好累的。

先生又说道:"比如读书的时候,良知知道,如果有强硬地去记诵的心,这个是不太对的,即克除它;如果有欲速的心这个也是不对的,即克除它;如果有炫耀浮夸,争斗高下的心,也是不对的,即克除它。"读书慢慢来的,慢即是快,贪多求全也不是好办法的。苏秦当年头悬梁锥刺股,闭门造车一年,仅仅是参悟了鬼谷子留下的太公阴符经。

先生又说道:"如此也只是终日和圣贤印证相对,也只是纯天理的心而已。任他怎么读书,也只是调摄这个心而已,哪还有什么累呢?应该是很快乐的事情的。"

又问道:"虽然承蒙先生开示,可是怎奈何我资质平庸低下,实在难以避免有所牵累。在下听说是穷困还是通达,这个都是命中注定的。上智的人,上等根器的人,恐怕不屑于去关心这些穷通的事情的。圣贤君子是不屑于为名利所缠缚的。如果甘心为了功名,这个也只是自讨苦吃罢了。虽然我也是想屏弃这个功利之心的,可是又想到家人,还是受制于他们的,不能割舍的,怎么办呢?"哪个父母都是望子成龙的,父母都是期望着小孩子能够出息的,可以光宗耀祖衣锦还乡的。

先生回答道:"这个事情在自己家人身上找借口的很多了。这个我见得多了。其实只是由于没有志向而已,志向不够坚定罢了。"之前所说的有志于道,可见志向多么的重要。

先生又说道:"如果志向能够立得住了,对于良知来说,千事万事也只不过是一事罢了。读书作文,怎么会累人呢?只是人自己折腾自己,把自己折腾累了罢了,主要还是有个功利得失之心罢了。"对于良知来说,一经通一切经通,那么一书通所有书通,那天下的书都变成了一本书了,如何会觉得累人呢?横说竖说都是一个事情来的。是不是很神奇呢?

先生说到这里感叹道:"这个事情如果没有能够弄明白,不知道在此处耽搁了多少的英雄好汉的。"前面也有同学问过类似的问题。说很想跟着阳明先生学这套功夫,可是又想着要科举考试,想着父母的拖累。似乎学阳明先生的致知学说,就耽搁了科举似的。其实不然,如果能够通晓阳明心学,对于科举应该是很大的促进。

6. 生之谓性

【原文】问:"'生之谓性',告之亦说得是,孟子如何非之?"

先生曰:"固是性,但告子认得一边去了,不晓得头脑。若晓得头脑,如此说亦是。孟子亦曰:'形色,天性也'。这也是指气说。"

又曰:"凡人信口说,任意行,皆说此是依我心性出来,此是所谓生之谓性。然却要有过差。若晓得头脑,依吾良知上说出来,行将去,便自是停当。然良知亦只是这口说,这身行。岂能外得气,别有个去行去说?故曰:'论性不论气不备,论气不论性不明。'气亦性也,性亦气也。但须认得头脑是当。"

【注解】问道:"《孟子》里面有一句:'与生俱来的可以称之为性',告子也是这么说的,孟子为什么又要批评告子呢?"

先生回答道:"与生俱来的固然是性,但是告子认得不太清楚的,偏到了一边去了,抓不住头脑和关键的。如果晓得头脑和关键,这么说也是对的,也是可以的。"怎么这么奇怪呢?同样的一句话,也可以是对的,也可以是错的。其实也不用奇怪的,每个人对这句话的领悟都是不同的,有些人领悟得对,有些人领悟得偏了。有人说人类本身有自私贪婪的基因,这个是人的本性来的,如此就有偏差了。自私贪婪这个只是物欲遮蔽的,并没有写进基因里面去的。写进基因就很难改变了,可是实则不是的。每个人的本性都是至善的。告子就是认为这个生下来的就是本性,其实不然的。每个人刚生下来,筋骨也都有所不同,有些经络会通畅一些,有些筋松弛一些,有些紧一些,所以少林寺有个《易筋经》可以去强身健体。筋拉长一寸,身体就会好很多的。人生下来不仅仅筋骨有所不同,小孩子的秉性遗传了祖宗的物欲遮蔽程度的,这个也都不是先天的本性。一句话说白了吧,告子所认为的本性是人生下来是怎么样就怎么样,可是孟子所说的是先天的本性。人刚生下来多少带一些瑕疵的,如同镜子上都会带着些许污垢的;可是孟子所说的镜子是很明净的,这个是先天的本性的。好了该听听先生怎么说了,别喧宾夺主了。

先生又说道:"孟子也说的形色,这个也是天性来的。这个也是指的气的说法的。"之前曾经探讨过这个气的,比如恻隐之心、好恶之心这些都是气来的。

先生又说道:"世人信口说话,任意地去做事情,这些都是依照每个人的心性出来的,这个是所谓的生之谓性。然而还是有些偏差的。"世人以为这个性和先天的本性还是不同的。刚生下来的婴儿,也还是有瑕疵的,如同美玉还没有加工过的,还没有恢复没有污渍的天然本色的。有些小孩遗传祖先贪吃一些，有些又对玩具呀等贪玩占有欲强一些，有些又天生的乐意跟小朋友分享东西的。可以看出，天生下来这个并不是先天的本性的，而是多多少少带了祖先的烙印。

先生又说道："如果能够晓得头脑和关键，能够致良知，如果依照我的良知上说出来，按照良知的学说去做，这就能够妥当了。"

先生又说道："然而良知也只是这个嘴巴说的，也是这个身体来行的。岂能还另外找个什么比的气，另外找个什么别的行去说呢？"如果能够致良知就可以出凡入圣了，也无非是这个身心的，并没有什么别的东西的。

先生又说道："所以说道：如果论性不论气的话还是不能完备的，论气而不论性还是不能明达的。气也是性，性也是气。只需要认得关键和头脑之处就是恰当的了。"这个气和性之前也有探讨过了。比如恻隐之心、好恶之心就是气，气动了凡心就动了。自性如同是蜡烛，如同是灯，如同太阳，如同月亮，而气即是发出的光亮的。无气如何为用呢？论性如果不说气的话，不能讲明体用的，只是孤寂虚无的自性而已。自性之中具足一切智慧的。如果单单讲气，单单看到用，不能体悟到自性，不能明心见性，如此就明达于道的。如此不知说明白了吗？

7. 不可助长

【原文】又曰："诸君功夫，最不可助长。上智绝少，学者无超入圣人之理。一起一伏，一进一退，自是功夫节次。不可以我前日用得功夫了，今却不济，便要矫强做出一个没破绽的模样。这便是助长，连前些子功夫都坏了，此非小过。譬如行路的人遭一蹶跌，起来便走，不要欺人做那不曾跌倒的样子出来。诸君只要常常怀个'遁世无闷，不见是而无闷'之心，依此良知忍耐做去，不管人非笑，不管人毁谤，不管人荣辱，任他功夫有进有退，我只是这致良知的主宰不息，久久自然有得力处。一切外事亦自能不动。"又曰："人若着实用功，随人毁谤，随人欺慢，处处得益，处处是进德之资。若不用功，只是魔也，终被累倒。"

【注解】先生又说道："诸位的功夫，最不可以拔苗助长了。"之前也探讨过勿助这个事情的。

先生又说道："上等根器的人，上等智慧的人是绝少的，只是少数人的，这个是大家要接受的一个事实的。学者没有能够一下子就能够超凡出圣，进入圣人之域的道理的。这个是需要不断地做致良知的功夫才可以的。"禅宗有探讨顿悟和渐修。如果没有祖先所积累的功德和资粮，如果没有自己这辈子所做的善事，所做的功夫，如何一下子就能够顿悟呢？也是要不断地逐渐修行的，机缘一到就可以顿悟了。我们看八卦里面不断地阴阳消长，一次只是动一个阴爻或者阳爻，这个如同在巧夺天工的，悄然无息。可是不断地变化，有点量变到质变的意思。

　　先生又说道："做功夫做学问，还是需要一步一个脚印，踏踏实实地去做的。一起一伏，一进一退，这些都是做功夫的自然反应来的。我们不可以自己掩饰自己，不可以为前日我用功去做功夫了，今日就没有用功做好，便要矫情的强装做出一个没有一点破绽的模样。这个就是助长的，如果这么做连前些子的功夫都坏了，这个并非是小的过失，这个问题还是很严重的。"

　　先生又说道："比如走路的人不小心跌倒了一下，或者打一个趔趄，起来便接着走了，装作一个没事人的样子。跌倒了就跌倒了，不要自欺欺人装作不曾跌倒的样子出来的。"

　　先生又说道："诸位只要常常怀个'隐遁山野也不会觉得烦闷；不被任用怀才不遇，不被别人知晓也不觉得烦闷'的心就可以了。只要依照良知的忍耐去做功夫的，不管别人议论是非笑话的，也不管别人的毁谤，甚至不管什么荣辱，任由功夫有进有退，这个都没有关系的。"先生引用这个话是从《易经》里面来的。《论语》开篇就有人不知而不愠，即使不被别人所知，不被任用也不会觉得怨恨的。阳明先生怀此大才，被奸臣所陷害，被贬到了贵州龙场那个地方。可是福祸难料，上天在这个地方送给阳明先生一个最珍贵的礼物了，在龙场这个地方得道了。所以说福祸难料的，对于君子来说没有什么好烦闷的。

　　先生又说道："我只是这致良知的在主宰着的，经久不息，依照这个良知去做就可以了。久久自然就有了得力处了。一切外事也自然不为所动的。"

　　先生又说道："人如果着实用功做功夫，随人怎么毁谤，随人怎么欺负和慢待，处处都是收益的，处处也都是进德的资粮的。"可以说这些是增上的逆缘来的，这个也是上天安排来考验我们的。试想想如果阳明先生没有被贬去贵州龙场，也许还没有那么快的机缘能够得道。可以说上天给予阳明先生最珍贵的礼物了。

　　先生又说道："如果不去着实地做功夫，外在的挫折只是魔了，也只是在折磨自己的，终究会被累倒的。"阳明先生在这里说这个魔字，大家不要过于敏感的。如果不懂装懂，隐遁山野，不被任用这些外在的万事万物不被转化好，也许就会产生怨恨、憎恶等恶念，如此就是魔的。一念向善是天堂，一念向恶是地狱，也是魔的。不要被这个魔字给吓到了。

8. 天植灵根

【原文】 先生一日出游禹穴,顾田间禾曰:"能几何时,又如此长了!"

范兆期在旁曰:"此只是有根。学问能自植根,亦不患无长。"

先生曰:"人孰无根?良知即是天植灵根,自生生不息。但着了私累,把此根戕贼蔽塞,不得发生耳。"

【注解】 阳明先生有一天去禹穴这个地方游玩。相传这个洞穴在浙江的会稽县,是大禹藏书的地方,也有的说是大禹埋葬在这里。先不管这些传说,反正多少和大禹有些关系的。

先生看着田间的禾苗说道:"才过了这么点时间,又长得这么多了。"之前阳明先生曾经说过拔苗助长的故事,这里不知道看着禾苗又有什么高论给我们分享了。

弟子范兆期在旁边说道:"这是由于禾苗是有根的,做学问如果能自己种下根,也就不用担心不会成长了。"这个弟子也许听过阳明先生讲过学问的根本,倒还是很用功的。

先生听了以后说道:"人怎么会没有根呢?良知即是上天植入每个人的灵根来的,自然能够生生不息的。"

先生又说道:"但只是由于被私欲所牵累了,由于私欲把这个灵根给砍伐遮蔽拥塞了,所以就不能发生了,不能日日成长的。"本来是生生不息的灵根,被人的物欲遮蔽罢了,就成长不了。如果稍微拨开一些遮蔽的私欲,见到了自性了,也就是能够致良知了,自然就又能够成长了。

9. 动气责人

【原文】 一友常易动气责人,先生警之曰:"学须反己。若徒责人,只见得人不是,不见自己非。若能反己,方见自己有许多未尽处,奚暇责人?舜能化得象的傲,其机括只是不见象的不是。若舜只要正他的奸恶,就见得象的不是矣。象是傲人,必不肯相下,如何感化得他?"

是友感悔。

曰:"你今后只不要去论人之是非,凡当责辩人时,就把做一件大己私克去方可。"

【注解】 有一位友人经常容易动气去责备别人,先生就劝诫他说道:"为学做学问须要反求诸己。如果光是懂得去责备别人，只是见到了别人的不是，而不能见到自己做得不对的地方，这样是不行的。"我们也许也经常会遇见这类的人吧，或许我们也可以反思一下自己的。佛陀说颠倒众生，也许我们真的是有点颠倒的呢？为学很容易反着来，向外去求，可是应该是反求诸己的。经济学方面也容易反的。现在经济界又提出供给侧管理，就是优化供给的结构质量和效率的，这个是恢复了古典经济学的。原来一味地刺激消费，一味地去投资拉动需求，这个是注重需求侧管理的，这个是偏向凯恩斯的经济理论的。需求和供给两者互为阴阳的，这个是需要平衡的。偏向任何一边也都不可以的。只是由于前期过于注重需求侧管理罢了，偏向了一边了，现在需要进行纠正的。刺激需求这个也类似于刺激人的欲望来的。不扯那么远了。

先生又说道："如果能够反求诸己，反思自己，反省自己，方才见到自己有许多不尽如人意之处。哪还有什么闲暇功夫去指责别人呢？"自己心地那一亩三分地还没有耕种好，怎么还顾及得上去指摘别人的不是呢？

先生又说道："舜帝能够感化自己那个同父异母的兄弟象的傲慢，其关键之处也只是不见到象的不是罢了。"

先生又说道："如果舜帝只是想着去纠正他的奸恶，就见到了象的不是了。象是傲慢的人，必然不肯服气的，如何能够感化得了他呢？"舜帝家里面的故事之前也讲过了，这里就不再重复了。

这位友人听了以后深感惭愧。

先生又说道："你今后只要不去论人的是非就是了。凡是有冲动想要去责备别人的时候，就把这个念头当作一件很大私欲去克除就可以了。"要很重视这个毛病的，而不能当作小事将就自己的。

10. 与人为善

【原文】先生曰："凡朋友问难，纵有浅近粗疏，或露才扬己，皆是病发。当因其病而药之可也，不可便怀鄙薄之心。非君子与人为善之心矣。"

【注解】先生说道："凡是朋友之间问答辩论，纵使有些说法也许浅近粗俗一些，有些什么疏漏的；或许有的人也会显露自己的才华，炫耀自己的，这个也都是毛病发作了。"对待朋友该怎么样看待呢？是不是看到这些就去责备别人了呢？应该也不能光想着责备别人的，首先也可以反省一下自己有没有这样的毛病。也许我们都是近距离的看不清楚，而远距离的可以看得清楚一些。比如股票投资，短线近距离的也许无法去把握的，也许如巴菲特那样还是可以看清楚的。把距离拉倒十年二十年这样的维度，社会经济总是会不断地发展的，这个是必然事件来的。

先生又说道："对待朋友的这些不同的毛病，应当针对他们不同的毛病而用不同的有效药方就可以了。不可以看到别人又病了，还怀有鄙薄之心，还去指责别人的。如果这样就不是君子那种与人为善的心了。"

11. 天不容伪

【原文】问："《易》，朱子主卜筮，程传主理，何如？"

先生曰："卜筮是理，理亦是卜筮。天下之理，孰有大于卜筮者乎？只为后世将卜筮专主在占卦上看了，所以看得卜筮似小艺。不知今之师友问答，博学、审问、慎思、明辨、笃行之类，皆是卜筮。卜筮者，不过求决狐疑，神明吾心而已。《易》是问诸天，人有疑自信不及，故以《易》问天。谓人心尚有所涉，惟天不容伪耳。"

【注解】问道："《易》，朱熹先生从主卜筮这方面来解释，而程颐先生《伊川易传》之中主要从理方面来解释，他们两个解释先生怎么看呢？"难得这个同学帮我们向阳明先生问问关于《易经》方面的问题，赶紧看看阳明先生是怎么说的。

先生回答道："卜筮是理，理也是卜筮的。"阳明先生横说竖说都是可以的，这是不是和稀泥呀，只是调和两个先贤的学说，我们接着往下看。

先生又说道："天下的理，还有比卜筮还要更大的吗？只是由于后世将卜筮只是当做占卦上看了，所以把卜筮当做很小艺来看待了。"看来阳明先生对于卜筮还真别有一番解释的。

先生又说道："殊不知现在的师友问答，博学、审问、慎思、明辨、笃行这一类事情，也都可以说是卜筮的。卜筮，只不过是求决狐疑，使得自心能够神明罢了。"我们做学问的这些功夫，也可以说是卜筮的。

先生又说道："《易》是向天去问的。人感觉自己比较卑微，对上天存在着敬畏之心，对自己的自信有所不足的，所以以《易》问天的。不光是对自己没有自信，对别人也不信。正所谓人心尚且有所偏颇的，只有天容不下半点虚伪的。"所以要向上天去问的。

先生这么说，还是给朱熹先生面子了。朱熹先生并未得道的，如何能够说得清楚《易》呢？应当是程颐先生的更近于道的。《易经》里面所讲的阴阳消长之道，可以说是道尽了天地万物之事了。

第十五章　门人黄省曾录

1. 无适无莫

【原文】黄勉之问:"'无适也,无莫也,义之与比。'事事要如此否?"

先生曰:"固是事事要如此,须是识得个头脑乃可。义即是良知,晓得良知是个头脑,方无执著。且如受人馈送,也有今日当受的,他日不当受的,也有今日不当受的,他日当受的。你若执著了今日当受的,便一切受去;执著了今日不当受的,便一切不受去,便是'适''莫',便不是良知的本体。如何唤得做义?"

【注解】黄勉之同学是苏州人,为阳明先生的弟子。

黄勉之问道:"孔子说道:'君子在天下为人处世,不会刻意去亲近,也不会刻意去疏远拒绝,只是看看这个事是不是符合道义罢了。'事事都要按照孔子的这句话去做吗?"

先生回答道:"虽然事事都是要如此,可是还是需要知道个头脑和关键才可以的,要不就容易产生执着的,也就会有偏颇了。"

先生又说道:"义即是良知的,晓得良知是个头脑和关键,如此方才不会去执着的。"阳明先生的话两下又转到自己老本行上来了,又开始说良知之说了。

先生又说道:"我来打个比方吧。比如受到别人的馈送,也有今日应当接受的,他日就不应当接受的。也有今日不应当接受的,他日应当接受的。"别人馈送东西,也要看送的是什么东西,是什么人送的。如果是涉及违法乱纪的必定不可以接受了。如果是亲戚之间正常的探亲访友带来的一只鸡什么的都不可以接受的话,这个也是说不过去了。还别小看了这个鸡,苏格拉底临死前还专门嘱咐要还邻居一只鸡的。

先生又说道:"你假如执着了今日应当受,便一切都去接受;假如执着了今日不当受,便一切都不去接受的话,这就是前面孔子说的,'适''莫'了。

也就是刻意去亲近或者刻意去疏远拒绝了。这就不是良知的本体了。如何能够唤得说是符合道义的呢?"《道德经》中有说道,不可得而亲,不可得而疏。圣人之道,不会刻意去亲近,也不会刻意去疏远的,只是符合道义而已。

2. 一了百当

【原文】问:"'思无邪'一言,如何便盖得三百篇之义?"

先生曰:"岂特三百篇,六经只此一言便可该贯,以至穷古今天下圣贤的话,'思无邪'一言也可该贯。此外更有何说?此是一了百当的功夫。"

【注解】问道:"孔子说'思无邪'这一句话,如何能够盖得住三百诗篇的文义呢?"《论语》中有这么一句话的,《诗》有三百首,可言蔽之,无非是思无邪罢了。如此真好,这位同学又帮忙问问《诗》有关的问题。这样,四书五经都让阳明先生给我们讲讲的。

先生回答道:"岂仅仅是这么特殊的涵盖《诗经》的三百篇而已,六经只这一言就可以横贯涵盖了。不仅仅是六经而已,以至于穷尽古今天下圣贤的话,'思无邪'这一句话也可贯通了。除此之外,还有什么别的学说吗?如此也是一了百了,很恰当的功夫。"我们说小孩子天真无邪,不仅仅是小孩子的,我们每个人都可以恢复天真无邪的。我们如果能够恢复先天的本性,就能够成为真人,也可以称之为大人了,也可以说是有大心了。思想没有邪念,没有恶念,没有私念,仅存是天理了,如此功夫是可以了。

3. 道心人心

【原文】问"道心人心。"

先生曰:"'率性之谓道',便是道心。但着些人的意思在,便是人心。道心本是无声无臭,故曰'微'。依著人心行去,便有许多不安稳处,故曰'惟危'。"

【注解】问阳明先生关于道心人心的问题。

先生回答道:"率性之谓道,这个便是道心的。"率性之谓道这个话还是比较难理解的,如果这么一说的话,说了也白说的。前面我们也一起探讨过这句话如何解释的。率性可以称之为道的,可以称之为正道的。如果不是率性的,而是率气的,就不能称之为道了。阳明先生有关于性和气的学说。如果率性而为,这个就是沿着正道去走的。率性顾名思义,就是以自性、以良知来统率自己的所言所行。这个就是道心的。如果不能明心见性，也许就无法率性而为了。虽然，我们作为学子一时还没有能够见道，可以按照圣人所说的去做功夫的。

先生又说道："如果不是率性而为，只要是着了哪怕一点点人的私欲的意思在，这便是人心的。"不管是人心还是道心，也都是此心的，也都是一个心的。所不同的是人心是在此心上面添加了人的私欲的。道心是去除了人的私欲的。

先生又说道："道心本来是无声无臭的，所以称之为微。"道心比较隐微的，道心无形无相，如何去找得到呢？这个道心至简至易的，只是由于世人被物欲所遮蔽，无法见道的。正所谓一叶障目不见泰山的。阳明先生在贵州龙场一天夜里顿悟了，得道了，不禁手舞足蹈起来。他突然懂得了原来自性之中具足一切的。原来这个宝贝一直在自己身上的。那我们是不是很想知道这个秘密呢？那很简单，就是按照阳明先生所教的去做致良知的功夫。

先生又说道："由于道心比较难见到，也许就不能率性而为的。如果依照着人的私欲之心去行，便有许多不安稳的地方了。也许依照着人的私欲之心去走，就会迷路了，走到小道上去了，走到邪道上去了。所以说人心惟危的。"如果依照人心去走的话，也就比较危险了。尧帝用心良苦的，把天下和百姓托付给了舜帝的。圣人的苦心，又有多少人能够体谅呢？阳明先生受了那么多的委屈去讲学，也就是要让世人都见到这个道心的，就不会依照人的私心去行事了。越多的人率性而为，依照道心而为，就越太平的。大家要注意了，这个率性而为而不是随着自己性子乱来的哦。

4. 资质不同

【原文】 问："'中人以下，不可以语上'，愚的人与之语上尚且不进，况不与之语可乎？"

先生曰："不是圣人终不与语。圣人的心忧不得人人都做圣人！只是人的资质不同，施教不可躐等。中人以下的人，便与他说性，说命，他也不省得也，须谩谩琢磨他起来。"

【注解】 问道："《论语》中孔子曾经说过：'中等根器以下的人，不可以跟他讲形而上的道的'。可是我还是有疑问的，愚昧的人跟他讲上等的道尚且不能听得进去，况且不跟他讲呢？"如果不跟他讲，岂不是更不能入道吗？岂不是离道更远了吗？

先生回答道："并不是圣人始终不跟他讲的，而是讲的时机没有到的。"

古圣先贤讲学说法也都是讲究一个当机的，通过许多善巧的比方来讲的。

先生又说道："圣人巴不得人人都可以做圣人的。"圣人不会有妒忌之心的，他已经见道了，知道了人的私欲之心的危害。凭着这种大爱之心去觉知世人的。圣人耶稣传道，被世人所误解，被钉在了十字架上的。圣人是何等的大爱的。当时的人是凭着人心，也就是带着人的私欲之心去看待的，就走偏了。世人如同容易走错路的羊羔一样，需要牧羊人的引路的。

先生又说道："只是由于人的资质根器有所不同，需要因材施教，不可以全部都一样地进行教化的。中等以下的人，如果就和他说性，跟他说命，他也不能省悟，不能接受的。须要慢慢地引导他入道的。"《道德经》中也讲到的，中等根器的人，听到了道，就会半信半疑的；下等根器的人，闻道就会大笑之的。对于听到道就大笑的人，讲如此高深的性命之学，如同鸡跟鸭在说话的，无法同频的。对彼此都没有任何的好处。

5. 书不记得

【原文】一友问："读书不记得如何？"

先生曰："只要晓得，如何要记得？要晓得已是落第二义了。只要明得自家本体。若徒要记得，便不晓得；若徒要晓得，便明不得自家的本体。"

【注解】一位友人问道："读书不记得该如何办呢？"我们是否也有这样的困惑呢？

先生回答道："只要你内心晓得就可以了，为什么要去记得呢？即使说是晓得，这个已经是落入第二义了。只要明得自家的本体就行了，也就是自性，也就是自己的良知的。"明了自性，明了此心，致自己的良知，这个是第一义的，这个是真理的。

先生又说道："如果仅仅是去记得，便就不晓得了。如果仅仅是去晓得，便不能明白自家的本体了。"一经通所有经通，读书把一部经典弄通也就可以去读通所有的书了。如果把许多书都记诵下来，也许会消化不良的，只要通晓就可以了。当然深入经典如果能够选择一部经典来反复诵读记诵下来，反复的参悟，也许就能够得道的。读经典也是洗心的过程。

6. 逝者如斯

【原文】问："'逝者如斯'是说自家心性活泼泼地否？"

先生曰："然。须要时时用致良知的功夫，方才活泼泼地，方才与他川水一般。若须臾间断，便与天地不相似。此是学问极至处，圣人也只如此。"

【注解】问道："《论语》中孔子说逝者如斯，这个是在说自家的心性活泼泼的吗？"是不是说自家的心性如同这个川流不息的河流一样呢？

阳明先生回答道："你这么说是对的。须要时时刻刻用致良知的功夫，如此方才能够活泼泼的。如此才可以像河流中的水一样。"

先生又说道："如果须臾有所间断，便与天地不相似了。这个是学问的极至之处的，圣人也只是如此的。"致良知的功夫如同川流不息的河流一样，不能停息的。孔子所说的这句话是比较有名的，各种各样的解释五花八门什么都有的。

也许孔子看到川流不息的河流也会有许多的感慨，不仅仅是一个意思的。这里阳明先生这么说，也是当机立断地对弟子的一种教化的。其他的感慨带着那种诗人的情怀，带着人的私欲情绪，这些跟弟子们讲没有多少的作用。阳明先生一针见血地跟自己的弟子们讲做功夫的。

7. 志士仁人

【原文】问："志士仁人"章。

先生曰："只为世上人都把生身命子看得来太重，不问当死不当死，定要宛转委曲保全，以此把天理却丢去了，忍心害理，何者不为。若违了天理，便与禽兽无异，便偷生在世上百千年，也不过做了千百年的禽兽。学者要于此等处看得明白。比干、龙逄，只为他看得分明，所以能成就得他的仁。"

【注解】问《论语》中"志士仁人"那一章。

先生回答道："只是由于世上的人都把生身性命看得太重了，不问当死不当死，一定要去设法委曲求全而保全性命的。这么做也许就把天理给丢去了，忍心去同流合污去做恶事的，去做伤天害理的事情。如果能够这么做，还有什么不可以做的呢？"看了这一段，我们平时说的伤天害理这个词语，还是有很深刻的含义。这个词大概说的是，做了很坏的事情，伤害了上天，有违背于天道的，损害了天理的。

先生又说道："如果违背了天理，便和禽兽没有什么差别了。即使是苟且偷生在世上活了千百年，也不过做了千百年的禽兽罢了。作为儒者学者，要在这个地方看得明白的。"

先生又说道："比干、龙逄，这两位贤德的人，只是因为他们看得分明的，所以能够成就他们的仁的。"比干大家都知道的，这里说说这个龙逄的。

他的名字叫关龙逄，夏朝末年的大臣。由于多次劝谏，被夏桀囚禁而后处死了。我们也许不生活在那个年代，也许切身体会不到那种环境的。也许我们会说，他没有必要这么冒犯的去进谏的，可以用其他的一种方式的，比较委婉一点，也可以保全自己。甚至有人会说怎么这么傻的冒死去做这样的事情呢？明明都知道是危险的了。可是不要站着说话不腰疼了，在这么极端的情况下，也许只能是冒死去劝谏还能够警醒一下君主的，警醒一下世人的。这也许就是我们古人所有的贵族精神的了。当然，如果有更好的劝谏方法，还是可以不去这么做的，能够保留下贤臣，不是还有更大的用处吗？而且有时委婉的劝谏也许效果更好一点的。

8. 不免毁谤

【原文】问："叔孙武叔毁仲尼，大圣人如何犹不免于毁谤？"

先生曰："毁谤自外来的。虽圣人如何免得？人只贵于自修，若自己实实落落是个圣贤，纵然人都毁他，也说他不着。却若浮云掩日，如何损得日的光明？若自己是个像恭色庄、不坚不介的，纵然没一个人说他，他的恶愿终须一日发露。所以孟子说'有求全之毁，有不虞之誉'。毁誉在外的，安能避得？只要自修何如尔。"

【注解】问道："《论语》中，叔孙武叔这个人诋毁仲尼，大圣人为什么也无法避免受到毁谤呢？"这个问题问得太好了。我们先听听阳明先生怎么说的吧。

先生说道："毁谤这个是从外面来的。虽然是圣人如何能够免得了的吗？"嘴巴长在别人身上，如何能够免得了呢？

先生又说道："人只是贵在于自修的，如果自己确确实实是个圣贤，纵然是他人都诋毁，也说他不着的。如此的诋毁，就好像是浮云掩蔽了太阳的，如何能够损得太阳的光明呢？"浮云散去了，又会恢复本有的光明的。

先生又说道："如果自己是个道貌岸然的人，内心毫无操守的人，纵使没有一个人去说他，他隐匿的恶行终究也会有一天会暴露无遗的。"真金不怕火炼的，是真圣人就不怕别人怎么诋毁的。

先生又说道："所以孟子说道：'有求全责备的诋毁，有意料不到的赞誉。'毁誉在外面，怎么能够避免得了呢？只是自己修行完善自己罢了。"阳明先生弘扬正学正道，承受了许多的毁誉，说到这个问题应该深有同感吧。

9. 山中静坐

【原文】刘君亮要在山中静坐。

先生曰:"汝若以厌外物之心去求之静,是反养成一个骄惰之气了。汝若不厌外物,复于静处涵养,却好。"

【注解】刘君亮同学要去山中静坐做功夫。看看阳明先生怎么说的。

先生说道:"你如果因为厌恶外物,怀着这样的心去求安静的话,这样是不太好的了。这样也许反而养成了一种骄傲和懒惰之气了的。"在山里求安静这个倒是省事了,可是什么都不做,这个也许会助长懒惰的。为什么会有骄傲之气呢?也许会不屑于和这些世俗的人为伍了,这个清高也是骄傲之气的。

先生又说道:"你如果不厌恶外物,也可以在静处涵养的,这样就可以的。"并不是不可以去找个安静的地方涵养的,只是不要因为厌恶外事外物而躲避起来的,这样就不好了。

10. 曾点言志

【原文】王汝中、省曾侍坐。

先生握扇命曰:"你们用扇。"

省曾起对曰:"不敢。"

先生曰:"圣人之学不是这等捆缚苦楚的,不是装做道学的模样。"

汝中曰:"观'仲尼与曾点言志'一章略见。"

先生曰:"然。以此章观之,圣人何等宽洪包含气象!且为师者问志于群弟子,三子皆整顿以对。至于曾点,飘飘然不看那三子在眼,自去鼓起瑟来,何等狂态!及至言志,又不对师之问目,都是狂言。设在伊川,或斥骂起来了。圣人乃复称许他,何等气象!圣人教人,不是个束缚他通做一般。只如狂者便从狂处成就他,狷者便从狷处成就他,人之才气如何同得?"

【注解】王汝中和黄勉之同学陪同阳明先生坐在一起。这位王汝中同学是浙江绍兴人,是阳明先生的得意门生。做官的官位比较大,后来辞官归隐,讲学四十余年,传播阳明的心学。这位同学还有著述,著有《龙溪集》。有空我们还可以去找来读读的。

先生把扇子给他们说道:"你们用扇。"也许天气比较炎热吧,大家坐在一起比较热。阳明先生对自己的弟子们还是比较好的,还给大家递扇子的。那个时候没有电风扇，也没有空调只好用扇子了。

黄勉之同学比较谦恭马上站起来说道："不敢的。"这位同学比较懂礼貌的。另外，还有一位同学怎么没有反应呢？

先生说道："圣人之学不是这般拘束缠缚困苦的样子的，更不是要去装作道学的模样的。"阳明先生看到一个站起来，一个没有站起来。他没有说这个坐着的王汝中同学，还趁机教了一下黄勉之同学的。

汝中同学这时候说道："我看《论语》里面'仲尼与曾点言志'一章可以略微见到的。"圣人之学是可以很快乐的。修行做功夫也可以很快乐的，我们可以做个快乐的修行人。佛陀一开始修苦行六年，后来都放弃了，而在菩提树下大彻大悟。

先生又说道："是的，说的没有错的。从这一章看来，圣人何等宽宏包含的气象的。且为师者问自己诸位弟子志向是什么，三位弟子都毕恭毕敬地回答了。"

先生又说道："至于这个曾点，也就是曾子的父亲。飘飘然完全都不看那三个小子一眼的，只是自己去鼓起瑟来。这样何等的狂态呀！"曾点还是蛮有个性的吧，孔子还是比较宽宏大度的，要不曾子也会比较拘束不敢的。但是，这些弟子也都还是比较有分寸的，对自己的老师都还是非常地恭敬。

先生又说道："曾点谈论到志向，又不能根据老师所问而去回答。似乎有点答非所问似的。所说的似乎也都是狂言的。"那曾点的志向到底是什么呢？他说他就想在春天里穿着春服，五六个大人带着六七个小孩子，在河里沐浴游泳，登上鲁国在河边的舞云台吹吹风，散散步，然后一起唱着歌心满意足的回来。这个似乎也不是什么狂言的，也得到了孔子的赞许。

先生又说道："假如在程颐先生那里，有弟子这么说，或许他会斥骂起来了。"也许程颐先生比较严厉吧，对待学生，可是孔子圣人就不一样了。

先生又说道："圣人孔子还去赞许曾点这种说法，何等宽宏大度的气象呀。圣人教人，并不是束缚他，就好像一个模子出来的一样。"我们可以反思一下现在我们沿袭西方的教育理念。西方的教育重在教外在的技艺，也就是小道而已。东方传统的教育重在教大道的，差距是很巨大的。经过多年的学习，学生都是一个模子出来的了。

先生又说道："针对不同的人用不同的成就方式，对于狂者便从狂处成就他；对于耿直的人便从耿直处成就他，人的才气如何能够完全相同呢？"根据不同的人的根器不同而进行教化，做到因材施教。

11. 志亦好博

【原文】先生语陆元静曰:"元静少年亦要解《五经》,志亦好博。但圣人教人,只怕人不简易,他说的皆是简易之规。以今人好博之心观之,却似圣人教人差了。"

先生曰:"孔子无不知而作;颜子有不善未尝不知。引是圣学真血脉路。"

【注解】先生对陆原静同学说道:"你少年的时候也想去注解《五经》,志向也在于爱好博学的。"阳明先生如此高的水平也都从来没有想过注解过,只是留下了一些书信,只是弟子们记录了他的一些言行。为什么阳明先生不像文中子那样去注解一下呢?其中也许是有深层的含义的。著述扰乱正学的,古文经典之中已经足够简约的了,已经足够明白的了,再去著述也许就会扰乱世人的视听了。往往半桶水的就在那里晃悠晃悠的了,难道不值得我们深思吗?有点停笔的冲动,就当作学习的过程吧。原静同学少年时候还没有得道的,如何能够注解得了呢?

先生又说道:"但是圣人教人,只怕人不够简易,他所说的都是很简易的办法来的。正所谓大道至简的。可是现在的人有好博的心,以这个心思来看圣人的教法,却好像是圣人教的不对了似的。"世人很容易对圣人的教法有误解的,很值得我们深思。

先生说道:"孔子对于自己不懂的事情是不会写出来的;颜回对于自己不善之处未尝不知晓,而且错误犯过一次就不会犯第二次。这个是圣学的真正血脉的。"这个是真正的正学,真正的道统。

12. 是未立志

【原文】何廷仁、黄正之、李侯璧、汝中、德洪侍坐。先生顾而言曰:"汝辈学问不得长进,只是未立志。"

侯璧起而对曰:"洪亦愿立志。"

先生曰:"难说不立,未是必为圣人之志耳。"

对曰:"愿立必为圣人之志。"

先生曰:"你真有圣人之志,良知上更无不尽。良知上留得些子别念挂带,便非必为圣人之志矣。"洪初闻时心若未服,听说到,不觉悚汗。

【注解】五位同学陪着先生身边坐着,他们分别是:何廷仁、黄正之、李侯璧、汝中和德洪。先生看了一下大家就说道:"大家学问没有能够得到长进,只是由于没有能够立志的。"

侯璧同学站起来说道:"据我所知,德洪同学也愿意立志的。"这位同学不说自己,反而去说人家德洪同学干啥呢?

先生说道:"你们这么说,也难说你们没有立志的,只是所立的志向未必就是圣人之志的。"普通的志向和圣人之志有什么分别呢?接下来听他们怎么讲的。

侯璧又说道:"我愿意立下必定做圣人的志向的。"阳明先生从小就有志向要去做圣贤的。

先生说道:"你果真有做圣人的志向,良知上便没有什么不尽的了。"也就是没有什么瑕疵的了。如同良知为心的本体,如同明镜一样,没有任何的污渍遮蔽的。

先生又说道:"良知上假如还留有一些什么别的挂念,便并非必定是做圣人的志向的。"这个别的什么挂念,世人可就多了。什么科举考试啦,功名利禄啦,这些都是挂念来的。德洪同学刚开始听了以后似乎心里面还有些不服气的。到了最后,不觉全身出了一身冷汗。德洪同学能够自己反省自己,可谓是大的进步来的。

13. 造化精灵

【原文】先生曰:"良知是造化的精灵。这些精灵,生天生地,成鬼成帝,皆从此出,真是与物无对。人若复得他完完全全,无少亏欠,自不觉手舞足蹈,不知天地间更有何乐可代?"

【注解】先生说道:"良知是造化的精灵。"良知是造化种在人身上的灵根,这个灵根本来人人都有的。只是由于被物欲遮蔽了,就难以成长的。阳明先生所说的精灵,大家可别误解了,以为是电影里面的那些精灵。

先生又说道:"这些精灵,良知为心的本体。此心为七窍玲珑心的。可以生天生地。"这个事情有点不可思议吧。居然说此心生天生地。可是佛陀说,万法唯心造。这个万法几乎无所不包了,甚至包括了天地。《金刚经》中说,一切有为法,如梦亦如幻,如梦幻泡影,应作如是观。佛陀是彻悟觉者,是不会说假话的。所有的有为法,也都是梦幻泡影哦,梦幻泡影是什么概念呢?科学家们由细上达于道,已经越来越接近真理了。物质世界越分越细,分下去似乎这个世界是虚空的。近期科学家发现类地行星开普勒星球,这个星球很遥远,要1000多光年的距离。可是用相对论一算,如果以光速飞行的飞船,飞行并不是 1000 多年哦，而是瞬间到达的。可以生天生地，这个是不是很神奇呢？也许只有我们去实证了宇宙和人生的实相才可以知晓这些是不可思议的。

先生又说道："可以造就了鬼神和天帝，也都是从此心出的，真是任何事物都不能与它相比的。"也许对于鬼神和天帝这些比较难以解释的。在这里阳明先生并非是迷信的说法。一念向善是天堂，一念向恶是地狱。心有万念，这个心是不是很神奇呢？我们看电影觉得比较逼真，也只是用幻灯片来播放的，一秒钟播放多少张幻灯片，如此人就会感觉到是连续的在动的。一刹那有多少心念，也许是很快的速度，所以，让我们看到这个世界如同是真实的一样。如果人被私欲所牵引，此心就被遮蔽了，如同魔鬼一般。如果已经见道了，对此就会觉得不惊不怖了。圣人不仅仅知道神，而且知道不神之神，这个才是至神的。这个至神即是每个人的本心，自性，每个人本有的良知的。

先生又说道："世人如果能够恢复得此心完完全全的，恢复本有的良知，没有半点亏欠。自然就会不知不觉地手舞足蹈起来的。我是不知道天地之间更还有什么别的什么乐事可以代替的。"想当年阳明先生在贵州龙场得道的那个夜晚，阳明先生禁不住手舞足蹈起来的。这个乐事是常人无法体会的。如此大家也不难想象颜回能够安贫乐道的。

14. 静坐有见

【原文】一友静坐有见，驰问先生。

答曰："吾昔居滁时，见诸生多务知解，口耳异同，无益于得，姑教之静坐。一时窥见光景，颇收近效。久之，渐有喜静厌动，流入枯槁之病。或务为玄解妙觉，动人听闻。故迩来只说致良知。良知明白，随你去静处体悟也好，随你去事上磨炼也好，良知本体原是无动无静的。此便是学问头脑。我这个话头，自滁州到今，亦较过几番。只是致良知三字无病。医经折肱，方能察人病理。"

【注解】有一位友人静坐有些心得，就马上跑过去问阳明先生。

先生回答道："以前我在滁州的时候，见到诸位学生们有许多的知见和见解，纠缠于所见所闻的异同，进行不必要的辩论，如此对做真功夫没有什么益处。所以我就姑且教大家静坐的功夫的。"正德八年（公元 1513 年），阳明先生 42 岁，十月到了滁州（现在安徽省的滁县）。阳明先生 36 岁得道，这个时候的功夫应该是可以了。

先生又说道："那样教静坐的功夫以后呢，一时之间窥见了一些光景。做功夫颇能收到很好的效果的。"阳明先生患了严重的肺结核疾病，也拜静定功夫所赐，所以身体能够坚持下来的。

先生又说道："可是久而久之，这些学生们渐渐的都有种喜爱静而厌恶动的样子，渐渐的养成了一种枯槁求静的毛病的。或者喜欢谈玄论妙，讲一些似乎很高深的玄妙的感觉和境界，专门说一些耸人听闻的事情。所以近来我只是单单说致良知的功夫的。"

先生又说道："只要良知能够明白了，随你去静处体悟也好，随你去事上磨炼也好，良知本体原本是无动无静的。此处便是学问的头脑和关键的地方的。"

先生又说道："我这个话头，从滁州到现在，已经反复地琢磨过几番的了。只是致良知这三个字不会有什么毛病的。"禅宗讲参话头，有些话头可以去参悟，领悟了也许就能够顿悟了。中医治病，有些病人也许会执着于药物，因为药物而成病了。比如，阳明先生所讲的东西，本来是对治心病的，反而增加了弟子们不必要的执着的。为了避免这些，还是专门说致良知的功夫的。

先生又说道："做医生的话，需要经过许多的自我的经历和磨砺，打个生动的比方，就是要经历三次折断手臂的痛苦然后康复之后，方才为良医的。方才能够准确地觉察和判断病人的病理，才能够对症下药的。"如果没有切身的体验，无法体验病人的痛苦的。这位友人来跟阳明先生分享静坐的心得，阳明先生没有很直接的回答，而说了这一番肺腑之言的。

15. 心事合一

【原文】 一友问："功夫欲得此知时时接续，一切应感处反觉照管不及；若去事上周旋，又觉不见了。如何则可？"

先生曰："此只认良知未真，尚有内外之间。我这里功夫，不由人急心，认得良知头脑是当，去朴实用功，自会透彻。到此便是内外两忘，又何心事不合一？"

又曰："功夫不是透得这个真机，如何得他充实光辉？若能透得时，不由你聪明知解接得来，须胸中渣滓浑化，不使有毫发粘滞，始得。"

【注解】 有一位友人问道："我做功夫想要使得良知时时接续，可是一切感应的外事外物反而就照管不及了；如果去外事外物上周旋，又感觉这个良知不见了，不能时时接续了，功夫又间断了。如何是好呢？"左也不是右也不是，怎么办呢？

先生回答道："这个只是体认良知未能真切罢了，尚且还在区分内外的。"如果果真能够真的致良知了，就无有内外的分别了，就不会有这样的矛盾了。

对外事外物能够照管得及，良知的功夫也能够不间断的。如同镜子照外事外物一样，物来则应，物去不留，如此就能够照顾得及了。

先生又说道："我这里的功夫，是不由得人心急的，心急吃不了热豆腐。只需要体认得良知这个关键和头脑就妥当了，只要朴实地去做功夫就可以了，自然就会透彻的。如果能够使得良知透彻了，到此时便能够内外两忘了，无内无外了，又何愁此心和外事外物不能合一呢？"

先生又说道："做功夫如果不是悟透了这个真正的天机，如何能够使得此心的良知充实而发出光辉呢？"阳明先生临终遗言：此心光明，夫复何求。

先生又说道："如果能够透彻得了此良知，这个是不由得你用那些小聪明的知见和理解来考虑得来的。这个是须胸中那些所有的束缚的渣滓都浑然而化了才可以的。不使得毫发有所粘滞，如此方能得道的。"这些胸中的渣滓是什么呢？是小聪明的固有的知见，这些也是污渍来的，也是束缚的；是人的私欲来的，需要去除人的私欲，方能仅存天理的。

16. 道即是教

【原文】先生曰："'天命之谓性'，命即是性。'率性之谓道'，性即是道。'修道之谓教'，道即是教。"

问："如何道即是教？"

曰："道即是良知。良知原是完完全全，是的还他是，非的还他非，是非只依着他，更无有不是处，这良知还是你的明师。"

【注解】先生说道："《中庸》中说道：'天命之谓性'，这就是说天命即是性的。"阳明先生讲性命之学了，这个是对上等根器的人讲的，赶紧搬小凳子来坐着听听他怎么讲的吧。古人讲真命天子，比如尧舜这些就是真命天子的。我们中国古人讲天人合一，天子是秉持上天而顺承民意的。天命赋予人的身上就是人的自性，就是人的此心的。所以说天命即是自性的。

先生又说道："'率性之谓道'，自性即是道的。"此心即是道，良知即是道的。率性是以性为统率自己的所言所行。以道心，以自性来统率人的所言所行，这样社会就太平了。如果以人心，以人的私心来统率就会偏差了。所以，圣人才说人心唯危的，是说人的私心比较危险的。

先生又说道："'修道之谓教'，修道即是教的。"古人尊师重道，对道是很重视的。老师的任务就是传道授业解惑，首要的任务就是要传道的。现在反而把道当做神神秘秘的事情对待，难道不是很奇怪的事情吗？圣人教化就是要教世人求道做学问做真功夫的。

黄勉之问道:"为什么说道即是教呢?"这位同学前面的几句不知道能不能明白,先抓住刚刚说完的最后这一句来问一下阳明先生吧。应该说还是比较难的,这个不仅仅是在字面上来理解这个性命之学的,而是要实证的。如果实证了,也就是像阳明先生在贵州龙场得道一样了。我们慢慢来不着急,机缘一到我们也会进步的。为什么说道即是教呢? 道即是世人通往真理和实相的路而已,经也只是通往真理和实相的路径而已,教也是圣人教给世人的路。所以说都是一个东西的。

先生说道:"道即是良知的,心即是道的。良知原是完完全全的,是就是是,非就是非。丑的就是丑的,美的就是美的,如实反应,也不会有好恶之心。是非只要依着良知罢了,更无有不是处,这良知还是你的明师来的。"讲道可能还会被人误解的,阳明先生就专门讲致良知的功夫。

17. 见得真时

【原文】问:"'不睹不闻'是说本体,'戒慎恐惧'是说功夫否?"

先生曰:"此处须信得本体原是'不睹不闻'的,亦原是'戒慎恐惧'的。'戒慎恐惧'不曾在'不睹不闻'上加得些子。见得真时,便谓'戒慎恐惧'是本体,'不睹不闻'是功夫亦得。"

【注解】问道:"'不睹不闻'是不是说的本体呢,'戒慎恐惧'是不是说的功夫呢?"《中庸》有说道,不要以为别人看不见就不去保持慎独的,不要以为别人听不到就不保持谨慎的。

先生回答道:"此处须信得这个心的本体原本是'不睹不闻'的,也原本就是'戒慎恐惧'的。"心的本体要加上五官方能去看去听的。心的本体原本就是秉持着天命的,天命赋予人的是自性。心的本体本来就是保持着对天道的敬畏,本来就是仅存天理,没有人的私欲的。

先生又说道:"'戒慎恐惧'并不曾在'不睹不闻'基础之上还要增加些什么东西。"多闻多见反而也许会增加许多的知见和束缚,这个不睹不闻也可以说此心不被多闻多见所束缚的。

先生又说道:"如果见到心性,见到自性,已经致良知了,做功夫做到了真切的时候,便也可以说'戒慎恐惧'是本体,'不睹不闻'是功夫也可以的。"怎么说都可以的。

如果说'戒慎恐惧'是本体,'不睹不闻'是功夫,这也是说得通的,试着来解释一下吧。心的本体本身就是秉持天命而来的,对天命本身就是存有敬畏的。所以说慎独谨慎这个也可以说是心的本性来的。不睹不闻这个也可以说是功夫来的，多闻多见只是增加束缚而已，不去多闻多见，不去向外求，这个也可以说是功夫的。

如果说'不睹不闻'是本体，'戒慎恐惧'是功夫，这也是可以的。横说竖说都是可以说得通的。禅宗慧能大师说：寂寂断见闻，荡荡心无着。此心本来是七窍玲珑的，无有什么污渍的，无有一丝一毫人的私欲的。此心的本体如同明镜一样的，只是放在那里，物来则应，物去不留的。慎独谨慎这个可以说是功夫来的，如果能够做到这个功夫也是很了不起了，不去做哪怕一丁点恶事，如此就能不断地去除人的私欲，仅存天理了。如果天不怕地不怕，什么恶事都敢去做，就麻烦了。

18. 昼夜之道

【原文】问："通乎昼夜之道而知。"

先生曰："良知原是知昼知夜的。"

又问："人睡熟时，良知亦不知了。"

曰："不知何以一叫便应？"

曰："良知常知，如何有睡熟时？"

曰："向晦宴息，此亦造化常理。夜来天地混沌，形色俱泯，人亦耳目无所睹闻，众窍俱翕，此即良知收敛凝一时。天地既开，庶物露生，人亦耳目有所睹闻，众窍俱辟，此即良知妙用发生时。可见人心与天地一体，故'上下与天地同流'。今人不会宴息，夜来不是昏睡，即是妄思魇寐。"

曰："睡时功夫如何用？"

先生曰："知昼即知夜矣。日间良知是顺应无滞的，夜间良知即是收敛凝一的，有梦即先兆。"

又曰："良知在夜气发的方是本体，以其无物欲之杂也。学者要使事物纷扰之时，常如夜气一般，就是'通乎昼夜之道而知。'"

【注解】问道："《易经》中说到一句话：通乎昼夜之道而知。这个该怎么解释呢？"先看看阳明先生怎么说吧。

先生回答道："良知原本就是知昼知夜的。"

仅仅这么一句话还是不能把这位同学打发了的，这位同学又问道："人睡熟的时候，良知也不知了。"怎么说良知能够知道呢？睡着了如何知道夜晚发生了什么事情呢？

先生回答道："如果良知不知，如何一叫马上就能够应呢？马上就能够醒了呢？"

问道:"既然良知能够保持常知,如何有睡得很熟,睡得很沉的时候呢?"

先生回答道:"君子虽然日理万机,可是到了夜晚就应该睡觉,这个也本来都是造化常理来的。夜晚的时候,天地混沌,形色万物也都俱泯了。有些动物该回巢穴的就已经回了,有些动物是反过来的该出来觅食了。人的耳目也就没有什么可听可看的了,自然也都安静下来了。各个器官也都闭合了,这时候该是休养的时候了。这也是良知收敛凝聚于一的时候了。"阳明先生这个是知夜的。

先生又说道:"天地既然已经开了,到了白天了,万物滋生显露了,人的耳目也就能够去看去听了。人的各个器官也都打开了,这个也是良知发生妙用的时候了。"阳明先生这个是知白昼的。

先生又说道:"由此可见人心和天地是一体的。天地万物和人心本来是一体的。所以说,此心上达于天,下通于地,能够上下和天地同流的。"

先生又说道:"现在的人不会在夜晚的时候宴息的,夜玩的时候不是昏天黑地睡,就是在那里妄想纷飞不能睡着,就是在那里如同在梦魇之中一样。"这句话里面保留了宴息这个词语,没有翻译过来。请大家注意了,宴息这个不是指昏睡过去的。对于佛家来说,财色名食睡,这个睡也是人的欲望来的。对于人体来说,心肾相交,阴阳相和这个不管是对身心健康还是做功夫都是很有益处的。通过中医处方也可以有助于心肾相交;或者通过深睡眠也能够达到这一点的;或者通过入于静定,也就是宴息可以做到的。往往宴息入静定,这个效果是很好的。许多高僧大德,夜晚是不睡觉的,而是宴息的。有人也许会想,人生有很长的时间是在睡眠中度过,如果有这等好事,岂不是相当于延长了寿命吗?

问道:"睡觉的时候功夫如何用呢?"

先生回答道:"知昼即能够知夜了。知白就可以知黑了。"本来也可以说是无昼无夜的,只是由于日月双轮的轮转而已的。太阳什么时候都是普照过来的,只是由于被遮蔽了阳光,这时候就是夜晚了;如果不是遮蔽,就是白昼了。本来也没有时间这个概念的,这个只是一个错觉罢了,日月变化,万物变化使得世人有了时间的错觉罢了。科学家所谓的时空隧道穿梭幻想,可以说是不可以实现的。人们不可以在不同的时间踏入相同的一条河流。我们也许可以穿越到另外一个正在进化中的星球,这个星球正在经历以前我们所经历的一切,如此可以看到我们的祖先是如何进化的。但是不可能完全一样的,最多也只是类似的。世界上不会有完全相同的一片叶子,也不会有完全相同的一个星球的。昼夜之间阴阳的消长,人身体随着昼夜消长发生的隐微的变化,如此都是非常细微的,也都是符合于道的。比如,每天子时这个时候一阳生发,胆经当令。作为中医也要知昼知夜,如此方能够契合于妙道,契合于人的身体,能够治病救人的。

先生又说道:"白天的良知是顺应没有停滞的,夜间的良知即是收敛凝一的,这个也是顺应着天地之道的规律来的。这个也是良知的一开一合的。开合也是阴阳的,一阴一阳谓之道。有梦了这就是良知收敛的先兆了。"人的大脑分为左脑和右脑,就好比是地球分为东西两个半球,分为东方和西方似的,也都是互为阴阳的。左脑是今生脑,右脑是祖先脑。右脑之中储存了从古至今的我们所有祖宗遗留下来的信息。我们做致良知的功夫,就是要开发这个右脑的潜能的。做梦的过程就是系统地整理大脑中的信息的过程。脑骈体是联系左脑和右脑的纽带。今天发生的事情从左脑,通过脑骈体输送给右脑进行整理保存。我们的大脑早就实现了大数据了,现在我们人类才开始去研究和重视这个事情的。我们的所言所行,也都记录无遗的。这些记录也会成为束缚我们的无形的网。弗洛尹德的潜意识的一些研究,也是对右脑的研究的。科学家所看到的只是冰山一角而已。

先生又说道:"之前我们也讲过夜气的问题。在夜气发的时候,此时看到的方是良知的本体。就是由于这个时候没有人的私欲和物欲夹杂在里面的。"

先生又说道:"学者做学问做功夫的时候,要在外在事物纷纷扰扰的时候,常如夜气的时候一般对待就可以了。做致良知的功夫,能够把心给安定下来,处于静定之中。这个就是能够通达于昼夜之道的真知了。"

19. 本体障碍

【原文】先生曰:"仙家说到虚,圣人岂能虚上加得一毫实?佛氏说到无,圣人岂能无上加得一毫有?但仙家说虚,从养生上来,佛氏说无,从出离生死苦海上来,却于本体上加却这些子意思在,便不是他虚无的本色了,便于本体有障碍。圣人只是还他良知的本色,更不着些子意在。良知之虚,便是天之太虚;良知之无,便是太虚之无形。日月风雷、山川民物,凡有貌象形色,皆在太虚无形中发用流行,未尝作得天的障碍。圣人只是顺其良知之发用,天地万物俱在我良知的发用流行中,何尝又有一物超于良知之外,能作得障碍?"

【注解】先生说道:"仙家也就是道家说到虚,圣人又岂能在虚上再去加上一丝一毫的实呢?"这个也都是画蛇添足的。我们经常说虚心使人进步。这个虚心也是使得此心不留下一丝一毫的私欲。这个实是人的私欲来的,把本来七窍玲珑心给拥塞得严严实实的,遮蔽得严严实实的。

先生又说道:"佛家说到无,圣人又岂能在无之上再去增加一丝一毫的有呢?"

先生又说道："但是仙家也就是道家说虚，这个是从养生上来讲的。"这个虚字在古文里面是说大丘，大而空旷可以称之为虚的。如果能够做到虚其心，强其筋骨，如此就可以对身心比较好了。这个在《道德经》里面也有讲到虚其心的。养生首先要知道养生的主人是谁，如果不知道主人是谁，把许多好吃的都给客人吃了。主人瘦骨嶙峋的如何养生呢？当然这里并不是说不要对客人好的。庄子有专门讲明白了这个养生的主人是谁的，这个主人就是自心，自性的。如果光是养这个臭皮囊，满足口舌之欲的话，这不是真正的养生。

　　先生又说道："佛家说无，这个是从出离生死苦海上来的。"难得阳明先生在这里说这些的，我们就多说两句的。佛家有许多的比方，也比较生动。我们来到这个世界上有许多的苦，生老病死都是苦的，用苦海来比方的。如果我们要出离苦海怎么办呢？没有船也不行的，所以就要去想办法用法船渡过彼岸，彼岸就是乐土了，就不会脱离痛苦了。此岸是苦海之中，彼岸就是乐土了。这个法船就是佛陀和菩萨们所讲的经典的。小的船装人少一些，甚至只是自己一个人解脱，这个可以称之为小乘；大的船装人多一些，不仅仅是解决自己一个人的问题，还要发大菩提心去帮助世间的所有众生，这个可以称之为大乘的。

　　先生又说道："本体本来是虚的，本来是无的，如果在本体之上加个什么意思的话，加上一些人的私欲，便不再是虚无的本色了，便对于本体增加了物欲的障碍了。"

　　先生又说道："圣人只是还他良知的本色的，用不着些什么意思的。不要增加一丝一毫什么的。"此心如同明镜，就如同还本来镜子的明净一样，不曾增加什么，而是去掉污渍罢了。

　　先生又说道："良知可以说是虚的，如同天的虚空辽阔；良知的无，就好像没有什么形象。"良知是心的本体，良知如同天空那么虚无宽广，无所不包；也没有什么具体的形象的。

　　先生又说道："日月风雷、山川河流、天下百姓和动物植物等这些有外在的形象和外貌的事物，也都在无形之中生发而流行的，生生不息的。这些事物未尝成为天的障碍的。"镜子放在那里，也许外来的事物有许多，也都出现在镜子里面，可是未尝成为镜子的障碍和污渍的。真正形成污渍的是镜子表面的那些东西，也就是人的私欲。

　　先生又说道："圣人只是随顺着良知的发用的。天地万物也都在我良知的发用流行之中，何尝又有一物超于良知之外的呢？这些事物又如何能够做得良知的障碍吗？"可以说心外无物，心外无理的。

20. 可治天下

【原文】或问:"释氏亦务养心,然要之不可以治天下,何也?"

先生曰:"吾儒养心未尝离却事物,只顺其天则自然,就是功夫。释氏却要尽绝事物,把心看做幻相,渐入虚寂去了,与世间若无些子交涉,所以不可治天下。"

【注解】有人问道:"佛家也务求养心的,然而以佛家却不可以治理天下,为什么呢?"这位同学对佛家这么说有些偏见的,古印度的阿育王,以佛教为国教,如何不能治理天下呢?放弃了杀戮而使得天下太平的。看看阳明先生怎么说的吧。

先生说道:"我们儒学讲究养心,可是未尝离开外在的事物,只是顺其天然的,这个就是致良知的功夫来的。"

先生又说道:"佛家却要尽隔绝外在的事物,把此心看做幻相的本源,说一切有为法如同梦幻泡影一般,逐渐地进入了虚寂去了。如此跟世间也就没有什么关系了,所以不可以用来治理天下的。"这段话是黄勉之同学记录的,也许是如实地记录了阳明先生的言语。从某种角度来说,阳明先生说的也有一定的道理,儒家主张入世,不离开世俗的事务而在事上去磨炼的。但是,这么说还是对佛家的存在一定误解。佛教是佛陀圆满的教育来的,而不是什么宗教来的。既然是圆满的教育,为何不能用来治理天下呢?非佛迷众生,而是众生迷佛来的。

21. 是谓异端

【原文】或问异端。

先生曰:"与愚夫、愚妇同的,是谓同德;与愚夫、愚妇异的,是谓异端。"

【注解】有人问阳明现身对异端怎么看。

先生回答道:"和愚夫、愚妇相同,世人也许就会称之为同德;和愚夫、愚妇异的,世人也许就会称之为异端。"圣人孔子也会受到毁谤的,阳明先生由于反对朱熹的学说也被排挤,也许也曾被称为异端。真理也许往往掌握在少数人手里的,由此往往圣人一开始不被世人所理解的时候,被称之为异端的。有时还会被残忍地迫害了。比如反对地心说的布鲁诺被称之为异端,烧死在罗马的鲜花广场上。一直到了1992年罗马才宣布为布鲁诺平反的。

22. 不动心

【原文】先生曰："孟子不动心与告子不动心，所异只在毫厘间。告子只在不动心上着功，孟子便直从此心原不动处分晓。心之本体，原是不动的。只为所行有不合义，便动了。孟子不论心之动与不动，只是'集义'。所行无不是义，此心自然无可动处。若告子只要此心不动，便是把捉此心，将他生生不息之根反阻挠了，此非徒无益，而又害之。孟子'集义'工夫，自是养得充满，并无馁歉，自是纵横自在，活泼泼地。此便是浩然之气。"

【注解】先生说道："孟子的不动心和告子所说的不动心，所差异的地方只在于毫厘之间的。"我们先听听阳明先生怎么说的。

先生又说道："告子只是被不动心的功夫束缚住了，反而增加了执着了。告子是硬生生地强制此心不动的，这个是压制心性的。而孟子却是从此心原本就不动的，直接有了分晓的。"心性只能是随顺的，不能压制的。如果压制心性就好比是压着牛头去喝水。牛口渴了自然就会低头去喝水了。禅宗六祖在光孝寺一语惊人。当时寺庙里面正在辩论风动和幡动。六祖说道，不是风动，也不是幡动，而是仁者心动。我们看看幡怎么动的。我们之前也说过看电影的例子，幻灯片很快的切换，眼睛感觉不出来在变化，就好像是真实的一样。可是对于每一个幻灯片而言，这些图像是静止的。所以，这个影像的动，只是人的一种认知的错觉罢了。人的心念，一刹那是多少念，如同许多的幻灯片，可是对于每个足够微小的瞬间，这个幡是静止不动的。幡动不过是一种错觉罢了。

先生又说道："心的本体，原本是不动的。只是由于所行的不符合于道义，所以就动了。"

先生又说道："孟子不在那里纠缠于心到底是动还是不动，而只是说集义的。"集合道义，如果自己所言所行都是符合道义的，这个就是集合道义了。这个跟做善事，积累阴德是一个意思来的。这些善事都是修道的资粮来的，也是本钱。集合多一分，人的私欲就减少一分，天理就多了一分的。

先生又说道："如果所言所行无不是符合道义的，此心自然无可动之处了。"

先生又说道："如果像告子那样只是要此心不动，便是把捉住这个心，将他生生不息的根本反而阻挠住了，压制住了。如果这样反而徒劳无益的，反而还会有害处的。"

先生又说道："孟子只是在做集义的功夫，在做积德的功夫，自然是养得此心充实圆满的，并无什么瑕疵和欠缺之处的。自然此心是纵横自在的，活泼泼的了。这个便是孟子所说的浩然之气了。"

23. 告子病源

【原文】又曰："告子病源，从性无善无不善上见来。性无善无不善，虽如此说亦无大差。但告子执定看了，便有个无善无不善的性在内。有善有恶，又在物感上看，便有个物在外。却做两边看了，便会差。无善无不善，性原是如此。悟得及时，只此一句便尽了，更无有内外之间。告子见一个性在内，见一个物在外，便见他于性有未透彻处。"

【注解】先生又说道："告子病的根源，从他针对性的说法中可以看出，他说性无善无不善。"告子说性如同流水一样，是无东无西，没有方向的。可以如尧舜那样大善，也可以如桀纣那样大恶，所以，说性是无善无不善的。告子说这个有些似是而非的吧？我们还是再把告子的病给点透一点吧。告子以为人的性是可以为恶，也可以为善的。可是我们知道这个性就如同月亮一样，不管乌云有无遮蔽，它还是照样的照耀，乌云不会减少一分亮光的，只是遮住了而已。而告子的意思却以为，这个月亮本身是可以变化的，可以为善，也可以为恶。这个月亮本身可以变亮，也可以变暗，而看不到这个是乌云的缘故。大家仔细去对比一下，就知道告子的这个说法是差之毫厘谬以千里的。孟子对此都进行了反驳了。而世人也容易误解孟子的性本善的学说。孟子想说的意思是，那个月亮一直都是明亮的，这个月亮即是人的本性，只是由于乌云遮蔽月亮罢了，只是人的私欲遮蔽了自性罢了。争执千年的性本善，还是性本恶，如此是不是可以盖棺定论了呢？其实古圣先贤早就有定论了。我们看阳明先生怎么说的吧。

先生又说道："性无善无不善，虽然这么说也没有什么大的差错。但是告子执着了，便以为有个无善无不善的性在内的。"禅宗有些公案大家可以留意一下的，有些人悟道前和悟道后所说的话是一样的，这个话也都是对的，但是却有完全不同的领悟。道理也好理解，悟道前是从文义上去理解的，这个是解证的；悟道后是透过文字背后看真理和实相了，这个是实证的。打个比方吧，这个心如同天上的明月，悟道前看不到月亮，但是从圣人留下的经典中知道，这个方向是有月亮的，月亮什么颜色什么形状圣人都有说的，对此也深信不疑。似乎一点差错也没有，可是只是真的还没有见到月亮。待到悟道后，真正看到月亮了，也是用一样的言语来进行形容。告子以为有个性在内，也许此心性是无内无外的呢？

先生又说道:"告子以为有个无善无不善的性在内。而此心对于外物有感应,可以说是有善有恶的,如此便有个物在外了。告子这么看把事情看作内外的两边看待了,切分开来了,如此便又差错了。"

先生又说道:"无善无不善,人的自性原本就是如此的。如果能够悟得到这个,只是这一句话就说完了,更没有内外的分别的。"这个悟字,左边是心,右边是吾,也只是明白吾心罢了。

先生又说道:"告子见到一个性在内,见到一个物是在外的,便可以印证看到他在性命之学上还没有透彻的。"

24. 草木瓦石

【原文】朱本思问:"人有虚灵,方有良知。若草木瓦石之类,亦有良知否?"

先生曰:"人的良知,就是草木瓦石的良知。若草木瓦石无人的良知,不可以为草木瓦石矣。岂惟草木瓦石为然?天地无人的良知,亦不可为天地矣。盖天地万物与人原是一体,其发窍之最精处,是人心一点灵明。风雨露雷,日月星辰,禽兽草木,山川土石,与人原是一体。故五谷禽兽之类皆可以养人,药石之类皆可以疗疾。只为同此一气,故能相通耳。"

【注解】朱本思这位同学是江苏人,所学主黄老之学。看这位同学会问些什么问题的。

朱本思问道:"人有灵魂,方才能够有良知。假如草木瓦石这类物体,也有良知吗?"中医中讲,五脏所藏,神明出焉。心藏神,肺藏魄,肝藏魂。如此看来,人的魂魄藏在肝肺中的。

先生又说道:"人的良知,就是草木瓦石的良知。如果草木瓦石没有人的良知,不可以称之为草木瓦石了。岂只是草木瓦石是如此的呢?如果天地无有人的良知,也不可以称之为天地了。"

先生又说道:"天地万物和人原本是一体的。人最精妙之处在于这个七窍玲珑心的,这是人心的一点灵明的。这个心发出去对应于七窍,对应于五官。"修道做功夫就可以实证万物一体了,如此就有一种大爱了。原来天地万物,所有的有情众生都是一体的。那我们会忍心去伤害自己的手脚吗?由于此心被物欲所遮蔽了,就有了一个个自私的小我了。

先生又说道:"风雨露雷,日月星辰,禽兽草木,山川土石,这些所有的东西和人原是一体的。"可是,我们人的私欲是如何对待这些有情众生和无情众生的呢?地球内部蕴含的石油和煤是真火来的,是真阳来的,这些是需要潜藏的，可是人类却由于贪婪挖掘出来了。如此就会虚阳浮越了。如果给地球用中医来把脉一下，就是这个道理的。人的肾属水，里面蕴含着真火的，有真阳的。如果虚火上炎，对人体是有大的伤害的。深海之中蕴含着大量的石油和天然气，这些也是真阳来的。从中医的角度来讲，这个地球也是上火了，生病了。

先生又说道："所以说五谷禽兽这类都可以养人，药石这类东西都可以疗疾的。"我们经常吃五谷来补充能量。种子蕴含着无限的生机，我们所吃的粮食大多是种子的。人的身体如果被寒暑的邪气所伤，就会有所偏的。而食物和药物能够纠正身体的偏。人的身体是需要阴阳平衡才能健康的。

先生又说道："只是由于天地万物和人本同此一气的，所以能够相通的。"

25. 花与汝心

【原文】先生游南镇，一友指岩中花树问曰："天下无心外之物。如此花树，在深山中自开自落，于我心亦何相关？"

先生曰："你未看此花时，此花与汝心同归于寂。你来看此花时，则此花颜色一时明白起来。便知此花不在你的心外。"

【注解】先生游南镇，也就是现在的浙江绍兴县会稽山。有一位友人指着岩石中开的树问道："先生你说天下无心外之物。如此这样开花的树，在深山之中自开自落，跟我的心又有什么关系呢？"终于讲到这个公案了，我们先看看阳明先生怎么讲吧。

先生又说道："你没有看此花的时候，此花和你的心同归于寂静。你来看此花的时候，则此花的颜色一时间就明白起来了。这样就知道此花不在你的心外的。"

阳明先生说的这句话虽然很简短，但是已经把问题说清楚了。近期科学家发现了1.25亿年以前，也是迄今为止最早的花，称之为迪拉丽花。这朵漂亮的花在地球上面寂寞地开放，那个时候还我们人类去欣赏美丽的花朵。我们知道颜色是由于光波不同的波长在眼睛中的反应。如果没有人的眼睛去接受光波，就没有光明，没有黑暗，没有颜色，光波只是寂寞地在宇宙间穿梭。可以想象这个场景吗？眼睛接收到光波就是光明，没有接收到就是黑暗。不仅仅是光波，声波也是如此。如果没有人类的耳朵接收声波，声波只是在地球上激荡，而不会有悦耳的乐声。正是受到光波的刺激，所以人类进化出了明亮的双眸，光波是因而眼睛是果。正是因为受到声波的刺激，所以，人类进化出了耳朵的。说完了这些，我们来看看阳明先生说的是不是真理的。

阳明先生说，你如果没有看这朵花的时候，这朵花和你的心是同样归于寂静的。如果没有看这朵花，这朵花有没有颜色呢？当然，也许其他动物眼睛看到也会有颜色的。如果你不用眼睛看，眼睛不接受到光波，此花是无有颜色的。哈佛大学有个心理学博士中风之后，左脑暂停工作，只有右脑工作，这样她看到的事物都没有长短大小形状的概念了。说白了，事物的形状大小尺寸，也是由于光影的作用反应在眼睛里罢了。同样一个物体，离眼睛远一点和近一点的部位是不同的，光影的亮暗程度也是不同的，这样就有了立体的物体的反应。如果不看这朵花，这些形状大小尺寸概念也都是虚无的。如此看来的确是如阳明先生所说的。苏轼有一首诗：若言琴上有琴声，放在匣中何不鸣？若言声在指头上，何不于君指上听？这首诗的意境是不是跟这个花有些类似呢？手指对应于心，琴对应于外物实相，琴声对应万事万物，当然包括心。

阳明先生还说道，你来看此花的时候，则此花的颜色一时间就明白起来了。这样就知道此花不在你的心外的。花是如此，天地万物无不是如此的。

26. 说个厚薄

【原文】问："大人与物同体，如何《大学》又说个厚薄？"

先生曰："惟是道理自有厚薄。比如身是一体，把手足捍头目，岂是偏要薄手足？其道理合如此。禽兽与草木同是爱的，把草木去养禽兽，又忍得？人与禽兽同是爱的，宰禽兽以养亲，与供祭祀，燕宾客，心又忍得？至亲与路人同是爱的，如箪食豆羹，得则生，不得则死，不能两全，宁救至亲，不救路人，心又忍得？这是道理合该如此。及至吾身与至亲，更不得分别彼此厚薄。盖以仁民爱物皆从此出，此处可忍，更无所不忍矣。《大学》所谓厚薄，是良知上自然的条理，不可逾越，此便谓之义；顺这个条理，便谓之礼；知此条理，便谓之智；终始是这个条理，便谓之信。"

【注解】问道："大人和万物同体，为什么《大学》里面又说个什么厚薄呢？"这里说大人是有大心的人，也就是圣人的，也就是真人的。并不是说年长了就可以称之为大人的。并不是当官大就可以称之为大人的。小人是拘泥于小我，而私欲比较重的，就可以称之为小人了。先听阳明先生怎么讲吧。

先生说道："只是道理自然有个厚薄的。"我们看看《大学》里面是怎么讲的。《大学》里面讲，如果要治国平天下，就要去修身的。修身为本。如果本乱了，而末就不能治了。就好比要画方圆，就要有规矩。如果规矩都不正，如何能够画方圆呢？可是世人却厚此薄彼，刚好反过来了。该厚的却薄了，该薄的却厚了，怎么会有这样的事情呢？世人该重视的是修身，而不是汲汲于物欲，挤破头都要去争仕途的高位。德要配位的，如果德不配位也不是长久之计的，迟早要失去的。阳明先生一开始就说道理自然有个厚薄的，并不是刻意去厚此薄彼的。比如我们的身体而言，屁股老是被人坐在下面，而这个嘴巴老是吃好吃的。并不是刻意去厚此薄彼的，只是道理使然的。能说屁股不重要吗？对于国家也是如此的，君主要什么有什么，穷苦百姓地位非常的卑微，如此也是道理使然的，只是分工有不同而已。

　　先生又说道："比如身是一体的，遇见危险的时候，用手足来捍卫头目，使得不受到伤害，岂是偏爱厚待头目而薄手足呢？其道理本来如此的。"

　　先生又说道："禽兽和草木也都是爱的，却把草木去养禽兽，心又怎么忍得呢？"

　　先生又说道："人和禽兽也都是爱的，可是却宰禽兽以侍奉双亲，去祭祀，拿去宴请宾客，心又怎么忍得呢？"

　　先生又说道："你的至亲和路人同样也都是爱的，如果在闹饥荒的时候，有很少的食物，比如一箪食，一点点豆羹，只有这一点点东西。如果得到了就可以活下来，如果得不到就要死去了，不能两全，这时候宁愿去救至亲，而不去救路人，心又怎么能够忍得呢？这是道理合该如此的。"

　　先生又说道："再推及我的身体和至亲的身体，更不得分别彼此的厚薄的。"如果遇见灾荒，一点点食物如果得到就可以生，吃不到就会死去，也许人类的大爱就会宁愿把食物给自己的至亲，自己选择死去的。虽然阳明先生前面说了好几个理当如此，那是由于世人被物欲所遮蔽，此心被迷惑了，不能实际的去感受到万物的一体。如果能够大彻大悟，真正成为大人，有了大心。看到路人就如同自己的亲人一样，看到万事万物如同跟自己是一体的，又于心何忍呢？

　　先生又说道："以仁德来对待百姓，以同体大悲之爱来爱万物，这也都是从此大心中出来的。如此才能称之为大人的。如果对待至亲和自己，能够以厚对待至亲，而以薄对待自己，如此爱心能够忍得住，什么也都能够忍得住了。所以说如果能够做到孝顺，在生死关头还是把食物给自己的父母，如此孝心对待其他的事情也能够做得好。如果这个做不好，那其他的事情更别提了。"易牙为了讨好齐桓公，把自己的儿子都给烹煮了，如此恶行如何能够对君主有多忠诚呢？果然齐桓公后来也尝到了苦果。晋国介子推跟随着晋文公到处奔波，在途中有一次断粮了，介子推就把自己大腿的肉割下来给晋文公煮汤吃了，保住了晋文公一条命。如果对待君主有此心，对待父母必定也是极其孝顺的了。

　　先生又说道："《大学》里所说的厚薄，是良知上自然的道理来的，这些是不可逾越的，可以称之为义的；如果顺着按这个道理去做，便可以称之为礼的；如果知此道理，可以称之为智的；始终都是这个道理，便建立了诚信了，不欺骗的，便称之为信的。"

27. 此心无体

【原文】 又曰："目无体，以万物之色为体；耳无体，以万物之声为体；鼻无体，以万物之臭为体；口无体，以万物之味为体；心无体，以天地万物感应之是非为体。"

【注解】 先生又说道："眼睛无体，以万物之色为体的。"眼睛只是一个感知光波的器官罢了，要说眼睛有体，可以以心为体。由于接受过来的光波，需要与心一起发生作用，方能有形象有颜色的。可是此心空灵，也不可以称之为体的。所以阳明先生说以万物之色为体。这个也是一种方便的教法罢了。这个万物之色，这个色不仅仅是颜色的。《心经》上说色即是空，这个色不仅仅是颜色的。这个色只的是色相，是事物外在的影像，形象的，当然也包含了颜色、大小等信息的。可是万物之色难道就不是虚空的吗？万物的结构现在科学家探究也比较深入了，原子由原子核和电子构成，绝大多数的质量都在原子核上。电子和原子核之间也是虚空的。原子核继续分下去，也是虚空为多的。爱因斯坦更绝了，质量可以转化为能量，更是有形的万物可以转化为虚空的能量的了。如此能够以万物为体吗？阳明先生这么说，只是让眼睛有所依靠罢了。

先生又说道："耳无体，以万物之声为体。"耳朵我们又能说些什么呢？还是有些文章可以做的。古人说肾开窍于耳。耳朵怎么样，可以反映这个肾脏的状况的。我们平时说看这个人的耳朵好大，是比较有福气的，如同佛的耳朵一样。耳朵有些敏感，这个是不是与肾关联的缘故呢？耳大的人肾气健，耳大是肾气健的外在表现，肾气足就可以寿长了。所以，想要长寿健康，护肾就很重要的。由此可见这个耳朵也不是那么简单的。如果没有声波在地球上激荡，也不会进化出人类的耳朵来的。声波是因，而耳朵是果的。如果没有人的耳朵的感应，声波只是在地球上寂寞的回荡，而不会有什么悦耳不悦耳的。

先生又说道："鼻无体，以万物的气味为体。"如果不是为了呼吸空气，也许也不会进化出来鼻子的。

先生又说道："口无体，以万物的滋味为体。"滋味有酸甜苦辣咸，这个人嘴巴和舌头的感觉的。五味入于五脏六腑，走不同的经络，滋养不同的脏腑的。我们有无真正的体会过白开水的味道呢？我们也许大多数喝水的时候，头脑里不自觉地还想东想西的。没有能够专注地感受一下舌尖对泉水的感觉。舌头上也有一些学问来的，中医讲望闻问切，这个舌苔的颜色可以有助于诊断疾病的。舌尖对应于心；中间对应于中土脾胃的。可以看出五脏六腑的情况如何。

先生又说道："心无体，以天地万物感应的是非为体。"这个心空灵似乎无物，可是心外无物，心外无理，无所不包的。

28. 生死念头

【原文】问"夭寿不贰。"

先生曰："学问功夫，于一切声利嗜好，俱能脱落殆尽，尚有一种生死念头毫发挂带，便于全体有未融释处。人于生死念头，本从生身命根上带来，故不易去，若于此处见得破，透得过，此心全体方是流行无碍，方是尽性至命之学。"

【注解】问"夭寿不贰"该怎么看，前面有专门讲过这个问题的。不管是长寿还是短寿，不管是生还是死，不管是困顿还是通达，不管是贫还是富，也都不改此求道的心，如此坚持去致良知，方能称之为夭寿不贰的。此为困而知之，遇见痛苦和挫折而得道。

先生回答道："学问的功夫，对于一切名利，对于一切的嗜好和欲望，也都要脱落殆尽，如此方可以的。"

先生又说道："还有最后一个关键的问题，如果还有一种生死念头这个毫发的一点点东西挂碍，便对于全体还未能够通达和消融的。"如果把生死都看透了，证悟透了，能够脱生死了。我执也就冰雪消融了，所有的这些物欲也都消融了。

先生又说道："人的生死念头，这个是从本身的命根上带来的，所以不容易去掉。"生老病死都是苦的。小孩子突然从娘胎出来，受到了惊吓，如此是苦的。母亲生育也是很大的苦。人与万物是一体的，本来是无生无死的。只是物质在循环流动而已。人的生死就好比是天上的月亮圆缺一样。月亮循环变化，有圆有缺；人有生老病死的变化。其实月亮未曾有什么改变的，只是大家看到如此罢了。人也是本来无生无死的，这个人的实相。

先生又说道："如果对于生死都看破了，看得透了，此心全体方能流行无碍了，方是尽性至命之学了。"

29. 医人方子

【原文】一友问："欲于静坐时，将好名、好色、好货等根，逐一搜寻，扫除廓清，恐是剜肉做疮否？"

先生正色曰："这是我医人的方子，真是去得人病根。更有大本事人，过了十数年，亦还用得着。你如不用，且放起，不要作坏我的方子。"

是友愧谢。

少间曰："此量非你事，必吾门稍知意思者为此说以误汝。"

在坐者皆悚然。

【注解】有一位友人问道："如果想要在静坐的时候，将好名、好色、好利等病根，逐一搜寻，扫除廓清，恐怕是剜肉来补疮吧？"这个友人把好名利，好色这些病根当作肉的。的确要去除也不容易的，对于大多数人来讲，不追求仕途，不追求名利，不追求女色，人生还有什么乐趣呢？这个如果是肉也不是什么好肉的，也是赘肉，也是腐臭的肉了，理应要去掉的。

先生听了以后严肃地说道："这是我拟定来治疗别人的病根方子，真的是可以去除人的病根的。更是有大本事的人，过了十多年，也还能用得着的。你如果不用，那就放起来吧，不要糟蹋了我的方子。"阳明先生这么说，那个人听了必定会好紧张了。

这位友人惭愧道谢了。也不知道这位友人是不是真的服气了，还是看到先生生气就不敢说什么了。

过了一会，阳明先生又说道："我料定这个并非你的事情，必然是我的门人当中稍微知道点的，似懂非懂的人说这样的话，来误导你了。"阳明先生毕竟是大家，很有风度。过后想想，是不是说得重了一点。就安慰了他一句的。

在坐的人听了都感到很害怕的样子，似乎担心阳明先生说的是自己，也都在反思自己。

30. 麈尾提起

【原文】一友问功夫不切。

先生曰："学问功夫，我已曾一句道尽，如何今日转说转远，都不着根？"

对曰："致良知盖闻教矣，然亦须讲明。"

先生曰："既知致良知，又何可讲明？良知本是明白，实落用功便是。不肯用功，只在语言上转说转糊涂。"

曰："正求讲明致之之功。"

先生曰："此亦须你自家求，我亦无别法可道。昔有禅师，人来问法，只把麈尾提起。一日，其徒将其麈尾藏过，试他如何设法。禅师寻麈尾不见，又只空手提起。我这个良知就是设法的麈尾，舍了这个，有何可提得？"

少间，又一友请问功夫切要。

先生旁顾曰："我麈尾安在？"

一时在坐者皆跃然。

【注解】 有一位友人问做功夫不能真切怎么办呢？

先生回答道："学问功夫，我已曾经一句全部道尽了，为什么今天越转说转远了呢？都问不到根本了呢？学问都抓不着根，摸不着边际了呢？"如果问得有分量的问题那还可以，就这么随便问就越绕越远了。如果做了功夫，实在感觉有困惑的地方，阳明先生也会热心解答的。

这位友人又说道："致良知的学说，我已经听闻先生教导了，然而也还须要再讲明一点的。"并不是阳明先生讲不明，而是这位友人不明白罢了。

先生说道："既然已经知道致良知的学说了，又还有什么可以去讲明的呢？都已经一句话全部说完了。良知本来是明白的，实实在在地去落实做功夫就可以了。如果不肯用功，只是在言语上来传说，越说越糊涂的。"只是在文义上面琢磨，这个是不能有真功夫的。还要透过文义背后领悟真义的。

这位友人又说道："正求先生讲明致良知的功夫的。"这位同学还真不依不饶的。

先生说道："这也是要你自家去求的，我也没有别的方法可以说的。"

先生又说道："以前有个禅师，友人来问法，只是把拂尘提起。别的什么都没有说。"这个是什么意思呢？禅宗里面有许多这样的公案，如果能够参悟了也可以得道了。还有一些话头可以参悟的，这些是话头，如果话头都明白了，顺着拉出来一串话也都能够明白了。这个麈尾是古书上记载的类似于鹿的一种动物的尾巴所作的拂尘。也许这位禅师的意思是说，无非是拂去心上的灰尘罢了，就是这点事情而已。

先生又说道："有一天，这位禅师的徒弟把那把拂尘藏起来了，试试看他如何设法来跟别人讲。这位禅师找了找，找不到拂尘，又只是空着手提起来。"这位禅师空手又是什么意思呢？是不是心已经扫除干净了，就没有必要再要那个拂尘了呢？如果已经渡过了河，还背着船干什么呢？佛法也是法船的，不要因为佛法反而多增加了一分执着的。不要因为药而生出执着的，因为药而增加多了一分的病。

先生又说道："我这个良知就是设法说法的拂尘，如果舍弃了这个，又有什么东西可以提起来呢？"致良知就可以扫除心的灰尘了，致良知也是一把拂尘的，人的私欲就是灰尘。人的私欲去除干净，就可以仅存天理了。

过了一会，又有一位友人请问功夫关键要点。

先生往旁边看了看，似乎在找什么东西，说道："我的那个拂尘在哪里呢?"阳明先生讲课还是比较生动的吧,比较风趣。打仗这么厉害的一个人,这么有趣的。为什么阳明先生这样做这么说呢?功夫关键要点,无非还是那把拂尘了,也就是致良知的功夫。

一时之间在坐的人都会心地笑了,大家都很活跃开心的。那位问问题的友人估计印象很深吧,应该有所醒悟的。

31. 至诚前知

【原文】或问至诚前知。

先生曰:"诚是实理,只是一个良知。实理之妙用流行就是神,其萌动处就是几,诚神几曰圣人。圣人不贵前知,祸福之来,虽圣人有所不免。圣人只是知几,遇变而通耳。良知无前后,只知得见在的几,便是一了百了。若有个前知的心,就是私心,就有趋避利害的意。邵子必于前知,终是利害心未尽处。"

【注解】有人问《中庸》中说的,至诚可以预先知晓,可以先知,这个是不是真的呀。如果能够做到预先觉知,未卜先知,这个是太好的事情了,这样的功夫谁都是想修炼成的。《中庸》中有说道,至诚之道,是可以预先觉知的。国家将兴旺,必有祥瑞之兆,比如周文王在岐山的时候,有凤来仪;国家将亡,必有妖孽。福祸将要到来,不管善和不善,也必然预先觉知。所以说至诚如神。看阳明先生怎么回答的。

先生说道:"诚是实理来的,不是玩什么虚的。此心对应于外在事物,丑的就是丑的,美的就是美的,这个可以说是诚的,这个是实理来的,不会有什么虚,不会有所变化。如同明镜一样,西施来照就是西施,东施来照就是东施,不会加美丑的评论和好恶。至诚可以说是心的本体。也只是一个良知而已。"为了方便理解,就把解释也直接放在引文里面去了,不要见怪,只要不偏离阳明先生的本意也就可以了。周敦颐说,寂然不动的,就是诚了。这个寂然不动的,为心的本体。

先生又说道:"此心的良知感应外物,感而遂通可以称之为神。神能与外物相应,可以说是妙。"

先生又说道:"什么是几呢?萌动了还没有成事物的外形,介乎于有无之间的,这个可以称之为几。这个几是比较隐微难明的,可以称之为幽。萌动之处就是几,跟前面的几句连起来,做到诚神几就可以称之为圣人了。"此心能够至诚,就能够与外物相应,福祸的兆头还刚刚萌动,事物还没有成形的时候就已经知晓了,如此可以称之为圣人了。

先生又说道："圣人并不贵在预先觉知，福祸来的时候，即使是圣人也有所不能够避免的。"圣人能够预先觉知，只是不想取避免罢了，他爱世人，有大爱之心，不得不这么选择，而不是逃避的。

先生又说道："圣人只是能够知几，遇见事情能够变通而已。"圣人的心是至诚的，良知无有任何的瑕疵了，能够觉知出福祸的萌动变化。福祸变化，也是一阴一阳在变化。圣人可以预先觉知了，就变通了而已。

先生又说道："良知是无前后之分的，只是知晓见到现在的几，便能够一了百了。"时间只是世人认知的一种错觉而已。正是由于有日月双轮的变化，所以有了这个时间的概念，有这个先后的概念。本来是无前无后的，只是这个当下即是的。过去心不可得，现在心不可得，未来心不得的。只是知晓现在萌动的福祸兆头就可以了，就可以一了百了，可以暗度陈仓的。

先生又说道："如果有个前知的心，这个就是私心的，就有了趋避利害的意。邵康节专注于前知，终究是利害之心还没有能够根除的。"阳明先生应该还是很了得的，对于邵康节如此的高人，他都能够说两句的。

那到底能否预先觉知呢？如果可以预先觉知可以干很多事情的，比如投资股票岂不是赚大了呢？有人会以为是迷信的。那我们看看古代有许多高人，比如邵康节、周文王、诸葛亮等他们似乎都可以未卜先知。阳明先生去贵州龙场之前也天天带着《周易》，想通过它来占卜自己的吉凶。吉人自有天相，阳明先生得罪了朝中宦官，却没有在路上或者偏僻的龙场被结果掉，已经是奇迹了，而且上天能够在这个地方让他得道。既然天地万物也都按照八卦那样阴阳消长的变化，社稷兴衰也有阴阳消长的变化，那通过道，通过八卦也许真的能够在事物出现兆头的时候做出预判的。具体我们在《周易》中再好好探讨吧。

32. 聪明睿知

【原文】先生曰："无知无不知，本体原是如此。譬如日未尝有心照物，而自无物不照。无照无不照，原是日的本体。良知本无知，今却要有知。本无不知，今却疑有不知。只是信不及耳。"

先生曰："'惟天下之圣为能聪明睿知'，旧看何等玄妙，今看来原是人人自有的。耳原是聪，目原是明，心思原是睿知。圣人只是一能之尔。能处正是良知。众人不能，只是个不致知。何等明白简易！"

【注解】先生说道："无知无不知，此心的本体原是如此的。"良知是心的本体。为什么说无知无不知呢？此心为什么无知呢？这个心没有知见，不会预先有些东西粘滞在那里。这个心就好像是明镜，事先不会有什么人的私欲粘滞在那里，不会有污渍的。如果带着某种偏见，这个也是知见的，不能称之为无知。此心对于不必要知道的小聪明，知识就是无知的。要阳明先生去记下许多无用的知识，这个是没有必要的。记太多会消化不良的。不会去一物一物地格清楚的。为什么又说无不知呢？此心本体仅存天理，可以照天照地，外事外物来了一照，就全部知晓了，没有不明白的。这个就是无不知。

先生又说道："比如太阳未尝刻意有心地去照耀外物的，而很自然的无物不照的。无照无不照，这个原本就是太阳的本体。"对于心说的是无知无不知；对于太阳说的是无照无不照，对于镜子也可以这么说的。既然如此，我们不能用世俗的观点来说这个太阳本性是善的，还是恶的，这个太阳也可以代表着每个人的自性自心的。此心性是无善无不善的，可以理解了吗？

先生又说道："良知本来是无知的，现在却要良知去有知；本来无不知，现在却怀疑有所不知。只是由于信心不及罢了。"中等根器的人闻道会半信半疑，这个也情有可原的。虽然手指指向月亮，可是未曾亲眼看见，如何能够相信呢？这个也不能怪我们的。只有亲眼所见，如此才能够有信心的。对于良知的预先觉知，这个还有什么可以怀疑的呢？可以在阴阳消长变化，还没有具体表现在外在事物上的时候，已经能够觉知了，可以进行圆融的变通了。当然并不是什么都可以变化的，天命不可违背的。天下都有天下的大势来的。正如当今天下，三十年河东三十年河西，东方不亮西方亮。西方盛极而衰，到了东方觉醒的时候了。东方文明是关于此道的文明，崇尚尧舜之道，修德以怀远，尊重各个民族的文明，和而不同的存在。21世纪应该能够给我们带来起码两百年的国运，能够实现中华民族的伟大复兴。我们在谈论历史，而不知不觉自己却成为了历史，也在创造历史。古老传统文化和现代的文明融合而形成了人类新的文明。我们知道左脑是今生脑，右脑是祖先脑。西方是人类的今生脑，东方是人类的祖先脑。大家看看古代四大文明古国，只有东方的中国能够延续下来，而且不断地融合全球人类的文明成就。

先生又说道："《中庸》中有句话如此说道：'只有天下通晓达于道的圣人能够做到聪明睿知的'，这样的圣人能够俯察于人事，可以托于天下的。以前看到这句话的时候，感觉到何等的玄妙。现在看来这个原本都是人人自有的。"

先生又说道："耳原本是聪，目原本是明，心思原本就是睿知的。"睿说的是可以通达于隐微。隐微难见的是什么呢？无非就是道嘛。如果心思能够睿知，就可以见道了。

先生又说道："圣人之所以能够做到聪明睿知，只是由于有这个良知良能罢了。众人不能，只是由于没有能够致知罢了。这是何等明白简易的呀。"阳明先生已经见道了，在他看来是何等的简易明白的呀，那么我们呢？抓紧精进做致良知的功夫吧。总有一天会知晓大道至简的。

33. 将迎不同

【原文】问:"孔子所谓'远虑',周公'夜以继日',与将迎不同,何如?"

先生曰:"远虑不是茫茫荡荡去思虑,只是要存这天理。天理在人心,亘古亘今,无有终始。天理即是良知,千思万虑,只是要致良知。良知愈思愈精明,若不精思,漫然随事应去,良知便粗了。若只着在事上茫茫荡荡去思,教做远虑,便不免有毁誉、得丧、人欲搀入其中,就是将迎了。周公终夜以思,只是'戒慎不睹,恐惧不闻'的功夫。见得时,其气象与将迎自别。"

【注解】问道:"孔子所谓的'远虑',周公的'夜以继日',和将迎有所不同,这是为什么呢?该怎么解释呢?"孔子说过,人无远虑必有近忧。这句话我们不陌生的。看看阳明先生怎么解释呢?夜以继日的成语也经常用到。孟子有专门说周公的,周公想着能够效法古圣先贤治国,弘扬先王之道,像尧舜禹,像成汤和文王那样。如果感觉有些许不合于道的,就会仰天而思虑。夜以继日地去求索治国安民之道,幸而老天有让他得到的。周公这么努力地去做的事情是什么呢?我们来听阳明先生怎么说吧。

先生说道:"远虑并不是茫茫荡荡的去思虑,只是要存这个天理。"阳明先生的解释还是跟我们所想的不同吧。我们原本可能想远虑是考虑得很远,都考虑到老了,还有子孙后代的事情了。这个不是的,这个考虑的还是自己私人的事,离自己还是很近的。远虑只是存这个天理的。天理似乎离个人很遥远的。

先生又说道:"天理在人心,亘古亘今,亘古不变的,是无始无终的。天理即是良知的,千思万虑,只是想着要致良知的。"

先生又说道:"良知愈思愈精明的,越精深专一而明达于道。如果不是去精思,而是漫然地放任自己的内心,也就是说的放心。放心就是不管这个心像放羊一样,随着羊随便的走。以如此散乱的心去应对事物,良知便是很粗的了。"这个精思,可以说是精深专一的功夫,如此是致良知的功夫。

先生又说道:"如果只是在事上茫茫荡荡去思,如此就叫远虑的话,便不免有了毁誉、得失、人的私欲搀入其中了,这就是将迎了。"这里阳明先生解释了什么是将迎之心的。远虑并不是在事物上面去谋虑,考虑得很远。并不是像在耍计谋一样,如同下围棋一般,算了许多步,多算一步就有多一步的胜算。考虑毁誉、得失这些事情还谈不上是远虑的,还是围绕着自己那一点私欲在转的。

先生又说道:"周公夜以继日的,整夜所在精思的,只是'对于别人看不到的事情,也保持慎独;对于别人听不到的事情,也保持谨慎'的功夫。如果能够见到这里,可以理解周公的气象并不与将迎之心相同的。"周公所考虑的是如何治国,如何使得百姓安居乐业,并不是个人的私心。人无远虑必有近忧,这句话也许孔子的本意是这样的,人如果没有远虑,不考虑到离自己似乎很远的事情,比如道,良知和天理,就必然会被近忧所缠绕的。也就是说境界高一点,就不会被近的私心所缠缚的。

34. 克己复礼

【原文】问:"'一日克己复礼,天下归仁',朱子作效验说,如何?"

先生曰:"圣贤只是为己之学,重功夫,不重效验。仁者以万物为一体,不能一体,只是己私未忘。全得仁体,则天下皆归于吾仁,就是'八荒皆在我闼'意,天下皆与,其仁亦在其中。如'在邦无怨,在家无怨',亦只是自家不怨,如'不怨天,不尤人'之意,然家邦无怨,于我亦在其中,但所重不在此。"

【注解】问道:"孔子说'一日克己复礼,天下归仁',朱熹却把这句话当作效验来解释,说是效果很远大,能够使得天下都归仁了,这么解释怎么样呀?"

先生回答道:"圣贤只是专注于对自己的良知下功夫的,做致良知的功夫。圣贤是重视做功夫的,而不重视效验。只要扎扎实实地去做功夫就可以了,不问效验对外的影响如何的。"

先生又说道:"仁者以万物为一体,如果不能与万物为一体,只是由于自己的私欲没有能够忘却罢了。"

先生又说道:"如果能够全都恢复了仁的本体,也就是恢复了本心,则天下皆可以归于我的仁爱的。不得不去爱世人的,由于体悟到了万物一体,天下一家了。"

先生又说道:"也就是类似于贤士吕大临《克己铭》中所说的'八荒就好像是在我门楼上的小屋似的了。'"吕大临这个人是很了不起的,师从张载、程颢和程颐,著述颇丰。张载的弟弟把女儿嫁给了吕大临。她妻子对别人说,我得到了颜回当我的夫婿了。可想而知对吕大临是很器重的了。如果得道了,就可以足不出户而知天下事了。在小屋里就可以知天下八荒之事了。酒香不怕巷子深,如果能够克除自己的私欲,仁德就可以布于天下了,甚至是蛮荒之先生又说道:"看似天下都可以归于仁,这个事情效验似乎很大,可是关键还只是在于一己之仁的。如果人人都能够克己复礼,都能够克除自己的私欲,天下就可以都归于仁了。即使只有一个人克除了私欲,仅存了天理,归于仁了,也足以点亮那个时代许多人的心灯了。如果能够做到天下都能够施行于仁,自我归于仁也已经包含在里面了。如果自己都不能克除私欲,不能归于仁,如何能够以仁德对待天下人呢?如何能够感化天下人呢?"我们看古代的圣贤,有个规律,名师出高徒。围绕着一位得道的人周围,可以发现许多高人的。比如张载的许多弟子,阳明先生的弟子们,孔子的弟子们,文中子的弟子们,这些人也都非常了不起的。

先生又说道:"如《论语》中说'在邦国无有怨恨,在家也无有怨恨'。看似是两个事情,看似在邦国是很大的,而在家是很小的。但是归根结底,只要做到在家不怨恨,自身不怨恨,就可以做到在邦国无怨恨了。"

先生又说道:"如《论语》中还说'不怨天,也不尤人'。这句话的意思,如果能够不怨天不尤人了,在家无怨恨,在邦国无怨恨。这个已经把自身无怨恨,自心无怨恨包含在里面了。但是《论语》中这么说,重点并不是放在自身这里的,所以就说了在家,在邦国都无怨恨的。"如果人人都能够克己复礼,克除自己的私欲,恢复先王之礼,天下就可以归于仁了,天下就可以归于大同了。虽然天下那么大,可是改变只需要专注于自心即可,只要做致良知的功夫就可以了。

35. 巧力圣智

【原文】问:"孟子巧、力、圣、智之说,朱子云:'三子力有余而巧不足。'何如?"

先生曰:"三子固有力,亦有巧。巧、力实非两事,巧亦只在用力处,力而不巧,亦是徒力。三子譬如射,一能步箭,一能马箭,一能远箭。他射得到,俱谓之力,中处,俱可谓之巧。但步不能马,马不能远,各有所长,便是才力分限有不同处。孔子则三者皆长。然孔子之和只到得柳下惠而极,清只到得伯夷而极,任只到得伊尹而极,何曾加得些子。若谓'三子力有余而巧不足',则其力反过孔子了。巧、力只是发明圣知之义,若识得圣知本体是何物,便自了然。"

【注解】问道:"孟子巧、力、圣和智的学说,朱熹先生说:'伯夷、伊尹和柳下惠这三个人是力有余而巧不足。'朱熹先生这么说对不对呢?"也许我们需要去读一下孟子的原文，更方便理解的。我大概说一下原文的意思，孟子在原文分别说了伯夷、伊尹、柳下惠和孔子四个人。古人说见贤思齐，我们具体看看这几位贤人吧。

伯夷，是比较清廉的贤人，眼睛不看不干净的东西，耳朵不听污秽的东西。如果世道比较好，适合做官出力就进；世道比较乱就退隐了。纣王的时候比较乱，他就隐居在渤海之滨，等待天下清正的时候再出来。可以说伯夷是很清廉的了，圣人的清廉到了极点也不过如此了。

伊尹以天下为己任。这份心到了极点，也只能像伊尹这样了。并不是外在的力量，别人要他为天下人负责，而是自己觉得如此的。由于伊尹是得道的人了，这个是上天赋予的使命。伊尹还著有《汤液经》，这部经典为张仲景《伤寒论》的基础来的。看看伊尹怎么说的："哪个君主不能侍奉呢？能遗弃哪一个百姓呢？大治的时候也需要进，乱的时候也需要进。"伊尹说道："上天衍生出世人，就是要先知觉后知，就是要先觉觉后觉的。我只不过是天民的先觉和先知罢了，我就是要以此道来觉知世人的。"伊尹说这一句话，已经说明是得道了。伊尹会觉得天下的百姓，如果不被尧舜之道所恩泽，就好比是把自己推到阴沟里面那么难受。这个是以天下为己任。圣人的心不过如此了，这也是到了极点了。

柳下惠这个人大家都比较熟悉，传说是可以坐怀不乱，但是大家不要笑话的哦，这是位贤德的人。柳下惠不会觉得侍奉坏的君主感觉到羞耻，在他看来如果坏的君主不去侍奉，身边更都是小人了，更没有得救了。柳下惠不会嫌弃官小而不去做的。阳明先生被贬去贵州龙场做那么小的官，阳明先生照样去的，可是祸福难料的，在那里得道了。出仕不会隐藏自己的贤德，必然要以道来做事。如果不被任用也不会怨恨，穷困也不会觉得悲悯。与没有教养的乡人相处，也不会嫌弃。柳下惠的原话是这么说的："你是你，我是我，虽然是赤身裸体的在我的身边，对我又有什么污染呢？"圣人的和而不同，这个和到了极点也只不过是像柳下惠这样了。

孔子可以说是最识时务，最识得天时的了。孔子离开齐国的时候，淘米都没有淘好就走了；离开鲁国的时候说道："我们慢慢走吧，这次是要离开我们的父母之邦的。"可以快就快，可以久就久，可以处就处，可以出仕就出仕，这就是孔子的。孔子为儒门得道高人来的。春生夏长秋收冬藏，到了冬天该退藏就退藏的，这个是天之道。孟子说孔子是前面那三个人的集大成者的。好了，我们还是听听阳明先生怎么讲吧。

先生回答道："前面那三个人固然是有力，也是有巧的。巧和力实非两个事情的。巧也只在用力处，巧如果离开了力，也不能有巧了。如果光有力而不巧，也只是徒力罢了，不能用巧劲的。"孟子在原文中，以百米射箭来比喻的。力是圣人的事情；巧是小智的事情。能不能射到，这个是力的问题；能不能射准，这个是巧的问题了。比如我们要得道，能不能达道，这个是圣人的事情了，如果达道了，就可以称之为圣人。不管是绕了二万五千里的路，还是不出家门口的，也都是达道的。如果有巧劲就比较准，不绕弯路的。

先生又说道："这三个人可以用射箭来比方吧。一个能够步行射箭，一个能够骑马射箭，一个能够远距离射箭。他如果能够射得到，都可以称之为有力了。如果能够射中，都可以称之为巧的。"

先生又说道："但是步行射箭的不能骑马，骑马的不能远射，各有所长的。这个是每个人的根器，才力的不同了。"这个是拿那三个人的贤德和才能来做比方的。

先生又说道："孔子是集大成者的，三者都是可以的。然而孔子的和而不同，和到了极点，也就只能像柳下惠这样了。清廉到了极点，也就只能像伯夷这样了。以天下为己任，这份心到了极点也就是伊尹那样了。何曾还能加些什么呢？"

先生又说道："如果像朱熹那样说'那三个人力有余而巧不足'，这么说法是不对的。如此说，这三个人的力反而大过了孔子了。"

先生又说道："孟子说巧和力，只是方便的比方罢了，只是为了发明圣人的智慧罢了。如果能够识得圣人良知的本体是何物，便能够了然于胸了。"

36. 先天后天

【原文】先生曰："'先天而天弗违'，天即良知也。'后天而奉天时'，良知即天也。"

【注解】这句话很简短，可是解释起来也不简单的。我们先来看看引用的原文是怎么样的吧，有助于理解的。

引文都是从《易经·乾卦》中来的，我们看看是怎么讲的。大人和天地合其德。有大心的人，才可以称之为大人。天地无私地恩泽万物，天覆地载，这个德是很高远的。大人此心光明，心灯明亮，如同日月照亮世人。所以说与日月合其明。一年四季春生夏长秋收冬藏，圣人也是如此适合天时的。进退有时的，比较识时务的。正如前面说的孔子那样的。圣人心仅存天理，此心为不神之至神的。可以说一念向善是天堂，一念向恶是地狱的。如果此心纯善，物欲如同猛兽，不会被猛兽所伤了。不会被鬼神所伤，所以，大人与鬼神合其吉凶。先天而良知不敢有丝毫违背的，后天而以良知为准绳的。良知不敢丝毫违背天理的，不敢违背天命的。由于上天赋予人的自性自命，赋予人的良知，如何敢有丝毫的违背呢？而后天受物欲的污染，而要以致良知为目标的，以良知为准绳的。天都不敢违背，而况对于人呢？而况对于鬼神而言呢？我们来看阳明先生怎么说吧。

先生说道："'先天而天弗违'，这句话里面后面那个天即良知。"也就是说先天而良知不敢有丝毫的违背，良知不敢违背天命的。天命赋予人自性。

先生又说道："'后天而奉天时'，良知即对应于后面那个天字的。"后天人的自性自心被物欲所遮蔽了，而奉从于良知，从天而动，以待天时的。该快则快，该慢则慢，该进则进，该退则退。

37. 是非规矩

【原文】"良知只是个是非之心，是非只是个好恶。只好恶就尽了是非，只是非就尽了万事万变。"

又曰："是非两字是个大规矩，巧处则存乎其人。"

【注解】这一段话很容易让人误解的，我们仔细来研读一下。

先生说道："良知只是个是非之心。"阳明先生为了使得弟子们明辨是非，去恶从善，这是个方便的说法罢了。说良知只是个是非之心的，如此说弟子们也许就会容易误解了。良知不仅仅是这个是非之心，良知为心的本体。此心是无善无恶，无有是非的。如果有分别心，这个是带着私欲了。此心如同明镜，只是在那里如实地照外物的，美的就是美的，丑的就是丑的。不会议论是非，不会评价。不会爱好美的，而厌恶丑的。如果有好恶，这个就不是本心了，这就有了分别心了。良知也是如实地感知罢了。自然这么一照，丑的就是丑的，美的就是美的，不用分辨也已经显现出来了。公道自然会明白了。这个就是良知的作用了。

先生又说道："是非之心只是个好恶。"阳明先生这么说，是希望弟子们能够通过良知去明辨是非，爱好圣贤之道，厌恶小人之道。不去做恶事，光去做善事。这个只是一个方便的教法罢了。如果执着了，就容易走偏了。如果把良知误以为有个好恶，有个是非，有个评判，这就理解偏离了。良知无有夹杂一丝一毫的私欲。

先生又说道："只是好恶已经尽了这个是非之心了，只是这个是非之心就可以尽了万事万变了。"万事万变无非阴阳，是非互为阴阳，好恶互为阴阳。一阴一阳谓之道。好恶之心，是非之心，无非是分别心的。分别心对应于万事万变了。我们用01构建了五光十色的计算机世界。

先生又说道："是非两个字是个大规矩，这个大规矩是比较灵巧而隐微的，不是很容易明白，如果能够依据这个大规矩去做，就可以保全身心了。"是非之心无非是善恶之心，这个是大规矩来的。规矩是什么呢？无规矩不成方圆。此心如同规矩，此心正，所言所行就正；此身如同规矩，所以也要修身的。对于后天来讲，人要有是非之心，一心去积德行善，不去做恶事。去除人的私欲，使得此心仅存天理，就能够存真人了，如此才能称之为大人的。对于先天来说，此心光明，是无有是非之心的。亚当和夏娃吃了禁果被驱逐出伊甸园，这个禁果就是长在知善恶树上的。如果知善恶了，分别了善恶，有了是非之心，有了好恶之心，这就有了原罪了，这个是人类痛苦的源头的。如果有了好恶之心，就会喜欢这样，厌恶那样，就会有纷争了。不仅仅是自己头脑内部打架，跟别人也会有纷争了。

38. 这点明处

【原文】"圣人之知如青天之日，贤人如浮云天日，愚人如阴霾天日。虽有昏明不同，其能辨黑白则一。虽昏黑夜里，亦影影见得黑白，就是日之余光未尽处。困学功夫，亦是从这点明处精察去耳。"

【注解】先生说道："圣人的良知如同青天大白日的，没有一丝浮云，不会遮蔽日光。贤人如同是有浮云的天气的，浮云遮蔽了一些日光的，但是相比那些阴霾天气还是好很多的。愚人如同阴霾天的，已经把太阳都给遮蔽得严严实实了。"圣贤喜欢用太阳、月亮或者镜子来比喻此心的。这里用了太阳来打比方。这个心本来就是很光明的，只是由于这些浮云，阴霾所遮蔽的，这些遮蔽的东西就是人的私欲。

先生又说道："虽然圣人，贤人和愚人的昏明程度有所不同，可是都能够辨别黑白的。是白天还是黑夜还是能够辨别的。是非、善恶和好恶这个还是可以辨别的。"

先生又说道："虽然是昏黑的夜里，也能够隐隐约约地分辨得了黑白的。这是因为虽然太阳下山了，可是太阳的余光也还没有完全尽去罢了。"圣人如太阳，虽然离我们远去了，可是圣人的光辉还是能够指引我们去走向大道的。特别是给我们留下了经典，如同指路的明灯，如同路标一样。

先生又说道："对于遇见困顿而勤勉去做功夫的人，对于资质平常的人来说，也只是从这点光明之处精察去做到罢了。"虽然是普通人，也就像是在阴霾天，即使不是阴霾天，资质更差点就是夜晚了，还是能够分别黑白的。凭着这一点良知的光明就可以去做到了，可以去致良知的。

39. 觉即蔽去

【原文】问:"知譬日,欲譬云。云虽能蔽日,亦是天之一气合有的,欲亦莫非人心合有否?"

先生曰:"喜、怒、哀、惧、爱、恶、欲,谓之七情,七者俱是人心合有的,但要认得良知明白。比如日光,亦不可指着方所。一隙通明,皆是日光所在。虽云雾四塞,太虚中色象可辨,亦是日光不灭处。不可以云能蔽日,教天不要生云。七情顺其自然之流行,皆是良知之用,不可分别善恶,但不可有所着。七情有着,俱谓之欲,俱为良知之蔽。然才有着时,良知亦自会觉。觉即蔽去,复其体矣。此处能勘得破,方是简易透彻功夫。"

【注解】问道:"知就好比是太阳,也可以说此心是太阳的,良知是太阳。人的私欲就好比是天上的云。云虽然能够遮蔽太阳,但是云也只不过是天的一气合成而有的,那么人的私欲莫不是人心一气而成的吗?"先看看阳明先生怎么说的吧。

先生说道:"人都会有七情六欲的。七情分别是喜、怒、哀、惧、爱、厌恶和欲。"云也是一水所变,不管是云、雾、冰、海水、露珠等都是水变成的。一水可以分成各种形态。一心面对外物外境,就衍生出了七情六欲了。太阳光经过三棱镜,就可以分出七色光了,这就好比是七情的。一根竹管,如果不开孔,可以作为定音管来看待的。看似只是一音,可是里面蕴含着五音的。如果开几个孔就变成了尺八、笛子或者箫了,可以吹出五音来了。这个七窍玲珑心也是如此奇妙的。

先生又说道:"这个七情虽然都是人心生成的,但是不可执着于七情,还要认得良知明白的。否则跟着情欲走就会走偏了。"

先生又说道:"比如日光,也许在被云朵遮蔽的情况下很难看清楚日光是从哪里来的。可是只要有一个很小的缝隙的光亮,也都是阳光所在的。虽然云雾四处充塞,遮蔽日光,可是虚空之中依稀可以辨别黑白影像,这也是日光不灭处的。"

先生又说道:"可是不要说因为云朵会遮蔽太阳,就叫上天不要生云朵了。"云朵自然有云朵的作用的,如果没有云朵,没有云层,也不能够下雨的。天地互为阴阳,天地相交,也还是要靠这个阳光和雨露的。如果没有雨露,土地就会干涸的。学习中医的人也都清楚,阴虚也类似于土地的干涸的,如果津液不够去濡养筋骨,就会生病了。阳虚也类似于阴霾天气的,日光照耀不到,水气也无法升腾上去成为云朵,这样无法实现循环的圆周运动。中医以为现在大多数人都是阳虚,只要把阳气扶起来,比如这个太阳升起来了,一照耀,那些阴霾自然全部都散去了。

先生又说道:"正如前面说的,不要以为云遮蔽日光,就不让云产生了。七情遮蔽本心,就不让七情去产生了,这个也是压制不住的。还是需要顺其自然的。七情顺其自然的流行,应对外事外物,这个也都是良知的应用的。可是不可取分别善恶,有所好恶,有是非之心,这个也都是分别心的,也都是评判的。但是也不可有所执着,如果执着了就是有了物欲了。"

先生又说道:"七情如果有所粘着,都可以称之为欲了。这都是良知的遮蔽来的。"此心如果只是像镜子一样,物来则应,物去不留。如此就不会有粘滞。如果外物走了,还在那里留着外物的影像,如此就是粘着了。

先生又说道:"然而如果刚有一点粘着的时候,良知也能够自然会觉知的。已经觉知了,就马上去掉了遮蔽了,就可以恢复本心,恢复本有的良知了。"

先生又说道:"如果此处能够看得破,能够明了,方是简易透彻的功夫的。"

40. 有甚功夫

【原文】 问:"圣人生知安行是自然的,如何有甚功夫?"

先生曰:"知行二字,即是功夫,但有浅深难易之殊耳。良知原是精精明明的,如欲孝亲,生知安行的,只是依此良知实落尽孝而已;学知利行者,只是时时省觉,务要依此良知尽孝而已;至于困知勉行者,蔽锢已深,虽要依此良知去孝,又为私欲所阻,是以不能,必须加人一己百、人十己千之功,方能依此良知以尽其孝。圣人虽是生知安行,然其心不敢自是,肯做困知勉行的功夫。困知勉行的却要思量做生知安行的事,怎生成得?"

【注解】 问道:"圣人属于生而知之的,并安守于道而行,这个是很自然的事情,如何还有什么功夫呢?"这位同学以为圣人生来就得道了,还用什么功夫呢?

先生回答道:"知行这两个字,就是功夫的,但是有浅深难易的不同罢了。"如果能够知,就已经是功夫的。需要致良知才能很好地知。需要做功夫,去行,能够促进知。而知又能指导行。比如买彩票,如果没有知,那只能是一张一张去买了,全部都试了,才能确保买到。可是如果已经致良知了,只要买一张就可以命中了。这里只是打比方的,并不是说致良知就可以提前预知彩票的。

先生又说道："良知原本是精精明明的，如果想孝顺双亲，对于生而知之，而安守行道的，只是依照良知去做，落实尽孝而已。"生而知之的为圣人了，已经致良知了，自然就会去尽孝了。对应于前面阳明打的比方，如日中天。

先生又说道："学而知之的贤人，通过求道而有利于行，只是在时时省觉自己的，务必要依此良知尽孝而已。"学而知之的贤人，物欲遮蔽还不是很深的。对应于前面阳明先生打的比方，如同有云的天气的。

先生又说道："对于那些资质平常一点的人来说，遇见了困顿奋起而求道做学问，如此勤勉地去修行而获得真知的人。原本被你物欲遮蔽禁锢已经很深了。虽然依照此良知去孝顺，可是又被私欲所阻碍，所以还是很难做到至诚孝顺的。必须要特别精进努力，付出比别人多许多倍的功夫才可以的。别人付出一分，就要付出百分；别人付出十分，就要付出千分，如此方能依此良知以尽其孝。"当然并不是说普通人天生的不会孝顺，而是要以这个良知去孝顺。这个核心是致良知的。如果要致良知，就要付出如此的努力。这三种人虽然天生的资质根器不同，可是致良知了，也都可以称之为圣人的。

先生又说道："圣人虽然是生而知之的，安守于道而行。然而其心丝毫不敢自以为是的，还是肯下困顿而勤勉修行的功夫的。"圣人虽然已经致良知，已经得道，还是很勤勉的继续不断地精进。虽然致良知，可是这个还不是究竟的，还要继续精进去修行，直至大彻大悟。

先生又说道："对于第三种人却要思量着去做生而知之圣人的事，怎么能行呢？"对于资质平庸的人，就要有自知之明，要去付出更多的努力才可以的。不仅仅是自己这么努力，圣人还在努力呢，还有什么可以偷懒的呢？

41. 于哀哭时

【原文】问："乐是心之本体，不知遇大故，于哀哭时，此乐还在否？"

先生曰："须是大哭一番了方乐，不哭便不乐矣。虽哭，此心安处即是乐也。本体未尝有动。"

【注解】问道："乐是心的本体，可是不知道遇见大的变故，大的不幸，在哀哭的时候，此乐是否还在呢？"看阳明先生怎么回答的。

先生回答道："须是大哭了一番后方乐的，不哭便不乐的。"

先生又说道："虽然大哭了，此心所安处即是乐的。本体未尝有所动的。"虽然是大哭了，可是此心安处，制心一处，无事不办的。把心安于静定之中，此即是安乐的。心的本体如如不动的。

42. 看理不同

【原文】 问:"良知一而已。文王作彖,周公系爻,孔子赞《易》,何以各自看理不同?"

先生曰:"圣人何能拘得死格?大要出于良知同,便各为说何害?且如一园竹,只要同此枝节,便是大同。若拘定枝枝节节,都要高下大小一样,便非造化妙手矣。汝辈只要去培养良知。良知同,更不妨有异处。汝辈若不肯用功,连笋也不曾抽得,何处去论枝节?"

【注解】 问道:"良知只有一个而已,可是文王作了彖辞,也就是写了卦辞,对每个卦进行了解释;周公对于八八六十四卦的每一个爻进行了解释;孔子写了《十翼》,用以阐明易的本意,为什么这些圣人各自看理都不同呢?"据传伏羲根据河图和洛书画了八卦。世间万事万物比较多,所以周文王就演化为八八六十四卦了。《易经》八卦,六十四卦可以说是宇宙的模型来的,这个才是真正意义的大统一理论,也就是爱因斯坦终其一生而追求不到的东西。也许大家还不能够相信,不过没有关系的,就放在这里等待传统文化弘扬到一定程度大家会相信的。

先生回答道:"圣人的所言所行如何要拘束得死死板板的呢?圣人针对不同的场景,不同的人,所讲的学问和功夫都有所不同的。并不是刻意为之,而是因材施教的。学问和功夫的大要和关键是由一个良知出来的,这个是本同的。可是圣人因材施教,有不同的教法,又有什么害处呢?"

先生又说道:"比如一个园子里的竹子,只要类似的长着叶子,还有枝节,这个就是大同了。如果非得要限定约束好所有的枝枝节节,都完全一样。如此就并非造化的妙手了。"阳明先生列举竹子来打比方,还比较贴切的,从这里看来似乎阳明先生之前格竹子病倒,还是有所心得的,还是很有收获的哦。开个玩笑了,当然收获最大是在贵州龙场得道了。宇宙可以说六合加上古今,对于一片叶子也是一个宇宙,对于一个人也是一个宇宙来的。世界上没有完全相同的一片叶子、一个面孔、一条河流。即使是同样一个人,下一时刻,这个人也和上一时刻不同,也是瞬息万变的。一个人不能踏进相同的河流。大同并不是完全相同,并不是一刀切的完全相同,世界大同是和而不同,不能将信仰强加给其他的民族。

先生又说道:"大家只要专心用功夫去培养良知就可以了。良知同了,更不妨有存在着差异之处的。如果不肯用功做致良知的功夫,连竹笋都不能抽得,如何去论枝节呢?"如果连基本的功夫都不去做,如何去论圣人周文王、周公和孔子的枝节呢？还是安安心心地去做功夫吧，先抽笋了再说的。

43. 父子讼狱

【原文】乡人有父子讼狱，请诉于先生。侍者欲阻之，先生听之，言不终辞，其父子相抱恸哭而去。

柴鸣治入问曰："先生何言，致伊感悔之速？"

先生说："我言舜是世间大不孝的子，瞽瞍是世间大慈的父。"

鸣治愕然请问。

先生曰："舜常自以为大不孝，所以能孝；瞽瞍常自以为大慈，所以不能慈。瞽瞍只记得舜是我提孩长的，今何不曾豫悦我？不知自心已为后妻所移了，尚谓自家能慈，所以愈不能慈。舜只思父提孩我时如何爱我，今日不爱，只是我不能尽孝。日思所以不能尽孝处，所以愈能孝。及至瞽瞍底豫时，又不过复得此心原慈的本体。所以后世称舜是个古今大孝的子，瞽瞍亦做成个慈父。"

【注解】正德五年（公元1510年），阳明先生36岁，从贵州龙场得道之后，又任江西庐陵县知府去了。据说阳明先生为政不崇尚威刑。那时有个诉讼案子，乡里有父子互相告状来了，请阳明先生帮忙断案。侍卫本来想要阻止他们，可是阳明先生却接受审理这个案子。听了他们申诉，阳明先生劝说调解的话还没有说完，父子就互相抱住痛哭而去了。

柴鸣治进来问道："先生到底说了什么话呢，这么神奇，能够让他们这么快的感动悔悟了呢？"

先生回答道："我说舜是世间大不孝的儿子，舜的父亲瞽瞍是世间大慈的父亲。"大家都知道舜是极其孝顺的儿子，他的父亲、继母和同父异母兄弟对他都很差的。为什么阳明先生反着来说呢？

柴鸣治听了以后觉得好惊讶的，就请问阳明先生为什么这么说呢？

先生又说道："舜常常自以为大不孝，所以能够孝顺的；瞽瞍常常自以为大慈，所以不能慈爱的。"舜怎么样去做，都觉得自己做得不够，所以就能够不断地努力就可以孝顺的。瞽瞍本来做的不够，可是不知道自己的心已经被继母灌迷魂汤了，心已经转移了而不自知。

先生又说道："瞽瞍只记得舜是我一把屎一把尿，从很小的时候拉扯大的，现在怎么不曾让我感到愉悦呢？怎么不能事事都按照我说的去做呢？他不知自己的心已经被后妻所转移了，还在说自己能够很慈爱了，所以就越来越不能慈爱了。"不管对错，不管是否太过分苛刻了，都要舜去按照他说的去取悦他。

先生又说道："舜只是一心想着父亲在很小的时候，是如何地爱我，今天不爱了，只是由于我不能很好地尽孝而已。天天想着哪里不能尽孝，哪里做得不好，所以越来越孝顺了。"舜的修行法门也许就是这个孝顺的，把孝顺做到了极致，就可以致良知了，这个也是真实功夫的。正所谓百善孝为先。

先生又说道："等到瞽瞍对舜感觉得很满意和愉悦了，又只不过是恢复了此心原本的慈爱的本体罢了。"之前只是瞽瞍迷失了本心罢了。

先生又说道："所以后世称舜是个古今大孝的儿子，瞽瞍也做成了个慈父的。"如果舜采取了另外的方式，也就把自己的父亲至于大不慈的境地了。如此也不孝顺的。

44. 空空而已

【原文】先生曰："孔子有鄙夫来问，未尝先有知识以应之。其心只空空而已，但叩他自知的是非两端，与之一剖决，鄙夫之心便已然，鄙夫自知的是非，便是他本来天则。虽圣人聪明，如何可与增减得一毫？他只不能自信，夫子与之一剖决，便已竭尽无余。若夫子与鄙夫言时，留得些子知识在，便是不能竭他的良知，道体即有二了。"

【注解】先生说道："有粗鄙的人来向孔子请教，孔子并不是预先就准备好了知识去应对的。"哪里知道这个人要问的是哪个问题呀，世界那么大，事先准备好怎么可能呢？比如问计算机怎么用，手机怎么用？这个孔子也不太可能就准备好这些知识了。但是可不要小看古圣先贤哦。也许没有这些小道知识，但是要学这些技艺和小道知识，可快了。而且还能够给予更高层面的指导。前面我们已经探讨过这个问题了。

先生又说道："孔子的心只是空空如也而已的，虽然这个粗鄙的人心不能如孔子那样空空如也，也许装的满满的私欲。可是孔子循循善诱，叩问这个粗鄙的人辨别是非的两端，这个人还是能够有所自知的，起码能够分别是非的。能够和这个人剖析清楚，使得粗鄙的人的心也能够一下子了然明白的。"

先生又说道："粗鄙的人虽然没有什么教养，可是也能够自己知道是非的，也能够分别善恶的。这个是他本来的天分，也是上天赋予他的。虽然圣人耳聪目明，很有智慧，可是如何能够增减一分一毫呢？"圣人也只不过是这个同样的良知罢了。

先生又说道："粗鄙的人只是不能自己相信自己罢了，不能相信良知有如此的本事。孔子跟他一一进行剖析，便已经能够竭尽无余了。"

先生又说道："如果孔子跟这个人讲的时候，还留着几招，还留着一些知识的话，便不能够竭尽这个人的良知，不能够让这个人恢复本有的良知，彻底地显露出来的。孔子并不是把知识存在心里的，而是启发这个人的本心的。如此道体就不是合一的了，就是一分为二的了。"这个良知如同被乌云遮蔽的月亮。孔子并不是把知识给倾倒给这个人的，只是在启发这个人的自性。中医治病也只是扶持人的正气罢了，使得能够有效地自我恢复。

45. 不去责人

【原文】先生曰："'蒸蒸乂，不格奸'，本注说象已进进于乂，不至大为奸恶。舜徵庸后，象犹日以杀舜为事，何大奸恶如之？舜只是自进于乂，以乂薰蒸，不去正他奸恶。凡文过掩慝，此是恶人常态。若要指摘他是非，反去激他恶性。舜初时致得象要杀己，亦是要象好的心太急，此就是舜之过处。经过来，乃知功夫只在自己，不去责人，所以致得克谐。此是舜动心忍性、增益不能处。古人言语，俱是自家经历过来，所以说得亲切，遗之后世，曲当人情。若非自家经过，如何得他许多苦心处。"

【注解】先生说道："《尚书》中有这样一句话：'蒸蒸乂，不格奸'，宋代蔡沉所注解的这句话，说是舜的同父异母弟弟象已经能够蒸蒸日上，逐渐地向义靠拢了，已经不至于做出大奸大恶的事情了。"

先生又说道："然而舜在三十岁的时候被征召任用了以后，他的弟弟象还是想办法要除掉舜，有什么像这样的大奸恶了呢？"真是太坏了这个象，三番五次想加害舜。

先生又说道："舜只是自己精进的去做，符合道义。自己进步靠拢于义，以义来熏蒸自心。他想的不是去强制的改变他人，不去纠正别人的奸恶。"他不是想着去强制改变别人，可是却最终用自己的德行感化了家人。不仅是感化了家人，还感化了世人，成为一代圣王。在这里突然想到了在英国威斯敏斯特大教堂地下室的无名墓碑上写着的话语："当我年轻的时候，我的想象力从没有受过限制，我梦想改变这个世界。当我成熟以后，我发现我不能够改变这个世界，我将目光缩短了些，决定只改变我的国家。当我进入暮年以后，我发现我不能够改变我的国家，我的最后愿望仅仅是改变一下我的家庭。但是，这也不可能。当我现在躺在床上，行将就木时，我突然意识到：如果一开始我仅仅去改变我自己，然后作为一个榜样，我可能改变我的家庭；在家人的帮助和鼓励下，我可能为国家做一些事情。然而，谁知道呢？我甚至可能改变这个世界。"

先生又说道:"凡是文过饰非,掩匿自己的恶行的,这个都是恶人的常态,作恶的人都还想美化自己的。如果要去指责他的是非,反而会激怒他的,还会激化他的恶性。"恶人就好比是那个顺毛驴,如果拿皮鞭去抽打,反而就犟驴脾气起来了,干脆不动了,还会做更坏的事情。

先生又说道:"舜一开始的时候招惹了象,以至于象想要把他杀掉,也就是要象变好的心太急了。这个就是舜过失的地方了。"舜本来没有什么过失,如果有过失也是如此了。圣人要教化世人也要注意方法的,如果责其太切,对彼此都无有益处的。反而还会伤害到自己。

先生又说道:"经过了以后,方才知道功夫只在于自己的,不去责备别人的,所以能够做到兄弟和睦了。"那我们要改变这个世界,首先要做到的就是去改变自己,要精进地去做功夫,做致良知的功夫。

先生又说道:"这个就是舜能够忍受许多的委屈,经受磨难,不断精进地做功夫,而能够增加其德行和才干的原因了。古人说话,也都是自家经历过来了,所以说得很亲切。遗留下来给后世,被后人误解了,曲解以为只是人的私情而已。只是停留在文义上的,这是对古人的误解了。如果并非自家经历过的,如何能够知道其良苦用心呢?"

46. 凤凰之音

【原文】先生曰:"古乐不作久矣,今之戏子,尚与古乐意思相近。"

未达,请问。

先生曰:"'韶'之九成,便是舜的一本戏子。'武'之九变,便是武王的一本戏子。圣人一生实事,俱播在乐中,所以有德者闻之,便知他尽善尽美与尽美未尽善处。若后世作乐,只是做些词调,于民俗风化绝无关涉,何以化民善俗?今要民俗反朴还淳,取今之戏子,将妖淫词调俱去了,只取忠臣、孝子故事,使愚俗百姓人人易晓,无意中感激他良知起来,却与风化有益。然后古乐渐次可复矣。"

曰:"洪要求元声不可得,恐于古乐亦难复。"

先生曰:"你说元声在何处求?"

对曰:"古人制管候气,恐是求元声之法。"

先生曰:"若要去葭灰黍粒中求元声,却如水底捞月,如何可得?元声只在你心上求。"

曰:"心如何求?"

先生曰:"古人为治,先养得人心和平,然后作乐。比如在此歌诗,你的心气和平,只此便是元声之始。《书》云:'诗言志',志便是乐的本;'歌永言',歌便是作乐的本;'声依永,律和声',律只要和声,和声便是制律的本。何尝求之于外?"

曰:"古人制候气法,是意何取?"

先生曰:"古人具中和之体以作乐。我的中和原与天地之气相应,候天地之气,协凤凰之音,不过去验我的气果和否。此是成律已后事,非必待此以成律也。今要候灰管,必须定至日。然至日子时,恐又不准,又何处取得准来?"

【注解】先生说道:"古代的乐教已经很久没有出现过了,现在的戏子,还能姑且可以说是和古乐的意思有点相近的。"古乐使得人内心安静纯净,可以说古琴、尺八这类的曲目比较接近于古乐的。要比较雅正的才可以称之为古乐的。孔子对琴十分推崇,能弹琴唱诗经三百首,还曾向师襄学琴。

听了先生这么说,钱德洪未能完全明白,就请问先生的。

先生回答道:"《韶》乐的九章,这个是舜时候的乐章,可以说是述说舜事迹的一本戏子;《武》乐的九章,这是周武王时候的乐章,可以说是述说周武王事迹的一本戏子。"

先生又说道:"圣人一生的实事,都体现在乐中了。所以有德行的人听到了,便能够知他尽善尽美在哪了;也就知道他尽美不能尽善,哪些地方做得不到的了。"

先生又说道:"如果后世做乐,只是做些词调,对于民俗风化绝无半点关涉,何以能够感化百姓,何以能够改善民俗呢?"我们现在的文艺工作者看到这一段的时候,是不是会冒冷汗呢?如果能够反省已经很好了。

先生又说道:"现在要想使得民俗返璞归真,归于淳朴。可以将现在的那些戏本,将那些妖淫词调都去掉,只要取忠臣、孝子的故事,使得没有文化的百姓也能够人人易晓。在有意无意之中能够感激他良知起来,这是对风化有益的。然后,古代的雅乐逐渐也可以恢复了。"我们中国古代流传下来的许多戏曲,里面有很精华的内容。

钱德洪说道:"德洪我想要去求元声可是却找不到,恐怕要恢复古乐也是很难的吧。"人的身上有元气,这个是从娘胎带来的,这个是人身性命的根本来的。钱德洪想要去找元声,找到根本的雅正的声音,他说很难找到。似乎无法恢复古乐了。世界著名男高音歌唱家帕瓦罗蒂效法婴儿啼哭唱歌,征服了全世界。婴儿都是通过丹田之气来啼哭的而不是嗓子。其实可以想象,远古的人们,一开始没有语言文字的时候,只是在打猎的时候通过丹田之气吼叫。后来产生了丰富的语言文字以后,发生就到了嗓子那里了。元声须从丹田之气而发出。看看阳明先生怎么说的。

先生说道："你说的元声在哪里去求呢？"

钱德洪回答道："古人用制造律管来候气，恐怕是求元声的方法。"律管有不同的长短，如果不开孔排成一排就是比竹了，这个是一种乐器来的。人就是天生的律管，不同的人有不同的声音条件，排在一起就形成了很美妙的合唱了。合唱如同人做的比竹，律管如果不开孔，可以作为定音器用，看似一个声，可是可以称之为胎藏，里面蕴含着五音，可以说这个是元声的。开了孔以后，就可以分出五音了。

先生说道："如果想要在芦灰米粒中去求元声，却如同水底捞月一般了，如何能够得到呢？元声只在你的心上求的。"手指去拨动琴弦，琴弦震动才有了美妙的乐音。如果去听这个手指是没有声音的，把琴放在盒子里面，琴也不能自己鸣响的。到底是手指动，还是琴动呢？可以说仁者心动的。这个说法似曾相似，对的，这是把苏轼的一首诗，还有慧能大师在光孝寺的那个公案凑在一起说的。当年光孝寺里，大家在争论到底是风动，还是幡动，慧能大师说仁者心动。同样的道理，可以说不是手指动，也不是琴动，而是仁者心动。

钱德洪问道："在心上如何去求呢？"《道德经》上说，大音希声。大音，天底下最美妙的乐音，也就是元声，可以说似乎是无声的。大道似乎是无有什么言语的，不能用言语来表达的。

先生回答道："古人治理天下，先要养得人心和平，然后才去作乐的。比如在这里弹琴、把诗歌唱出来，你的心气和平，这就是元声的开端的。"这为什么不直接说是元声呢？而是说元声的开端呢？通过雅正的音乐，可以使得人心更加的和平，以至于致良知，甚至是到了大彻大悟，这个是元声的终极了。

先生又说道："《尚书》上说：'诗言志'，志便是乐的根本，乐也是述说志向的。"诗左边为言，右边为寺，在寺庙里的说的话可以称之为诗了。看看寺庙似乎没有那么简单的。唐宋时期出来许多大诗人，这个和佛家文化的昌盛分不开的。韩愈虽然是由于反对佛教而被贬到了潮州的，可是在潮州这个地方和大颠和尚结下了不解之缘。志上面为士，下面为心，士人的心士什么呢？并不是仕途，而是孔子所说的有志于道的。可以说诗也是言道的。

先生又说道："'歌永言'，歌便是作乐的本，歌唱的都是作者的心声的；'声依永，律和声'，律只要和声，要五音互相调和才能美妙的，就好比一锅汤，如果单单一种味道就不好喝了。和声便是制律的本的，和而不同就是治理天下的根本。如此看来何尝有求于外呢？应该在心上去求的。"

钱德洪说道："古人制管来候气的方法，为什么这么做呢？"

先生回答道："古人心中具备中和之体的，而才去作乐。人的中和原本和天地之气相应。古人制管去候天地之气，协凤凰之音，只不过是在验证我的气是否和平罢了。这个是成律以后的事情，并不是需要这个才可以成律的。现在如果要候灰管，必须要在冬至那一天的子时，阴气到了极点，而天地之气一阳萌动的时候，这个灰就可以飞动起来了。然而冬至那一天的子时，恐怕时间也不能准，不能定得刚刚好的，又何处能够去根据这个来制定音律呢？"过去心不可得，现在心不可得，未来心不可得，如何能够刚刚好定准那个冬至的子时的时刻呢？再说了，时间本来就是人认知的错觉罢了，并没有实际存在时间这个东西的。这里说凤凰之音，如果天下治理和平之至，就会有凤来仪了。传说周文王的时候，有凤在岐山上。

47. 学问点化

【原文】 先生曰："学问也要点化，但不如自家解化者，自一了百当。不然，亦点化许多不得。"

【注解】 先生说道："学问也是需要点化的，但是不如自家去实证领悟的，如此方能够解化得了。如此自然能够一了百了，能够恰当了，如果自己能够明心见性了，横说竖说都是这些东西的。要不然，别人点化再多似乎也没有多大的用处的。"名师出高徒，如果有某个问题有大疑惑的时候，想来想去都想不明白。这个时候有名师点化一下，也许马上就能够茅塞顿开了。老师的作用还是很大的。但是，师傅领进门，修行就要靠个人了。还是要自己确实精进努力地去做功夫才可以的。

48. 根上用功

【原文】 "孔子气魄极大，凡帝王事业，无不一一理会，也只从那心上来。譬如大树，有多少枝叶，也只是根本上用得培养功夫，故自然能如此，非是从枝叶上用功做得根本也。学者学孔子，不在心上用功，汲汲然去学那气魄，却倒做了。"

【注解】 先生说道："孔子的气魄是很大的，凡是帝王的事业，无不一一去领会的。"孔子所教的是治国安邦的本事，这个看似很大的，然而还是从自己一身开始，从修身修心开始的。舜精进地做孝悌的功夫，就能够致良知了，如此也能够通晓治国之策了。一家不扫何以治理天下呢？舜帝齐家了，就可以治理天下了，是不是很神奇呢？

先生又说道："孔子看似乎忙活的事情很大，是帝王事业来的，可是从根本上还是从那个心上来的，从良知上来的。这个也是我们每个人都有的东西，不只是孔子有的，而是我们的良知被物欲遮蔽罢了。"

先生又说道："举个例子来说吧，比如大树，有多少枝叶，也只是根本上去做培养的功夫，所以能够自然如此的。并不是从枝叶上用功的，从枝叶上用功不是根本来的。"这个根本就是人的本心，人的良知。

先生又说道："学子去学孔子，不在心上做功夫，而是很迫切地去学那个气魄，这样做功夫是颠倒来做了。这怎么能行呢？如此不是在根上用功的，在枝叶上用功了。"舜帝一味专心地去在孝悌上做功夫，这个也是在心上做功夫，不可小看这个的。如此能够培育出了帝王的气魄了。

49. 过上用功

【原文】"人有过，多于过上用功，就是补甑，其流必归于文过。"

【注解】先生说道："人如果有过失，大多在过失上去用功夫的。也就有点类似于补那个已经破了的瓦罐，很容易变了味道的，归于文过饰非的。"

50. 今人吃饭

【原文】"今人于吃饭时，虽然一事在前，其心常役役不宁，只缘此心忙惯了，所以收摄不住。"

【注解】先生说道："现在的人在吃饭的时候，虽然具体是有这个吃饭的事情在眼前，可是心常常不能够安宁的，不能把注意力放在吃饭上面的。只是由于这个心呀，忙惯了，所以很难收摄得住了。"前面我们已经探讨过吃饭的事情了，也许许多人还没有真正吃过米饭的，为什么这么说呢？也许没有真正知道米饭是什么味道的。由于在吃饭的时候，心里都想着其他事情的，从来没有能够细细地品味过米饭的味道。不信今天去试试看吧。佛陀教自己弟子吃饭的时候，是不能随便说话的。明朝的人吃饭如此，现在的人吃饭是不是如此呢？

51. 琴瑟简编

【原文】"琴瑟简编，学者不可无，盖有业以居之，心就不放。"

【注解】先生说道："琴瑟这些乐器和书本文章，学者是不可以没有的，还是要去不断地读书，终身去学习的。还是要通过雅正的音乐去修身养性的。如果能够有这些事情占据着心，心就不会放流散了。"一心不能二用，如果把心放在这些高雅的事情上面，心就不会散乱了。

52. 善与人同

【原文】先生叹曰："世间知学的人，只有这些病痛打不破，就不是善与人同。"

崇一曰："这病痛只是个好高不能忘己尔。"

【注解】先生感叹道："世间做学问的人，只是这些病痛打不破，就不是孟子所说的善与人同。"稍后再解释善与人同吧。

崇一说道："这个病痛只是个好高，不能忘却自己罢了。"这位同学这么说应该还是契合阳明先生的本意。如果好高就会比较自大一些，执着一些。佛家说的人最难的就是打破对于对自我观念的执着。如果能够忘却自我，就瓦解了小我了，就是大我了。这个大我是有大心的，这个才能称之为大人的。有了大心才是善与人同的。人人都有大心，如此世界就大同了。

善与人同这个词是从孟子那里来的。如果有人告诉子路有什么过失，他会很开心的。并不是子路缺少根筋的，他不会文过饰非，会去改正的。大禹如果听到别人的善言，会拜谢别人的。大舜有大心，能够善与人同的。能够用别人的镜子来照自己的不足，能够舍弃自己的私欲而从人的。从耕种、制作陶器、打鱼到最后成为了帝王，无非都是能够从别人身上了解到自己的不足而去改正的。比如从父母兄弟那里，了解到也许自己的孝悌还没有能够做到极致，在孝悌上不断地做功夫的。就能够致良知了。如果能够取别人以为善的东西来改正自己，以别人的意见当做自己的镜子，就可以正自己的衣冠。这个是与人为善的，所以说君子最大的事情莫过于与人为善的。与人为善，就能够善与人同。善与人同就打破对自己的执着了，就忘却了自己了，忘却小我了，减少自己的私欲了，都是为了别人的。

53. 有过不及

【原文】问："良知原是中和的，如何却有过、不及？"
先生曰："知得过、不及处，就是中和。"

【注解】问道："良知原本都是中和的，如何却有过和不及呢？"

先生回答道："如果能够知得哪里过了，哪里是不及的，这个就是中和了。"如果良知被物欲遮蔽了，根本都不能知道哪里过了，哪里不及的。如果能够知了，也就是能够致良知了，也就能够中和了。

54. 上下相安

【原文】"'所恶于上'是良知，'毋以使下'即是致知。"

【注解】先生又说道："《大学》中有提到这样一句话：'所恶于上，毋以使下'。"意思是说在上位的人都厌恶的东西，就不要再去强加给下面的人了，不要强加给百姓了。这个跟孔子所说的己所不欲勿施于人，这个道理是相通的。《道德经》中说，百姓之所以比较难以治理，是由于在上位的人食税之多。在上位的人厌恶别人强迫自己，也厌恶别人去向自己索取的。那就不要去这样做了。

先生又说道："'所恶于上'这个可以说是良知的，如果在上位的人自己都没有能够有自知之明，如何能够厌恶那些恶行呢？如何能够厌恶物欲呢？在上位的人能够厌恶恶行和物欲，这个是很难得的，特别是国君有权利，无人可以监督自己的。'毋以使下'这个可以说是致知的功夫的。不要以自己都厌恶的事情来对待下面的百姓，如此慈爱对待百姓，这个可以说是致知的功夫的。"

《大学》里面还有下半句：所恶于下，毋以事上。下面厌恶的事情，也不要这样去对待上位的人。如此就可以上下相安了。

55. 苏秦张仪

【原文】先生曰："苏秦、张仪之智，也是圣人之资。后世事业文章，许多豪杰名家，只是学得仪、秦故智。仪、秦学术善揣摸人情，无一些不中人肯綮，故其说不能穷。仪、秦亦是窥见得良知妙用处，但用之于不善尔。"

【注解】先生说道："苏秦和张仪也有圣人的资质，也有很好的根器的。"苏秦和张仪是鬼谷子的弟子。孙膑和庞涓也都是鬼谷子的弟子。苏秦和张仪看到自己的师兄孙膑和庞涓都建立了功业，可以说还没有完全学成就匆匆下山去了。临别的时候，鬼谷子就给了苏秦一本《阴符经》，嘱咐他说，如果在外面混不下去，就好好把这本书给玩熟了就可以了。不出鬼谷子所料，苏秦变卖家产出去游说诸侯，没有能够得到任用，两手空空地回来了。混得真是惨的，亲戚朋友都不认他了。他就一狠心把自己关在家了，头悬梁锥刺股就是讲他，他所读的书就是《阴符经》的。读了一年有了小成，就出来纵横天下了。可以说他们的根器还是很好的。

先生又说道："后世有许多去做事业的，还有去做文章的，还有许多的豪杰名家，也只是学到了苏秦和张仪的这个小聪明罢了，并没有能够学到真正的智慧。"聪明和智慧是两码事的，聪明只是小道，而智慧是大道的。

先生又说道："苏秦和张仪的学术，善于揣摩人情世故的，没有一丝一毫不切中人的要害之处的。所以他们的学术也难以穷尽的。"

先生又说道："苏秦和张仪也是窥见了良知的妙用处了，但是他们却用在了不善的地方罢了。"也许苏秦和张仪也是依稀见到了自性了，也许还不能称其为得道了，可是他们却把良知用在谋求功利上面去了。

56. 未发已发

【原文】或问未发已发。

先生曰："只缘后儒将未发已发分说了，只得劈头说个无未发已发，使人自思得之。若说有个已发未发，听者依旧落在后儒见解。若真见得无未发已发，说个有未发已发，原不妨，原有个未发已发在。"

问曰："未发未尝不和，已发未尝不中。譬如钟声，未扣不可谓无，既扣不可谓有。毕竟有个扣与不扣，何如？"

先生曰："未扣时原是惊天动地，既扣时也只寂天寞地。"

【注解】有人问未发已发的问题。前面我们也探讨过未发之中的。《中庸》中有说道：喜怒哀乐之未发，谓之中。

先生说道："只是由于后来的儒者将未发和已发分开来说了，所以迫不得已劈头说个无未发，也无已发，这么说的话，也许可以打破学者的执着之心的。使得学子自己深思得到真谛的。"阳明先生因地制宜、因材施教的。

先生又说道："如果我还去说有个已发和未发，听到的人依然就落在了后儒的见解上了。徒增束缚罢了，所以在这里劈头进行破除的。如果已经真见到了无未发，也无已发，再去说有未发和已发，这样说也是无妨的。也可以这么说的，原本就有个未发和已发在的。"如果已经得道了，横说竖说都是可以的。太阳光经过三棱镜，就可以分散为七色彩光。如果没有经过三棱镜，就是一束看似白色的太阳光。这白色太阳光没有蕴含七色吗？不能这么说的。此心也是如此的，本来也是蕴含着七情的，如果没有发出来，也不能说不存在的；还没有发出来，也不能说就存在的。

有人问道："未发未尝不和的，已发未尝不中的。举个例子来说吧，比如钟声，没有叩击钟，也不能称之为无；如果叩击钟了，不可称之为有的。毕竟有个扣击和不扣击的区别，这么说怎么样呢？"钟声也是如此的。在钟没有被叩击的时候，静默之中也蕴含着五音的；在单个的钟被叩击之后，钟声之中也蕴含着五音的；特别大小不一的编钟放在一起叩击，可以演奏成乐曲的。

先生回答道："未叩击的时候，原本是惊天动地的；既然已经叩击的时候也只是寂天寞地的。"此心不管有无外物来叩击，也都是如此不动的。此心如同明镜，外物来的时候，就照一下；外物走了，就不存在于镜子当中了。镜子如此的安静，外物没有来的时候，也就类似于未叩击的时候，原本是惊天动地；外物来的时候，出现在镜子当中，如此也是别有一番寂寞的天地的。

57. 古人论性

【原文】问："古人论性，各有异同，何者乃为定论？"

先生曰："性无定体，论亦无定体。有自本体上说者，有自发用上说者，有自源头上说者，有自流弊处说者。总而言之，只是一个性，但所见有浅深尔。若执定一边，便不是了。性之本体，原是无善无恶的，发用上也原是可以为善，可以为不善的，其流弊也原是一定善一定恶的。譬如眼，有喜时的眼，有怒时的眼，直视就是看的眼，微视就是觑的眼。总而言之，只是这个眼。若见得怒时眼，就说未尝有喜的眼；见得看时眼，就说未尝有觑的眼。皆是执定，就知是错。孟子说性，直从源头上说来，亦是说个大概如此。荀子性恶之说，是从流弊上说来，也未可尽说他不是。只是见得未精耳。众人则失了心之本体。"

问："孟子从源头上说性，要人用功在源头上明澈。荀子从流弊说性，功夫只在末流上救正，费力了。"先生曰："然。"

【注解】有人问道："古人讨论性，各有异同，有些是类似相同的意见，有些有很大的差异，那到底哪个是定论呢？"这个是问性命之学的，如果能把性说得清楚，听得明白，也就已经明心见性了，也就是得道了。

先生回答道："性无有定体，论也是无有定体的。"这先打破弟子们的执着的。不管怎么去论，也只是停留在语言文字上面的。论哪里有什么定体呢？远古蛮荒时代，人类还在打猎的时候，没有语言，也没有文字，何尝有什么论呢？性无善无不善，似空非空，如何有什么定体呢？

先生又说道："在谈论性的时候，有从本体上说的，比如说至诚是心的本体，良知是心的本体，性即是心；有从发用上说的；有从源头上说的，有从流弊处说的。总而言之，只是一个性，但不同的人所见有浅深罢了。"

先生又说道："如果执定一边了，便不是了。应无住而生其心，不可以执定一边的。性的本体，原是无善无恶的；发用上也原是可以为善，可以为不善的；其流弊也原是能够区分一定善的，还是一定恶的，流弊就比较明显了，可以明显区分善恶了。"

先生又说道："打个比方吧，比如说眼睛，有喜时的眼，有怒时的眼，直视的时候就是看的眼，微视的时候就是窥觑的眼。总而言之，也只是这个眼。如果见得怒时的眼，就说未尝有喜时的眼；见得看时的眼，就说未尝有窥觑的眼。如此就是执定了，就知道这个是错的了。"阳明先生打这个比方还是很生动的吧。这个眼就代表着自性的。自性会千变万化，不可执定为一定是怎么样的。比如非得说是性一定是善的，或者性一定是恶的。

先生又说道："孟子说性，直接从源头上来说的，也是说个大概如此。孟子并没有执定说一定是什么，而是说大概如此，这样就对了。荀子性恶的学说，是从流弊上说来的，也不可以说他说的全部都是不对的。只是由于荀子还没有能够见得精深罢了。众人在谈论性的时候，就失去了心的本体了。"

有人问道："孟子从源头上说性，要人做功夫要从源头上明澈。而荀子就不同了，从流弊说性，功夫只在末流上做功夫，在枝叶上做功夫，这就费力多了。"孟子在源头，在根本上做功夫，这样就要快捷得多了。

先生回答道："你这么说是对的。"

58. 说理愈难

【原文】 先生曰："用功到精处，愈着不得言语，说理愈难。若着意在精微上，全体功夫反蔽泥了。"

【注解】 先生说道："用功到了精微的地方，越来越不能执着于言语了，要把道理说清楚就越难了。"似乎只可意会不可言传了。

先生又说道："如果在精微上着了一点意思，执着在言语上，反而全体功夫就被遮蔽了，反而被粘滞了。"比如在功夫精深的禅定之中，如果有了半点私欲，执着了功夫就被遮蔽了。如果在禅定之中出现了幻象，听到音声，看到景象，不能信以为真的，就当作看电影一样。《金刚经》上有说：如果以色见我，以音声求我，是人行邪道了，如此不能见如来的。如果着了半点意思，全体功夫就陷进去了，也就是人行邪道了。所以做深入的功夫，需要有高人指导的，或者起码是明心见性了，得道了继续深入的。否则知行不合一，比如行得太急太快，知跟不上，有可能就会拖后腿了。

59. 不为无见

【原文】"杨慈湖不为无见,又著在无声无臭上见了。"

【注解】先生说道:"陆九渊的学生杨慈湖,可以说是陆九渊有名的弟子的。他抛弃了陆九渊沿袭了程朱理学的那些理呀,气呀这些概念的拖累,专注于心上来说。可以说是无为的,也可以说是无有执定的偏见的。虽然说不执著于有,可是却执着于无了。可是又执着于无声无臭上有了偏见了。"杨慈湖先生应该还是得道了,看他是怎么说《易》的吧。他既不说理,也不谈象数,而专讲心。他说人心即《易》之道的,万事万物也都是心的变现。八封并不是取法于外而得的,而是由心中自然产生的。易之道是心,心即是道。杨慈湖先生讲《易》能够抛却束缚,不管那么多的概念,而直指人心,可谓是直截了当了,也是比较便捷和简洁的。但是阳明先生指出的也有道理的,如果什么都抛却了,空对空就不知道如何跟世人讲明白了,也就是执着于无声无臭的偏见了。

60. 人一日间

【原文】"人一日间,古今世界,都经过一番,只是人不见耳。夜气清明时,无视无听,无思无作,淡然平怀,就是羲皇世界。平旦时,神清气朗,雍雍穆穆,就是尧舜世界。日中以前,礼仪交会,气象秩然,就是三代世界。日中以后,神气渐昏,往来杂扰,就是春秋战国世界。渐渐昏夜,万物寝息,景象寂廖,就是人消物尽世界。学者信得良知过,不为气所乱,便常做个羲皇已上人。"

【注解】先生说道:"人在一天之中,古今世界,都可以经过一番了。只是比较隐微,世人难以见得的。"一花一世界,一叶一菩提。在一天之中难道也是含有古今世界的吗?听阳明先生怎么讲的。
先生又说道:"夜气清明的时候,夜深人静,无视无听,无思无虑,内心淡然平和,这个就是羲皇世界,也就是神话中的伏羲时代了。"传说伏羲画的八卦的。
先生又说道:"清晨的时候,神清气爽,庄严而和睦,这就是尧舜世界了。"
先生又说道:"日中之前,人们遵循礼仪互相交会,气象井然有序,这就是夏商周的三代世界了。"日中之前都属于天地的阳气逐渐生发的过程。

先生又说道："日中之后，属于天地的阳气逐渐的衰落，而阴气逐渐增长的过程。人神气渐昏了，往来比较杂扰，这就是春秋战国世界了。"

先生又说道："渐渐到了黄昏，进入黑夜了。这时候万物寝息，景象比较寂寥，这时候就是人消物尽的世界了。"人消物尽的世界是什么的世界呢？春秋战国战乱分仍，乱到了极点，就归于寂静了。《易》中可以看到八卦、六十四卦也是循环往复的，人类的社稷也是如此的，盛极而衰，而衰到了极点又会升起的。正所谓物极必反的。阴阳在其中不断地消长的。

先生又说道："学者如果能够信得过良知，就不会为邪气所乱的。就可以常做个伏羲皇以上时代的人，常保持内心的清明。"

61. 圣人血脉

【原文】薛尚谦、邹谦之、马子莘、王汝止侍坐，因叹先生自征宁藩已来，天下谤议益众，请各言其故。有言先生功业势位日隆，天下忌之者日众；有言先生之学日明，故为宋儒争是非者亦日博；有言先生自南都以后，同志信从者日众，而四方排阻者日益力。先生曰："诸君之言，信皆有之。但吾一段自知处，诸君俱未道及耳。"

诸友请问。

先生曰："我在南都已前，尚有些子乡愿的意思在。我今信得这良知真是真非，信手行去，更不着些覆藏。我今才做得个狂者的胸次，使天下之人都说我行不掩言也罢。"

尚谦出曰："信得此过，方是圣人的真血脉。"

【注解】薛尚谦、邹谦之、马子莘和王汝止陪着阳明先生坐着。大家都在感叹自阳明先生征讨平息朱宸濠的叛乱以来，天下诽谤先生的人越来越多了，请大家都各自说说这是什么缘故吧。

有人说是由于先生的功业很大，地位越来越高，天下嫉妒的人就逐渐增多的缘故；有人说先生的良知之学日渐明朗，影响力在扩大，所以为宋儒朱熹争是非的人也日益增多起来了；有人说先生自从升任南京鸿胪寺卿以来，志同道合信从的人越来越多，而来自四方排挤和阻挠的力量也越来越大了。

先生说道："诸位所说的，相信都有一定道理的。但是我自己知道有一条，各位都没有提到的。"

诸位学生就赶紧请问是什么。

先生回答道："我在南京任职以前，尚且还有点那个乡愿的意思在的。"

乡愿就是说貌似恭谨，实则同流合污的。先生还是肯去剖析自己以前的过失的。

先生又说道："我现在笃信自己的良知，能够辨别真正的是非。只是秉持着自己的良知信手去行事的，更没有什么遮掩的。我现在才有了那种狂者的胸怀的。即使别人都说我狂了，也不在乎了。我只是对得起自己的良知就可以了。即使全天下的人都说我做的不如说的好，也没有什么关系了。"

尚谦站出来说道："能够笃信到了这个程度，方是圣人的真正血脉的。"

62. 锻炼人处

【原文】先生锻炼人处，一言之下，感人最深。

一日，王汝止出游归。先生问曰："游何见？"对曰："见满街人都是圣人。"先生曰："你看满街人是圣人，满街人到看你是圣人在。"

又一日，董萝石出游而归。见先生曰："今日见一异事。"先生曰："何异？"对曰："见满街人都是圣人。"先生曰："此亦常事耳，何足为异。"

盖汝止圭角未融，萝石恍见有悟，故问同答异，皆反其言而进之。

洪与黄正之、张叔谦、汝中，丙戌会试归，为先生道途中讲学，有信有不信。先生曰："你们拿一个圣人去与人讲学，人见圣人来，都怕走了，如何讲得行？须做得个愚夫愚妇，方可与人讲学。"

洪又言今日要见人品高下最易。先生曰："何以见之？"对曰："先生譬如泰山在前，有不知仰者，须是无目人。"先生曰："泰山不如平地大，平地有何可见？"先生一言翦裁，剖破终年为外好高之病，在座者莫不悚惧。

【注解】阳明先生指点人很高明，往往一语中的，感人至深。名师自己亲自从凡人而实修成，而不仅仅是读死书的。名师已经修到了较高的境界了，回头去帮助世人，类似于名医的，一下子就知道问题在哪里了。

有一天，王汝止同学出游回来。先生问道："出去游玩看见什么了呢？"王汝止回答道："见满街人都是圣人的。"先生说道："你看满街人是圣人，满街人到看你也是圣人的。"

又有一天，董萝石同学出游回来。见到阳明先生就说道："今天见到一件奇怪的事情。"先生就问道："什么奇怪的事情呢？"董萝石回答道："见满街人都是圣人。"先生说道："这个是件挺平常的事情，这个有什么值得大惊小怪的吗？"这位同学67岁的时候，到了会稽，听闻阳明先生讲学，就以师礼对待阳明先生了。这位同学这么大岁数，还这么恭敬的拜阳明为师的。

大概王汝止同学比较年轻，棱角还没有能够磨平；而萝石同学岁数比较大了，恍然有悟了，所以虽然相同的问题而阳明先生给予不同的回答了，这大概都是反着说，让他们有所进益的。

钱德洪与黄正之、张叔谦、王汝中四位同学于丙戌年参加会试回来。这四位同学跟阳明先生说在途中讲良知之学，可是有些人信，有些人不信。先生说道："你们拿一个圣人去跟别人讲学，别人见圣人来了，都害怕得走了，如何讲得来呢？你们需要把自己姿态放低些，当作愚夫愚妇，方可和别人讲学的。"

钱德洪又说今天要分辨人品的高低最容易的了。先生问道："何以见得呢？你怎么去分辨？"钱德洪同学回答道："先生就好比是泰山在跟前的，其他人要是不知道仰望的，就是有眼无珠了。"先生回答道："泰山大还是平地大呢？肯定是平地大了。在平地上看着泰山有什么好奇怪的呢？有什么好去瞻仰泰山的呢？"先生这一句话真不简单，一下子刺破了钱德洪向外好高骛远的毛病，在座的人无不警醒。

63. 秉烛夜坐

【原文】癸未春，邹谦之来越问学，居数日，先生送别于浮峰。是夕与希渊诸友移舟宿延寿寺，秉烛夜坐，先生慨怅不已。曰："江涛烟柳，故人倏在百里外矣！"

一友问曰："先生何念谦之之深也？"

先生曰："曾子所谓'以能问于不能，以多问于寡，有若无，实若虚，犯而不校'，若谦之者良近之矣。"

【注解】癸未年春，也就是嘉靖二年（公元1523），这时候先生已经51岁了。邹谦之同学来浙江绍兴向先生请教学问。这位同学逗留了几天，先生亲自到浮峰送别。

送别的当天晚上，先生和希渊等诸位好友乘船到了延寿寺住宿，秉烛夜谈，先生不禁感慨惆怅不已。先生说道："江涛烟柳，故人转眼间就已经在百里之外了！"

一友人问先生说道："先生为何挂念谦之如此之深呢？"

先生回答道："曾子曾经说过：'自己很有才能很能干却能谦下地去向不如自己的人请教，自己懂得多而能谦下地向懂得少的请教，自己有许多学问却好像没有一样，自己实在的有学问却好像是虚的一样，别人无理地冒犯了自己却好像没看见一样不予以计较。'像谦之这样的人很贴近曾子所说的了。"阳明先生对谦之同学的评价还是很高的。

有一个故事是这样的。有一位想要学习丹青的年轻人，到处寻访丹青高手，可是却感觉很失望，都觉得不能当自己的老师。于是他就跑去找法门寺住持释圆，这位住持边喝茶边听这位年轻人述苦。听完以后，便请他画一个茶壶和茶杯。这位年轻人画技还是蛮不错，很快就画好了。释圆住持摇摇头说，画得不错，可是就是有个地方画颠倒了，茶杯应该在上面，而茶壶应该在下面。那位年轻人一听笑着说道："大师怎么如此糊涂呢？都是茶壶在上，茶杯在下的呀。"释圆住持听了微微一笑就说道："原来你懂得这个道理呀。"正如韩愈的《师说》里面所说的，圣人无常师。修道做学问需要虚怀若谷的，三人行必有我师。

64. 讲破此意

【原文】丁亥年九月，先生起，复征思田。将命行时，德洪与汝中论学。汝中举先生教言曰："无善无恶是心之体，有善有恶是意之动，知善知恶是良知，为善去恶是格物。"

德洪曰："此意如何？"

汝中曰："此恐未是究竟话头。若说心体是无善无恶，意亦是无善无恶的意，知亦是无善无恶的知，物亦是无善无恶的物矣。若说意有善恶，毕竟心体还有善恶在。"

德洪曰："心体是天命之性，原是无善无恶的。但人有习心，意念上见有善恶在。格、致、诚、正、修，此正是复那性体功夫。若原无善恶。功夫亦不消说矣。"

是夕侍坐天泉桥，各举请正。

先生曰："我今将行，正要你们来讲破此意。二君之见，正好相资为用，不可各执一边。我这里接人，原有此二种。利根之人，直从本原上悟入，人心本体原是明莹无滞的，原是个未发之中。利根之人，一悟本体，即是功夫。人己内外，一齐俱透了。其次不免有习心在，本体受蔽，故且教在意念上实落为善去恶，功夫熟后，渣滓去得尽时，本体亦明尽了。汝中之见，是我这里接利根人的；德洪之见，是我这里为其次立法的。二君相取为用，则中人上下皆可引入于道。若各执一边，眼前便有失人，便于道体各有未尽。"既而曰："已后与朋友讲学，切不可失了我的宗旨。无善无恶是心之体，有善有恶是意之动，知善知恶是良知，为善去恶是格物。只依我这话头，随人指点，自没病痛，此原是彻上彻下功夫。利根之人，世亦难遇。本体功夫一悟尽透，此颜子、明道所不敢承当，岂可轻易望人？人有习心，不教他在良知上实用为善去恶功夫，只去悬空想个本体，一切事为俱不着实，不过养成一个虚寂。此个病痛不是小小，不可不早说破。"

是日德洪、汝中俱有省。

【注解】 丁亥年，也就是嘉靖六年（公元1527年），那时候王阳明先生已经55岁了。阳明先生复出，征讨广西的思恩和田州。即将奉命出征的时候，钱德洪和王汝中一起来探讨学问。王汝中列举阳明先生教的话："无善无恶是心之体，有善有恶是意之动，知善知恶是良知，为善去恶是格物。"先看看下面怎么解释的吧。

钱德洪问道："这句话是什么意思呢？"

王汝中回答道："这句话恐怕不是究竟的话头。如果说心体是无善无恶的，意也是无善无恶的意，知也是无善无恶的知，物也是无善无恶的物了。如果说意有善恶，毕竟心体还是有善恶在的。"王汝中这么说，看阳明先生有什么高论的。

钱德洪说道："心体是天命赋予的本性，原是无善无恶的。但人有习心，也就是有积习的，意念上见有善恶在的。格物、致知、诚意、正心、修身，这些正是恢复那性体的功夫，也就是恢复心体本然的功夫。如果原本无善恶，功夫也不消说了。"德洪同学这么说也没有错的，做功夫主要是为了恢复本心，改正积习，消除业障，去除人的私欲。

这天晚上两位同学陪着阳明先生坐在天泉桥上，分别列举出自己的观点请先生指正。阳明先生马上要出征打仗了，还有这个闲心去指导自己的学生，真是难得的。

先生说道："我现在马上要出征了，正要请你们过来点破其中的玄机。二位的见解，正好能够互补，不可偏执一边的。"

先生又说道："我这里接引的人，原本就有这两种人。对于上根利器的人来说，可以直接从本原上悟入的。人心的本体原是明莹的，无有粘滞的。此心如同明镜一样，外物过来一照，就有个影像；外物走了，影像也就不复存在了，不会有个粘滞。此心原是个未发之中的。上根利器的人，一悟心的本体，就是功夫了。不管是人，还是自己，内外一齐俱透了。"未发之中就好像是此心没有发出来，如果发出来就有七情了；此心如同太阳光，如果发出来就像是通过三棱镜，就可以分出七色了，未发出来就是白光了。

先生说道："第二种人不免有习心在的，习气比较重一点了。心的本体受遮蔽了，所以就姑且教他们在意念上去做功夫的，着实去为善去恶。功夫做到比较纯熟了以后，渣滓去得干净了，心的本体也就明尽了。"那这两种人，两位同学到底哪位根器更利一些呢？阳明先生会给个验证的。

先生说道："王汝中的这个说法，是我这里接引上根利器的人所说的；德洪的这个说法，是我这里为有习气的那种人所立的法。"阳明先生这么说，并不是说王汝中就比钱德洪同学高出多少的。阳明先生这么说的意思是，针对上根利器的人，他去接引就会像王汝中同学那么说。针对有习气的人，他去接引就会像钱德洪同学那样说的。

　　先生又说道："二位所说的，可以互补的，互相吸取为用的。如此不管是中等资质的人，上根利器的人，还是下等根器的人，都可以接引入于道的。如果各执一边，争执不下的话，眼下就有误人之处的，对于道体就各有未尽之处了。"

　　先生又说道："以后和朋友讲学，切不可失了我的宗旨。无善无恶是心之体，有善有恶是意之动，知善知恶是良知，为善去恶是格物。只要依照我这话头，随人指点，自然就没有病痛了，这个原本就是彻上彻下的功夫的。"阳明先生又重复了一下自己所说的那句话，这个话头如果能够参悟透了，就可以得道了。

　　先生又说道："上根利器的人，世上也是比较难以遭遇到的。心的本体的功夫，如果要一下子去悟得透彻，就算是颜回、程颢先生那样的上根利器都不敢当的，岂可以轻易期望他人可以做到呢？"本来也是，阳明先生从小就立志做圣贤，资质很高，而被贬到了贵州龙场那个地方，到了36岁才得道的。一般的人还是不容易的。

　　先生又说道："世人一般来说都有习气的，如果不教他在良知上去做功夫，不实在地去做为善去恶的功夫，只是去悬空想个心的本体，一切事都很难去落实的，只不过养成一个虚寂，喜欢求静的坏习惯罢了。这个病痛并不算小，不可不早点说破的。"

　　当天钱德洪、王汝中都有所省悟的。

第十六章 钱德洪序

苟同此志

【原文】先生初归越时,朋友踪迹尚廖落。既后四方来游者日进。癸未年后,环先生而居者比屋。如天妃、光相诸刹,每当一室,常合食者数十人,夜无卧处,更相就席,歌声彻昏旦。南镇、禹穴、阳明洞诸山远近寺刹,徒足所到,无非同志游寓所在。先生每临讲座,前后左右环坐而听者,常不下数百人。送往迎来,月无虚日。至有在侍更岁,不能遍记其姓名者。每临别,先生常叹曰:"君等虽别,不出在天地间,苟同此志,吾亦可以忘形似矣。"诸生每听讲出门,未尝不跳跃称快。尝闻之同门先辈曰:"南都以前,朋友从游者虽众,未有如在越之盛者。此虽讲学日久,孚信渐博。要亦先生之学日进。感召之机,申变无方,亦自有不同也。"

【注解】先生刚开始回到浙江绍兴的时候,门前寥寥没有多少朋友。可是后来从四面八方过来游学的人日益增加了。

到了癸未年,也就是嘉靖二年(公元1523年),那时候阳明先生已经51岁了。从那时候起,阳明先生家周围的房舍里,住了很多人。如天妃、光相等寺庙,每一间房子,常常在一起吃饭的人都有好几十人,夜间没有睡觉的地方,大家就轮流去睡觉,歌声彻夜不休。

南镇、禹穴、阳明洞所在诸山的远近寺庙,徒步走过去,所到的地方无不是志同道合的同学,都是他们过来游学所居住的地方。

阳明先生每次出来讲学,前后左右环着坐而听的人,常常不下数百人。迎来送往,都没有一天是空闲的。由于来的人太多了,以至于有些在这个地方呆了一年多了,可是先生还是记下他们的名字。

来游学的人每次要走的时候,先生送别常常感叹说道:"各位虽然要分别了,可是还是不出这个天地间的。如果真的能够同此志向,弘扬古圣先贤的正学正道,即使连样貌都记不清楚也没有关系的,这个心也都是相通的。"

诸位游学的学子每次听讲完走出门去,未尝不跳跃称快的。听到先生当面点拨,无不欢呼雀跃的。

曾经听到同门的先辈说过:"以前在南京的时候,志同道合的朋友过来游学虽然比较多。可是还是没有在浙江绍兴这里游学的人那么的多,还没有在这里这种盛况的。这虽然是先生讲学时间久了,相信良知之学的人逐渐增加了。其关键之处也还是先生的学问日渐臻于化境。对人的感召力也特别的强了,对别人的接引非常的圆融通达了,因材施教、因地制宜的教学技巧和之前也大不相同了。"

第十七章 门人黄以方录

1. 博学于文

【原文】黄以方问:"'博学于文'为随事学存此天理,然则谓'行有余力,则以学文',其说似不相合。"

先生曰:"《诗》、《书》六艺皆是天理之发见,文字都包在其中。考之《诗》、《书》六艺,皆所以学存此天理也,不特发见于事为者方为文耳。'余力学文'亦只'博学于文'中事。"

【注解】黄以方问道:"孔子说'博学于文'为随事,在事上去磨砺,在事上学存此天理;然而孔子在另外一个地方又说,做到了孝悌这些事情以后,有了余力,才可以去学文的。孔子这两种说法似乎有些不相吻合的。"这位同学思考的还是很细致的。孔子前后说话似乎有些不一致的。看看阳明先生怎么给这位同学解释的。

先生回答道:"《诗》、《书》这些经典,君子的六艺,这些也都是蕴含着天理的,也是展示天理给世人的。文字也已经包含在其中了。"

先生又说道:"仔细地去考究《诗》、《书》这些经典,还有君子的六艺,这些也无非是教人学着存此天理的。"

先生又说道:"并不是一定要具体地对应到现实的事情上面,去发生具体的事情,方可以称之为文的。仅仅停留在文字上面的经典,这个也可以称之为文的。"光学习经典也就可以了,这些经典也是载道的文字的,也是存天理的文字的。

先生又说道:"'有余力就去学文',这句话所说的,也已经包含在了'博学于文'之中了。"不管是现实中去做,去做到孝悌,还是在经典上学孝悌;不管是文字、经典、还是现实,都可以称之为文的,这个是知行合一的。不可以把文切分为现实、文字和经典的。

2. 学而不思

【原文】 或问"学而不思"二句。

曰:"此亦有为而言,其实思即学也。学有所疑,便须思之。'思而不学'者,盖有此等人,只悬空去思,要想出一个道理,却不在身心上实用其力,以学存此天理。思学作两事做,故有'罔'与'殆'之病。其实思只是思其所学,原非两事也。"

【注解】 有人问《论语》中的"学而不思则罔,思而不学则殆"这两句话该怎么解释。

先生说道:"这个也是有为而言的,真正的高水平是无为的。其实思也就是学的。学如果有所疑问,便须要思量的。"

先生又说道:"思而不学的,大概也有这样的人吧。只是悬空去思量,要想出一个道理来。可是却不在身心上着实地去做功夫,不去用力的。不去做良知的功夫,学着存此天理的。"光思量而不学的还是不行的。靠着思量而不去做功夫也不行。有古圣先贤给我们留下的经典,而不知道去学,不知道去依归,真是太可惜了。

先生又说道:"把思和学当作两件事情来看的缘故,所以就有了'罔'与'殆'的毛病。"如果只是做学问而不懂得思考,如此就有可能尽信书本了,而不能摆脱语言文字的束缚了,如此就糊涂了,没有智慧的;如果只是去思考,而不知道去做实际的功夫,不去修习经典,那就容易陷入危险了,就可能走错路了。古圣先贤在经典中留下了正道的记号了,按照圣人给我们指的道路就可以了。

先生又说道:"其实这个思也只是思量其所学的东西的,原本就并非两件事情来的。"就好像知行合一,知和行本来就不是两个事情的。

3. 皆为尧舜

【原文】 先生曰:"先儒解'格物'为格天下之物,天下之物如何格得?且谓'一草一木亦皆有理',今如何去格?纵格得草木来,如何反来诚得自家意?我解'格'作'正'字义,'物'作'事'字义。《大学》之所谓'身',即耳、目、口、鼻、四肢是也。欲修身,便是要目非礼勿视,耳非礼勿听,口非礼勿言,四肢非礼勿动。要修这个身,身上如何用得工夫?心者身之主宰,目虽视,而所以视者心也;耳虽听,而所以听者心也;口与四肢虽言、动，而所以言、动者心也。故欲修身在于体当自家心体，常令廓然大公，无有些子不正处。主宰一正，则发窍于目，自无非礼之视；发窍于耳，自无非礼之听；发窍于口与四肢，自无非礼之言、动。此便是修身在正其心。然至善者，心之本体也。心之本体那有不善？如今要正心，本体上何处用得功？必就心之发动处才可着力也。心之发动不能无不善，故须就此处着力，便是在诚意。如一念发在好善上，便实实落落去好善；一念发在恶恶上，便实实落落去恶恶。意之所发，既无不诚，则其本体如何有不正的？故欲正其心在诚意。工夫到诚意，始有着落处。

然诚意之本，又在于致知也。所谓'人虽不知而己所独知'者，此正是吾心良知处。然知得善，却不依这个良知便做去；知得不善，却不依这个良知，便不去做。则这个良知便遮蔽了，是不能致知也。吾心良知既不得扩充到底，则善虽知好，不能着实好了，恶虽知恶，不能着实恶了，如何得意诚？故致知者，意诚之本也。然亦不是悬空的致知，致知在实事上格。如意在于为善，便就这件事上去为，意在于去恶，便就这件事上去不为。去恶，固是格不正以归于正。为善，则不善正了，亦是格不正以归于正也。如此，则吾心良知无私欲蔽了，得以致其极，而意之所发，好善去恶，无有不诚矣。诚意工夫实下手处在格物也。若如此格物，人人便做得。'人皆可以为尧舜'，正在此也。

【注解】先生说道："先儒朱熹把'格物'解释为格天下的事物，可是天底下的事物如何能够去格得了呢？"即使格得了，如何能够全部都格得完呢？天底下的事物这么多，这么繁杂。前面看到阳明先生关于竹子的一些说法，看来当年格竹子还是有所领悟的。整个园子里面的竹子虽然大致样貌是一样的，可是如何能够找得到完全一样的竹子呢？甚至找不到完全一样的一片竹叶。每一节竹子的长短粗细颜色也都是不同的。正所谓和而不同，这是真正的大同的。

先生又说道："且朱熹曾经说过：'一草一木也皆有理的'，现在如何去格呢？"一草一木都有理，这么多，如何去格呢？

先生又说道："纵使能够格得来草木，如何反过来能够诚自家的意呢？"把草木的道理给弄清楚了，如何能够影响到自己呢？

先生又说道："我和先儒不同，解'格'当作'正'字义，把'物'当作'事'字义。"格物可以说是正心的。这个心如同明镜，如果没有人的私欲遮蔽的话，物来则应，物去不留的。有了私欲遮蔽，就好像是镜子上有了污渍的。外物一来，镜子就有所粘着，好的东西就喜欢，不好的东西就排斥。格物可以说是不受外事外物的影响，此心就正了。格物的这个物，可以作为事来解的，事物原本是一个东西，不是两个东西的。

先生又说道："《大学》中所谓的这个'身'，即耳、目、口、鼻和四肢的。如果想要修身，便是要眼睛做到非礼勿视，耳朵做到非礼勿听，嘴巴做到非礼勿言，四肢做到非礼勿动。如果要修这个身，在身上如何能够用得功夫呢？"如果要修身，可是要找到修身的关键要点，要找到抓手，能够使得上劲的地方。

先生又说道："心是身的主宰，眼睛虽然可以看，而之所以能够看的是因为这个心；耳朵虽然可以听，之所以能听也是由于这个心；嘴巴和四肢虽然可以说话，可以动作，也是由于这个心的。"

先生又说道："所以说如果要修身，关键在于自家心体要正的。如果此心能够经常的廓然大公，没有半点私心，没有私心的遮蔽，没有半点不正之处就可以了。"

先生又说道："如果此身的主宰一正了，也就是这个心正了。这个心发窍于目，自然没有非礼之视了；这个心发窍于耳，自然就没有非礼之听了；这个心发窍于口和四肢，自然就没有非礼之言、非礼之动了。"心为主宰，心如同一国的君主；而五官四肢如同文武百官。

先生又说道："如此看来，这就是为什么修身首先要正其心了。然而至善的，这是心的本体。心的本体哪里会有不善的呢？必定是至善的了。"所以说止于至善，已经恢复心的本体就可以了。

先生又说道："如今要去正心，在本体上如何用得着功夫呢？必然在心的发动处才可以去着力的。心的发动不能事事都做到善的，所以须就此处着力的，这就是在诚意了。"心的发动就发出了七情。就好比是太阳光本来是白光，透过三棱镜就变成七色光了。就好比是竹管如果不开孔就是定音器，虽然看似一种声音，可是里面蕴含着五音，一旦开孔变成笛子、箫或者尺八，就可以分出五音，可以吹出美妙的乐曲了。

先生又说道："如一念发在好善上面，便确确实实去好善；一念发在厌恶恶上面，便确确实实的去厌恶恶，去改正恶。如此一来，意的所发，就已经没有什么不诚的了。如此心的本体如何有不正的呢？所以说想要正心关键在于诚意。做功夫如果能够做到诚意，方才能够有个落脚处，能够有个着力点。"如果能够做到诚意，面对外在的事物，就不会被私欲牵着鼻子走了。

先生又说道："然而诚意的根本，又在于致知。《中庸》中所谓的'人虽不知而己所独知'，这个正是我心的良知处。"阳明先生在贵州龙场悟道之前以为已经知道了，可是实际没有知道的；龙场悟道了才真正的知道的。人虽然不知，而自己单独知道，这个是每个人的良知之处的。正所谓如人饮水冷暖自知的。如果真知了就知了，不知就是不知的。

先生又说道："然而如果知得什么是善，却不依着这个良知去做；如果知得什么是不善，却不依着这个良知去做，还是不去做。那么这个良知便被人的私欲所遮蔽了，这就不能致知了。"

先生又说道："如果此心良知不能扩充到底，如果遮蔽此心的私欲乌云不能彻底去除，那么善虽然知是好的，可是不能着实去做；恶虽然知是恶的，可是却不能着实去厌恶恶的，改正恶的，如何能够做得意诚呢？所以说致知是意诚的根本。"如果不能做到致知，如何能够做到诚意呢？意为此心针对外事外物所发，意的所发才能成为一事一物。比如山里的花，如果人不去看，人心不发出来，不能称之为花。这个花连名字也是人起的，花本来也没有颜色，只是人眼感知光波不同的波长而有了颜色。只有这个良知没有丝毫的遮蔽，才能够确保这个意是诚的。

先生又说道："然而也不是悬空地去致知的，致知关键还是要在实事上去格物的。在实事上面去磨砺的。"格物的功夫做好了，就可以致知了。并不是仅仅找个安静的地方去呆着就可以了，遇见事情还是乱了方寸的。

先生又说道："如果意在于为善，便就这件事上去为善就可以了；如果意在于去恶，便就这件事上去不为恶，在这件事上去恶就好了。"

先生又说道："去恶，固然是格不正，使得归于正。为善，那么不善已经正了，也是格不正，使得归于正。如此一来，此心的良知就没有私欲遮蔽了。"

先生又说道："到了这个程度，致良知已经到了极致了，遮蔽的私欲全部都去干净了，遮蔽的乌云全部散去了。而意作为心发出来的音响，看这个意字就知道了，上面为音，下面为心。意从心的本体发出来，好善的去恶的，无有不诚的了。"

先生又说道："诚意的功夫实在的下手处在于格物的。如此格物，人人都可以做得到的。要不古人讲'人人皆可以为尧舜'，正是如此的。"人人皆可为尧舜，人人皆可成佛道的。人人都可以成为股神的，不光是巴菲特可以的，只是世人不能坚信的，有怀疑去笑话的。

4. 格竹子

【原文】先生曰："众人只说格物要依晦翁，何曾把他的说去用？我着实曾用来。初年与钱友同论做圣贤要格天下之物，如今安得这等大的力量？因指亭前竹子，令去格看。钱子早夜去穷格竹子的道理，竭其心思，至于三日，便致劳神成疾。当初说他这是精力不足，某因自去穷格，早夜不得其理。到七日，亦以劳思致疾。遂相与叹圣贤是做不得的，无他大力量去格物了。及在夷中三年，颇见得此意思，乃知天下之物本无可格者。其格物之功，只在身心上做。决然以圣人为人人可到，便自有担当了。这里意思，却要说与诸公知道。"

【注解】先生说道："世人只是说格物要依着朱熹先生说的去做，可是世人只是嘴巴上说说，何曾真正把他所说的去用去了呢？"有些人喜欢非议阳明先生的学问，不按照先生说的去做；可是你喜欢非议心学也就罢了，可是备受推崇的朱熹先生的学说，世人又何曾很认真地去对待呢？关键是要认真地去做的。

先生又说道："可是我着实曾经按照朱熹先生的学说去做了。早年的时候，大概是弘治五年（公元1492年），那个时候我才20岁。我和姓钱的朋友一同探讨做圣贤的事情，做圣贤就要去格天下的事物。只是如今哪里有这么多的精力去格那么多的事物呢？所以就指着亭子前面的竹子，就去格这个看看吧。"

先生又说道："这个钱同学从早到晚去格竹子，要去穷竭竹子的道理。可是竭尽全力了，费劲了心思，到了第三天，便就劳累伤神病倒了。"

先生又说道："当初我以为是他这是精力不足，所以才三天就病倒了。我也亲自上阵去格竹子，从早到晚还是没有能够得到竹子的道理。到了第七天，我也劳累过度病倒了。"

先生又说道："我和钱同学相互感叹说，圣贤是很难做得到的了，还是没有圣贤们那么大的力量去格物的。"

先生又说道："可是等到我到了贵州龙场三年以后，颇见到这其中的意思和奥妙了，这才知道天下的物本来没有什么可格的。"阳明先生因为弹劾朝中宦官，被贬到了贵州龙场那个地方。在那里有一天夜里，阳明先生顿悟得道了，他心中豁然明白，原来他的自性之中具足一切了。天底下也没有什么可以去格的事物，早年去格竹子这个是比较笨的做法。当然并不用后悔的，起码去认真的做了。

先生又说道："格物的功夫，只是在身心上去做的。"并不是去一个一个事物去格的，如此格物哪里是个尽头的。如果把身心搞明白了，事物也就明白了。

先生又说道："我就明白了，圣人原来每个人都是可以去做到的。人人皆可为尧舜，人人皆可成佛道的。自己就有了志向去做圣贤的担当了。"本来阳明先生很小的时候就立志去做圣贤，可是格竹子使得他觉得自己根本不是那块料，没有力量去格物的。后来他就明白了，原来人人只要去做功夫，做到家了都是可以的。

先生又说道："我既然已经明白了这个意思，还是要跟各位讲清楚，让各位知道的，免得走我的弯路。"阳明先生后来还是格清楚竹子的道理了。阳明先生悟道了以后，就知晓了竹子的道理。世界上没有完全相同的一棵竹子，没有完全相同的一片叶子，没有完全相同的一节竹子。一节竹子是一个世界；一片叶子也是一个世界，一棵竹子也是一个世界。一个人是一个世界，也是一个小宇宙。

5. 童子功夫

【原文】门人有言邵端峰论童子不能格物，只教以洒扫应对之说。

先生曰："洒扫应对，就是一件物。童子良知只到此。便教去洒扫应对，就是致他这一点良知了，又如童子知畏先生长者，此亦是他良知处。故虽嬉戏中见了先生长者，便去作揖恭敬，是他能格物以致敬师长之良知了。童子自有童子的格物致知。"又曰："我这里言格物，自童子以至圣人，皆是此等工夫。但圣人格物，便更熟得些子，不消费力。如此格物，虽卖柴人亦是做得，虽公卿大夫以至天子，皆是如此做。"

【注解】阳明先生的门人弟子有人说，邵端峰认为小孩子不能格物，只能是教他们去做一些简单的事情，比如洒水、扫地，还有大人吩咐的简单的事情。

先生说道："洒水、扫地，这个本来就是一件事物来的。小孩子的良知只是到此了。便教小孩子去洒水扫地，按照大人的吩咐去做事，这就是致他这一点良知的。"

先生又说道："又比如说小孩子知道敬畏老师和长者，这也是他的良知的。所以虽然在嬉戏玩耍的时候见了先生和长者，便去作揖恭敬的，这是由于他能格物，能够致敬师长的良知的。"

先生又说道："小孩子自有小孩子的格物致知的。"

先生又说道："我这里所说的格物，从小孩子到圣人，也都是这样的功夫的。但是圣人格物，便更加娴熟一些了，不消费力的。如此格物，即使是卖柴人也是可以做得到的。虽然是公卿大夫以至天子，都是如此做的。"阳明先生的功夫已经是圆融通达了，正所谓大道至简，只是世人自己心比较险曲复杂，所以看事情就复杂了。

6. 知之匪艰

【原文】或疑知行不合一，以"知之匪艰"二句为问。

先生曰："良知自知，原是容易的。只是不能致那良知，便是'知之匪艰，行之惟艰'。"

【注解】有人怀疑知行并不是合一的，因为他看到了《尚书》上有说道："知之非艰，行之惟艰"。这句话明明说的是要去知并不是那么艰难，行就要艰难得多了。可是阳明先生为什么说知行合一呢？

先生回答道："良知本来是自知的，原本是很容易的，也可以说知之并不艰难。"《道德经》中说，自知者明，如果要做到自知也不是那么容易的事情，这个是很艰难的。如果自知了，也就是明心见性了，如同阳明先生在贵州龙场那样得道了。可是说艰难，也并不是多么的艰难的，这个也是很容易的，自己对自己的知，那还不简单吗？

先生又说道："虽然能够做到自知，可是却不能做到致良知，不能实际的去做到，所以说'知之匪艰，行之惟艰'。"

7. 如何二得

【原文】门人问曰："知行如何得合一？且如《中庸》言'博学之'，又说个'笃行之'，分明知行是两件。"

先生曰："博学只是事事学存此天理，笃行只是学之不已之意。"

又问："《易》'学以聚之'，又言'仁以行之'，此是如何？"

先生曰："也是如此。事事去学存此天理，则此心更无放失时，故曰'学以聚之。'然常常学存此天理，更无私欲间断，此即是此心不息处，故曰'仁以行之'。"

又问："孔子言'知及之，仁不能守之'，知行却是两个了。"

先生曰："说'及之'，已是行了。但不能常常行，已为私欲间断，便是'仁不能守'。"

又问："心即理之说，程子云'在物为理'，如何谓心即理？"

先生曰："'在物为理'，'在'字上当添一'心'字。此心在物则为理。如此心在事父则为孝，在事君则为忠之类。"先生因谓之曰："诸君要识得我立言宗旨。我如今说个心即理是如何，只为世人分心与理为二，故便有许多病痛。如五伯攘夷狄，尊周室，都是一个私心，便不当理。人却说他做得当理。只心有未纯，往往悦慕其所为，要来外面做得好看，却与心全不相干。分心与理为二，其流至于伯道之伪而不自知。故我说个心即理，要使知心理是一个，便来心上做工夫，不去袭义于外，便是王道之真。此我立言宗旨。"

又问："圣贤言语许多，如何却要打做一个？"

曰："我不是要打做一个，如曰'夫道一而已矣。'又曰'其为物不二，则其生物不测。'天地圣人皆是一个，如何二得？"

【注解】阳明先生的门人弟子问道："知行如何能够合一呢？就比如《中庸》中说'博学之'，又说了个'笃行之'，分明知行是两件事情的。"

先生回答道："博学只是事事上面去学着存此天理的，笃行只是学习无有止息，不停止精进地去学的意思。"如此看来博学和笃行原本是一个事情来的，如何不是知行合一呢？

这位同学又问道："《易》中又说'学以聚之'，又说'仁以行之'，两者能否合一呢？这个又如何解释呢？"学以聚之说的是，一开始君子不在正位，就不断地积蓄集聚阴德，通过学习积累，就可以富有盛德了。德须配位的，自然就会在不错的位置上面了。仁以行之，说的是君子应该要以仁爱的心去待人接物。不断地学习积累盛德，不断地去用仁爱之心去行动，这个行动也是学习来的，本来都是一个事情来的。不管是经典中去学习，还是在事事上去学习，也都是学习的。看看阳明先生怎么解释这两个是合一的。

先生说道："也是如此的，也是合一的。事事上面去学着存此天理，那么此心不会有所放的时候，就不会有什么过失了。所以说'学以聚之。'然而常常学着存此天理，更没有私欲间断，这也就是说此心不会止息的，所以说'仁以行之'。"这么说本来是一个事情的。

这位同学又问道："孔子说'知及之，仁不能守之'，知行却是两个了。"这位同学可真是不依不饶地去问的。孔子说的这句话先来解释一下吧。如果知了，仁爱的心不能持守，那也就容易失去了。知了却不能去持守为善，不能去做，这个也是很容退转的。

先生说道："孔子说'及之'，这个已经是行了。但是不能常常行，已是被私欲所间断了，这便是'仁不能守'，不能以仁爱之心去持守，这个也是不行的。"

这位同学又问道："关于心即是理这个学说。程颐先生说'在物为理'，如何说心即是理呢？"程颐先生明明是说在物为理，怎么阳明先生却说心即是理呢？物才是理，怎么说心即是理呢？

先生回答道："'在物为理'这一句话，如果要去理解得贴切一点，应该于'在'字前面添加一个'心'字。此心在物则为理。如此心在侍奉父母就为孝，在事君就为忠之类的。"

先生于是就对这位同学说道："诸位要识得我立言的宗旨。我如今说个心即是理，这个是为什么呢？只是由于世人把心和理一分为二了，所以便有了许多的病痛。我这么说是针对这些病痛来说的。"

先生又说道："如春秋五霸抵御外族，尊崇周室，这都是一个私心罢了，如此便不合于理的。可是世人却说他们做得合乎于理。只是由于世人的心并未纯净的，往往只是羡慕他们的所作所为的。只是要外面做得好看，却和心全不相干。"春秋五霸内存虚伪的私心，却在外面做的那么好看，似乎很忠义似的。表里还是有根本的区别。

　　先生又说道："如果把心和理为二，就会沦落为春秋五霸那样的霸道，如此的虚伪而不自知了。所以我说个心即是理，要使得知晓心理是一个的，便来心上去做功夫的。"

　　先生又说道："而不是去突袭的去做许多表面的似乎合乎道义的事情，在外面装模作样的。如果能够做到心理合一，不虚伪造作，如此才是真正的王道，如此才是真正的先王之道的。这个才是我的立言宗旨。"

　　这位同学又问道："圣贤所说的言语还是有许多的，可是先生您为什么非要横说竖说的，都归纳成为一个事情了呢？"怎么说都是归于一，比如说知行合一，心即是理，心理为一的。

　　先生回答道："我不是非得要打做一个的，并不是刻意地这么做的。比如孟子所说'夫道一而已矣。'《道德经》中说，道生一，一生二，二生三，三生万物。这个一字可以说许多的道理的。比如对于佛家有个一指禅，这个一字如果能够知晓，也就得道了。

　　先生又说道："《中庸》又说'天地之道，可以用一句话就可以说完了。天地自身诚一不二，化育万物不可测度。'天地和圣人也都是一个的，如何能够分为二呢？"为什么阳明先生说天地和圣人都是一个呢？古往今来的圣贤又有什么分别呢？也都是这个大爱之心，每个圣人的心都是相通的，都是心心相印的。宇宙只有一个，只是世人看到了宇宙的不同部分而有不同的看法罢了。佛家有个盲人摸象的故事，说的也是这个道理的。佛家有个不二法门也是这个意思的。世人很容易就有这个善恶、美丑、高下和好恶这个分别的，这个是罪恶的根源。禁果长在什么树上呢？那棵树的名字叫知善恶树，如果知善恶，区分善恶了，就有原罪了。

8. 什么是心

　　【原文】"心不是一块血肉，凡知觉处便是心。如耳目之知视听，手足之知痛痒。此知便是心也。"

　　【注解】先生说道："心并不仅仅是一块血肉的，凡是知觉处便是心的。"什么是心呢？《楞严经》中佛陀有个七处征心的故事的，心不在内，也不在外，那到底在哪里呢？

先生又说道："如耳朵能够知听，眼睛能够知看，手足能够知痛痒。这种知觉便是心的。"

9. 格物之事

【原文】以方问曰："先生之说格物，凡《中庸》之'慎独'及'集义'、'博约'等说，皆为格物之事。"

先生曰："非也。格物即慎独，即戒惧。至于'集义'、'博约'，工夫只一般。不是以那数件都做格物底事。"

【注解】黄以方问道："先生所说的格物，凡是像《中庸》里面所讲的'慎独'及'集义'、'博约'等这些学说，这些也都是格物的事情。"看看这位同学这么说，阳明先生如何点评的。

先生说道："不是这样的。格物可以说即是慎独的，也就是说戒惧。"格物可以说是格心的，正心的，在身心上去做功夫的，而不是在外事外物上去做功夫的。

先生又说道："至于'集义'、'博约'，这两个事情的功夫也都是类似的，都在同一个层次上的。"集义，有点类似于去做许多符合道义的事情，不断地积累善行，积累阴德的，做这样的功夫。博约，这个是'博学于文，约之以理'这句话的简称来的，先要去博学，不仅仅是在经典上，还在事事上去磨砺，然后归约到了简约的理上来了。如此集义和博约，似乎都有点类似于朱熹所说的格物的学说了，都在一个层次上了。

先生又说道："你所说的这几件事情，并不是都属于格物的事情，只有第一件才是真正的我所说的格物的。"

10. 问尊德性

【原文】以方问"尊德性"一条。

先生曰："'道问学'即所以'尊德性'也。晦翁言'子静以尊德性诲人，某教人岂不是道问学处多了些子'，是分'尊德性''道问学'作两件。且如今讲习讨论，下许多工夫，无非只是存此心，不失其德性而已。岂有尊德性只空空去尊，更不去问学？问学只是空空去问学，更与德性无关涉？如此，则不知今之所以讲习讨论者，更学何事？"

问"致广大"二句。

曰："'尽精微'即所以'致广大'也，'道中庸'即所以'极高明'也。盖心之本体自是广大底，人不能'尽精微'，则便为私欲所蔽，有不胜其小者矣。故能细微曲折，无所不尽，则私意不足以蔽之，自无许多障碍遮隔处，如何广大不致？"又问："精微还是念虑之精微，事理之精微？"曰："念虑之精微，即事理之精微也。"

【注解】黄以方向阳明先生请教《中庸》里面关于"尊德性"那一句如何解释。

先生说道："之所以有了'道问学'，才有了'尊德性'的，道问学是尊德性的途径的。"《中庸》里面的原话是这样的，故君子尊德性而道问学，致广大而尽精微，极高明而道中庸。君子尊崇德性，尊崇上天所赋予每个人的本性自性，以本性为统率，也就是说率性之谓道的；可是君子并不是只是尊德性，并不只是尊崇性命之学，还要去道问学的，还是要去求道做学问的。只有去求道做学问，实际的去做功夫，才可以真正地从尊德性落实到明心见性，也就是得道了。如果没有得道，不知道，如何能够尊德性呢？如此也是盲目的尊德性的。此道是极其广大的，同时也是非常精微微妙的；极其高明而其道又中庸平常，正所谓平常心是道。如果得道了，一事一物无不有道的痕迹。

先生又说道："朱熹先生曾经说过'陆九渊，也就是子静，喜欢以尊德性来教诲别人，我教人就是道问学多了一些的'，朱熹先生这么说是把'尊德性'和'道问学'当作两件事情来看了。"前面我们解释的过程，也知道本来是一个事情来的。朱熹先生估计念念不忘跟陆九渊两兄弟在鹅湖之会上的辩论的，陆九渊先生明显技高一筹。朱熹先生不仅不知道自己的道问学，也不知道陆九渊先生真正的意思的。

先生又说道："且如今讲习讨论的，下了许多的功夫，无非只是存此心的，不失其德性而已。岂有尊德性只是空空去尊的，更不去问学的呢？不去求道做学问做功夫的呢？问学只是空空去问学，更和德性无什么关涉呢？如果德性都不知道重要，不能够尊师重道，不能把这个德性看得很重，不能把道看得很重，就失去了修学的目标了。"

先生又说道："如果不是两者合一这么去做学问修道，那么就不知道现在的学者之所以讲习讨论的，所学的是什么事情的？"

又向阳明先生问"致广大"那两句如何解释。原话是：故君子尊德性而道问学，致广大而尽精微，极高明而道中庸。

先生回答道："正是由于'尽精微'，才能够'致广大'的；正是由于'道中庸'，才能够'极高明'的。"先看阳明先生怎么解释，如果没有，那我们再去尝试解释一下的。

先生又说道："心的本体本来就是很广大的，人如果不能'尽精微'，如此便为人的私欲所遮蔽的，这个虽然小，可是不胜其小的。所以能够将细微的地方，曲折的地方，无所不尽，那么人的私意不足以遮蔽此心了。自然就没有许多障碍遮隔处了，如何不能致广大呢？"勿以善小而不为，勿以恶小而为之，正是由于一个一个这样的细小私欲恶念所束缚，使得本来广大的此心被遮蔽了的。有形的绳索束缚很容易去解脱，反而是无形的束缚不知道从哪里去用力的。

这位同学又问道："精微这是说念虑的精微，还是事理的精微呢？"

先生回答道："念虑的精微，也就是事理的精微的。"两者本来是一回事的。阳明先生只解释了前面一句，正是由于道中庸，才可以极高明这个还没有解释的。道本来是至简至易的，正所谓大道至简的。平常心即是道。要做到这个平常心还是不容易的，须得没有一丝一毫的私欲遮蔽，如此和前面的那个精微也是相通的。使得此心没有物欲遮蔽，没有乌云遮蔽，如何不做到明镜高悬，晴空万里呢？这个是极高明的，为万世的明灯的，点亮世人的心灯的。

11. 皆是说性

【原文】 先生曰："今之论性者纷纷异同。皆是说性，非见性也。见性者无异同之可言矣。"

【注解】 先生曰："现在谈论性命之学的人，众说纷纭，各有异同。他们虽然都是在说性，可是并不是真的见性了。"这些人并不是真的明心见性了，如果见性了也就是得道了。

先生又说道："如果真正的见性了，就没有什么异同可言了。"见性并不是停留在纸面上的，并不是说说而已，是要实证的，如此方能够算数的。这句话虽然很简短，但是极其重要的。

12. 声色货利

【原文】 问："声色货利，恐良知亦不能无。"

先生曰："固然。但初学用功，却须扫除荡涤，勿使留积，则适然来遇，始不为累，自然顺而应之。良知只在声色货利上用功。能致得良知精精明明，毫发无蔽，则声色货利之交，无非天则流行矣。"

【注解】 问道："声色货利，恐怕良知也不能逃避这些东西吧，总得去面对的吧？"

先生回答道："你说的在理的。但是初学用功夫的时候，却须扫除荡涤，把这些名利的东西清除干净的。不要使得留积在胸中的，那么如果面对了，遇见了，如此方才不为所累的，自然就可以顺而应对的。"

先生又说道："良知只在声色货利上去做功夫的。如果能够致得良知精精明明的，毫发人的私欲无有遮蔽良知，那么即使面对声色货利，无非是天道的自然流行罢了。"只不过是物来则应，物去不留罢了。

13. 日日是此

【原文】先生曰："吾与诸公讲致知格物，日日是此。讲一二十年，俱是如此。诸君听吾言实去用功。见吾讲一番，自觉长进一番。否则只作一场话说，虽听之亦何用？"

【注解】先生说道："我跟诸位讲致知格物的学说，天天讲都是如此的，横说竖说都是这些东西的。讲个一二十年，也都是如此的。"大道至简的，对于见性得道的阳明先生来说这个再简单不过了。怎么讲都是这些东西的。可是不要以为这些东西真的就那么简单的，虽然简单，但是可以开启无上的智慧。

先生又说道："诸位听我说的，要着实认真地去用功做功夫的。见我讲一番，如果真正去做功夫了，自然就会又感觉长进了一番的。否则，如果只是当做一场话来说，一场话来听了就算了，虽然听了又有什么用处呢？"阳明先生强调一定要实际去做功夫的，阳明先生这种精神是十分可嘉的，年轻的时候曾经七天七夜去格竹子病倒了。

14. 久久成熟

【原文】先生曰："人之本体，常常是寂然不动的，常常是感而遂通的。未应不是先，已应不是后。"

一友举佛家以手指显出问曰："众曾见否？"众曰："见之。"复以手指入袖，问曰："众还见否？"众曰："不见。"佛说还未见性。此义未明。

先生曰："手指有见有不见，尔之见性常在。人之心神只在有睹有闻上驰骋，不在不睹不闻上着实用功。盖不睹不闻是良知本体，戒慎恐惧是致良知的工夫。学者时时刻刻学睹其所不睹，常闻其所不闻，工夫方有个实落处。久久成熟后，则不须着力，不待防检，而真性自不息矣。岂以在外者之闻见为累哉？"

【注解】先生说道:"人的本体为心,此心常常是寂然不动的,常常是感而遂通的。此心如同明镜,遇见外物之前寂然不动;遇见外物了就能够有感应,有感应就能够心与物相通。未与物相应并不能说是先;已经与物相应也不能说是后。可以说无先无后。"有没有外物,镜子也还是在那里照着的;有了外物,也是照着的,并不会说没有外物镜子照的功能就关闭了;有了外物,镜子照的功能就打开。没有打开关闭这一说,也没有照前照后的实际分别。所以阳明先生会说无先无后,同样的也无未发和已发,本来都是合一的。如果说有先有后,有未发有已发,这个只是方便的一种说法而已。就好比我们说月亮有阴晴圆缺,我们到了太空一看,月亮什么时候都是圆圆的一个星球来的。可是你要说月亮有阴晴圆缺是错的吧,也不能说是错的。正所谓无对无错的,要看清立言的宗旨而已。

有一好友列举佛家的一个公案来问阳明先生。有一位禅师把手指举起来问大家说:"大家有没有看到这个手指呢?"大家回答道:"看到的。"禅师又把手指放入袖子里面问道:"大家还能看到手指吗?"大家回答道:"看不见了。"这个公案该怎么去解释呢?佛家通过这个公案就可以判定见性还是没有见性,这其中的奥妙我还是不太明白的,请先生赐教。

先生说道:"手指虽然有时可以看见,有时看不见;可是你的见性常在的。"你的自性就好比是太阳,好比是月亮,不管什么时候,不被别的遮蔽的情况下,都是可以看到的。自性被物欲遮蔽了,就好比是月亮被乌云遮蔽了。手指虽然看不见,可是它还是什么时候都在的呀,只是被袖子遮蔽了,这个袖子就类似于遮蔽月亮的乌云。

先生又说道:"人的心神往往被物欲所牵引,在有睹有闻上驰骋。我们常常说心猿意马,如同野马在飞奔的。人们往往不在不睹不闻上着实去用功做功夫的。"

先生又说道:"不睹不闻是良知的本体,戒慎恐惧是致良知的功夫的。"不睹不闻说的是不被外物所牵引的,不跟着外物走的,此是良知的本体的。别人看不见也不能作恶,别人听不见也不能作恶的,这是在身心上去做功夫的,这个是致良知的功夫的。

先生又说道:"学者时时刻刻要学着睹其所不睹,常闻其所不闻,功夫方才有个实落处的。"什么是睹其所不睹呢?虽然看见了外物,可是不被外物所牵引的。什么是闻其所不闻呢?虽然听见了外事外物,可是心不被外物所牵引的。如此就不会心猿意马,常处于静定之中了。

先生又说道:"做这个致良知的功夫,久久成熟之后,则不须着力了。不须去纠正了,不须防范和检查了,而真性的功夫自然不停息了。岂会由于外来的见闻所累呢?"

15. 鸢飞鱼跃

【原文】问:"先儒谓'鸢飞鱼跃',与'必有事焉',同一活泼泼地。"

先生曰:"亦是。天地间活泼泼地,无非此理,便是吾良知的流行不息。致良知便是'必有事'的工夫。此理非惟不可离,实亦不得而离也。无往而非道,无往而非工夫。"

【注解】问道:"先儒程颐先生说'鸢飞鱼跃',和'必有事焉',也都是同样的活泼泼的。"

我们要找出程颐先生的话来,才好去理解这位同学所问。程颐先生说过:"《诗经》上说,老鹰展翅飞向蓝天,鱼儿摇摆着尾巴跃在深渊,这是说君子能够上下体察的。比如君子上达于道,而下去亲民,去教化感化百姓。这一段子思把为人看得比较重,要为世人得安乐着想的。这是和'必有事焉而勿正心'的意思相同的,也都是活泼泼的,比较形象的比方。如果会得此意的时候,就是活泼泼的;如果不会得此意的时候,只是在那里摆弄文字的,也只是在妄想罢了。"必有事焉而勿正心,必然要去面对事情的,不能仅仅找个僻静的地方求静的,一旦遇见事情,还是乱了方寸的。我认为应该像程颐之前那样说的断句方式,"必有事焉而勿正,心勿忘,勿助也。"要在事上去磨炼,没有止息,也就是做的格物致知的功夫;心不要忘记做这个功夫的;可是也不要揠苗助长的,不要刻意去违背心性的。如此看来,这里所说的两句话还是相近的。既要上达于道,上达于心的本体,又要去面对世事的。佛家也说,不离世间觉,还是离不开世间的,需要在世间去完成这个修行的成就,还要去普渡众生的。

先生回答道:"也是的。这么说也是没有错的。天地间活泼泼的,无非是此理的,便是每个人良知的流行不息。"

先生又说道:"致良知便是'必有事'的功夫的。"致良知要在事上去磨砺的。离开了事去悬空的求静,真正遇见事情就会散乱了。当然话又说回来,也不可否认集中精力去精进修行,到了比较高的境界之后,不退转的时候,再出来救渡世人也是可以的。只是阳明先生这种教法更加实在的,而且比较适合大多数人的。

先生又说道:"此理不是刻意地说不可离的,实在是想离也离不了。正所谓道不可须臾离开的,日用之间,一事一物都可以看到道的形迹的,只是不知晓罢了。无往而不是道,无往而不是功夫的。"不管上到多高,下到多低,也都是此道的。

16. 一块死肉

【原文】 先生曰："诸公在此，务要立个必为圣人之心。时时刻刻须是一棒一条痕，一掴一掌血，方能听吾说话，句句得力。若茫茫荡荡度日，譬如一块死肉，打也不知得痛痒，恐终不济事，回家只寻得旧时伎俩而已，岂不惜哉？"

【注解】 先生说道："诸位在这里，务必要立下个成为圣人的心。"阳明先生从小都立志去做圣贤，只是格竹子七天七夜病倒了，知道做圣贤没有那么容易的。后来在贵州龙场得道了，才知道原来圣贤即是如此的。

先生又说道："时时刻刻须是一棒下去就是一条痕迹，一巴掌下去就是一掌血的这种决心。如此决心方能听我说的话，如此方能够句句得力的。"阳明先生这个是形容决心的，去行动的决心的，并不是说真的要一巴掌下去打出一掌血出来的，千万不要做这个傻事。做学问求道应该是很快乐的事情，而不是去苦修蛮干的。

先生又说道："如果整日的茫茫荡荡的混日子度日，就好像是一块死肉一样，打也不知痛痒，恐怕最终也是无济于事的。在这里听了就听了，回到家还是按照以前的老习惯，老伎俩来做而已，没有丝毫的改变，岂不是可惜了呢？回家只寻得旧时伎俩而已，岂不惜哉？"

17. 自会妥帖

【原文】 问："近来妄念也觉少，亦觉不曾着想定要如何用功，不知此是功夫否？"

先生曰："汝且去着实用功，便多这些着想也不妨。久久自会妥帖。若才下得些功，便说效验，何足为恃？"

【注解】 问道："近来妄念也觉得少了，自我也感觉不曾想着定要如何去用功做功夫的，不知这个是不是功夫的呢？"

先生回答道："你且去着实用功做功夫的，先不要管那么多，不要刚做点功夫就想着有没有什么效果，妄念多一点少一点了。如果去想也不妨，只是不要断了功夫就可以了。"

先生又说道："做功夫久了，自然会妥帖了。如果才下了点功夫，便马上就要说有什么效果，何足为凭呢？"功夫做到家了，铁棒都可以磨成针了。

18. 立命功夫

【原文】一友自叹私意萌时，分明自心知得，只是不能使他即去。

先生曰："你萌时，这一知处便是你的命根，当下即去消磨，便是立命功夫。"

【注解】一位好友自己在那里感叹说，自己私心杂念在萌动的时候，分明自己的心还是能够知觉的，只是不能把这个私心杂念给驱除去的。

先生说道："你的私心杂念萌动的时候，这一觉知处便是你个命根了，这个是很关键的。当下即刻去消磨掉这个私心杂念，去做功夫，这个便是立命的功夫了。"治理国家未乱之前容易治理的；治疗身体，未病之前容易调理的；去除私心杂念，在没有萌动之前，刚刚萌动的时候就去做功夫要容易的；树苗在比较小的时候，要去掉容易得多，如果等到长成参天大树了，就要用斧头来处理了。不过这位同学要想刻意去掉，这个是去不掉的。熟悉心性就知道，只能是顺其自然的。比如如果失眠了，刻意去一定要睡着，反而越睡不着；不强迫自己就会好的。熟悉水性也是如此，你用力去打，还是游不起来的，要顺着水性来的。大禹治水也是顺着水性来的，如果一味去防的话还是不行的，防民之口甚于防川的，也是如此的，只能去疏导的。心性也是如此，如同一头犟驴，越抽打越不行的，需要顺其自然的。那如何去把这个念头给搞定呢？这个问题就是当年禅宗的二祖在雪地里向达摩祖师请教的问题了。如何降伏其心了。正所谓制心一处无事不办。只要把此心安放在一句佛号上面也可以，有私心杂念没有关系，让它们花开花落，云卷云舒，还是把注意力放在这句佛号上面的。慢慢地就会安静下来的。如果要刻意去驱除杂念，估计会越忙越多的。一杯含有沙子的水，如果放着顺其自然就会静下来了，水会慢慢澄清。如果刻意用棍子去把沙子给搞出来，可能越来越浑浊了。

19. 性相近

【原文】"夫子说'性相近'，即孟子说'性善'，不可专在气质上说。若说气质，如刚与柔对，如何相近得？惟性善则同耳。人生初时，善原是同的。但刚的习于善则为刚善，习于恶则为刚恶。柔的习于善则为柔善，习于恶则为柔恶，便日相远了。"

【注解】先生说道："孔子所说的'性相近'，即孟子所说的'性善'，不可专在气质上说的。"什么是气质呢？我们平时老说这个词，说某个人很有气质。每个人的心为本体，上天赋予每个人秉性，这个就是每个人的自性。自心本体本来是如如不动的，如未发之中，处于静定之中。如果发出来就有了气，比如刚柔、好恶等。

先生又说道："如果说气质，如刚和柔相对，如何相近得了呢？只有性善则相同的。"只有每个人的本性是相同的。注意孟子所说的性善，这个善字，跟善恶相对的那个善是有所不同的。孟子的这个善，可以说是非善非恶的。如果善恶相对的，就是落于气质了。

先生又说道："人之初的时候，每个人的自性本来是相同的。"这里说人之初，并不仅仅是每个人刚出生的时候，而是指上古淳朴的人。对于现在刚出生的婴儿，如果祖上不是行善积德，也有许多与生俱来的习气带着的。

先生又说道："但刚的气质的人，习于善则为刚善，习于恶则为刚恶。"子路的气质比较刚勇，他跟孔子做学问，习于善为刚善。还是比较刚勇耿直，忠孝仁义的。

先生又说道："柔的气质的人，习于善则为柔善，习于恶则为柔恶，两者就逐渐变得相差比较远了。"颜回的气质比较柔和，就是柔善了。

20. 眼中沙子

【原文】 先生尝语学者曰："心体上着不得一念留滞，就如眼着不得些子尘沙。些子能得几多？满眼便昏天黑地了。"

又曰："这一念不但是私念，便好的念头亦着不得些子。如眼中放些金玉屑，眼亦开不得了。"

【注解】 先生曾经对学子们说道："心体上着不得一念的留滞的，就如同眼睛着不得一些子的尘沙。一些子能算得了多少呢？是很少的一丁点的。如果眼睛揉进了一点沙子，我们的世界就昏天黑地了。"阳明先生这个比方还是很贴切的。一叶障目不见泰山，一豆塞耳不闻雷声的。心的本体，如果有了私心杂念，有了人的私欲，整个心体就不明了，也就昏天黑地了。

先生又说道："这一念不但是私念，不但是恶念的，即便是好的念头也着不得一些子的。如眼睛里放些金玉屑，眼睛也就睁不开了。"对于刻意的好的念头，刻意的不好的念头，这些都是对心有粘滞的。刻意的一定要向雷锋同志学习，搞到事事很机械那样，也是束缚的。经典本来是好的东西，如果执着了，也许就误解了圣人的本意了。人参鹿茸本来是好药，可是如果用得不对的话，也是有害的。

21. 心物同体

【原文】问:"人心与物同体。如吾身原是血气流通的,所以谓之同体。若于人便异体了,禽兽草木益远矣。而何谓之同体?"

先生曰:"你只在感应之几上看,岂但禽兽草木,虽天地也与我同体的,鬼神也与我同体的。"

请问。

先生曰:"你看这个天地中间,什么是天地的心?"

对曰:"尝闻人是天地的心。"

曰:"人又什么叫做心?"

对曰:"只是一个灵明。"

"可知充天塞地中间,只有这个灵明。人只为形体自间隔了。我的灵明,便是天地鬼神的主宰。天没有我的灵明,谁去仰他高?地没有我的灵明,谁去俯他深?鬼神没有我的灵明,谁去辨他吉凶灾祥?天地鬼神万物,离却我的灵明,便没有天地鬼神万物了。我的灵明,离却天地鬼神万物,亦没有我的灵明。如此,便是一气流通的,如何与他间隔得?"

又问:"天地鬼神万物,千古见在,何没了我的灵明,便俱无了?"

曰:"今看死的人,他这些精灵游散了,他的天地鬼神万物尚在何处?"

【注解】问道:"先生你说人心和物同体。可是事实也许不是这样的哦。比如说我的身体原本是血气流通的,所以可以称之为同体,这样还说得过去。可是相对别人来说便是异体了,相对禽兽草木来说就更加远了。为何称之为同体呢?"

先生回答道:"你只要在心与万物感应上面去看的,岂只是禽兽草木,即使是天地也和我同体的,鬼神也和我同体的。"心与万物也都是感应相通的。比如前面有关于山中的花和心的公案的。心外无花如果理解了,心外无物,无禽兽草木也是可以理解了。阳明这里还说不但是天地和我同体,而且鬼神也是和我同体的,请大家不要误解的,有疑问不要紧,暂且放下的。一念向善,即是天堂;一念向恶,即是地狱。如此不是如同说鬼神了吗?

这位同学不太明白就请问的。

先生反问道:"你看这个天地中间,什么是天地的心呢?"

这位同学回答道:"我曾经听说过人是天地的心。"

先生又问道:"人又为什么可以称作天地的心呢?"

这位同学回答道:"只是一个灵明的。"且接下来看看阳明先生怎么说的。

先生说道："由此可知充天塞地中间的，只有这个灵明的。只是由于人被这个形体所隔了。"如此间隔了，就成了一个一个的小我了。

先生又说道："我这个心的灵明，便是天地鬼神的主宰。天没有我的灵明，有谁去仰他的高呢？地如果没有我的灵明，有谁去俯他深？鬼神没有我的灵明，谁去辨别他吉凶灾祥？"如果没有此心，花寂寞的开，没有任何的颜色，没有任何的形状，甚至连花的名字也没有。连花这个字都没有的。这个字也是人头脑中的而已。前面我们也讲过，花的颜色是由于光波不同的波长在头脑中反应而出来的。

先生又说道："天地鬼神万物，如果离却了我的灵明，便没有天地鬼神万物了。我的灵明，如果离却了天地鬼神万物，也就没有我的灵明。如此一来，便是一气流通的，都是圆融通达的，如何和天地万物，和世间芸芸众生有什么间隔呢？"

这位同学又问道："天地鬼神万物，千古都在的，都是有的，为什么说没了我的灵明，便都没有了呢？"前面有同学也问过怕鬼的事情，怎么阳明先生就说离开了这个心的灵明，就都没有了呢？那我们看那么多的恐怖片不是都白看了吗？

先生回答道："你不信你去看看那些死了的人，他的这些精灵游散了，对于他自己来说，他的那些天地鬼神万物还在什么地方呢？"大家仔细思量阳明先生的话吧，不过千万不要误解了。

22. 实相幻相

【原文】先生起行征思田，德洪与汝中追送严滩。汝中举佛家实相幻相之说。先生曰："有心俱是实，无心俱是幻。无心俱是实，有心俱是幻。"

汝中曰："有心俱是实，无心俱是幻，是本体上说功夫；无心俱是实，有心俱是幻，是功夫上说本体。"

先生然其言。洪于是时尚未了达。数年用功，始信本体功夫合一。但先生是时因问偶谈。若吾儒指点人处，不必借此立言耳。

【注解】先生起行要去征讨广西的思恩和田州了，钱德洪和王汝中两位同学追送到了严滩这个地方。严滩也叫作七里滩，在浙江桐庐县西。

王汝中同学列举了佛家实相幻相的说法来请教阳明先生。看来这位同学功夫做得好，研究也很深入的。

先生说道："有心都是实的，无心都是幻的。无心都是实的，有心都是幻的。"阳明先生说的这句话还是比较绕口的，比较难去领悟的吧？钱德洪算是阳明先生的得意门生了，还要经过数年的用功才可以知道的。我们试着来解释一下吧，不过不能停留在文字上绕了，还是要有实际的体验功夫的。不过也许不要太过于畏难的，人人皆可为尧舜的，只要立志恳切，下功夫到家了，也是可以办到的。

有心都是实的，无心都是幻的。如果我们有心了，有了私心，去看这个周遭的世界，看天地万物，就好像都是很真实的。我们摸一摸桌子凳子，都是实实在在的，哪里是不真实的呢？如果修行到了较高的境界，能够体证到了无我，无心。这个无心是说无有私心，无有小心，而是大心。如此就可以看到以前以为是真实的，如梦如幻的。正如《金刚经》中所说的，一切有为法，如梦幻泡影，如露亦如电，应作如是观的。

无心都是实的，有心都是幻的。如果能够以天真无邪的无心，无有私心，以大心去看周遭的世界，看天地万物。这个才能够体悟到宇宙和人生的实相的。实相本来就是如此的。比如山中的花，本来是没有颜色，没有形状的，只是由于人心的感应，而马上就使得花有了颜色了。如果有了私心，有了小心，这个世界就一下子变得梦幻起来，如同真实的一样。

我们来想象一个模型，我们说一花一世界，一叶一菩提。人体也是一个小宇宙来的，一片叶子也是一个小宇宙来的。原子也是一个小宇宙，太阳系也是一个小宇宙来的。原子的半径和原子核的半径之比，太阳系的半径和太阳的半径之比，这两个比例是完全相同的。是不是很神奇呢？太阳系有十大行星，那我们也构建一个人的宇宙模型。比如我是太阳，而亲人、朋友、广东人、中国人、外国人、动物、草木、天地等都围绕着我转，这些类似于行星的。也许尼采说我的太阳，也是这个意思吧。世人都以自我为中心，以为什么都是围绕着自己转的。这个就是佛家说的我执的，这个是很难去打破的，比托勒密的地心说还要难打破。科学家布鲁诺为了捍卫哥白尼的日心说献出了宝贵的生命，被活活烧死在罗马广场上了。也许未来几十年里，将会有比日心说更加影响力大的事情发生的。每个人固执的以自我为中心这个惯性将被打破的。大家换位思考，世界不再有战争的。不要扯远了，我们冷落了王汝中同学了，还是先听听王汝中同学怎么说吧。

王汝中说道："有心都是实的，无心都是幻的，这个是本体上说功夫的。"这个是站在心的本体的角度说格物的功夫。如果有心了，有了私心，外在的事物就是实的，格物的功夫就还做的不到家的；如果没有私心了，也就是说无心了，外在的事物就是幻的了，就是虚的了，不会被外物所粘滞了，这个格物的功夫就到家了。

王汝中又说道："无心都是实的，有心都是幻的，这是从功夫上说本体的。"这个是站在功夫的角度上来说本体的。如果功夫做到家了，能够做到无心，无有私心，那所看到的都是真实的，也就看到了宇宙和人生的实相了，也就看到了本体了；如果功夫没有做到家，有了私心，也就是说有心了，所看到的都是幻相的，看不到本体的。

阳明先生肯定了王汝中同学的话。可是钱德洪同学就比较郁闷了，丈二和尚摸不着头脑的，还没有能够了达的。经过数年的用功做功夫，方才相信了本体和功夫本来是合一的。

但是，阳明先生那个时候只是由于被王汝中同学偶然谈起的，就顺便说了一下的。一般来说阳明先生虽然通儒释道，但是一般都不用这些来教人的。阳明先生说，我们儒门指点别人，不必要借这个来立言的。我们只需要说致良知，格物的功夫也就可以了。

23. 若有忧色

【原文】尝见先生送二三耆宿出门，退坐于中轩，若有忧色。德洪趋进请问。

先生曰："顷与诸老论及此学，真圆凿方枘。此道坦如道路，世儒往往自加荒塞，终身陷荆棘之场而不悔，吾不知其何说也？"

德洪退谓朋友曰："先生诲人，不择衰朽，仁人悯物之心也。"

【注解】曾经看到先生送两三个60岁以上的有名望的老人出门，回来的时候坐在堂前的走廊里，这时候看样子好像面有忧色。钱德洪走过去请问阳明先生怎么了。

先生说道："刚才和各位有名望的儒者论及此学，可是真是好像圆凿方枘一样，很难契合。如果要把方的榫头，放到圆的榫眼里面去也是很难相互吻合的。"

先生又说道："此道如此平坦，如同康庄大道，可是世儒往往自己去加了许多的拥塞，堵塞住了，自己去荒废了。使得终身都陷在了荆棘丛生的场地里面而还不知道悔改的。我都不知道该怎么说好的。"阳明先生向自己的得意门生钱德洪吐露了自己为什么面露忧色的。这些有名望的学者，对年轻的学子影响很大，如果让他们去教学生，岂不是离道越来越远了吗？年轻的人如果不明白还好，可是这些儒者，儒学根基很深厚的，到了这么大岁数还是不明白，岂不让阳明先生担忧先王之道，担忧孔孟之道的传承呢？

钱德洪出来对自己朋友说道："先生教诲别人，不会有所挑选，也都能够给别人以启发和教导。即使是朽木，已经是很衰老的了，还是不厌其烦地去讲解此学的。这充分可以看出先生的仁爱悯物之心的。"

24. 只一傲字

【原文】先生曰："人生大病，只是一傲字。为子而傲必不孝，为臣而傲必不忠，为父而傲必不慈，为友而傲必不信。故象与丹朱俱不肖，亦只一傲字，便结果了此生。诸君常要体此，人心本是天然之理，精精明明，无纤介染着，只是一无我而已。胸中切不可有，有即傲也。古先圣人许多好处，也只是无我而已。无我自能谦，谦者众善之基，傲者众恶之魁。"

【注解】先生说道："人生有一个大病，只是由于一个傲字。"如果有傲字，就很难听得进别人的金玉良言。也许世儒有名望的人，很难谦虚地去听一下阳明先生的良知之学了。以为自己学富五车了，什么都精通了，可是却不知道自己的无知。苏格拉底声称自己知道自己的无知。

先生又说道："作为子女而傲必然不孝的，为臣而傲必然不忠的，为父而傲必然不慈爱的，为友而傲必然不能够讲究信义的。"

先生又说道："所以说象与丹朱都不是贤德之人的，都不肖的，也只是由于一个傲字的，便结果了此生的。前途也就止步于此了。"象是舜帝的同父异母的弟弟来的，三番两次都想加害舜的；丹朱为尧的儿子的，尧帝曾经发明了围棋，教丹朱下围棋的。为什么尧帝不把帝位传给丹朱，而是把帝位禅让给了一介贫民舜呢？由此可以看出尧帝的贤德和胸怀；也可以看出丹朱还是不够贤德的。

先生又说道："诸位常要体察到这点的，人心本来是天然的，存乎天理的；只是精精明明的，没有丝毫的污染，只是一个无我而已。"

先生又说道："胸中千万不可以有私心的，不可以有我的，有了即傲了。"

先生又说道："古圣先贤有许多的好处，也只是由于无我而已的。无我自然就能谦下的，谦下为众善的根基的，傲的人为众恶的魁首的。"

25. 良知即《易》

【原文】又曰："此道至简至易的，亦至精至微的。孔子曰：'其如示诸掌乎。'且人于掌何日不见，及至问他掌中多少文理，却便不知。即如我良知二字，一讲便明，谁不知得？若欲的见良知，却谁能见得？"

问曰："此知恐是无方体的，最难捉摸。"

先生曰："良知即是《易》，'其为道也屡迁，变动不居，周流六虚，上下无常，刚柔相易，不可为典要，惟变所适。'此知如何捉摸得？见得透时便是圣人。"

【注解】先生又说道:"此道是至简至易的,正所谓大道至简的。同时也是至精至微的。"上达于道,而下又通于万事万物的。既简单,又精微玄妙的。

先生又说道:"孔子曾说,此道很简易,就好比是把自己的手掌展示给众人看这么简单的。"前面有个说过有个阐释给大家展示手指的,然后又放在袖子里面的。

先生又说道:"况且人对于手掌哪天没有见到呢?如果要问及他的掌中有多少的文理,却还是说不上来的。就好比是说我的良知两个字,一讲就明白,谁不知道呢?可是如果要说见到良知,真正地去体验到了,却又有谁能够真正见得呢?"如果见得就已经是和阳明先生在贵州龙场发生同样的事情了,阳明先生如此志向,在36岁的时候得道了,还是不容易的。当然如果有阳明先生的悉心指导,研读传习录,也许会快点的。

这位同学问道:"这个知呀,恐怕是没有什么具体的形象的,没有什么形状,很难去捉摸得到的。"

先生回答道:"我所说的良知即是《易》的,也是跟《易》之道相通的。"

先生又说道:"《易》中有说道:'《易》之道,一起流通而变化无穷的,经常无有住处,就好像是无所住而生其心的。一气周流上下六合的,或上或下,刚柔相互转化的。不可以被典要所束缚的,只有变方可以符合于道的。'"我们看这个《易》之道还是跟良知是相通的吧。卦都代表着万事万物的,里面蕴含着阴阳的消长。阴阳消长悄无声息。如果积德行善,阳就增加一点,阴就少一点;如果作恶了,阳就少了一点,阴就增加了一点的。格物即是把阴转化成阳的。功夫不可以拘泥于一事一物的,不可以拘泥于上下,不可以拘泥于刚柔的。比如我们说炒股吧,如果机械的拘泥于短线,拘泥于中线,拘泥于长线,这个也似乎都不对的。

先生又说道:"此知,也就是这个良知如何能够捉摸得透呢?如果见得透的时候便是圣人了。"见不透的时候就是凡人的,如果能够精进的去做功夫,就可以出凡入圣了。

26. 非助我者

【原文】问:"孔子曰:'回也,非助我者也。'是圣人果以相助望门弟子否?"

先生曰："亦是实话。此道本无穷尽，问难愈多，则精微愈显。圣人之言本自周遍，但有问难的人，胸中窒碍，圣人被他一难，发挥得愈加精神。若颜子闻一知十，胸中了然，如何得问难？故圣人亦寂然不动，无所发挥，故曰'非助'。"

【注解】问道："孔子说：'颜回，并非助我的人呀。'难道圣人果真是希望门人弟子去帮助他吗？"这位同学对孔子说的这句话有些疑问的。难道颜回比较穷，经常在漏巷里面，一箪食一瓢饮，不能像子贡那样帮孔子吗？听听阳明先生怎么说的。

先生回答道："这个也是实话来的。此道本来玄妙无有穷尽的，问难愈多，此道的精微之处就越加显现的。"要不此道至简至易，看似没有什么的，一句话就说完了。可是却能够圆融通达地处理复杂的难事。

先生又说道："圣人所说的话本来已经涵盖了许多的道理了，无所不包了。但是有问难的人更好，这些人胸中被疑难所障碍了，处于瓶颈之中。圣人被他一发难，一请教，就发挥得更加的精神。"

先生又说道："比如颜回闻一就知十了，胸中了然，什么都明白了。如何能够问难呢？所以对于颜回来说，圣人孔子的心寂然不动的，也没有什么可以发挥的。所以孔子就说'非助'。"

27. 中过状元

【原文】邹谦之尝语德洪曰："舒国裳曾持一张纸，请先生写'拱把之桐梓'一章。先生悬笔为书，到'至于身而不知所以养之者'，顾而笑曰：'国裳读书中过状元来，岂诚不知身之所以当养？还须诵此以求警。'一时在侍诸友皆惕然。"

【注解】邹谦之曾经对钱德洪说道："舒国裳曾经拿了一张纸，请先生写《孟子》里面'拱把之桐梓'一章。"舒国裳中过状元，还想留下阳明先生的墨宝来提醒自己的。状元都拜服阳明先生了，是不是很神奇呢？

邹谦之又说道："先生悬笔就去写了，当写到了'至于身而不知所以养之者'的时候，回过头来笑着说道：'国裳你读书中过状元来，难道真的不知身体是应当去养的吗？还须去诵读孟子的这些话来以求警醒吗？'一时在旁边侍陪的各位学子们都有所省悟的。"

孟子的那句话说的是什么呢？孟子说道："拱把大小的桐树、梓树，也就是说一两把手可以抓住的那么大小的树木，世人都知道要如何去养活它。天天都要去浇水啦，除草啦等。可是至于这个身体，而不知道怎么去滋养它的。难道是爱惜这个身体还不如桐树和梓树木吗？真是太让人匪夷所思了。"这个怎么那么像庄子所说的养生主，世人不知道养生的真正主人是谁？只是满足身体口腹之欲罢了，而不知道养生该养的主人是什么？人心为天地万物的主宰；人心也是一身的主宰来的；心为身体真正的主人来的。所以，要养生，就要去修身养性的。

　　这一段放在整部传习录的最后，意味深长的。即使是中了状元学富五车了，也未必就能够通阳明先生的良知之学的。所以，我们需要把自己的傲放下，谦下的去做致良知的功夫。

第十八章　钱德洪跋

钱德洪跋

【原文】德洪曰：昔南元善刻《传习录》于越凡二册。下册摘录先师手书，凡八篇。其答徐成之二书，吾师自谓"天下是朱非陆，论定既久，一旦反之为难"。二书姑为调停两可之说，使人自思得之。故元善录为下册之首者，意亦以是欤。今朱、陆之辨明于天下久矣。洪刻先师《文录》，置二书于外集者，示未全也，故今不复录。其余指知行之本体，莫详于答人论学与答周道通、陆清伯、欧阳崇一四书。而谓格物为学者用力日可见之地，莫详于答罗整庵一书。平生冒天下之非诋推陷，万死一生，遑遑然不忘讲学。惟恐吾人不闻斯道，流于功利机智以日堕于夷狄禽兽而不觉。其一体同物之心，譊譊终身，至于毙而后已。此孔孟以来贤圣苦心，虽门人子弟未足以慰其情也。是情也，莫见于答聂文蔚之第一书。此皆仍元善所录之旧。而揭"必有事焉"即"致良知"功夫，明白简切，使人言下即得入手，此又莫详于答文蔚之第二书，故增录之。元善当时汹汹，乃能以身明斯道，卒至遭奸被斥，油油然惟以此生得闻斯学为庆，而绝无有纤芥愤郁不平之气。斯录之刻，人见其有功于同志甚大，而不知其处时之甚艰也。今所去取，裁之时义则然，非忍有所加损于其间也。

【注解】钱德洪说道："昔日南元善在浙江绍兴刻录了《传习录》共两册。其中下册摘录了先师阳明先生的亲笔手书，一共是八篇。其中《答徐成之》的两封书信，用先师的话来说：'天下肯定朱熹而非议陆九渊，这个论断已经几乎成定论很久了，一旦要去反过来还是很难的。'这两封书信姑且可以作为调和两者的学说，使得世人自己思量希望有所感悟吧。所以南元善就把这两封书信放在了下册之首的，其用意也是如此的。"

又说道："现在朱熹和陆九渊的学说辨明于天下已经很久了。"现在大家都知道陆九渊的学说要高明一些的，陆九渊是得道了，而朱熹那时还没有得道的。

又说道："现在钱德洪刻录先师的《文录》，把这两封书信放在了《外集》之中。主要是想告诉世人说这两封书信还没有能够完全地表达阳明先生的学说的，所以就没有再录的。"以前南元善刻录的时候，朱熹的学说还是根深蒂固的，还是很权威的。阳明先生在两封书信之中只是调停两家的纷争，这个是立言的宗旨，还没有能够很方便地把自己的良知之学说出来的。

又说道："其余指出知行的本体，把良知之学说的很清楚的，莫过于《答人论学书》与《答周道通书》《答陆清伯书》《答欧阳崇书》这四封书信了。"

又说道："而说格物的功夫是学者用力的着力点，阐释格物的功夫详细的方法，莫过于《答罗整庵书》这封书信了。"

又说道："阳明先生平生冒天下的非议和诋毁，冒天下的大不韪去讲良知之学，即使是万死一生，遑遑然也不忘讲良知之学的。"阳明先生在贵州龙场得道以后，已经继承了真正的孔孟之道，继承了先王之道的正统了的。只想着去如何弘扬正学的，不顾自身的安危了。当时推崇朱熹的学说，讲良知之学是会遇到非常大的排挤和非议的。

又说道："先生唯恐我们这些学子不能够听到真正的孔孟之道，不能听到良知之学，只是流于功利和机智的。以至于一天天的堕落，变成了蛮夷地区的缺乏教养的人或者甚至是变成了禽兽一般也都不自知的。"如果是追功名利禄不择手段，岂不是连禽兽都不如呢？

又说道："先生有天地万物一体的仁爱之心，孜孜不倦地去讲学，去弘扬正学正道，以至于死而后已的。"

又说道："这个是孔孟以来的古圣先贤的一片苦心，即使是门人子弟也不足以能够慰藉先生这种情怀的。这种情怀，记录得很详细，莫过于《答聂文蔚书》的第一封书信了。"孔孟之道也许弟子们都很难慰藉得到的。比如子路整天跟着孔子，也还会对孔子产生误解，有时还会感觉到先生怎么这么迂腐的。子路尚且如此，更何况普通人呢？想必阳明先生也会深有同感的。

又说道："以上的这些书信也都是沿用了南元善所录的内容。"

又说道："而揭示孟子所说的'必有事焉'即是'致良知'的功夫，说得明白简洁，使得人言下即得到下手的地方。说得很详细的莫过于《答聂文蔚书》第二封书信了，所以就增录进来了。"

又说道："南元善当时时势汹汹，比较凶险。当时朱熹的学说占有主导地位，可是他却能够以身来阐明此道。不顾自己的前途和安危。被奸佞小人排斥，虽然是被罢免了官职，可是还是以此生能够得闻此学为庆幸的。而绝无一丝一毫的愤恨和郁闷不平之气。"钱德洪同学也是非常的虔诚，在他进京殿试途中，听到了自己的老师阳明先生病逝的消息，就放弃考试去奔丧了。现在有几人能做到这样的？尊师重道到了这种程度呢？同时可以看出阳明先生在弟子们心目中的位置。3年后钱德洪同学考中了进士，官至刑部郎中。后来在野30年，以讲良知之学为业的。

又说道："这些书的刻录出版，现在大家都知道南元善是做了一件功德无量的好事来，对于志同道合的人来说是很大的功劳，可是也许不知道当时所处的境况是十分艰难的。现在有所增减，只是由于现在的形势使然，现在大家都接受了先生的良知之学了。并不是我真的忍心去增减其中的内容的。"

后　　记

　　本书的出版，首先感谢中山大学出版社徐劲社长的大力支持，感谢出版社的老师们，特别是钟永源老师。钟老师在出版行业勤勤恳恳几十年，对传统文化有精深的造诣。在反复的修改、请教和探讨中，本来有疑惑的问题，也慢慢豁然开朗了。钟老师的鼓励和启发给予我莫大的精神动力和勇气。

　　习近平总书记曾说，体现一个国家综合实力最核心的、最高层的，还是文化软实力，这事关一个民族精气神的凝聚。我们要坚持道路自信、理论自信、制度自信，最根本的还有一个文化自信。只要把我们的优秀文化传承好，核心价值观建设好，就一定能把我们的国家建设成为社会主义强国。

　　实现复兴中华文明的中国梦，首要在于复兴优秀传统文化。传统文化断层百年，不破不立。这是历史的选择，有利于吸纳西方优秀文化。此次传统文化的回归，将与西方优秀文化进行融合，形成新的中华文化。再次彰显中华文化海纳百川的魅力。在全球化的今天，传承正道正统，显得尤其重要。有利于唤醒更多的炎黄子孙心中的正学道统种子，有助于增强文化自信。

　　古人尊师。钱德洪是王阳明的弟子，在赴京考试途中，听闻自己恩师逝世，就放弃了考试前去奔丧守孝。湛若水去江门向陈白沙求学，当时陈白沙已经是67岁高龄的大宗师。为了表求学的决心，湛若水烧掉上京会试的"路引"（证件），随后沐浴斋戒三日，才隆重地行拜师大礼。陈白沙去世以后，湛若水侍师如父，守孝三年。北宋时候有个程门立雪的故事，大儒杨时拜程颐为师，有一次去拜访自己老师的时候，老师刚好在打盹，就一直在门外恭候。等到恩师醒来的时候，门外积雪已经有一丈多高了。汉代张良遇见黄石公，黄石公几次试探其诚意，而后将经书传于他。张良凭着这部经书辅助刘邦平定天下。我们是炎黄子孙，当年黄帝为了向广成子求道，也是诚心斋戒。由此可见，列祖列宗有很好的尊师的传统。

古人重道。孔子讲，朝闻道，夕死可矣。孔子把道看得比自己性命还要重要。韩愈讲，老师重要的任务就是要传道，就是要把道理给讲清楚。其次才是授业解惑。北宋理学家杨时在《此日不再得》这首诗中写道："鸡犬犹知寻，自弃良可伤。欲为君子儒，勿谓予言狂。"杨时讲，即使是鸡犬尚且都知道去寻道，去找到良心的家，更何况是人呢？杨时有志于孔子所说的君子儒，有志于道，而不是小人儒，有志于功名。复兴中华传统文化，关键在于复兴君子儒，复兴大儒精神。正统儒学回归了，正本清源，一切歪曲中华传统文化的学说就会烟消云散了。

古人著书立说。阳明先生立功立德立言都做得很好，又能够功成身退，这就更难得了。古人立言是相当谨慎的，即使像阳明先生这样的一代大儒，也没有专门写什么东西，都是弟子记录下来了。即使关于大学的论述《大学问》，也是弟子再三恳请才留下来的。康有为的老师朱次琦是著名的大儒，在临终前把所有著述付之一炬，令世人不解。朱次琦教导弟子不要报门户之见，儒门的不同宗派都依归于孔子。岭南理学创始人陈白沙也有像龙场悟道那种顿悟的经历，他得道后也不著述。他留下诗句："他年倘遂投闲计，只对青山不著书。……莫笑老佣无著述，真儒不是郑康成。"本书纯属一家之言，是学习阳明心学的心得体会，仅供参考，不当之处请大家批评指正。

阳明心学属于理学，所谓理学是以儒家正统文化为主，融合了佛老和诸子百家之说的学问。理学为儒家的正统思想。岭南理学是正统理学和岭南特有文化之间融合的产物。正如岭南禅学是正统佛学和岭南特有文化之间融合的产物。北宋理学大师程颐对自己弟子杨时说，我的学说已经传向南方了。不仅仅是传向南方了，已经开枝散叶了。江门钓台今犹在，五百年后待来人。

中华传统文化的精髓就在王阳明先生的《传习录》中。心学顾名思义是直指人心的。六祖慧能大师禅宗的教法，也是直指人心的。孔子曾经拜老子为师，老子的《道德经》都是讲明此道。孔子的道和老子的道实则并无本质差别的。在古圣先贤那里，大道至简，圆融通达，三教本来是合一的。如此看来，王阳明先生传承了孔子的心法，这是真正的尧舜之道，这是中华文明的道统所在，这是龙的传人真正的血脉。

　　本书原文的版本，是参考上海古籍出版社于 2000 年 12 月出版的《阳明传习录》，特此谢忱。